법학총서

전자금융거래법

[제 2 판]

손 진 화 저

法 文 社

제 2 판 머리말

이 책은 전자금융거래법 교재로 처음 출판된 후 전자금융거래에 관심 있는 분들과 관련 기관의 많은 사랑을 받았으며, 문화관광부로부터 우수학술도서로 선정되었다.

초판 출간 후 전자금융거래법 시행령이 확정되고 전자금융 감독규정이 정비되었다. 상법 해상편이 개정되어 전자선하증권 제도가 신설되고, 상법 회사편 개정안에 의하면 주식・사채의 전자등록에 관한 규정이 신설될 예정이며, 전자증권거래와 관련이 깊은 자본시장과 금융투자업에 관한 법률이 제정되었다. 또 금융감독기구의 설치 등에 관한 법률이 금융위원회의 설치 등에 관한 법률로 개정되어 종전 재정경제부의 금융정책기능과 금융감독위원회의 감독정책기능이 통합되었다.

제2판은 이러한 법률의 제・개정을 반영하고 전자보험거래를 별도의 장으로 분리하였으며, 전편에 걸쳐 초판에서 부족한 점을 보완하였다. 아울러 주제별로 관련이 깊은 사항이나 추가적인 논의가 필요한 부분을 각 주제 마지막에 별도로 추가하였다.

출판을 허락해 주신 법문사 배효선 사장님과 편집 및 교정을 위해 수고해 주신 최문용 과장님께 감사드린다.

2008년 2월 25일
경원대학교 정의관 연구실에서
저 자 씀

머 리 말

우리나라에서는 초고속 정보통신망의 기반 위에서 전자지급거래, 전자증권거래, 전자보험거래 등의 전자금융서비스가 제공되고 있다. 이 책은 2007년 1월 1일부터 시행되는 「전자금융거래법」의 해석론과 함께 이 법에 포함되지 않은 전자금융거래 및 새로 등장하는 전자금융거래에 관한 법적 분석을 시도하고 있다. 저자는 법률안의 기초가 되었던 "전자금융거래기본법 제정에 관한 연구"의 연구책임자를 맡으면서 이 분야의 미래에 대하여 깊은 관심을 가지게 되었다.

전자금융거래법을 이해하기 위해서는 먼저 전자금융거래의 특성을 이해할 필요가 있다. 전자금융거래는 가상공간에서 이루어지는 금융거래로서 비대면·비서면의 특성을 가지고 있다. 누군가 말한 바와 같이 "가상공간에서 악수는 없다"(There are no handshakes in cyberspace). 전자금융거래의 발전을 위해서는 거래의 안전성과 신뢰성을 확보할 수 있는 제도적 기반을 확립함으로써 이용자의 편의와 전자금융업의 건전한 발전을 도모할 수 있도록 배려하여야 한다.

또한 전자금융거래는 금융정보시스템을 바탕으로 하여 이루어지며 일반 전자거래보다 기술적 성격이 더 강하다. 전자금융거래의 법적 성질과 당사자의 권리·의무를 설정하기 위해서는 금융정보시스템, 거래구조와 거래지시의 특성을 파악할 필요가 있다. 나아가 전자금융제도의 발전 속도에 맞추어 법적 대응방안을 마련하기 위해서는 금융정보시스템의 발전과 새로운 금융정보기술에 대하여 끊임없는 관심과 이해가 필요하다.

이 책에서는 전자금융거래에 관하여 거래구조, 법적 성질과 법률관계를 가능한 한 간결하게 설명하려고 노력하였다. 이 책이 전자금융거래에 관심을 가진 분들과 관련 실무자·연구자들께 도움이 되기를 바라며, 이 분야의 학문발전에 조금이나마 기여할 수 있기를 기대한다. 이 책의 출판을 쾌히 승낙해 주신 법문사 배효선 사장님과 편집 및 교정을 위해 수고해 주신 최문용 과장님께 감사드린다.

2006년 9월 10일
경원대학교 정의관 연구실에서
저 자 씀

차　　례

제 4 장 전자증권거래

법령 약어표

金實	금융실명거래 및 비밀보장에 관한 법률
金委	금융기구의 설치 등에 관한 법률
民	민법
民訴	민사소송법
商	상법
消基	소비자기본법
手	수표법
施規	[법률의] 시행규칙
施細	[법규의] 시행세칙
信情	신용정보의 이용 및 보호에 관한 법률
約規	약관의 규제에 관한 법률
어	어음법
與專	여신전문금융업
令	전자금융거래법 시행령
[법률명칭] 令	[법률] 시행령
銀行	은행법
資市	자본시장과 금융투자업에 관한 법률
電監	전자금융감독규정
電去	전자거래기본법[폐지]
電署	전자서명법
電消	전자상거래 등에서의 소비자보호에 관한 법률
電어	전자어음의 발행 및 유통에 관한 법률
情通	정보통신망이용촉진 및 정보보호 등에 관한 법률
證去	증권거래법
特金	특정금융거래정보의 보고 및 이용 등에 관한 법률
刑	형법
BGB	Bürgerliches Gesetzbuch
CPIA	Act on Certain Payment Instruments Act
EFTA	Electronic Fund Transfer Act of 1978
FSMA	Financial Services and Markets Act 2000
UNCITRAL Model Law	UNCITRAL Model Law on International Credit Transfers
UCC	Uniform Commercial Code

제 1 장 전자금융거래의 기초이론

제1장 전자금융거래의 기초이론

제1절 전자금융시대의 도래

우리는 매일 뉴스와 신문에서 전자상거래, 온라인거래, 전자은행업무, 전자금융 등과 같은 용어를 보고 듣는다. 이러한 주제들은 21세기 비즈니스의 요소로서 우리의 생활방식에 영향을 미치고 변화를 가져오고 있다.

정보기술(information technology)은 공간과 거리를 극복하는 특별한 능력을 가지고 있다. 새로운 정보매체는 정보처리 작업을 이전보다 신속하게 수행할 수 있게 하기 때문이 아니라, 원거리정보 및 격지자와 교섭하는 방법을 변경시키기 때문에 매우 문화적이고 법적인 현상이라고 할 수 있다.

우리가 전자공간과 함께하는 거리를 어떻게 생각하든 지금 겪고 있고 앞으로 생길 변화의 기초가 되는 것은 공간과의 새로운 관계이다. 원거리를 극복하여 다른 사람 및 필요한 정보와 함께 작업을 할 수 있는 능력이 확대되고, 공간 및 거리의 변화에 대한 태도와 기대가 변화함에 따라 새로운 관계가 형성되며, 새로운 단체와 기관이 설립된다. 이러한 환경의 변화에 따라 사람들의 새로운 행동유형이 나타나며, 이에 따라 법도 변화하게 될 것이다.[1)]

정보를 처리·저장 또는 보급하거나 이에 영향을 미치는 기술에 기초한 극소·광전자공학을 포함하는 정보기술은 이제 새로운 것이 아니다. 각국에 있어서 컴퓨터와 통신은 이미 여러 해 동안 국민경제상의 정책의제로 되어 왔고, 지속적인 기술혁신으로 보다 강력한 정보기술의 개발이 이루어져 정보통신망이 발달하고 네

---

1) M. E. Katsh, Cybertime, Cyberspace and Cyberlaw, 1995 J. ONLINE L. art. 1, pars. 3~4.

트워크 중의 네트워크라고 불리는 인터넷(Internet)[2]이 등장하게 되었다.

정보통신망은 정보와 자료의 생성·분배에 있어서 보다 능률적인 처리를 가능하게 하고, 기술 및 지식을 보다 집중적으로 입력할 수 있게 하며, 탄력적이고 품질지향적인 생산을 가능하게 한다. 사무실과 작업장에서의 정보기술의 발전은 독립적으로 일어나는 것이 아니다. 정보기술의 진보는 생산활동과 조직적·경영적 과정의 통합을 가능하게 한다. 정보통신망은 근본적으로 새로운 디자인, 생산 및 조직의 수단을 제공하고, 그리하여 경제적 능률을 높이고 시장에 상품을 가져오는 전통적인 수단에 변혁을 가져온다.[3]

전자상거래, 전자은행업무와 전자금융은 넓은 의미에서 전자거래 부문의 핵심요소로서 기술, 창의력과 자본의 결합에 의해 가능하게 된다. 기술은 사업을 신속하고 효과적이며 안전하게 수행할 수 있게 한다. 창의력은 기업자·신규 기업 및 기존 기업이 '낡은 경제' 패러다임을 깨뜨려 새롭고 흥미로우며 때로는 근본적으로 다른 구조를 통하여 사업해결책을 가져올 수 있게 한다. 그리고 자본은 미시·거시경제의 윤활유로서 기술적·인간적 수레바퀴를 작동시키는 금융을 제공한다.

위의 3가지 요소는 새로운 규제환경 속에서 함께 작동하면서 지구촌경제와 금융전망을 재형성하기 시작하였다. 그 결과 금융서비스 산업은 모든 참가자들 – 서비스제공자, 이용자, 투자자와 규제·조정자 – 에게 영향을 미치는 급격한 변화의 한 가운데에 서게 되었다. 전자금융은 금융서비스의 창조, 배급 및 이용에 있어서 새로운 개척자이다.[4]

전자금융거래는 화폐의 흐름을 매개하는 거래이다. 화폐는 폭넓게 수용되는 교환매체, 가치저장 및 계산단위로서의 사회적 약속이다. 건전한 화폐는 시장시스템

---

2) 인터넷의 기초는 1969년 미국의 국방성이 군사목적의 전국네트워크를 만들기 위하여 소수 대학의 컴퓨터들 사이에 접속설정을 지원한 데에 있다. W. Ford & M. S. Baum, *Secure Electronic Commerce*, N.J.: Prentice Hall, 1997, p. 17.

미국 연방통신망위원회(Federal Networking Council)는 인터넷을 다음과 같이 정의하였는데, 이 정의는 인터넷의 요소를 잘 표현하고 있다. 인터넷(Internet)은 "(i) IP나 그 후속의 규약에 기초를 두고, (ii) TCP/IP나 그 후속의 규약과(또는) IP와 호환되는 다른 규약을 사용하는 통신을 지원할 수 있으며, (iii) 통신과 관련 기반에 쌓여진 고도의 서비스를 공적·사적으로 제공·이용 또는 접근할 수 있게 하는 지구촌 정보시스템"을 말한다.

3) OECD, *Information Networks and New Technologies: Opportunities and Policy Implications for 1990s*, Paris: OECD, 1992, pp. 13~14 참조.

4) E. Banks, *e-Finance: The Electronic Revolution*, Chichester: John Wiley & Sons, 2001, p. 1.

의 원활한 기능을 위하여 필수적이다. 화폐가치의 지나친 유동은 관련 가격에 포함되어 있는 정보를 왜곡하고 자원의 흐름을 오도하며, 그 결과 국부를 기울게 만든다. 더욱이 화폐의 안정성이 없으면 사람들은 통화제도에 대한 신뢰를 잃게 되고, 정부가 임금 및 가격통제를 하는 주도권을 가지게 하며, 이것은 나아가 시장을 왜곡하고 개인의 자유를 침해하는 결과를 가져오게 된다.[5)]

화폐의 유통속도와 유동성은 지구촌 금융에 있어서 신뢰(trust)라는 새로운 문제를 제기하고 있다. 화폐는 교환매체로서 그 종이 또는 쇠 조각이 받아들여질 것이라는 무조건적 신뢰를 전제로 하고 있다. 그런데 전자적 화폐가 현재 그리고 미래에도 받아들여질 것이라고 신뢰할 수 있을까? 만약 이러한 신뢰가 전제되지 않는다면 전자적 화폐는 다시 현재의 화폐로 회귀하게 될 것이다.

전자금융거래에 걸려 있는 중요한 문제 중의 하나는 신뢰성 있고 편리한 신용 및 지급제도이다. 전자금융제도의 기본적 요건은 공중통신망을 위하여 이용될 수 있는 데이터보안(data security) 표준을 갖추는 것이며, 장기적인 관점에서는 이 제도에서 신뢰의 보장자 역할을 할 수 있는 새로운 종류의 기관(institution)을 개발하는 것이다.

전자금융거래에 있어서 자금을 이동시킨다는 것은 이제 화폐와 같은 목적물을 거래하는 것이 아니며, 본질적으로 장부기록 담당자에게 지시(instruction)를 전송하는 것에 불과하다. 그리하여 신뢰라는 문제는 "그 지시를 믿을 수 있는가"라는 것으로 된다. 판매자와 구매자는 지급지시를 뒷받침할 어떤 보관기관에 그 지급지시가 존재한다는 것, 그 지급지시가 신뢰성 있게 실행될 것이라는 것과 지급인 및 수취인의 신원이 인증될 수 있다는 것을 믿어야 한다.

전자금융거래를 통하여 자금의 유동성을 즉시 이용할 수 있다는 사실은 그 자금을 필요로 하는 사람이 이를 얻을 수 있다는 것을 보장하지는 않는다. 신용 및 지급제도의 전자적 제도로의 이행이 성공하려면 신뢰성 있는 기관적 관계(institutional relationship)를 전제로 한다. 그리하여 전자금융거래에 있어서 중요한 현안문제는 '기관적'이라는 것이다.[6)] 전자금융서비스가 앞으로 보다 활성화되고 지구촌화를

---

5) J. A. Dorn, ed., *The Future of Money in the Information Age*, Washington D.C.: Cato Institute, 1997, p. 1 참조.

6) D. Bollier, *The Future of Electronic Commerce*, Washington, D.C.: Aspen Institute, 1996, pp.

지향하게 될수록 국가경제에 미치는 영향도 증가할 것이다. 이에 따라 전자지급거래, 전자증권거래, 전자보험거래 등의 전자금융서비스를 제공하는 기관들은 안전한 데이터보안 표준을 개발하고 신뢰성 있는 기관적 관계를 확립할 책무가 있다고 하겠다.

지금까지 민법, 상법, 어음법, 수표법 등은 전자금융거래를 예정하지 않아 거래당사자 사이의 법률관계가 불명확하고 전자금융업에 대한 법적 규율이 없어 법의 공백상태가 초래되어 있었다. 그 동안 1993년과 1997년에 전자자금이체법 제정이 논의되었으나,[7] 1997년 6월 금융개혁위원회는 전자지급 · 결제 등 전자금융의 발전추이를 지켜본 후 입법하는 것이 바람직하다고 결정하였다.

그 후 전자상거래의 이용확대에 대응하여 전자거래기본법, 전자서명법, 전자상거래 등에서의 소비자보호에 관한 법률, 정보통신망이용촉진 및 정보보호 등에 관한 법률이 제정 · 정비되었다. 이와 더불어 전자금융거래가 확산되고 전자화폐 등 새로운 전자지급수단이 출현함에 따라, 입법에 의하여 전자금융거래의 비대면성 · 비서면성 등과 같은 특성을 반영하여 거래당사자의 법률관계를 명확히 하고 전자금융업에 대한 국가적 감독을 확보할 필요성이 제기되었다.

이에 따라 정부는 2005년 1월 전자금융거래법안을 마련하여 국회에 제안하였고, 그 결과 「전자금융거래법」(2006. 4. 28 법률 제7929호)이 제정되었다. 이 법률은 전자금융거래에 관한 기본법으로서 거래당사자인 이용자와 금융기관 또는 전자금융업자(이하 양자를 합하여 "전자금융사업자"라고 한다)의 권리 · 의무 및 책임을 명백히 하고, 전자금융업무를 영위하는 자에 대한 허가 · 등록 및 감독에 관한 사항을 정비함으로써 전자금융거래의 안전성과 신뢰성을 확보하는데 이바지할 것으로 기대된다.

23~26 참조.

7) 전자자금이체에 관한 법률은 1994년 초에 재무부가 "전자자금이체거래에 관한 법률(시안)"을 마련한 후 입법이 추진되었으나, 금융기관들의 반대에 부딪혀 제정되지 못하였다.

제 2 절 전자금융거래의 개념

Ⅰ. 전자금융거래의 의의

일반적으로 금융(finance)이라 함은 자금의 융통 또는 자금의 수급관계를 나타내는 용어이며, 이에 대응하는 용어는 물융[8]이라고 할 수 있다. 금융거래는 금융자산을 대상으로 하는 거래를 말한다.[9] 전자금융제도는 금융거래에 정보통신기술을 적용하여 금융거래의 자동화, 전자화 및 통신망화를 구현하는 제도이다.

전자금융거래는 광의의 전자금융거래와 협의의 전자금융거래로 나눌 수 있다. 광의의 전자금융거래는 「전자적 방법에 의한 금융거래」를 뜻하며, 전자지급거래 · 전자증권거래 · 전자보험거래 기타 전자적 수단 의한 금융거래를 포함한다. 협의의 전자금융거래는 「전자지급수단에 의하여 자금을 이동시키는 거래」 즉 전자지급거래를 뜻하며, 전자자금이체(electronic fund transfer: EFT) · 전자화폐지급(electronic money payment) · 선불전자지급(electronic pre-paid payment) · 모바일지급(mobile payment) 등이 이에 속한다.

전자금융거래법은 전자금융거래를 「전자금융사업자가 전자적 장치를 통하여 금융상품 및 서비스를 제공(이하 "전자금융업무"라 한다)하고, 이용자가 전자금융사업자의 종사자와 직접 대면하거나 의사소통을 하지 아니하고 자동화된 방식으로 이를 이용하는 거래」라고 정의하고 있다(제2조 제1호). 따라서 전자금융거래법은 광의의 전자금융거래에 기초하고 있음을 알 수 있다.

이 책에서는 광의의 전자금융거래 중 전자지급거래(전자자금이체 · 직불전자지급 · 전자화폐지급 · 선불전자지급 · 인터넷 신용카드지급 · 모바일지급 · 구매카드지급 · 국제 전자지급거래), 전자증권거래(전자어음거래 · 전자채권거래 · 주식 등의 전자등록 · 인터넷 증권거래 · 전자선하증권거래)와 전자보험거래(인터넷 보험거래 등)를 고찰하기로 한다.

8) 상법 제49조 제19호의 '물융,' 여신전문금융업법 제2조 제9호의 '시설대여업' 참조.

9) 손진화, "전자금융거래법 입법상의 쟁점과 전망," 商事判例硏究, 제18집 제4권(2005. 12), 12쪽.

Ⅱ. 전자금융거래의 요건

전자금융거래법은 전자금융거래를「전자금융사업자가 제공하는 전자금융업무를 이용자가 비대면(非對面)의 자동화된 방식으로 이용하는 거래」라고 규정하여, 포괄적인 개념을 설정하고 있다. 따라서 전자금융거래가 되려면 전자금융업무를 이용하는 거래일 것, 자동화된 방식으로 이용할 것 및 비대면거래일 것이라는 요건을 충족하여야 한다.

1. 전자금융업무를 이용하는 거래

전자금융거래는 이용자가「전자금융업무」를 이용하는 거래이다. 여기에서 전자금융업무라 함은 전자금융사업자가 전자적 장치를 통하여 금융상품 및 서비스를 제공하는 것을 말한다.

(1) 전자적 장치

전자금융업무는 "전자적 장치"를 통하여 금융상품 및 서비스를 제공하는 업무이다. 전자적 장치라 함은「전자금융거래정보를 전자적 방법으로 전송하거나 처리하는데 이용되는 장치로서 현금자동지급기, 자동입출금기, 지급용단말기, 컴퓨터, 전화기 그 밖에 전자적 방법으로 정보를 전송하거나 처리하는 장치」를 말한다(제2조 제8호). 따라서 전자적 장치에는 열거된 장치 외에 전자금융거래를 하는데 이용되는 장치로서 장래에 개발되는 것도 포함된다.[10]

전자금융거래법은 전자금융거래 중 전자지급거래 등에 관하여 전자자금이체, 전자화폐지급, 선불전자지급과 전자채권거래만을 규정하고 있는 점(제2장 제2절)에서 볼 때, 실제로는 전자지급거래를 중심으로 규율하고 있음을 알 수 있다. 그 외에 전자적 장치를 통하여 제공되는 거래 중 어떤 것이 전자금융거래에 포함되

---

10) 전자적 장치는 미국의 전자자금이체법(Electronic Fund Transfer Act of 1978)이 규정하는 전자단말기(electronic terminal)에 대응하는 개념이다. 동법은 "전자단말기"라 함은 소비자가 전자자금이체를 개시할 수 있는 전자적 장치로서, 소비자에 의하여 작동되는 전화기를 제외한다. 이 용어는 점포단말기, 자동입출금기와 현금자동지급기를 포함하나, 이에 한정되지 아니한다."고 규정하여[§ 903(7)], 장래에 개발될 전자단말기를 포함시키고 있다.

는가는 명백하지 않다.[11] 또 전자금융업무를 전자금융사업자가 전자적 장치를 통하여 금융상품 및 서비스를 제공하는 것이라고 규정하면서, 전자적 장치에 "그 밖에 전자적 방법으로 정보를 전송하거나 처리하는 장치"를 포함시키고 있다(제2조 제8호). 따라서 전자금융거래에는 전자금융거래법이 현재 규정하고 있는 거래뿐만 아니라, 장래에 서비스가 제공될 거래도 포함된다(예컨대, 유비쿼터스지급 등).

(2) 금융상품 및 서비스의 제공

전자금융업무는 전자금융사업자가 전자적 장치에 의하여 "금융상품 및 서비스"를 제공하는 업무이다. 전자금융거래법은 금융상품 및 서비스에 관하여는 특별한 규정을 두고 있지 않다.

상법은 수신·여신·환 기타의 금융거래를 기본적 상행위의 일종으로 보고 있으며(商 제46조 제8호), 이를 자기명의로 영업으로 하는 경우에는 상인이 된다(商 제4조). 여기에서 수신은 예금의 수입, 유가증권 기타 채무증서의 발행에 의하여 불특정·다수인으로부터 채무를 부담함으로써 자금을 획득하는 것을 말하고, 여신은 이와 같이 획득한 자금을 대여하는 것을 말하며, 또 환은 격지자 사이의 채권·채무 기타의 대차관계를 결제하는 업무를 말한다.[12] 상법은 신탁, 상호부금, 보험 등을 금융거래와 구별하여 규정하고 있으므로(商 제46조 제15호~제17호) 상법상의 금융거래는 수신업무·여신업무와 결제업무를 통하여 금전 또는 유가증권의 전환을 매개하는 은행거래에 국한된다고 볼 수 있다.[13]

한편 금융실명거래 및 비밀보장에 관한 법률(이하 "금융실명거래법"이라 한다)은 금융거래를 금융기관이 금융자산을 수입·매매·환매·중개·할인·발행·상환·환급·수탁·등록·교환하거나 그 이자·할인액 또는 배당을 지급하는 것과

---

11) 전자금융거래법은 전자금융거래에 대한 포괄적 입법을 시도하면서 실제로는 전자지급거래를 중심으로 규정할 뿐이다. 진정한 의미의 "전자금융거래"법이 되려면 전자지급거래는 물론, 전자증권거래·전자보험거래 등 모든 거래가 체계적으로 배치되어 규정되어야 할 것이다. 따라서 전자금융거래에 대한 포괄적 입법의 시도에 불구하고 그 취지에 따른 입법에는 미흡하다고 볼 수 있다.

12) 鄭東潤, 「商法(上)」, 개정증보판, 법문사, 2003, 145쪽; 鄭燦亨, 「商法講義(上)」, 제11판, 박영사, 2008, 59쪽 참조.

13) 동지: 鄭燦亨, 위의 책, 같은 쪽; 정경영, "무권한 전자금융거래에서 금융기관의 책임," 금융법연구, 제3권 제1호(2006. 9), 8쪽.

이를 대행하는 것 기타 금융자산을 대상으로 하는 거래로 정의하고 있다(金實 제2조 제3호). 그리고 금융자산은 금융기관이 취급하는 예금・적금・부금・계금・예탁금・출자금・신탁재산・주식・채권・수익증권・출자지분・어음・수표・채무증서 등 금전 및 유가증권 기타 이와 유사한 것으로서 재정경제부령이 정하는 것을 말한다(金實 제2조 제2호). 동법은 금융거래를 넓게 금융자산을 대상으로 하는 거래로 보고 있으므로, 자금융통거래는 물론 자금이동거래를 포함하는 것으로 볼 수 있다.[14)]

전자금융거래법은 금융기관을 폭넓게 규정하여 금융위원회의 설치 등에 관한 법률이 규정하는 대부분의 금융기관과 여신전문금융회사・체신관서 등을 포함시키고(제2조 제3호), 또 금융상품 및 서비스의 제공에 관하여 금융기관 이외의 전자금융업자를 금융기관과 동일하게 취급하고 있다. 따라서 전자금융거래법상의 금융상품 및 서비스의 개념은 금융실명거래법이 규정하는 금융거래의 개념에 가깝다. 결국 전자금융사업자가 전자적 장치에 의하여 제공하는 상품 및 서비스가 다른 요건을 갖추면 동법이 규정하는 금융상품 및 서비스에 포함될 수 있다.

전자금융거래는 은행 기타의 금융기관・전자금융업자에 의한 수신거래에 그 적용의 실익이 가장 크다. 그리고 여신거래, 증권거래, 보험거래 또는 신탁거래와 관련하여 전자금융업무를 비대면의 자동화된 방식으로 이용하는 경우에는 전자금융거래에 속한다.[15)]

(3) 전자금융사업자

전자금융업무는 "전자금융사업자"가 전자적 장치에 의하여 금융상품 및 서비스를 제공하는 업무이다. 전자금융사업자에는 금융기관과 전자금융업자가 포함된다.

① 금융기관

"금융기관"이라 함은 다음 중 어느 하나에 해당하는 기관이나 단체 또는 사업자를 말한다(제2조 제3호).

(가) 금융위원회의 설치 등에 관한 법률 제38조 제1호 내지 제8호・제10호 내지 제12호에 규정된 기관: 이 규정에 의한 금융기관은 다음과 같다.

---

14) 정경영, 앞의 논문, 같은 쪽 참조.
15) 손진화, "전자지급거래에 있어서 소비자보호," 인터넷법연구, 제1호(2002. 6), 213쪽 참조.

㉠ 은행법 또는 장기신용은행법에 의한 인가를 받아 설립된 금융기관
㉡ 증권거래법에 의한 증권회사 · 증권금융회사 · 투자자문회사 및 명의개서대행업무를 수행하는 기관
㉢ 간접투자자산 운용업법에 따른 자산운용회사 및 투자자문회사
㉣ 보험업법에 의한 보험사업자
㉤ 종합금융회사에 관한 법률에 의한 종합금융회사
㉥ 상호저축은행법에 의한 상호저축은행과 그 중앙회
㉦ 신용협동조합법에 의한 신용협동조합 및 그 중앙회
㉧ 신탁업법에 의한 신탁회사
㉨ 선물거래법에 의한 선물업자
㉩ 농업협동조합법에 의한 농업협동조합중앙회의 신용사업부문
㉪ 수산업협동조합법에 의한 수산업협동조합중앙회의 신용사업부문

2007년에는 자본시장과 금융투자업에 관한 법률(2007. 8. 3, 법률 제8635호, 2009. 2. 4 시행, 이하 "자본시장통합법"이라 한다)이 제정되고 증권거래법, 선물거래법, 간접투자자산 운용업법, 신탁업법, 종합금융회사에 관한 법률과 한국증권선물거래소법이 폐지되었다(資市 부칙 제2조). 위의 금융기관 중 ㉡㉢㉤㉧㉨은 금융투자업자(資市 제8조)로서 동법의 감독규정에 따라 금융위원회 및 금융감독원의 감독을 받게 되었다. 따라서 금융위원회의 설치 등에 관한 법률 제38조와 전자금융거래법의 위 관련 규정(제2조 제3호 가.)은 동법에 의한 변경을 반영하여 개정되어야 할 것이다.

또 자본시장통합법은 투자매매업 · 투자중개업 등을 영위하는 금융투자업자에게 투자자를 위하여 그 투자자가 예탁한 투자자예탁금(제74조 제1항 참조)으로 수행하는 자금이체업무를 금융위원회에 신고함으로써 영위할 수 있도록 하였다(資市 부칙 제40조).

(나) 여신전문금융업법에 따른 여신전문금융회사
(다) 우체국예금 · 보험에 관한 법률에 따른 체신관서
(라) 새마을금고법에 따른 새마을금고 및 새마을금고연합회
(마) 그 밖에 법률의 규정에 따라 금융업 및 금융관련 업무를 행하는 기관이나 단체 또는 사업자로서 대통령령이 정하는 자

이에 따라 전자금융거래법 시행령(2006. 12. 29, 대통령령 제19783호)은 금융기관에 한국산업은행법에 따른 한국산업은행 등의 기관을 추가로 지정하고 있다(令 제2조).

금융기관에는 증권회사와 보험회사가 포함되어 있으므로(제2조 제3호 가., 金監 제38조 제2호 · 제4호), 전자금융거래에는 전자지급거래 외에 전자적 장치를 통하여 제공되는 증권거래 · 보험거래가 포함된다.

② 전자금융업자

"전자금융업자"라 함은 금융기관 이외의 자로서, 전자화폐의 발행 및 관리업무를 행하기 위하여 금융위원회의 허가를 받거나 전자자금이체업무 등을 행하기 위하여 금융위원회에 등록을 한 자를 말한다(제2조 제4호).

이 규정은 전통적으로 금융기관의 업무에 속하는 전자금융업을 전자금융업자가 영위할 수 있게 함으로써 전자금융업자에게 금융업에의 진입을 허용한 데에 의의가 있다.

구체적으로는 전자화폐 발행자, 전자자금이체업무 제공자, 직불전자지급수단 발행자, 선불전자지급수단 발행자, 전자지급결제대행자, 그 밖에 대통령령이 정하는 전자금융업무 제공자이다(제28조 참조).

(4) 이용자

"이용자"라 함은 전자금융거래를 위하여 「전자금융사업자와 체결한 계약(이하 "전자금융거래계약"이라 한다)에 따라 전자금융거래를 이용하는 자」를 말한다(제2조 제7호). 이용자는 전자금융사업자에 대응하는 개념이라고 할 수 있다. 이용자에는 개인은 물론 법인인 이용자도 포함된다.

구체적으로는 전자지급거래의 경우 전자자금이체의 지급인 · 수취인, 전자화폐 보유자, 선불전자지급수단 보유자 등이고(제2조 제2호 참조), 전자증권거래의 경우 전자증권의 발행자 · 수취인 · 소지인 등이며, 전자보험거래의 경우 보험회사와 보험계약자 · 피보험자 · 보험수익자 등이다.

전자금융거래의 이용자는 기업 · 소비자간 거래(BtoC transaction)의 경우에는 소비자이지만 기업간 거래(BtoB transaction)의 경우에는 기업이다. 따라서 전자금융거래법의 적용이나 법률관계의 해석에 있어서 이용자보호가 문제되는 경우

거래의 일방 당사자라는 일반적 관점에서 균형을 고려할 필요가 있고, 소비자가 직접 관련되는 경우에는 소비자보호의 문제를 고려하여야 할 것이다.

2. 자동화된 방식으로 이용할 것

전자금융거래는 이용자가 전자금융업무를 「자동화된 방식으로 이용하는 거래」이다. 전자금융거래의 절차는 준비단계, 개시단계, 처리단계와 종결단계로 구분할 수 있다.

거래의 준비단계는 이용자가 서면에 의하여 전자금융거래계약을 체결하거나 거래지시를 하기 위한 준비를 하는 단계이다. 거래의 개시단계는 거래지시를 접근매체에 의하여 함으로써 전자금융거래가 시작되는 단계이다. 여기에서 "접근매체"라 함은 전자금융거래에 있어서 거래지시를 하거나 이용자 및 거래내용의 진실성과 정확성을 확보하기 위하여 사용되는 전자식 카드, 인증서 기타의 수단 또는 정보를 말한다(제2조 제10호). 거래의 처리단계는 전자적 장치, 정보처리시스템 및 금융통신망에 의하여 거래지시가 처리되는 단계이다. 거래의 종결단계는 필요한 경우 거래대금의 지급을 전제로 금융상품 및 서비스가 제공되는 단계이다.

전자금융거래가 되기 위해서는 이용자가 반드시 거래의 준비단계에서부터 전자금융업무를 자동화된 방식으로 이용할 필요는 없으며, 거래의 개시단계에서 거래지시를 접근매체에 의하여 함으로써 전자금융업무를 자동화된 방식으로 이용하면 충분하다.[16)]

따라서 이용자가 서면에 의하여 전자금융거래계약을 체결하였더라도, 거래의 개시단계 이후의 절차에서 전자금융업무를 자동화된 방식으로 이용하면 전자금융거래에 포함된다. 또 전자금융거래의 준비단계에서 서면을 이용하더라도 거래지시가 접근매체에 의하여 행하여지면 전자금융거래에 포함된다. 예컨대, 직불전자지급의 경우에 판매점포의 직원이 서면에 기초하여 자금이체를 완성하더라도, 거

16) 전자자금이체의 개념에 관하여는 전자적 수단을 이용한 자금이체로 보는 입장과 전자적으로 개시된 자금이체로 보는 입장이 대립하고 있다. 후자의 입장은 미국 전자자금이체법의 입장을 따른 것으로 이해되고 있다. 미국 전자자금이체법은 전자자금이체를 전자적 수단에 의하여 개시되는 자금이체라고 정의하고 있는데[EFTA §903(6)], 이는 자금이체의 준비단계까지 전자적 수단에 의하여야 한다는 뜻은 아니며(제3장 제3절 Ⅰ. 참조), 전자금융거래법상의 전자금융거래의 정의에 관하여도 마찬가지이다.

래지시가 접근매체에 의하여 자금이체를 개시하는 데 사용되고 전자단말기(전자적 장치)가 자금이체를 완성시키는 데 필요한 자료를 전자적으로 처리하는 한, 전자금융거래가 될 수 있다.[17]

3. 비대면거래일 것

전자금융거래는 이용자가 전자금융업무를 전자금융사업자의 종사자와 「직접 대면하거나 의사소통을 하지 아니하고」 이용하는 거래이다. 즉, 전자금융거래는 서면거래와는 달리 비대면거래이다.

대면거래인가 비대면거래인가 여부를 판단하는 기준은 전자금융거래에 있어서 거래지시가 직접 대면하거나 의사소통을 하여 행하여지는가 아니면 비대면으로 접근매체에 의하여 행하여지는가에 달려 있다. 전자금융거래의 준비단계에서 대면하여 전자금융거래를 위한 준비행위를 하였더라도 거래지시가 접근매체에 의하여 행하여지면 전자금융거래에 포함된다. 예컨대, 전자자금이체가 개시되기 전의 준비단계에서 자기테이프(M/T)를 금융기관에게 전달하기 위하여 금융기관의 직원과 대면하는 경우에도 자금이체가 전자적 수단인 자기테이프에 의하여 개시되면 비대면거래가 되는데 지장이 없다.[18]

거래유형별로 보면, 전자자금이체의 경우에는 자금이체계약을 기초로 거래지시(지급지시 또는 추심지시)가 접근매체에 의하여 행하여지면 전자금융거래가 된다. 또 전자화폐지급, 선불전자지급과 전자증권거래의 경우에는 전자지급수단의 구입이나 전자증권의 발행이 전자적 방식으로 이루어지지 않았더라도 이를 이용하는 거래가 접근매체에 의하여 행하여지면 전자금융거래가 된다.

전자금융거래법은 은행의 추심업무[19] 중 추심이체(제2조 제12호 나.)에 관하여 출금 동의 및 동의의 철회를 규정하고 있고(제15조) 대량거래 또는 예약거래에 관하여 거래지시의 철회시기를 규정하고 있는데(제14조 제2항, 제15조 제3항), 이들 규정은 추심이체·대량거래 또는 예약거래가 자동화된 방식의 비대면거래로서 전

---

17) M. Ellis & F. Greguras, *The Electronic Fund Transfer Act and Federal Reserve Board Regulation E: A Compliance Guide for Financial Institutions*, N.J.: Prentice-Hall, 1983(이하 "*The EFTA and Regulation E*"로 인용한다), p. 23 참조.

18) Ellis & Greguras, *The EFTA and Regulation E*, p. 23 참조.

19) 전자적 추심업무의 예로는 자동계좌이체와 타행환거래 중 추심대전송금을 들 수 있다.

자금융거래라는 것을 전제로 하고 있다.

전자금융거래법은 여신전문금융업법의 신용카드 · 직불카드 · 선불카드에 관한 규정 중 직불카드에 관한 규정을 삭제하고 있는데(부칙 제4조), 인터넷 신용카드 지급에 전자금융거래법이 적용되는가라는 의문이 제기된다. 신용카드지급이 서면에 기초하여 이루어지는 경우에는 서면거래로서 여신전문금융업법이 적용되지만, 인터넷을 통한 온라인지급의 경우에는 거래지시가 비대면으로 접근매체에 의하여 행하여지므로 전자금융거래(전자지급거래)에 포함된다.

제 3 절 전자금융거래의 유형

전자금융거래의 유형은 전자지급거래 · 전자증권거래와 전자보험거래로 나눌 수 있다.

Ⅰ. 전자지급거래

1. 전자지급거래의 의의와 종류

전자지급거래라 함은 「지급인이 전자금융사업자로 하여금 전자지급수단을 이용하여 수취인에게 자금을 이동하게 하는 전자금융거래」를 말한다(제2조 제1호 참조). 전자지급거래는 그 원인이 되는 법률관계(예컨대, 매매 · 도급 등)를 포함하지 아니한다. 전자지급거래는 전형적인 전자금융거래라고 할 수 있다.

전자지급거래는 이용되는 전자지급수단의 종류에 따라 전자자금이체 · 직불전자지급 · 선불전자지급 · 전자화폐지급 · 인터넷 신용카드지급 등으로 나눌 수 있다. 전자금융거래법은 전자지급수단을 제한적으로 열거하고 있지 않으므로 그 밖의 전자지급수단을 이용하는 거래도 전자지급거래에 포함된다. 따라서 전자지급거래에는 모바일지급과 같은 거래나 장래에 개발되는 전자지급거래도 포함된다(후술 제3장 제2절 Ⅰ. 참조).

전자지급거래에 대하여는 전자금융거래법이 기본법으로서 적용되지만, 전자지급거래 중 전자자금이체에 대하여는 전자금융거래법 외에 2001. 12. 1 전국은행연합회에 의하여 제정된 '전자금융거래 기본약관'이 적용된다.

2. 전자지급거래의 범위

인터넷 신용카드지급, 즉 인터넷을 통하여 신용카드로 지급을 함에 있어서 카드정보 기타 거래정보를 암호화하는 방법에 의한 지급은 전자지급거래인가? 인터넷 신용카드지급에서는 전자지급결제대행업자(payment gateway: PG)[20]가 개입하여 지급을 대행하는 경우가 보통이다. 이러한 지급은 지급인인 카드보유자가 전자지급수단인 신용카드(제2조 제11호)를 이용하여 수취인에게 자금을 이동하게 하는 거래이므로 전자지급거래에 속한다.

구매카드(구매전용카드와 판매전용카드)에 의한 지급은 전자지급거래에 속하는가? 구매카드는 기업간 거래의 지급・결제수단으로 이용되고 있는데, 기존 신용카드의 거래구조를 그대로 가지고 있는 점에서 전자화폐나 전자수표와는 다르며 인터넷 신용카드지급과 같은 거래구조를 가지고 있다. 따라서 구매카드지급에 대하여는 신용카드거래의 법률관계를 원용할 수 있을 것이다.

Ⅱ. 전자증권거래

1. 전자증권거래의 의의와 종류

전자증권거래는 광의로는 「전자적 방법에 의한 증권의 발행 및 유통에 관한 거래」를 뜻하고, 협의로는 「전자유가증권거래」를 뜻한다.[21] 전자증권거래는 정보통신망의 발달과 유가증권의 무권화・전자화의 추진에 따라 생겨난 새로운 유형의 금융거래이다.

광의의 전자증권거래는 전자유가증권의 거래 외에 증권 없는 권리의 전자등록, 인터넷 증권거래 등을 포함한다. 여기에서 증권 없는 권리란 증권에 표시될 수 있거나 표시되어야 할 권리를 말한다(資市 제4조 제9항 참조). 증권 없는 권리의 전

20) 여신전문금융업법상 결제대행업체이며 신용카드가맹점으로서의 지위를 가진다(동법 제2조 제5항 나.).

21) 필자는 유가증권성을 전제로 전자유가증권이라는 용어를 사용하고 있다.

자등록의 예로는 국채 · 공사채 · 주식 · 사채의 전자등록을 들 수 있고, 인터넷 증권거래의 예로는 인터넷을 통한 주식 · 사채의 거래를 들 수 있다.

협의의 전자증권거래로서 전자유가증권거래는 전자유가증권을 대상으로 하는 거래를 뜻한다. 전자유가증권이라 함은 재산권을 정보처리시스템에 의하여 전자문서로 작성하여 표창하고 그 권리의 이전 및 행사에 전자문서의 송신 · 수신을 필요로 하는 유가증권을 말한다. 전자유가증권은 일반 유가증권의 경우와 달리 정보처리시스템을 통한 유통이 그 본질적 특성 중의 하나이므로 "권리의 이전 및 행사"에 전자문서의 송신 · 수신을 필요로 한다.[22] 전자유가증권거래의 예로는 전자어음의 발행 및 유통에 관한 법률에 따른 전자어음거래를 들 수 있지만, 전자수표 서비스가 제공되는 경우 전자수표거래 등이 포함될 것이다.

전자채권거래는 전자유가증권거래인가? 전자채권은 채무자가 특정한 채권자에 대하여 채무의 변제를 약속한 금전채권으로서, 채무부담의 의사표시를 서면상으로 하지 않고 전자문서로 한 전자적 방식의 채권이다(제2조 제16호 참조). 기업간 거래의 결제수단으로 고안되어 있는 전자외상매출채권은 전자채권으로 파악되고 있다. 전자채권이 지명채권인가 기명증권인가에 관하여는 견해가 대립하고 있으나, 그 법적 성질은 기명증권으로서 유통성이 제한되는 전자유가증권의 일종으로 본다. 따라서 전자채권거래는 전자증권거래의 일종이다.

2. 전자증권거래의 범위

전자증권거래를 전자적 방법에 의한 증권거래로 보는 경우에 어떠한 거래가 전자증권거래에 포함되는지 검토해 보기로 한다.

인터넷 증권거래, 즉 인터넷을 통하여 주식 · 사채 등을 매매하는 거래는 전자증권거래에 속하는가?[23] 이러한 거래는 전자유가증권거래라고 볼 수는 없으나, 인

---

22) 손진화, "주식 등의 전자등록제도의 도입방안," 상사법연구, 제22권 제3호(2003), 80쪽 참조. 전자증권의 예로는 전자어음, 전자수표(아직 서비스가 제공되고 있지 않다), 전자채권(기명증권설에 의할 때) 등을 들 수 있다.

23) 인터넷을 통하여 주식 · 사채 등을 거래하는 것을 "전자증권거래"라고 부르는 경우도 있다. 김성숙, "전자금융거래와 소비자보호"(한국소비자보호원, 2000), 3쪽. 그런데 이러한 거래는 주식 · 사채 등의 거래를 "증권거래"로 부르는 용어 사용법을 살리면 "전자적 증권거래"라고 부를 수 있을 것이나, 전자어음거래와 같은 전자증권거래와는 본질적으로 다르다. 이러한 거래는 전자적 장치를 통한 주식 · 사채 등의 인터넷 거래 내지 온라인 거래를 뜻하므로 "인터넷 증권거래" 또

터넷 등의 정보통신망을 통하여 주식 · 사채 등을 거래하고 주주 · 채권자 등의 권리를 행사하는 것이므로 전자금융거래로서 광의의 전자증권거래에 속한다고 볼 수 있다.

주식 등의 전자등록은 전자증권거래에 속하는가? 주식 등의 전자등록제도는 주권 · 채권 등의 투자증권을 처음부터 발행하지 않고 주식 · 사채를 전자등록기관의 전자등록부에 등록하여 권리자 및 권리내용을 인정하고 권리의 양도 · 담보설정 및 행사를 가능하게 하는 제도를 말한다. 학계에서는 이러한 제도를 "전자증권제도"라고 부르기도 한다. 전자등록제도는 주권 등의 유가증권제도가 무권화의 단계를 거쳐 전자적 방식의 등록제도로 이행한 것으로서, 전자유가증권이 존재하지 않고 권리의 발생 · 이전 · 행사 등에 관하여 유가증권의 법리에 따른다고 보기 어렵다. 따라서 주식 등의 전자등록 자체는 전자증권거래에 포함되지 않는다고 본다. 다만, 이 제도에 기초하여 주식 등을 매매하는 것은 인터넷 증권거래와 같다. 주식 등의 전자등록은 유가증권의 전자화의 모습이므로 편의상 전자증권거래에서 설명하기로 한다.

Ⅲ. 전자보험거래

1. 전자보험거래의 의의

전자보험거래는 아직 명확한 정의가 내려져 있지 않으나, 「인터넷을 통한 보험계약 체결, 전자지급수단에 의한 보험금 지급 기타 전자적 방법에 의한 보험거래」라고 할 수 있다. 전자보험거래는 금융기관인 보험회사(제2조 제3호, 金委 제38조 제4호)가 전자적 장치를 통하여 전자금융업무로서 보험상품 및 서비스를 제공하고, 이용자가 비대면의 자동화된 방식으로 이를 이용하는 거래이므로 전자금융거래에 속한다.

전자금융거래법 제2장(전자금융거래 당사자의 권리와 의무) 통칙 규정(제5조~제11조)은 전자보험거래에도 적용된다. 2003. 11. 21 생명보험협회와 대한손해보험

는 "온라인 증권거래"라고 부르는 것이 옳을 것이다. 정찬모 등, "인터넷 증권거래의 법제도적 기반에 관한 연구"(정보통신정책연구원, 1999) 참조.

협회는 '전자보험거래 표준약관'을 제정하고 공정거래위원회에 심사청구를 하여 승인을 받았다. 이 표준약관은 '전자금융거래 기본약관'을 참조하여 전자금융거래 일반에 관한 사항을 규정하고 보험에 특유한 사항을 추가로 규정하고 있다.

2. 전자보험거래의 전망

인터넷의 보급 확장과 함께 보험거래에 관하여도 전자화가 추진되고 있으나, 보험거래의 특성상 은행거래나 증권거래에 비해 발전 속도가 느리다. 보험상품은 은행이나 증권에 관한 상품에 비해 복잡하고 일반인이 이해하기 쉽지 않아 전문가인 보험설계사 등의 설명이나 도움이 필요하다. 은행거래나 증권거래가 빈번하게 이용되는데 반하여 보험계약은 1회성을 띠는 경우가 보통이고, 따라서 온라인 거래에 대한 필요성이 기타의 금융거래에 비해 적다.

전자보험거래는 보험계약 자체보다는 보험계약과 관련된 서비스를 중심으로 하고 있으며, 보험계약자에 대한 대출, 배당금의 수령, 보험계약 내용 조회 등을 내용으로 하고 있다. 전자보험거래는 보험계약 관련 서비스 중심에서 앞으로 보험계약 자체로 확산될 것으로 예상되나, 본격적인 활성화에는 다소 시간이 필요할 전망이다. 국내 보험사의 인터넷 보험계약은 보험요율을 소폭 내리는 정도의 인센티브를 줄 것으로 예상되어 인터넷 보험계약의 활성화에는 한계가 있다. 앞으로 보험요율의 인하가 확대되면 인터넷 보험거래도 증가할 것으로 예상된다. 또 업종간 겸업화와 보험시장의 개방이 추진되면 인터넷 보험계약이 빠르게 확산될 가능성도 있다. 전자보험거래는 전자금융거래이므로 전자금융거래법의 관련 규정이 적용된다.

제 4 절 전자금융거래법에 관한 국제동향

아래에서는 전자금융거래법에 관한 국제동향을 국제기구의 대응과 주요국의 입법으로 나누어 살펴보기로 한다.

Ⅰ. 국제기구의 대응

1. 국제연합 국제상거래법위원회

국제연합 국제상거래법위원회(UNCITRAL)는 전자자금이체에 관한 규율의 국제적 통일을 위하여 1987년 '전자자금이체에 관한 법률지침'(UNCITRAL Legal Guide on Electronic Funds Transfers)[24]을 마련하고, 1992년의 제25차 회기(1992.5.4~22, 뉴욕)에서 국제지급이체에 관한 모범법(UNCITRAL Model Law on International Credit Transfers: 이하 "UNCITRAL 모범법"이라 한다)[25]을 승인하였다. UNCITRAL 모범법은 소비자보호와 관련된 문제를 규율하지 않으며 각국의 소비자보호에 관한 입법정책에 맡기고 있다.[26] 이에 따라 각국은 모범법을 그대로 채택하기보다 자국의 실정에 맞추어 수정된 입법을 하고 있다.

2. 경제협력개발기구

경제협력개발기구(OECD)의 '전자상거래에 관한 소비자보호 지침'(OECD Guidelines for Consumer Protection in the Context of Electronic Commerce)[27]은 전자상거래에서의 대금지급과 관련하여, 소비자는 사용하기 간편하고 안전한 대금지급 장치와 그러한 장치에 적용되는 보안 수준에 관한 정보를 제공받아야 하고, 지급제도의 무권한사용 또는 사기적 이용에 따른 배상책임의 제한과 환불(chargeback) 장치는 소비자의 신뢰성을 제고하는 강력한 수단이 되며 전자상거래 환경 아래에서 그 발전 및 사용이 장려되어야 한다고 규정하고 있다(동 지침 Ⅴ). 또 분쟁해결절차와 프라이버시에 대하여도 규정하고 있다(동 지침 Ⅵ, Ⅶ).

3. 유럽연합

유럽연합(EU)은 미국 주도의 e-비즈니스 정책에 대하여 독자적인 대응방안을

24) U.N. Doc. A/CN.9/SER.B/1, N.Y.: U.N. Publication, 1987.
25) UNCITRAL YEARBOOK, U.N. Doc. A/47/17, Vol.XXⅢ: 1992, N.Y.: UN, 1994, Annex Ⅱ.
26) UNCITRAL Model Law, Article 1, footnote ** 참조.
27) http://www.oecd.org/dataoecd/18/13/34023235.pdf.

마련하고 있다. 유럽의회(European Parliament)는 1997년 4월에 "전자상거래에 있어서 유럽의 이니시어티브"(European Initiative in Electronic Commerce)28)를 채택하고, 전세계적인 시장의 접근 보장: 기반구조, 기술 및 서비스(제2장), 적절한 법적인 틀의 설정(제3장)과 적절한 기업 환경의 확충(제4장)을 제안하였다.

유럽연합은 2003년 1월에 "eEurope 2005"29)를 채택하고, 경쟁가격 및 안전한 정보인프라에 의한 광역접근(broadband access)의 폭넓은 이용을 통하여 현대적 공공서비스와 e-비즈니스를 위한 다양한 환경을 개발하는 정책을 추진하였다. 이어서 2005년 6월에는 "i2010"30)을 채택하여 정보사회 및 미디어분야에 있어서 주요한 도전 및 발전을 도입하기 위한 정책기반으로 삼아, 공개적이고 경쟁적인 디지털경제를 장려하고 정보통신기술(ICT: Information and Communication Technology)을 삶의 내포 및 질의 동력으로 강조하고 있다.

유럽연합의 법제는 유럽연합 각료이사회(Council of the European Union)의 지침(Directive)으로 공표되고 있는데, 이 지침은 유럽위원회(European Commission)가 초안을 마련하고 유럽의회를 거쳐 각료이사회에서 확정된다.

전자금융거래에 관한 각료의사회의 주요 지침으로는 '전자상거래지침,'31) '전자서명지침,'32) '전자화폐업무 지침,'33) '격지자간계약에 관한 소비자보호지침,'34) 프라이버시보호지침35) 등을 들 수 있다.

---

28) COM(97)0157 of 15 April 1997. 이 정책제안은 전자상거래에 관하여 유럽 공동체가 취해야 할 행동에 대하여 일관성 있는 정책적 틀을 제공하고, 국제적인 협상을 통하여 전세계적으로 일치된 의견을 도출하는 과정에 있어서 유럽의 공통적인 입장을 수립하는 것을 목적으로 함을 천명하고 있다.

29) Council Resolution on the implementation of the eEurope 2005 Action Plan, http://ec.europa.eu/information_society/eeurope/2005/index_en.htm.

30) i2010 - A European Information Society for growth and employment, http://ec.europa.eu/information_society/eeurope/i2010/index_en.htm.

31) Directive 2000/31/EC of 8 June 2000 on certain legal aspects of information society services, in particular electronic commerce, in the Internal Market(Directive on electronic commerce).

32) Directive 1999/93/EC of 13 December 1999 on a Community framework for electronic signatures.

33) Directive 2000/12/EC of the European Parliament and of the Council of 20 March 2000 relating to the taking up and pursuit of the business of credit institutions.

34) Directive 97/7/EC of 20 May 1997 on the protection of consumers in respect of distance contracts.

35) Directive 95/46/EC of the European Parliament and of the Council of 24 October 1995 on the protection of individuals with regard to the processing of personal data and on the free

회원국들은 각료이사회의 지침에서 정한 기일까지 국내의 법률, 규칙 및 행정적 규정을 마련하여야 하며, 유럽위원회는 회원국의 입법조치를 감사하고 유럽의회와 각료이사회에 보고를 한다.

Ⅱ. 주요국가의 입법

1. 미 국

미국은 전자금융거래, 특히 전자지급거래에 대하여 모범적인 입법을 하고 있다. 전자지급거래 중 소비자 자금이체는 전자자금이체법(Electronic Fund Transfer Act of 1978: EFTA)[36]과 규칙 E(Regulation E on Electronic Fund Transfers)[37]에 의하여 규율되고,[38] 대량 자금이체 또는 금융기관간의 자금이체는 통일상법전(Uniform Commercial Code: UCC) 제4A편(자금이체)과 규칙 J(Regulation J on Funds Transfers through Fedwire)[39]에 의하여 규율된다.

(1) 전자자금이체법 및 규칙 E

전자자금이체법(EFTA)은 전자자금이체제도 참가자들의 권리·의무 및 책임을 설정하는 기본적 틀(basic framework)을 규정하는 것을 목적으로 하지만, 그 주된 목적은 소비자(consumer)의 권리를 규정하는 데에 있다.[40] 이 법은 전자자금이체라는 거래를 중심으로 하여 당사자의 권리·의무 및 책임을 규율하고 있다. 이 법은 전자자금이체의 정의 및 범위, 접근장치(access device)의 발급, 오류정정의 절차, 무권한이체에 대한 소비자의 책임제한, 금융기관의 책임, 공시, 기록, 소비자보호를 위한 특별규정 등 실질적인 문제를 규정하고 있음은 물론, 행정적 시

---

movement of such data.

36) Title Ⅸ of Pub. L. No.95-630(1978), 15 U.S.C. § 1693 et seq.(1982). 법은 '금융기관규제 및 이율규제법'(1978)의 일부로서 성립하였고 소비자신용보호법(1968) 제9편에 편입되어 있다.

37) 12 C.F.R. pt. 205.

38) Ellis & Greguras, *The EFTA and Regulation E* 참조.

39) 12 C.F.R. pt. 210. 원래의 제목은 Collection of Checks and Other Items by Federal Reserve Banks and Funds Transfers through Fedwire (Regulation J)이다.

40) EFTA § 902(b).

행조치와 형사책임에 관하여도 규정하고 있다.

각주에서 제정된 전자자금이체 관련법은 연방의 전자자금이체법에 위반되지 않는 범위 내에서 적용된다. 그리고 국제간 케이블이체와 같이 공유된 제도에 있어서는 판례법이나 사적 계약이 당사자의 권리의무를 규율하는 근거가 될 수도 있다.

전자자금이체법은 연방준비금제도 위원회(Board of Governors of the Federal Reserve System: FRB)에 동법의 목적을 달성하기 위한 규칙을 제정할 수 있는 폭넓은 권한을 부여하였다. 이에 따라 동법은 규칙 E에 의하여 보충되고 있다. 연방준비금제도는 규칙 E에 관하여 정기적으로 문답식의 '공식주석'(Official Staff Commenary on Regulation E)을 작성하고 있다.

(2) 통일상법전 제4A편 및 규칙 J

통일상법전(UCC) 제4A편은 대량 자금이체에 적용된다. 이 법의 적용을 받는 자금이체는 "지시의 수취인에게 지급을 할 목적으로 지시인의 지급지시로써 개시되는 일련의 거래"로 정의되고 있다.[41] 이 법은 전자자금이체법(EFTA)에 의하여 규율되는 자금이체에는 적용되지 아니한다.[42]

연방전신망(Fedwire)을 통한 자금이체는 연방준비금제도 위원회의 규칙 J에 의하여 규율된다. 규칙 J는 자금양도인(transferor)과 자금양수인(transferee)에 대하여만 적용되는데, 자금양도인 및 자금양수인은 회원은행과, 준비은행에 계좌를 보유하고 있거나 준비은행의 계좌를 이용하는 기타의 자로 정의되어 있다.[43] 규칙 J는 연방전신망을 통한 이체의 절차,[44] 지급의 완결성,[45] 준비은행의 책임[46] 등을 규정하고 있다.

2. 영 국

영국에서는 2000년 금융서비스 및 시장 규제법(Financial Services and Markets

---

41) UCC § 4A-104 (a) para. 1.
42) UCC § 4A-108.
43) 12 C.F.R. § 210.26(f), (g).
44) 12 C.F.R. § 210.21-210.34.
45) 12 C.F.R. § 210.36.
46) 12 C.F.R. § 210.38.

Act 2000: FSMA)을 제정하여, 금융서비스산업에 대한 규제기구인 금융감독청(Financial Services Authority)을 창설하고 이 기구에 금융서비스 및 시장에 대한 감독권을 일임하였다. 금융위원회는 재무부장관이 임명하는 위원으로 구성하며, 금융감독정책을 총괄한다. 금융감독청은 민간독립기관으로서 금융위원회의 지시를 받아 금융감독업무를 수행한다.

금융감독청은 '전자화폐발행자의 규제안'(The Regulation of Electronic Money Issuers, December 2001)을 마련하는 등 우리나라의 금융감독원과 같은 지위를 가지고 같은 활동을 하고 있다.

3. 덴마크

덴마크는 1984년 지급카드법(The Danish Payment Cards Act)을 제정하여 시행하고 있었는데, 지급거래 환경의 변화와 유럽의회 지침을 반영할 필요에서 2000년 5월 지급수단법(Act on Certain Payment Instruments Act: CPIA)[47]을 제정하고 기존의 지급카드법을 폐지하였다.

지급수단법은 지급거래를 하는데 사용되는 지급수단 중 ① 특정 보유자와 관련된 현금카드 및 지급카드, ② 특정 보유자와 관련되고 전자적 판독이 가능한 기타의 유형적 확인수단, ③ 이용자 확인을 목적으로 하는 암호 또는 생체표지 및 ④ 발행자가 보유자의 청구에 따라 결제할 책임을 지는 전자등록채권에 적용된다.[48] 이 법은 일반적인 입법례가 지급카드와 신용카드에 대하여 별도로 규정하고 있는 것과 다르고, 또 전자등록채권을 포함하고 있는 것이 특징이다. 포괄적인 입법을 하고 있는 점에서 우리나라의 전자금융거래법과 같다.

이 법은 지급수단의 무권한사용에 대한 책임, 지급거래의 불이행·부적절한 이행 등 의무불이행에 대한 책임과 지급시스템의 운영에 관한 비용 부담의 문제를 자세하게 규정하고 있다.[49]

---

47) Act No. 414 of 31 May 2000.

48) CPIA § 1(2).

49) CPIA §§ 11, 12, 14, 15.

4. 독 일

독일은 1999. 7. 21 민법전(BGB)을 개정하고 자금이체에 관한 규정을 신설하였는데(BGB §§ 676a~676h: 이하 "자금이체법"이라 한다), 민법전에 자금이체법을 삽입하게 된 배경은 유럽연합의 경제공동체·통화공동체의 세 번째 단계로서 외국간 자금이체에 관한 1997. 1. 17의 유럽공동체지침(97/5/EG)과 부분적으로는 지급제도와 유가증권교부제도에서의 결제의 효력에 관한 1998. 5. 19의 유럽공동체지침(98/26/EG)을 국내법에 수용하기 위한 것으로 이해되고 있다.[50]

독일의 자금이체법은 일종의 사무처리계약으로서 자금이체계약, 지급계약, 지로계약 등의 계약유형을 설정하고 당사자 사이의 법률관계를 규율하고 있다. 이 중 지급이체계약(Zahlungsvertrag)[51]은 자금이체를 처리하는 금융기관 사이의 법률관계를 규율하기 위하여 지로계약 대신에 새로 도입한 개념이다.

5. 오스트레일리아

오스트레일리아는 지급시스템(규제)법(Payment Systems(regulation) Act 1998)과 지급시스템·결제법(Payment Systems and Netting Act 1998)을 제정하고 있다.

또 증권투자위원회(Australian Securities and Investment Commission)에서는 전자자금이체 실무규약(Electronic Funds Transfer Code of Conduct, 2001. 4. 1)[52]을 제정하여 은행들에게 채택을 권고하고 있다. 거의 대부분의 은행 및 전자금융업자가 실무규약에 가입하고 있으며, 독립위원회인 규약준수감독위원회(Code Compliance Monitoring Committee)[53]가 실무규약의 위반 여부를 조사·감독하고 있다.

---

50) 자세한 것은 鄭敬永, "獨逸 資金移替法에 관한 硏究," 인터넷법률, 제6호(2001. 5), 59쪽 이하 참조.

51) BGB §§ 676d, 676e.

52) 이 실무규약은 3편으로 구성되었으며, 제A편은 전자자금이체의 이용자와 계좌금융기관 사이의 관계를 규율하고, 제B편은 가치저장시설 및 가치저장거래에 있어서 소비자보호를 규정하며, 제C편은 프라이버시·전자통신·관리 및 조사를 규정하고 있다.

53) http://www.bankcodecompliance.org/

제 5 절 전자금융거래법의 법원과 적용범위

Ⅰ. 전자금융거래법의 법원

전자금융거래법의 법원으로는 「전자금융거래법」, 전자증권거래 관련법, 「전자거래기본법」, 「전자서명법」, 금융감독 관련법, 정보통신망 관련법, 소비자보호법 등을 들 수 있다. 그 외에 전자금융거래에 관한 약관은 법원은 아니지만, 계약에 편입되어 전자금융거래를 규율하는 기준이 될 수 있다.[54)]

1. 전자금융거래법

전자금융거래법의 가장 중요한 법원은 「전자금융거래법」(2006. 4. 28 법률 제7929호)이다.

우리나라에서는 전자금융거래법이 제정되기 이전에 전국은행연합회에서 제정한 '전자금융거래 기본약관'이 공정거래위원회의 심사를 거친 표준약관으로서 2001년부터 시행되고 있었다.[55)] 그런데 인터넷뱅킹 등 전자금융거래가 확산되고 전자화폐 등 새로운 전자지급수단이 출현함에 따라, 전자금융거래의 법률관계를 명확히 하고 전자금융업에 대한 국가적 감독을 확립함으로써 전자금융거래의 안전성과 신뢰성을 확보할 필요성이 긴요하게 되었다.

2001년 국회에서는 전자지급·결제에 관한 입법이 추진되었으나, 같은 해 10월 당정협의에서 지급·결제는 금융제도·정책과 밀접하게 관련되므로 정부가 전자금융거래에 관한 법률을 국회에 제출하기로 합의하였다. 2001년 11월 이후 재정경제부는 금융감독위원회, 금융감독원, 한국은행, 금융결제원, 정보통신부, 한국금융연구원 등 관계기관의 실무자와 학자들로 전자금융거래법 제정을 위한 작업반을

---

54) 전자금융거래에 관한 표준약관으로는 '전자금융거래 기본약관,' '전자보험거래 표준약관,' '전자상거래(인터넷사이버몰) 표준약관' 등이 있다.

55) 전자금융거래 기본약관은 손진화, "전자자금거래 은행표준약관(안) 연구보고서"(1997. 6)[전국은행연합회, 전자자금거래 은행표준약관 제정보고서(1997. 10), 23~169쪽]를 기초로 작성되었다.

구성하고, "전자금융거래기본법 제정에 관한 연구"[56]를 기초로 전자금융거래법안 작성을 위한 작업을 추진하였다. 2002년 9월에는 한국금융연구원에서 "전자금융거래법 제정방향"이라는 주제로 공청회가 개최되었다.[57]

재정경제부는 공청회에서 제시된 의견과 관련 업계의 의견을 종합하여 전자금융거래법 제정안을 작성하고 입법예고하였다(2002. 10. 8). 이 제정안은 2003. 8. 25 국회에 제안되어 2003. 8. 27 재정경제위원회에 회부되고 공청회가 개최되었으나,[58] 동 위원회는 법안의 통과를 유보하였고 제16대 국회 종결로 자동폐기되었다. 재정경제부는 기존 법안 중 일부를 수정하여 재입법을 추진하고자 전자금융거래법 제정안을 다시 입법예고하였다(2004. 8. 30). 이 수정 법률안은 2005. 1. 11 국회에 제안되어 2005. 1. 12 재정경제위원회에 회부되었으며, 동 위원회에서 공청회가 개최되었다.[59] 이 법률안은 2006. 2. 21 국회 재정경제위원회에서 일부 수정된 후 2006. 4. 6 국회 본회의에서 통과되었으며, 2006. 4. 28 법률로 공포되었다.[60]

전자금융거래법은 전자금융거래에 관한 실체법과 전자금융업에 관한 기업규제법이 혼합된 성격의 법으로서, 전문 51개조와 부칙으로 이루어져 있다. 전자금융거래법 시행령(2006. 12. 29, 대통령령 제19783호)은 전자금융거래법에서 위임된 사항과 그 시행에 관하여 필요한 사항을 규정하고 있다.

2. 전자증권거래 관련법

증권거래의 전자화 현상에 따라 전자증권거래에 관한 법률이 제정 또는 개정되고 있다. 「전자어음의 발행 및 유통에 관한 법률」(2004. 3. 22, 법률 제7197호: 이하 "전자어음법"이라 한다)은 전자어음을 규율하고, 또 전자수표의 발행 및 유통에 관한 법률안이 국회에 제출되어 있다. 상법 회사법 개정안에 의하면 주식·사채의 전자등록에 관한 규정이 신설될 예정이고, 상법 해상법 개정(2007. 7. 3 국회 의결)에 의하여 전자선하증권 제도가 신설되었다. 그 밖의 전자증권거래 및 전자증권업

56) 손진화·정경영, "전자금융거래기본법 제정에 관한 연구"(재정경제부, 2002. 2).
57) 재경부 공청회자료, "전자금융거래법 제정방향"(한국금융연구원, 2002. 9. 12).
58) 국회 재정경제위원회, "전자금융거래법안(정부제출)에 관한 공청회"(2003. 10. 29).
59) 국회 재정경제위원회, "전자금융거래법안에 관한 공청회"(2005. 6. 17).
60) 전자금융거래법의 입법과정에 관하여는 이용준, "전자금융거래법안의 입법과정," 금융법연구, 제1권 제1호(2004. 6) 참조.

무에 관하여는 전자금융거래법, 자본시장통합법 등이 적용된다.

3. 전자거래기본법

「전자거래기본법」(2005. 3. 31 법률 제7440호)은 전자금융거래에 관한 사항을 규정하고 있지 않으나,[61] 전자금융거래법상의 개념 및 전자문서의 사용에 대하여는 전자거래기본법의 대부분의 규정이 적용된다. 즉, 전자거래기본법은 전자금융거래법이 규정하는 전자문서의 정의의 기초로 되고(제2조 제9호, 電去 제2조 제10호), 전자문서의 사용에 관한 규정이 적용되며(제5조 제1항, 電去 제4조~제7조, 제9조, 제10조), 전자채권의 요건 중의 하나로서 전자문서의 송신·수신이 적용된다는 점에서(제2조 제16호 마., 電去 제6조 제1항·제2항) 전자금융거래법의 법원이 된다.

4. 전자서명법

「전자서명법」(2005. 3. 31 법률 제7428호)은 접근매체의 요건(제2조 제10호 나., 電署 제2조 제4호·제7호), 전자채권의 성립요건 및 양도의 대항요건으로서 공인전자서명·시점확인(제2조 제16호 다., 제20조, 電署 제2조 제3호, 제20조), 안전성 확보의무를 위한 인증방법 기준을 정함에 있어서 공인인증서의 사용(제21조 제3항, 電署 제2조 제8호)의 근거가 되는 점에서 전자금융거래법의 법원이 된다.

5. 금융감독 관련법

금융감독 관련법으로는 「한국은행법」, 「은행법」, 「여신전문금융업법」, 자본시장통합법, 「금융위원회의 설치 등에 관한 법률」(2008. 2. 29, 법률 제8863호), 금융위원회의 '전자금융감독규정'·'여신전문금융감독규정'·'금융기관 검사 및 제재에 관한 규정' 등이 있다. 이들 법규는 전자금융업무를 제공하는 금융기관 및 전자금융업자의 사업자적 지위와 국가적 감독 등을 규정하고 있으므로 전자금융거래법의 법원이 된다.

---

61) 그 이유는 전자금융거래에 있어서 전자지급수단은 다양하고, 또 전자금융거래는 금융기관을 경유하는 전자자금이체를 기본으로 하므로 동법에 전자금융거래에 관한 규정을 두는 것이 적합하지 않다는 고려가 작용한 것으로 보인다.

6. 정보통신망 관련법

정보통신망 관련법 중 「정보통신망이용촉진 및 정보보호 등에 관한 법률」(2006. 3. 24 법률 제7917호: 이하 "정보통신망이용촉진법"이라 한다), '개인정보보호지침', '정보통신서비스 정보보호지침' 등은 전자금융거래의 기초가 되는 정보처리시스템 및 개인정보보호 등과 관련하여 전자금융거래법의 법원이 된다.

7. 소비자보호법

「전자상거래 등에서의 소비자보호에 관한 법률」(2005. 3. 31 법률 7487호: 이하 "전자상거래소비자보호법"이라 한다), 「약관의 규제에 관한 법률」(이하 "약관규제법"이라 한다), 『소비자기본법』, '전자상거래소비자보호지침' 등은 전자금융거래의 이용자보호와 관련하여 전자금융거래법의 법원이 될 수 있다.

Ⅱ. 전자금융거래법의 적용범위

전자금융거래법은 다른 법률에 특별한 규정이 있는 경우를 제외하고 모든 전자금융거래에 적용한다. 다만, 금융기관 및 전자금융업자간에 따로 정하는 계약에 따라 이루어지는 전자금융거래 가운데 대통령령이 정하는 경우에는 이 법을 적용하지 아니한다(제3조 제1항). 이 규정에 따라 다음의 거래에는 이 법을 적용하지 아니한다(令 제5조).

① 결제중계시스템(제2조 제6호)을 이용하는 전자금융거래

"결제중계시스템"이라 함은 금융기관과 전자금융업자 사이에 전자금융거래정보를 전달하여 자금정산 및 결제에 관한 업무를 수행하는 금융정보처리운영체계를 말한다(제2조 제6호). 금융결제원이 운영하는 어음교환시스템, 거래소가 운영하는 유가증권시장결제시스템 등이 대표적인 예이며, 각 시스템의 운영규칙에 의하여 규율된다.

② 한국은행이 운영하는 지급결제제도(韓銀 제81조 제1항)를 이용하는 전자금융거래

한국은행이 운영하는 지급·결제제도로는 한국은행금융결제망(BOK-Wire)이

있으며, '한국은행금융결제망 전산업무 운영절차'와 금융통화위원회의 '지급결제제도 운영 관리규정'에 의하여 규율된다.

전자금융업무의 감독(제5장)의 규정은 우체국예금·보험에 관한 법률에 따른 체신관서와 새마을금고법에 따른 새마을금고 및 새마을금고연합회에 대하여는 이를 적용하지 아니한다(제3조 제2항).

전자금융거래법은 외국인 또는 외국법인에 대하여 상호주의를 채택하고 있다. 즉, 전자금융거래법은 외국인 또는 외국법인에 대하여도 적용한다. 다만, 대한민국 국민 또는 대한민국 법인에 대하여 이 법에 준하는 보호를 하지 아니하는 국가의 외국인 또는 외국법인에 대하여는 그에 상응하여 이 법 또는 대한민국이 가입하거나 체결한 조약에 따른 보호를 제한할 수 있다(제4조).

〈참고문헌〉

1. 국내문헌

鄭東潤, 「商法(上)」, 개정증보판, 법문사, 2003.
鄭燦亨, 「商法講義(上)」, 제11판, 박영사, 2008.

국회 재정경제위원회, "전자금융거래법안(정부제출)에 관한 공청회"(2003. 10. 29)
국회 재정경제위원회, "전자금융거래법안에 관한 공청회"(2005. 6. 17).
김성숙, "전자금융거래와 소비자보호"(한국소비자보호원, 2000).
손진화, "전자금융거래법 입법상의 쟁점과 전망," 商事判例硏究, 제18집 제4권(2005. 12).
손진화, "전자자금거래 은행표준약관(안) 연구보고서"(1997. 6), "전자자금거래 은행표준약관 제정보고서"(전국은행연합회, 1997. 10).
손진화, "전자지급거래에 있어서 소비자보호," 인터넷법연구, 제1호(2002. 6).
손진화, "주식 등의 전자등록제도의 도입방안," 商事法硏究, 제22권 제3호(2003. 10).
손진화·정경영, "전자금융거래기본법 제정에 관한 연구"(재정경제부 제출 연구보고서, 2002. 2).
이용준, "전자금융거래법안의 입법과정," 금융법연구, 제1권 제1호(2004. 6).
재경부 공청회자료, "전자금융거래법 제정방향"(한국금융연구원, 2002. 9. 12).
전국은행연합회, "전자자금거래 은행표준약관 제정보고서"(전국은행연합회, 1997. 10).
鄭敬永, "獨逸 資金移替法에 관한 硏究," 인터넷법률, 제6호(2001. 5).
정경영, "무권한 전자금융거래에서 금융기관의 책임," 금융법연구, 제3권 제1호(2006. 9)
정찬모 등, "인터넷 증권거래의 법제도적 기반에 관한 연구"(정보통신정책연구원, 1999).

2. 외국문헌

Bollier, David, *The Future of Electronic Commerce*, Washington, D.C.: Aspen Institute, 1996.
Dorn, James A., ed., *The Future of Money in the Information Age*, Washington D.C.: Cato Institute, 1997.
Banks, Erik, e-Finance: *The Electronic Revolution*, Chichester: John Wiley & Sons, 2001.
Ellis, Martin B. & Greguras, Fred M., *The Electronic Fund Transfer Act and Federal Reserve Board Regulation E: A Compliance Guide for Financial Institutions*, N.J.: Prentice-Hall, 1983.
Ford, Warwick & Baum, Michael S., *Secure Electronic Commerce*, N.J.: Prentice-Hall, 1997.
OECD, *Information Networks and New Technologies: Opportunities and Policy*

Implications for 1990s, Paris: OECD, 1992.
UNCITRAL, *Legal Guide on Electronic Funds Transfers*, U.N. Doc. A/CN.9/SER.B/1, N.Y.: U.N. Publication, 1987.
UNCITRAL YEARBOOK, U.N. Doc. A/47/17, Vol.ⅩⅩⅢ: 1992, N.Y.: UN, 1994, Annex Ⅱ.

Katsh, M. Ethan, Cybertime, Cyberspace and Cyberlaw, 1995 J. ONLINE L. art. 1.
OECD Guideline for consumer Protection in the Context of Electronic Commerce, http://www.oecd.org/dataoecd/18/13/34023235.pdf.

제 2 장 전자금융거래 통칙

제 1 절 총 설

제 2 절 거래당사자의 기본적 권리의무

제 3 절 전자금융보조업자의 법적 지위

제 2 장 전자금융거래 통칙

제 1 절 총 설

전자금융거래는 다양한 전자지급수단에 의한 거래를 포함하므로 이들 거래에 관하여 공통된 원칙을 확립하여 법적 규율의 통일과 조화를 도모할 필요가 있다. 이에 따라 전자금융거래법은 전자금융거래계약과 거래지시라는 기초개념을 도입하고(제2조 제7호 · 제17호), 거래당사자의 권리 · 의무와 책임에 관한 통칙을 두고 있다(제2장 제1절).

Ⅰ. 전자금융거래계약

1. 전자금융거래계약의 의의

전자금융거래계약은 이용자가 「전자금융거래를 위하여 전자금융사업자와 체결한 계약」으로서(제2조 제7호), 이용자의 거래지시를 처리하여 전자금융거래의 효력을 발생하게 하는 것을 목적으로 한다.

전자금융거래계약은 이용자가 전자금융사업자에 대하여 거래지시를 할 수 있는 근거를 제공하고, 전자금융거래 당사자의 권리 · 의무 및 책임을 정하는 기초가 되는 계약이다. 전자금융거래계약에 의하여 전자금융사업자는 전자금융업무를 제공하고 이용자는 이를 이용할 수 있게 된다. 전자금융사업자는 전자금융거래 서비스를 제공하고 수수료를 받는 것이 보통이지만, 무상으로 제공하는 경우도 있다.

전자금융거래계약은 서면에 의하여 체결될 수도 있고, 전자적인 방법에 의하여 체결될 수도 있다. 전자금융거래계약이 전자적인 방법에 의하여 체결되는 경우에는 소위 "전자적 의사표시"가 개입하므로 의사표시의 특수성을 고려하여야 할 것이다.[1)]

전자금융거래계약은 전자금융거래의 유형에 따라 전자지급거래계약(제12조), 전자증권거래계약, 전자보험거래계약 등으로 나눌 수 있다.

〈전자금융거래계약의 종류〉

전자금융거래계약의 종류를 살펴보면 다음과 같다.

(가) 전자지급거래계약의 경우

전자지급거래계약은 이용되는 전자지급수단에 따라 전자자금이체계약, 직불전자지급거래계약, 전자화폐거래계약, 선불전자지급거래계약 등으로 나눌 수 있다.

(나) 전자증권거래계약의 경우

전자증권거래계약은 거래의 대상에 따라 전자어음거래계약, 전자채권거래계약, 전자등록거래계약, 전자선하증권거래계약, 인터넷 증권거래계약 등으로 나눌 수 있다.

(다) 전자보험거래계약의 경우

전자보험거래계약은 전자보험계약의 체결, 보험료·보험금의 지급을 위한 계약 등으로 나눌 수 있다.

2. 전자금융거래계약의 법적 성질

전자금융거래계약은 이용자가 개별적인 거래지시를 하기 위한 기초가 되는 계약이다. 전자금융거래계약은 이용자가 전자금융사업자에게 전자금융업무의 처리를 위탁하는 위임계약이고 동시에 고용계약·도급계약의 요소를 가지고 있다. 또 전자금융업무 처리의 대가로서 수수료를 받는 경우에는 유상의 쌍무계약이고, 수수료를 받지 않는 경우에는 무상계약이며, 이용자가 전자금융업무 처리를 위탁하는 기간에 제한이 없는 경우에는 계속적 채권관계에 속한다.

거래지시는 전자금융거래계약을 기초로 행하여지므로(附從性) 전자금융거래계약이 무효·취소되거나 해제된 경우에는 그 효력이 없다.

---

1) 吳炳喆, 「電子去來法」, 전정판, 법원사, 2000, 130쪽 이하 참조.

3. 전자금융거래계약에 대한 규율

전자금융거래법은 전자금융거래계약에 관하여 포괄적인 개념을 간접적으로 규정하고 있고(제2조 제7호), 그 유형 중 전자지급거래계약에 관하여 그 효력을 규정하고 있을 뿐이다(제12조). 이는 전자금융거래계약의 유형이 다양하여 공통적인 법원칙을 규정하기 어렵기 때문이다.

전자금융거래계약에는 계약 일반에 적용되는 민법, 약관규제법 및 전상거래소비자보호법 등이 적용될 수 있다. 그러나 약관상의 전자금융거래계약에 관한 규정은 경제적 강자인 전자금융사업자에게 유리하게 되어 있는 것이 보통이므로 기업간 거래의 경우를 제외하고는 경제적 약자인 이용자의 이익을 보호할 필요가 있다. 약관규제법은 고객에게 부당하게 불리한 조항 등 신의성실의 원칙에 반하여 공정을 잃은 약관조항을 무효로 하고 있다는 점에 유의할 필요가 있다(約規 제6조 참조).

Ⅱ. 거래지시

거래지시는 「이용자가 전자금융거래계약에 따라 전자금융사업자에게 전자금융거래의 처리를 지시하는 것」을 말한다(제2조 제17호). 거래지시는 이용자가 전자금융거래계약에 기초하여 개별적인 전자금융거래의 처리를 위탁하는 것이다. 전자자금이체에 있어서 지급인의 지급지시(paying order)와 수취인의 추심지시(drawing order)가 그 예이다(제2조 제12호 참조).

거래지시는 전자금융사업자에 대하여 하는 것이므로 상대방 있는 단독행위이다. 대리권 없는 무권한자가 거래지시를 한 경우에는 이용자가 이를 추인하지 아니하면 효력이 없다(民 제130조). 이 규정은 무권한자의 거래지시 당시에 상대방이 무권한자의 대리권 없는 행위에 동의하거나 그 대리권을 다투지 아니한 때에 한하여 적용되며, 무권한자에 대하여 그 동의를 얻어 단독행위를 한 때에도 같다(民 제136조). 무권한자가 그 대리권을 증명하지 못하고 또 본인의 추인을 얻지 못한 때에는 상대방의 선택에 좇아 계약의 이행 또는 손해배상의 책임이 있다(民 제135조 제1항). 다만, 상대방이 대리권 없음을 알았거나 알 수 있었을 때 또는 무권한자가 행위능력이 없는 때에는 이 규정을 적용하지 아니한다(民 제135조 제2항).

〈거래지시의 방식〉

거래지시는 전자금융거래의 유형에 따라 다양한 방식으로 나타난다.

(가) 전자지급거래의 경우

거래지시는 이용자가 전자지급거래계약에 기초하여 개별적인 전자지급거래의 처리를 위탁하는 것을 말하며, 지급인의 지급지시와 수취인의 추심지시가 대표적인 예이다.

(나) 전자증권거래의 경우

거래지시는 각 거래유형에 따라 전자어음·수표의 등록·배서·지급제시·소구를 위한 전자문서의 송신, 전자채권의 발행·지급제시·양도의 전자적 방법에 의한 지시, 주식·사채의 발행등록·양도·질권설정의 전자적 방법에 의한 지시, 주식 매도·매수·인수의 청약의 전자적 방법에 의한 지시, 전자선하증권의 발행등록·배서의 전자적 방법에 의한 지시 등으로 나타난다.

(다) 전자보험거래의 경우

거래지시는 보험계약의 체결, 보험금의 지급 등을 위한 전자적 방법에 의한 지시로 나타난다.

제 2 절 거래당사자의 기본적 권리의무

Ⅰ. 전자문서의 사용

1. 전자거래기본법 규정의 적용

전자금융거래는 비대면거래로서 개시단계, 처리단계와 종결단계에서 전자금융거래계약·거래지시 등이 전자문서에 의하여 행하여지는 경우가 많다. 전자금융거래법은 "전자문서"를 전자거래기본법 제2조 제1호의 규정에 따른 작성, 송신·수신 또는 저장된 정보라고 규정하여(제2조 제9호), 전자거래기본법상의 전자문서의 정의에 따르고 있다. 이에 따라 전자금융거래에 사용되는 전자문서에 대하여는 전자거래기본법의 전자문서에 관한 규정 중 수신한 전자문서의 독립성(電去 제8조)에 관한 규정을 제외한 규정이 모두 적용된다(電去 제5조 제1항). 전자거래기본법 중 전자금융거래에 적용되는 전자문서에 관한 규정의 내용은 다음과 같다.

(1) 전자문서의 효력

전자문서는 다른 법률에 특별한 규정이 있는 경우를 제외하고는 전자적 형태로 되어 있다는 이유로 문서로서의 효력이 부인되지 아니한다(제5조 제1항, 電去 제4조 제1항). 따라서 전자금융거래에 사용되는 전자문서는 일반 종이문서와 동일한 법적 효력이 인정되며, 전자문서에 공인전자서명이 있는 경우에는 전자문서의 진정성과 무결성이 추정된다(電署 제3조 제2항).

개별 법률에서는 문서의 기록·보관·작성 등에 관하여 규정하고 있지만, 이들 행위를 전자문서로 하는 경우의 효력에 관하여는 규정하고 있지 않다. 전자문서에 의한 행위는 기본적으로 전자거래기본법에 의하여 문서로서의 효력을 가질 수 있지만, 이를 명확히 할 필요가 있다.[2] 이에 따라 전자거래기본법은 별표에서 정하고 있는 28개 법률의 56개 조항에 의한 기록·보고·보관·비치 또는 작성 등의 행위가 전자문서로 행하여진 경우 당해 법률에 의한 행위가 이루어진 것으로 본다(제5조 제1항, 電去 제4조 제2항 및 별표).

(2) 전자문서의 보관

전자문서가 다음의 요건을 갖춘 경우에는 그 전자문서의 보관으로 관계 법령이 정하는 문서의 보관에 갈음할 수 있다(제5조 제1항, 電去 제5조 제1항).

① 전자문서의 내용을 열람할 수 있을 것

② 전자문서가 작성 및 송신·수신된 때의 형태 또는 그와 같이 재현될 수 있는 형태로 보존되어 있을 것

③ 전자문서의 작성자, 수신자 및 송신·수신일시에 관한 사항이 포함되어 있는 경우에는 그 부분이 보존되어 있을 것

위의 규정을 적용함에 있어서 전자문서의 송신 또는 수신만을 위하여 필요한

---

2) 정완용, 「전자상거래법: e-비즈니스를 위한 법」, 개정판, 법영사, 2005, 39쪽.

부분에 관하여는 이를 전자문서로 보지 아니할 수 있다(제5조 제1항, 電去 제5조 제2항).

(3) 송신 · 수신의 시기 및 장소

전자문서는 수신자 또는 그 대리인이 당해 전자문서를 수신할 수 있는 정보처리시스템에 입력된 때에 송신된 것으로 본다(제5조 제1항, 電去 제6조 제1항).

전자문서는 다음의 1에 해당하는 때에 수신된 것으로 본다(제5조 제1항, 電去 제6조 제2항).

① 수신자가 전자문서를 수신할 정보처리시스템을 지정한 경우에는 지정된 정보처리시스템에 입력된 때. 다만, 전자문서가 지정된 정보처리시스템이 아닌 정보처리시스템에 입력된 경우에는 수신자가 이를 출력한 때를 말한다.

② 수신자가 전자문서를 수신할 정보처리시스템을 지정하지 아니한 경우에는 수신자가 관리하는 정보처리시스템에 입력된 때

전자문서는 작성자 또는 수신자의 영업소 소재지에서 각각 송신 또는 수신된 것으로 본다. 이 경우 영업소가 2 이상인 때에는 당해 전자문서의 주된 관리가 이루어지는 영업소 소재지에서 송신 · 수신된 것으로 본다. 다만, 작성자 또는 수신자가 영업소를 가지고 있지 아니한 경우에는 그의 상거소(常居所)에서 송신 · 수신된 것으로 본다(제5조 제1항, 電去 제6조 제3항).

(4) 작성자가 송신한 것으로 보는 경우

작성자의 대리인 또는 자동으로 전자문서를 송신 · 수신하도록 구성된 컴퓨터프로그램 그 밖의 전자적 수단에 의하여 송신된 전자문서에 포함된 의사표시는 작성자가 송신한 것으로 본다(제5조 제1항, 電去 제7조 제1항).

전자문서의 수신자는 다음의 1에 해당하는 경우에는 전자문서에 포함된 의사표시를 작성자의 것으로 보아 행위할 수 있다(제5조 제1항, 電去 제7조 제2항).

① 전자문서가 작성자의 것이었는지를 확인하기 위하여 수신자가 미리 작성자와 합의한 절차를 따른 경우

② 수신된 전자문서가 작성자 또는 그 대리인과의 관계에 의하여 수신자가 그것이 작성자 또는 그 대리인의 의사에 기한 것이라고 믿을 만한 정당한 이유가 있

는 자에 의하여 송신된 경우

위의 규정은 수신자가 작성자로부터 전자문서가 작성자의 것이 아님을 통지받고 그에 따라 필요한 조치를 취할 상당한 시간이 있었던 경우나, ②의 경우에 전자문서가 작성자의 것이 아님을 수신자가 알았던 경우 또는 상당한 주의를 하였거나 작성자와 합의된 절차를 따랐으면 알 수 있었을 경우에는 이를 적용하지 아니한다(제5조 제1항, 電去 제7조 제3항).

(5) 수신확인

작성자가 수신확인을 조건으로 하여 전자문서를 송신한 경우 작성자가 수신확인통지를 받기 전까지는 그 전자문서는 송신되지 아니한 것으로 본다. 이 경우 민법 제534조의 규정은 적용하지 아니한다(제5조 제1항, 電去 제9조 제1항).

작성자가 수신확인을 조건으로 명시하지 아니하고 수신확인통지를 요구한 경우 상당한 기간(작성자가 지정한 기간 또는 작성자와 수신자간에 약정한 기간이 있는 경우에는 그 기간을 말한다) 내에 작성자가 수신확인통지를 받지 못한 때에는 작성자는 그 전자문서의 송신을 철회할 수 있다(제5조 제1항, 電去 제9조 제2항).

(6) 작성자와 수신자간 약정에 의한 변경

작성자와 수신자는 다른 법령에 특별한 규정이 있는 경우를 제외하고는 전자거래기본법 제6조 내지 제9조의 규정과 다른 약정을 할 수 있다(제5조 제1항, 電去 제10조).

2. 수신한 전자문서의 독립성

전자금융사업자가 거래지시와 관련하여 수신한 전자문서는 각 문서마다 독립된 것으로 보되, 전자금융사업자와 이용자 사이에 전자금융거래계약에 따라 확인절차를 거치는 경우에는 그 절차에 따른다(제5조 제2항).

이는 전자거래기본법이 상당한 주의를 하였더라면 동일한 전자문서가 반복되어 송신된 것임을 알 수 있었을 경우에는 독립한 것으로 보지 아니하는 것(電去 제8조 단서 후단)과 다르다. 전자금융거래는 실시간(real time)으로 처리되고 반복적으로 행하여지는 경우가 많아 약관에 의하여 당사자 사이에 별도의 확인절차를 거치는 것이 보통인 거래관행을 반영한 것이다. 이와 관련하여 전자금융거래법은 전자적 장치를 통하여 거래내용을 확인하도록 규정하고 있다(제7조).

〈전자금융거래와 전자문서의 사용〉

전자금융거래의 각 단계에서 전자금융거래계약 · 거래지시 등이 전자문서로 행하여지는 경우가 많지만, 전자금융거래의 모든 단계에 전자문서가 사용되는 것은 아니다. 전자지급거래에서 전자지급거래계약은 전자문서에 의하여 체결되지만, 지급지시나 추심지시는 전자정보의 전송에 의한다. 전자증권거래에서 전자증권거래계약은 전자문서에 의해 체결된다. 그리고 거래지시에 관하여는 전자유가증권의 경우 전자문서의 사용에 의하여 증권의 발행 · 양도 · 권리행사 등을 하지만, 전자등록제도와 인터넷 증권거래의 경우 전자정보의 전송에 의하여 거래지시를 하여 전자문서인 전자등록부 또는 투자자계좌부(資市 제310조 제1항)에 기재, 대체기재 또는 질권설정의 기재를 한다. 전자보험거래에서 전자증권거래계약은 전자문서에 의해 체결되고, 거래지시는 전자문서의 전송에 의한다.

전자금융거래가 전자문서로 행하여지는 경우에는 수신한 전자문서의 독립성에 관한 것을 제외하고는 전자거래기본법의 전자문서에 관한 규정이 적용된다.

Ⅱ. 접근매체의 선정 · 관리 및 발급

1. 접근매체의 의의와 종류

(1) 접근매체의 의의

접근매체라 함은 「전자금융거래에 있어서 거래지시를 하거나 이용자 및 거래내용의 진실성과 정확성을 확보하기 위하여 사용되는 수단 또는 정보」를 말한다(제2조 제10호). 데비트카드(debit card), 신용카드(credit card), 인증서(certificate) 등이 대표적인 예이다.

전자금융거래에 이용되는 전형적인 접근매체는 전자지급거래에서 사용되는 데비트카드이다. 미국의 전자자금이체법(EFTA)은 전자자금이체를 개시하기 위한 카드 · 암호 기타의 계좌에 대한 접근매체를 접근수단(means of access; access device)이라고 규정하고 있는데,[3] 실제로는 데비트카드라는 용어가 많이 사용되

고 있다.[4)]

데비트카드는 전자지급거래에 있어서 지급지시를 하는데 이용되는 접근매체이다. 현금카드(cash card), 자동입출금기카드(ATM card), 직불카드(POS card) 등이 그 예이다. 데비트카드는 신용카드(credit card)에 대한 용어로서, 신용카드와 같이 신용을 창출하는 것이 아니라 계좌 사이의 자금이체를 가능하게 하는 점에 특징이 있다. 신용카드 거래에 있어서는 상품의 대금을 지급하기 위하여 별도의 자금이체가 행하여지는 데 반하여, 데비트카드 거래에 있어서는 거래시에 은행계좌로부터 직접 자금이체가 이루어진다. 또 신용카드 거래는 보통 소비자신용거래법의 적용을 받는 데 반하여, 데비트카드 거래는 자금이체로 취급된다.[5)] 신용카드가 인터넷거래의 지급수단으로 사용될 때에는 접근매체가 될 수 있다.

최근에는 정보기술의 발전과 전자상거래의 이용 확대에 따라 인증서 · 생체정보와 같은 새로운 접근매체가 제공되고 있다.

(2) 접근매체의 종류

전자금융거래법이 규정하는 접근매체는 다음과 같다(제2조 제10호).

① 전자식 카드 및 이에 준하는 전자적 정보: 전자식카드는 거래지시를 하거나 이용자의 신원을 확인할 수 있는 대표적인 접근매체로서, 자동입출금기카드(ATM card) · 직불카드(POS card) · 체크카드(check card) · 선불카드(pre-paid card) · 신용카드(credit card) · 구매카드 등이 이에 속한다.

② 전자서명생성정보 및 인증서: 전자서명법 제2조 제4호의 전자서명생성정보 및 같은 조 제7호의 인증서를 말한다.

③ 전자금융사업자에 등록된 이용자번호: ① 또는 ②의 접근매체와 함께 또는 이에 대신하여 이용자를 식별하기 위하여 전자금융사업자에 등록된 번호를 말한다.

④ 이용자의 생체정보: 이용자의 생체 특징(홍체 · 지문 등)을 이용한 정보를 말

---

3) EFTA § 903(1); 12 C.F.R. §.205.2(a)(1).

4) M. Ellis & F. Greguras, *The Electronic Fund Transfer Act and Federal Reserve Board Regulation E: A Compliance Guide for Financial Institutions*, N.J.: Prentice-Hall, 1983, pp. 9~10.

5) OECD, *Electronic Funds Transfer: Plastic Cards and the Consumer*, Paris: OECD, 1989, p. 32; UNCITRAL, *Legal Guide on Electronic Funds Transfers*, U.N. Doc. A/CN.9/SER.B/1, N.Y.: U.N. Publication, 1987, pp. 21~22 참조.

한다. 예컨대, 스마트카드의 경우 보유자의 지문 기록을 저장하고 컴퓨터에 연결된 지문 패드에 그 지문과 일치하는 지문을 입력하여 카드를 사용하게 할 수 있다.[6)]

⑤ 위 ① 또는 ②의 수단이나 정보를 사용하는데 필요한 비밀번호(제2조 제10호 마.)

〈데비트카드, 신용카드와 선불카드〉

데비트카드는 고객이 자동입출금기(ATM) 또는 현금자동지급기(CD)에서 출금·입금·계좌이체 기타의 거래를 하거나 점포단말기(POS terminal)에서 상품 또는 서비스의 대금을 고객의 계좌로부터 상인의 계좌로 직접 이체지급하는 것을 주된 기능으로 하는 플라스틱카드를 말한다. 데비트카드는 때로는 자산카드(asset card)라고도 불리고 있다. 데비트카드는 신용카드와 같이 대변을 창출하는 것이 아니라, 계좌간의 자금이체를 가능하게 함으로써 현금을 대변(credit)에서 차변(debit)으로 옮기는 기능을 하는 점에 가장 뚜렷한 특징이 있다.

신용카드는 부여된 신용한도 내에서 상품 또는 용역을 구입하거나 미리 약정된 신용한도 내에서 현금을 인출할 수 있는 카드 기타의 신용장치를 말한다. 신용카드는 1920년대 이전에 미국에서 고안되어 주유소·백화점 등에서 이용되어 오다가 1950년대에 이르러 다목적카드가 발행되고 은행이 신용카드사업에 뛰어들면서 널리 이용되기에 이르렀다. 신용카드는 후불카드의 전형적인 예이다.

선불카드는 물품을 판매하는 상인이 소지인에 대하여 자기가 취급하는 상품 또는 용역을 급여할 뜻을 기재하여 발행한 카드를 말한다. 선불카드는 일람출급의 무기명식유가증권이다.

위의 3가지 카드는 소매거래의 지급수단으로 사용되는 점에서 같지만, 데비트카드·선불카드는 현금거래와 동일한 수단으로 사용되는데 반하여 신용카드는 신용거래의 수단으로 사용되는 점에서 다르다. 데비트카드에 신용거래 기능이 결합되는 경우 겸용카드(combination card)라고 부른다. 데비트카드와 신용카드의 관계에서 볼 때, 우리나라에서 전자지급거래에 이용되고 있는 카드는 데비트카드, 신용카드 또는 겸용카드 중의 어느 하나에 속한다.[7)]

---

6) R. J. Mann & J. K. Winn, *Electronic Commerce*, 2nd ed., N.Y.: Aspen Publishers, 2005, p. 584 참조.

7) 손진화, "데비트카드(Debit Card)의 실체와 운영" (Ⅰ)·(Ⅱ), 信用情報, 제7권 제12호(1994.

2. 접근매체의 기능

접근매체는 전자금융거래에 있어서 거래지시를 하는 수단이 되고, 아울러 전자금융거래의 진정성과 무결성을 확보하는 수단이 된다. 이용자는 접근매체를 사용하여 거래지시를 하고 전자적 장치를 통하여 제공되는 거래의 내용을 확인할 수 있으며(제7조 제1항 참조), 접근매체를 제3자에게 대여 · 사용위임을 한 경우는 물론, 이를 분실 · 도난당하여 무권한거래가 발생한 경우에는 책임을 지는 것이 원칙이다(제10조 참조). 전자금융사업자는 이용자가 접근매체를 사용하여 전자금융거래를 하는 경우에 선량한 관리자의 주의로써 이용자의 신원 및 권한을 확인한 경우(제6조 제1항 참조)에는 책임을 면한다.

3. 접근매체의 선정 · 관리

전자금융사업자는 전자금융거래를 위하여 접근매체를 선정하여 사용 및 관리하고, 이용자의 신원, 권한 및 거래지시의 내용 등을 확인하여야 한다(제6조 제1항). 전자금융거래에 있어서 접근매체는 거래지시의 수단임과 동시에 거래의 진정성과 무결성을 확보하는 수단이므로, 전자금융사업자는 이용자의 신원을 확인할 수 있고 무권한거래를 방지할 수 있는 접근매체를 선정 · 관리하여야 한다. 또 전자금융사업자는 당사자의 권리 · 의무 및 책임을 명확히 하고 오류나 무권한거래가 발생하는가 여부를 확인하기 위하여 거래내용을 확인할 의무가 있다.

4. 접근매체의 발급

접근매체의 발급에 관하여 미국의 전자자금이체법(EFTA)은 소비자의 신청이 있는 경우 또는 접근수단의 갱신 또는 대체의 경우에만 접근수단을 발급할 수 있다고 규정하고 있다.[8] 전자금융거래법도 접근매체의 발급에 관하여 미국법과 같은 기준에 따르고 있다.

전자금융사업자가 접근매체를 발급할 때에는 이용자의 신청이 있는 경우에 한하여 본인임을 확인한 후에 발급하여야 한다. 다만, 선불전자지급수단 또는 발행

3) · 제13호(1994. 4) 참조.

8) EFTA § 911(a).

권면 최고한도가 5만원 이하인 전자화폐(제16조 제1항 단서, 令 제11조 제1항)인 경우와 접근매체의 갱신 또는 대체발급 등을 위하여 대통령령이 정하는 바에 따라 이용자의 동의를 얻은 경우[9]에는 이용자의 신청이나 본인의 확인이 없는 때에도 발급할 수 있다(제6조 제2항).

5. 접근매체의 양도 · 양수 또는 질권설정의 금지

접근매체는 다른 법률에 특별한 규정이 없는 한 양도·양수하거나 질권을 설정하여서는 아니된다(제6조 제3항 본문). 접근매체의 부정사용을 막기 위한 조치이다. 다만, 선불전자지급수단이나 전자화폐의 양도 또는 담보제공을 위하여 필요한 경우에는 그러하지 아니하다(제6조 제3항 단서).

〈접근매체의 선정 · 관리와 당사자의 책임〉

전자금융거래의 당사자가 접근매체를 선정·관리에 있어서 선량한 관리자의 주의를 다하지 아니한 경우에는 이로 인하여 생긴 손해를 배상할 책임을 진다. 전자금융사업자가 무권한거래를 방지할 수 있는 접근매체를 선정·관리하여야 하며, 접근매체의 선정·관리에 과실이 있는 경우 접근매체의 위조·변조나 무권한거래가 발생하여 이용자에게 손해를 입힌 경우에는 원칙적으로 이용자의 고의·과실과 상관없이 그로 인한 손해를 배상할 책임을 진다(제9조 제1항). 한편 이용자도 접근매체의 관리에 있어서 선관주의의무를 진다. 전자금융사업자는 사고발생에 있어서 이용자에게 고의나 중과실이 있는 경우 그 책임의 전부 또는 일부를 이용자의 부담으로 할 수 있다는 취지의 약정을 미리 이용자와 체결한 때에는 면책될 수 있다(제9조 제2항 제1호).

---

9) 여기에서 "이용자의 동의를 얻은 경우"라 함은 다음에 해당하는 경우를 말한다(令 제6조).
① 갱신 또는 대체발급 예정일전 6월 이내에 사용된 적이 없는 접근매체는 그 이용자로부터 갱신 또는 대체발급에 대하여 서면(전자서명법 제2조 제3호의 규정에 따른 공인전자서명이 있는 전자문서를 포함한다)으로 동의를 얻은 경우
② 갱신 또는 대체발급 예정일전 6월 이내에 사용된 적이 있는 접근매체는 그 예정일부터 1월 이전에 이용자에게 발급 예정사실을 알린 후 20일 이내에 이용자로부터 이의제기가 없는 경우

Ⅲ. 거래내용의 확인

전자금융사업자는 이용자가 전자금융거래에 사용하는 전자적 장치(전자금융사업자와 이용자 사이에 미리 약정한 전자적 장치가 있는 경우에는 그 전자적 장치를 포함한다)를 통하여 거래내용을 확인할 수 있도록 하여야 한다(제7조 제1항).

전자금융사업자는 이용자가 거래내용을 서면(전자문서를 제외한다. 이하 같다)으로 제공할 것을 요청하는 경우에는, 그 요청을 받은 날부터 2주 이내에 거래내용에 관한 서면을 교부하여야 한다(제7조 제2항).

제공하는 거래내용의 대상기간, 종류 및 범위 등에 관한 사항은 대통령령으로 정하도록 되어 있다(제7조 제3항). 이에 따라 제공하는 거래내용의 대상기간은 각 거래기록의 보존기간으로 하며(令 제7조 제3항, 제12조 제1항), 거래내용의 종류 및 범위는 다음과 같다(令 제7조 제4항).

① 전자금융거래의 종류(보험계약의 경우에는 보험계약의 종류를 말한다) 및 금액, 전자금융거래의 상대방에 관한 정보

② 전자금융거래의 거래일시, 전자적 장치의 종류 및 전자적 장치를 식별할 수 있는 정보

③ 전자금융거래가 계좌를 통하여 이루어지는 경우 거래계좌의 명칭 또는 번호(보험계약의 경우에는 보험증권번호를 말한다)

④ 금융기관 또는 전자금융업자가 전자금융거래의 대가로 받은 수수료

⑤ 지급인의 출금 동의(제15조 제1항)에 관한 사항

⑥ 그 밖에 이용자의 전자금융거래내용 확인에 필요한 사항으로서 금융위원회가 정하여 고시하는 사항

Ⅳ. 오류의 정정

1. 서 설

오류(error)의 정의에 관하여는 입법례가 일치하지 않는다. UNCITRAL 국제지

급이체에 관한 모범법은 오류를 정의하지 않고 과소지급의 정정과 과다지급의 반환을 규정하고 있다.[10] 미국의 통일상법전(UCC) 제4A편도 오류 있는 지급지시를 규정하면서 오류를 정의하고 있지 않으나,[11] 전자자금이체법은 오류정정의 절차를 규정하면서 오류를 간접적으로 정의하고 있다.[12]

전자금융거래법은 오류를 「이용자의 고의 또는 과실 없이 전자금융거래가 전자금융거래계약 또는 이용자의 거래지시에 따라 이행되지 아니한 경우」라고 정의하고 있다(제2조 제18호). 이용자에게 고의 또는 과실이 있는 경우에는 전자금융사업자의 책임(제9조) 및 접근매체의 분실과 도난 책임(제10조)의 규정에 의하여 해결된다.

전자금융거래에 오류가 발생하고 고객이 오류정정을 요구한 경우 전자금융사업자는 오류정정을 위하여 성실한 조사 및 결정을 할 것이 요구된다.

2. 외국의 법제도

전자금융거래에 관한 외국의 입법례는 대부분 오류정정의 절차(error resolution procedure)를 규정하고 있다.

(1) UNCITRAL 모범법

UNCITRAL 모범법은 과소지급의 정정에 관하여, 수신은행이 실행한 지급지시의 금액이 수수료공제 이외의 결과로서 수신한 지급지시의 금액보다 적은 경우, 수신은행은 그 차액에 대한 지급지시를 발행할 의무가 있다고 규정한다.[13] 또 과다지급, 즉 지급이체가 완료되었지만 수신은행에 의하여 실행된 지급지시의 금액이 수신한 지급지시의 금액보다 많은 경우, 수신은행은 법률이 규정하는 바에 따라 수취인으로부터 그 차액을 회복할 권리가 있다고 규정하고 있다.[14]

---

10) UNCITRAl Model Law, Articles 15 and 16.

11) UCC § 4A-205.

12) EFTA § 908(f). 오류는 무권한 전자자금이체, 부정확한 전자자금이체, 기간계산서에 포함되어야 할 이체의 누락, 금융기관에 의한 계산상의 오류, 전자단말기로부터의 부정확한 금액의 수령, 요구되는 기록에 관한 추가정보·명세에 대한 소비자의 요구, 기타 연방준비금제도 위원회의 규칙이 정하는 오류로 구성된다고 규정하고 있다.

13) UNCITRAl Model Law, Article 15.

14) UNCITRAl Model Law, Article 16.

(2) 미 국

미국의 전자자금이체법(EFTA)은 금융기관이 이체서류·기간계산서의 송부 또는 사전수권 지급이체에 관한 통지 후 60일 이내에 소비자로부터 오류의 통지를 받은 경우, 주장된 오류를 조사하고 오류가 발생하였는가의 여부를 결정하여 그 조사 및 결정의 결과를 10일 이내에 소비자에게 통지 또는 우송하도록 규정하고 있다.[15] 또 이 절차를 준수하는 대신 오류의 통지를 받은 후 후 10영업일 이내에(무권한이체에 관하여는 적용가능한 경우 이자의 대기를 포함하여) 주장된 오류의 금액을 소비자의 계좌에 임시로 재대기하고, 그 조사의 종결 및 오류발생 여부의 결정을 45일까지 연장할 수 있다. 소비자는 오류조사의 연장기간중에 임시로 재대기된 금액을 자유로이 이용할 수 있다.[16]

또 통일상법전(UCC)은 지급지시가 오류의 발견을 위한 보안절차(security procedure)에 따라 전송되었음을 전제로 (i) 발신인이 의도하지 아니한 수취인에 대한 지급을 오류로 지시한 경우, (ii) 발신인이 의도한 금액보다 많은 금액의 지급을 오류로 지시한 경우와 (iii) 발신인이 이전에 전송한 지급지시의 복본을 전송한 경우로 나누어, 지시에 지급할 의무를 부담하지 않거나 과다지급된 금액을 수취인으로부터 회복할 수 있게 하고 있다.[17] 또 지급지시의 오류 실행의 경우에도 (i) 과다금액의 지급지시 실행이나 복본 지시를 발행한 경우, (ii) 과소금액의 지급지시 실행의 경우와 (iii) 수취인 오류의 지급지시 실행의 경우로 나누어, 수신은행 또는 오류지시의 발행자의 권리를 규정하고 있다.[18]

(3) 덴마크

덴마크 지급수단법(CPIA)은 발행자는 기록 또는 회계절차상의 오류로 인하여 보유자가 입은 손해에 대하여 그 오류가 우연한 것일지라도 책임을 진다. 지급이 이행되지 아니한 경우 또는 기록·회계절차상의 오류 및 지급거래의 불이행·부적절한 이행으로 지연된 경우 보유자는 이를 이유로 이자청구 이외의 구제는 신

---

15) EFTA § 908(a).
16) EFTA § 908(c).
17) UCC § 4A-205(a)(b).
18) UCC § 4A-303.

청할 수 없다. 결제대리인은 기록 또는 회계절차상의 오류로 인하여 보유자가 입은 손해에 대하여 그 오류가 우연한 것일지라도 책임을 진다. 그러나 결제대리인은 수취인의 조건으로 인하여 발생한 손해에 대하여는 책임이 없다.[19]

3. 전자금융거래법상 오류정정의 절차

(1) 오류정정절차 규정

전자금융거래법은 오류정정의 절차에 관하여 비교적 간단한 규정을 두고 있다. 이용자는 전자금융거래에 오류가 있음을 안 때에는 그 전자금융사업자에게 이에 대한 정정을 요구할 수 있다(제8조 제1항). 전자금융사업자는 오류의 정정요구를 받은 때에는 이를 즉시 조사하여 처리한 후 정정요구를 받은 날부터 2주 이내에 그 결과를 이용자에게 알려야 한다(제8조 제2항).

전자금융사업자는 스스로 전자금융거래에 오류가 있음을 안 때에는 이를 즉시 조사하여 처리한 후 오류가 있음을 안 날부터 2주 이내에 이용자에게 그 결과를 알려야 한다(제8조 제3항).

전자금융거래법의 오류정정의 절차는 획일적으로 2주의 기간이 부여되고 있는데, 금융기관은 필요한 경우 오류의 조사를 위하여 위에서 정한 기간보다 더 많은 기간을 필요로 할 수 있으므로 기간의 연장 및 임시대기를 규정할 필요가 있다. 또 UNCITRAL 모범법이나 미국의 통일상법전과 같이 과다지급 또는 과소지급의 경우에 구체적 처리방안을 규정할 필요가 있다.

(2) 입법적 개선방안

전자금융거래법상의 오류정정절차는 오류정정의 기간을 획일적으로 규정하고, 과다지급 또는 과소지급의 경우에 대한 처리방안을 규정하고 있지 않다. 또 이용자가 오류정정의 통지를 해야 할 기간도 규정하고 있지 않다. 이를 개선하는 방안은 이용자에 관한 것과 전자금융사업자에 관한 것으로 나누어 볼 수 있다.

첫째로, 이용자는 거래지시 후 60일 이내에 오류정정의 요구를 할 수 있게 하여 오류정정의 요구 기간을 명시하여야 할 것이다.

---

19) CPIA § 12(1)(2)(3).

둘째로, 전자금융사업자는 오류를 조사하여 처리한 후 정정요구를 받은 날부터 2주 이내에 그 결과를 이용자에게 알려야 하되, 오류의 조사를 위하여 더 많은 기간이 필요한 경우에는 오류정의 요구를 받은 날로부터 2주 이내에 주장된 금액을 이용자의 계좌에 임시로 대기하고 그 조사의 종결 및 오류발생 여부의 결정을 30일까지 연장할 수 있도록 하는 것이 적절할 것이다.

Ⅴ. 전자금융거래 당사자의 책임

1. 서 설

전자금융사업자의 의무불이행, 즉 자금이체의 불이행이나 지연의 경우에는 과실 있는 자가 책임을 져야 할 것이다. 전자금융거래에서 거래지시가 이용자에 의하여 또는 이용자에게 구속력을 미칠 권한이 있는 자에 의하여 행하여진 경우 이용자는 당연히 거래지시에 따라 권리를 가지고 책임을 진다. 그런데 전자금융거래의 과정에서 무권한거래 기타의 사고가 발생하여 이용자에게 손해가 발생하거나 이용자가 접근매체를 분실·도난당하여 손해가 발생한 때에는 전자금융사업자와 이용자 사이에 손실을 어떻게 분담할 것인지 문제이다.

전자금융거래법은 전자금융사업자의 책임에 관하여 접근매체의 위조·변조나 거래수행과정에서 발생한 사고에 대하여 원칙적으로 이용자의 고의·과실과 상관없이 손해를 배상할 책임을 지우고 있다(제9조 제1항). 다만, 이용자의 고의나 중대한 과실이 있는 경우로서 이용자와 사전약정을 체결한 경우나 기업간 거래의 경우에는 예외가 인정된다(제9조 제2항).

'전자금융거래기본법(초안)'에서는 전자금융거래 당사자의 책임에 관하여 금융기관·전자금융업자의 책임과 이용자의 책임으로 구분하고 과실책임의 원칙에 의하여 손실을 분배하되, 과실이 없었음에 대한 입증책임을 전자금융사업자가 지도록 하는 원칙이 제안되었다. 또 전자금융사업자에게 과실이 없는 경우, 전자금융사업자의 행위가 불가항력적인 사유로 초래된 경우 등에 대해서는 전자금융사업자가 면책될 수 있도록 하고, 접근장치 등을 노출하여 발생한 전자금융거래 등에 대해서는 이용자가 손실을 부담하도록 제안되었다.[20] 이에 대하여 금융기관 등은 반대하였는데, 전자금융거래법 제9조의 책임규정은 학계의 자문, 공청회, 국회 전문위원 등의 의견을 종합하여 설정된 것이다.

2. 외국의 법제도

(1) UNCITRAL 모범법

① 이체불이행에 대한 책임

UNCITRAL 모범법은 은행의 지급이체의 불이행과 지연의 효과에 대하여 다음과 같이 규정하고 있다.

지급이체가 완료되지 아니한 경우, 지시인의 은행은 지시인으로부터 수령한 금액을 수령일로부터 반환일까지의 이자와 함께 지시인에게 반환할 의무가 있다. 이 규정은 합의에 의하여 변경하지 못하나, 신중한 지시인의 은행이 지급이체에 관련된 중대한 위험 때문에 특정한 지급지시를 인수하지 않으려고 했던 경우에는 그러하지 아니하다.[21] 반환자금에 대하여 권리가 있는 지시인은 자금을 반환할 의무가 있는 은행으로부터 그 은행이 자금을 반환하지 아니한 범위에서 그 반환을 청구할 수 있다.[22]

수취은행이 아닌 수신은행은 지급이체가 이행되지 아니한 경우에는 수취인에게 지연기간 동안의 이자를 지급할 책임이 있다. 지시인은 지급이체의 이행에 있어서 지연을 이유로 수취인에게 이자를 지급한 범위 내에서 수취인이 청구할 수 있었지만 수령하지 아니한 이자의 지급을 청구할 수 있다.[23]

② 무권한지시에 대한 책임

UNCITRAL 모범법은 무권한지시의 경우 인증절차[24]의 설정을 전제로 당사자 사이에 다음과 같이 책임을 분담시키고 있다.

지급지시나 그 정정 또는 취소가 단순한 서명대조의 방법 이외의 인증에 따르

---

20) 전자금융거래기본법(초안) 제9조 및 제10조. 손진화・정경영, "전자금융거래기본법 제정에 관한 연구"(재정경제부 제출 연구보고서, 2002. 2), 15~16쪽.

21) UNCITRAl Model Law, Article 14(1)(2).

22) UNCITRAl Model Law, Article 14(5).

23) UNCITRAl Model Law, Article 17(1)(3).

24) 여기에서 "인증"(Authentication)이라 함은 지급지시나 그 정정 또는 취소가 발신인으로 표시된 자에 의하여 발행되었는가 여부를 결정하기 위하여 합의에 의하여 설정된 절차를 말한다. UNCITRAl Model Law, Article 2 (i).

는 경우, 발신인은 (a) 인증이 그 사정 하에서 무권한 지급지시에 대하여 거래상 합리적인 보안의 방법이고, (b) 수신은행이 인증을 준수한 경우에는 구속력을 받는다.[25] 그러나 발신인은 수신은행에 의하여 수신된 지급지시가 발신인의 현재 또는 이전의 피용자나 발신인과의 관계에 의하여 인증절차에 접근할 수 있는 자 이외의 자의 행위로부터 나온 것임을 증명한 경우에는 앞의 인증에 의한 구속력을 받지 아니한다. 그러나 발신명의인에 과실이 있는 때에는 그러하지 아니하다.[26]

UNCITRAL 모범법은 당사자가 상거래상 합리적인 보안방법에 의한 인증절차에 합의하고 은행이 그 인증절차를 준수한 경우에는 그 지급지시가 설사 무권한 지시라 하더라도 지시인이 책임을 지도록 하되, 인증절차에 접근할 수 없는 자에 의하여 지급지시가 행하여진 경우에는 지시인에게 과실이 없는 한 이를 증명함으로써 책임을 지지 않도록 하여, 이용자와 금융기관 사이에 손실을 적정하게 분배하고 있다.

(2) 미 국

① 이체불이행에 대한 책임

미국의 전자자금이체법(EFTA)은 자금이체의 불이행에 대하여 원칙적으로 과실책임주의에 따라 다음과 같이 금융기관에게 책임을 지우되, 일정한 경우에는 예외를 인정하고 있다.

금융기관은 다음의 사유로 인하여 근접적으로 초래된 모든 손해를 소비자에게 배상할 책임이 있다.[27]

(ⅰ) 소비자가 정당하게 지시한 경우 금융기관이 계좌의 약관 및 조건에 따라 정확한 금액 또는 적시의 방법으로 전자자금이체를 행하지 아니한 때. 다만, 소비자의 계좌에 자금이 충분하지 아니한 때 등의 경우에는 그러하지 아니하다.

(ⅱ) 금융기관이 계좌의 약관 및 조건에 따라 자금이체를 행하기에 충분한 자금을 제공할 수 있었을 예금을 소비자의 계좌에 대기하지 아니함으

---

25) UNCITRAl Model Law, Article 5(2).

26) UNCITRAl Model Law, Article 5(4).

27) EFTA § 910(a).

로써 자금 불충분으로 전자자금이체를 행하지 못한 때

(iii) 소비자가 정당하게 지시한 경우 금융기관이 계좌의 약관 및 조건에 따라 소비자의 계좌로부터의 사전수권이체의 지급정지지시를 이행하지 아니한 때

그러나 금융기관의 행위가 불가항력 또는 지배범위 밖의 사정이나 소비자에게 알려진 기술적 장애로 인하여 초래되었음을 증거의 우세에 의하여 증명한 때에는 위의 (i) 및 (ii)에 의한 책임을 지지 아니한다.[28] 또 위의 (i)에 의한 불이행의 경우에, 금융기관은 이체불이행이 고의적인 것이 아니고 선의의 과오(bona fide error)로부터 초래되었으며 그 과오를 피하기 위하여 합리적인 절차를 유지한 때에는 증명된 현실의 손해액에 대하여만 책임을 진다.[29]

한편, 시스템장애의 경우에는 소비자의 채무연기를 규정하고 있다. 즉, 제3자가 전자자금이체 수단에 의한 지급을 수령하기로 동의하였으나 소비자가 시스템장애로 인하여 제3자에게 전자자금이체를 행하지 못한 경우, 제3자에 대한 소비자의 채무는 그 장애가 보수되고 전자자금이체가 실행될 수 있을 때까지 연기된다. 그러나 제3자가 시스템장애가 발생한 후에 서면청구에 의하여 전자자금이체 이외의 수단에 의한 지급을 요구한 때에는 그러하지 아니하다.[30]

② 무권한이체에 대한 책임

(가) 전자자금이체법

미국의 전자자금이체법은 무권한이체에 대하여 소비자의 책임을 지우기 위한 전제조건으로서, 소비자는 무권한이체에 이용된 접근수단이 인수된 것이고 접근수단의 발행자가 접근수단의 사용을 확인할 수 있는 수단을 제공할 것을 규정하고 있다.[31] 무권한이체에 대한 소비자의 책임은 3단계의 구조를 취하고 있다.[32]

(a) 원칙: 무권한이체에 대한 소비자의 책임은 50달러 또는 금융기관이 무권한이체의 통지를 받거나 이를 알게 되었을 때 무권한이체에 의하여 취득된 금액 중

28) EFTA, § 910(b).
29) EFTA § 910(c).
30) EFTA § 912.
31) EFTA § 909(a) 전단, 12 C.F.R. § 205.6(a).
32) 자세한 것은 D. Baker & R. Brandel, *The Law of Electronic Fund Transfer Systems*, 2nd ed. Boston, Mass.: Warren, Gorham & Lamont, 1988, ¶ 13 참조.

적은 것을 초과할 수 없는 것이 원칙이다.[33] 이 원칙은 소비자가 접근장치의 분실 또는 도난을 안 때로부터 2영업일 이내에 금융기관에게 통지를 한 경우에 적용된다.[34]

미국의 "전자자금이체에 관한 전국위원회"는 무권한이체에 대한 소비자의 책임은 소비자가 그의 데비트카드나 비밀번호를 보관하는 데 과실이 있었는가 여부에 따라 결정해야 할 것이라고 의회에 권고하였다.[35] 그러나 미국 의회는 이 권고를 배척하고, 소비자가 데비트카드 기타 접근장치의 분실·도난이나 기간계산서의 상위를 보고하지 않은 경우를 제외하고는 소비자의 책임을 50달러로 제한하였다.

(b) 예외: 다음의 두 경우에는 무권한이체에 대한 50달러의 책임제한이 적용되지 아니한다.[36]

(i) 소비자가 접근장치의 도난 또는 분실을 안 후 2영업일 이내에 금융기관에게 통지하지 않은 경우: 이 경우에 소비자의 책임은 500달러 또는 2영업일 경과 전에 발생한 무권한이체의 금액 중 50달러까지의 금액과 2영업일 경과 후 금융기관에게 통지하기 전에 발생한 이체로서, 소비자가 접근장치의 도난 또는 분실을 안 후 2영업일 이내에 금융기관에게 통지하였더라면 발생하지 않았을 것임을 금융기관이 입증한 무권한이체의 금액을 합한 것을 초과하지 못한다.[37]

(ii) 소비자가 기간계산서의 송달 후 60일 이내에 그 계산서에 나타난 무권한이체를 금융기관에게 보고하지 않은 경우: 이 경우에 소비자의 책임은 기간계산서에 나타나거나 또는 60일의 기간중에 발생한 무권한이체의 금액 중 50달러까지의 금액과 60일의 기간이 경과한 후 소비자가 금융기관에게 통지하기 전에 발생한 이체로서, 소비자가 그 기간중에 금융기관에게 통지하였더라면 발생하지 않았을 것임을 금융기관이 입증한 무권한이체의 금액을 합한 것을 초과하지 못한다.[38]

---

33) EFTA § 909(a) 전단.
34) 12 C.F.R. § 205.6(b)(1).
35) National Commission on Electronic Fund Transfers, *EFT in the United States: Policy Recommendations and the Public Interest(Final Report, Oct. 1977)*, Washington, D.C.: U.S. Government Printing Office, 1977, p. 58.
36) EFTA § 909(a) 후단.
37) 12 C.F.R. § 205.6(b)(2).

무권한이체에 대한 소비자의 책임과 관련된 소송에 있어서 그 전자자금이체가 수권되었다는 것을 증명할 입증책임은 금융기관에게 있다.[39] 무권한이체에 대한 소비자의 책임은 그 이체에 대하여 적용할 수 있는 다른 법률 또는 소비자와 금융기관 사이의 약정에 의하여 적용되는 소비자의 책임을 초과하지 못한다.[40]

무권한이체는 오류(error)를 구성하며, 금융기관은 오류가 발생하였다고 결정한 경우 늦어도 그 결정이 있은 후 1영업일 이내에 이자의 대기를 포함하여 오류를 정정하여야 한다.[41]

(나) 통일상법전 제4A편

미국의 통일상법전(UCC)은 지급지시의 진정성과 오류를 발견하기 위한 보안절차를 전제로 은행이 보안절차(security procedure)[42]를 준수하여 지급지시를 성실하게 수행하였으면 은행은 책임을 지지 않는다고 규정하여, 금융기관과 고객의 책임을 적정하게 분배하고 있다.

즉, 은행과 그 고객이 발신인으로서 고객의 이름으로 은행 앞으로 발행된 지급지시의 진정성을 보안절차에 따라 확인할 것에 합의한 경우, 수신은행이 수신한 지급지시는 (i) 보안절차가 무권한 지급지시에 대하여 보안을 제공하는 상업적으로 합리적인(commercially reasonable) 방법이고 (ii) 은행이 그 지급지시를 성실하게(in good faith)로 인수하고 고객의 이름으로 발행된 지급지시의 인수를 제한하는 보안절차 및 고객의 서면약정이나 지시를 준수하여 인수하였으면 수권 여부에 상관없이 고객의 지시로서 효력이 있다.[43] 여기에서 보안절차의 상업적 합리성은 사실문제가 아니라 법률문제이며, 고객이 은행에 대하여 표시한 요구, 고객이

---

38) 12 C.F.R. § 205.6(b)(3).

39) EFTA § 909(b) 전단.

40) EFTA § 909(d).

41) EFTA § 908(b), (f)(1).

42) “보안절차”라 함은 소비자와 수신은행의 약정에 의하여 다음의 목적으로 설정된 절차를 말한다. UCC § 4A-201.
(i) 지급지시를 수정 또는 취소하는 지급지시 또는 통신이 소비자의 것이라는 것을 확인하는 것, 또는
(ii) 지급지시 또는 통신의 전송이나 내용상의 오류를 발견하는 것. 보안절차는 알고리즘 기타의 암호 또는 유사한 보안장치의 사용을 요구할 수도 있다. 지급지시 또는 통신상의 서명과 소비자의 승인된 견본 서명의 비교는 그 자체로는 보안절차가 아니다.

43) UCC § 4A-202(b).

통상 발행하는 지급지시의 규모・유형・빈도를 포함하여 은행에게 알려진 고객의 사정, 고객에게 제안된 대안적 보안절차, 같은 사정 아래에서 고객과 수신은행이 일반적으로 이용하는 보안절차 등을 고려하여 결정하여야 한다.44)

은행은 고객과의 서면약정을 위반하는 지시 또는 은행에게 지급지시가 인수되기 전에 통지에 따라 행위할 수 있는 상당한 기회를 부여하지 아니하는 시기 및 방법으로 수신되지 아니하는 통지에 따를 필요가 없다.45)

지급지시가 수권되지 아니하고 이 규정에 의하여 고객의 지시로서 효력이 없는 경우 은행이 지급을 반환하는 때에는 지급을 수령한 날로부터 반환의 날까지 계산하여 반환할 금액에 대한 이자를 지급할 수 있다.46)

(3) 덴마크

덴마크의 지급수단법(CPIA)은 카드 지급제도와 비카드 지급제도에서 사용되는 지급수단을 아울러 규정하면서 의무불이행과 무권한사용에 대한 책임을 규정하고 있다.

① 거래불이행에 대한 책임

발행자는 보유자가 지급거래의 승인을 통지받은 경우 해당 지급거래의 불이행 또는 부적절한 이행으로 인하여 보유자가 입은 손해에 대하여 책임을 진다. 지급이 이행되지 아니한 경우 또는 보유자가 지급거래의 승인을 통지받은 경우에 지급거래의 지연에 대하여, 보유자는 이를 이유로 이자청구 이외의 구제는 신청할 수 없다.47)

그러나 발행자가 그 지배범위를 벗어나 예외적으로 개입하는 사정으로서 보유자가 거래의 승인을 받은 시기에 고려할 수 없었던 것으로 인하여 지급거래를 이행할 수 없었음을 증명할 수 있는 경우에는 책임을 지지 아니한다. 보유자가 고의 또는 중대한 과실로 오류에 기여한 경우 배상은 감액되거나 배제될 수 있다.48)

발행자는 손해가 위에 규정된 사정에 의하여 초래되지 아니하였음을 증명할 책

---

44) L. Lawrence, An Intrduction to Payment, N.Y.: Aspen Law & Business, 1997, pp. 453~454.
45) UCC § 4A-202(b).
46) UCC § 4A-204(a).
47) CPIA § 12(1)(2).
48) CPIA § 12(1).

임을 진다.[49)]

② 무권한거래에 대한 책임

지급수단의 발행자는 타인에 의한 무권한사용에 대하여 책임을 지는 것이 원칙이지만, 지급수단의 보유자는 거래가 정확하게 기록되었을 경우 지급수단에 관련된 개인의 암호가 사용된 때에는 무권한사용에 의하여 초래된 손해에 대하여 1,200 DKr의 범위 내에서 책임을 진다. 그러나 보유자는 암호가 무권한자에게 알려진 것을 즉시 통지하지 아니하거나, 무권한자에게 암호를 누설하거나, 중대하게 책임 없는 행위로 한 과실로 무권한사용을 가능하게 만든 경우 등에 있어서는 8,000 DKr까지 책임이 확장되고, 보유자가 남용의 위험을 알고서 암호를 누설한 경우에는 무한책임을 진다.[50)]

위의 책임규정은 선불지급수단(pre-paid payment instrument)에 대하여는 적용되지 않는 것이 원칙이나, 그 금액이 3,000 DKr을 넘거나 보유자의 계좌에 관하여 자동으로 재충전될 수 있는 경우에는 적용한다.[51)]

(4) 독 일

① 이체불이행에 대한 책임

독일의 자금이체법은 자금이체계약과 관련하여 이체불이행에 대하여 다음과 같이 책임을 분배하고 있다.

이체인 또는 수취인이 지연에 책임이 없는 경우, 자금이체가 처리기간의 경과 후에 비로소 실행된 때에는 이체금융기관은 이체인에 대하여 지연기간에 관하여 이체금액에 대한 이자를 지급하여야 한다. 이율은 그 해의 기본이율에 5%를 더한 것으로 한다. 자금이체가 처리기간의 경과시까지 또는 이체인의 상환청구로부터 14은행거래일의 유예기간 내에 실행되지 아니한 경우 이체인은 자금이체를 위하여 지급한 보수와 비용을 포함하여 12,500 유로(보증금액)의 범위 내에서 이체금액의 반환을 청구할 수 있다. 이러한 청구권은 자금이체의 과정에서 발생한 하자의 원인이 불가항력인 경우에는 인정되지 아니한다.[52)]

---

49) CPIA § 12(5).
50) CPIA § 11.
51) CPIA § 2(1).
52) BGB § 676b.

이체금융기관은 중계금융기관에게 귀속되는 과실에 대하여 자신의 과실에 대한 것과 마찬가지로 책임을 지나, 이체인이 지정한 중계금융기관에게 중요한 원인이 있는 경우에는 그러하지 아니하다. 이러한 책임은 외국의 계좌에 대한 자금이체의 경우에는 25,000 유로로 제한될 수 있다. 자금이체의 지연 또는 불이행으로 인하여 발생하는 손해에 대한 책임은 12,500 유로로 제한될 수 있다. 이러한 책임은 고의 · 중과실, 이자손해 및 금융기관이 특별히 인수한 위험에 대하여는 적용하지 아니한다. 이체인이 금융기관인 경우, 금액이 75,000 유로를 초과하는 경우 등에는 예외가 인정된다.[53)]

지로계약의 경우에도 자금이체계약에 적용되는 것과 거의 같은 원칙으로 이체인과 금융기관 사이에 책임을 분배하고 있다.[54)]

② 무권한거래에 대한 책임

독일의 자금이체법은 무권한거래에 관하여 특별한 규정을 두고 있지 않다. 무권한거래에 관한 논의는 자금이체를 중심으로 하고 있는데, 은행이 위조된 지급지시나 위조된 위임장에 근거하여 지급 또는 지급이체를 실행한 경우 은행은 계좌보유자에 대하여 자신의 채무를 면하지 못하므로 위조의 위험을 부담한다고 한다. 그리고 원칙적으로 무권한 지급지시의 한 형태로 볼 수 있는 지급지시의 위조 · 변조의 경우에도 고객이 아닌 은행이 위조의 위험을 부담하고, 컴퓨터의 무단사용에 의한 무권한 지급지시는 원칙적으로 위조에 대응될 수 있다고 보는 견해도 있다. 은행이 고객의 계좌에서 인출기장할 수 있는 권리는 유효한 지급지시를 전제로 하므로 위조 · 변조 또는 컴퓨터의 무단사용은 유효한 지급지시를 결여하고 있기 때문이다.[55)]

(5) 오스트레일리아

오스트레일리아의 2001년 '전자자금이체 실무규약'(Electronic Funds Transfer Code of Conduct: EFT Code of Conduct)은 무권한이체에 대한 계좌보유자의 책

---

53) BGB § 676c.

54) BGB § 676g.

55) 정경영, "무권한 전자금융거래에서의 금융기관의 책임," 금융법연구, 제3권 제1호(2006. 9), 17~18쪽 참조.

임에 관하여 다음과 같이 규정하고 있다.

계좌보유자는 계좌기관의 피용자 또는 대리인에 의한 사기적 행위 또는 고실 있는 행위, 위조되거나 결함이 있거나 효력이 만료되거나 또는 취소된 접근수단, 접근수단의 수령 전에 발생한 손해, 부정확한 이중 차기거래에 관하여는 책임을 지지 아니한다. 계좌보유자는 무권한거래의 통지 후에는 무권한거래로 인하여 발생한 손해에 대하여 책임을 지지 아니한다. 계좌보유자는 무권한거래로 인하여 발생한 손해에 기여하지 않은 것이 명백한 경우에는 책임이 없다.[56]

그러나 예외적으로 계좌보유자는 다음의 경우에는 책임을 진다(5.5)[57]

(a) 계좌기간이 이용자의 사기 또는 암호사용 요건의 위반을 통하여 손해에 기여하였다는 것을 증명하는 경우와 (b) 계좌기간이 이용자가 접근수단의 일부를 구성하는 수단의 부정사용·분실이나 도난을 알고서 부당하게 통지를 지체함으로써 무권한거래로 인하여 초래된 손해에 기여하였다는 것 또는 접근수단의 일부를 구성하는 암호의 안전 조치를 위반하였다는 것을 증명하는 경우에는 발생한 현실의 손해에 대하여 책임을 지는 것이 원칙이다.

위의 (a) (b)가 적용되지 않는 경우, 계좌보유자는 다음 중 최소금액에 대하여 책임을 진다.

① 150달러(또는 계좌기관에 의하여 결정되는 보다 적은 금액)

② 무권한거래로 금액이 이체되고 계좌기관과 계좌보유자가 접근수단에 의하여 접근될 수 있다고 약정한 계좌의 잔액

③ 계좌기관이 부정사용·분실이나 도난의 통지를 받거나 또는 암호의 안전 조치를 위반하였다는 통지를 받은 때의 현실의 손해액

3. 전자금융사업자의 책임

(1) 서 설

일반적으로 사법상의 거래에 있어서 당사자에게 과실이 있는 경우 과실책임의 원칙에 따라 과실이 있는 자가 손해배상책임을 지거나 손실을 부담하는 것이 원칙이다. 전자금융거래법은 전자금융사업자는 접근매체의 위조나 변조로 발생한

---

56) EFT Code of Conduct, §§ 5.2~5.4.

57) EFT Code of Conduct, § 5.5.

사고, 계약체결 또는 거래지시의 전자적 전송이나 처리과정에서 발생한 사고로 인하여 이용자에게 손해가 발생한 경우에는 그 손해를 배상할 책임을 지되, 예외적으로 이용자에게 고의나 중과실이 있는 경우에 면책약정을 하거나 법인인 이용자에 대하여는 보안절차의 준수 등 충분한 주의의무를 다한 경우에는 면책될 수 있도록 하고 있다(제9조).[58]

전자금융거래법 제9조는 전자금융거래에 있어서 본래의 급여의무의 이행에 관한 것이 아니라, 접근매체의 위조·변조에 의한 무권한거래나 거래지시 등의 전자적 전송·처리과정에서 사고가 발생하여 전자금융사업자가 급여의무를 이행하지 못한 경우에 있어서 전자금융사업자의 손해배상책임을 규정한 것이다.

(2) 손해배상의 기준

① 이용자에게 고의 또는 중과실이 있는 경우

전자금융사업자는 사고발생에 있어서 이용자에게 고의나 중과실이 있는 경우 그 책임의 전부 또는 일부를 이용자의 부담으로 할 수 있다는 취지의 약정을 미리 이용자와 체결한 때에는 면책될 수 있다(제9조 제2항 제1호).

이 규정에 따른 이용자의 고의나 중대한 과실은 대통령령이 정하는 범위 안에서 전자금융거래에 관한 약관에 기재된 것에 한한다(제9조 제3항). 시행령은 이용자의 고의 또는 중대한 과실의 범위를 다음과 같이 규정하고 있다(令 제8조).

(i) 이용자가 접근매체를 제3자에게 대여하거나 사용을 위임하거나 양도 또는 담보 목적으로 제공한 경우(제18조의 규정에 따라 선불전자지급수단이나 전자화폐를 양도하거나 담보로 제공한 경우를 제외한다)

(ii) 제3자가 권한 없이 이용자의 접근매체를 이용하여 전자금융거래를 할 수 있음을 알았거나 쉽게 알 수 있었음에도 불구하고 접근매체를 누설 또는 노출하거나 방치한 경우

---

58) '전자금융거래기본법(초안)'은 전자금융사업자의 책임에 관하여 전자금융사업자는 전자금융거래의 불이행, 약정된 기일을 초과하여 지연된 전송, 거래지시·출금수권의 철회 불응, 접근장치의 하자, 거래당사자의 신원 및 권한이나 거래지시 내용의 확인절차상의 과실, 지급에 관한 오류 기타 대통령령이 정하는 사유에 의하여 거래당사자가 입은 손해를 배상할 책임을 지되, 접근장치의 위조·변조 기타의 사고에 대하여 전자금융사업자에게 과실이 없는 경우 등에는 면책되는 것으로 규정하였다. 손진화·정경영, "전자금융거래법제정에 관한 연구," 15쪽.

② 이용자에게 경과실이 있는 경우

전자금융거래법은 이용자에게 경과실이 있는 경우에 관하여는 아무런 규정을 두고 있지 않다. 사법상 원칙적으로 당사자 일방에게 중과실이 있는 경우는 물론 경과실이 있는 경우에도 손해배상책임을 진다. 그런데 전자금융거래법이 이용자에게 고의나 중과실이 있는 경우에만 전자금융사업자가 사전의 면책약정에 의하여 면책될 수 있다는 예외규정을 두고 있는 취지로 볼 때 이용자에게 경과실이 있는 경우에는 책임을 물을 수 없는 것으로 해석된다.

③ 당사자 쌍방에게 과실이 없는 경우

당사자 쌍방에게 과실이 없는 경우 전자금융사업자는 접근매체의 위조나 변조로 발생한 사고, 계약체결 또는 거래지시의 전자적 전송이나 처리과정에서 발생한 사고로 인하여 이용자에게 손해가 발생한 경우에는 그 손해를 배상할 책임을 진다(제9조 제1항). 이 규정은 전자금융사업자에게 일종의 무과실책임을 부담시킨 것으로서, 사법상의 과실책임의 원칙에 대한 예외를 인정한 것으로 볼 수 있다.

이용자가 일반인인 경우에는 이 원칙이 그대로 적용된다. 그러나 법인(중소기업기본법 제2조 제2항에 의한 소기업을 제외한다)인 이용자에게 손해가 발생한 경우로서, 전자금융사업자가 사고를 방지하기 위하여 보안절차를 수립하고 이를 철저히 준수하는 등 합리적으로 요구되는 충분한 주의의무를 다한 때에는 그 책임의 전부 또는 일부를 이용자가 부담하게 할 수 있다(제9조 제2항 제2호).

위의 기준은 일반거래와 기업간 거래를 구분하여 책임을 부담시킨 것으로서, 미국법상 무권한이체에 관하여 소비자거래에서는 전자자금이체법에 의하여 소비자가 50달러를 상한으로 하는 책임을 부담하고, 대량이체에서는 통일상법전에 의하여 전자금융사업자가 보안절차를 준수하여 지급지시를 선의로 수행하였으면 은행이 면책될 수 있다는 구조와 비슷하다.

(3) 보험 또는 공제에의 가입

법인이 아닌 이용자에게 경과실이 있거나 이용자에게 과실이 없는 무권한거래 기타의 사고가 발생한 경우 전자금융사업자는 자신에게 과실이 없더라도 그 사고에서 발생한 손해를 배상할 책임을 진다. 따라서 이러한 책임을 이행하기 위하여, 전자금융사업자는 금융위원회가 정하는 기준에 따라 보험 또는 공제에 가입하거나 준비금을 적립하는 등 필요한 조치를 하여야 한다(제9조 제4항).

(4) 적용범위

전자금융거래법 제9조는 접근매체의 위조·변조로 인한 무권한거래나 거래지시 등의 전자적 전송·처리과정에서 발생한 사고에 있어서 전자금융사업자의 손해배상책임에 대하여 적용된다. 이 규정은 전자금융업무를 처리하는 전자금융사업자의 의무이행 자체에 관한 것이 아니라 의무불이행으로 초래된 손해의 배상에 관한 것이다. 본래의 급여의무의 이행에 관한 문제는 민법 등 실체법에 의하여 해결하여야 한다.

접근매체의 위조·변조 등에 의한 무권한거래는 지급지시에 의하여 전자금융거래가 처리되는 경우에 주로 문제되며, 전자화폐·선불전자지급수단·전자채권 등과 같이 가치가 소재하고 있거나 가치를 표창하는 지급수단의 경우 발행계약에서는 무권한거래가 거의 문제되지 않고 유통거래에서 주로 문제될 것이다.

(5) 전자금융사업자의 책임규정의 검토

전자금융거래법 제9조의 전자금융사업자의 책임규정에 대하여는 타당하다는 견해와 부당하다는 견해가 대립하고 있다.

① 타당하다는 견해

이 견해는 전자금융사업자의 책임규정에 관하여 특히 위조·변조의 쌍방 무과실의 경우에 전자금융사업자에게 책임을 지운 것은 다음과 같은 이유에서 타당하다고 한다. 즉, 과실책임주의는 채무불이행이나 불법행위의 경우에 적용되고, 본래의 급여의무의 이행, 특히 금전채무의 이행에 관하여는 채무자는 과실 없음을 항변하지 못하며(民 제397조 제2항), 채권의 준점유자에 있어서 과실은 귀책사유로서의 과실이 아니라 면책사유로서의 과실이다. 따라서 본래의 급여의무로서 금전채권에 관한 원칙을 유지하면서 그 예외사유가 되는 채권의 준점유자에 대한 변제가 유효하기 위한 요건을 보다 합리적으로 조정한 것으로 이해하는 것이 타당하다고 한다. 나아가 법경제학적 측면에서 보더라도 쌍방 무과실인 경우 보험으로 처리될 수밖에 없고 보험주체로는 금융기관이 적절하며 보험료는 이용자에게 전가될 것이므로 금융기관으로서도 불리하지 않다고 한다.[59]

② 부당하다는 견해

이 견해는 전자금융사업자의 책임규정은 이용자의 고의·중과실에 관한 책임규정은 사법상의 과실책임주의에 반하고, 이용자에게 경과실이 있고 전자금융사업자는 무과실일 경우에 전자금융사업자가 책임을 부담하는 것은 형평의 원칙에 반하며, 이용자의 고의·과실 유무에 관한 판단은 해석론에 맡기는 것이 타당하다고 한다. 또 쌍방 무과실의 경우에는 채권의 준점유자(民 제470조) 또는 수임인의 손해배상청구권(民 제688조 제3항)에 관한 규정에 의하여 이용자에게 책임을 지울 수 있다거나,[60] 이용자의 도덕적 해이(금융기관 등의 정보 불비로 확인이 어려운, 접근매체의 불성실한 관리(도용, 대여) 등)가 발생할 수 있는 여지를 지니고 있다고 한다.[61]

③ 사 견

전자금융사업자의 책임규정이 타당하다는 견해는 전자금융거래법 제9조는 본래의 급여의무의 이행에 관한 것이고 채권의 준점유자에 대한 변제가 유효하기 위한 요건을 조정한 것이라는 보고 있는 바, 이는 전자금융거래에 있어서 본래의 급여의무의 이행과 손해배상의 관계를 잘못 이해한 것으로 보인다. 금전채무의 이행에 관하여 채무자는 과실 없음을 항변하지 못한다는 민법 규정(民 제397조 제2항)은 전자금융거래에 있어서 금전의 급여의무의 전제가 되는 거래지시가 완전한 경우에 문제되는 것이고, 접근매체의 위조·변조로 인한 무권한지시나 거래과정에서 발생한 사고로 거래지시가 이행되지 못하는 경우에 적용되는 것은 아니다. 미국·독일·덴마크 등 외국의 입법례는 본래의 급여의무의 불이행의 경우에 그 기간에 대응하는 이자를 지급하도록 규정하는 것이 일반적이다. 전자금융거래법은 외국의 입법례와는 달리, 본래의 급여의무의 이행에 관하여 전자지급거래에 있어서 자금반환의무(제12조 제2항)를 제외하고는 다른 규정을 두고 있지 않을 뿐이다.[62] 전자금융거래법 제9조는 본래의 급여의무의 이행에 관하여 규정한 것이 아

---

59) 김제완, "전자금융거래법상 금융기관·전자금융업자의 책임의 법적 성격: 우리 민법상 과실책임주의의 원칙과의 관계를 중심으로," 상사법연구, 제25권 제2호(2006. 8), 46쪽 이하.

60) 정경영, "전자금융거래법안에 관한 공청회"(국회 재정경제위원회, 2005. 6), 9~10쪽; "무권한 전자금융거래에서의 금융기관의 책임," 42~45쪽.

61) 김자봉, 앞의 국회 공청회자료, 21~22쪽 참조.

62) 전자금융거래에 있어서 본래의 급여의무의 이행은 민법·상법의 일반원칙에 따라 해결된다. '전자금융거래기본법(초안)'은 본래의 급여의무의 이행에 관하여는, 전자자금이체의 경우에 금융

니라, 전자금융사업자가 전자금융거래의 이행과정에서 일어난 사고로 의무를 불이행한 경우에 있어서 손해배상책임을 규정한 것이다.

한편, 전자금융사업자의 책임규정이 부당하다는 견해의 주장과 같이 전자금융거래법의 책임규정은 사법상의 과실책임의 원칙에 합치하지 않고, 전자금융서비스가 위험책임의 법리를 적용할 수 있는 영역이라고 보기도 어렵다. 전자금융사업자는 사고 발생에 대하여 이용자의 고의나 중대한 과실이 있는 경우에 이용자와의 약정에 따라 면책될 수 있으나, 이용자의 고의나 중대한 과실은 대통령령으로 제한할 수 있으므로 전자금융사업자의 책임은 무과실책임에 가까운 것이다. 또 전자금융사업자와 이용자 쌍방에게 과실이 없는 경우에 전자금융사업자에게 책임을 지우고 보험가입 등으로 손해배상에 대비하도록 하는 것에 대하여 과실책임의 원칙에 비추어 볼 때 형평의 원칙에 맞지 않는다는 비판은 기본적으로 잘못된 것이라고 보기 어렵다.

생각건대, 전자금융거래법 제9조는 본래의 급여의무의 이행에 관하여 채권준점유자의 법리(民 제470조 참조)를 수정하여 적용한 것이 아니라, 전자금융거래에서 접근매체의 위조·변조로 인한 사고나 거래지시 등의 이행과정상의 사고로 이용자에게 손해가 발생한 경우에 전자금융사업자의 의무불이행으로 인한 손해배상책임을 규정한 것이다. 전자금융사업자는 이용자에게 전자금융거래 서비스를 제공하면서 안전성과 신뢰성을 확보할 수 있는 설비를 갖추고 적절한 보안절차를 수립하여, 거래가 안전하게 처리될 수 있도록 선량한 관리자로서의 주의를 다할 의무가 있고(제21조 제1항·제2항 참조), 이용자는 전자금융거래에 관하여 전문가적 지식이 없는 경우가 보통이다. 따라서 전자금융거래법 제9조는 전자금융거래에 있어서 사고가 발생한 경우에 이용자보호의 관점에서 채권준점유자의 법리에 따르지 않고 과실책임의 원칙을 수정하여 손실을 분배함으로써 이용자와 전자금융사업자 사이의 이해관계를 조정한 것이라고 보아야 할 것이다.

기관이 지급인이 지정한 지급일까지 거래지시를 전송하지 못한 경우에 수취인에게 지체일수에 상응하는 이자와 기타의 손해를 배상할 책임을 지우되, 금융기관이 수취인의 과실로 인하여 그 의무를 이행하지 못한 경우에는 면책된다는 규정을 두고 있었다. 손진화·정경영, "전자금융거래기본법 제정에 관한 연구," 16쪽.

(6) 입법적 개선방안

전자금융사업자의 책임 문제에 관하여는 무권한거래로 인한 손실분담이 논의의 중심이 되고 있으나, 의무불이행으로 인한 통상의 손해배상이 보다 기본적인 문제이다. 따라서 거래지시의 불이행, 부정확한 시기 및 방법의 이행, 거래의 지연 등 의무불이행의 요건을 구체화하고, 또 거래지시의 불이행이나 지연의 경우에 이용자에게 불이행이나 지연의 기간에 대응하는 법정이자를 지급하도록 규정하여야 할 것이다.

〈금융분쟁조정 사례〉

위조카드 사용에 따른 책임 유무(금융분쟁조정위원회 제2006-69호, 2006. 11. 7)

[사실관계]

□ 甲은 본인의 신용카드를 소지하고 있었음에도 동일한 신용카드를 통하여 은행계좌에서 총 4백여만원의 예금이 인출되는 사건이 발생하였음.

  ○ 수사결과, 과거 甲이 물품을 구매한 후 결제를 위해 신용카드를 제공한 사실이 있었는데, 당시 물품 판매자가 휴대용 신용카드 거래기를 이용해 甲의 신용카드를 위조하였고, 이를 이용하여 현금지급기에서 현금을 인출한 것으로 드러났음.

□ 한편, 동 카드를 발급한 A은행의 신용카드 개인회원규약에 의하면 위・변조된 카드로 인한 부정사용에 따른 책임은 은행에 있으나, 고의 또는 중대한 과실에 의해 비밀번호가 누설된 경우에는 회원이 책임을 져야 함.

[주요쟁점]

① 위조카드에 의한 예금의 부당인출과 관련하여 카드 소유자와 은행간에 어떠한 약관을 적용할 것인지 여부

② 약관에 따른 책임의 배분문제

[위원회 판단]

① 신용카드 개인회원규약은 신용카드의 기능 중 하나로 예금인출 기능을 부여함과 동시에 신용카드를 통한 예금인출을 포함하여 신용카드 사용과 관련한 내용을 별개로 규정하고 있는바, 신용카드의 사용과 관련하여 발생된 예금

인출에 대하여는 일반규정의 의미를 갖는 예금거래기본약관보다 특별규정의 의미를 갖는 신용카드 개인회원규약이 우선하여 적용된다고 할 것임.

② 인출당시 현금자동지급기에 압인된 카드전표와 수사결과에 따르면, 제3자가 甲 명의의 카드를 위조하여 사용한 사실은 인정되므로 이로 인한 책임은 A은행에게 있다 할 것이고, 위조카드의 사용으로 인한 책임을 면하기 위하여는 회원의 고의 또는 중대한 과실에 의하여 비밀번호가 누설되었음을 은행이 입증하여야 할 것인데, 신용카드의 마그네틱에는 비밀번호에 대한 정보가 없어 물품 구입당시 결제를 위하여 신용카드를 제공한 사실만으로는 비밀번호 누설에 대하여 甲에게 고의 또는 중대한 과실이 있다고 보기 어려우며, 그 밖에 달리 이를 인정할 만한 객관적인 증빙이 없으므로, 위조카드로 인한 부정사용에 따른 책임은 A은행에게 있다 할 것임.

4. 이용자의 접근매체 분실 · 도난에 대한 책임

(1) 이용자가 접근매체를 분실하거나 도난당하여 무권한거래로 손해가 발생한 경우에는 이용자에게 과실이 있는 경우가 보통이므로 이용자가 책임을 져야 하는 것이 원칙이다. 다만, 전자금융사업자의 책임규정(제9조)에 의하여 전자금융사업자가 책임을 져야 할 경우에는 예외이다.

(2) 전자금융거래법은 이용자가 접근매체를 분실 · 도난당한 경우에 이용자의 통지의 시점을 기준으로 하여, 이용자와 전자금융사업자 사이에 다음과 같이 손실을 분배하고 있다.

이용자는 접근매체의 분실 · 도난의 통지를 하기 전에는 제3자가 접근매체를 사용함으로 인하여 발생한 손실을 부담한다. 그러나 당사자 사이의 약정에 의하여 일정한 기간 이내의 범위에서(與專 제16조 제2항, 同法 令 제6조의 9 참조) 일정한 금액을 한도로 하여서만 이용자에게 책임을 지우는 것은 가능하다.

이용자가 접근매체의 분실이나 도난 등의 통지를 한 때에는 전자금융사업자는 그 때부터 제3자가 접근매체를 사용함으로 인하여 이용자에게 발생한 손해를 배상할 책임을 진다. 다만, 선불전자지급수단이나 전자화폐의 분실 또는 도난 등으로 발생하는 손해로서 전자금융사업자가 전자화폐나 선불전자지급수단의 분실 또는 도난의 통지를 받기 이전에 발행되거나 저장된 금액에 대하여는 그 책임을 이용자의 부담으로 할 수 있다는 취지의 약정이 금융기관 또는 전자금융업자와 이용자 간에 미리 체결된 경우에는 그러하지 아니하다(제10조 제1항, 令 제9조).

(3) 위의 규정 및 전자금융사업자의 책임(제9조)의 규정에 불구하고 다른 법령에 이용자에게 유리하게 적용될 수 있는 규정이 있는 경우에는 그 법령을 우선 적용한다(제10조 제2항).

분실되거나 도난된 접근매체를 판매알선·판매·수출 또는 수입하거나 사용한 자는 7년 이하의 징역 또는 5천만원 이하의 벌금에 처한다(제49조 제1항).

제 3 절 전자금융보조업자의 법적 지위

Ⅰ. 전자금융보조업자의 개념

1. 전자금융보조업자의 의의

전자금융보조업자라 함은 「전자금융사업자를 위하여 전자금융거래를 보조하거나 그 일부를 대행하는 업무를 행하는 자 또는 결제중계시스템의 운영자로서 금융위원회가 정하는 자」를 말한다(제2조 제5호).

금융위원회는 다음의 어느 하나에 해당하는 자를 전자금융보조업자로 정하고 있다(電監 제3조).

① 신용카드 결제중계시스템 운영자: 정보처리시스템을 통하여 여신전문금융업법 상 신용카드업자의 신용카드 승인 및 결제 그 밖의 자금정산에 관한 업무를 지원하는 사업자를 말한다(電監 제3조 제1호). 여기에서 결제중계시스템이란 금융기관과 전자금융업자 사이에 전자금융거래정보를 전달하여 자금정산 및 결제에 관한 업무를 수행하는 금융정보처리운영체계를 말한다(제2조 제6호).

② 업무제휴업체: 정보처리시스템을 통하여 은행업을 영위하는 자의 자금인출업무, 환업무 및 그 밖의 업무를 지원하는 사업자를 말한다(電監 제3조 제2호).

③ 외부발주업체: 전자금융업무와 관련된 정보처리시스템을 해당 금융기관 또는 전자금융업자를 위하여 운영하는 사업자를 말한다(電監 제3조 제3호).

2. 상업사용인 등과의 구별

전자금융보조업자는 독립한 사업자라는 점에서 특정한 상인에 종속하여 기업조직의 내부에서 상인을 보조하는 상업사용인(商 제10조~제17조)과 다르고, 독립된 상인으로서 기업조직의 외부에서 상인을 보조하는 대리상(商 제87조)·중개인(商 제93조)·위탁매매인(商 제101조) 등의 독립보조자와 비슷하다. 그러나 전자금융업자를 위하여 단순히 전자금융거래를 대리 또는 중개하는 것뿐만 아니라 그 일부를 대행하기도 한다는 점에서 대리상 또는 중개인과 다르다. 또 자기명의로 자기의 계산으로 전자금융거래를 보조하거나 그 일부를 대행한다는 점에서 자기명의로 타인의 계산으로 영업을 하는 위탁매매인과도 다르다.

Ⅱ. 전자금융보조업자의 지위

1. 고의·과실의 귀속

전자금융거래와 관련하여 전자금융보조업자(전자채권관리기관을 포함한다)의 고의나 과실은 전자금융사업자의 고의나 과실로 본다(제11조 제1항). 이 규정은 전자금융보조업자의 채무불이행 또는 불법행위와 관련하여 이용자를 보호하기 위한 것이다. 이용자는 전자금융사업자와 전자금융거래계약을 체결하고 전자금융보조업자와는 직접 교섭이 없으므로, 전자금융보조업자의 고의나 과실에 대하여 이용자가 전자금융업자에게 직접 책임을 물을 수 있게 한 것이다.

전자금융사업자는 전자금융보조업자의 고의나 과실로 인하여 발생한 손해에 대하여 이용자에게 그 손해를 배상한 경우에는 그 전자금융보조업자에게 구상할 수 있다(제11조 제2항).

2. 이용자의 통지의 대행

이용자는 전자금융사업자와의 약정에 따라 전자금융사업자에게 행하는 각종 통지를 전자금융보조업자에게 할 수 있다. 이 경우 전자금융보조업자에게 한 통지는 전자금융사업자에게 한 것으로 본다(제11조 제3항). 이용자가 전자금융업자에게 행하는 각종 통지를 직접 상대하는 전자금융보조업자에게 할 수 있게 함으로써 이용자의 편의를 도모하기 위한 것이다.

3. 전자채권관리기관의 지위

전자채권관리기관은 전자채권의 등록 및 관리업무를 행하기 위하여 금융위원회에 등록을 한 자를 말한다(제29조). 현재 전자채권관리기관으로 등록된 기관은 금융결제원이다.

전자금융거래법은 전자채권관리기관을 전자금융보조업자와 동일하게 취급하고 있으므로(제11조 제1항), 전자금융보조업자의 지위에 관한 규정(제11조 제2항 · 제3항)은 전자채권관리기관에게도 동일하게 적용된다.

전자채권관리기관에 대하여는 전자금융보조업자에 준하여 안전성의 확보의무(제21조), 전자금융거래기록의 생성 및 보존(제22조), 감독 및 검사(제39조), 한국은행의 자료제출 요구 등(제41조)과 허가와 등록의 취소 등(제43조)의 규정이 준용된다(제29조 제2항).

〈참고문헌〉

1. 국내문헌

吳炳喆, 「電子去來法」, 전정판, 법원사, 2000.
정완용, 「전자상거래법: e-비즈니스를 위한 법」, 개정판, 법영사, 2005.

국회 재정경제위원회, "전자금융거래법안에 관한 공청회"(2005. 6. 17).
김제완, "전자금융거래법상 금융기관·전자금융업자의 책임의 법적 성격: 우리 민법상 과실책임주의의 원칙과의 관계를 중심으로," 상사법연구, 제25권 제2호(2006. 8).
손진화, 데비트카드(Debit Card)의 실체와 운영" (Ⅰ)·(Ⅱ), 信用情報, 제7권 제12호(1994. 3)·제13호(1994. 4).
손진화·정경영, "전자금융거래기본법 제정에 관한 연구"(재정경제부 제출 연구보고서, 2002. 2).
정경영, "무권한 전자금융거래에서의 금융기관의 책임," 금융법연구, 제3권 제1호(2006. 9).

2. 외국문헌

Baker, Donald I. & Brandel, Roland E. *The Law of Electronic Fund Transfer Systems*, 2nd ed. Boston, Mass.: Warren, Gorham & Lamont, 1988.
Ellis, Martin B. & Greguras, Fred M., *The Electronic Fund Transfer Act and Federal Reserve Board Regulation E: A Compliance Guide for Financial Institutions*, N.J.: Prentice-Hall, 1983.
Lawrence, Lary, An Intrduction to Payment, N.Y.: Aspen Law & Business, 1997.
Mann, Ronald J. & Winn, Jane K., *Electronic Commerce*, 2nd ed., N.Y.: Aspen Publishers, 2005.
National Commission on Electronic Fund Transfers, *EFT in the United States: Policy Recommendations and the Public Interest(Final Report, Oct.1977)*, Washington, D.C.: U.S. Government Printing Office, 1977.
OECD, *Electronic Funds Transfer: Plastic Cards and the Consumer, Paris*: OECD, 1989.
UNCITRAL, *Legal Guide on Electronic Funds Transfers*, U.N. Doc. A/CN.9/SER.B/1, N.Y.: U.N. Publication, 1987.

제 3 장　전자지급거래

제 3 장 전자지급거래

제 1 절 총 설

I. 전자지급제도의 발달

(1) 정보통신망과 전자적 기술은 은행업무, 금융과 상거래에 놀라운 영향을 미치고 있다. 정보통신망을 바탕으로 한 새로운 제도, 예컨대 인터넷・전자우편・전자상거래・전자자금이체 등은 이제 일상생활에서 친숙한 제도가 되었다. 전자지급제도(electronic payment system)는 정보통신망을 바탕으로 전자적 방법에 의하여 지급을 하는 제도를 말한다.

미국에서는 1950년대에 은행들이 수표에 의하여 생기는 종이 홍수(paper ocean)를 처리하기 위하여 컴퓨터를 도입하였는데, 이것이 전자지급제도의 시작이다. 전자지급제도의 발달은 지급・결제를 신속・정확하게 처리할 수 있게 하고, 금융산업의 생산성과 국민경제의 효율을 제고하는 데 기여하고 있다.

〈지급과 결제〉

전자지급제도와 관련하여 지급(payment)과 결제(settlement)의 개념을 검토할 필요가 있다.[1)]

---

1) 한국은행에서는 지급결제를 "실물 및 금융거래의 결과 발생한 거래당사자간 채권・채무관계를 지급수단을 사용하여 화폐의 가치를 이전함으로써 종료하는 것"이라고 정의하고 있다. 여기에서 지급(payment)은 현금, 수표 또는 카드의 제시나 계좌이체를 통하여 정당한 수취인에게 화폐청구권을 이전하는 행위이고, 결제(settlement)는 비현금 지급수단 사용으로 발생한 금융기관간 채권과 채무를 상계하고 남은 차액을 각 금융기관의 한국은행내 당좌계정간 이체를 통하여 처리하는 것이라고 한다. 그리고 현금 이외의 수표나 신용카드 등을 지급수단으로 사용하는 경우에는

지급은 거래당사자가 금전채무의 변제를 위하여 현금, 유가증권 등의 지급수단을 수수하는 행위로서, 변제를 위한 급부행위이다.[2] 결제는 거래당사자가 유가증권·자금이체 등 현금 이외의 지급수단으로 지급을 한 경우에 금융통신망을 통하여 금융기관 사이에 청산을 함으로써 변제의 효과를 생기게 하는 행위이다.[3]

현금(통화)으로 지급을 한 때에는 지급과 동시에 변제의 효과를 생기게 한다. 통화는 본원적 지급수단으로서 법률에 의하여 강제통용력이 보장되는 지급수단이기 때문이다. 그리고 현금 이외의 지급수단으로 지급을 한 때에는 즉시 변제의 효과가 생기지 않고, 지급수단이 결제되었을 때 변제의 효과가 생긴다.

(2) 원시적 형태의 지급제도인 교환은 시간이 지나면서 다양한 형태의 화폐로 대체되었는데, 처음에 상품화폐(commodity money)가 등장하고 다음으로 증표(token)가 사용되었으며, 마침내 오늘날 우리가 사용하는 불환지폐(fiat money)가 출현하게 되었다. 현금은 선호도가 높은 지급수단이었지만, 금액이 커지고 안전이 문제되자 서면에 기초하여 계좌 사이에 자금을 이동시키는 자금이체가 발달하게 되었다(paper-based fund transfer, 서면자금이체).[4] 이후 컴퓨터 기타의 전자적 기법이 발달함에 따라 전자지급제도가 등장하였고, 서면자금이체는 자동입출금기·컴퓨터 등의 전자적 장치에 의하여 거래정보를 전자적 방법으로 전송·처리하는 자금이체로 이행하게 되었다(electronic fund transfer, 전자자금이체).

지급, 청산 및 결제의 세 단계를 거쳐 지급결제가 이루어진다고 한다. 이에 따라 결제는 청산(clearing)과 결제(settlement)를 합한 개념으로 사용하게 된다. 한국은행, 「우리나라의 지급결제제도」, 2004. 12, 3쪽; 한국은행, 「우리나라의 금융제도」, 2005. 12, 78쪽 참조.

한국은행이 사용하는 "지급결제"라는 용어는 지급과 결제를 합한 개념으로서 지급보다 결제 쪽에 치우친 것이라고 볼 수 있으며, 또 지급과 결제를 구분하지 않고 사용하고 있는 점에서 개념의 불명확성을 피하기 어렵다. 일반적으로 지급이라는 용어를 사용할 때에는 결제를 포함하는 뜻으로 쓰이며, 지급과 결제라는 용어를 함께 사용할 때에는 지급은 결제를 제외한 뜻으로 쓰인다. 따라서 지급과 결제를 동시에 사용하는 경우에는 "지급결제"가 아니라 "지급·결제"라는 용어를 사용하는 것이 타당할 것이다(지급·결제 업무를 담당하는 사업자 또는 기관의 명칭으로서의 "지급결제"라는 용어는 편의상 사용하는 것으로 볼 수 있을 것이다).

2) 郭潤直, 「債權總論」, 신정수정판, 박영사, 2002, 326쪽 참조.

3) 정찬형·정경영·도제문, "지급결제제도의 감시와 중앙은행의 역할," 금융법연구, 제2권 제2호(2005. 12), 6~9쪽 참조.

4) E. H. Solomon, *Virtual Money*, Oxford: Oxford University Press, 1997, pp. 15~32; D. O'Mahony, M. Pierce & H. Tewari, *Electronic Payment Systems*, Boston: Artech House, 1997, pp. 1~3 참조.

우리나라의 전자지급제도는 1970년대 이후 지속적으로 성장하였고, 1980년대 이후 현금자동지급기(cash dispenser: CD)와 자동입출금기(automated teller machine: ATM)의 도입이 적극 추진되면서 전자은행업무가 확산되어 계좌이체 등의 전자지급거래가 급속히 증가하였다. 최근에는 인터넷의 보급·이용이 확대됨에 따라 전자상거래의 촉진정책이 적극 추진되었다. 이에 따라 기업·소비자간 거래(BtoC transaction)에서는 지급수단으로서 선불전자지급수단·전자화폐·모바일지급수단 등이 이용되고 있고, 기업간 거래(BtoB transaction)에서는 구매카드·전자채권·전자어음 등과 같은 새로운 지급수단이 이용되고 있다.

Ⅱ. 각국의 전자지급제도

세계 각국은 은행업무에 금융통신망을 바탕으로 하는 정보처리시스템을 도입하여 서면에 기초한 지급제도에서 전자지급제도로 이행하고 있다. 아래에서는 주요 외국과 우리나라의 전자지급제도를 살펴보기로 한다.[5)]

1. 미 국

미국의 전자지급제도는 소비자 전자자금이체와 대량 전자자금이체로 나눌 수 있다.

(1) 소비자 전자자금이체

소비자 전자자금이체(consumer EFT)로는 자동입출금기(ATM), 직불카드단말기(Point of Sales[POS] terminal)와 자동결제기관(automated clearing house: ACH)[6)]을 통한 자금이체가 있다.

자동입출금기(ATM)는 은행의 구내 또는 외부 쇼핑센터에 설치되어 출금, 입금, 대출지급 서비스, 잔액조회 기타의 거래정보를 제공한다.

---

5) 주요 국가의 전자지급제도에 관하여는 R. C. Effros, *Payment Systems of the World*, N.Y.: Oceana Publications, 1996; G. Spindler & F. Börner, eds., *E-Commerce Law in Europe and the USA*, Berlin: Springer, 2002; 孫晉華, 「電子資金移替制度」, 한국은행 인력개발실, 1995 참조.

6) ACH는 흔히 자동어음교환소로 번역되고 있으나, 어음교환을 주된 목적으로 하는 시설이 아니므로 부적합한 것으로 보인다.

직불카드단말기(POS terminal)는 소매상점에 도입되어 있는데, 은행의 컴퓨터와 연결되어 고객의 계좌에서 상인의 계좌로 자금이체를 하는 데 이용된다.

자동결제기관(ACH)은 금융기관 사이에 자금이체를 처리하기 위하여 지역 금융기관 또는 다른 지역 자동결제기관으로부터 자기테이프 기타의 컴퓨터매체로 자금이체지시를 받는 지역화된 통신망시설이다.[7] 각 지역 자동결제기관은 연방준비금제도를 통하여 전국의 통신망으로 연결되어 있다. 자동결제기관이 처리하는 지급이체로는 급여·연금·사회보장급부금의 지급 등이 있고, 추심이체로는 사전수권된 정기지급(저당채무 기타 대출금채무, 보험료 등)이 있다.

소비자 전자자금이체는 1978년 전자자금이체법(Electronic Fund Transfer Act of 1978: EFTA)[8]과 연방준비금제도 위원회의 규칙 E[9]에 의하여 규율되고 있다. 신용계좌거래와 자산계좌거래 양자를 개시하는 데 사용될 수 있는 겸용카드에 대하여는 대부진실법[10] 및 연방준비금제도 위원회의 규칙 Z[11]가 아울러 적용될 수 있다.

(2) 대량 전자자금이체

대량 전자자금이체(wholesale EFT)로는 연방전신망(Federal Reserve Wire Network: Fedwire)과 은행간지급결제기관(Clearing House for Interbank Payment System: CHIPS)을 통한 자금이체가 있다.

연방전신망(Fedwire)은 연방준비금제도 회원은행 사이의 대량지급을 처리하기 위하여 1973년 완전히 자동화된 연방준비금제도 전신망으로서, 통신시설임과 동시에 결제제도이다. 연방전신망은 12개의 연방준비금은행에 의하여 소유·운영되

---

7) 자동결제기관에 참가하는 모든 예금기관은 전국자동결제기관협회(National Automated Clearing House Association: NACHA)가 정하는 운영규정(operating rules)에 따를 것을 약정하여야 한다. NACHA Operating Rules, Part C, Section Ⅰ(A).

8) Pub. L. No. 95-630(1978).

9) Regulation E on Electronic Fund Transfers, 12 C.F.R. pt. 205; 자세한 것은 M. Ellis & F. Greguras, *The Electronic Fund Transfer Act and Federal Reserve Board Regulation E: A Compliance Guide for Financial Institutions*, N.J.: Prentice-Hall, 1983(이하 "*The EFTA and Regulation E*"로 인용한다) 참조. 규칙 E에 관하여는 연방준비금제도에서 정기적으로 문답식의 '공식주석'(Official Staff Commentary on Regulation E, 12 C.F.R. § 205 Supp.Ⅱ)을 작성하고 있다.

10) Truth in Lending Act of 1968, 15 U.S.C. § 1601 et seq.

11) Truth in Lending Regulations(Regulation Z), 12 C.F.R. § 226.1 et seq.

고, 버지니아 주의 컬페퍼(Culpepper)에 본부를 두고 있다.[12] 연방전신망을 통한 자금이체는 모두 지급이체로서, 실시간의 당일결제(same-day settlement) 서비스가 제공된다.

은행간지급결제기관(CHIPS)은 회원은행 사이에 국제 및 국내 자금이체를 처리하기 위하여 자동화된 통신·결제제도로서, 1970년 뉴욕결제기관협회(NYCHA)에 의하여 창설되었다. 이 제도는 회원은행 사이의 국내 자금이체를 처리하기도 하나, 주로 국제 자금이체를 처리하고 있다. 이 제도의 참가기관은 회원은행을 포함한 결제참가자와 비결제은행인 협력은행으로 나눌 수 있다. 결제절차는 연방전신망을 통하여 당일결제 서비스가 제공되는데, CHIPS는 당일에 참가은행들의 모든 거래에 관하여 각 참가은행에 대한 차액을 계산한 후 그 지급 또는 수취를 위하여 당해 영업일의 종료시에 뉴욕 연방준비은행을 통하여 회원은행들에게 송달한다. CHIPS 규칙은 지급메시지는 일단 전송되면 참가기관의 무조건적 지급채무를 구성하고 통상 취소불가능하다고 규정하고 있으나, 지급거래는 연방전신망의 경우와 같이 즉시 완결성을 가지는 것은 아니며 당해 영업일의 종료시에 종결된다.

대량 전자자금이체는 통일상법전(UCC) 제4A편과 연방준비금제도 위원회의 규칙 J[13]에 의하여 규율되고 있다.

2. 영 국

영국의 전자지급제도는 은행내지급과 은행간지급으로 나눌 수 있다.

(1) 은행내지급

은행내지급(In-house Payment)은 채무자와 채권자가 동일 은행에 계좌를 가지고 있는 경우, 지급은 제3의 은행 또는 결제참가기관의 개입 없이 은행 내에서 차기 및 대기(debit and credit entries)를 함으로써 이루어지는 지급이다. 지급이체(credit transfer)와 직접차감(direct debit)의 절차는 채무자와 채권자가 계좌를 동일 은행의 동일 지점에 가지고 있는가 아니면 다른 지점에 가지고 있는가에 따

---

12) H. S. Scott, Corporate Wire Transfers and the Uniform New Payments Code, 83 Col. L. Rev. 1664, 1669(1983) 참조.

13) Regulation J on Transfers of Funds, 12 C.F.R. pt. 210.

라 다르다.

(2) 은행간지급

은행간지급(Inter-Bank Payment)은 대부분 지급결제서비스협회(Association for Payment Clearing Services: APACS)가 운영하는 수표·신용결제회사(Cheque and Credit Clearing Company Limited), 자동지급결제시스템 및 Town 결제회사(CHAPS and Town Clearing Company Litimed)와 은행자동결제서비스회사(BACS Limited)에 의하여 처리되고 있다.

전자결제로는, 자동지급결제시스템(Clearing House Automated Payment System: CHAPS)이 외국통화로 지급될 수 있는 수표 및 환어음에 관하여 지급이체로서 당일결제 서비스를 제공하고, 은행자동결제서비스(BACS)가 지급이체와 직접차감에 관하여 대량의 총액결제 서비스를 제공하고 있다.

자동지급결제시스템(CHAPS)은 결제참가기관들 사이에 파운드화 전자적 지급이체서비스를 제공하는 제도로서 1984년 운영을 시작하였다. 이 시스템은 Town 결제[14]의 전자적 상응물로서, 5,000파운드 이상의 지급에 관하여 당일결제 서비스를 제공하고 있다. 이 제도를 통하여 전송되는 지급메시지는 무조건적이어야 하며, 일단 CHAPS Gateway를 통과하면 취소될 수 없다.[15] 결제는 결제참가기관들이 잉글랜드은행에 보유하고 있는 결제계좌를 통하여 각 영업일에 업무 종료후 곧 이루어진다.

은행자동결제서비스(BACS)는 전자자금이체에 기초한 영국 최초의 결제제도로서 1984년 설립되었는데, 1985년에 BACS Limited라는 이름으로 은행간서비스결제협회(APACS)의 일부가 되었다. BACS의 기능은 급여, 임금, 연금 기타 정기지급에 관하여 추심이체와 지급이체의 결제를 위하여 자동결제서비스를 제공하는 것이다. BACS는 3일결제 사이클에 기초하여 운영되고 있다.

---

14) 지급결제서비스협회(APACS)가 영국 및 웨일즈 전역에 걸쳐 50,000파운드 이상의 수표 기타의 증권에 관하여 제공하는 당일결제 서비스이다.

15) CHAPS 규칙에 의하면 지급은 당일결제를 위하여 무조건적이고 취소불가능한 파운드화 지급이다. CHAPS Rules, rule 2(c).

3. 프랑스

프랑스에서는 현금, 수표, 환어음, 약속어음, 지급이체, 추심이체, 은행간지급지시, 카드(은행카드·국제신용카드·소매업자 카드), 새로운 지급수단(칩카드·선불카드·텔레매틱 서비스[16)]) 등 다양한 지급수단이 사용되고 있다. 은행업무는 1984. 1. 24의 은행법에 의하여 규율되고 있는데, 동법은 신용기관에게 지급수단을 발행 및 관리하는 배타적 권한을 주고 있다.

은행간 환·결제제도는 은행간협정에 의하여 규율되는 공식환·결제와 기관내·기관간 쌍무협약에 의하여 규율되는 비공식환·결제로 구분된다. 공식환·결제는 어음교환소(clearing house), 수표교환지역센터(Centres Réginaux d'Echanges d'Images Chèques: CREIC), 은행카드컨소시엄센터(Bank Card Consortium Processing Centres)와 외국환자동결제시스템(SAISTTAIRE[17)])에 의하여 처리된다. 비공식환·결제는 지급이체·추심이체 및 수표환을 위하여 어음교환소를 통하여 처리되는 서면환결제, 수표교환지역센터를 통하여 자기매체로 처리되는 전자환결제와 은행전신망결제시스템(Système Interbancaire de Tèlècompensation: SIT)을 통한 환결제로 처리된다.

프랑스에 있어서 전자지급을 처리하는 대표적인 제도는 파리은행결제기관, 은행전신망결제시스템과 외국환자동결제시스템이다.

파리은행결제기관(Paris Banks' Clearing House)은 고객을 대리하여 제시되는 지급의 결제와 은행간시장업무 또는 국제이체거래에 대응하는 대량결제를 처리하고 있다. 이들 업무는 현금이체수권 또는 현금이체의 방식으로 제시되며, 후자의 방식만이 국제이체업무에 이용된다.

은행전신망결제시스템(SIT)은 은행간 대량지급·결제를 위한 제도로서, 프랑스은행(Banque de France)이 1983년 통신망연결에 기초한 새로운 전국 환시스템의 설립을 제안한 이후, 1990년 시범가동되었고 1992년 정식으로 업무를 개시하였다. 이에 따라 종전의 자동화된 은행환시스템인 금융결제원(Ordinateur de Compensation)은 업무를 중단하였다. SIT는 참가기관(직접참가기관과 결제참가기관)과 비

---

16) Minitel로 알려진 비디오텍스 단말기로 이용할 수 있는 홈뱅킹 서비스이다.

17) Système Automatique de Gestion Intègrèe par Tèlètransmission de Transaction avec Imputation de Règlements "Etranger".

참가기관으로 구성된다. SIT는 하루 22시간 운영을 하며, SIT계좌는 각 회계일의 종료시에 폐쇄되고 그 폐쇄시점에서 차액결제금액이 참가기관의 계좌에 대한 차기 및 대기를 위하여 프랑스은행으로 전송된다.

외국환자동결제시스템(SAISTTAIRE)은 국제이체를 위하여 전세계은행간금융통신협회(SWIFT)의 논리를 국내수준에서 치환하여 자동처리하기 위하여 1984년 이후 프랑스은행이 운영하는 환결제시스팀이다. SAISTTAIRE는 프랑스에서 영업을 하는 신용기관과 SWIFT 회원들에게 개방되어 있으며, 외국은행은 프랑스에 있는 자회사 또는 지점을 통하여 참가만 할 수 있다.

4. 덴마크

덴마크에서는 지급카드, 전자자금이체 등과 같은 전자지급수단(electronic payment instrument)이 많이 이용되고 있다. 거래의 지급수단으로는 전통적으로 수표와 은행지로가 많이 이용되어 왔으나, 전자지급시스템의 발달에 따라 정기지급을 위한 직접차감(Betalingsservice)과 기업간거래에 있어서 대금의 정기적 자동추심을 위한 공급자서비스(Leverandorservice)가 이용되고 있다. 은행시스템을 이용한 지급이체(credit transfer)는 채무자가 수취인의 계좌를 알고 있는 경우에 지급지시에 의하여 개인간, 고객과 기업간, 기업간의 거래를 가능하게 하고 있다. 이 중 고객과 기업간거래는 주로 전자상거래에 이용되고 있다.

선불카드는 은행지폐 및 동전을 상당 부분 대체하고 있는데, 전화카드 외에 1991년 Danmont사에 의하여 도입된 Danmont카드가 있으나 성공을 거두지 못하였다. 데비트카드는 1983년 도입된 Dankort가 널리 이용되고 있는데, 은행계좌에 직접 연결되어 지급을 하는데 이용되지만 결제는 익영업일에 이루어지는 것이 특징이다. 최근에는 인터넷을 통한 지급수단으로서 Values, Ewire 등과 같은 전자지급제도와 M-pay와 같은 모바일지급이 등장하고 있다.

소액지급의 결제는 모두 덴마크 은행협회에 의하여 운영되는 결제시스템인 Sumclearing 시스템을 통하여 이루어진다.[18)] 은행간 지급·결제는 실시간 총액결제제도(Real-Time Gross Settlement: RTGS)와 수표·데비트카드 등에 의한 거

18) Denmark Nationalbank, *Payment Systems in Denmark*, Copenhagen, June 2005, pp. 127~132.

래에 대한 차액결제제도(net settlement system)가 실시되고 있다.[19]

5. 독 일

독일에서는 통상의 은행업무를 통한 전자지지급제도(ATM 등) 외에, 다양한 인터넷 지급제도가 이용되고 있다. 인터넷을 통한 지급은 계좌지급과 비계좌지급으로 구분된다. 인터넷주문에 대한 비계좌지급은 착불지급에 한정된다. 고객은 인터넷 외에서 상품 및 송장의 수령과 동시에 현금으로 지급을 한다. 계좌지급은 인터넷을 통한 대부분의 주문에서 결제를 위하여 사용되며, 아래와 같은 다양한 지급시스템이 개발되어 있다.[20]

자금이체의 경우, 인터넷 외에서 상품 및 송장을 수령하고 은행간 자금이체 명세서를 사용하여 매수인의 계좌로부터 인터넷딜러의 계좌로 자금을 이체함으로써 실행된다.

직접차감지급의 경우, 고객이 그의 계좌와 은행코드를 인터넷딜러에게 알려주고 인터넷딜러가 고객의 계좌로부터 지급금액을 차감한다. 현재 직접차감을 위한 수권은 서면으로 부여된 경우에만 유효하다. 다만 디지털서명에 기초한 수권은 유효한 것으로 추정될 수 있다.

신용카드지급의 경우, 고객이 그의 신용카드정보를 인터넷딜러에게 알려주고 인터넷딜러가 신용카드회사에 업무협정을 바탕으로 지급을 청구하면, 신용카드회사가 고객의 계좌로부터 지급금액을 차감하는 방법이다. 신용카드회사는 신용카드정보의 전송에 관하여 암호화시스템을 제공하는 것이 보통이다(예: SET 표준, CyberCash).

전자화폐지급의 경우, 금융연합중앙위원회를 중심으로 은행들이 공동으로 개발한 카드형 전자화폐 GeldKarte가 개발되어 있다. 이 전자화폐는 전자수표로서 사용될 수 있는 기능을 아울러 가지고 있다.[21] 네덜란드의 Digicash사가 개발한 e-Cash가 1996년 10월부터 국내거래에 한하여 시범 서비스되었으나, 현재는 운영이 중단되었다. 전자화폐는 스마트카드 또는 하드디스크에 저장된 디지털 계산단

---

19) Ibid., pp. 44, 48.

20) Spindler & Börner, eds., *E-Commerce Law in Europe and the* USA, pp. 218~219.

21) BIS Committe on Payment and Settlement Systems, "Payment and settlement systems in selected countries"(April 2003), p. 159.

위로서, 이 계산단위는 선불이고 이에 대하여는 특별결제계좌가 은행에서 사용된다. 지급은 디지털데이터를 고객의 PC에서 인터넷딜러의 PC로 전송함으로써 실행된다.

은행간 지급·결제는 실시간 총액결제제도인 독일연방은행의 RTGSplus를 통하여 이루어진다. RTGSplus는 기존의 RTGS EURO Link System과 EURO Access Frankfurt를 통합한 새로운 총액결제제도이며, 1999년부터 준비를 하여 2001년에 본격적으로 업무를 시작하였다. RTGSplus는 국내 및 국제간 유로화 지급에 이용될 수 있으며, SWIFT의 데이터 포멧 및 지급교환 기준을 설정하고, 온라인정보 및 대화식 통제 서비스를 제공하고 있다. 소매거래를 위한 은행간 결제는 주로 은행간 쌍무결제협정에 근거하여 지로시스템을 통하여 이루어지고 있다.[22)]

6. 이탈리아

이탈리아에서는 전통적인 지급수단으로서 법화·은행수표·은행환·고객의 지급지시 및 지로이체가 이용되고 있고, 은행카드로서 신용카드·Bankcomat 현금카드·Bankcomat POS카드가 이용되고 있으며, 전자자금이체와 은행지로 서비스가 제공되고 있다. 이 중 Bankcomat 현금카드·Bankcomat POS카드와 전자자금이체는 전형적인 전자지급제도에 속한다.

Bankcomat 현금카드는 데비트카드의 일종이며, 1983년 이후 은행계좌 보유자는 자동입출금기에 카드를 사용하여 은행권(銀行券)을 일정한 한도 내에서 인출할 수 있게 되었다(계좌간이체는 허용되지 않는다).

Bankcomat POS카드는 데비트카드의 일종으로서 Bankcomat POS에서 자금이체를 할 수 있는 카드이다. Bankcomat POS는 카드보유자가 가맹점에서 상품 또는 서비스를 구입하고 은행컴퓨터에 연결되어 있는 단말기에 사용하여 상인의 계좌로 실시간 이체를 할 수 있는 시스템이다. 전자자금이체는 전자적 수단을 이용한 지로이체이며, 법적 성질도 통상의 지로이체와 같이 파악되고 있다.[23)]

---

22) Ibid., pp. 154, 162.

23) R. C. Effros, *Payment Systems of the World*, p. 199.

7. 스위스

스위스는 현금 없는 지급의 분야에서 수표보다 지급이체(credit transfer)가 대중화되어 있는 지로국가에 속한다. 지로이체 시설은 스위스국민은행, 스위스중앙은행, 일반 은행과 체신부에 의하여 제공된다. 지급이체는 은행내이체와 은행간이체로 구분된다. 지급이체는 스위스 채무법상 지시(order)로 파악되고 있다.[24)]

은행간 지급·결제는 1999년 완전히 업무를 개시한 스위스은행간결제 시스템(Swiss Inter-bank Clearing: SIC)에 의하여 처리된다. SIC는 스위스국민은행과 스위스 은행들에 의해 소유되고 있는 서비스 기관인 Telekurs에 의하여 운영되며, 이전에 서면 및 자기테이프에 의하여 처리되던 차액결제시스템을 대체하고 있다. SIC를 통한 지급은 참가은행들이 스위스국민은행에 보유하고 있는 준비금계좌상으로 이루어진다. SIC는 은행들이 영업일에 24시간 그의 준비금계좌에 실시간으로 접속할 수 있는 온라인시스템이다. 각 은행간 지급·결제는 완결성을 가지며 취소될 수 없다. SIC결제는 그 이름에 불구하고 차액결제가 아니라 총액결제이다.

8. 우리나라

우리나라의 전자지급제도는 소액전자지급제도와 거액전자지급제도로 구분할 수 있다.

소액전자지급제도는 금융업무의 발달에 비추어 볼 때 무인점포은행업무, 원격은행업무의 단계를 거쳐 이제 가상은행업무의 단계에 이르렀다. 우리나라에서는 인터넷보급의 확대와 금융공동망을 기초로 전자지급수단의 시험장이라고 할 수 있을 만큼 다양한 전자지급수단이 제공되고 있다. 현재 전자지급거래에 이용되는 전자지급수단으로는 전자자금이체, 직불전자지급수단, 전자화폐, 선불전자지급수단, 신용카드, 모바일지급수단 등을 들 수 있다. 전자지급제도를 뒷받침하는 금융통신망은 CD/ATM공동망, 타행환공동망, 직불카드공동망, CMS공동망, 전자화폐공동망, 전자금융공동망, 전자상거래지급결제시스템 등 다양하다.

거액전자지급제도는 금융기관간 자금이체제도를 말하며 1994년 12월 가동을 시작한 한국은행금융결제망(BOK-Wire)이 담당하고 있다. 이 금융결제망은 실시간

---

24) 스위스 채무법 제466조~479조: Effros, Ibid., p. 310 참조.

총액결제(RTGS) 제도로서, 한국은행과 금융기관의 전산시스템을 상호 연결하여 한국은행에 설정된 금융기관의 당좌계정을 통하여 거액자금을 건별로 즉시 이체하고 있다. 처리 업무는 원화자금이체, 외화자금이체 및 국공채거래 관련 업무, 한국은행대출 및 국고금수납 관련 업무이다. 한국은행금융결제망은 총액결제 외에도 금융결제원이 운영하는 어음교환시스템, 지로시스템, 은행공동망 등 소액전자지급제도에서 발생한 은행간 청산차액을 이체하여 최종적으로 이체처리 기능도 수행하고 있다.[25)]

Ⅲ. 전세계은행간금융통신협회

전세계은행간금융통신협회(Society for Worldwide Interbank Financial Telecommunication: SWIFT)는 세계적인 은행간통신협력단체로서, 벨기에 법에 따라 조직되어 있는 비영리협력기구이다.[26)] SWIFT는 1973년 창설되고 1977년 미국, 캐나다 및 유럽 각국의 600개의 회원은행으로써 업무를 개시하였다.[27)] 현재 200개 이상의 나라에서 7,800개 금융기관이 참가하고 있다.[28)]

우리나라에서는 금융결제원이 1990년 8월 처음으로 SWIFT와 국제특정통신회선계약을 체결하였으며, 이후 한국은행을 비롯한 거의 대부분의 금융기관이 가입하고 있다.

SWIFT는 벨기에 브뤼셀에 본부를 두고 있으며, 유럽에는 브뤼셀과 네덜란드 암스테르담에 교환국을 두고 미국에는 연방전신망(Fedwire)의 본부가 있는 버어지니아 주의 컬페퍼(Culpepper)에 교환국을 두고 있다. SWIFT는 순수한 통신망이고 결제능력은 없지만, 은행간지급결제기관(CHIPS)이 미국 달러만을 취급하는 것과는 달리 다양한 통화의 이체를 취급하고 있다.[29)] 운영비는 연결된 단말기의

25) 한국은행, 「우리나라의 금융제도」, 90~101쪽 참조.

26) SWIFT Corporate Rules 1.2 and 1.3 참조.

27) 16 J. Bank Res. 232(1986).

28) About SWIFT, http://www.swift.com/index.cfm?item_id=43232.

29) D. Baker & R. Brandel, *The Law of Electronic Fund Transfer Systems*, 2nd ed., Boston, Mass.: Warren, Gorham & Lamont(이하 "*The Law of EFTS*로 인용한다"), 1988, ¶ 11.04; J. R. S. Revell, *Banking and Electronic Fund Transfer*, Paris: OECD, 1983, p. 149; E. Rubin & R. Cooter, The *Payment System: Cases, Materials and Issues*, St. Paul, Minn.: West

수 및 통신문의 수에 따라 이용기관 사이에 분배된다. CHIPS는 각국의 다양한 단말기를 수용하기 위하여 일정한 문자수로 통신문을 전송하는 패킷교환30)을 사용하고 전용통신망을 가지고 있다.31)

SWIFT는 어느 은행으로부터 다른 은행으로의 이체통신문을 송달할 뿐이며, 이체 자체는 은행들이 개개의 거래를 기초로 직접 실행한다. 예컨대, 외국은행 A가 계좌를 보유하고 있지 않은 다른 외국은행 B에 자금을 이체하려는 경우의 절차는 다음과 같다. 먼저 A은행은 A은행과 B은행 양자에 계좌를 보유하고 있는 거래은행 X에 이체통신문을 전송한다. X은행은 A은행의 계좌에 차기하고 B은행의 계좌에 대기한다. A은행과 B은행이 공통된 거래은행을 가지고 있지 않은 경우, A은행은 자기의 거래은행 중 B은행과 공통된 거래은행 Z에 계좌를 가지고 있는 거래은행 Y를 통하여 이체를 하여야 한다. 이 경우 Y은행은 A은행의 계좌에 차기한다. Z은행은 Y은행의 계좌에 차기하고 B은행의 계좌에 대기함으로써 자금이체가 완료된다.32)

제 2 절 전자지급거래 통칙

Ⅰ. 서 설

1. 전자지급거래의 의의

전자지급거래는 전자적 방법에 의한 지급거래를 총칭하는 용어이다. 전자금융거래법은 전자지급거래를 「자금을 주는 자(이하 "지급인"이라 한다)가 전자금융사업자로 하여금 전자지급수단을 이용하여 자금을 받는 자(이하 "수취인"이라 한다)

Publishing Co., 1989, p. 781; H. F. Lingl, Risk Allocation in International Interbank Electronic Fund Transfers: CHIPS & SWIFT, 22 Harv. Int'l L. J. 621, 622(1981).

30) 패킷교환이란 고정된 적은 수의 문자로 통신문을 전송하는 것을 뜻한다.

31) Baker & Brandel, *The Law of EFTS*, ¶ 11.04; J. R. S. Revell, *Banking and Electronic Fund Transfers*, Paris: OECD, 1983, p. 149.

32) M. Rostoker & R. Rines, *Computer Jurisprudence: Legal Responses to the Information Revolution*, N.Y.: Oceana Publications, 1986, p. 382 참조.

에게 자금을 이동하게 하는 전자금융거래」라고 정의하고 있다(제2조 제2호).

전자지급거래는 두 개의 법률관계로 이루어진다. 하나는 전자지급사무의 처리를 위한 전자금융사업자와 고객 사이의 기본계약(전자지급거래계약)이고, 다른 하나는 개별적인 지급에 있어서 고객의 전자금융사업자에 대한 거래지시(지급위탁 또는 추심위탁)이다.

전자지급거래는 이용되는 전자지급수단에 따라 전자자금이체거래, 직불전자지급거래, 선불전자지급거래, 전자화폐거래, 인터넷 신용카드거래 등으로 나눌 수 있다. 전자어음과 전자수표는 지급수단으로서 기능을 하지만, 한편으로는 유가증권의 전자화에 따른 현상이므로 전자증권거래에서 설명하기로 한다(후술 제4장 제2절, 제3절). 또 전자채권(제2조 제16호)은 기업간 거래에 따른 구매기업・판매기업간의 대금지급을 위하여 이용되는 지급수단이지만, 전자채권은 전자증권의 일종이므로 전자어음・수표와 함께 전자증권거래에서 설명하기로 한다(후술 제4장 제4절).

2. 전자지급수단의 의의와 분류

(1) 전자지급수단의 의의

전자지급거래는 전자지급수단을 이용하여 자금을 이동하게 하는 거래이다. 여기에서 전자지급수단이라 함은 「전자지급거래에 있어서 전자적 방법에 의하여 지급을 하는 수단」을 말하며, 전자자금이체・직불전자지급수단・선불전자지급수단・전자화폐・신용카드・전자채권 그 밖에 전자적 방법에 따른 지급수단이 포함된다(제2조 제11호). 전자금융거래법은 대표적인 전자지급수단의 예를 들고 있으나, 전자지급수단은 이에 한정되지 않고 모바일지급수단, 구매카드 등과 같은 지급수단이나 장래에 개발될 전자지급수단도 포함한다.

(2) 전자지급수단의 분류

전자지급수단은 기준에 따라 다음과 같이 분류할 수 있다.

① 직불형, 선불형과 후불형

전자지급수단은 지급(payment)의 시기를 기준으로 지급금액의 급여가 언제 이루어지는가에 따라 직불형, 선불형과 후불형으로 분류할 수 있다. 이러한 구분은 지급 후에 이루어지는 청산(clearing) · 결제(settlement)와 필연적인 관련은 없다.

직불형 전자지급수단은 지급의 시기에 지급금액의 급여가 이루어지는 전자지급수단을 말한다(제2조 제13호 참조). 직불카드가 대표적인 예이고, 체크카드도 이 유형에 속한다. 전자자금이체는 지급 후에 결제의 절차가 따르는 것이 보통이나, 금융기관은 고객 계좌의 예금을 확인하고 지급지시를 처리하기 때문에 현금지급과 같은 효력을 가져온다고 보아야 하므로(대물변제) 직불형에 포함시켜야 할 것이다.

선불형 전자지급수단은 지급의 시기 이전에 지급금액의 급여가 이루어지는 전자지급수단을 말한다. 선불전자지급수단(제2조 제14호), 전자화폐(제2조 제15호), 디지털상품권 등이 이에 속한다. 선불전자지급은 지급(전자화폐의 경우에는 변제: 제17조)의 효과를 생기게 하나, 발행자와 가맹점 사이에서는 이후에 별도의 정산 또는 결제의 절차가 따른다.

후불형 전자지급수단은 지급의 시기 이후에 지급금액의 급여가 이루어지는 전자지급수단을 말한다. 인터넷 신용카드지급에 이용되는 신용카드(제2조 제11호 참조)가 대표적인 예이다. 후불전자지급은 지급의 시기 이후 일정한 시기에 금융통신망을 통한 결제절차가 따른다.

〈데비트카드, 신용카드와 겸용카드의 차이〉

자동입출금기를 작동시키거나 판매점포에서 직접 자금이체를 하는데 사용될 수 있는 카드는 데비트카드이고(예컨대, 현금카드 · 자동입출금기카드 · 점포단말기카드), 신용거래의 목적만을 위하여 사용될 수 있는 카드는 신용카드이다(예컨대, 대부분의 백화점카드). 또 데비트카드에 신용기능을 결합시킨 카드는 겸용카드이다(예컨대, 국민카드 · 외환은행카드 · BC카드).[33] 그러나 수표의 지급을 보증하기 위하여만 사용되는 카드(예컨대, 가계수표보증카드 · 유럽수표카드)는 위의 어느 것에

33) 소위 은행신용카드는 신용거래의 기능과 동시에 자금이체의 기능을 가진 겸용카드이므로 "은행신용카드" 또는 "BC Card[Bank Credit Card]"라는 표기는 정확하지 못하다. 이 표기는 BC카드사에서 처음 이러한 카드를 발급할 때에 데비트카드를 분명하게 인식하지 못한 데서 나온 것으로 생각된다. 따라서 소위 은행신용카드는 "은행카드," Bank Credit/Cash Card 또는 "Bank Credit/Debit Card"라는 표기가 보다 정확한 표현이 될 것이다. 이에 반하여 겸용카드를 "**카드" 또는 "** Credit/Cash Card"라고 표기한 경우에는 비교적 정확한 표현을 하고 있는 것으로 생각된다.

도 속하지 않는다.

② 가치소재형, 가치표창형과 지급지시형

전자지급수단은 금전적 가치가 그 자체에 소재하고 있는가 여부에 따라 가치소재형, 가치표창형과 지급지시형으로 분류할 수 있다.

가치소재형 전자지급수단은 그 자체에 일정한 금전적 가치가 소재하고 있는 전자지급수단을 말한다. 전자화폐가 대표적인 예이다. 가치소재형은 발행 그 자체가 법률에 의하여 제한되고 이를 점유하는 자는 그 가치를 소유하는 것으로 인정된다(물권적 성질). 따라서 충전된 가치의 소유권을 이전함으로써 즉시 지급의 효과를 생기게 한다.[34)]

가치표창형 전자지급수단은 일정한 금전의 지급을 청구할 수 있는 권리(금전채권)를 표창하고 있는 전자지급수단을 말한다. 전자화폐 이외의 선불전자지급수단, 디지털상품권 등이 이에 속한다. 가치표창형은 표창하고 있는 금전채권을 이전함으로써 지급의 효과를 생기게 한다. 전자어음·전자수표·전자채권은 가치표창형이지만, 금전채권과 이를 표창하는 증서(물권)의 특별한 결합에 의하여, 증서를 양도함으로써 지급의 효과를 생기게 하므로 물권적 성질을 아울러 가진다.[35)]

지급지시형 전자지급수단은 금융통신망을 이용하여 지급지시를 함으로써 지급의 효과를 생기게 하는 전자지급수단을 말한다. 전자자금이체·직불전자지급수단·인터넷 신용카드지급에 이용되는 신용카드가 그 예이다. 지급지시형은 무형의 지급수단이므로 그 자체의 도난·분실로 인한 법률문제는 생기지 않지만 자금이체의 오류, 접근매체의 위조·변조나 도난·분실 등으로 인한 법률문제를 생기게 한다(제8조~제10조 참조).

〈구분의 실익〉

전자지급수단을 가치소재형·가치표창형·지급지시형으로 구분하는 실익은 지급수단에 부여된 특성으로서의 물권적 측면과 채권적 측면으로써 이들 각 지급수단의 법적 성질과 법률관계를 어느 정도 설명할 수 있다는 것이다. 그러나 이러한 구분에 의하여 전자어음·전자수표·전자채권 등을 가치표창형 지급수단으로 보

---

34) 정경영, "電子貨幣의 法的 構造," 荷郵 鄭東潤先生華甲記念「二十一世紀 商事法의 展開」, 법문사, 1999, 528쪽 참조.

35) 정경영, 위의 논문, 527~529쪽 참조.

고 접근할 경우 지급수단으로서 측면을 강조하게 되어 증권적 측면을 경시하게 될 위험이 있다. 경제적 기능의 측면에서 본다면 이들 지급수단은 전자지급수단으로서의 기능과 함께 전자적 방식의 증서로서의 기능을 가지고 있기 때문이다.

이미 살펴본 바와 같이 전자금융거래를 전자지급거래, 전자증권거래와 전자보험거래로 분류하는 것은 경제적 관점에서 이러한 분류가 전자금융거래 전체를 바라볼 때 균형을 유지할 수 있기 때문이다. 나아가 입법상 법률체계 및 관련 법규와의 연계성을 유지하는데 편리하며, 전자적 방식의 증서에 관한 거래를 전자증권거래에 포함시켜 전자지급거래의 특성과 전자적 방식의 증권거래의 특성을 아울러 고려하여 파악할 수 있는 장점이 있다.

Ⅱ. 전자지급거래계약

1. 전자지급거래계약의 의의와 법적 성질

전자지급거래계약은 「전자금융사업자가 지급인 또는 수취인과 전자지급거래를 하기 위하여 체결한 약정」을 말한다(제12조 제1항 참조). 전자지급거래계약은 전자지급사무의 처리를 위하여 전자금융사업자와 고객 사이에 체결되고 거래지시의 기초가 되는 계약이다.

전자지급거래계약은 전자금융거래계약의 일종으로서, 그 법적 성질은 이용자가 전자금융사업자에게 전자지급사무의 처리를 위탁하는 위임계약이고 동시에 고용계약·도급계약의 요소를 가지고 있다. 또 전자지급사무 처리의 대가로서 수수료를 받는 경우에는 유상의 쌍무계약이고, 수수료를 받지 않는 경우에는 무상계약이며, 이용자가 전자지급사무 처리를 위탁하는 기간에 제한이 없는 경우에는 계속적 채권관계에 속한다.

전자지급거래계약은 이용자가 개별적인 거래지시(지급지시 또는 추심지시)를 하기 위한 기초계약이며, 전자금융사업자는 이 계약 없이 한 이용자의 거래지시를 따를 의무가 없다.

전자금융사업자는 지급인 또는 수취인과 체결한 전자지급거래계약에 따라 수취인이나 수취인의 전자금융사업자에게 지급인 또는 수취인이 거래지시한 금액을 전송하여 지급이 이루어지도록 하여야 한다(제12조 제1항). 이는 전자지급거래계약에 따른 전자금융사업자의 기본적 의무로서 거래지시의 전송에 의한 지급의 이행의무를 명시한 것이다.

전자지급거래에 있어서 거래지시는 전자지급거래계약을 기초로 행하여지므로(附從性) 전자지급거래계약이 무효·취소되거나 해제된 때에는 그 효력이 없다.

2. 전자지급거래계약 불이행의 효과

전자지급거래계약은 위임이므로 전자금융사업자는 위임의 본지에 따라 선량한 관리자의 주의로써 전자지급사무를 처리하여야 하며(民 제681조), 이 의무에 위반하여 지급인 또는 수취인에게 손해를 생기게 한 때에는 손해배상책임을 진다(제9조 제1항 참조).

또 전자금융사업자는 전자지급거래계약에 따른 자금의 지급이 이루어질 수 없게 된 때에는 전자지급거래를 하기 위하여 수령한 자금을 지급인에게 반환하여야 한다. 이 경우 지급인의 과실로 인하여 지급이 이루어지지 아니한 때에는 그 전송을 하기 위하여 지출한 비용을 공제할 수 있다(제12조 제2항). 반면에 전자금융사업자가 지급인의 과실 없이 전자지급거래를 이행하지 못한 경우에는 거래를 위탁받은 금액을 수령한 날로부터 반환하는 날까지의 기간에 대응하는 이자를 지급하게 하는 것이 타당하다고 생각한다.

Ⅲ. 거래지시

전자지급거래에 있어서 거래지시는 「지급인 또는 수취인이 전자지급거래계약에 따라 전자금융사업자에게 전자지급거래의 처리를 지시하는 것」을 말한다(제2조 제17호 참조). 거래지시는 이용자가 전자지급거래계약에 기초하여 개별적인 전자지급거래의 처리를 위탁하는 것이다. 전자자금이체에 있어서 지급인의 지급지시와 수취인의 추심지시가 그 예이다(제2조 제12호 참조).

거래지시는 전자금융사업자에 대하여 하는 것이므로 상대방 있는 단독행위이다. 대리권 없는 무권한자가 거래지시를 한 경우에는 이용자가 이를 추인하지 아니하면 효력이 없다(民 제130조, 제136조).

전자지급거래에 있어서 거래지시를 철회할 수 있는가에 관하여 전자자금이체의 경우에 논의가 있었다. 일반적으로 전자금융사업자가 거래지시된 금액을 수취인의 계좌에 입금기장하지 않고 있는 동안에는 거래지시를 철회할 수 있지만, 자금이체가 실시간으로 처리되는 경우에는 이를 철회하는 것은 불가능할 것이다.

전자금융거래법은 전자지급거래에 있어서 거래지시의 철회에 관하여 다음과 같이 규정하고 있다(제14조).

① 이용자는 지급의 효력(제13조 참조)이 발생하기 전까지 거래지시를 철회할 수 있다(제14조 제1항). 거래지시의 철회는 전자금융거래계약에 따라 전자금융업자에 의한 계약이행이 완료되는 시점까지 할 수 있다고 보는 것이 합리적이며, 그 시기는 지급의 효력이 발생하는 시점이다. 전자금융사업자는 거래지시의 철회방법 및 절차에 관한 사항을 약관에 기재하여야 한다(제14조 제3항).

지급의 효력이 발생한 후에는 거래지시의 철회를 인정할 수 없으며, 자금의 반환은 부당이득반환의 법리에 의하여 처리하여야 것이다.

② 전자금융사업자와 이용자는 대량으로 처리하는 거래 또는 예약에 따른 거래 등의 경우에는 미리 정한 약정에 따라 거래지시의 철회시기를 달리 정할 수 있다(제14조 제2항). 당사자에 의한 임의의 철회가 시스템의 특성상 허용되지 않는 경우도 있을 수 있으며, 실시간 거래가 많아짐에 따라 이러한 현상은 더욱 가속될 것으로 보인다. 이에 따라 당사자가 거래지시의 철회를 허용하지 않는다는 약정을 함으로써 철회가능시점을 앞당기거나 배제할 수 있도록 한 것이다. 이 경우 전자금융사업자는 이러한 약정에 관한 사항을 약관에 기재하여야 한다(제14조 제3항).

Ⅳ. 전자지급의 효력

1. 전자지급의 효력발생시기

전자금융거래법은 전자지급수단의 종류에 따라 지급의 효력발생시기를 달리 규정하고 있다. 즉, 전자지급수단을 이용하여 자금을 지급하는 경우에는 그 지급의 효력은 다음의 어느 하나에서 정한 때에 생긴다(제13조).

① 전자자금이체의 경우: 거래지시된 금액의 정보에 대하여 수취인의 계좌가

개설되어 있는 전자금융사업자의 계좌의 원장에 입금기록이 끝난 때

② 전자적 장치로부터 직접 현금을 출금하는 경우: 수취인이 현금을 수령한 때

③ 선불전자지급수단 및 전자화폐로 지급하는 경우: 거래지시된 금액의 정보가 수취인이 지정한 전자적 장치에 도달한 때

④ 그 밖의 전자지급수단으로 지급하는 경우: 거래지시된 금액의 정보가 수취인의 계좌가 개설되어 있는 전자금융사업자의 전자적 장치에 입력이 끝난 때

2. 전자지급의 구체적 효력

전자지급은 변제 그 자체로 볼 수 있는가? 전자지급은 실물현금에 비하여 이체지시의 위조, 은행의 파산, 수취은행의 상계, 제3자에 의한 예금채권의 압류 등의 위험이 따르므로 변제 그 자체가 아니라 대물변제(수취인의 동의를 요한다) 또는 지급에 갈음한 이행으로 보는 것이 보통이다. 다만, 전자화폐에 의한 지급은 변제의 효력이 있다(제17조). 이는 전자화폐에 의한 지급을 현금에 의한 지급과 동일하게 규정함으로써 전자화폐의 자유화폐로서의 기능을 보장하고 유통성을 높이려는 것이다.

3. 당사자의 사망 · 파산

전자지급거래에서 당사자가 사망 · 파산의 경우에는 어떻게 처리할 것인가? 전자지급거래계약의 법적 성질은 위임인데, 위임은 당사자의 사망 · 파산에 의하여 종료한다(民 제690조). 이 경우에 위임종료의 사유는 이를 상대방에게 통지하거나 상대방이 이를 안 때가 아니면 이로써 상대방에게 대항하지 못하므로(民 제692조) 전자금융사업자가 선의인 한 문제는 없을 것이다.

위와 같은 취지에서 전자금융거래 기본약관은 거래처의 사망 · 한정치산선고 · 금치산선고나 거래처 또는 은행의 해산 · 합병 · 파산은 그 자체로는 거래지시를 취소 또는 변경하는 것으로 되지 아니하며 은행의 권한에도 영향을 미치지 아니한다고 규정하고 있다(제13조 제3항). 다만 수취인이 사망 · 파산한 경우에는 이를 일률적으로 처리할 것이 아니라 제반사정을 고려하여 결정하여야 할 것이다.

제 3 절 전자자금이체

Ⅰ. 서 설

1. 전자자금이체의 의의

(1) 자금이체의 의의

전자자금이체는 지급인이 전자금융사업자로 하여금 수취인에게 자금을 이동하게 하는 전자지급거래로서(제2조 제2호 참조), 자금이체의 한 유형이고 지급지시형 전자지급수단이다.

일반적으로 자금이체(fund transfer)라 함은 「자금을 수수할 당사자 사이에 현금을 이동하지 아니하고 수취인의 계좌에 일정 금액을 입금할 것을 지시하여 자금을 이체하는 것」을 말한다. 금융기관의 환업무 중 송금환의 일종이며, 수취인은 예금계좌에 이체된 금액에 대하여 예금채권을 취득함으로써 거래가 종결된다.[36) 자금이체는 자금을 지급할 자와 이를 지급받을 자 사이에서 행하여진다. 자금을 지급할 자를 지급인(payer)이라 하고, 자금을 지급받을 자를 수취인(payee)이라고 한다. 자금이체는 금융기관에 계좌를 가지고 있는 자가 이용하는 것이 보통이지만, 금융기관에 계좌를 가지고 있지 않은 자도 이용할 수 있다. 자금이체는 장부기장(bookkeeping) 또는 전자적 수단(electronic means)에 의한 입력의 방법에 의하여 처리된다.

자금이체는 그 방법에 따라 서면자금이체(paper-based fund transfer)와 전자자금이체(electronic fund transfer)로 나눌 수 있다. 서면자금이체는 자금이체가 서면인 장부상의 기장에 의하여 행하여지는 것으로서, 서면에 기초한 은행지로 및 우편대체가 대표적인 예이다. 이에 대하여 전자자금이체는 컴퓨터와 연결된 금융통신망을 통하여 전자적 신호에 의하여 자금이체에 관한 자료가 전송되는 자금이체이다.

---

36) 鄭燦亨 · 都濟文, 「銀行法」, 제2판, 박영사, 2005, 274~275쪽.

(2) 전자자금이체의 정의

전자자금이체에 관한 정의는 다양한데,[37] 대표적인 두 가지 입장은 다음과 같다. 국제연합 국제상거래법위원회(UNCITRAL)의 '전자자금이체에 관한 법률지침' (Legal Guide on Electronic Funds Transfers)은 전자자금이체를 "이전에 서면에 기초한 기술(paper-based techniques)에 의하여 행하여지던 자금이체의 절차 중 하나 이상의 단계가 전자적 기법(electronic techniques)에 의하여 행하여지는 자금이체"라고 정의하고 있다.[38]

이에 대하여 미국의 전자자금이체법(EFTA)은 전자자금이체를 "수표, 환어음 기타 이와 유사한 증서에 의하여 개시되는 거래 이외의 것으로서, 금융기관에 대하여 계좌에 차기 또는 대기할 것을 명령, 지시 또는 수권하기 위하여 전자단말기, 전화기, 컴퓨터 또는 자기테이프를 통하여 개시되는 자금이체"라고 정의하고 있다. 동법은 전자자금이체에 속하는 거래의 예로서 직불카드단말기 이체, 자동입출금기 거래, 자금의 직접예치 및 인출(예컨대, 자동결제기관을 통한 이체), 전화에 의하여 개시되는 이체를 들고 있으나, 전자자금이체는 이에 한정되지 아니한다고 규정하고 있다. 전자자금이체의 유형에 속하는 거래라고 할지라도 규제의 필요성이 없거나 규제하기에 부적합한 일정한 거래는 전자자금이체에서 제외하고 있다.[39]

두 입장의 차이는 UNCITRAL 법률지침의 정의는 전자적 기법에 의한 자금이체의 절차 중 일부가 서면에 의하여 처리되더라도 전자자금이체가 될 수 있는데 반하여, 미국 전자자금이체법은 전자적 수단에 의하여 개시되고 자동화된 방식으로 처리되는 자금이체를 전자자금이체로 보는 점에 있다. 그런데 미국 전자자금이체법의 입장에 의하더라도 전자자금이체는 자금이체가 전자적 수단에 의하여 개시되면 족하고, 전자자금이체가 개시되기 전의 준비단계에서 자기테이프를 금융기

---

37) 전자자금이체의 정의에 관한 견해는 ① 지급제도접근법, ② 금융제도접근법, ③ 전자공학적 접근법, ④ 정보매체 또는 통신접근법, ⑤ 총체적 제도접근법 등이 있다. K. W. King & K. L. Kraemer, Electronic Funds Transfers as a Subject of Study in Technology, Society, and Public Policy, in *Computers and Banking: Electronic Funds Transfer Systems and Public Policy*, ed. K. Colton & K. Kraemer, N.Y.: Plenum Press, 1980, pp. 175~176.

38) UNCITRAL, *Legal Guide on Electronic Funds Transfers*, U.N.Doc. A/CN.9/ SER.B/1, N.Y.: U.N. Publication, 1987, p. 12.

39) EFTA § 903(6).

관에 전달하기 위하여 금융기관의 직원과 대면하는 경우를 배제하는 것은 아니다.[40]

전자금융거래법은 전자자금이체를 「지급인과 수취인 사이에 자금을 지급할 목적으로 금융기관 또는 전자금융업자에 개설된 계좌에서 다른 계좌로 전자적 장치에 의하여 지급인의 지급지시 또는 수취인의 추심지시의 방법으로 자금을 이체하는 것」이라고 정의하고 있다. 여기에서 전자금융업자에 개설된 계좌는 금융기관에 연결된 계좌에 한한다(제2조 제12호). 전자자금이체는 전자지급거래의 일종이고 전자지급거래는 전자금융거래의 일종이므로, 전자금융사업자가 제공하는 전자자금이체업무를 이용자가 비대면의 자동화된 방식으로 이용하여야 한다. 따라서 자금이체가 준비단계에서 서면에 기초하고 있더라도, 자금이체지시를 접근매체에 의하여 함으로써 자금이체의 개시단계 이후의 절차를 자동화된 방식으로 이용하면 전자금융거래법의 적용을 받는 전자자금이체에 포함된다.

〈전자자금이체에 속하는가 여부〉

(가) 수표·환어음 기타 유사한 증서에 의한 자금이체가 컴퓨터에 의하여 처리되는 경우에 전자자금이체에 속하는가?

수표·환어음 기타 유사한 증서에 의한 자금이체가 컴퓨터에 의하여 처리되는 경우에도 전자자금이체에 속하지 않는다. 다만 추심대전송금의 경우 어음추심 자체는 전자자금이체라고 볼 수 없지만, 추심의 결과인 추심대전의 송금은 전자자금이체에 속한다고 볼 수 있다.

(나) 일반의 선불카드(물품구입카드·공중전화카드 등)를 사용하여 물품을 구입하거나 전화를 한 경우에, 카드에 입력되어 있는 금액의 차감은 전자자금이체에 속하는가?

일반의 선불카드를 사용함으로써 금액이 차감되었다 하더라도 이것은 금융기관이 보유하고 있는 고객의 계좌에 차기하는 것이 아니므로 전자자금이체에 속하지 않는다.

(다) 신용카드에 의한 현금서비스와 서비스이체는 전자자금이체에 속하는가?

신용카드에 의한 현금서비스는 이러한 거래는 신용거래에 속하는 것이고 예금계좌에 차기하는 것이 아니므로 전자자금이체에 속하지 않는다. 그러나 서비스이

40) Ellis & Greguras, *The EFTA and Regulation E*, p. 23.

체는 현금서비스를 받음과 동시에 이를 예금계좌에 직접 이체하는 것이므로(계좌대기) 전자자금이체에 속한다.

(라) 신용카드의 조회는 전자자금이체에 속하는가?

신용카드의 조회는 자금의 이체가 아니고 또 예금계좌에 차기 또는 대기하는 것이 아니므로 전자자금이체에 속하지 않는다.

(마) 직불카드 처리단말기(POS terminal)에서 전표로써 개시되는 자금이체는 전자자금이체에 속하는가?

VISA카드나 Master카드 거래에서 사용되는 것과 같이 점포단말기에서 판매전표에 의하여 개시되는 자금이체도 데비트카드와 관련되는 한, 전자자금이체에 속한다.

(바) 정부가 연금·생활보조금 등을 서면상에 기재하여 우체국에 제출하고 우체국이 임금프로그램에 따라 컴퓨터에 의하여 수익자에게 입금하는 것은 전자자금이체에 속하는가?

이 경우는 비록 서면에 의하여 자금이체가 개시되었다 하더라도 전자자금이체에 속한다고 보아야 할 것이다(외국의 통설도 같다).

〈전자자금이체와 지로이체의 관계〉

지로제도(giro system)[41]는 중앙대체기관에 설정된 계좌를 통하여 각종 자금거래 내지 금융거래를 장부상의 이체방식으로 결제하는 제도이다.

지로제도는 은행을 통하여 하는 은행지로(bank giro), 우체국을 통하여 하는 우편지로(postal giro)와 증권회사를 통하여 하는 증권지로(effect giro)로 나눌 수 있다. 우리나라에서 은행지로는 "지로"라는 용어를 그대로 사용하고 있으나, 우편지로는 "우편대체"라고 하고 증권지로는 "증권대체결제"라고 한다. 지로를 위한 중앙대체기관은 은행지로의 경우에는 금융결제원, 우편대체의 경우에는 우편대체관리소, 그리고 증권대체결제의 경우에는 증권예탁결제원이다.

지로제도 중 은행지로와 우편지로만이 "현금 없는 대체거래"로서 자금이체와

---

41) "지로"(giro)라는 용어는 "원"(circle; ring), "회전하다"(revolve), "순환하는"(circular; cyclical)이라는 뜻의 그리이스어 "gyros"에서 유래하였다고 한다. Baker & Brandel, The Law of EFTS, ¶ 5.09; J. V. Vergari, Electronic GIRO for the United States, 2 Computer L. J. 101, 102, n.5(1980).

직접 관련된다. 지로제도는 지급제도가 서면자금이체이든 전자자금이체이든 ① 채권자가 현금으로 지급받지 아니하고 ② 채무자의 지급지시가 지폐로 유형화되지 않는 경우를 가리키는 것이 보통이다.[42] 지로에 의한 자금이체는 서면에 기초하여 행하여질 수도 있고 전자적 수단에 의하여 행하여질 수도 있다.

은행지로 중 자금이체지시가 접근매체(제2조 제10호)에 의하여 행하여지는 것은 전자자금이체에 속한다. 한편 전자자금이체 중에서 현금자동지급기·자동입출금기에 의한 자금이체, 직불카드단말기에 의한 자금이체, 전신망이체(wire transfer) 등은 지로에 의한 자금이체에 속하는 것은 아니다. 따라서 지로에 의한 자금이체는 자금이체보다는 좁은 개념으로서 그 일부는 전자자금이체이지만, 전자자금이체가 모두 지로에 의한 자금이체인 것은 아니다.

2. 전자자금이체의 방식

(1) 지급이체와 추심이체

전자자금이체는 자금이체의 한 유형으로서, 서면자금이체의 경우와 마찬가지로 이체지시의 방향에 따라 지급이체(credit transfer)와 추심이체(debit transfer)로 나눌 수 있다.

① 지급이체

지급이체는 지급인(payer)이 지급은행(payer bank; paying bank)에 대하여 그의 계좌로부터 출금하여 수취은행(payee bank; receiving bank)에 있는 수취인(payee; receiver)의 계좌로 입금할 것을 지시하는 방식의 전자자금이체를 말한다. 대변이체(credit transfer)라고도 한다.

지급이체에 속하는 거래로서, 미국에서는 전자자금이체법상의 계좌대기(crediting an account),[43] 자동결제기관(ACH)의 대기(credit entry) 등이 있고, 독일에서는 전자지로이체가 있으며, 일본에서는 CAPTAIN거래에 있어서의 "振込"[44]·전신송금[45]이 이에 속한다. 우리나라에서 지급이체에 속하는 거래는 계좌이체, 서비스

42) B. Geva, The Concept of Payment Mechanism, 24 Osgoode Hall L. J. 1, 7(1986) 참조.

43) EFTA § 903(6) 참조.

44) 宋垣 明 編, 法律問題研究會報告書, 8면 이하; J. Ozawa, "Local Area CAPTAIN Concepts," JTR, Apr. 1986, p. 136 이하 참조.

45) 田中誠二, 「銀行取引法」, 第4全訂版, 東京: 經濟法務研究會, 1989, 249쪽.

이체, 직불카드이체, 대량지급거래, 타행환거래 중 현금송금 등이 있다.

② 추심이체

추심이체는 수취인이 추심은행(collecting bank)에 대하여 지급은행에 있는 지급인의 계좌로부터 출금하여 자기의 계좌에 입금할 것을 지시하는 방식의 전자자금이체를 말한다. 차변이체(debit transfer)라고도 한다. 추심이체에 있어서는 지급이체의 경우와는 달리 수취인이 자금이체의 지시를 한다.

추심이체에 속하는 거래로서, 미국에서는 전자자금이체법상의 계좌차기(debiting an account) 또는 계좌로부터의 이체(transfer from an account),[46] 자동결제기관(ACH)의 차기(debit entry) 등이 있고, 영국에서는 직접차감(direct debit)이 있으며,[47] 일본에서는 "口座振替"(실무상으로는 "自動振替"라고 부른다)가 이에 속한다.[48] 우리나라에서 추심이체에 속하는 거래는 자동계좌이체, 타행환거래 중 추심대전송금 등이 있다.

(2) 은행내이체, 2은행간이체와 3은행간이체

전자자금이체는 자금이체지시를 송달하는 경로에 따라 은행내이체, 2은행간이체 와 3은행간이체로 나눌 수 있다. 2은행간이체와 3은행간이체에 있어서는 교환시설(switching services)이 개입하는 경우가 있다.

은행내이체라 함은 지급인과 수취인이 동일한 은행에 계좌를 가지고 있는 경우에 행하여지는 전자자금이체이다. CD·ATM에 의한 동일 은행 내에서의 출금·계좌이체·서비스이체 등이 그 예이다.

2은행간이체는 지급인과 수취인이 서로 다른 두 은행에 계좌를 가지고 있고 두 은행이 직접 거래관계가 있거나 공통된 중계시설에 가입하고 있는 경우에 행하여지는 전자자금이체이다. CD·ATM에 의한 은행간 출금·은행간 계좌이체 등이 그 예이다.

3은행간이체는 지급인과 수취인이 각각 다른 은행에 계좌를 가지고 있고 두 은

---

46) EFTA §§ 903(6), 907.

47) J. M. Holden, The Law and Practice of Banking, vol. 1: Banker and Customer, 4th ed., London: Pitman Publishing, 1986, pp. 320~322 참조.

48) 田中誠二, 「銀行取引法」, 313쪽(電子的方法による振替); 後藤紀一, "口座振替と西ドイツのラストシュリフト制度," 上柳克郎先生還曆記念「商事法の解釋と展望」, 東京: 有斐閣, 1984, 542쪽.

행이 직접적인 거래관계가 없거나 공통된 중계시설에 가입하고 있지 않는 경우에 제3의 은행을 매개로 하여 행하여지는 전자자금이체이다. 이 경우에 두 은행 사이에서 자금이체를 중개하는 은행을 중개은행이라고 한다. 3은행간이체는 국제간의 지급에 이용되고 있다.

3. 전자자금이체의 범위

(1) 현재 서비스가 제공되고 있는 전자자금이체는 다음과 같다.

① 계좌이체: 지급인의 지급지시에 의하여 지급인의 계좌에서 수취인의 계좌로 자금을 이체하는 것을 말한다. 전형적인 전자자금이체에 속하며 가장 많이 이용되고 있다. 현금자동지급기 및 자동입출금기에 의한 계좌이체, 인터넷 계좌이체 등이 이에 속한다. 인터넷 계좌이체는 인터넷을 통하여 자금을 이체하는 점이 특징일 뿐 자동입출금기에 의한 계좌이체와 구조가 같다.

② 서비스이체: 전자적 장치에서 현금서비스를 받으면서 동시에 예금계좌로 자금을 이체하는 것을 말한다. 현금서비스를 받은 것 자체는 신용거래(대월)에 속하지만, 현금서비스를 받음과 동시에 예금계좌로 이체하는 것은 전자자금이체에 속한다.

③ 직불카드이체 · 체크카드이체: 상품 또는 서비스의 대가를 직불카드단말기를 통한 지급지시에 의하여 이체하는 것을 말한다. 직불전자지급수단(제2조 제13호)에 의한 자금이체에 속한다.

④ 자동계좌이체 · 납부자자동이체: 자동계좌이체는 전기료 · 전화료 · 보험료 · 신용카드대금 등을 이용자의 출금 동의에 의하여 정기적으로 이체하는 것을 말한다.[49] 납부자자동이체는 납부자와 주거래은행과의 사전약정에 의하여 주거래은행이 일정기간 동안 납기일마다 일정 금액을 납부자의 예금계좌에서 수취은행의 지정계좌로 이체하는 것을 말한다.[50] 이들 자금이체는 준비단계는 서면에 기초하고 있으나, 개시단계에서 거래지시가 접근매체에 의하여 이루어지므로 전자자금이체에 속한다. 또 이러한 자금이체는 예약에 따른 거래(제14조 제2항 및 제15조 제3항 참조)에 속하고, 자동계좌이체는 추심이체(제15조 참조)에 속한다. 미국 전자자금

49) 지로업무규약 제3조, 지로업무 시행세칙 제18조, 제19조.
50) 지로업무규약 제3조, 지로업무 시행세칙 제89조.

이체법의 경우에도 소비자와 금융기관 사이의 사전에 약정된 계획 또는 계약에 따라 정기적으로 행하여지는 이체는 전자자금이체에 포함된다.[51)]

⑤ 대량지급거래: 급여·연금·배당금을 정기적으로 일괄지급하는 자금이체이다. 대량으로 처리하는 거래(제14조 제2항 및 제15조 제3항 참조)에 속한다.

⑥ 인터넷지로이체: 인터넷을 통하여 인터넷지로번호를 보유한 자에게 자금을 이체하는 것을 말한다.[52)]

⑦ 모바일지급 중 계좌이체: 휴대폰·PDA 등의 모바일장치를 통하여 계좌이체를 하는 것을 말한다.

⑧ 현금관리서비스(CMS[53)]) 이체: 현금관리서비스는 다수 은행과 거래하는 기업 등이 모든 거래은행과 접속할 필요 없이 금융결제원 CMS센터나 1개 은행과의 단일접속만으로 모든 거래은행의 기업은행업무(firm banking) 서비스를 제공받을 수 있는 거래이다.[54)] 제공되는 서비스 중 대량자금이체(입금이체·출금이체)와 실시간 이체는 전자자금이체에 속한다.

(2) 전자적 장치로부터의 출금, 자동입출금기에 의한 입금과 타행환이체[55)] 중 현금송금·[56)] 추심대전송금[57)]이 전자자금이체에 속하는가?

미국의 전자자금이체법(EFTA)은 전자자금이체를 "금융기관에 대하여 계좌에 차기 또는 대기할 것을 명령, 지시 또는 수권"하는 것이라고 정의하고 있으므로[58)]

---

51) 12 C.F.R. § 205 Supp., Q. 3-17, 3-19 참조.

52) 지로업무규약 제3조, 지로업무 시행세칙 제22조, 제23조.

53) Cash Management Services의 약자이며, 1996년 8월 서비스가 개시되었다. 자금관리서비스(CMS) 공동이용업무규약 참조.

54) CMS에 의하여 대량자금이체(입금이체·출금이체), 실시간 이체, 거래내역 조회 및 통지, 금융정보조회 등을 이용할 수 있다. 자금관리서비스(CMS) 공동이용업무 시행세칙 제2절 2. 가.

55) 타행환이체는 타행환공동망업무에 의한 자금이체로서, 송금과 자기앞수표조회로 구분되고, 송금업무는 다시 현금송금, (자기앞수표)타점권송부 및 추심대전송금으로 구분된다. 타행환공동망업무 시행세칙 제1장 제2절 1.

56) 고객이 타행환입금의뢰서에 의하여 타행환 예금계좌 앞으로 현금송금을 의뢰한 경우에 그 송금대전을 타행환시스템을 통하여 입금처리하는 송금방법이다. 타행환공동망업무 시행세칙 제2장 제1절 1.

57) 타행환거래계약에 의하여 은행 사이에 실시하고 있는 추심업무 중 추심결제대전을 타발추심점(지급은행)이 당발추심점(추심은행)으로 타행환시스템을 이용하여 송금하는 것을 말하며, 추심이체에 속한다. 타행환공동망업무 시행세칙 제2장 제2절 1.

58) EFTA § 903(6) 참조.

이러한 거래가 전자자금이체에 포함된다고 보는데 지장이 없다. 그런데 전자금융거래법은 전자자금이체를 전자금융사업자에 개설된 "계좌로부터 다른 계좌로 자금을 이체"하는 것이라고 정의하고 있다(제2조 제12호). 한편 전자적 장치로부터 직접 현금을 출금하는 경우 수취인이 현금을 수령한 때 지급의 효력이 생긴다고 규정하고 있으므로(제13조 제2호), 전자적 장치로부터의 출금이 전자지급거래에 속한다는 것을 전제로 하고 있다. 결국 전자자금이체에 있어서 어떤 계좌로부터 다른 계좌로 자금을 이체한다는 것의 의미는 반드시 2개의 계좌를 전제로 하는 것이 아니라, 어떤 계좌에 차기 또는 대기함으로써 족하다는 뜻임을 알 수 있다. 따라서 전자적 장치에 의한 출금은 물론, 자동입출금기에 의한 입금과 타행환 이체는 전자자금이체에 속한다고 볼 것이다.

4. 전자자금이체의 이용한도

금융위원회는 전자지급수단의 특성을 감안하여 대통령령이 정하는 바에 따라 금융기관 또는 전자금융업자에게 전자자금이체의 이용한도를 제한하거나 그 밖에 필요한 조치를 할 수 있다(제23조 본문·제3호).

이에 따라 전자금융거래법 시행령은 전자자금이체의 이용한도를 1억원의 범위 안에서 금융위원회가 정하여 고시하도록 하였다(令 제13조 제2항 본문). 다만, 금융기관 또는 전자금융업자와 이용자 간에 별도의 계약이 있는 경우에는 그 이용한도를 달리 정할 수 있다(令 제13조 제2항 단서). 이용한도의 구체적인 사항은 전자자금이체의 방법, 이용횟수나 이용기간 등을 고려하여 금융위원회가 정하여 고시한다(令 제13조 제4항, 電監 제10조 및 별표 1 참조).

Ⅱ. 자금이체계약과 자금이체지시

1. 개 설

고객이 금융기관에 계좌를 개설하는 경우에는 금융기관과 고객 사이에 금융기관이 수행해야 할 서비스와 당사자의 권리·의무 및 책임에 관한 계약을 체결하게 된다. 이 계약은 약관에 따라 서면방식에 의하는 것이 보통이지만, 나라에 따라

서면방식을 요구하지 않는 경우도 있다. 서면방식을 요구하지 않는 나라에 있어서는 실무상 묵시적 약관에 따라 당사자의 권리·의무 및 책임이 규율된다.

전자자금이체에 관한 약관은 은행의 보통거래약관으로 존재하고 전국적으로 통일되어 있는 것이 보통인데, 현금카드이용규약·신용카드회원규약·타행환거래약관·대량지급거래약관·자동이체거래약관 등이 그 예이다. 상업적 계좌에 관련된 전자자금이체의 경우에는 이체의 유형, 필요한 수권절차, 고객의 계좌가 차기·대기될 시기 등에 관하여 특별규정을 두는 경우가 있다.

전자자금이체는 전자지급거래계약인 자금이체계약과 거래지시인 자금이체지시라는 두 개의 기본적 법률관계로 이루어진다. 자금이체계약은 자금이체사무의 처리를 위한 금융기관과 고객 사이의 기본계약이다.[59] 이 계약은 지급이체의 경우에는 지급이체계약, 추심이체의 경우에는 추심이체계약이라고 한다. 자금이체지시는 개별적인 자금이체에 있어서 고객의 금융기관에 대한 자금이체의 위탁이다. 자금이체지시는 지급이체의 경우에는 지급지시(paying order), 추심이체의 경우에는 추심지시(drawing order)라고 한다. 또 추심이체의 경우 수취인이 자금이체를 받기 위해서는 지급인의 지급은행에 대한 출금 동의를 필요로 한다.

2. 자금이체계약

자금이체계약은 「전자자금이체를 위하여 금융기관과 고객 사이에서 체결되는 기본계약」을 말한다. 자금이체계약에서는 약관에 따라 금융기관이 지급은행 또는 추심은행으로서 제공하여야 할 서비스와 수취은행으로서 제공하여야 할 서비스를 정하는 것이 보통이다. 아래에서는 자금이체계약의 법적 성질을 지급이체의 경우와 추심이체의 경우로 나누어 살펴보기로 한다.

(1) 지급이체의 경우

지급이체에 있어서 자금이체계약은 지급이체계약이다. 이 계약은 지급인과 지급은행 사이에서 지급이체업무를 처리하기 위하여 체결되고 지급인이 개별적인 자금이체를 위하여 지급지시를 할 수 있는 기초가 되는 계약이다.

59) UNCITRAL, *Legal Guide on Elecctronic Funds Transfers*, p. 26 ff. 참조.

일반적으로 지급이체에 있어서 자금이체계약은 미국의 전자자금이체나 일본의 지급이체(振込)에서 보는 바와 같이 지급인과 지급은행 사이에서 체결된다. 우리나라의 계좌이체, 직불카드이체 등에 있어서도 지급이체계약은 지급인과 지급은행 사이에서 체결된다.

대량지급업무에 있어서 자금이체계약은 의뢰기관(지급인)이 대량지급거래신청서를 금융결제원에 제출하여 승인을 받음으로써 성립하는 "대량지급거래계약"인데, 지급이체계약의 당사자가 누구인가에 관하여는 견해가 갈린다.

이에 대하여는 대량지급업무에 있어서 자금이체계약은 지급인과 금융결제원 사이에 체결되는 계약이라고 보는 견해가 있다.[60] 그러나 금융결제원은 의뢰기관(지급인)과 거래은행(지급은행) 사이의 자금이체계약에 있어서 지급인의 청약에 대한 지급은행의 승낙을 위임받은 기관이라고 할 수 있다. 은행지로업무규약이 "참가은행이 지로거래에 관하여 수납기관(수취인) 또는 의뢰기관(지급인)과 지로거래에 관한 특별한 계약을 체결할 필요가 있을 때에는 금융결제원이 참가은행을 대표하여 계약을 체결할 수 있다"[61]고 규정하는 것은 이를 뒷받침한다. 또한 금융결제원이 지급이체계약의 당사자라고 보는 경우, 지급인이 지급이체거래와 관련하여 지급은행의 채무불이행 또는 불법행위에 대하여 손해배상을 청구하거나 소송을 제기하려면 지급은행이 아니라 금융결제원을 상대방으로 하여야 하므로 현실적으로 매우 불합리한 결과를 가져오게 될 것이다. 따라서 대량지급거래에 있어서도 자금이체계약은 지급인과 지급은행 사이에서 체결되는 것이라고 보아야 할 것이다.

지급이체계약의 법적 성질에 관하여 각국의 학설·판례는 대체로 제3자를 위한 계약설과 위임계약설로 나누어지고 있으며, 우리나라에서도 위임계약이라고 보는 것이 다수설이지만[62] 세부적으로는 차이가 있다.

전자자금이체는 서면에 기초하던 자금이체에 전자적 수단을 도입한 것이므로

---

60) 鄭熙喆, "Giro 制度가 有價證券制度에 미치는 影響," 서울대 法學, 제26권 제1호(1985), 3-4쪽; 鄭燦亨, "電子資金移替制度," 經濟法學會 編, 韓國金融法硏究(三英社, 1990. 12 발간예정), 16쪽 참조.

61) 銀行지로業務規約 제10조 참조.

62) 李基秀, 「어음·手票法」, 제5판, 박영사, 2006, 473쪽; 鄭東潤, 「어음·手票法」, 제5판, 법문사, 2004, 573쪽; 崔基元, 「어음·手票法」, 신정증보판, 박영사, 1990, 891쪽 참조.

자금이체의 법적 구조는 근본적으로는 서면자금이체의 경우와 다르지 않다. 따라서 지급이체계약의 법적 성질은 서면자금이체의 경우와 같이, 고객(지급인)이 거래은행(지급은행)에 전자지급사무의 처리를 위탁하는 위임계약이고, 동시에 고용계약·도급계약의 성질을 가지고 있다. 이 계약은 사무처리의 대가로서 수수료를 받는 경우에는 유상계약·쌍무계약이고 수수료를 받지 않는 경우에는 무상계약이며, 고객이 이체사무를 위임하는 기간에 제한이 없는 경우에는 계속적 채권관계에 속한다고 볼 수 있다.[63]

(2) 추심이체의 경우

추심이체에 있어서 자금이체계약은 추심이체계약이다. 이 계약은 수취인이 추심이체를 위하여 추심지시를 할 수 있는 기초가 되는 계약이다. 추심이체의 경우에는 채권자인 수취인이 주도권을 가지고 추심지시를 하지만, 추심이체계약이 체결된 것만으로는 자금이체가 이루어지지 않으며 채무자인 지급인에 의한 출금 동의(출금 수권)가 필요하다.

① 추심이체계약

추심이체에 있어서 자금이체계약인 추심이체계약의 예로는 자동이체계약·타행환추심의뢰계약 등을 들 수 있다.

일반적으로 추심이체에 있어서 자금이체계약은 독일의 차변통지거래나 일본의 추심이체(口座振替) 거래에서 보는 바와 같이 수취인과 추심은행 사이에서 체결된다. 우리나라의 자동계좌이체업무에 있어서 자금이체계약은 수취인인 수납기관이 거래승인신청서를 금융결제원에 제출하여 그 승인을 받음으로써 성립하는 "자동이체계약"이다. 이 경우에도 자금이체계약의 당사자가 누구인가에 관하여 견해가 갈린다.

학설 중에는 자동계좌이체의 경우에 수납기관(수취인)이 금융결제원의 승인을 받음으로써 수납기관과 금융결제원 사이에 자동이체계약이 성립하고, 그리하여 수납기관이 추심을 의뢰하는 상대방은 거래은행(추심은행)이 아니라 금융결제원이고 거래은행은 자금이체의 결과 자금이 입금되어 인출되는 통로로서의 기능을

---

63) 孫晉華, "電子資金移替去來의 法律關係," 經營法律, 제4집(1991. 7), 176쪽.

수행할 뿐이라고 보는 견해가 있다.[64] 그러나 추심이체에 있어서도 지급이체의 경우와 마찬가지로 금융결제원은 수납기관(수취인)과 거래은행(추심은행) 사이의 자동이체계약에 있어서 수납기관의 청약에 대한 추심은행의 승낙을 위임받은 기관이라고 볼 것이다.[65] 따라서 자동계좌이체업무에 있어서도 자금이체계약은 수취인인 수납기관과 추심은행 사이에서 체결되는 것으로 보는 것이 타당하다.

추심이체계약의 법적 성질에 관하여도 각국의 학설은 위임계약설을 취하는 것이 보통이지만, 그 내용에 있어서는 차이가 있다. 우리나라에서도 위임계약이라고 보는 견해가 유력하지만,[66] 그 내용에 있어서는 다시 견해가 갈린다.

추심이체계약의 법적 성질은 지급이체계약과 다르지 않다고 생각된다. 그리하여 이 계약은 전자적 추심사무를 위탁하는 위임계약으로서, 동시에 고용계약・도급계약의 성질을 가지고 있다. 또 추심이체에 있어서는 대가를 받으므로 자금이체계약은 유상계약・쌍무계약이며, 특히 자동이체계약은 자동계좌이체에 관하여 추심사무를 위임하는 기간에 제한이 없으므로 계속적 채권관계에 속한다고 볼 수 있다.[67]

② 출금 동의

추심이체에 있어서는 추심이체계약 이외에 지급은행이 지급인으로부터 지급수권을 얻는 것이 필요한데, 전자금융거래법은 이를 출금 동의라고 한다(제15조 참조). 출금 동의는 지급수권(payment authorigation)으로서 서면계약의 형식을 취하는 것이 보통이고, 그 내용은 지급인이 수취인 또는 추심은행의 추심지시가 있으면 자기의 계좌로부터 출금하여 지급할 권한을 지급은행에게 부여하는 것이다.[68]

출금 동의의 법적 성질은 무엇인가? 자동계좌이체의 경우, 출금 동의는 납부자

---

64) 崔基元, 어음・手票法, 895쪽.

65) 자동계좌이체업무 세부처리지침이 금융결제원은 필요하다고 인정하여 자동이체거래의 실시에 관한 계약을 수납기관, 각행 및 금융결제원간에 체결하여 자동이체거래의 승인에 대신할 수 있다고 규정한 것은 이를 뒷받침한다. 금융결제관리원, 금융결제관리원 규약집(1987. 4), 139면 이하, 151쪽 이하 참조.

66) 崔基元, 「어음・手票法」, 895쪽; 李基秀, "컴퓨터를 이용한 金融決濟와 法," 高麗大 法學論輯, 제24집(1986. 12), 151쪽.

67) 孫晉華, 앞의 논문, 178쪽.

68) 때로는 수취인에게 출금 동의를 하는 경우가 있으나, 이 동의는 수취인이 지급인을 대신하여 지급은행에 출금 동의를 할 것을 위임하는 것으로 볼 수 있다.

(지급인)의 자동이체신청서 제출에 의한 자동이체의뢰계약에 의한다.[69] 이 계약은 납부자가 거래은행에 대하여 수납기관(수취인)의 자동이체청구가 있으면 그의 계좌로부터 출금하여 지급할 것을 위탁하는 위임계약이라고 해석된다. 또 이 계약은 장래에 수납기관의 정기적인 청구가 있으면 계속하여 지급할 것을 위탁하는 것을 내용으로 하므로[70] 계속적 채권관계에 속한다.[71] 또 추심대전송금의 경우, 출금 동의는 약속어음의 발행인이 당좌예금계약에 기하여 당발추심점(추심은행)의 추심지시가 있으면 타발추심점(지급은행)이 그의 예금계좌로부터 출금하여 지급할 것을 위탁하는 위임계약이라고 해석된다.

〈자금이체계약의 체결과 당사자〉

(가) 지급이체에 있어서 자금이체계약은 어떻게 체결되며, 그 당사자는 누구인가?

지급이체에 있어서 자금이체계약의 성립과 당사자는 다음과 같다.

첫째로, 전자자금이체카드가 사용되는 거래에 있어서는 고객이 거래은행에 카드를 신청하여 발급받을 때 현금카드의 경우에는 현금카드 이용규약에 기하여, 겸용카드의 경우에는 신용카드회원규약에 기하여 고객(지급인)과 거래은행(지급은행) 사이에서 자금이체계약을 체결한다고 볼 수 있다.

둘째로, 은행지로에 있어서는 다음과 같다.

(a) 일반계좌이체업무의 경우, 자금이체계약은 수취인이 지로번호를 부여받았는가의 여부에 관계없이 지급인과 지급은행 사이에서 체결된다.

(b) 대량지급업무의 경우, 자금이체계약은 의뢰기관이(지급인)이 대량지급거래신청서를 금융결제원에 제출하여 승인을 받음으로서 성립하는 "대량지급거래계약"이라고 볼 수 있다. 이 계약은 일응 지급인과 금융결제원 사이에 체결되는 계약이라고 생각할 수도 있다. 그러나 금융결제원은 의뢰기관(지급인)과 거래은행(지급은행) 사이의 자금이체계약에 있어서 의뢰기관의 청약에 대한 지급은행의 승낙을 위임받은 기관으로 볼 수 있고, 따라서 자금이체계약은 지급인과 지급은행 사이에서 체결되는 것이라고 보아야 할 것이다.

69) 자동계좌이체업무 세부처리지침 1. 나. (1); 자동계좌이체약관 제8조.
70) 전기요금 자동계좌이체 거래약관 1.; 전화요금 자동계좌이체 거래약관 1. 참조.
71) UNCITRAL, *Legal Guide on Elecctronic Funds Transfers*, p. 31, para. 22 참조.

(c) 타행환거래 중 현금송금의 경우, 자금이체계약은 송금의뢰인(지급인)과 의뢰은행(지급은행[72])이 타행환거래약관에 기하여 체결하는 "타행환입금의뢰계약"이다.

(나) 추심이체에 있어서 자금이체계약은 어떻게 체결되며, 그 당사자는 누구인가?

추심이체에 있어서 자금이체계약의 성립과 당사자는 다음과 같다.

첫째로, 자동계좌이체의 경우, 자금이체계약은 "자동이체계약"인데 이 계약은 수납기관(수취인)과 거래은행(추심은행) 사이에서 체결되는 것으로 볼 수 있다. 이 경우 금융결제원은 수취인과 추심은행 사이의 자금이체계약에 있어서 수납기관의 청약에 대한 추심은행의 승낙을 위임받은 기관이라고 볼 것이다.

둘째로, 타행환거래 중 추심대전송금의 경우, 자금이체계약은 추심의뢰인(수취인)과 거래은행인 당발추심점(추심은행[73])이 타행환거래약관에 기하여 체결하는 "타행환추심의뢰계약"이다.

3. 자금이체지시

자금이체지시는 전자자금이체에 있어서의 거래지시로서 「자금이체를 위한 지시 및 필요한 명세를 포함하고 있는 통신문 또는 그 일부」를 말한다. 자금이체지시는 자금이체계약에 기초하여 행하여진다. 자금이체지시는 그 방향에 따라 지급이체의 경우에는 지급지시라고 하고, 추심이체의 경우에는 추심지시 또는 인출지시라고 한다.[74] 지급지시는 지급은행으로부터 수취은행으로 송달되고, 추심지시는 추심은행으로부터 지급은행으로 송달된다.

---

72) 타행환거래의 실무상 이를 "의뢰은행"이라고 부르고 있으나(타행환공동망업무규약 제5조 제1항 제1호, 타행환공동망업무 세부처리지침 제1장 제2절 2.), 여기에서 말하는 의뢰은행은 고객으로부터 타행환송금의뢰를 받아 지급을 하는 은행이므로 지급지시의 흐름에 착안한 일반이론과 UCITRAL의 지침에 따라 "지급은행"이라고 부르는 것이 타당하다.

73) 타행환거래의 실무상 수취인계좌를 보유하고 있는 은행을 "지급은행"이라고 부르고 있으나(타행환공동망업무규약 제5조 제1항 제2호, 타행환공동망업무 세부처리지침 제1장 제2절 2.), 여기에서 말하는 지급은행은 송금되는 자금을 수취하는 은행이므로 "수취은행"이라고 부르는 것이 타당하다.

74) Uniform New Payments Code, P.E.B. Draft No.3, § 51(1)(2)(1983) 참조.

(1) 자금이체지시의 법적 성질

① 지급지시의 법적 성질

지급지시는 지급인이 지급은행에 대하여(또는 위임을 받은 지급은행이 수취은행에 대하여) 하는 자금이체지시이다.

지급지시의 법적 성질은 지급은행의 승낙을 필요로 하지 않는 고객의 단독행위이다.[75] 이에 대하여 대량지급업무와 같은 대량적 대변이체(지급이체)의 경우에는 동일하게 보지만, 지로계약에 기하여 지로계좌를 설정할 것을 요구하지 않는 기본형 대변이체(지급이체)의 경우에는 자금이체위탁만이 존재하며 그 법적 성질을 "위탁계약"이라고 보는 견해가 있다.[76] 그러나 이 경우에도 "자금이체위탁"에는 자금이체계약으로서의 "위탁계약"뿐만 아니라 이 계약에 기한 자금이체지시가 동시에 포함되어 있다고 볼 수 있고, 전자는 위임계약이고 후자는 지급지시로서 고객의 단독행위라고 할 것이다.

지급지시는 지급은행에 대하여 하는 것이므로 상대방 있는 단독행위이다. 또 지급지시는 자금이체계약의 존재를 전제로 하는 것이므로 동 계약에 대하여 부종성을 지니고 있다.[77]

② 추심지시의 법적 성질

추심지시는 수취인이 추심은행에 대하여(또는 위임을 받은 추심은행이 지급은행에 대하여) 하는 자금이체지시이다.

자동계좌이체의 경우, 추심지시에 해당하는 것은 "자동이체청구서의 제출"인데,[78] 그 법적 성질에 관하여는 논의가 없으나 채권자(수취인)에 의한 금액의 지정으로써 지급은행에 대하여 하는 지시(Weisung)라고 볼 수 있을 것이다.

추심대전송금의 경우, 추심의뢰인의 위탁에 기하여 당발추심점이 작성하여 타발추심점에 타행환추심어음송달장을 송달하는데,[79] 이 "어음송달장의 송달"이 추심지시에 해당한다고 볼 수 있다. 이러한 어음송달장의 송달은 어음의 지급제시에 갈음하는 것으로서, 그 법적 성질은 자동이체청구서의 제출과 동일하게 볼 수 있

---

75) 鄭東潤, 「어음·手票法」, 573~574쪽 참조.
76) 崔基元, 「어음·手票法」, 891쪽.
77) 鄭東潤, 「어음·手票法」, 574쪽.
78) 금융결제원, 「은행지로업무 연수교재」, 연수교재 제2호, 금융결제관리원, 1987, 94~95쪽.
79) 他行換共同網業務 細部處理指針 제2장 제2절 3. 가. 1), 나. 1) 참조.

을 것이다.

(2) 자금이체지시의 절차

① 지급지시의 절차

지로계약에 기하여 지로계좌를 설정할 것을 요구하지 않는 경우, 자금이체위탁과 동시에 자금이체계약을 체결하고 자금이체지시를 하는 것으로 볼 수 있다.

기타의 경우에는 자금이체계약을 전제로 하여 개별적인 지급지시를 한다.

② 추심지시의 절차

자동계좌이체의 경우, 수납기관(수취인)이 자동이체청구명세와 그 합계표인 자동이체청구서를 작성하여 이를 금융결제원에 송부하면 금융결제원이 자동이체출금지시명세 M/T와 자동이체출금지시서를 작성한 후 이를 납부자거래은행(지급은행)에 송부함으로써 인출지시를 하는데, 여기에서 추심지시에 해당하는 것은 자동이체청구서의 제출이다.

추심대전송금의 경우, 추심의뢰인(수취인)의 위탁에 기하여 당발추심점(추심은행)이 작성하여 타발추심점(지급은행)에 "타행환추심어음송달장"을 송달하는데, 이 어음송달장의 송달이 추심지시에 해당한다.

Ⅲ. 이체참가자 사이의 법률관계

1. 서 설

일반적으로 전자자금이체의 참가자는 지급인, 지급은행, 수취은행(또는 추심은행)과 수취인이며, 지급은행과 수취은행(또는 추심은행) 사이에는 중계기관이 개입하는 것이 보통이다. 그리하여 참가자 사이의 법률관계는 ① 지급인과 지급은행의 관계, ② 수취인과 수취은행(또는 추심은행)의 관계, ③ 지급은행과 수취은행(또는 추심은행)의 관계, ④ 지급인과 수취인의 관계 및 ⑤ 중계기관의 지위로 나누어 볼 수 있다.

전자자금이체에 있어서 지급이체와 추심이체는 자금이체지시를 지급인이 하는가, 수취인이 하는가에 차이가 있을 뿐 그 구조는 기본적으로 큰 차이가 없다. 따라서 추심이체의 경우 수취인과 추심은행의 관계는 지급이체에 있어서 지급인과 지급은행의 관계에 대응하는 것이 되며, 다만 성질상 지급이체에 관한 법리가 적용될 수 없는 것(예컨대, 출금 동의)은 제외된다.

다음 [그림 3-1]과 [그림 3-2]는 각각 지급이체와 추심이체에 있어서 참가자 사이의 관계를 나타낸 것이다.

[그림 3-1] 지급이체 참가자 사이의 관계

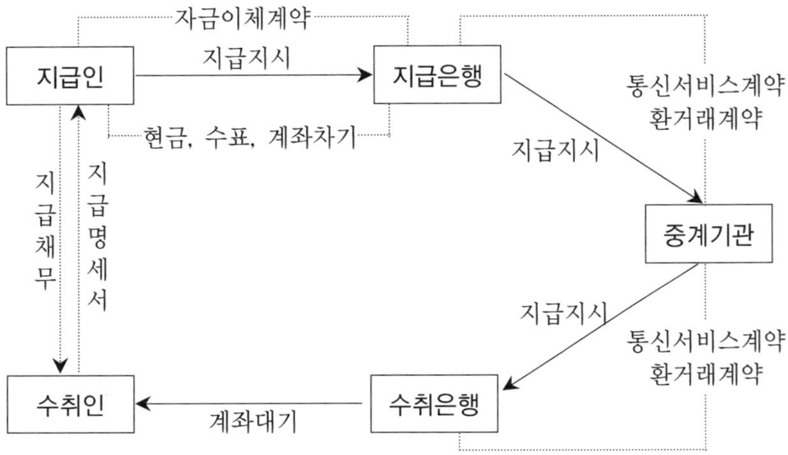

[그림 3-2] 추심이체 참가자 사이의 관계

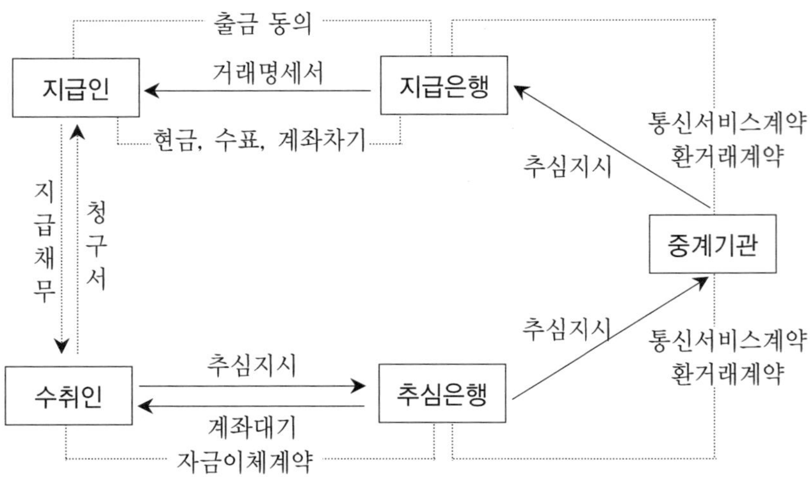

2. 지급인과 지급은행의 관계

(1) 지급이체의 경우

지급이체에 있어서 지급인은 지급은행과 기본계약인 지급이체계약을 체결하며, 이 계약에 기하여 개별적인 지급지시를 하게 된다. 지급이체계약의 법적 성질은 위임이므로 지급인의 지급지시가 있는 경우 지급은행은 위임의 본지에 따라 선량한 관리자의 주의로써 지급이체업무를 처리하여야 할 의무가 있다(民 제681조). 지급은행이 이 의무에 위반하여 지급이체를 불이행하거나 지체한 경우에는 그로 인한 손해를 배상할 책임을 진다.[80)]

다음으로 지급인에 대한 지급은행의 책임은 어디까지 미치는가? 이에 대하여는 특별한 약정이 없는 한 지급은행은 수취은행에 대한 입금까지 약속한 것으로 보아 일종의 결과채무에 해당하는 의무를 부담한다고 보는 견해가 있다.[81)] 이 문제는 기본적으로 당사자 사이의 계약의 해석문제라고 할 수 있으므로 계약자유의 범위 내에서 당사자가 정한 바에 따를 것이다. 그러나 당사자 사이에 특별한 약정이 없는 경우에는 지급은행은 지급지시를 수취은행에 전송할 책임이 있으나 수취은행에 입금될 것까지 책임을 진다고 볼 수는 없으며, 수취은행의 과실에 대하여는 책임을 지지 않는다고 본다.[82)] 지급은행이 자금이체업무를 적절히 처리하였음에도 불구하고 수취은행의 과실로 자금이체가 행하여지지 않은 경우에는 수취은행을 지정한 수취인측이 그 불이익을 감수하여야 할 것이기 때문이다.[83)]

또 중계기관의 행위에 대하여는 수취인이 아니라 자금이체를 의뢰한 송금인(지급인)이 위험을 부담하는 것으로 보아야 할 것이므로 지급은행의 책임도 여기까지 미치는 것으로 보아야 할 것이다.[84)] 이것은 지급이체계약의 도급계약적 성질을

---

80) 이에 대하여 은행의 자금이체의무는 고객과의 사이에서 체결된 위임계약상의 의무이행으로서 하는 것이라기보다 그 은행이 참가한 지로관리소(금융결제원)의 지로업무규약 제3조에 의하여 하는 것이라고 보는 견해가 있다(鄭熙喆, "Giro제도가 有價證券制度에 미치는 影響," 서울대 法學, 제26권 제1호(1985. 4), 5쪽). 그러나 지로업무규약은 금융기관 사이의 협정으로서 자치법적인 성격을 가지고 있고, 동 규약 제3조는 금융결제원과 은행 사이의 내부관계에 관한 규정으로서 지로업무처리에 지장을 초래하지 않기 위한 것이므로 이러한 강제성을 중시하여 은행의 자금이체의무가 이 규정에서 생겨나는 것이라고 볼 필요는 없을 것이다.

81) 李基秀, 「어음·手票法」, 475쪽.

82) 崔基元, 「어음·手票法」, 900쪽.

83) 後藤紀一, "振込去來における法律關係," 香川法學, 제2권 제1호(1982), 83쪽.

84) 岩原紳作, "コンピューターを用いた金融決濟と法: アメリカ法, 西ドイツ法を參考として," 金融法

반영하는 것이라고 볼 수 있다. 다만 지급은행은 중계기관의 행위에 대하여 무조건 책임을 진다고 볼 수는 없고, 상황에 따라 불가항력의 항변 또는 면책약관에 의한 면책이 인정되는 경우가 검토되어야 할 것이다.

(2) 추심이체의 경우

① 지급은행의 의무

자동계좌이체의 경우에는 납부자(지급인)가 자동이체신청서를 지급은행(납부자의 거래은행)에 제출함으로써 자동이체의뢰계약을 체결하고,[85] 추심대전송금의 경우에는 당좌예금계약에서 어음·수표 등의 지급제시가 있으면 지급은행(타발추심점)이 지급인의 예금계좌에서 지급을 한다는 약정을 한다.

지급은행은 자동이체의뢰계약이나 당좌예금계약 중의 어음금지급약정에 기하여 지급인의 계좌에서 지급금액을 출금하여 추심은행에 지급할 권리와 의무가 있다. 자동이체의뢰계약 또는 당좌예금계약의 법적 성질은 위임이므로 지급은행은 선량한 관리자의 주의로써 자금이체업무를 처리하여야 한다(民 제681조).

② 출금 동의와 철회

(가) 출금 동의

추심이체의 경우에 지급은행이 추심이체를 실행하기 위하여 지급인의 계좌로부터 출금을 하려면 대통령령이 정하는 바에 따라 미리 지급인으로부터 출금 동의를 얻어야 한다(제15조 제1항). 이 출금 동의는 지급수권으로서 자동이체의뢰계약 또는 어음금지급약정에 의하는 것이 보통이다.

지급인으로부터 출금에 대한 동의를 얻는 방법은 ① 전자금융사업자가 지급인으로부터 서면(공인전자서명이 있는 전자문서를 포함한다)에 의하여 출금신청을 받거나 ② 수취인이 지급인으로부터 서면에 의한 출금 동의를 받아 전자금융사업자에게 출금 동의의 내역을 전달(전자적 방법으로 출금의 동의내역을 전송하는 것을 포함한다)하는 것이다(令 제10조).

출금 동의의 법적 성질은 위임이므로 지급은행은 선량한 관리자의 주의로써 추심이체를 위한 출금업무를 처리하여야 할 의무가 있다(民 제681조). 출금 동의를

研究, 創刊號(1985), 28쪽.

85) 자동계좌이체약관 제8조 참조.

위임으로 보는 한, 지급은행은 지급인에 대하여 위임사무를 처리하는 수임인의 지위에 있고 지급인의 이행보조자라고 볼 수는 없을 것이다. 다만 지급인과 수취인 사이의 이행의 제공에 관한 한, 지급은행은 지급인의 이행보조자로 볼 수 있을 것이다.

(나) 출금 동의의 철회

지급인은 수취인의 거래지시에 따라 지급인의 계좌의 원장에 출금기록이 끝나기 전까지 지급은행에게 출금 동의의 철회를 요청할 수 있다(제15조 제2항). 이 규정에 불구하고 지급은행은 대량으로 처리하는 거래 또는 예약에 따른 거래 등의 경우에는 미리 지급인과 정한 약정에 따라 동의의 철회시기를 달리 정할 수 있다(제15조 제3항).

지급은행은 위 동의의 철회방법 및 절차와 약정에 관한 사항을 약관에 기재하여야 한다(제15조 제4항).

〈지급은행의 의무〉

(가) 지급이체에 있어서 지급은행은 지급인에 대하여 어떠한 의무와 책임을 지는가?

지급이체에 있어서 자금이체계약은 위임이므로 지급인의 이체지시가 있는 경우 지급은행은 위임의 본지에 따라 선량한 관리자의 주의로써 자금이체사무를 처리하여야 할 의무가 있다(민법 제681조).

지급인에 대한 지급은행의 책임은 당사자간의 계약의 해석문제라고 할 수 있으므로 계약자유의 범위 내에서 당사자가 정한 바에 따를 것이다. 특별한 약정이 없는 경우 지급은행은 이체지시를 수취은행에 송달할 책임이 있으나, 수취은행에 입금될 것까지 책임을 진다고 볼 수는 없으며 수취은행의 과실에 대하여는 책임을 지지 않는다.

또 지급은행은 중개기관의 행위에 대하여도 원칙적으로는 책임을 진다고 할 것이나, 상황에 따라 불가항력의 항변 또는 면책약관에 의한 면책이 인정되는 경우가 검토되어야 할 것이다.

이상의 설명은 추심이체의 경우 수취인에 대한 추심은행의 책임에 관하여도 타당하다.

(나) 추심이체에 있어서 지급은행은 지급인에 대하여 어떠한 의무와 책임을 지는가?

추심이체에 있어서 지급인은 지급은행에 출금동의를 하는데, 이 동의는 자금이체수권으로서 계약의 형식을 취하는 것이 보통이다. 출금동의의 법적 성질은 위임이므로 지급은행은 선량한 관리자의 주의로써 자금이체사무(전자적 추심사무)를 처리하여야 할 의무가 있다(민법 제681조). 출금동의를 위임으로 보는 한, 지급은행은 지급인에 대하여 위임사무를 처리하는 수임인의 지위에 있고 지급인의 이행보조자라고 볼 수는 없다. 다만 지급인과 수취인 사이의 이행의 제공에 관한 한, 지급은행은 지급인의 이행보조자라고 볼 수 있을 것이다.

이상의 설명은 타행환거래 중 추심대전송금에 관하여도 같다.

〈출금 동의의 철회방법〉

자동계좌이체의 경우 납부자(지급인)는 거래은행(지급은행)이 출금기장을 하기 전에는 자동이체의뢰계약을 해지함으로써 출금 동의를 철회할 수 있지만, 출금기장을 한 후에는 지급은행을 구속하지 못한다. 또 금융결제원의 세부처리지침은 일반계좌이체업무의 이체의뢰취소금지에 관한 규정을 준용하여 계좌이체통지서가 결제원에 송부된 후에는 이체의뢰를 취소[철회]할 수 없도록 규정하고 있는데, 지급이체의 경우와 같이 그 구속력의 인정 여부에 대하여는 논란이 있다.

그러나 타행환거래(추심대전송금)의 경우에는 타행환시스템을 통하여 자금이체에 관한 자료가 전송되므로, 의뢰은행내부의 오류에 의하여 발생한 거래만을 취소처리할 수 있음을 원칙으로 하는 세부처리지침의 정함은 수취인(추심의뢰인)을 구속한다고 보아야 할 것이다.

3. 수취인과 수취은행의 관계

(1) 지급이체의 경우

지급이체에 있어서 수취은행의 주된 의무는 이체자금을 요구되는 시기에 정확히 대기하고, 필요한 경우에는 수취인에게 입금통지를 하는 것이다.

지급이체에 있어서 수취인이 수취은행에 대하여 어떠한 권리를 가지는가? 일반자금이체의 경우에, 학설은 수취인은 수취은행에 대하여 이체자금이 수취인의 계좌에 입금기장되기 전에는 입금기장청구권을 가지고, 입금기장된 후에는 이체지시의 철회·원인관계 등에 기한 항변의 대항을 받지 않는 무인적 지급청구권을 가진다고 보는 것이 보통이다.[86] 그러나 자금이동이 실시간으로 처리되는 지급이체에 있어서는 무인적 지급청구권만이 문제될 것이다.

(2) 추심이체의 경우

추심이체의 경우 추심은행은 수취인과 체결한 자금이체계약에 따라서 선량한 관리자의 주의로써 전자적 추심사무를 처리할 의무가 있다(民 제681조).

수취인의 권리에 관하여는 지급이체의 경우와 같이 견해가 갈리나, 지급이체의 경우와 같이 해석하여 수취인은 추심은행에 대하여 이체자금이 계좌에 입금기장되기 전에는 입금기장청구권을 가지고, 입금기장된 후에는 무인적 지급청구권을 가진다고 볼 것이다.

수취인에 대한 추심은행의 책임은 지급이체에 있어서 지급인에 대한 지급은행의 책임에 준하여 생각할 수 있을 것이다.

〈수취은행(또는 추심은행)의 의무〉

(가) 지급이체의 경우

지급이체의 경우, 수취은행은 이체자금을 요구되는 시기에 수취인의 계좌에 정확히 대기하는 것이다. 그 외에 수취인과 약정한 바에 따라 입금통지가 필요한 경우에는 수취인에게 입금통지를 하는 것이다.

(나) 지급이체의 경우

추심이체의 경우, 추심은행은 수취인과 체결한 자금이체계약에 따라서 선량한 관리자의 주의로써 전자적 추심사무를 처리할 의무가 있다(민법 제681조). 이 의무는 지급이체에 있어서 지급은행의 의무에 준하는 의무이다. 수취인에 대한 추심은행의 책임은 지급이체에 있어서 지급인에 대한 지급은행의 책임에 준한다.

86) 鄭東潤, 「어음·手票法」, 575쪽; 鄭燦亨, 「어음·手票法講義」, 제6판, 박영사, 2006, 826쪽 참조. 동지: 崔基元, 「어음·手票法」, 903쪽. 다만, 이 견해에서는 입금기장청구권의 근거를 자금이체에 의한 입금을 허용하는 예금약관에서 구하고 있다.

4. 지급은행과 수취은행(또는 추심은행)의 관계

지급이체의 경우 수취은행은 지급은행에 대하여, 그리고 추심이체의 경우 지급은행은 추심은행에 대하여 어떠한 지위에 있는가? 수취은행(또는 추심이체의 경우 지급은행)은 지급은행의 이행보조자인가?

독일에서는 이 문제를 계약해석의 문제로 보면서 지급은행은 지급이체를 정규의 방법으로 전송할 의무만을 부담하고, 그 수취인의 계좌에 입금할 의무까지 부담하지 않으므로 수취은행은 지급은행의 이행보조자에 해당하지 않는다고 한다.[87]

생각건대, 이 문제는 기본적으로 지급인과 지급은행 사이의 계약의 해석문제라고 볼 수 있으나, 특별한 약정이 없으면 지급은행은 수취은행의 과실에 대하여 책임을 진다고 보기 어려우며 따라서 수취은행은 지급은행의 이행보조자에 해당하지 않는다고 할 것이다.

5. 지급인과 수취인의 관계

지급인과 수취인의 관계에서 문제되는 것은, 첫째로 지급완료의 시점이 언제인가, 둘째로 전자자금이체에 의한 지급의 효력은 어떠한가, 셋째로 지급인이 원인관계상의 하자에 기한 항변을 주장할 수 있는가 등이다.

지급이체의 경우 지급인이 현금에 의하여 지급을 하지 않고 전자자금이체에 의하여 지급을 하려는 경우에는 채무자가 지급인으로부터 수취인의 거래은행으로 변경되므로 수취인의 승낙을 요한다.[88] 추심이체의 경우 지급인과 수취인 사이의 자금추심에 관한 약정에 의하여 지급채무는 지참채무에서 추심채무로 변경된다.

(1) 지급완료의 시점과 거래지시의 철회

① 지급완료의 시점

전자자금이체에 있어서 지급완료의 시점은 현실적으로 중요한 의미를 가질 수 있다. 일반 자금이체에 있어서 지급완료의 시점은 수취인이 예금채권을 취득하는

87) 李基秀, 「어음·手票法」, 475쪽 참조.
88) 鄭東潤, 「어음·手票法」, 575쪽.

시기로 보아, 수취인의 계좌에 이체자금이 입금기장된 때라고 풀이하는 것이 보통이다.[89]

전자자금이체의 경우에는 금융통신망을 통하여 실시간으로 처리되므로 수취기관의 정보처리시스템에 수취인계좌에 관한 입금정보가 입력된 때 입금기장된 것으로 보고, 이 시점에서 지급이 완료된 것으로 보아야 할 것이다.

전자금융거래법은 전자지급거래의 지급완료에 관하여 규정하면서, 일반적으로 지급은 거래지시된 금액의 정보가 수취인의 계좌가 개설되어 있는 전자금융사업자의 전자적 장치에 입력이 끝난 때 그 효력이 생기는 것으로 본다(제13조 제4호). 전자자금이체의 경우에는 거래지시된 금액의 정보에 대하여 수취인의 계좌가 개설되어 있는 전자금융사업자의 계좌의 원장에 입금기록이 끝난 때 그 지급의 효력이 생긴다고 규정하고 있다(제13조 제1호).

〈지급완료시점과 출금시기〉

일반적으로 서면에 의한 은행지로의 경우 지급완료의 시점은 수취은행이 수취인의 계좌에 입금기장을 한 때라고 볼 수 있다. 전자금융거래법은 전자자금이체의 경우 거래지시된 금액의 정보에 대하여 수취인의 계좌가 개설되어 있는 전자금융사업자의 계좌의 원장에 입금기록이 끝난 때 그 지급의 효력이 생긴다고 규정하고 있다(제13조 제1호).

전자자금이체에 있어서는 온라인에 의하여 이체가 즉시 처리되므로 수취은행이나 추심은행의 본점 또는 사무처리본부의 컴퓨터에 수취인계좌에 입금정보가 기록된 때 입금기장이 된다. 따라서 이 시점에서 지급이 완료되고 지급의 효력이 생긴다. 수취인은 수취인계좌에 대한 입금정보가 기록된 시점부터 입금된 금액을 출금할 수 있다.

② 거래지시의 철회

전자자금이체에 있어서 거래지시(지급지시 또는 추심지시)의 철회가 가능한가? 일반적으로 수취은행이 이체금액을 수취인의 계좌에 입금기장하지 않고 있는 동안에는 거래지시를 철회할 수 있지만, 자동입출금기에 의한 계좌이체와 같이 자금이체가 실시간으로 처리되는 경우에는 이를 철회하는 것이 불가능할 것이다.

---

89) 李基秀, 「어음 · 手票法」, 509쪽; 鄭東潤, 「어음 · 手票法」, 575, 579쪽.

철회가 어느 시점까지 가능한가에 관하여는 지급지시 송달시점을 기준으로 하는 견해, 인출기장시점, 은행간 지급·결제시점을 기준으로 하는 견해 등도 있으나, 입금기장시점을 기준으로 하는 견해가 다수설이다.

전자금융거래법은 전자자금이체에 있어서 이용자는 전자금융사업자의 계좌의 원장에 입금기록이 끝나기 전까지는 거래지시를 철회할 수 있다고 규정하고 있다(제14조 제1항, 제13조 제1항). 그러나 전자금융사업자와 이용자는 대량으로 처리하는 거래 또는 예약에 따른 거래 등의 경우에는 미리 정한 약정에 따라 거래지시의 철회시기를 달리 정할 수 있다(제14조 제2항).

〈거래지시의 철회방법〉

이론상 지급인은 수취은행이 지급금액을 수취인의 계좌에 입금기장하지 않고 있는 동안에는 지급은행에 대한 의사표시로서 거래지시를 철회할 수 있다. 그러나 실제로 전자자금이체는 전자적 수단에 의하여 즉시 처리되기 때문에 거래지시의 철회를 인정하기 어렵다. 예컨대, CD·ATM에 의한 계좌이체와 같이 자금이체가 이체지시의 완료와 동시에 처리되는 경우에는 거래지시를 철회할 시간적 간격이 거의 없다. 이러한 취지에서 타행환공동망 업무 세부처리지침은 취소거래는 당일 발생거래 중 창구에서의 오조작 등 의뢰은행내부 오류에 의해 발생한 거래만 취소처리함을 원칙으로 한다고 규정하고 있다.[90]

그러나 일반계좌이체·자동계좌이체 등에 관하여 수납점이 이체통지서를 결제원에 송부한 후에는 이를 취소할 수 없다고 규정한 것[91]은 그 구속력의 인정 여부에 관하여 논란이 있을 뿐만 아니라, 사무처리상의 편의를 위한 규정으로 생각되므로 재고의 여지가 있는 것으로 보인다.

(2) 지급의 효력

전자자금이체에 의한 지급은 변제의 효력이 있는가? 전자자금이체는 실물현금에 비하여 이체지시의 위조, 은행의 파산, 수취은행의 상계, 제3자에 의한 예금채권의 압류 등의 위험이 따르므로 변제 그 자체가 아니라 대물변제(수취인의 동의

90) 동 지침 제4절 2.

91) 일반계좌이체업무 세부처리지침 제22조, 자동계좌이체업무 세부처리지침 제2조 등.

를 요한다)라고 보는 것이 보통이다.[92)]

전자금융거래법은 전자화폐에 관하여 전자화폐보유자가 재화를 구입하거나 용역을 제공받고 그 대금을 수취인과의 합의에 따라 전자화폐로 지급한 때에는 그 대금의 지급에 관한 채무는 변제된 것으로 본다고 규정하고 있다(제17조). 이 규정은 전자화폐에 의한 지급을 현금에 의한 지급과 동일하게 규정함으로써 전자화폐의 유통성을 높이려는 것이다. 기타의 전자지급거래에 관하여는 학설에 맡긴다는 취지로 볼 수 있다.

〈수표에 의한 지급의 효력과의 비교〉

수표는 일반적으로 기존채무의 지급을 위하여 또는 담보를 위하여 수수되며, 이 경우에는 기존채무는 소멸하지 않고 기존채권과 수표채권은 병존한다. 다만 수표가 기존채무의 지급에 갈음하여 수수된 경우에는 기존채무는 소멸한다(대물변제).

전자자금이체에 의한 지급은 실물현금에 의한 지급과는 다르나, 수표와 같은 부도의 위험은 없으므로 변제 그 자체로 볼 수는 없지만 변제에 갈음한 이행 또는 대물변제라고 볼 수 있다. 따라서 전자자금이체에 의한 지급은 수표가 기존채무의 지급을 위하여 또는 담보를 위하여 지급된 경우와는 다르고, 수표가 기존채무의 지급에 갈음하여 지급된 경우와 같은 효력이 있다.

(3) 원인관계에 기한 항변

지급인은 원인관계의 하자에 기한 항변을 수취인에게 주장할 수 있는가? 전자자금이체에 있어서는 자금이동이 실시간으로 처리되는 것이 보통이므로 원인관계에 기한 항변은 그리 의식할 필요가 없는 것처럼 보이지만, 수취인의 계좌에 이체자금이 입금된 후에도 지급은행이 수취은행에 대한 결제를 거절하거나 수취은행이 일단 입금된 계좌로부터의 인출을 거절할 수 있기 때문에 중요한 문제라고 할 수 있다.

신용카드에 의한 거래의 경우에는 일반적으로 원인관계에 기한 항변이 인정된다. 전자자금이체에 관하여 우리나라의 학설은 전자자금이체에서는 원인관계에 기한 항변은 사실상 불가능하며, 이 경우에는 오류정정의 절차로서 자금이체를 취

---

92) 孫晉華, 앞의 책, 67쪽 참조.

소할 수 있을 뿐이라고 한다.[93] 그러나 자금이체거래 자체에 하자가 있는 경우에는 이체거래의 효력이 없다고 보아야 할 것이다.[94]

생각건대, 전자자금이체는 매매 기타의 원인관계의 결제수단이지만 자금이체계약에 기하여 행하여지고 원인관계와 자금이체계약은 별개의 계약으로서 독립된 것이므로 원인관계의 하자가 당연히 자금이체계약에 영향을 미친다고 볼 수는 없을 것이다.[95] 특히 자금이체가 전자적 수단에 의하여 즉시 처리되는 경우에는 원인관계에 기한 항변은 인정되기 어려울 것이다.

6. 중계기관의 지위

(1) 중계기관의 의의

중계기관(switching services)은 「자금이체를 중계하거나 자금이체지시에 관한 정보를 송달하는 교환시설 또는 중계은행」을 말한다. 전자금융거래법은 중계기관의 일종으로서 결제중계시스템을 규정하고 있다. 결제중계시스템은 "금융기관과 전자금융업자 사이에 전자금융거래정보를 전달하여 자금정산 및 결제에 관한 업무를 수행하는 금융정보처리운영체계"를 말한다(제2조 제6호).

중계기관의 기본적 기능은 금융기관과 전자금융업자 사이에 자금이체에 관한 정보를 송달하는 것이며, 경우에 따라 결제기능을 수행하기도 한다.[96] 우리나라의 금융결제원도 정보송달 및 결제기능을 수행하고 있다. 중계기관과 금융기관 또는 전자금융업자 사이에서는 통신서비스계약이나 환거래계약이 체결되는 것이 보통이다. 또 금융결제원과 참가은행 사이에는 지로업무에 필요한 환거래계약이 체결된 것으로 보고 있다.[97]

---

93) 鄭燦亨, 앞의 논문, 309쪽. 同旨: 鄭東潤, 「어음·手票法」, 723쪽.

94) 동지: 鄭東潤, 「어음·手票法」, 723쪽.

95) H. S. Scott, Corporate Wire Transfers and the Uniform New Payment Code, 1664, 1685 (1983); H. S. Scott, New Payment Systems: A Report to the 3-4-8 Committee of the Permanent Editorial Board for the Uniform Commercial Code, 184(1978); 宋垣 明 編, "法律問題研究會報告書: EFT(電子資金移動)取引における法律問の明確化," 東京: 金融情報システムセンター, 1986, 28쪽 참조.

96) E. Rubin & R. Cooter, *The Payment System: Cases, Materials and Issues*, St. Paul, Minn.: West Publishing Co., 1989, p. 806.

97) 은행지로업무규약 규약 제7조.

(2) 중계기관의 지위와 책임

중계기관이 지급은행 또는 추심은행의 이행보조자인가에 관하여는 각국의 학설 및 실무가 일치하지 않지만, 특별한 약정이 없으면 지급은행은 자금이체지시를 수취은행에 송달할 책임이 있으나 수취은행에 입금할 의무까지는 부담하지 않는 것으로 보고 있다. 전자금융거래법은 결제중계시스템의 운영자를 전자금융보조업자로 보고 있다(제2조 제5호).

중계기관의 책임에 관하여는 지급인 또는 수취인은 중계기관과 계약관계에 있지 않기 때문에, 중계기관은 직접 지급인 또는 수취인에 대하여 어떠한 책임을 지지 않는다고 보는 것이 일반적이다.[98)]

전자금융거래법은 전자금융거래와 관련하여 전자금융보조업자의 고의나 과실은 전자금융사업자의 고의나 과실로 본다(제11조 제1항). 따라서 중계기관의 운영자가 고의나 과실로 지급인 또는 수취인에게 손해를 생기게 한 경우, 지급인 또는 수취인은 전자금융사업자에게 손해배상을 청구할 수 있다.

전자금융사업자는 전자금융보조업자의 고의나 과실로 인하여 발생한 손해에 대하여 이용자에게 그 손해를 배상한 경우에는 그 전자금융보조업자에게 구상할 수 있다(제11조 제2항).

7. 이체거래의 하자

전자자금이체에 관한 하자는 원인관계의 하자와 자금이체계약 또는 자금이체지시의 하자로 구분할 수 있는데, 원인관계의 하자는 앞에서 원인관계에 기한 항변

---

98) 미국 전자자금이체법(EFTA)은 중계기관의 책임에 관하여 별도로 규정하지 않고 금융기관 사이의 약정 또는 통신망의 규칙에 맡기고 있다. 이에 따라 자동결제기관(ACH)의 경우 이체절차의 지연이 통신시설의 장애 등 불가항력에 의하여 초래된 경우 자동결제기관이 그 사정 하에서 요구되는 주의를 기울인 때에는 책임을 면한다. NACHA Operating Rules, Part A, § V(E). 연방전신망(Fedwire)의 경우 지시은행인 연방준비은행이 직접 자금양도인에 대하여 책임을 지고, 수취은행은 신의칙위반 또는 통상의 주의의무위반으로 인하여 발생한 손해에 대하여는 지시은행에 보상을 하여야 한다. Regulation J, 12 C.F.R. § 210.38(a)(c).

또 은행간지급결제기관(CHIPS)의 경우 CHIPS는 제도상의 과오로 인하여 발생하는 손해에 대하여는 책임을 지지 아니하며, 이들 손해는 관련된 참가은행 사이에 직접 해결되어야 한다. 나아가 각 참가은행은 CHIPS에 관한 소송에서 생기는 손해 등에 대하여 CHIPS에 보상을 하여야 한다. CHIPS Rules and Administrative Procedures(March 2006)(이하 "CHIPS Rules"로 인용한다), Rule 15; CHIPS Rules on Interbank Compensation(October 2005) 참조.

의 문제로 고찰하였으므로 여기에서는 자금이체계약 또는 자금이체지시의 하자를 살펴보기로 한다.

이체거래의 하자는 서면에 의한 자금이체계약의 하자와 전자적 의사표시의 하자로 나누어 고찰하는 것이 타당하다. 또 이체거래의 하자로 인하여 자금이체가 무효로 되는 경우에 그에 따르는 처리를 어떻게 할 것인가가 문제이다.

(1) 이체거래의 하자의 유형

① 서면에 의한 이체계약의 하자

전자자금이체에 있어서 자금이체지시는 접근매체에 의하여 전자적으로 행하여지나 그 기초가 되는 자금이체계약은 서면에 의하여 체결될 수도 있다. 이 경우 무능력자에 의한 의사표시는 취소할 수 있는 것이 원칙이다(民 제5조, 제10조, 제13조). 의사표시의 흠결·하자는 비진의표시(民 제107조), 허위표시(民 제108조), 착오에 의한 의사표시(民 제109조)와 사기·강박에 의한 의사표시(民 제110조)가 있고, 이들 행위는 일정한 경우에 무효로 되거나 취소할 수 있다. 자금이체계약에 있어서 무능력자에 의한 의사표시가 있거나 의사표시에 흠결·하자가 있는 경우 자금이체계약이 무효이거나 취소된 때에는 자금이체가 무효로 될 것이다.

② 전자적 방법에 의한 이체계약 또는 이체지시의 하자

자금이체계약 또는 자금이체지시를 전자적 방법으로 하는 경우에 의사표시에 흠결·하자가 있는 때에는 어떻게 처리할 것인가? 이에 관하여는 대변이체(지급이체)에 있어서 자금이체의뢰의 의사표시에 흠결 또는 하자가 있는 경우에는 민법의 일반원칙에 의하여 무효 또는 취소할 수 있다고 보는 견해가 있으나,[99] 다음과 같이 흠결·하자의 유형에 따라 처리하여야 할 것이다.

(2) 행위무능력자의 의사표시

전자자금이체에 있어서도 행위무능력에 기한 취소가 그대로 적용될 것인가? 일부 논자는 전자거래의 경우에만 특히 무능력에 기한 취소를 배제할 이유는 없는 것으로 본다. 다만, 행위무능력에 기한 취소를 제한하지 않는 경우 상대방에게 행

---

99) 鄭燦亨, 「어음·手票法講義」, 825쪽.

위능력 여부를 확인하기 위한 별도의 수단이 마련되어야 할 것이라고 한다.

현행법상 무능력자의 보호는 거래안전에 우선하여 절대적이라고 할 수 있으므로 전자거래의 경우에만 특히 무능력에 의한 취소를 제한하기는 어렵다는 견해는 논리적으로 흠이 없다. 그런데 전자거래의 경우에 일반적으로 발신인과 수신인은 원거리에 있는 것이 보통이므로, 수신인은 금융정보시스템을 사용하는 표의자의 행위능력 유무를 확인하는 것은 쉽지 않다. 수신인에게 행위능력 여부를 확인하기 위한 별도의 수단이 없다는 기술적 제약은 이 문제를 법률적으로 고안하여서 완전히 해결하기 어렵다는데 문제가 있다.

(3) 의사표시의 흠결 · 하자

① 비진의표시와 통정허위표시

민법은 의사표시는 표의자가 진의 아님을 알고한 것이라도 그 효력이 있는 것을 원칙으로 하되, 상대방이 표의자의 진의 아님을 알았거나 이를 알 수 있었을 경우에는 무효라고 규정하고 있다(民 제109조 제1항). 전자적 의사표시에 비진의표시가 개재된 경우에도 민법 제107조 제1항에 따라 원칙적으로 유효하다. 그러나 상대방이 발신인의 진의 아님을 알았을 경우에만 무효라고 할 것이고, 상대방이 표의자의 진의 아님을 알 수 있었을 경우에는 유효하다고 보는 것이 타당하다. 전자적 의사표시의 경우에 상대방에게 발신인의 진의를 조사할 의무는 없다고 할 것이기 때문이다.[100] 이에 대하여는 자연적인 의사에 있어서의 비진의표시와 다른 점을 발견할 수 없다는 견해도 있다.[101]

민법은 상대방과 통정한 허위의 의사표시는 무효로 하고 있다(民 제108조 제1항). 전자적 의사표시의 경우 컴퓨터간의 통정은 있을 수 없으므로 통정은 "자연적"인 방법으로 하고 이에 따라 전자적 의사표시를 하는 것을 뜻한다. 따라서 민법 제108조 제1항은 전자적 의사표시에도 그대로 적용될 수 있을 것이다.[102]

---

100) 吳炳喆, 「電子去來法」, 전정판, 법원사, 2000, 217쪽; "電子的 意思表示에 관한 研究," 연세대학교 대학원, 법학박사논문, 1996, 136~137쪽.

101) 김용직 · 지대운, "情報社會에 대비한 民事法 研究 序論," 情報社會에 對備한 一般法研究(Ⅰ), 통신개발연구원, 1997, 122쪽.

102) 김용직 · 지대운, 위의 논문, 122쪽; 吳炳喆, 앞의 박사학위논문, 138쪽.

② 착오로 인한 의사표시

민법은 의사표시에 착오가 있는 경우 법률행위의 내용의 중요부분에 착오가 있는 때에는 그 착오가 표의자의 중대한 과실로 인한 때를 제외하고는 취소할 수 있다고 규정하고 있다(民 제109조 제1항). 전자적 의사표시에 있어서는 상대방인 시스템운영자의 포괄적으로 형성된 의사를 효과의사로 인정하므로, 착오는 시스템운영자의 포괄적 의사와 컴퓨터의 표시와의 인식 없는 불일치라고 볼 수 있다.

전자적 의사표시에 착오가 있는 경우 민법 제109조 제1항에 의하면 법률행위의 내용의 중요부분에 착오가 있는 때에는 그 착오가 표의자의 중대한 과실로 인한 때를 제외하고는 취소할 수 있다. 그런데 전자적 의사표시에 있어서의 착오는 원칙적으로 취소될 수 없다는 견해도 강하다. 그 이유는 전자적 의사표시의 착오의 경우에는 상대방에게 전혀 책임이 없으므로 상대방의 신뢰보호와 거래안전이 고려되어야 한다는 것이다.[103] 또 일부 논자의 견해에 의하면, 소비자거래에 있어서 제한 없이 착오에 기한 취소를 허용한다면 그로 인한 사업자의 비용이 네트워크 전체에 반영되어 전자거래의 촉진을 저해하므로 착오에 기한 취소를 적절히 제한할 필요가 있다고 보고 있다. 이러한 견해에 의하면 전자적 의사표시에 착오가 있는 경우, 발신인에게 중대한 과실이 있는 경우는 물론, 경과실이 있는 경우에도 취소를 제한할 수 있게 될 것이다.

③ 사기·강박에 의한 의사표시

민법은 사기·강박에 의한 의사표시가 있는 경우에 취소할 수 있는 것을 원칙으로 한다(民 제110조 제1항). 사기에 의한 전자적 의사표시에 대하여는, 포괄적 의사형성과정에 부당한 개입을 한 경우에는 민법 제110조 제1항에 따라 취소할 수 있을 것이고, 의사구체화과정에 상대방의 부당한 개입이 있는 경우에는 민법 제110조의 적용대상인 사기로 되기 어려울 것이라는 견해가 제시되고 있다.[104] 컴퓨터에 대하여 이루어진 강박에 의하여 컴퓨터의 표시에 영향을 미치는 것은 불가능할 것이다. 다만 사실상의 방법으로 상대방인 수신인에게 강박이 행해질 경우, 그러한 의사표시는 기존의 의사표시의 경우와 같이 취소할 수 있을 것이다. 또 저항할 수 없는 불법한 침해가 입력행위에 의하여 이루어지고 이에 따라 컴퓨터

103) 吳炳喆, 「電子去來法」, 236~237쪽; 앞의 박사학위논문, 152쪽.
104) 吳炳喆, 「電子去來法」, 238쪽; 위의 박사학위논문, 153쪽.

의 표시가 이루어진 경우에는 절대적 폭력으로서 행위의사의 결여에 따라 행위성을 상실하게 될 것이다.[105)]

전자적 의사표시에 있어서는 표의자의 상대방의 사기·강박보다 제3자에 의한 사기·강박이 주로 문제될 것이다. 상대방 있는 의사표시에 관하여 제3자가 사기나 강박을 행한 경우에는 상대방이 그 사실을 알았거나 알 수 있었을 경우에 한하여 그 의사표시를 취소할 수 있다(民 제110조 제2항).

(4) 자금이체의 무효에 따른 처리

자금이체계약이나 자금이체지시의 하자로 인하여 전자자금이체가 무효로 되는 경우에 그 후의 처리를 어떻게 할 것인가? 금융기관은 다수의 지급인과 수취인 사이의 자금이체사무를 처리하고 있는데, 이 사무는 기술적·수단적이고 추상적인 성격을 가지고 있다. 따라서 2당사자간의 거래를 예정하고 있는 민법의 규정을 단순히 적용하면 금융기관은 처리가 종료된 이체거래에 관하여 무효·취소의 효과를 받는 수가 있기 때문에 거래의 안전을 해하게 될 것이다.

이 경우에, 원상회복을 중시한다면 지급인은 지급은행에 대하여 당연히 이체자금의 반환을 청구할 수 있게 될 것이고, 지급은행은 무조건의 반환의무를 지게 될 것이다. 부당이득반환의 법리에 의한다면 지급은행이 선의인 경우 이체자금의 반환범위는 지급은행이 받은 이익이 현존하는 범위 내에서 반환하게 되는데(民 제748조 제1항), 현존이익이 무엇을 뜻하는가가 문제이다. 지급은행에 이체자금이 남아 있는 경우에는 지급은행에 현존이익이 있다고 생각되지만, 이체자금이 이미 지급은행에서 수취은행(또는 추심은행)으로 이동한 경우[106)]에는 지급은행에 현존이익이 있다고 볼 것인지 의문이다.

---

105) 吳炳喆, 「電子去來法」, 239쪽; 위의 박사학위논문, 154쪽.

106) 이 경우는 다시 수취은행에 이체자금이 있는 경우, 수취인의 계좌에 입금기장된 경우, 수취인의 계좌로부터 출금된 경우 등으로 나누어 볼 수 있다.

Ⅳ. 오류의 정정

1. 오류의 의의

전자자금이체에 있어서 오류(error)라 함은 전자자금이체가 고객의 거래지시와 일치하지 않는 경우를 일컫는 말이다. 널리 오류에는 금융기관의 직원 · 컴퓨터 에러에 의한 계산착오 등에 의한 부정확한 자금이체, 전자단말기로부터의 부정확한 금액의 수령, 단말기영수증이나 대금청구서에 포함되어야 할 자금이체기록의 누락은 물론, 부정이체도 포함된다.[107]

전자금융거래법은 오류를 「이용자의 고의 또는 과실 없이 전자금융거래가 전자금융거래계약 또는 이용자의 거래지시에 따라 이행되지 아니한 경우」라고 정의하고 있다(제2조 제18호). 따라서 전자자금이체에 있어서 오류는 이용자의 고의 또는 과실 없이 전자자자금이체가 전자자금이체계약 또는 이용자의 지급지시나 추심지시에 따라 이행되지 아니한 경우를 가리킨다.

오류가 발생한 경우에 그 정정절차에 관하여 현금카드이용규약, 직불카드회원약관, 신용카드회원규약 등의 약관은 아무런 규정을 두고 있지 않은 것이 대부분이며, 이를 금융기관의 재량에 맡기고 있었다. 다만 지로업무에 관하여는 지로업무규약, 지로업무 시행세칙 등이 오류정정의 절차에 관한 규정을 두고 있다.

오류가 발생한 경우에는 이를 진실에 맞게 바로 잡는 것이 순리일 것이나, 수많은 고객에 의하여 빈번하게 행하여지는 자금이체의 정확 여부를 카드보유자 또는 금융기관이 스스로 조사하는 것은 힘들고, 또 상당한 시간이 지나면 오류를 조사하는 데 많은 시간과 비용이 필요하게 된다. 따라서 오류의 정정에 관하여는 고객과 금융기관 이해를 조정할 필요가 있다.[108]

2. 오류정정의 절차

전자금융거래법은 이용자는 전자자자금이체에 오류가 있음을 안 때에는 그 전

107) EFTA § 908(f) 참조.
108) 鄭東潤, 「어음 · 手票法」, 586쪽.

자금융사업자에게 이에 대한 정정을 요구할 수 있다고 규정하여(제8조 제1항), 이용자에게 오류정정 요구권을 부여하고 있다.

전자금융사업자는 오류의 정정요구를 받은 때에는 이를 즉시 조사하여 처리한 후 정정요구를 받은 날부터 2주 이내에 그 결과를 이용자에게 알려야 한다(제8조 제2항). 또 전자금융사업자는 스스로 전자자금이체에 오류가 있음을 안 때에는 이를 즉시 조사하여 처리한 후 오류가 있음을 안 날부터 2주 이내에 이용자에게 그 결과를 알려야 한다(제8조 제3항).

전자금융사업자가 오류정정을 위하여 성실한 조사를 하였는가 여부는 영업상 요구되는 일반적 주의의무를 기준으로 판단할 수밖에 없으나, 구체적으로는 미국의 전자자금이체법이 규정하고 있는 오류정정절차에 관한 규정이 참고로 될 수 있을 것이다.[109](입법적 개선방안은 제2장 제2절 Ⅳ. "오류의 정정" 참조).

〈판례〉 오류입금액 반환 청구

(1) 사실관계

원고 A주식회사는 소외 C주식회사에게 인터넷뱅킹으로 송금하려는 과정에서 원고 직원의 잘못으로 거래관계가 없는 소외 B주식회사 명의의 C은행 계좌로 송금을 의뢰하였다. 원고 A회사는 C은행에 대하여 부당이득반환을 청구하였다.

(2) 판결요지

① 원심의 판결요지

A주식회사의 송금은 법률적 원인 없이 이루어진 것으로서 소외 B주식회사는 수취은행인 피고 C은행에 대하여 원고의 계좌이체에 기한 예금채권을 가진다고 볼 수 없으므로 결국 C은행은 위 계좌이체에 기하여 A주식회사의 계좌에서 출금된 금액 상당의 금전가치를 실질적으로 보유하게 되어 있어, 법률상 원인 없이 동액 상당의 이득을 얻고 그로 인하여 송금의뢰인인 A주식회사에게 동액 상당의 손해를 가하였다 할 것이어서 이를 예금의 수취은행인 C은행은 A주식회사에 부당이득으로서 반환할 의무가 있다.[110]

---

109) EFTA § 908(1978) 참조.

110) 서울중앙지법 2007.6.29, 2007나1196.

② 대법원의 판결요지

계좌이체는 은행간 및 은행점포간의 송금절차를 통하여 저렴한 비용으로 안전하고 신속하게 자금을 이동시키는 수단이고, 다수인 사이에 다액의 자금을 원활하게 처리하기 위하여 그 중개 역할을 하는 은행이 각 자금이동의 원인인 법률관계의 존부, 내용 등에 관여함이 없이 이를 수행하는 체제로 되어 있다. 송금의뢰인인 원고가 수취인인 소외 B회사의 예금구좌에 계좌이체를 한 때에 송금의뢰인과 수취인 사이에 계좌이체의 원인인 법률관계가 존재하는지 여부에 관계없이 수취인과 수취은행 사이에는 이체금액 상당의 예금계약이 성립하고, 수취인이 수취은행에 대하여 위 금액 상당의 예금채권을 취득한다고 해석하여야 한다(대판 2006.3. 24, 2005다59673 참조). 이 때, 계좌이체에 의하여 송금의뢰인은 수취인에 대하여 위 금액 상당의 부당이득반환청구권을 가지게 되지만, 수취은행은 이익을 얻은 것이 없으므로 수취은행에 대하여는 부당이득반환청구권을 취득하는 것은 아니다.[111]

Ⅴ. 무권한이체와 손실부담

1. 무권한이체에 있어서 손실부담에 관한 논의

전자자금이체에 있어서 무권한이체(부정이체)가 발생한 경우에 전자금융사업자와 이용자 사이에 손실을 어떻게 분담할 것인가? 무권한이체라 함은 「전자자금이체를 개시할 권한이 없는 자에 의하여 행하여지는 전자자금이체」를 말한다. 다만 전자금융사업자에 의한 오류(error)를 구성하는 전자자금이체는 제외될 것이다.[112]

전자자금이체에 있어서는 이용자 본인을 확인하는 방법으로 ID와 비밀번호(때로는 주민등록번호 추가), 인증서 등의 접근매체를 이용하고 있다. 무권한이체가 있는 경우에 상대방은 발신인이 권한 있는 자인가 여부를 확인하는 인증절차를 거치지만, 패스워드의 절도, 접근매체의 위조·변조, 해킹 등의 방법에 의하여 발신이 행하여진 경우에는 인증절차만으로 발신인의 진정 여부를 확인할 수 없다.

첫째로, 이용자가 타인에게 본인 명의의 거래를 하도록 허락한 경우, 서명대리

111) 대판 2007. 11. 29, 2007다51239.

112) EFTA § 903(11) 참조.

의 형식으로 대리권을 수여한 것으로 보거나 또는 채무부담의 수권이 있었던 것으로 보아 이용자에게 효과를 귀속시킬 수 있을 것이다.[113)]

둘째로, 타인이 이용자의 허락 없이 거래를 한 경우, 채권준점유자의 규정(民 제470조)에 따른다면 이용자의 허락 없는 무권한이체에 대하여 전자금융사업자에게 과실이 없는 한 면책될 것이다.[114)] 그러나 이러한 결과는 이용자에게 지나치게 가혹하게 될 염려가 있다. 전자금융거래법은 접근매체의 위조·변조나 거래지시 등의 이행과정상의 사고로 이용자에게 손해가 발생한 경우에 전자금융사업자의 손해배상책임을 규정하고 있는데(제9조), 이용자보호의 관점에서 과실책임의 원칙을 수정하여 손실을 분배함으로써 이용자와 전자금융사업자 사이의 이해관계를 조정하고 있다.

2. 전자금융거래법의 책임규정

전자금융거래법은 무권한이체와 관련하여 전자금융사업자의 책임과 접근매체의 분실과 도난 책임으로 나누어 규정하고 있다. 자세한 것은 앞에서 설명한 바와 같다(전술 제2장 제2절 V. 참조).

(1) 전자금융사업자의 책임

전자금융사업자는 접근매체의 위조나 변조로 발생한 사고, 계약체결 또는 거래지시의 전자적 전송이나 처리과정에서 발생한 사고로 인하여 이용자에게 손해가 발생한 경우에는 그 손해를 배상할 책임을 진다(제9조 제1항).

전자금융사업자는 다음 중의 어느 하나에 해당하는 경우에는 그 책임의 전부 또는 일부를 이용자가 부담하게 할 수 있다(제9조 제2항).

① 사고 발생에 있어서 이용자의 고의나 중대한 과실이 있는 경우로서 그 책임의 전부 또는 일부를 이용자의 부담으로 할 수 있다는 취지의 약정을 미리 이용자와 체결한 경우

113) 松本恒雄, "コンピュータ・ネットワークと取引法上の課題: 消費者取引を中心として," ズュリスト, No. 1117(1997. 8. 1~15), 21쪽 참조.

114) 이 문제를 표현대리의 성부의 문제로 본다면 상대방의 선의·무과실을 시스템의 안전성으로 치환하여 생각하는 방안이 가능하다. 다만, 표현대리의 경우에는 본인의 귀책사유가 필요한 점에서 채권의 준점유자의 경우와 다르다. 松本恒雄, 위의 논문, 21쪽 참조.

② 법인(중소기업기본법 제2조 제2항에 의한 소기업을 제외한다)인 이용자에게 손해가 발생한 경우로 전자금융사업자가 사고를 방지하기 위하여 보안절차를 수립하고 이를 철저히 준수하는 등 합리적으로 요구되는 충분한 주의의무를 다한 경우

위 ①의 규정에 따른 이용자의 고의나 중대한 과실은 대통령령이 정하는 범위 안에서 전자금융거래에 관한 약관에 기재된 것에 한한다(제9조 제3항, 令 제8조 참조).

전자금융사업자는 그 책임을 이행하기 위하여 금융위원회가 정하는 기준에 따라 보험 또는 공제에 가입하거나 준비금을 적립하는 등 필요한 조치를 하여야 한다(제9조 제4항).

(2) 이용자의 접근매체 분실·도난 책임

전자금융사업자는 이용자로부터 접근매체의 분실이나 도난 등의 통지를 받은 때에는 그 때부터 제3자가 그 접근매체를 사용함으로 인하여 이용자에게 발생한 손해를 배상할 책임을 진다. 다만, 선불전자지급수단이나 전자화폐의 분실 또는 도난 등으로 발생하는 손해로서 전자금융사업자가 전자화폐나 선불전자지급수단의 분실 또는 도난의 통지를 받기 전에 발행되거나 저장된 금액에 대하여는 그 책임을 이용자의 부담으로 할 수 있다는 취지의 약정이 금융기관 또는 전자금융업자와 이용자 간에 미리 체결된 경우에는 그러하지 아니하다(제10조 제1항, 令 제9조 참조).

위의 규정 및 전자금융사업자의 책임(제9조)의 규정에 불구하고 다른 법령에 이용자에게 유리하게 적용될 수 있는 규정이 있는 경우에는 그 법령을 우선 적용한다(제10조 제2항).

3. 전자금융거래 기본약관의 책임규정

전자금융거래 기본약관은 "은행은 거래지시에 포함된 계좌번호, 비밀번호, 이용자번호 등이 은행에 신고된 것과 같음을 확인하고 거래지시의 내용대로 전자금융거래를 처리한 경우에는 은행의 과실이 아닌 접근수단의 위조·변조 기타의 사고로 거래처에 손해가 생기더라도 책임을 지지 아니한다. 다만, 거래지시의 전송과

정에서 거래처의 고의 또는 과실에 의하지 않은 사고가 발생한 경우에는 그러하지 아니하다."고 규정한다(동 기본약관 제23조 제2항). 기본약관의 규정은 위조·변조 기타의 사고의 경우에 이용자에게 과실이 없으면 은행의 과실 유무에 상관없이 책임을 진다는 취지이다. 이는 이용자에게 경과실이 있는 경우에 은행에 과실이 없으면 면책될 수 있다는 취지이므로, 이용자에게 경과실이 있는 경우에는 면책될 수 없다는 전자금융거래법의 책임원칙(제9조)에 저촉되는 것으로 해석된다.

또 기본약관은 "은행은 거래처로부터 접수한 전자금융거래가 천재지변, 은행의 귀책사유가 없는 정전, 화재, 통신장애 기타의 불가항력적인 사유로 처리 불가능하거나 지연된 경우 거래처에 대해 처리 불가능하거나 지연된 사유를 통지한 경우에는 거래처에 대하여 이로 인한 책임을 지지 아니한다."고 규정한다(동 기본약관 제23조 제3항). 그런데 기업·소비자간 거래에 있어서는 고의·중과실에 관한 사전약정에 의해서만 면책될 수 있으므로(제9조 제2항 제1호), 기본약관의 규정은 전자금융거래법의 규정에 저촉되는 것으로 해석된다. 그러나 기업간 거래에 있어서는 불가항력적인 사유가 발생한 경우에 은행이 사고를 방지하기 위하여 보안절차를 철저히 준수하는 등 합리적으로 요구되는 충분한 주의의무를 다했다면 면책될 수 있는 것으로 해석된다(제9조 제2항 제2호 참조).

거래처는 거래계좌에 관한 접근수단의 도난·분실·위조 또는 변조의 사실을 알았거나 기타 거래절차상 비밀을 요하는 사항이 누설되었음을 알았을 때에는 지체 없이 이를 은행에 신고하여야 한다(동 기본약관 제20조 제1항). 은행은 거래처가 이 신고를 지체하여 생긴 손해에 대하여는 책임을 지지 아니한다(동 기본약관 제23조 제4항).

〈판례〉 폰뱅킹과 채권의 준점유자에 대한 변제

(1) 사실관계

피고 은행의 폰뱅킹에 의한 업무는 파랑새 폰뱅킹 업무지침과 폰뱅킹 자금이체 서비스약관에 따라 이용자가 자동음성응답시스템을 통하여 폰뱅킹 비밀번호, 예금주의 주민등록번호, 출금계좌의 비밀번호를 입력하면 전산시스템을 통한 기계적 방법으로 예금주임을 확인하여 계좌이체 등의 서비스를 제공하는 방법으로 진행되고, 금융실명제의 시행 이후에는 통장개설시 본인인지의 여부를 확인하고 본인이 아닌 자가 개설신청을 하는 경우에는 본인의 위임장과 위임을 받은 사람의 주민등록증을 확인하도록 되어 있으며, 폰뱅킹의 비밀번호는 그 중요성을 감안하여 반드시 본인이 직접 등록하도록 정하고 있다.

그런데 소외 3은 가계수표를 개설하여 준다는 광고를 내어 이를 보고 찾아 온 소외 4로부터 가계수표를 개설하려는 소외 X의 주민등록증과 도장 등을 교부받아 1996. 2. 10. 피고 은행 서대구지점에서 마치 자신이 X인 것처럼 가장하여 X의 주민등록증을 제시하면서 그 명의의 예금계좌의 개설을 요구하였는데 그 업무를 담당하는 소외 5는 소외 3이 예금개설명의인 본인인지의 여부를 제대로 확인하지 않고 X 명의로 예금계좌(이하 '입금계좌'라 한다)를 개설하여 줌과 아울러 그 계좌를 폰뱅킹이 가능한 계좌로 등록하여 준 사실, 그 후 소외 3은 같은 달 15.과 16.의 양일에 걸쳐 원고가 그 직원인 소외 Y를 통하여 소외 2의 명의로 개설한 별도의 예금계좌(이하 '출금계좌'라 한다)에 입금한 금 100,900,000원의 이 사건 예금을 폰뱅킹의 방법으로 위 입금계좌 및 다른 예금계좌로 계좌이체신청을 한 다음, 위조한 주민등록증을 이용하여 미리 개설하여 둔 소외 6, 7명의의 각 예금계좌에 다시 계좌이체시켜 위 예금계좌들에서 현금카드로 수십 회에 걸쳐 금 100,200,000원을 인출하였다.

(2) 판결요지

① 원심의 판결요지

원심은 입금계좌의 개설 및 폰뱅킹의 등록이 계좌명의인인 소외 2를 참칭한 소외 3의 신청에 의하여 이루어졌고, 이는 개설인 본인인지의 여부에 대한 확인을 게을리 한 피고 은행의 담당직원인 Z의 과실에 기인한 것이라는 이유로 이 사건 예금의 지급이 채권의 준점유자에 대한 변제로서 유효하다는 피고의 주장을 배척하였다.[115)]

② 대법원의 판결요지

대법원은 소위 폰뱅킹(phone-banking; telebanking)에 의한 자금이체의 경우에는 은행의 창구직원이 직접 손으로 처리하는 경우와는 달리 그에 따른 자금이

115) 부산지법 1998. 11. 26, 98가단25470.

체가 기계에 의하여 순간적으로 이루어지지만, 그것이 채권의 준점유자에 대한 변제로서 은행에게 요구되는 주의의무를 다하였는지 여부를 판단함에 있어서는, 자금이체시의 사정만을 고려할 것이 아니라 그 이전에 행하여진 폰뱅킹의 등록을 비롯한 제반 사정을 총체적으로 고려하여야 하며, 한편 은행이 거래상대방의 본인 여부를 확인할 필요가 있는 경우에 담당직원으로 하여금 그 상대방이 거래명의인의 주민등록증을 소지하고 있는지 여부를 확인하는 것만으로는 부족하고 그 직무수행상 필요로 하는 충분한 주의를 다하여 주민등록증의 진정 여부 등을 확인함과 아울러 그에 부착된 사진과 실물을 대조하여야 할 것인 바, 만일 실제로 거래행위를 한 상대방이 주민등록상의 본인과 다른 사람이었음이 사후에 밝혀졌다고 한다면, 특별한 사정이 없는 한, 은행으로서는 위와 같은 본인 확인의무를 다하지 못한 과실이 있는 것으로 사실상 추정된다고 할 것이다.

앞서 본 법리에 비추어 볼 때 원심의 이러한 조치는 수긍이 가고, 위 출금계좌를 개설할 당시 주민등록증에 의하여 본인 여부를 식별할 수 없는 특별한 사정이 있었다는 점에 관하여 피고로부터 원심 변론종결시까지 아무런 주장·입증이 없었던 이상, 원심 판단에 소론과 같이 채권의 준점유자에 대한 변제에 관하여 심리미진이나 법리오인의 위법이 있다고 할 수 없다.[116]

(3) 평 석

이 판례는 전자자금이체에 있어서 폰뱅킹에 의한 자금이체지시에 따라 은행이 행한 자금이체가 예금채권의 준점유자에 대한 변제가 되기 위하여 은행 측에 요구되는 주의의무의 내용과 과실 유무의 판단에 관한 것이다.

대법원은 폰뱅킹에 의한 자금이체에는 실시간 이체로서 순간적으로 이루어지지만, 그것이 채권의 준점유자에 대한 변제로서 은행에 대하여 요구되는 주의의무를 다하였는지 여부를 판단함에 있어서는, 자금이체시의 사정만을 고려할 것이 아니라 그 이전에 행하여진 폰뱅킹의 등록을 비롯한 제반 사정을 총체적으로 고려하여야 한다고 한다.

한편 은행이 거래상대방의 본인 여부를 확인할 필요가 있는 경우에 담당직원으

---

116) 대판 1998. 11. 10, 98다20059 [예금반환].

로 하여금 그 상대방이 거래명의인의 주민등록증을 소지하고 있는지 여부를 확인하는 것만으로는 부족하고 그 직무수행상 필요로 하는 충분한 주의를 다하여 주민등록증의 진정 여부 등을 확인함과 아울러 그에 부착된 사진과 실물을 대조하여야 할 것이라고 한다.

대법원의 판결취지를 종합하면, 폰뱅킹에 의한 자금이체는 실시간으로 이루어지지만, 채권의 준점유자에 대한 변제로서 은행에게 요구되는 주의의무를 다하였는지 여부를 판단함에 있어서 자금이체 당시의 사정만을 고려할 것이 아니라, 그 이전에 금융기관이 폰뱅킹 등록의 방법에 의하여 자금이체계약을 체결하면서 타인이 허위로 폰뱅킹 등록을 한 경우에 본인 확인의무를 다하지 못한 과실이 있다면 자금이체는 채권의 준점유자에 대한 변제로서 유효하지 않다는 것이다. 결국 이 경우에는 자금이체계약에 하자가 있는 것으로서 이체지시는 자금이체계약을 기초로 행하여지므로 이체지시는 효력이 없다는 뜻이다.

Ⅵ. 직불전자지급

1. 직불전자지급의 의의

직불전자지급(electronic direct debit)이라 함은 「이용자가 가맹점에서 재화 또는 용역을 제공받고 직불카드단말기(POS terminal)에서 직불전자지급수단을 이용하여 그 대가를 동시에 지급하는 전자지급거래」를 말한다. 여기에서 직불전자지급수단은 "이용자와 가맹점간에 전자적 방법에 따라 금융기관의 계좌에서 자금을 이체하는 등의 방법으로 재화 또는 용역의 제공과 그 대가의 지급을 동시에 이행할 수 있도록 전자금융사업자가 발행한 증표(자금을 융통받을 수 있는 증표를 제외한다) 또는 그 증표에 관한 정보"이다(제2조 제13호).

직불전자지급은 전자자금이체의 일종이나, 전자금융거래법은 직불전자지급수단을 전자자금이체와 함께 전자지급수단의 일종으로 규정하고 있다(제2조 제11호~제13호). 직불전자지급수단은 직불카드가 그 전형적인 예이나, 체크카드도 자금이체를 하는 방법으로 재화 또는 용역의 제공과 그 대가의 지급을 동시에 이행할 수 있는 지급수단이므로 직불전자지급수단에 속한다고 볼 수 있다. 직불카드거래를 처리할 수 있는 직불카드단말기는 상품 재고관리와 자금이체를 동시에 처리할 수 있는 진보된 전자적 장치이지만, 우리나라에서 자금이체 기능은 많이 이용되고 있지 않다.

〈직불카드와 체크카드〉

직불카드는 이용자와 가맹점간에 전자적 방법에 따라 금융기관의 계좌에서 자금을 이체하는 등의 방법으로 재화 또는 용역의 제공과 그 대가의 지급을 동시에 이행할 수 있도록 전자금융사업자가 발행한 전자지급수단이다(제2조 제13호 참조). 체크카드는 직불카드와 마찬가지로 이용자가 가맹점에서 재화 또는 용역을 제공받고 체크카드단말기에서 카드를 이용하여 그 대가를 동시에 지급하는 전자지급수단이다.

직불카드와 체크카드가 다른 점은 직불카드의 경우에는 거래와 동시에 자금이체가 실행되나, 체크카드의 경우에는 거래 즉시 자금이체가 실행되지 않고 그 후의 은행이 정한 기일에 자금이체가 실행된다는 점이다. 그런데 우리나라의 체크카드는 거래 즉시 자금이체가 실행되는 방법으로 운영되고 있어 기능상 직불카드와 차이가 없으며, 이에 따라 법적 성질 및 법률관계를 직불카드에 준하여 처리할 수 있다고 본다.

2. 직불전자지급의 거래구조

(1) 기본적 절차

직불전자지급을 위한 기본적 절차는 다음과 같다.

① 카드발행자는 고객의 신청에 의하여 직불카드를 발급한다.

② 카드보유자는 가맹점인 상점에서 카드를 제시한다.

③ 상인은 표준거래양식을 사용하여 거래승인절차를 밟는다.

④ 카드보유자는 거래양식에 서명을 하고 사본을 받는다.

⑤ 상인은 거래내용을 입력한다.

⑥ 거래는 전자적 처리 및 결제 통신망을 통하여 처리된다.

⑦ 상인은 카드보유자에게 거래영수증을 교부한다.

(2) 자금이체의 절차

직불카드에 의한 거래를 자금이체절차를 중심으로 살펴보면 다음과 같다.

① 고객(카드보유자)은 구입하려는 상품을 계산대에 가지고 와서 직불카드를 제시하고 상인은 직불카드단말기에 직불카드로 카드정보를 입력한다.

② 고객(카드보유자)은 비밀번호를 누름으로써 그의 은행계좌를 작동시킨다. 상인은 그의 계좌번호 · 점포소재지 · 거래금액 기타 필요한 정보를 입력한다.

③ 직불카드단말기는 은행의 컴퓨터에 통신문을 전송하고, 은행의 컴퓨터는 거래의 승인 또는 거절의 통신문을 직불카드단말기에 회송한다(보통 중계기관을 거쳐 통신문이 전송된다).

④ 거래가 승인되는 경우 은행의 컴퓨터는 거래금액을 고객의 계좌에 차기하고 상인의 계좌에 대기한다.

⑤ 자금이체가 종료되면 상인은 고객에게 거래영수증을 교부한다.

3. 직불전자지급수단의 이용한도

금융위원회는 전자지급수단의 특성을 감안하여 대통령령이 정하는 바에 따라 금융기관 또는 전자금융업자에게 직불전자지급수단의 이용한도를 제한하거나 그 밖에 필요한 조치를 할 수 있다(제23조 본문 · 제3호).

직불전자지급수단의 이용한도는 1억원의 범위 안에서 금융위원회가 정하여 고시한다(令 제13조 제3항). 이용한도의 구체적인 사항은 직불전자지급의 방법, 이용횟수나 이용기간 등을 고려하여 금융위원회가 정하여 고시한다(令 제13조 제4항, 電監 제10조 및 별표 1 참조).

4. 직불전자지급의 효력

직불전자지급은 가맹점에서 재화 또는 용역의 제공과 그 대가의 지급을 동시에 이행할 수 있다는 점이 특징이지만, 자금이체의 측면에서는 일반 전자자금이체와 다르지 않다.

직불전자지급의 효력발생시기는 거래지시된 금액의 정보에 대하여 가맹점(수취인)의 계좌가 개설되어 있는 금융기관의 계좌의 원장에 입금기록이 끝난 때이다(제13조 제1호). 직불전자지급의 효력은 일반 전자자금이체와 마찬가지로 변제 그 자체가 아니라 대물변제(가맹점의 동의를 요한다)라고 보아야 할 것이다.

직불카드보유자는 지급의 효력이 발생하기 전까지 거래지시를 철회할 수 있으나(제14조 제1항), 실시간 이체의 특성상 현실적으로는 거래지시를 철회할 수 있는 경우는 많지 않을 것이다.

직불카드보유자는 원인관계의 하자에 기한 항변을 가맹점(수취인)에게 주장할 수 있는가? 직불전자지급은 매매 기타 원인관계의 결제수단이지만 자금이체계약은 원인관계와 별개의 계약으로서 독립된 것이므로 원칙적으로 원인관계의 하자가 자금이체계약에 영향을 미치지 않는다. 원인관계에 하자가 있는 경우에는 오류에 의한 자금이체로서 오류정정의 절차를 밟아야 할 것이다. 그러나 자금이체거래 자체에 하자가 있는 경우에는 이체거래의 효력이 없다고 보아야 할 것이다.

Ⅶ. 전자자금이체 정보의 보호

전자자금이체 정보는 금융거래정보로서 개인의 금융프라이버시에 속하는 사항이다. 전자자금이체와 관련한 업무를 수행함에 있어서 이용자의 인적 사항과 이용자의 계좌, 접근매체 및 전자금융거래의 내용과 실적에 관한 정보 또는 자료에 해당하는 사항을 알게 된 자는 이용자의 동의를 얻지 아니하고 이를 타인에게 제공·누설하거나 업무상 목적 외에 사용하여서는 아니된다(제26조 본문). 다만, 금융실명거래법 제4조 제1항 단서의 규정에 따른 경우 그 밖에 다른 법률에서 정하는 바에 따른 경우에는 그러하지 아니하다(제26조 단서). 이 규정을 위반하여 전자자금이체 정보를 제공하거나, 누설하거나, 업무상 목적 외에 사용한 자는 형사제재를 받는다(제49조 제3항).

또 전자자금이체 정보에는 금융실명거래법(제4조), 신용정보의 이용 및 보호에 관한 법률(제13조~제16조, 제23조), 정보통신망이용촉진법(제22조 이하) 등이 적용된다.

제 4 절 전자화폐지급

Ⅰ. 서 설

전자화폐지급이라 함은 「이용자가 발행인 외의 제3자로부터 재화 또는 용역을 구입하고 그 대가를 전자화폐로 지급하는 전자지급거래」를 말한다.

전자화폐는 1992년 9월 덴마크의 Danmont사가 발행한 이후, 현재 각국에서 전자화폐를 발행하여 사용하고 있다. 전자화폐는 대소비자 전자지급제도에서 현금을 대체하는 주된 지급수단으로서 고안되었다.

우리나라에서는 1993년에 광주은행이 IC카드에 의한 다목적 POS카드 시스템을 도입하였고, 1994년에 동남은행이 전자화폐(폐쇄형 전자지갑)를 발행하였으나, 개별은행의 차원에서 시스템을 구축하였기 때문에 발급 및 사용실적이 저조하였다.[117] 2000년 7월 은행 공동개발의 카드형 전자화폐 K-Cash[118]가 서비스를 제공한 이후 Mondex, MYbi, A-Cash, VisaCash 등의 전자화폐 서비스가 상용화에 들어갔다.

그러나 전자화폐업체들은 수익모델 창출에 실패하여 K-Cash 외의 전자화폐는 2005년 12월 Mondex가 서비스 제공을 중단한 이래 영업을 중단하였다. (주)한국스마트카드는 비자캐시코리아의 선불카드사업 부분을 인수하여 2007년 3월 1일부터 신용카드 겸용의 한꿈이카드 운영서비스를 시작하였다. (주)마이비는 금융감독원에 선불전자지급발행 및 관리 업무를 등록하였으며 MYbi는 스마트카드형 선불카드로 취급되고 있다.

---

117) 조화건 · 차병주, "금융정보시스템의 발전 방향에 관한 고찰: 전자화폐를 중심으로," 국가기간전산망 저널, 1996. 9, 119쪽.

118) 1996년 3월 이후 은행들은 공동으로 전자화폐 표준을 개발하기 위하여 은행, 관련업체, 전문가 등으로 실무작업반을 구성하여 실용화가 쉬운 카드형 전자화폐를 개발하기로 하기로 하였다. 이에 따라 한국은행, 금융결제원과 은행들이 공동으로 개발한 전자화폐가 K-Cash이며, 2000. 7. 26부터 시범서비스를 제공하기 시작하였다.

1. 전자화폐의 의의

전자화폐(electronic money)라 함은 「이전 가능한 금전적 가치가 전자적 방법으로 저장되어 발행된 증표 또는 그 증표에 관한 정보로서, 다음의 요건을 모두 갖춘 것」을 말한다(제2조 제15호).

① 2개 이상의 광역자치단체(지방자치법 제2조 제1항 제1호의 규정에 따른 지방자치단체를 말한다) 및 500개 이상의 가맹점에서 이용될 것(令 제4조 제1항).

② 발행인(대통령령이 정하는 특수관계인을 포함한다) 외의 제3자로부터 재화 또는 용역을 구입하고 그 대가를 지급하는데 사용될 것(제14호 가.)

③ 구입할 수 있는 재화 또는 용역의 범위가 5개 이상으로서 대통령령이 정하는 업종 수(현재 5개 업종이다. 令 제4조 제2항) 이상일 것

④ 현금 또는 예금과 동일한 가치로 교환되어 발행될 것

⑤ 발행자에 의하여 현금 또는 예금으로 교환이 보장될 것

전자화폐는 그 자체에 금전적 가치가 소재하고 있으므로 가치소재형 전자지급수단에 속한다. 또 특정 물품 또는 용역의 구입에 한정되지 않고 다목적으로 사용되며, 발행자에 의한 환금성이 보장된 거래의 지급수단이다. 따라서 전자화폐는 전자성·유통성·지급수단성·환금성을 요건으로 하고, 범용성을 갖추어야 한다.

2. 전자화폐의 유형

전자화폐는 각각 이용상의 특성이 있기 때문에 기준에 따라 여러 가지로 분류될 수 있다. 카드형 전자화폐(전자지갑)와 디지털화폐(전자현금), 온라인형과 오프라인형, 계좌형과 비계좌형, 범용형과 단일목적형, 개방형과 폐쇄형 등의 분류가 그것이다.[119)]

(1) 카드형 전자화폐와 디지털화폐

전자화폐는 발행형태에 따라 카드형 전자화폐와 디지털화폐로 구분할 수 있다.

---

119) 이 외에도 학자에 따라서는 전자화폐를 (1) 선불카드형, 크레디트카드형, 예금통화이용형과 현금모방형으로 분류하거나, (2) 현금대체시스템, 수표의 대체시스템, 크레디트카드의 대체시스템과 자금이체의 대체시스템으로 분류하거나, (3) 통화형 전자화폐와 예금형 전자화폐로 분류하기도 한다.

카드형 전자화폐는 플라스틱카드의 IC칩 속에 현금과 같은 가치를 이전시켜 놓은 전자화폐인데, 흔히 전자지갑(electronic purse) 또는 스마트카드(smart card)라고도 한다. K-Cash,[120] VisaCash 등이 그 예이다. 카드형 전자화폐는 자동입출금기(ATM) 또는 전화기를 이용하여 금액을 저장한 다음 가맹점의 특별 단말기, 직불카드단말기 또는 카드판독기를 장치한 자동판매기에서 사용할 수 있다. 카드형 전자화폐는 저장된 금액이 소진되면 재충전될 수 있다.

디지털화폐(digital cash; digital money)는 디지털신호의 형태로 지급·결제에 이용될 수 있는 전자화폐인데,[121] 전자현금(e-cash) 또는 네트워크형 전자화폐라고도 한다. eCash,[122] NetCash[123] 등이 그 예이다. 디지털화폐는 발행자가 디지털 방식으로 서명하고 다양한 매체에 저장될 수 있는 일련의 숫자로 표창된다. 예컨대, 디지털화폐는 인터넷을 통하여 은행 기타의 발행자로부터 다운로드받아 PC 또는 스마트카드에 저장될 수 있다. 디지털화폐는 발행자의 비밀키(private key)에 의하여 생성된 디지털서명으로써 안전이 보장된다.[124]

(2) 온라인형 전자화폐와 오프라인형 전자화폐

온라인형 전자화폐는 주컴퓨터 시스템과 통신망으로 연결되어 주컴퓨터에 의하

---

120) K-Cash 회원약관은 전자화폐(K-Cash)를 IC칩이 내장된 카드에 전자기호형태의 화폐가치를 저장하였다가 물품구매나 용역의 이용시 사용할 수 있는 지급수단으로서 여신전문금융업법에서 정하고 있는 선불카드의 형태를 취하는 현금대체수단을 말한다고 규정하고 있다(동 약관 제2조 제2호).
금융결제원은 2000년 6월 금융기관 공동의 전자화폐공동망시스템을 구축하고 2000년 7월 강남구 역삼동 주변지역에서 K-Cash를 시범 실시하였으며, 2001년 김해시 정보화 사업 실시, 2002년 8월 춘천시 정보화 사업 실시 등에 참가하였다. 현재 서울시·춘천시 등에 시스템을 구축하였거나 구축을 추진중이다. 또 도시의 시내버스·지하철·소매점·자동판매기에 사용할 수 있고, 장기적으로 택시·주차장·톨게이트·이동통신 분야로 사용을 확대할 계획이다.

121) 디지털화폐는 네덜란드의 DigiCash사가 미국의 Mark Twain은행과 제휴하여 1995년중 시험서비스를 거쳐 1996년에 본격적인 서비스를 제공함으로써 상용화되기 시작하였다.

122) eCash는 네덜란드의 DigiCash사가 인터넷상으로 사용하기 위하여 완전한 익명의 보안 전자화폐로서 개발한 시스템이다. DigiCash사는 전자지급제도 및 디지털화폐를 주된 사업으로 하는 회사로서, "디지털화폐의 아버지"로 불리는 David Chaum 박사에 의하여 설립되고 네덜란드와 미국을 주된 영업지역으로 하고 있다.

123) NetCash는 1993년 11월 Southern California 대학의 정보과학연구소에서 개방통신망에 사용하기 위하여 개발된 온라인 전자현금시스템인데, 개발후 아직 정식의 서비스는 개시되고 있지 않다.

124) T. J. Smendinghoff, ed., Online Law, Mass.: Addison-Wesley Developers Press, 1996, § 7.7.

여 신분 및 비밀번호 확인 · 가치이전 · 거래내역 입력 등이 행해지는 전자화폐를 말하고, 오프라인형 전자화폐는 주컴퓨터와 연결되지 않고도 자체적으로 신분 및 비밀번호 확인 · 가치이전 · 거래내역 입력 등이 가능하여 금융전산망 가동시간 외에도 사용할 수 있는 전자화폐를 말한다.

(3) 계좌형 전자화폐와 비계좌형 전자화폐

계좌형 전자화폐는 전자화폐의 거래기록이 은행 등의 주컴퓨터에 의하여 유지 · 관리되거나 기록추적이 가능한 전자화폐를 말하고(VisaCash 등), 비계좌형 전자화폐는 가치기록이 카드나 기록매체에만 기록되고 거래시에 단말기에는 기록이 나타나지만 은행 등의 주컴퓨터에는 거래량만이 전송되는 전자화폐를 말한다(eCash 등).

전자지급거래에 관한 법규의 적용에 있어서는 계좌와의 관련이 중요한 의미를 가진다. 그리하여 계좌형(예: VisaCash)과 비계좌형(예: eCash) 중 계좌형은 전자지급거래에 관한 법규나 약관의 적용대상이 될 수 있다.

(4) 범용 전자화폐와 단일목적용 전자화폐

범용 전자화폐는 전자화폐의 사용 용도가 특정 목적에 한정되지 않는 것을 말하고, 단일목적용 전자화폐는 특정의 목적만을 위하여 존재하는 전자화폐를 말한다.

종전의 선불카드는 단일목적으로만 사용되고 신용카드도 가맹점에서만 사용될 수 있기 때문에 사용범위에 제한이 있다는 단점을 극복하기 위하여, 전자화폐는 범용성을 중요한 기능 중의 하나로 하여 개발되었다.

(5) 개방형 전자화폐와 폐쇄형 전자화폐

전자화폐는 가치이전성을 기준으로 개방형(open-loop) 전자화폐와 폐쇄형(closed-loop) 전자화폐로 구분할 수 있다. 개방형 전자화폐는 전자화폐보유자 사이에 화폐가치를 자유롭게 이전할 수 있는 전자화폐이고, 폐쇄형 전자화폐는 그 보유자 사이에 가치이전이 허용되지 않고 보유자에서 가맹점으로, 가맹점에서 발행자로의 가치이전만이 가능한 전자화폐이다.

3. 선불전자지급수단과의 구별

전자화폐와 선불전자지급수단은 모두 선불형 전자지급수단으로서 미리 일정한 금전을 지급하고 금전적 가치를 충전하여, 발행자의 가맹점에서 재화 또는 용역을 구입하고 그 대가를 지급할 수 있으며(제2조 제14호 · 제15호 참조), 다른 이용자에게 양도할 수 있다는 점(제18조 참조)에서는 같다.

그러나 전자화폐는 그 자체에 일정한 가치가 소재하고 있으므로 가치소재형 전자지급수단이고, 선불전자지급수단은 일정한 물품 또는 용역을 구입할 수 있는 권리를 표창하므로 가치표창형 전자지급수단이다. 전자화폐는 물품 또는 용역의 구입을 위해 제한 없이 사용할 수 있으나(제2조 제15호 참조), 선불전자지급수단은 대체로 제한된 목적으로만 사용된다(제2조 제14호 참조). 전자화폐는 환금이 일반적으로 보장되지만(제16조 제4항), 선불전자지급수단은 환급이 예외적으로 인정된다(제19조 제1항 참조).

Ⅱ. 전자화폐지급의 거래구조

1. 일반적 거래구조

전자화폐지급은 전자화폐가 카드에 기초한 것이든 소프트웨어에 기초한 것이든, 미리 지정된 프로토콜에 따라 컴퓨터장치 사이에 전자메시지의 교환을 통하여 실행된다. 이 메시지는 전기적 접촉에 의하여(소위 접촉식의 경우), 또는 회선 없는 전송이나 통신망을 통하여(소위 비접촉식 또는 디지털화폐의 경우) 전송될 수 있다.

전자화폐의 거래절차는 크게 ① 발행 및 가치저장, ② 가치이전과 ③ 결제의 3단계로 나눌 수 있다.

전자화폐의 발행(issuance)은 가치저장 또는 소비자에 대한 교부의 시점에서 행하여진다. 발행은 소비자가 가치저장을 개시할 때 행해지기도 한다. 발행은 발행자의 기록에 계좌기장을 생성한다.

전자화폐의 가치저장(loading)은 카드형 전자화폐의 경우, ATM 또는 특별장치를 한 전화기를 통하여 실행되며 또 컴퓨터에 기초한 스마트카드 판독기가 이용될 수도 있다. 발행의 대가는 현금, 신용카드 기타의 지급수단에 의하기도 하지만, 보통은 기존의 은행계좌에 차기하는 방법에 의한다. 디지털화폐의 경우, 가치저장은 보통 통신망을 통하여 소비자의 장치와 발행자의 장치 사이의 메시지교환에 의하여 위와 유사한 방법으로 행하여진다. 대가의 지급은 보통 은행계좌에 차기하는 것에 의한다.

전자화폐의 가치이전(transfer)은 카드형 전자화폐인가 디지털화폐인가에 따라 조금 다르다. 카드형 전자화폐의 경우, 가치이전은 소비자가 상인의 단말기에 카드를 삽입하고 상인이 지급금액을 입력하여 잔액에서 차감을 함으로써 실행된다. 또 가치이전은 컴퓨터통신망이나 전화기를 이용하여 원격지 지급으로 이루어지거나, 제도에 따라 이용자 사이에 이루어질 수도 있다. 디지털화폐의 경우, 가치이전은 원격지 거래 당사자 사이에 직접 온라인에 의하여 이루어질 수 있으며, 이용자 사이에 인터넷 기타의 컴퓨터통신망을 이용하여 어떤 PC에서 다른 PC로 이루어질 수도 있다.

전자화폐의 결제(settlement)는 보통 ATM통신망, 데비트카드 또는 신용카드 통신망과 같은 기존의 은행간 결제제도를 이용한다. 다만, 디지털화폐는 아직 개발단계에 있기 때문에 정산 및 결제절차가 완전히 확립되어 있지 않은 상태이다.

2. K-Cash의 거래구조

K-Cash는 금융결제원과 전 국내은행이 공동으로 개발한 은행공동 전자화폐로서 카드형 전자화폐이다. K-Cash에는 IC칩이 내장되어 있어 전자서명에 필요한 공인인증기관이 발행하는 인증서를 저장할 수 있고, 카드 발급기관에 따라서는 한 장의 K-Cash에 현금 · 신용 · 직불카드의 기능을 모두 넣을 수 있다. 그리고 보안알고리즘 채택으로 접촉식과 비접촉식이 동시에 구현된 카드이므로 버스 · 지하철 등 교통분야는 물론, 인터넷 전자상거래에도 사용할 수 있는 다기능카드이다.

K-Cash 서비스의 참가자는 참가기관, 가맹점과 사용자이다. 참가기관은 발행기관, 매입은행, 중계센터, 시스템서비스 제공자이다. 발행기관은 K-Cash를 발행하는 은행 또는 신용카드회사이고, 매입은행은 가맹점의 계좌를 보유한 은행이며, 중계센터는 시스템서비스 제공자로부터 구매거래내역을 수집 · 검증하고 차액정산을 하는 기관이고, 시스템서비스 제공자는 가맹점으로부터 구매거래내역을 수

집 · 검증하고 중계거래센터로 전송하는 기관이다. 가맹점은 전자화폐 가맹점 약관에 따라 가맹점 가입을 신청하여 은행으로부터 가입을 승인받은 업소 · 시설 등을 말한다. 그리고 사용자는 회원약관에서 말하는 회원에 해당하는데, 발행기관으로부터 K-Cash를 신청하여 발급받은 자를 말한다.

K-Cash는 은행에 계좌를 보유한 고객은 누구나 발급받을 수 있으며, 자신의 은행계좌로부터 가치를 충전하여 K-Cash용 단말기가 설치된 가맹점에서 사용할 수 있고 재충전이 가능하다. 가치충전은 은행창구의 충전단말기나 충전이 가능한 CD · ATM을 이용할 수 있으며, 환불의 경우에는 은행창구나 CD · ATM을 이용한다. 고객은 가맹점으로부터 물품을 구입하거나 서비스를 제공받은 후 가맹점에 K-Cash를 제시하면 가맹점 단말기로 거래금액만큼 가치가 이전되어 지급이 이루어진다.[125)]

Ⅲ. 전자화폐의 법적 성질

1. 금전적 가치로서의 전자화폐의 법적 성질

전자화폐의 법적 성질이 무엇인가에 관하여는 견해가 대립하고 있다.

(1) 채권설

이 설은 전자화폐에서 카드에 입력되었거나 통신망을 통해 전달되는 전자정보는 채권자가 원하지 않을 경우 수령을 강제할 수 없다는 점에서 통화[126)]와 구별된다고 보고, 전자정보의 보유자가 전자화폐발행자에 대하여 일정액의 금전의 인도를 청구할 수 있는 일종의 채권으로 본다.[127)]

---

125) http://www.kcash.or.kr/: K-CASH 소개 및 가이드 참조.

126) 법률상의 금전은 법화(통화)와 자유화폐(거래상의 화폐)의 2종류로 구별되는데, 자유화폐는 법화와 같이 강제통용력을 가지지는 않지만 사회에서 거래상 화폐로 통용되는 것을 말한다. 자유화폐는 거래에서 사실상 통용력을 가질 뿐이고 강제통용력을 가지지 않으므로 자유화폐에 의한 변제는 채권의 승낙을 요한다. 森田宏樹, "電子マネ-の法的構成(4): 私法上, の金錢の一般理論による法的分析," NBL, Vol. 622(1997. 8), 34쪽 참조.

127) ABA Task Force on Stored-Value, A Commercial Lawyer's Take on the Electronic Purse: An Analysis of Commercial Law Issues Associated with Stored-Value Cards and Electronic Money, Bus. Law.(Feb. 1997), pp. 670, 675; 寺本透 等, "電子マネの實用化に向けて(上),"

(2) 자유화폐설

이 설은 전자화폐는 지급수단으로서 전자정보가 이전될 때 지급·결제가 완료되며, 강제통용력이 있는 통화는 아니고 실제 거래상에서 금전으로 통용되고 있는 자유화폐라고 본다.[128)]

(3) 사 견

금전채무의 변제는 통화로써 하여야 하는데(民 제376조 참조), 채무의 변제에 있어서 어떤 행위가 변제의 제공이 되기 위해서는 채무의 내용에 좇은 것이어야 한다(民 제460조). 채무자가 통화로 변제의 제공을 하고 채권자가 임의로 이를 수령하면 금전채무의 내용에 좇은 이행으로서 채무소멸의 효력을 가져온다.

전자금융거래법은 전자화폐보유자가 「수취인과의 합의에 따라 전자화폐로 지급한 때에는 그 대금의 지급에 관한 채무는 변제된 것으로 본다.」고 규정하고 있는 바(제17조), 이는 전자화폐보유자와 채권자인 수취인이 전자화폐로 지급하는데 합의하고 채권자인 수취인이 이를 수령하면 금전채무의 내용에 좇은 이행으로서 변제의 효력이 생긴다는 것을 뜻한다. 전자화폐에 의한 지급은 채권자인 수취인이 전자화폐를 수령하는 경우 변제의 효력을 부여되므로 전자화폐는 거래에서 사실상 통용력을 가지며, 따라서 전자화폐의 법적 성질은 자유화폐라고 볼 것이다.

2. 전자화폐의 접근매체의 법적 성질

지급수단인 전자화폐와 이를 저장하거나 표창하고 있는 접근매체(제2조 제10호 가.)는 구별된다. 전자화폐의 접근매체는 전자화폐를 충전하고 이전할 수 있게 하는 수단을 말한다. 카드형 전자화폐의 경우에는 전자화폐카드이고, 디지털화폐의 경우에는 전자문서이다.

NBL, Vol. 614(1997. 4), 42쪽; 김이수, "電子貨幣法制의 導入方向에 관한 批判的 考察," 상사법연구 제24권 제1호(2005. 5), 281쪽.

128) 金銀基, "電子貨幣의 法的 問題," 상사법연구, 제16권 제2호(1997. 10), 91쪽; 정경영, "전자결제제도의 법적 문제," 비교사법, 제7권 제2호(2002. 12), 65~66쪽; 정진명, "전자화폐의 법적 문제," 인터넷법률, 제4호(2001 1), 118~121쪽.

(1) 전자화폐카드

전자화폐카드는 전자화폐를 이전하는 수단으로 사용되는 전자적 방식의 카드이다. 전자화폐카드는 전자정보로서의 금전적 가치인 전자화폐와 구별되며, 전자금융거래법상 접근매체(제2조 제10호)의 일종이다. 전자화폐카드는 ATM이나 인터넷을 통하여 전자화폐를 충전한 후 현실의 가맹점 또는 인터넷을 통하여 사용할 수 있다. 카드보유자가 물품 또는 서비스를 구입하고 지급한 금액은 충전된 전자화폐 금액에서 차감되고 잔액이 기재된다.

접근매체로서의 전자화폐카드는 일종의 선불카드이다. 선불카드의 법적 성질에 관하여는 금권설과 유가증권설이 대립하고 있으나, 재화 또는 용역의 급여청구권(형성권)을 표창하고 이러한 권리의 발생·이전 및 행사에 카드(증서)의 소지를 요하므로 유가증권으로 볼 수 있다.[129] 그런데 전자화폐카드의 경우에는 보유자가 발행자에 대하여 재화 또는 용역의 급여청구권을 가지는 것이 아니고 환금청구권을 가질 뿐이다. 전자화폐카드는 법률에 의하여 특정한 목적을 위하여 금전에 갈음하여 사용되는 증서로서 그 자체 일정한 금전적 가치를 소장하고 있으므로 유가증권으로 보기는 어렵고 일종의 금권에 해당한다. 전자화폐카드는 이를 상실하여도 제권판결에 의하여 권리행사의 가능성을 회복할 수 없다.

(2) 디지털화폐의 전자문서

디지털화폐의 경우에는 전자문서에 금전적 가치가 표창된다. 이 전자문서는 전자정보로서의 금전적 가치인 전자화폐와 구별되며, 전자화폐를 이전하는 수단으로 사용되는 접근매체(제2조 제10호)이다. 이 접근매체는 전자화폐를 충전한 후 인터넷을 통하여 또는 현실의 쇼핑몰에서 사용할 수 있다. 보유자가 물품 또는 서비스를 구입하고 지급한 금액은 충전된 전자화폐 금액에서 차감되고 잔액이 기재된다.

디지털화폐의 접근매체인 전자문서는 권리자가 특정되는 경우에도 기명증권과 같이 지명채권양도의 방법으로 양도될 수 없고, 지시증권·무기명증권에 인정되는 배서 또는 교부의 방법에 의한 양도도 인정되지 아니하므로 전자유가증권으로

129) 鄭東潤, 「어음·手票法」, 27쪽; 鄭燦亨, 「어음·手票法講義」, 22~23쪽.

보기는 어렵다. 그러나 보유자의 계좌에 관한 정보를 포함하고 충전된 금액에 관하여 일정한 금액을 선급하였다는 증거로서의 기능에 이바지하므로 증거증권의 성질을 가지고, 쇼핑몰 등의 가맹점은 그 보유자에게 이행을 하면 면책되므로 면책증권의 성질을 가진다.

Ⅳ. 전자화폐지급의 법률관계

1. 전자화폐의 발행

(1) 발행계약의 법적 성질

전자화폐를 이용하고자 하는 자는 발행자와 발행계약을 체결하여야 한다. 발행계약은 이용자가 발행자에게 전자화폐 발행의 대가로 현금 또는 예금을 지급하고 발행자가 전자화폐를 이용자에게 이전한다는 합의에 의하여 성립한다. 전자화폐는 현금 또는 예금과 동일한 가치로 교환되어 발행되어야 한다(제2조 제15호 라., 제16조 제2항). 전자화폐의 발행계약의 법적 성질이 무엇인가에 관하여는 학설이 대립하고 있다.

① 매매계약설

매매계약설은 전자화폐의 발행시 발행자가 소유하는 가치(전자정보)를 고객에게 판매하는 것으로 볼 수 있으므로 발행계약은 매매계약이라고 한다. 다만 발행자가 전자화폐의 구입자금을 일정한 계좌에 예금으로 보관하는 전자화폐의 경우 발행계약은 예금계약의 성립과 동시에 전자화폐의 발행과 그에 대한 지급이라는 사무를 은행이 수임하는 일종의 위임계약이라고 본다.[130)]

② 소비임치계약설

소비임치계약설은 전자화폐의 발행은 발행자가 전자화폐의 발행 후에 보유자의 환금청구권에 대하여 환금을 해야 하기 때문에 발행계약은 민법상의 소비임치계약(民 제702조)이라고 한다.[131)]

---

130) 정경영, "電子貨幣의 法的 構造," 545쪽.
131) 정진명, "전자화폐의 법적 문제," 123쪽.

③ 사 견

전자화폐의 발행의뢰인이 발행자에게 전자화폐의 발행을 의뢰하는 행위는 외관상 발행자로부터 전자정보인 지급수단을 구입하는 것이므로 전자화폐의 발행계약을 매매계약이라고 보기 쉬우나, 이는 거래당사자의 의사에 부합하지 않는다고 본다. 발행자는 발행 후에 보유자가 환금청구권을 행사하면 발행의 대가로 받은 자금을 현금 또는 예금으로 교환(환금)할 의무를 부담한다(제16조 제4항). 발행자는 보유자가 환금청구권을 행사하는 경우에 매도한 전자화폐를 다시 매수하는 것이 아니라, 발행의 대가로 받은 자금을 보유자에게 반환한다고 보는 것이 당사자의 의사에 합치할 것이다. 전자화폐의 환금청구권은 소비임치에 있어서 반환시기의 약정이 없는 경우에 임치인이 언제든지 임치물의 반환을 청구할 수 있는 것과 같으므로(民 제702조 단서 참조), 전자화폐의 발행계약은 발행자가 발행의 대가인 자금을 제한 없이 사용할 수 있든 예금계좌에 별도로 보관을 하든 상관없이 민법상의 소비임치라고 보는 것이 타당하다.

전자화폐의 발행대가인 금전이 예금인가에 관하여는 의문이 있다. 미국의 연방준비금제도 위원회(FRB)는 스마트카드에 기초한 전자화폐 중 100달러 이상 가치 충전이 되는 것에 대하여 규칙 E를 적용하되, 온라인형과 오프라인형(계좌적 성격의 것과 비계좌적 성격의 것)으로 구분하여 적용 수준을 달리할 것을 제안한 바 있다.[132] 생각건대, 전자화폐의 발행의 대가인 자금을 발행자의 계좌에 별도로 보관하는 경우에는 이를 예금으로 볼 수 있을 것이나, 그 자금을 발행자가 제한 없이 사용할 수 있는 경우에는 소비임치의 결과로서 단순히 발행자에게 귀속되므로 예금으로 보기 어려울 것이다.

발행계약은 이용자가 전자화폐의 발행과 그 지급사무를 발행자에게 위탁하는 위임계약이 포함되어 있다고 볼 수 있으므로, 소비임치계약과 위임계약이 포함되어 있는 혼합계약이다. 또 발행의 대가로 금전을 지급하므로 유상계약에 속한다.

(2) 할인발행의 제한

전자화폐는 현금 또는 예금과 동일한 가치로 발행되어야 하므로 전자화폐를 발

---

132) FRB, Report to the Congress on the Application of the Electronic Fund Transfer Act to Electronic Stored-Value Products, March 1997.

행권면 미만의 금액과 교환하여 발행하는 것(할인발행)은 허용되지 아니한다. 유럽연합(EU)의 '전자화폐지침'도 전자화폐는 발행되는 통화가치 이상의 금액을 수령하고 발행되어야 한다는 점을 명백히 하고 있다.[133] 이는 전자화폐가 통용력을 가진 자유화폐이므로 화폐로서의 기능을 할 수 있게 위한 것이다.

(3) 실지명의에 의한 발행

전자화폐거래의 익명성을 보장할 것인가에 관하여는 논란이 있다.[134] 기존의 지급시스템에서 자금이동은 소액지급을 제외하고는 금융기관 또는 신용카드회사의 장부기장에 의하여 회계추적이 가능하다. 이에 반하여 전자화폐에 의한 전자적 가치의 이동은 장부기장을 요하지 않아 회계추적이 불가능하므로 자금세탁이나 조세회피의 수단으로 적합하다. 따라서 전자화폐거래의 익명성을 보장하는 것은 매우 위험할 것이다.[135] 이에 따라 전자금융거래법은 전자화폐를 원칙적으로 실지명의에 의하여 발행하고 관리하도록 규정하고 있다.

전자화폐발행자는 전자화폐를 발행할 경우 접근매체에 식별번호를 부여하고 그 식별번호와 이용자의 실지명의(金實 제2조 제4호) 또는 예금계좌를 연결하여 관리하여야 한다(제16조 제1항 본문). 다만, 발행권면 최고한도가 5만원 이하인 전자화폐의 경우에는 그러하지 아니하다(제16조 제1항 단서, 令 제11조 제1항).

전자화폐발행자는 전자화폐를 발행하는 경우에는 반드시 발행자의 중앙전산시스템을 경유하여야 하며, 다음의 사항을 기록하고 관리하여야 한다. 다만, 발행금액 5만원 이하인 전자화폐(제16조 제1항 단서, 令 제11조 제1항)의 경우에는 발행자의 중앙전산시스템을 경유하지 않을 수 있으며, 다음 ②의 사항을 제외할 수 있다(令 제11조 제2항).

① 전자화폐의 발행 또는 교환의 일시와 금액

② 전자화폐의 발행신청인 또는 교환신청인

③ 전자화폐 접근매체의 식별번호

---

133) Directive 2000/40/EC(18 September 2000), Article 1 3(b)(ii).

134) T. J. Smendinghoff, ed., *Online Law*, § 7.7.

135) G. J H Smith, *Internet Law and Regulation*, 3rd ed., London: Sweet & Maxwell, 2002, pp. 512~513.

④ 그 밖에 전자화폐의 발행 또는 교환에 관한 사항

(4) 발행권면의 최고한도

전자화폐의 발행권면 최고한도는 50만원으로 한다(令 제13조 제1항). 금융위원회는 전자지급수단의 특성을 감안하여 금융기관 또는 전자금융업자에게 전자화폐의 발행권면 최고한도를 제한하거나 그 밖에 필요한 조치를 할 수 있다(제23조 본문 및 제1호).

이에 따라 전자금융감독규정은 전자화폐의 발행권면 최고한도를 실지명의가 확인되거나 예금계좌와 연결되어 발행된 기명식의 경우에는 50만원, 실지명의 확인이 없거나 예금계좌와 연결되지 않고 발행된 무기명식의 경우에는 5만원으로 규정하고 있다(電監 제10조, 별표 1 가.).

(5) 전자화폐의 충전

이용자는 CD·ATM이나 인터넷을 통하여 은행계좌로부터 전자화폐를 충전할 수 있다. 전자화폐의 충전은 발행자가 이용자로부터 대가를 받고 일정한 금전적 가치를 가진 전자정보를 접근매체에 입력하는 것으로서, 이에 의하여 발행자가 보유하고 있는 일정액의 금전적 가치가 이용자에게 이전하므로 발행계약의 이행행위로 볼 수 있다.

2. 전자화폐의 이전

전자화폐의 이전은 보유자가 물품 또는 서비스를 구입하고 가맹점에 전자화폐로 지급하는 것을 말하며, 전자화폐의 가치이전단계에 해당한다. 전자화폐발행자는 전자화폐보유자가 전자화폐를 사용할 수 있도록 발행된 전자화폐의 보관 및 사용 등에 필요한 조치를 하여야 한다(제16조 제3항).

전자화폐에 의한 지급완료의 시기는 수취인인 가맹점이 전자화폐보유자로부터 전자화폐를 이전받는 시점이다. 전자화폐에 의한 지급지시는 수취인인 가맹점의 정보처리시스템에 입력되거나 발행자의 정보처리시스템에 있는 수취인 계좌에 입력된다. 따라서 지급지시의 수신시기는 지급지시가 수신자인 가맹점이 지정한 정보처리시스템에 입력된 때이다(電去 제6조 제2항 제1호 참조). 이에 따라 전자금융거래법은 전자화폐에 의한 지급완료의 시기는 거래지시된 금액의 정보가 수취인이 지정한 전자적 장치에 도달한 때라고 규정하고 있다(제13조 제3호).

전자화폐보유자가 재화를 구입하거나 용역을 제공받고 그 대금을 수취인과의 합의에 따라 전자화폐로 지급한 때에는 그 대금의 지급에 관한 채무는 변제된 것으로 본다(제17조). 전자화폐는 현금과 동일한 기능을 하는 자유화폐의 성질을 가지고 있으며, 자유화폐에 의한 변제는 대물변제로는 되지 않고 금전채무의 내용에 좇은 이행이 된다.[136] 따라서 전자화폐보유자와 채권자인 수취인이 전자화폐로 지급하는데 합의하고 수취인이 이를 수령하면 금전채무의 소멸의 효력이 생긴다.

전자화폐에 의한 지급이 있고 물품의 매매계약 등의 원인관계에 하자가 있는 경우, 원인관계와 전자화폐에 의한 지급은 별개의 독립된 행위이고 가치이전이 실시간으로 이루어지므로 원인관계에 기한 항변은 인정되기 어려울 것이다. 이 경우에 전자화폐로 지급을 받은 가맹점은 부당이득을 한 것으로 되며, 이용자는 가맹점에게 부당이득의 반환을 청구하거나 시스템의 구조에 따라 오류정정의 절차(제8조)를 밟으면 될 것이다.

3. 전자화폐의 환금

전자화폐는 발행권면과 동일한 금액이 이미 지급되었기 때문에 이를 사용한 후 신용카드처럼 다시 결제할 필요는 없다. 그러나 전자화폐가 통화 자체는 아니므로 최종 보유자는 이를 통화와 교환할 필요가 있고, 통화와의 교환이 보장되어야 거래의 상대방은 안심하고 전자화폐를 수취할 수 있다. 화폐가 아닌 보조적 지급수단이 유통되는 배경에는 현금으로 전환될 수 있다는 신뢰가 형성되어 있기 때문이다. 따라서 전자화폐의 환금성 보장은 전자화폐에 대한 거래계의 신뢰형성의 기초가 된다.[137] 환금은 전자화폐의 결제단계에 해당한다.

보유자가 전자화폐의 환금을 청구할 수 있는 권리를 환금청구권이라고 한다. 전자화폐의 환금은 선불전자지급수단의 환급(제19조)과 구별된다. 발행자는 보유자의 요청에 따라 전자화폐를 현금 또는 예금으로 교환할 의무가 있다(제16조 제4

136) 森田宏樹, 앞의 논문, 35쪽 참조.
137) 손진화 · 정경영, "전자금융거래기본법제정에 관한 연구"(재정경제부 제출 연구보고서, 2002. 2), 77쪽.

항). 전자화폐의 환급청구권은 보유자의 일방적 의사표시에 의하여 효력이 생기므로 형성권이다.

전자화폐의 환금의 방법 및 절차는 다음과 같다. 전자화폐발행자는 전자화폐보유자가 전자화폐를 현금 또는 예금으로 교환하여 줄 것을 요청하는 경우에는 이를 발행하는 모든 장소에서 그 교환에 응하여야 한다. 다만, 발행권면 5만원 이하인 전자화폐의 경우(제16조 제1항 단서, 令 제11조 제1항) 교환의 편의성을 해치지 아니하는 범위에서 그 이용자에게 교환장소를 별도로 정하여 알린 경우에는 그 장소에서만 교환에 응할 수 있다(제16조 제5항, 令 제11조 제3항). 전자화폐발행자는 전자화폐보유자가 교환을 요구하면 교환요구금액 전부를 즉시 현금으로 지급하거나 전자화폐보유자의 예금계좌로 지급하여야 한다. 다만, 전자화폐의 파손 등으로 인하여 교환요구금액을 확인할 수 없으면 교환을 요구받은 날부터 15일 이내에 해당 전자화폐 가맹점의 대금청구와 이에 따른 결제내역 등을 확인한 후 즉시 그 금액을 지급하여야 한다(제16조 제5항, 令 제11조 제4항).

전자화폐발행자는 전자화폐를 현금 또는 예금으로 교환하는 경우에는 반드시 발행자의 중앙전산시스템을 경유하여야 하며, 전자화폐의 교환의 일시와 금액 등 일정한 사항을 기록하고 관리하여야 한다. 다만, 발행금액 5만원 이하인 전자화폐(제16조 제1항 단서, 令 제11조 제1항)의 경우에는 발행자의 중앙전산시스템을 경유하지 않을 수 있으며, 전자화폐의 교환신청인에 관한 사항을 제외할 수 있다(令 제11조 제2항).

4. 전자화폐의 양도 또는 담보제공

전자화폐 보유자는 발행자와의 약정에 따라 전자화폐를 타인에게 양도하거나 담보로 제공할 수 있다(제18조 제1항). 이 경우의 양도는 전자화폐 보유자가 가맹점에 지급을 함으로써 양도하는 경우보다 그 보유자와 이용자 사이에 양도하는 것을 허용한 점에 의미가 있다. K-Cash 회원약관은 K-Cash의 양도 및 담보제공을 금지하고 있다(동 약관 제12조).

전자화폐를 양도하거나 담보로 제공하는 경우에는 반드시 발행자의 중앙전산시스템을 경유하여야 한다. 다만, 발행권면 최고한도가 대통령령이 정하는 금액 이하인 전자화폐의 경우(제16조 제1항 단서)에는 그러하지 아니하다(제18조 제2항).

5. 거래기록의 보존

전자화폐발행자 등은 전자화폐거래의 내용을 추적·검색하거나 그 내용에 오류가 발생할 경우에 이를 확인하거나 정정할 수 있는 기록을 생성하여 5년의 범위 안에서 대통령령이 정하는 기간 동안 보존하여야 한다(제22조 제1항). 이에 따라 금융기관 등은 거래계좌의 명칭 또는 번호, 거래의 종류 및 금액, 거래상대방을 나타내는 정보, 거래 일시, 전자적 장치의 종류 및 전자적 장치를 식별할 수 있는 정보, 수수료, 출금 동의 등의 거래기록을 5년간 보존하되, 1만원 이하인 소액거래의 기록, 거래승인에 관한 기록, 그 밖에 금융위원회가 정하여 고시하는 거래기록은 1년간 보존하여야 한다(令 제12조 제1항).

Ⅴ. 전자화폐지급 정보의 보호

전자화폐지급 정보는 금융거래정보로서 개인의 금융프라이버시에 속하는 사항이다. 전자화폐지급과 관련한 업무를 수행함에 있어서 이용자의 인적 사항 기타 전자금융거래의 정보 또는 자료에 해당하는 사항을 알게 된 자는 이용자의 동의를 얻지 아니하고 이를 타인에게 제공·누설하거나 업무상 목적 외에 사용하여서는 아니된다(제26조 본문). 다만, 금융실명거래법 제4조 제1항 단서의 규정에 따른 경우 그 밖에 다른 법률에서 정하는 바에 따른 경우에는 그러하지 아니하다(제26조 단서). 이 규정을 위반하여 전자화폐지급 정보를 제공하거나, 누설하거나, 업무상 목적 외에 사용한 자는 형사제재를 받는다(제49조 제3항).

또 전자화폐지급 정보에는 금융실명거래법(제4조), 신용정보의 이용 및 보호에 관한 법률(제13조~제16조, 제23조), 정보통신망이용촉진법(제22조 이하) 등이 적용된다.

Ⅵ. 전자상거래소비자보호법상의 규제

전자상거래소비자보호법은 전자적 대금지급과 관련하여 소비자 보호규정을 두고 있다(電消 제8조). 여기에서 "전자적 대금지급"이라 함은 전자문서의 형태로 이루어지는 대금결제를 말한다. 다만, 대면하여 본인 여부를 확인한 경우를 제외한다(同法 令 제7조). 따라서 인터넷을 통한 카드형 전자화폐나 디지털화폐의 지급은 동법에서 규정하는 전자적 대금지급에 해당한다. 전자화폐발행자는 "전자적 매체 또는 정보처리시스템에 화폐가치 또는 그에 상응한 가치를 기록·저장하였다가 재화 또는 용역(이하 "재화 등"이라 한다)의 구매시 지급하는 결제수단의 발행자"로서 전자결제수단의 발행자에 해당한다(電消 제8조 제1항, 同法 令 제8조 제3호).

사업자가 전자적 대금지급 방법을 이용하는 경우 사업자와 전자화폐발행자는 관련 정보의 보안 유지에 필요한 조치를 취하여야 한다(電消 제8조 제1항). 또 전자적 대금지급이 이루어지는 경우, 소비자가 입력한 정보가 소비자의 진정 의사표시에 의한 것인지를 확인함에 있어 주의를 다하여야 하고(電消 제8조 제2항), 전자문서의 송신 등의 방법에 따라 소비자에게 그 사실을 통지하고, 언제든지 소비자가 전자적 대금지급과 관련한 자료를 열람할 수 있도록 하여야 한다(電消 제8조 제3항, 同法 施規 제5조).

전자화폐발행자는 다수의 사이버몰에서 사용되는 결제수단의 발행자에 해당하며, 당해 결제수단의 신뢰도의 확인과 관련된 사항, 사용상의 제한이나 그 밖의 주의 사항 등을 표시 또는 고지하여야 한다(電消 제8조 제4항, 同法 令 제9조, 同法 施規 제6조).

그 밖에 전자화폐발행자는 분쟁해결 협조의무(電消 제8조 제5항)와 소비자피해보상보험계약 등의 체결의무(電消 제24조 제1항 단서, 제45조 제1항 제1호·제4호)를 진다.

제 5 절 선불전자지급

Ⅰ. 서 설

선불전자지급(electronic pre-paid payment)이라 함은 「이용자가 발행인 외의 제3자(쇼핑몰 또는 컨텐츠업체)로부터 재화 또는 용역을 구입하고 그 대가를 선불

전자지급수단으로 지급하는 전자지급거래」를 말한다.[138)]

1. 선불전자지급수단의 의의

선불전자지급수단이라 함은 「이전 가능한 금전적 가치가 전자적 방법으로 저장되어 발행된 증표 또는 그 증표에 관한 정보로서 다음의 요건을 모두 갖춘 것을 말한다. 다만, 전자화폐를 제외한다.」(제2조 제14호).

① 발행인(대통령령이 정하는 특수관계인을 포함한다) 외의 제3자로부터 재화 또는 용역을 구입하고 그 대가를 지급하는데 사용될 것: 여기에서 "특수관계인"이라 함은 발행자와 다음의 1에 해당하는 관계에 있는 자를 말한다(令 제3조).

(i) 상법 제342조의 2 제1항 또는 제3항의 규정에 따른 모회사 또는 자회사

(ii) 독점규제 및 공정거래에 관한 법률 제2조 제1호의 2 · 제1호의 3의 규정에 따른 지주회사 또는 자회사

(iii) 금융지주회사법 제2조 제1항 제1호에 따른 금융지주회사 또는 동항 제2호에 따른 자회사

② 구입할 수 있는 재화 또는 용역의 범위가 2개 업종(통계법 제17조 제1항에 따라 통계청장이 고시하는 한국표준산업분류의 중분류상의 업종을 말한다) 이상일 것

선불전자지급수단의 예로는 (주)사이버패스의 사이버패스(Cyberpass), (주)아이캐시의 아이캐시(iCash) 등을 들 수 있다.

선불전자지급수단은 접근매체의 종류에 따라 카드 방식과 전자문서 방식으로 구분할 수 있다. 선불전자지급수단의 충전(구입)은 계좌이체, 신용카드, 인터넷뱅킹, 휴대폰지급 등 다양한 지급수단으로 할 수 있다.

2. 디지털상품권 · 전자화폐와의 구별

(1) 선불전자지급수단과 함께 상품권을 전자화한 디지털상품권이 이용되고 있다. 디지털상품권은 발행자 또는 발행자가 지정한 자에게 전송하여 증표에 기재된 내용에 따라 일정한 재화 또는 용역을 제공받을 수 있는 전자적 방식의 상품권이다.

---

138) 선불전자지급수단에 관하여 보다 자세한 논의는 "선급전자지급수단의 법률문제," 전자금융의 법적 과제(Ⅱ), 한국법제연구원, 2002. 5 참조.

디지털상품권이 금액만으로 표시되고 가맹점의 재화 또는 용역을 구입하는데 제한이 없는 경우에는 일반의 선불전자지급수단과 다른 점이 없다. 디지털상품권은 발행자가 미리 대가를 받아 전자적 방식으로 발행·보관하고 권리자가 상품 또는 용역의 구입을 위하여 통신망을 통하여 사용할 수 있다는 점에서 선불전자지급수단의 일종으로 볼 수 있다. 따라서 전자지급이라는 관점에서는 일반의 선불전자지급수단과 그 법적 취급을 달리할 실익이 없는 것으로 보인다.

(2) 선불전자지급수단은 약관에서 "전자화폐"로 정의하는 경우도 있지만, 전자화폐와는 구별된다(전술 제4절 Ⅰ. 3. 참조). 선불전자지급수단은 디지털화폐와 유사하나, 사용범위에 제한이 있고 은행계좌에의 직접적인 접근가능성이 없으며 환금성이 보장되지 않는다는 점에서 디지털화폐와 다르다.

Ⅱ. 선불전자지급의 거래구조

선불전자지급수단의 이용자는 발행자의 회원으로 가입하여 계좌를 개설하고 선불전자지급수단을 충전한 다음, 가맹점을 방문하여 재화 또는 용역을 구입하고 선불전자지급수단으로 지급을 한다. 선불전자지급수단의 발행자는 이용자가 가맹점에서 구입한 재화 또는 용역의 대가를 합산하여 정기적으로 가맹점에게 정산·결제한다. 이 정산·결제의 절차는 전자화폐에 있어서 환금절차에 대응하는 것이다. 발행자가 가맹점에게 선불전자지급수단의 금전적 가치를 현금으로 정산·결제하는 근거는 이용약관에 따른 이용자의 지급지시에 기초하여 가맹점약관에 따른 것이라고 볼 수 있다.

아래에서는 선불전자지급수단인 사이버패스(Cyberpass)와 아이캐시(iCash)의 거래구조를 살펴보기로 한다.

1. 사이버패스

사이버패스(Cyberpass)는 ㈜사이버패스가 발행하는 선불전자지급수단이다. 사이버패스는 "회사가 발행하는 멀티기능 전자화폐로서, 고객이 회사가 지정한 유료사이트에서 상품 또는 서비스의 구매 등 전자상거래 행위 및 회사가 제공하는 기타 정보통신 서비스를 사용하는데 있어서 대금을 지불하는 결제수단으로 이용되는 선불카드"라고 정의되고 있다(사이버패스 이용약관 제4조 제1항).

회원은 회사가 지정한 정규 온라인 또는 회사 홈페이지에서 신용카드, 계좌이체, 무통장입금 결제, 제휴사 포인트/상품권 등 회사가 지정한 지급방법으로 사이버패스를 구입·충전한 후, 가맹점에서 사용할 수 있다(동 이용약관 제8조, 제10조).[139] 사이버패스가 복수일 경우 동종의 사이버패스 사이에서 각각의 잔액을 합산할 수 있다(동 이용약관 제13조 제1항·제2항). 사이버패스는 신용카드와 은행 계좌이체 등의 지급방법으로 재충전할 수 있으며, 원칙적으로 만원 단위로 사이버패스 잔액 포함 총 50만원까지 충전할 수 있다(동 이용약관 제14조 제1항·제2항 본문).

2. 아이캐시

아이캐쉬(iCash)는 (주)아이캐쉬가 발행하는 선불전자지급수단이다. 아이캐시는 "회사가 발행한 인터넷 전자화폐로서 정보통신설비를 이용하여 인터넷 쇼핑몰에서 물품의 구매나 용역의 거래를 하는데 있어서 물품대금이나 용역대금을 지불하는 결제수단으로 사용되는 인터넷 전자화폐"라고 정의되고 있다(아이캐시 서비스 이용약관 제2조 제2항).

회원은 계좌이체·신용카드·인터넷뱅킹·휴대폰지급 등의 지급방법으로 아이캐시를 아이캐시카드에 충전한 후, 가맹점을 방문하여 사용할 수 있다.[140] 이후 발행자는 일정한 주기마다 금융기관에 있는 가맹점의 계좌에 자금이체를 함으로써 정산·결제를 한다.

아이캐시는 아이캐시지갑에 충전한 후 인터넷가맹점에서 사용할 수 있다. 아이캐시지갑은 아이캐시를 충전하거나 인터넷가맹점에서 상품을 구매할 때 해당 가맹점 서버와 통신하는 역할을 담당하고, 관련된 정보의 암호화를 비롯한 모든 정보처리 및 이의 관리를 수행해 주는 클라이언트 프로그램이다.[141]

---

139) http://about.cyberpass.com/ 참조.

140) iCash카드는 (주)아이캐시에서 발행하고 인터넷상에서 iCash를 사용할 수 있는 디지털현금카드이다(아이캐시서비스 이용약관 제2조 제2항 참조). 동 약관은 인터넷 전자상품권도 iCash카드에 포함시키고 있다. iCash카드는 iCash의 충전, iCash지갑으로의 내려받기, iCash카드 계좌간의 이체, iCash조회 등의 기능을 수행한다.

141) http://www.internetcd.co.kr/help/card/card_define.htm.

(주)아이캐쉬는 아이캐쉬카드와 함께 아이캐쉬 디지털상품권 및 인터넷과 일반 가맹점에서 사용할 수 있는 아이캐쉬 실물상품권을 판매하고 있다.[142]

Ⅲ. 선불전자지급수단의 법적 성질

1. 금전적 가치로서의 선불전자지급수단의 법적 성질

선불전자지급수단은 약관상 흔히 전자화폐로 표현되고 있다. 선불전자지급수단을 디지털화폐(전자현금)로 파악하는 견해도 있을 수 있다. 그러나 선불전자지급수단은 환금성이 보장되지 아니하고, 금융계좌에의 접근가능성이 없으며,[143] 범용성의 측면에서도 상대적으로 제약되는 점에서 전자화폐의 일종인 디지털화폐와는 구별된다.[144] 선불전자지급수단은 거래대가의 지급이나 이용자 사이의 가치이전이 지급지시에 의하여 이루어지고 발행자가 개입하는 점에서 전자화폐와 다르다. 선불전자지급수단이 나타내는 금전적 가치는 그 보유자에 의하여 상거래의 지급수단으로 사용되지만, 이를 구입하면서 지급된 대가는 발행자에게 보관되어 가치이전이 완전히 이루어진다고 보기는 어렵다.[145] 다만, 이후에 다시 금융기관에 개설되어 있는 가맹점 계좌에 정산·결제를 하는 점이 특색이다.

선불전자지급의 경우에 보유자의 지급지시에 의하여 발행자에게 개설된 이용자의 계좌에서 상인의 계좌로 금전적 가치가 이동하고 입금기록이 행해지는 것으로 볼 수 있으므로, 전자자금이체에 있어서 은행내이체와 유사한 구조를 가진다고 볼 수 있다. 선불전자지급수단은 보유자가 가맹점에서 재화 또는 용역을 구입하고 그 대가의 지급을 위하여 발행자에게 지급지시를 함으로써 가치가 이전되는 새로운 지급수단이라고 보아야 할 것이다.

---

142) http://www.internetcd.co.kr/help/igift_on/ongift_help.htm.

143) 전자화폐의 특성 중의 하나는 금융기관의 계좌에 직접 접근하여 입금기록(대기, crediting)을 할 수 있는 능력을 지니고 있다는 점이므로(실제로 계좌에 직접 접근하게 하는가라는 것과는 별도의 문제이다), 중계결제시스템을 통하여 전송함으로써 수취인의 계좌에 직접 입금기록을 할 수 있는 기능을 가질 것이 요구된다.

144) 손진화·정경영, "전자금융거래기본법제정에 관한 연구", 42~43쪽 참조.

145) 정경영, "電子貨幣의 法的 構造," 533쪽 참조.

2. 선불전자지급수단의 접근매체의 법적 성질

선불전자지급수단의 접근매체는 금전적 가치를 충전하거나 이전할 수 있게 하는 수단이다(제2조 제10호). 이 접근매체는 전자정보로서의 선불전자지급수단과 구별되며, 실물카드 방식 또는 전자문서 방식으로 발급된다.

(1) 실물카드 방식의 경우

카드방식의 접근매체는 금전적 가치를 표시한 플라스틱 카드이다. 이 카드는 무기명식으로 발행되는 것이 보통이며, 현실의 가맹점 또는 인터넷을 통하여 사용할 수 있다.

접근매체로서의 플라스틱 카드는 일종의 선불카드로서, 재화 또는 용역의 급여청구권을 표창하고 이러한 권리의 행사를 하여 카드의 소지를 요하며 무기명증권과 같이 교부의 방법에 의하여 양도되므로 일종의 유가증권으로 볼 수 있다. 또 표시된 금액에 관하여 일정한 금액이 미리 충전되어 있다는 증거로서의 기능에 이바지하므로 증거증권의 성질을 가지고, 쇼핑몰 등의 가맹점은 그 보유자에게 이행을 하면 면책되므로 면책증권의 성질을 가진다.

(2) 전자문서 방식의 경우

선불전자지급수단의 접근매체는 금전적 가치를 충전할 수 있는 디지털방식의 전자문서인 것이 보통이다. 발행자의 회원으로 가입한 이용자에게 무상으로 발급되며, 일정한 금액으로 표시된다. 이 접근매체는 발행자에게 개설된 보유자 계좌에 관한 정보를 포함하는 것이 보통이며, 인터넷을 통하여 가맹점인 쇼핑몰에서만 사용할 수 있다. 보유자가 물품 또는 서비스를 구입하고 지급한 금액은 충전된 금액에서 차감되고 잔액이 기재된다.

접근매체로서의 전자문서가 유가증권인가 의문이다. 이러한 접근매체는 표시된 권리의 발생·이전·행사를 전자문서에 의하여 하는 점에서 재산권이 전자문서에 결합되어 있다고 볼 수 있다. 그러나 서면성 및 기명날인의 요건을 충족하지 못하고, 권리자가 전자문서에 특정되기는 하지만 기명증권과 같이 지명채권양도의 방법으로 양도되지 않으며, 또 지시증권·무기명증권에 인정되는 배서 또는 교부의 방법에 의한 양도도 인정되지 아니하므로 전자유가증권으로 보기는 어렵다.

접근매체로서의 전자문서는 유가증권은 아니지만, 이용자의 계좌에 관한 정보를 포함하고 충전된 금액에 관하여 일정한 금액을 선급하였다는 증거로서의 기능에 이바지하므로 증거증권의 성질을 가지고, 또 가맹점은 그 보유자에게 이행을 하면 면책되므로 면책증권의 성질을 가지는 것으로 볼 수 있다.

Ⅳ. 선불전자지급의 법률관계

1. 선불전자지급수단의 발행

(1) 발행계약의 법적 성질

선불전자지급수단의 발행자는 이를 이용하고자 하는 자와 발행 및 이용에 관한 계약을 체결하는데, 이는 약관에 의하여 이루어진다.

선불전자지급수단의 발행계약의 법적 성질은 무엇인가? 선불전자지급수단의 발행은 발행자가 보유하는 전자정보를 고객에게 판매하는 것으로 보아 매매계약으로 파악하는 견해도 있을 수 있다. 그런데 이 문제는 선불전자지급수단을 발행하고 대가로 받은 자금의 법적 성질이 무엇인가와 밀접한 관련이 있다.

발행자가 받은 자금을 예금이라고 볼 때 예금자가 가지는 예금채권은 금전채권의 일종으로서 금전채권에 관한 민법의 규정이 적용되고[146] 또 예금자보호법에 의한 보호를 받을 수 있다. 그런데 이용자가 선불전자지급수단을 구입한 자금은 발행자가 금융기관이 아니라는 점에서 예금으로 보기는 어려운 점이 있다. 선불전자지급수단의 경우에 이용자는 금전의 소유권을 발행자에게 이전하기로 하고 후에 발행자는 이용자의 청구에 따라 그것과 동종·동질·동량의 것을 제3자에게 지급하기로 하는 것이라고 볼 수 있기 때문에, 발행계약은 예금계약에 유사한 소비임치라고 볼 수 있다.

발행계약은 이용자가 선불전자지급수단의 발행과 그 지급사무를 발행자에게 위탁하는 위임계약이 포함되어 있다고 볼 수 있으므로, 소비임치계약과 위임계약이

146) 郭潤直,「債權總論」, 신정수정판, 박영사, 2002, 47~49쪽; 郭潤直,「債權各論」, 신정수정판, 박영사, 2002, 355~356쪽; 小山嘉昭,「銀行法」, 東京: 財團法人 大藏財務協會, 1992, 141~142쪽 참조.

포함되어 있는 혼합계약이다. 또 발행의 대가로 금전을 지급하므로 유상계약에 속한다.

(2) 발행권면의 최고한도

선불전자지급수단의 발행권면 최고한도는 50만원으로 한다(令 제13조 제1항). 금융위원회는 전자지급수단의 특성을 감안하여 금융기관 또는 전자금융업자에게 선불전자지급수단의 발행권면 최고한도를 제한하거나 그 밖에 필요한 조치를 할 수 있다(제23조 본문 및 제1호).

이에 따라 전자금융감독규정은 선불전자지급수단의 발행권면 최고한도를 실지명의가 확인되거나 예금계좌와 연결되어 발행된 기명식의 경우에는 50만원, 실지명의 확인이 없거나 예금계좌와 연결되지 않고 발행된 무기명식의 경우에는 5만원으로 규정하고 있다(電監 제10조, 별표 1 가.).

(3) 선불전자지급수단의 충전

이용자는 계좌이체·신용카드·인터넷뱅킹·휴대폰지급 등의 방법으로 대가를 지급하고 선불전자지급수단을 충전할 수 있다. 선불전자지급수단의 충전은 발행자가 이용자로부터 대가를 받고 일정한 금전적 가치를 가진 전자정보를 접근매체에 입력하는 것으로서, 이에 의하여 발행자가 보유하고 있는 일정액의 금전적 가치가 이용자에게 이전하므로 발행계약의 이행행위로 볼 수 있다.

2. 선불전자지급수단의 이전

(1) 가맹점의 승낙

선불전자지급수단은 보유자가 발행자의 가맹점에서 재화 또는 용역을 구입하고 그 대가를 선불전자지급수단에 의하여 지급함으로써 이전할 수 있다. 이 경우에 발행자가 보유자의 신원과 비밀번호(때로는 추가적으로 주민등록번호)를 확인하는 절차가 필요하다.

채무자인 이용자가 현금으로 지급을 하지 않고 선불전자지급수단에 의하여 지급을 할 때에는 채권자인 가맹점의 승낙을 요한다고 본다. 이 경우에 본래의 채무자로부터 선불전자지급수단 발행자로 채무자가 변경되기 때문이다. 다만, 가맹점이 지급수단으로서 쇼핑몰에 선불전자지급수단에 의한 지급을 받는다는 것을 명시한 경우에는 사전의 승낙이 있는 것으로 볼 것이다.

(2) 지급완료의 시기

선불전자지급수단에 의한 지급완료의 시기는 수취인인 가맹점이 보유자로부터 선불전자지급수단을 이전받는 시점이다. 선불전자지급수단에 의한 지급지시는 수취인인 가맹점의 정보처리시스템에 입력되거나 발행자의 정보처리시스템에 있는 수취인 계좌에 입력된다. 따라서 지급지시의 수신시기는 지급지시가 수신자인 가맹점이 지정한 정보처리시스템에 입력된 때이다(전자거래기본법 제6조 제2항 제1호 참조). 이에 따라 전자금융거래법은 선불전자지급수단에 의한 지급완료의 시기는 거래지시된 금액의 정보가 수취인이 지정한 전자적 장치에 도달한 때라고 규정하고 있다(제13조 제3호).

이와 같이 지급이 완료된 선불전자지급수단은 발행자가 일정한 주기마다 가맹점에게 정산·결제를 하는 과정을 밟게 된다.

(3) 지급의 효력

선불전자지급수단은 강제통용력을 지닌 통화가 아니라 장부상의 금전적 가치이며, 그 보유자의 지급이 있은 후에도 발행자의 파산, 수취인인 가맹점에 대한 정산·결제의 불이행 등의 위험이 따른다. 따라서 선불전자지급수단에 지급은 채무의 내용에 좇은 이행으로 볼 수는 없으므로, 변제가 아니라 대물변제로 보아야 할 것이다.

3. 선불전자지급수단의 양도 또는 담보제공

선불전자지급수단의 보유자는 발행자와의 약정에 따라 선불전자지급수단을 타인에게 양도하거나 담보로 제공할 수 있다(제18조 제1항). 이 규정은 선불전자지급수단의 보유자가 가맹점에 지급을 함으로써 양도하는 경우보다 그 보유자와 이용자 사이에 양도하거나 담보로 제공하는 것을 허용한 점에 의미가 있다. 선불전자지급수단의 보유자와 이용자 사이의 양도는 보통 이용자계좌 사이의 이체의 방법으로 이루어진다.

선불전자지급수단을 양도하거나 담보로 제공하는 경우에는 반드시 발행자의 중앙전산시스템을 경유하여야 한다. 다만, 실지명의가 확인되지 아니하는 선불전자지급수단의 경우에는 그러하지 아니하다(제18조 제2항).

4. 선불전자지급수단의 환급

선불전자지급수단이 전자식 카드나 전자문서방식의 접근매체에 충전된 후에 사용되지 않고 남은 금액이 있는 경우 이용자는 약관에 정한 바에 따라 충전된 금액의 환급[147]을 청구할 수 있는 것이 보통이다. 발행자는 보유자가 선불전자지급수단에 기록된 잔액의 환급을 청구하는 경우에는 미리 약정한 바에 따라 환급하여야 한다(제19조 제1항).

선불전자지급수단의 환급은 권리자의 일방적 의사표시에 의하여 효력이 생기므로 일종의 형성권으로 볼 수 있다. 환급은 일정한 요건 아래 예외적으로 인정된다는 점에서, 전자화폐의 환금이 일반적으로 인정되는 것과 다르다. 또 환급은 충전된 금액을 사용하기 전에 반환하는 것을 뜻하는 점에서, 충전된 금액이 사용되고 가맹점에 이전한 후에 가맹점에 대하여 행하여지는 정산·결제와도 다르다.

전자금융사업자는 선불전자지급수단과 관련된 약정을 약관에 기재하고, 다음의 어느 하나에 해당하는 경우에는 선불전자지급수단에 기록된 잔액의 전부를 지급한다는 내용을 약관에 포함시켜야 한다(제19조 제2항).

(i) 천재지변 등의 사유로 가맹점이 재화 또는 용역을 제공하기 곤란하여 선불전자지급수단을 사용하지 못하게 된 경우

(ii) 선불전자지급수단의 결함으로 가맹점이 재화 또는 용역을 제공하지 못하는 경우

(iii) 선불전자지급수단에 기록된 잔액이 일정비율 이하인 경우. 이 경우 일정비율은 100분의 20 미만으로 정할 수 없다.[148]

---

147) 약관상으로는 "환급"을 의미하는 용어로 "환불"이라는 용어를 사용하는 것이 보통인데, "환급"이라는 용어가 타당한 것으로 생각된다(인터넷 사이버몰 이용표준약관 제14조 참조).

148) iCash의 경우, 60% 이상(1만원권 이하 80% 이상) 사용한 경우 환급이 가능하다. http://www.internetcd.co.kr/help/card/card_addservice_refund.htm. 또 사이버패스는 권면금액(재충전시 충전금액 포함)의 100분의 70 이상을 사용(1만원권 이하의 경우 100분의 80)한 경우에 환급이 가능하다(사이버패스 서비스 이용약관 제18조 제1항).

Ⅴ. 선불전자지급 정보의 보호

선불전자지급 정보는 금융거래정보로서 개인의 금융프라이버시에 속하는 사항이다. 전자금융거래법은 전자금융거래정보의 제공 등에 관한 규정(제26조, 제49조 제3항)을 두어 선불전자지급 정보를 보호하고 있다.

또 선불전자지급 정보에는 금융실명거래법(제4조), 신용정보의 이용 및 보호에 관한 법률(제13조~제16조, 제23조), 정보통신망이용촉진법(제22조 이하) 등이 적용된다.

Ⅵ. 전자상거래소비자보호법상의 규제

전자상거래소비자보호법은 전자적 대금지급과 관련하여 소비자 보호규정을 두고 있다(電消 제8조). 여기에서 "전자적 대금지급"이라 함은 전자문서의 형태로 이루어지는 대금결제를 말한다. 다만, 대면하여 본인여부를 확인한 경우를 제외한다(同法 令 제7조). 따라서 전자문서 방식의 선불전자지급수단 및 디지털상품권에 의한 지급은 동법에서 규정하는 전자적 대금지급에 해당한다. 선불전자지급수단의 발행자는 "전자적 매체 또는 정보처리시스템에 화폐가치 또는 그에 상응한 가치를 기록·저장하였다가 재화 등의 구매시 지급하는 결제수단의 발행자"로서 전자결제수단의 발행자에 해당한다(電消 제8조 제1항, 同法 令 제8조 제3호).

선불전자지급수단의 발행자에게는 전자화폐 발행자의 경우와 같이, 전자적 대금지급의 신뢰확보에 관한 규정(電消 제8조 제1항~제3항 同法 施規 제5조), 다수의 사이버몰에서 사용되는 결제수단 발행자의 의무(電消 제8조 제4항, 同法 令 제9조, 同法 施規 제6조), 분쟁해결 협조의무(電消 제8조 제5항), 소비자피해보상보험계약 등의 체결의무(동법 제24조 제1항 단서) 및 과태료 부과(電消 제45조 제1항 제1호, 제4호)에 관한 규정이 적용된다.

제6절 인터넷 신용카드지급

I. 서 설

1. 인터넷 신용카드지급의 의의

인터넷 신용카드지급(credit card payment via internet)이라 함은 「인터넷을 통하여 신용카드로 지급을 하는 경우에 카드정보 기타 거래정보를 암호화하는 방법에 의하는 전자지급거래」를 말한다. 현재 인터넷을 통하여 지급을 하는 방법으로는 신용카드가 가장 많이 이용되고 있다. 인터넷 신용카드지급에 있어서는 전자지급결제대행업자(이하 "전자결제대행업자"라 한다)가 개입하여 하위가맹점인 인터넷 쇼핑몰을 대행하여 신용카드거래 정보를 전송하는 것이 보통이다.

일반적으로 신용카드는 신용을 획득하기 위하여 이용되는 카드 기타의 신용장치를 뜻한다. 여신전문금융업법상 신용카드는 이를 제시함으로써 반복하여 가맹점에서 물품의 구입 또는 용역의 제공을 받거나 재정경제부령이 정하는 사항을 결제할 수 있는 증표로서 신용카드업자(외국에서 신용카드업을 영위하는 자를 포함한다)가 발행한 것을 말한다(與專 제2조 제3호 참조).[149]

인터넷 신용카드거래의 문제점으로는 인터넷과 같은 개방통신망에서 신용카드정보(카드회원의 이름, 비밀번호, 유효기간 등)가 노출되어 해킹의 위험이 있고, 대개의 경우 카드정보 입력시에 주민등록번호와 비밀번호 중 두 자리 숫자를 입력하게 되어 있으므로 부정사용의 위험이 높다는 것이다. 예컨대, 신용카드와 주민등록증을 함께 넣어 둔 지갑을 분실한 경우에는 간단한 조작만으로 부정사용이 가능하다. 더욱이 본인확인이나 기타의 인증절차 없이 신용카드번호와 유효기간만을 입력하여 결제를 하도록 하는 경우에는 신용카드의 도용이나 불법사용으로

149) 여기에서 "재정경제부령이 정하는 사항"이라 함은 상품권의 발행자(발행자와 상품권 위탁판매계약을 맺은 자를 포함)가 카드회사와 상품권 판매계약을 체결한 경우 그 발행자로부터 구입하는 당해 상품권의 구입대금을 말하며, 다만 개인 신용카드 회원의 경우 1개의 신용카드당 1백만원의 이용한도를 초과할 수 없다(與專 施規 제2조, 2002. 11. 1 신설).

인한 소비자의 피해가 더욱 커질 위험이 있다.[150]

2. 인터넷 신용카드지급에 대한 적용법규

인터넷 신용카드지급은 기존의 신용카드거래에 신용카드정보의 전자적 방법에 의한 전달이라는 특성이 추가된 거래이다. 전통적인 신용카드거래에 있어서 매출전표에 대한 지급은 카드회원에 대한 카드회사의 여신이 포함되는 것으로 파악되고 있으나(여신전문금융업법 참조), 인터넷 신용카드지급은 나아가 가맹점인 수취인이나 결제대행업자를 통하여 카드회사에 거래정보를 전송함으로써 자금을 직접 이용할 수 있게 하는 점에 특징이 있다. 따라서 인터넷 신용카드지급은 전자지급거래라는 특성을 추가적으로 가진다.[151]

인터넷 신용카드지급에 있어서 거래당사자 사이의 법률관계는 기본적으로는 서면거래의 경우와 같으므로 여신전문금융업법이 적용되지만, 전자지급거래의 특성에서 나오는 법률문제에 대하여는 전자금융거래법이 적용된다.

Ⅱ. 인터넷 신용카드지급의 구조

1. 인터넷 신용카드지급의 유형

인터넷 신용카드지급은 다시 암호화 신용카드지급과 등록 신용카드지급으로 구분할 수 있다.[152] 우리나라에서는 등록 신용카드의 방법과 암호화 신용카드의 방법을 아울러 사용하는 것이 보통이다.

(1) 암호화 신용카드지급

암호화 신용카드지급은 안전한 신용카드거래를 위하여 처음 고안된 방법으로

150) 정영훈, "전자결제와 소비자보호 문제," 2001 전자상거래 활성화 워킹그룹 보고서(Ⅱ) 「전자상거래 소비자보호에 관한 연구」, 산업자원부·한국전자거래진흥원, 2002. 1, 72쪽 참조.

151) 손진화 · 정경영, "전자금융거래기본법 제정에 관한 연구," 121쪽.

152) 전자거래에 이용되는 신용카드 처리방식으로 제3자의 개입 여부에 따라 직접처리방식(카드가맹점이 직접 고객의 신용카드정보를 처리하는 방식)과 제3자처리방식(제3자인 Payment Gateway가 신용카드정보를 처리하는 방식)으로 구분하기도 한다. 鄭震明, "인터넷상 신용카드 使用의 法的 問題," 인터넷법률, 제6호(2001. 5), 5~6쪽.

서, 인터넷 등의 통신망을 통한 전송중에 프라이버시를 보호하기 위하여 암호화기법을 사용하여 카드번호를 암호화하는 방법에 의하는 지급방법이다(secure credit-card payment). 이 방법은 거래의 진정성을 확보하기 위한 디지털서명(digital signature)의 사용과 결합된다.153) 많은 은행과 카드회사가 이 방법을 사용하고 있다. MasterCard와 Visa International이 공동으로 개발한 SET 프로토콜(Secure Electronic Transaction Protocol)은 그 대표적인 예이다.154)

(2) 등록 신용카드지급

등록 신용카드지급은 신용카드거래를 처리하는 제3기관에 상인들을 회원으로 가입하게 하고, 동시에 카드회원으로 하여금 신용카드번호를 등록하게 하여 특별한 계좌번호(account number: ID number)를 얻게 하는 방법에 의한 지급방법이다(registry credit-card payment). 여기에서 계좌번호는 카드회원이 회원상인과 거래를 할 때 카드번호 대신 사용될 수 있다(예: First Virtual Holdings사). 다만 이 방법은 고객과 상인 양자가 거래를 위하여 동일한 서비스기관에 등록하여야 한다는 문제가 있다.155)

(3) 우리나라의 경우

우리나라의 경우 인터넷 신용카드지급은 기존의 카드거래의 경우와 같이 카드회원이 카드가맹점에게 신용카드정보를 전송하고 카드가맹점이 이를 카드회사에 전송하여 거래의 승인을 얻되 암호화의 방법을 사용하는 경우도 있으나, 등록 신용카드의 방법과 암호화 신용카드의 방법을 아울러 사용하는 것이 보통이다. 후자의 경우, 통상의 등록 신용카드 지급과 같이 상인이 제3기관인 결제대행업자(PG)의 회원으로 가입하는 것은 같으나, 카드회원은 신용카드번호 기타 관련 정보를 결제대행업자에게 등록하여 계좌번호를 얻지 않으며 지급을 할 때에 신용카드정

---

153) Smendinghoff, ed., *Online Law*, § 7.5.1.

154) O'Mahony, Pierce & Tewari, *Electronic Payment Systems for E-Commerce*, p. 100; P. Loshin & P. Murphy, *Electronic Commerce: On line Ordering and Digital Money*, 2nd ed., Charles River Media, 1997, p. 91 참조.

155) R. Kalakota and A. B. Whinston, *Frontiers of Electronic Commerce*, Addison-Wesley, 1996, pp. 322; Smendinghoff, ed., *Online Law*, § 7.5.2.

보를 입력하여 결제대행업자에게 전송하는 점이 다르다.

결제대행업자는 신용카드지급을 대행함에 있어서 SSL 또는 SET 기반 위에서 지급데이터를 암호화하고 인증기관의 인증시스템 등을 이용하여 사용자인증을 하며, 또 은행네트워크와의 연동을 통하여 데이터를 교환하고 승인 및 결제 서비스를 제공하고 있다.

2. 전자결제대행업자에 의한 신용카드지급

인터넷 신용카드지급에 있어서 카드회원은 매출전표에 서명을 하지 않고,[156] 매출전표의 서명과 물품 또는 용역의 제공이 동시이행의 관계에 있지도 아니하다. 또 카드회사와 가맹점계약을 체결한 카드가맹점이 직접 신용카드지급을 처리하지 않고 여러 쇼핑몰을 통합하여 관리하는 대표가맹점의 성격을 가지는 전자결제대

[그림 3-3] 전자결제대행업자가 개입하는 신용카드지급의 흐름

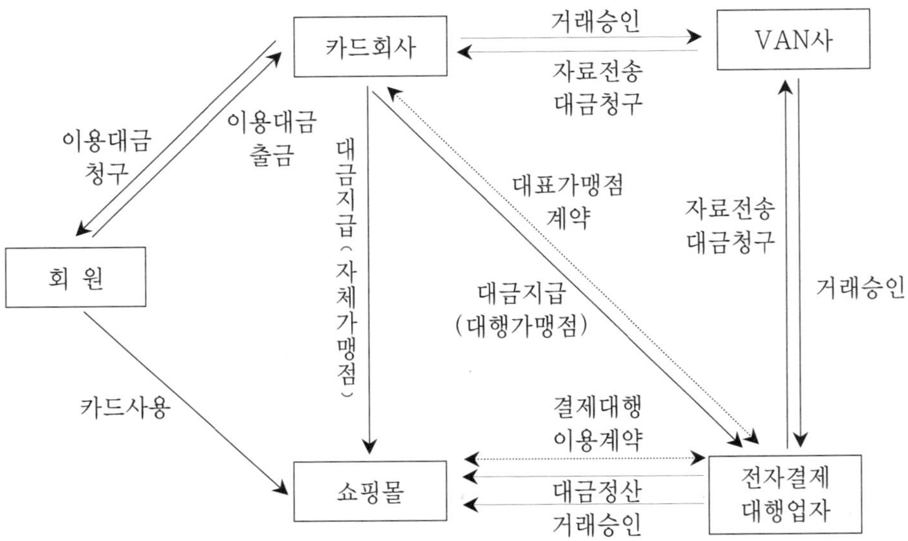

156) 종전의 여신전문금융업법은 「신용카드가맹점은 신용카드에 의한 거래를 할 때마다 신용카드상의 서명과 매출전표상의 서명이 일치하는지를 확인하는 등 당해 신용카드가 본인에 의하여 정당하게 사용되고 있는지의 여부를 확인하여야 한다.」고 규정하고 있었으나, 2002. 3. 30의 법개정에 의하여 「신용카드가맹점은 신용카드에 의한 거래를 할 때마다 당해 신용카드가 본인에 의하여 정당하게 사용되고 있는지의 여부를 확인하여야 한다.」고 규정하여(與專 제19조 제2항) 인터넷 신용카드에 의한 지급이 매출전표에 서명을 하지 않음을 고려하고 있다.

행업자가 지급・결제를 대행하고 있다.

전자결제대행업자가 개입하여 지급・결제를 대행하는 경우, 신용카드지급의 흐름은 [그림 3-3]과 같다.

Ⅲ. 전자결제대행업자의 법적 지위

인터넷 신용카드지급에 있어서 전자지급결제대행업자(이하 "전자결제대행업자" 라고 한다)는 여신전문금융업법상 신용카드가맹점(결제대행업체)이고 동시에 전자금융거래법상 전자금융업자이다.

1. 대표가맹점으로서의 지위

전자결제대행업자는 여신전문금융업법상 결제대행업체로서 대표가맹점으로서의 지위를 가진다. 여신전문금융업법은 신용카드가맹점의 하나로서 신용카드업자와의 계약에 따라 신용카드회원 등에게 물품의 판매 또는 용역의 제공 등을 하는 자를 위하여 신용카드 등에 의한 거래를 대행하는 자를 규정하고 있는데(동법 제2조 제5항 나.), 이 사업자가 바로 "결제대행업체"이다. 결제대행업체가 전자지급결제를 대행할 때 전자금융거래법상의 전자지급결제대행업무(제28조 제2항 제4호)를 영위하는 것이 된다.

결제대행업체는 신용카드회사와 대표가맹점계약을 체결하고 인터넷 쇼핑몰과는 결제대행이용계약을 체결한다. 여신전문금융업법상 결제대행업체는 신용카드가맹점이므로 원칙적으로 가맹점에 관한 규정(동법 제16조의 2, 제17조~제21조)이 적용된다.

2. 전자금융업자로서의 지위

전자결제대행업자의 전자지급・결제대행은 전자적 방법으로 재화의 구입 또는 용역의 이용에 있어서 지급・결제정보를 송신하거나 수신하는 것 또는 그 대가의 정산을 대행하거나 매개하는 것으로서(제28조 제2항 제4호, 제2조 제19호 참조), 전자금융업무(제2조 제1호 참조)에 해당한다. 금융기관 이외의 자로서 전자지급결제대행업무를 영위하려면 금융위원회에 등록하여야 한다(제28조 제2항 본문・제4

호). 전자결제대행업자가 전자지급결제대행업무를 금융위원회에 등록하고 영위할 때 전자금융업자(제2조 제4호)가 되고, 해당 업무에 대하여는 전자금융업무의 감독의 규정(제5장)이 적용된다.

전자지급결제대행업무를 이용하는 거래는 "전자금융업무를 이용자가 비대면의 자동화된 방식으로 이용하는 거래"로서 전자금융거래이며(제2조 제1호), 전자금융거래법의 적용대상이다(제3조 제1항 본문). 따라서 그 성질에 반하지 않는 한, 전자금융거래 당사자의 권리와 의무(제2장) 통칙, 전자금융거래의 안전성 확보 및 이용자 보호(제3장) 등의 규정이 적용된다.

Ⅳ. 인터넷 신용카드지급의 법률관계

1. 인터넷 신용카드지급의 기본적 법률관계

인터넷 신용카드지급은 전통적인 신용카드거래가 인터넷을 통하여 이루어진다는 특징을 가지므로, 여기에는 기본적으로 기존의 서면에 기초한 신용카드거래에 적용되는 법리가 적용될 수 있다. 다만, 인터넷 신용카드지급은 전송상의 기술적 특성 등에 따라 개별적인 법률관계에서 수정이 필요한 부분이 있고, 특히 전자결제대행업자를 통하여 결제를 하는 경우에는 기존 거래당사자와의 사이에 추가적인 법률관계가 형성된다.

신용카드는 거래당사자의 수를 기준으로 하여 양당사자카드, 3당사자카드와 다당사자카드로 구분된다.[157] 양당사자카드의 경우에는 카드회사와 카드회원의 두 당사자 사이에 하나의 법률관계가 존재하나, 3당사자카드와 다당사자카드의 경우에는 카드회사와 카드회원 사이, 카드회사와 가맹점 사이 및 가맹점과 카드회원 사이 등 3면의 법률관계가 형성된다. 이들 법률관계의 구체적 내용은 기존의 신용카드거래 당사자의 법률관계에 적용되는 법리와 같으므로 구체적 설명을 생략한다.[158]

---

157) 3당사자카드의 경우에 당사자는 디지털화폐, 카드회원과 카드가맹점의 3당사자가 존재하며(국민카드, 삼성카드, LG카드 등), 다당사자카드의 경우에도 디지털화폐가 하나의 기업이 아니고 수개의 기업이 공동으로 참여하고 있는 것이 다르다(예: BC카드, 비자카드, 마스터카드 등).

158) 鄭東潤, 「어음·手票法」, 563~566쪽; 鄭燦亨, 「어음·手票法講義」, 800쪽 이하; 金文煥, "크레

2. 온라인 지급지시의 법적 성질

인터넷 신용카드지급에서는 카드회원이 신용카드 지급정보를 암호화방법을 사용하여 카드가맹점 또는 전자결제대행업자가 개입하는 경우에는 전자결제대행업자에게 온라인으로 지급지시를 전송한다. 이 경우에 거래당사자는 암호화에 필요한 소프트웨어를 갖추고 있어야 한다. 즉, 카드회사는 신용카드의 사용을 위하여 진정성(authenticity)과 무결성(integrity)을 확보할 수 있는 암호화표준을 갖추어야 하며, 카드회원과 카드가맹점 또는 전자결제대행업자는 카드회사의 소프트웨어와 인증절차를 통하여 각각의 신원 및 동일성을 확인할 수 있다.

이러한 시스템에서는 카드회원이 신용카드정보를 카드가맹점 또는 전자결제대행업자에게 전송할 때 그 정보에 카드회사에 대한 지급지시가 포함되어 있다고 볼 수 있다. 카드회원의 지급지시의 법적 성질은 단독행위라고 볼 것이나, 카드회사의 거래승인이 있어야 효력이 생기므로 거래승인을 효력요건으로 한다.

인터넷 신용카드지급의 효력은 거래지시된 금액의 정보가 카드회사의 전자적 장치에 입력이 끝난 때 생긴다(제13조 제4호). 전자금융거래법은 지급의 효력이 발생하기 전까지 거래지시를 철회할 수 있다고 규정하고 있으나(제14조 제1항),[159] 온라인 지급지시의 성질상 지급지시가 전자적 장치에 입력된 후에는 철회할 수 없다고 할 것이다. 이러한 철회의 불가능성은 지급지시의 기초가 된 법률관계(매매계약 등)의 무효·취소 등에 의한 원상회복이나 청약철회, 계약해제 등에 따른 대금환급(電消 제17조, 제18조 제2항 참조.)을 위한 조치로서 지급지시를 취소하는 것과는 별개의 문제이다.

3. 전자결제대행업자에 의한 지급·결제대행의 법률관계

(1) 카드회사에 대한 관계(대표가맹점계약)

결제대행업체는 “신용카드회원 등에게 물품의 판매 또는 용역의 제공 등을 하

디트카드와 法,” 金建植·南孝淳 編, 「金融去來法講義」, 법문사, 1999, 673~674쪽; 鄭震明, “인터넷상 신용카드 使用의 法的 問題,” 8~9, 18~19쪽 참조.

159) 신용카드거래는 대량으로 처리하는 거래에 속하므로 카드회사는 미리 정한 약정에 따라 거래지시의 철회시기를 달리 정할 수 있으며, 이 경우에는 거래지시의 철회방법 및 절차와 앞의 약정에 관한 사항을 약관에 기재하여야 한다(제14조 제2항·제3항). 그러나 인터넷 신용카드지급에서는 온라인 지급지시의 성질상 이 규정이 실제로 적용되는 경우는 드물 것이다.

는 자를 위하여 신용카드 등에 의한 거래를 대행"하기 위하여 카드회사와 대표가맹점계약을 체결한다(與專 제2조 제5호 나. 참조). 이 계약은 카드가맹점규약에 의한 가맹점계약에 추가하여 전자상거래 결제대행서비스 특약, 수기매출전표 특약, EDI 특약 등 인터넷 신용카드지급의 결제대행을 위한 일련의 계약으로 구성된다.

대표가맹점계약은 결제대행서비스 특약 등으로 구성되는 비전형계약(혼합계약)이고, 계속적 채권관계에 속한다. 카드회사는 일정한 거래조건을 재정경제부령이 정하는 방법에 의하여 카드가맹점인 결제대행업체에게 알려야 한다(거래조건의 주지의무, 與專 제18조).

카드회사는 분실 또는 도난된 신용카드나 위조·변조된 신용카드에 의한 거래에 따른 손실을 카드가맹점인 결제대행업체에게 전가할 수 없다. 다만, 카드회사가 당해 거래에 대하여 그 카드가맹점인 결제대행업체의 고의 또는 중대한 과실을 입증하는 경우 그 손실의 전부 또는 일부를 신용카드가맹점의 부담으로 할 수 있다는 취지의 계약을 신용카드가맹점과 체결한 경우에는 그러하지 아니하다(與專 제17조).[160)]

한편 전자상거래 결제대행서비스 특약은 결제대행업체 또는 쇼핑몰에서 전자상거래 이외의 거래에 대하여 결제대행을 하는 경우 카드회사는 즉시 특약을 해지할 수 있고, 이와 함께 카드회사에 손해배상을 하도록 규정하고 있다. 그런데 손해배상액의 예정이 지나치게 높은 경우(예컨대, 수수료 손실차액의 10배)에는 단순한 위약금의 정도를 넘어서 제재의 성격을 가지게 될 것이다.

(2) 쇼핑몰에 대한 관계(결제대행이용계약)

결제대행업체는 결제대행을 원하는 인터넷 쇼핑몰과 결제대행(서비스)이용계약을 체결한다. 실무상 이 계약을 PG계약이라고 한다. 결제대행업체의 서비스를 이용하는 인터넷 쇼핑몰을 흔히 "하위 가맹점"이라고 부른다. 하위 가맹점 중에서, 전자결제대행업자가 카드가맹점이 아닌 업체를 위하여 거래승인, 매입, 정산 및 결제를 대행하는 경우에는 "대행가맹점"이라 부르고, 결제대행업체가 카드가맹점인 업체에 대하여 거래승인, 매입과 정산 서비스를 제공하고 결제는 카드회사

---

160) 이러한 계약은 서면에 의한 경우에만 효력이 있으며, 신용카드회원의 중대한 과실은 계약서에 기재된 것에 한한다(여신전문금융업법 제17조, 제16조 제5항).

가 직접 하는 경우에는 "독립가맹점" 또는 "자체가맹점"이라고 부른다. 이와 같이 결제대행업체의 서비스는 카드가맹점이 아닌 업체는 물론 카드가맹점인 업체도 이용할 수 있으므로, 결제대행업체의 서비스를 이용하는 인터넷 쇼핑몰에 대하여 가맹점이라는 명칭을 사용하는 것은 혼동을 초래할 염려가 있다.[161] 따라서 여기에서는 결제대행업체의 서비스를 이용하는 인터넷 쇼핑몰에 대하여 단순히 "쇼핑몰"이라는 명칭을 사용하기로 하되, 결제대행업체가 카드가맹점이 아닌 쇼핑몰을 위하여 결제를 대행하는 경우를 중심으로 고찰하기로 한다.

결제대행이용계약은 계속적 채권관계에 속하며, 그 법적 성질은 결제대행에 관한 위임계약과 도급계약의 요소가 포함된 혼합계약이다. 또 이 계약은 쇼핑몰이 결제대행업체의 결제대행 또는 정보중계에 대하여 수수료를 지급할 의무를 부담하므로 유상의 쌍무계약이다.

결제대행이용계약의 위임계약적 요소에 의하여 결제대행업체는 수임인으로서 위임의 본지에 따라 선량한 관리자의 주의로써 결제대행업무를 처리하여야 하고(民 제681조) 이에 위반한 경우에는 쇼핑몰에 대하여 손해배상의 책임을 진다.

결제대행업체는 결제대행업무의 처리로 인하여 받은 카드이용대금을 위임인인 쇼핑몰에 인도(지급)하여야 한다(民 제684조 제2항).[162] 또 결제대행이용계약은 유상계약이므로 결제대행업체가 결제대행업무를 완료한 때에는 쇼핑몰은 보수(결제대행 수수료, 정보중계 수수료 등)를 지급하여야 한다(民 제686조 제2항 참조). 결제대행이용계약 당사자의 이러한 의무는 실무상으로는 이를 명시한 결제대행이용계약에 의하여 이행된다.

결제대행업체는 카드회원이 제공한 물품 또는 용역을 구입하는 경우에 쇼핑몰을 대행하여 신용카드거래를 처리하며, 그 중에는 쇼핑몰의 신용정보 및 카드거래의 대행내역을 카드회사에 제공하는 사항도 포함될 수 있다(與專 제19조 제5항 참조).

161) 이러한 의미에서 "대표가맹점"이라는 명칭도 재고의 여지가 있다고 본다.

162) 전자상거래 결제대행서비스 특약에서는 결제대행업체(PG)가 쇼핑몰과 결제대행이용계약을 체결할 때 매출대금에 대하여 카드회사가 PG의 계좌로 입금하는 내용에 대하여 동의를 얻도록 하고 있으나, 이러한 동의가 없더라도 PG는 쇼핑몰에 대한 수임인의 지위에서 위임사무의 처리로서 쇼핑몰이 받을 매출대금을 지급받을 수 있다고 보아야 할 것이다.

(3) 카드회원에 대한 관계(카드가맹점으로서의 지위)

카드회원의 카드이용대금 지급이 쇼핑몰에 대하여 효력을 가지는 것은, 결제대행업체가 결제대행이용계약에 근거하여 결제대행을 하는 데 대하여 카드회원이 거래를 할 때 명시적 또는 묵시적으로 동의를 한 것에 근거한다고 볼 수 있다.[163) 결제대행업체는 카드회원에 대하여 물품의 판매 또는 용역의 제공이 없이 쇼핑몰을 위하여 카드이용대금의 결제를 대행하거나 관련 정보를 중계할 뿐이다. 따라서 결제대행업체는 카드회원이 카드이용대금을 지급하는 기초가 되는 법률관계(매매계약 등)와는 직접적인 관계가 없으며, 카드이용대금의 결제나 정보중계에 관해서만 카드회원과 관련을 맺는다.

전자결제대행업자는 대표가맹점이므로 카드회원에 대하여는 일반 카드가맹점과 동일하게 카드가맹점의 준수사항(與專 제19조)을 이행하여야 한다. 다만, 결제대행업체의 성질상 가맹점의 준수사항 중 ① 물품의 판매 또는 용역의 제공이 없이 신용카드에 의한 거래를 한 것으로 가장하는 행위(與專 제19조 제4항 제1호), ② 신용카드가맹점의 명의를 타인에게 대여하는 행위(與專 제19조 제4항 제4호)와 ③ 신용카드에 의한 거래를 대행하는 행위(與專 제19조 제4항 제5호)에 관한 규정은 적용되지 아니한다(與專 제19조 제4항 단서).

카드회원이 신용카드정보를 결제대행업체에 전송할 때 그 정보에 카드회사에 대한 지급지시가 포함되어 있다고 볼 수 있고, 그 지시는 원칙적으로 카드회사의 정보처리시스템에 입력된 후에는 철회할 수 없다고 볼 것이다.

Ⅴ. 인터넷 신용카드의 부정사용

전자상거래 등에서의 신용카드의 사용은 서면거래의 경우에 비하여 본인확인과 서명확인의 어려움 때문에 부정사용의 위험이 더욱 증가한다고 볼 수 있다. 신용카드의 부정사용은 카드회원 본인에 의한 경우, 카드회원 이외의 타인에 의한 경우, 카드가맹점에 의한 경우 등이 있는데, 이 중 소비자보호 문제와 관련이 많은

163) "하위 가맹점"인 쇼핑몰에서는 결제단계에서 신용카드대금이 전자결제대행업자의 이름으로 청구된다는 취지의 팝업 창을 띠운다. 여기에서 결제대행거래에 대한 카드회원의 동의가 이루어지는 것이라고 볼 수 있다.

것은 카드의 분실·도난 또는 카드정보의 유출에 따른 타인의 부정사용이라고 할 수 있을 것이다.[164)]

첫째로, 여신전문금융업법은 카드회사는 카드회원으로부터 신용카드의 분실 · 도난 등의 통지를 받은 때에는 그때부터 당해 카드회원에 대하여 신용카드의 사용으로 인한 책임을 지며(與專 제16항 제1항), 그 책임의 이행을 위하여 보험 또는 공제에 가입하거나 준비금을 적립하는 등 필요한 조치를 취하도록 규정하고 있다(與專 제16항 제6항). 카드회사는 신용카드의 분실 · 도난 등의 통지 전에 발생한 신용카드의 사용에 대하여는 분실 · 도난 등의 통지를 받은 날부터 60일전까지의 기간 이내의 범위에서 책임을 진다(與專 제16항 제1항, 同法 令 제6조의 9).

신용카드업자는 신용카드의 분실 또는 도난 등에 대하여 그 책임의 전부 또는 일부를 신용카드회원의 부담으로 할 수 있다는 취지의 계약을 체결한 때에는 당해 신용카드회원에 대하여 그 계약내용에 따른 책임을 부담하게 할 수 있다. 다만, 저항할 수 없는 폭력이나 자기 또는 친족의 생명 · 신체에 대한 위해로 인하여 비밀번호를 누설한 경우 등 신용카드 회원의 고의 또는 과실이 없는 경우에는 그러하지 아니하다(與專 제16항 제3항). 이 경우의 계약은 서면에 의한 경우에만 효력이 있으며, 신용카드회원 등의 중대한 과실은 계약서에 기재된 것에 한한다(與專 제16조 제7항).

위조 · 변조된 신용카드의 사용에 대한 책임에 관하여는, 카드회사가 책임을 지는 것을 원칙으로 하되, 카드회원의 고의 또는 중대한 과실의 경우에는 서면계약에 의하여 신용카드회원에게 책임을 부담하게 할 수 있다(與專 제16조 제5항 · 제6항). 신용카드회원의 고의 또는 중대한 과실의 범위는 ① 고의 또는 중대한 과실에 의한 비밀번호의 누설과 ② 신용카드의 양도 또는 담보목적으로의 제공으로 되어 있다(與專 제16조 제9항, 同法 令 제6조의 10). 또 이 경우의 계약은 서면에 의한 경우에만 효력이 있으며, 신용카드회원 등의 중대한 과실은 계약서에 기재된 것에 한한다(與專 제16조 제7항).

둘째로, 신용카드정보의 유출에 따라 제3자가 무권한거래를 한 경우, 카드회원에게 과실이 없는 때에는 카드회원의 유효한 지급지시도 존재하지 않으며, 따라서

164) 정영훈, "전자결제와 소비자보호 문제," 77쪽.

카드회사는 그로 인한 손실을 카드회원에게 부담시킬 수 없다. 이에 대하여 카드회원에게 과실이 있는 경우(예컨대, 신용카드와 비밀번호를 같이 보관한 경우)에는 카드회원이 손실을 부담하여야 할 것이다.

셋째로, 카드회원이 전자서명생성정보를 유출하여 제3자가 무권한거래를 한 경우, 그 사실을 인지하고서도 인증서의 효력을 정지 또는 폐지(電署 제17조, 제18조)하지 아니한 때에는 카드회원이 서명된 전자문서에 대하여 책임을 부담하여야 할 것이므로 그로 인한 손실을 부담하여야 한다.[165)]

Ⅵ. 인터넷 신용카드지급 정보의 보호

인터넷 신용카드거래 정보는 금융거래정보로서 개인의 금융프라이버시에 속하는 사항이다. 전자금융거래법은 전자금융거래정보의 제공 등에 관한 규정(제26조, 제49조 제3항)을 두어 인터넷 신용카드지급 정보를 보호하고 있다.[166)]

또 인터넷 신용카드지급 정보에는 금융실명거래법(제4조), 신용정보의 이용 및 보호에 관한 법률(제13조～제16조, 제23조), 정보통신망이용촉진법(제22조 이하) 등이 적용된다.

Ⅶ. 전자상거래소비자보호법상의 규제

전자상거래소비자보호법은 전자적 대금지급에 관하여 소비자보호 규정을 두고 있다(電消 제8조). 여기에서 "전자적 대금지급"이라 함은 전자문서의 형태로 이루

---

165) 鄭震明, "인터넷상 신용카드 使用의 法的 問題," 14쪽 참조.

166) '여신전문금융업감독규정'은 신용카드거래 정보의 보호에 관하여 다음과 같이 규정하고 있다. 즉, 신용카드업자는 신용카드회원의 신용에 관한 자료 또는 제반 정보가 업무외의 목적에 사용되거나 외부에 유출되지 아니하도록 하여야 하고(동 규정 24조의 7 제1항), 신용카드회원의 신용정보를 제3자에게 제공하기 위하여 신용정보의 이용 및 보호에 관한 법률에서 정하는 동의를 얻고자 할 경우(信情 제23조, 제24조 제1항 제1호) 신용카드발급신청서와 분리된 신용정보제공동의서에 신용정보의 제공목적별로 각각 신용카드회원의 동의를 얻어야 하며(동 규정 제24조의 7 제2항), 신용카드회원이 신용정보제공동의서에 신용정보의 이용 및 보호에 관한 법률이 정하는 신용정보업자 및 신용정보집중기관(信情 제2조) 이외의 제3자에 대한 신용정보제공 동의를 하지 않을 경우 동 거절을 사유로 신용카드의 발급을 거절하여서는 아니된다(동 규정 제24조의 7 제3항).

어지는 대금결제를 말한다. 다만, 대면하여 본인여부를 확인한 경우를 제외한다(同法 令 제7조). 따라서 인터넷 신용카드지급은 전자적 대금지급에 해당한다. 전자결제대행업자는 동법상 전자결제 대행 또는 중개서비스 사업자(同法 令 제8조 제6호)로서 전자결제서비스 제공자에 해당한다. 사업자가 전자적 대금지급 방법을 이용하는 경우 사업자와 전자결제서비스는 관련 정보의 보안 유지에 필요한 조치를 취하여야 한다(電消 제8조 제1항).

사업자와 전자결제대행업자는 전자적 대금지급이 이루어지는 경우, 소비자가 입력한 정보가 소비자의 진정 의사 표시에 의한 것인지를 확인함에 있어 주의를 다하여야 하고(電消 제8조 제2항), 전자문서의 송신 등의 방법에 따라 소비자에게 그 사실을 통지하고, 언제든지 소비자가 전자적 대금지급과 관련한 자료를 열람할 수 있도록 하여야 한다(電消 제8조 제3항, 同法 施規 제5조).

사업자와 소비자 사이에 전자적 대금지급과 관련하여 다툼이 있는 경우, 전자결제대행업자는 대금지급 관련 정보의 열람을 허용하는 등 당해 분쟁의 해결에 협조하여야 한다(電消 제8조 제5항, 同法 施規 제10조).

Ⅷ. 기타의 법률문제

1. 신용카드지급에 대한 가격차별의 문제

여신전문금융업법은 카드가맹점은 신용카드에 의한 거래를 이유로 물품의 판매 또는 용역의 제공 등을 거절하거나 카드회원을 불리하게 대우하지 못하고(與專 제19조 제1항) 가맹점수수료를 카드회원으로 하여금 부담하게 하여서는 아니된다(與專 제19조 제3항)고 규정하고 있다. 그런데 현재 카드가맹점인 쇼핑몰들은 신용카드로 지급을 할 때 현금지급의 경우보다 높은 가격을 받고 있는 것이 대부분이다. 미국에서는 오프라인 거래이든 온라인 거래이든 현금지급 가격과 카드지급 가격이 같은 것이 일반적이다.

이에 관하여 쇼핑몰들은 신용카드로 지급을 할 경우에 상품가격이 높은 것이 아니라 현금지급을 할 경우 가격이 할인되는 것이라고 설명한다. 그러나 카드지급 가격과 현금지급 가격이 같은 경우에 그 가격이 다른 쇼핑몰의 현금지급 가격보다 높은 이유를 설명하지 못할 것이다. 이 문제는 카드회사의 수수료 정책과도 관련이 있다고 본다. 결국 카드지급 가격이 현금지급 가격보다 높은 이유는 카드수수료 등의 일부가 상품가격에 반영되기 때문일 것이다. 제도적 개선이 필요하다고 생각된다.

2. 소위 "카드깡"과 소비자보호

소위 "카드깡"이란 물품의 판매 또는 용역의 제공 등을 가장하거나, 실제 매출금액을 초과하여 신용카드에 의한 거래를 하거나, 또는 신용카드회원으로 하여금 신용카드에 의하여 물품·용역 등을 구매하도록 한 후 신용카드회원이 구매한 물품·용역 등을 할인하여 매입하는 행위를 통하여, 자금을 융통하여 주는 행위를 말한다(與專 제70조 제2항 제3호 참조).

여신전문금융업법은 "카드깡" 등 불법거래를 방지하기 위하여 신용카드업자 외의 자에 대한 매출전표의 양도와 신용카드업자 외의 자에 의한 매출전표의 양수를 금지하고 있다(與專 제20조). 그런데 인터넷 신용카드지급에서는 매출전표를 작성하지 않고, 결제대행업체의 경우에는 물품의 판매 또는 용역의 제공이 없이 신용카드에 의한 거래를 한 것으로 가장하는 행위나 신용카드가맹점의 명의를 타인에게 대여하는 행위가 금지되지 아니한다(與專 제19조 제4항 단서·제1호·제4호). 따라서 인터넷 신용카드지급에서는 매출전표 작성 없이 결제카드거래의 성립만으로 소위 "카드깡"은 발생할 수 있다.

여신전문금융업법은 소위 "카드깡"에 의하여 자금을 융통하여 준 자 또는 이를 중개·알선한 자를 처벌하고(與專 제70조 제2항 제3호), 신용카드가맹점의 명의로 신용카드에 의한 거래를 한 자를 처벌하고 있다(與專 제70조 제2항 제7호).

그런데 "카드깡"으로부터 소비자를 보호하기 위해서는 신용카드의 부정사용에 대한 제재도 필요하지만, 소비자들이 일상생활에 필요한 자금을 원활하게 융통할 수 있는 제도를 마련할 필요가 있다.

3. 카드회사와 전자결제대행업자 사이의 이해관계 조정

전자금융거래법은 전자결제대행업자에 대하여 전자금융업자로서의 법적 지위를 부여하였으므로 신용카드회사와 전자결제대행업자 사이의 계약은 기업간 거래이고 전자결제대행업자를 특별히 이용자보호라는 관점에서 고려할 필요가 없다고 볼 수 있다. 그러나 결제대행업체 측에서는 회원의 문의 및 불만 제기시 신속한 대응이 어렵다는 점, 신용카드지급과 관련하여 손해가 발생한 경우에 그 책임을 누가 지는가가 불명확하다는 점, 카드회사, 결제대행업체 및 쇼핑몰의 책임회피 및 전가의 문제 등을 문제점으로 지적하고 있다.[167)]

결제대행서비스 관련 특약은 결제대행업체 및 쇼핑몰의 귀책사유로 인하여 카드회원이 아닌 제3자의 부정사용에 의한 거래가 발생하거나, 카드회원이 결제대행업체 및 쇼핑몰의 물품판매와 관련하여 철회항변권을 행사하거나, 기타 결제대행업체 및 쇼핑몰의 물품판매와 관련한 각종 소비자민원으로 카드회사에 손해가 발생한 경우에 결제대행업체에게 손해배상의 책임을 지우고 있다.

또 "카드깡" 등과 같은 불법거래사실이 발생한 경우, 카드회사들은 전자상거래 결제대행서비스 특약, 수기매출전표 특약, EDI 특약 등을 근거로 또는 쇼핑몰에 대한 관리의무가 있다는 것을 근거로 결제대행업체에게 책임을 묻고 있다. 이에 대해 결제대행업체 측에서는 신용카드회원의 대금연체 및 카드회원과 쇼핑몰 사이의 불법거래에 대하여 결제대행업체가 책임을 지는 것은 부당하다고 주장하고 있다.[168)]

카드회사가 자신에게 책임이 귀속되거나 손실이 발생하는 경우에 이를 결제대행업체에게 전가하는 것은 바람직하다고 보기 어려우며, 책임귀속 및 손실부담의 기준을 적정하게 조정할 필요가 있다고 생각한다.

167) 이보우, "인터넷쇼핑몰에 대한 카드사의 입장 및 협력방안," E-commerce, 제43호(2002. 10), 102쪽; 정영훈, "전자결제와 소비자보호 문제," 80쪽; 홍정인, "전자금융업자의 자격요건에 대한 PG사의 입장," E-commerce, 제44호(2002. 11), 102쪽 참조.

168) 정영훈, "전자결제와 소비자보호 문제," 80쪽.

제 7 절 모바일지급

I. 서 설

1. 모바일지급의 의의

모바일지급(mobile payment)이라 함은 「이용자(지급인)가 모바일장치를 통하여 이동통신사업자로 하여금 전자지급수단을 이용하여 수취인에게 자금을 이동하게 하는 전자지급거래」를 말한다. 모바일지급은 전자금융사업자가 전자적 장치를 통하여 지급서비스를 제공하고, 이용자가 비대면의 자동화된 방식으로 이를 이용하는 거래이므로 전자금융거래에 속한다(제2조 제1호 참조).

모바일장치는 전자지급거래정보를 전자적 방법으로 전송하거나 처리하는데 이용되는 전자적 장치(제2조 제8호)이다. 모바일지급에 이용되는 전자적 장치는 휴대폰·PDA(personal digital assistant)[169]·랩탑(노트북) 등이다. 랩탑을 이용한 전자지급거래에 있어서 이동통신사업자가 단순히 인터넷에 접속의 정보를 전송하는 통신서비스를 제공하는 경우는 일반 PC를 이용한 전자지급거래와 같으므로, 이동통신사업자가 전자지급거래에 직접 개입하는 경우만을 모바일지급에 포함시키기로 한다.

무선인터넷은 이동성, 즉시성과 개인전속성이라는 특성을 가지고 있는데, 이러한 특성은 모바일지급의 기반이 되고 있다.[170] 모바일지급은 상품구입대금 지급, 컨텐츠이용료 지급 등에 이용될 수 있다.

---

169) 대부분의 휴대폰은 강력한 프로세서, 수 메가바이트의 메모리와 복수 라인의 디스플레이를 포함하고 있기 때문에, 워크스테이션으로 가능한 대부분의 작업을 할 수 있게 한다. 다만, 디스플레이 영역이 작고, 키보드가 12개의 숫자키보드로 대체되어 있으며, 일반 인터넷접속에 비하여 통신망연결이 상대적으로 느리고 이용료가 비싸다는 것이 단점이다. 한편, PDA가 이동 인터넷장치로서의 디지털전화기와 경쟁하고 있다. 이 장치는 음성호출이 아니라 데이터서비스에 보다 중점을 두고 인터넷에 접속하기 위하여 cellular 음성통신망이 아닌 다른 무선기술을 사용하기도 한다는 점에서 차이가 있다.

170) 한국소프트웨어진흥원, 「디지털 콘텐츠 산업 백서」, 2002. 6, 285쪽.

미국의 전자자금이체법(EFTA)은 전화에 의한 지급을 전자자금이체에 속하는 것으로 보고 전자적 수단에 전화기를 포함시키고 있으며,[171] 전자금융거래법도 전자금융거래에 이용되는 전자적 장치로서 전화기를 예로 들고 있다(제2조 제8호).

인터넷이 가능한 휴대폰과 PDA를 사용하는 인구가 증가함으로써 이제 모바일 상거래(m-commerce) 시대를 예고하고 있다. 모바일 지급서비스를 이용하는 인구는 휴대폰, PDA 등의 품질향상과 가격인하에 따라 급속히 증가할 것으로 예상된다.

2. 모바일 브라우저 기술

모바일지급 서비스에 이용되는 브라우저 기술은 다음과 같다.[172]

(1) WAP 브라우저

1997년 중반 Ericsson, Motorola, Nokia와 Phone.com(현재의 Openwave Systems)이 컨소시엄을 형성하고 WAP(wireless application protocol)을 작성하였다. WAP을 구성하는 요소는 WAP 게이트웨이, WAP 브라우저와 WAP 서버이다. WAP 게이트웨이는 유선 인터넷상의 데이터를 무선 구간에서 전송하기 적합하도록 변환해 주는 기능을 한다. 또 휴대폰 단말기에서 무선 구간을 통하여 전송한 데이터를 변환해 유선 인터넷에 연결되어 있는 WAP 서버로 보내주는 기능을 한다. WAP 서버의 설정은 웹 서버에 MIME 타입을 WAP 규약에 맞게 수정해 주면 된다. WAP 규약은 WAE(wireless application environment), WSP(wireless session protocol), WTP(wireless transaction protocol), WTLS(wireless transport layer security)와 WDP(wireless datagram protocol)로 구성된다.

WAP은 2000년부터 본격적으로 사용되었는데, WML(wireless markup language)를 기반으로 하여 SK텔레콤을 필두로 서비스가 시작되었다. 그 후 신세기통신, LG텔레콤에서도 이 방식으로 서비스가 변경되었다.

---

171) EFTA § 903(6).

172) 한국소프트웨어진흥원, 앞의 백서, 324~325쪽 참조.

(2) ME 브라우저

ME(mobile explorer)는 마이크로소프트가 모바일 서비스를 위해 개발한 브라우저로서, WAP과는 달리 별도의 게이트웨이가 필요 없다. ME에서는 웹에서 사용하고 있는 HTML의 서브 집합으로 W-HTML을 제정해 사용하고 있다. ME는 HTML/HTTP를 이용해 유선 인터넷 콘텐츠를 쉽게 이용할 수 있도록 설계되고, WAP 브라우저와 동시 채택될 수 있도록 하였다(dual mode).

3. 모바일 지급서비스의 발전

아래에서는 각국의 모바일 지급서비스의 발전을 살펴보기로 한다.

(1) 유 럽

세계 각국에서 이동전화망에 사용되는 기술은 다양하지만, 전 유럽, 아시아 다수국가와 미국의 일부지역(PCS-1900으로 불린다)에서는 GSM(global system for mobiles)이 사용되고 있다. 모바일 인터넷에 사용되는 전화기는 대부분 GSM 기준에 기초를 두기 때문에 사용자들은 이 기법이 제공하는 보안특성을 이용할 수 있다. 각 GSM 전화기는 가입자신원확인 모듈(subscriber identity module: SIM)이라고 불리는 신원확인 장치를 포함하고 있는데, 다수의 암호화키와 함께 가입자 및 그의 프로필을 확인하는 명세를 안전하게 보관하는 것은 스마트카드(smart card)이다. 사용자가 SIM카드를 전화기에 삽입하고 PIN을 입력하면 SIM이 작동하여 cellular 통신망에 인증을 얻고, 공중에 이동하는 전송의 내용을 암호화하는 세션키를 교섭한다. 이러한 인증 및 전송내용 보호는 지급을 하는데 매우 유용하게 이용될 수 있다.

GSM은 처음에 단문서비스(short message service: SMS)를 도입하고 있었는데, 이 서비스는 이용자들로 하여금 160자까지의 짧은 텍스트메시지를 구성하여 통신망에 내보낼 수 있게 한다. GSM은 현재 새로운 데이터전송 서비스로서 GPRS(general packet radio service)를 개발하고 있는데, 이 기술에 의하면 이동전화기에 의하여 상시 인터넷에 접속하는 것이 가능하게 된다.

WAP에서는 이동전화기의 브라우저가 WAP 게이트웨이를 통하여 무선연결로 대화를 한다. 지급의 관점에서 볼 때, WAP에 있어서 전통적인 인터넷구조에 대한 하나의 중대한 변화는 SSL에 의하여 확보되는 사용자간 보안(security)이 가능하지 않다는 것이다. 그 대신에, 이동전화기와 WAP 게이트웨이 사이의 연결에 보안을 확보하기 위하여 WTLS(wireless transport layer security)라고 불리는 새로운 프로토콜이 사용된다. WAP 게이트웨이와 웹서버 사이의 연결은 통상의 SSL에 의하여 보안이 확보된다.

각 GSM 전화기는 가입자 신원 명세를 스마트카드의 SIM에 보관한다. 이 가입자 신원 명세는 가입자와 통신망운영자 사이의 관계를 나타낸다. WTLS 브라우저는 이 개념을 빌려 무선신원확인 모듈(wireless identity module: WIM)의 사용을 지정하고, WIM은 인터넷거래에 사용되는 신원 명세, WAP 인증서 및 관련 비밀키와 같은 항목을 보관한다. WIM은 SIM과 같이 동일한 스마트카드에 통합될 수 있고, 이 결합은 SWIM이라고 불린다. 대안으로, WIM은 추가적인 스마트카드에 편입되거나 모듈전화기에 소프트웨어로 설정될 수 있다.[173]

(2) 일 본

일본의 NTT DoCoMo는 WAP 포럼에 참가하고 있지만 무선인터넷 표준이 확립되어 사용서비스가 제공되기까지는 시간이 소요될 것이라고 판단해 자체의 표준을 적용해 무선인터넷 서비스를 시작하였다.

NTT DoCoMo는 1992년 2월 WAP에 대한 대안시스템으로 i-Mode를 개발하였다. i-Mode는 NTT DoCoMo의 소유에 속하고 그 디지털 cellular 모듈 전화망상 패킷데이터 서비스에 이용되는데, 패킷에 기초하고 있기 때문에 상시접속 인터넷 서비스를 제공한다. 지급의 관점에서 볼 때, i-Mode에서는 이동전화기상의 브라우저와 통상의 웹서버 사이에 SSL세션이 형성될 수 있기 때문에 그 WAP 대응물보다 훨신 간명하다. 이는 이용될 수 있는 지급선택의 범위가 일반 인터넷상으로 기대할 수 있는 것에 매우 흡사하다.[174] i-Mode 서비스는 9,600bps 기반의 패킷방식 서비스로서, 사용요금은 송수신한 패킷 단위로 과금해 가입자에게 저가의 무선 데이터 서비스를 제공하고 있다.

또 2001년 1월부터 Java를 도입, iAppli라는 이름으로 서비스를 제공하고 있는

---

173) O'Mahony, Pierce & Tewari, *Electronic Payment Systems for E-Commerce*, pp. 306~307.
174) Ibid., pp. 307~308.

데, 게임·착신멜로디·금융정보·교통정보 등 i-Mode에서 제공되는 대부분의 서비스가 제공되어 좋은 반응을 얻고 있다. 그러나 iAppli에서는 독자규격의 Java로 서비스를 진행하고 있으므로 모바일 Java 서비스의 새로운 가능을 보여주는 한편, 독자적인 규격으로 인한 한계성도 보여주고 있다.

한편 일본의 KDDI는 1998년부터 CDMA 서비스를 시작하고 WAP 기반의 EZaccess 서비스를 제공하면서 서비스 품질과 기술에 기반한 마케팅으로 2001년 3월에는 671만명의 가입자를 확보하게 되었다. 또 2000년 1월부터는 PacketOne이라는 고속의 무선인터넷 서비스를 제공하고 있다. KDDI의 EZ-Web의 주요 서비스는 메일, 웹브라우징, PIMS, My page 등이다. 과금방식은 패킷당 과금과 접속시간당 과금의 두 가지 방식이 있다.[175)]

(3) 우리나라

최근에 정부에서는 무선인터넷을 활성화하기 위해 무선인터넷 인프라 개방, 법제도 정비, 보안성 확보 등에 적극성을 보여 주고 있다. 특히 콘텐츠산업의 활성화를 위해 무선인터넷 접속체계 개방, 과금회수 대행 확대, 전용회선 요금감면 등의 정책적 지원에 나서고 있다. 사업자들은 패킷방식 무선망인 IS-95C[176)]의 도입 이후를 M-Commerce 활성화 시점으로 보고, 패킷데이터 과금을 위한 시스템 정비와 서비스지역 확대 등 인프라 구축에 역점을 두고 있다.

또 2001년 5월을 기점으로 3개 이동통신사들이 전국규모의 패킷방식 인프라 구축을 완료함에 따라 새로운 요금제도를 확정하였다. 앞으로 각종 인프라의 정비와 게이트웨이 개방 등의 통신망개방이 이루어지면 다양한 비즈니스 모델이 시도될 것으로 전망되고 있다.

2002년 상반기부터는 IMT-2000(International Mobile Telecommunications 2000) 서비스가 시작되고, 현재 제3.5세대(3G) 서비스가 제공되고 있다. 이동통신 3사의 모바일 지급서비스 추진현황은 〈표 3-1〉과 같다.

---

175) 한국소프트웨어진흥원, 디지털 콘텐츠 산업 백서, 400~402쪽 참조.

176) 일반적으로 단말기와 무선구간 데이터 전송을 담당하는 기지국 사이의 접속 프로토콜을 뜻하지만, 여기에서는 무선구간을 넘어 시스템 전체적으로 현재 서비스되고 기존망, 즉 IS-95A/B에서 성능이 향상된 기술로서 기존 셀룰러(800Mhz 대역)와 PCS(1.7~1.8GHz 대역)에서도 IMT-2000의 초기 데이터 전송속도인 144Kbps까지 지원이 가능한 기술을 말한다.

〈표 3-1〉 이동통신 3사의 모바일 지급서비스 추진현황

구 분		SK텔레콤	KTF	LG텔레콤
전자화폐	서비스명	NEMO	K-Merce 페이	-
	제휴은행	외환, 우리, 조흥, 하나, 한미, 제일, 경남, 대구은행	국민은행	-
모바일카드	서비스명	MONETA	K-Merce (또는 KTF멤버스)	M-Plus
	제휴은행	LG카드, 한미은행, 하나은행, 삼성카드, 외환카드	국민카드, BC카드, LG카드, 신한카드	LG카드, 국민카드
슬롯형		모네타폰	-	-
지불형 휴대폰	서비스명	모네타플러스	K-Merce폰	ZOOP
	특 징	One Chip	• 휴대폰 메모리에 신용정보를 저장(ZOOP방식) • 착탈식 IC칩 기반의 2차 K-Merce 칩 출시 예정	• 2002년 4월부터 ZOOP방식의 결제서비스 제공 • SKT와 IrFM(One Chip)방식 제휴
	제휴카드사	하나은행(카드부문)	국민카드	국민카드
	근거리통신	IrFM(EMV방식)	IrFM(ZOOP), RF	IrFM(ZOOP), EMV방식

4. IMT-2000 서비스와 제3.5세대 서비스

(1) IMT-2000 서비스

우리나라에서는 2002년 상반기 IMT-2000의 도입과 함께 국내 이동통신사들이 모바일 결제서비스를 제공하고 있다. 제3세대 이동통신인 IMT-2000은 세계 어디에서나 음성은 물론, 정지화상·동영상과 같은 멀티미디어 서비스를 제공할 수 있는 '꿈의 통신'이라고 불린다. 국제적으로 통신망 서비스의 표준을 제정하고 관장하는 기구인 ITU 산하의 ITU-R(ITU-Radiocommunication)은 세계적으로 표준화된 이동통신 방식의 필요성을 인식하여 이동통신 초창기인 아날로그 셀룰러 이동통신 시대부터 FPLMS라는 미래 이동통신에 관한 연구를 시작하였고, 1992년

세계전파통신회의인 WRC(World Radio Conference)에서 2GHz대에 세계 공용으로 사용될 수 있는 FPLMS의 주파수 대역 230MHz를 할당받았으며, 1997년에는 제3세대 이동통신이라는 3G를 도입함으로써 FPLMS를 IMT-2000이라고 개칭하게 되었다.

1999년 ITU회의에서는 IMT-2000 표준으로 단일방식이 아닌 5가지 방식을 채택하기로 합의하였는데, 이로써 사실상 IMT의 궁극적인 목적인 세계적으로 언제, 어디에서나 단말기 기종에 관계없이 멀티미디어 서비스를 제공받을 수 있는 이동통신 서비스는 가능하지는 않게 되었지만, 단일표준화가 실패하였다고 하더라도 지역적으로 기존의 통신망과 연계된 통합멀티미디어 서비스를 제공받을 수 있다는 점에서는 변한 것이 없다.

국내에서는 미국의 CDMA 2000이라는 동기식 방식과 유럽의 W-CDMA를 기반으로 하는 비동기식 방식을 채택하기로 하였기 때문에, 단일화된 서비스를 제공받을 수는 없지만 IMT-2000이라는 특수성 때문에 제한적이나마 멀티미디어 서비스를 지역적으로 개인용 소형단말기를 이용하여 제공받을 수 있게 될 것이다.[177)]

(2) 제3.5세대 서비스

2002년 하반기부터 제공되기 시작한 제3.5세대(3.5G) 서비스에서는 무선단말기와 가맹점단말기 사이의 근거리 무선통신에 의하여 휴대폰에 입력되어 있는 사용자의 신용정보를 제공함으로써 결제가 이루어진다. 이 서비스의 장점은 무선인터넷에 접속할 필요 없이 오프라인 가맹점 등에서 적외선이나 레디오 주파수(Radio Frequency: RF), 블루투스(bluetooth) 등 근거리 통신을 활용한 결제가 가능하기 때문에 무선통신비용이 들지 않는다는 점이다. 이러한 서비스가 이용될 수 있는 분야는 톨게이트, 버스, 지하철, ATM, 자판기, 전자상거래 등이다.

이 서비스의 특징은 사용자의 개인정보 및 신용카드 정보, 계좌번호 등의 금융정보를 휴대폰 내 IC칩이나 전용 메모리에 내장할 수 있어 가상계좌를 사용하거나 이용자의 신용카드 또는 계좌에 연결하여 결제를 할 수 있다는 점이다.[178)]

---

177) 애틀러스 리서치 그룹, M-Commerce: 과금결제 및 비즈니스모델 집중분석, 2001. 7, 195~196쪽; 한국소프트웨어진흥원, 디지털 콘텐츠 산업 백서, 270~271쪽 참조.

178) 나승성, "모바일 지급결제의 법적 문제점 검토," 인터넷법연구, 제3권 제1호(2004. 3), 309~310

Ⅱ. 모바일지급의 방식

모바일지급의 방식은 카드 지급방식과 비카드 지급방식으로 나눌 수 있다.

1. 카드 지급방식

카드 지급방식에는 슬롯 방식과 Chip 방식이 있다. 슬롯방식은 단말기에 별도의 스마트카드 리더를 장착하여 소지하고 있는 스마트카드를 삽입하여 지급을 하는 방식이다. 프랑스 등에서 호응을 얻고 있고, SKT는 One Chip 방식의 카드지급방식을 추진하고 있다. Chip 방식은 다시 One Chip 방식과 Dual Chip 방식이 있다. One Chip 방식은 SIM(또는 UIM: user identity module)카드의 가입자 인증기능과 IC칩의 금융정보를 결합하여 하나의 칩에 저장하는 방식이고(SKT, LGT),[179] Dual Chip 방식은 통신칩과 금융칩을 분리하여 각각 가입자 정보를 담은 SIM카드와 별도로 금융정보를 저장한 IC칩을 단말기에 내장하는 방식이다.[180]

2. 비카드 지급방식

비카드 지급방식에는 통합공과금 방식과 전자지갑 프로그램 방식이 있다.

(1) 통합공과금 방식

가입자가 쇼핑몰에서 재화 또는 용역을 구입하면서 무통장입금 또는 신용카드 지급에 대신하여 휴대전화번호를 입력하고, 후에 통신사업자가 가입자에게 대금을 통합공과금 방식으로 구상청구하는 후불결제방식이다(유럽: Off-line Goods & Services, 아시아: On-line Goods & Services).

쪽 참조.

179) 하호성, "M-Payment Services of SKT," Mobile Payment World Conference & Exhibition 2002(inew24, IrDA 주최, 2002. 10. 15) 발표자료, 4쪽 참조.

180) 김성훈, "모바일 지불 결제 서비스: 시장 환경 및 구현 사례," Mobile Payment World Conference & Exhibition 2002(inews24, IrDA 주최, 2002. 10. 15) 발표자료, 6쪽; 애틀러스 리써치 그룹, "M-Payment의 현황과 전망," 위의 발표자료, 5쪽 참조.

(2) 전자지갑 프로그램 방식

은행 또는 신용카드회사 서버에 가입자의 계좌 또는 카드정보를 두고 가입자가 단말기로 서버에 접속하여 전자지갑 프로그램을 통하여 지급을 하거나(기존 인프라 활용이 가능하여 유럽에서 널리 사용된다) 단말기에 지급정보를 저장하고 전자지갑 프로그램을 통하여 지급을 하는(SKT, KTF) 방식이다.[181]

Ⅲ. 모바일지급의 법률관계

1. 카드 지급방식의 경우

(1) 카드 지급방식의 경우 통신사업자는 전자적 방법으로 지급·결제정보를 송신하거나 수신하고 그 대가의 정산을 대행하거나 매개하는 것이 보통인데, 이는 전자지급·결제대행업무(제2조 제19호)를 수행하는 것에 해당하므로 이동통신사업자는 해당 업무를 금융위원회에 등록하여야 한다(제28조 제2항 제4호). 그러나 통신사업자가 전자금융거래와 관련된 자금을 수수하거나 수수를 대행하지 아니하고 전자지급거래에 관한 정보만을 단순히 전달하는 업무만을 수행하는 경우에는 금융위원회에 등록하지 아니하고 업무를 영위할 수 있다(제28조 제3항 제2호, 令 제15조 제7항).

카드 지급방식에 의한 거래에는 전자금융거래 당사자의 권리의무에 관한 통칙(제5조~제11조)과 전자지급거래에 관한 규정(제12조~제14조)이 적용된다.

(2) 통신사업자가 단순히 신용카드 결제중계시스템 운영자[182] 또는 업무제휴업체[183]로서 서비스를 제공하는 경우에는 전자금융보조업자(제2조 제5호)에 해당한다. 이 경우 가입자는 전자금융사업자와의 약정에 따라 전자금융사업자에게 행하는 각종 통지를 통신사업자에게 할 수 있고, 전자금융보조업자에게 한 통지는 전

181) 하호성, 앞의 발표자료, 같은 쪽.

182) 정보처리시스템을 통하여 여신전문금융업법상 신용카드업자의 신용카드 승인 및 결제 그 밖의 자금정산에 관한 업무를 지원하는 자를 말한다(電監 제3조 제1호).

183) 정보처리시스템을 통하여 은행업을 영위하는 자의 자금인출업무, 환업무 및 그 밖의 업무를 지원하는 자를 말한다(電監 제3조 제2호).

자금융사업자에게 한 것으로 본다(제11조 제3항). 또 전자금융거래와 관련하여 통신사업자의 고의나 과실은 전자금융사업자의 고의나 과실로 본다(제11조 제1항).

2. 비카드 지급방식의 경우

(1) 통합공과금 방식의 경우

통합공과금 방식의 경우 통신사업자는 가입자(지급인)의 휴대폰에 의한 지급지시에 따라 지급정보를 쇼핑몰(수취인)에 전송하고, 그 금액을 후에 전화요금청구서에 이동통신요금과 통합 부과한다(구상청구).

통합공과금 방식에 의한 지급은 수취인을 대행하여 지급인이 수취인에게 지급하여야 할 자금의 내역을 전자적인 방법으로 지급인에게 고지하고, 자금을 직접 수수하며 그 정산을 대행하는 전자고지결제업무(슈 제15조 제3항 제2호)에 해당하고, 이동통신사업자는 해당 업무를 금융위원회에 등록하여야 한다(제28조 제2항 제5호).

통합공과금 방식에 의한 거래에는 전자금융거래 당사자의 권리의무에 관한 통칙 규정(제5조~제11조)과 전자지급거래에 관한 규정(제12조~제14조)이 적용된다. 또 통신사업자는 가입자(지급인)에게 거래대금에 해당하는 금액의 여신을 하는 것으로 볼 수 있지만, 이러한 여신에 대하여 여신전문금융업법이 적용될 여지는 없다.

한편 쇼핑몰(수취인)은 가입자로부터 대금을 직접 지급받지 않고도 계약상의 급부(물품 또는 용역의 제공)를 이행하는데, 이는 쇼핑몰과 통신사업자 사이의 계약에 근거한다. 이 계약의 법적 성질은 제3자를 위한 계약으로 볼 수 있을 것이다(중개계약에 유사한 무명계약이라는 견해도 있다).

(2) 전자지갑 프로그램 방식의 경우

① 전자지갑 프로그램 방식의 경우에도 통신사업자는 전자적 방법으로 지급·결제정보를 송신하거나 수신하고 그 대가의 정산을 대행하거나 매개하는 것이 보통인데, 이는 전자지급·결제대행업무(제2조 제19호)를 수행하는 것에 해당하므로 이동통신사업자는 해당 업무를 금융위원회에 등록하여야 한다(제28조 제2항 제4호). 그러나 통신사업자가 전자금융거래와 관련된 자금을 수수하거나 수수를 대행

하지 아니하고 전자지급거래에 관한 정보만을 단순히 전달하는 업무만을 수행하는 경우에는 그러하지 아니하다(제28조 제3항 제2호, 令 제15조 제7항).

전자지갑 프로그램 방식에 의한 거래에는 전자금융거래 당사자의 권리의무에 관한 통칙 규정(제5조~제11조)과 전자지급거래에 관한 규정(제12조~제14조)이 적용된다.

② 통신사업자가 단순히 신용카드 결제중계시스템 운영자[184] 또는 업무제휴업체[185]로서 서비스를 제공하는 경우에는 전자금융보조업자(제2조 제5호)에 해당하고, 이 경우에는 전자금융보조업자의 지위에 관한 규정(제11조)이 적용된다.

그리고 통신사업자가 직접 선불전자지급수단의 발행 및 관리 업무를 수행하는 경우에는 금융감독원에 등록하여야 하고(제28조 제2항 제3호), 이 경우 관련 거래에는 전자금융거래 당사자의 권리의무에 관한 통칙(제5조~제11조) 및 선불전자지급에 관한 규정(제12조~제14조, 제19조 등)이 적용된다.

3. 모바일지급에 있어서의 위조·변조

모바일지급 중 통합공과금 방식의 경우에는 대금채권이나 예금채권의 양도를 채무자 기타 제3자에게 대항하기 위해서는 확정일자 있는 증서에 의한 채무자에의 통지 또는 승낙이 필요하기 때문에(民 제450조~제452조 참조) 위조・변조의 문제는 사실상 존재하기 어렵다. 그러나 모바일지갑 프로그램 방식의 경우에는 전자화폐나 선불전자지급수단의 위조・변조의 문제가 발생할 수 있다. 이 경우에는 기본적으로 전자금융거래 당사자의 책임에 관한 규정(제9조, 제10조)에 의하여 해결하여야 할 것이다.

Ⅳ. 모바일지급 정보의 보호

모바일지급 정보는 금융거래정보로서 개인의 금융프라이버시에 속하는 사항이

---

184) 정보처리시스템을 통하여 여신전문금융업법상 신용카드업자의 신용카드 승인 및 결제 그 밖의 자금정산에 관한 업무를 지원하는 자를 말한다(電監 제3조 제1호).

185) 정보처리시스템을 통하여 은행업을 영위하는 자의 자금인출업무, 환업무 및 그 밖의 업무를 지원하는 자를 말한다(電監 제3조 제2호).

다. 전자금융거래법은 전자금융거래정보의 제공 등에 관한 규정(제26조, 제49조 제3항)을 두어 모바일지급 정보를 보호하고 있다.

또 모바일지급 정보에는 금융실명거래법(제4조), 신용정보의 이용 및 보호에 관한 법률(제13조~제16조, 제23조), 정보통신망이용촉진법(제22조 이하) 등이 적용된다.

V. 전자상거래소비자보호법상의 규제

전자상거래소비자보호법은 전자적 대금지급에 관하여 소비자보호 규정을 두고 있다(電消 제8조). 여기에서 "전자적 대금지급"이라 함은 전자문서의 형태로 이루어지는 대금결제를 말한다. 다만, 대면하여 본인여부를 확인한 경우를 제외한다(同法 令 제7조). 모바일지급은 전자적 대금지급에 해당할 수 있으며, 모바일지급을 하는 통신사업자는 전자결제 대행 또는 중개서비스 사업자(同法 令 제8조 제6호)로서 전자결제서비스 제공자에 해당한다. 따라서 통신사업자는 전자적 대금지급의 신뢰확보에 관한 규정(同法 제8조 제1항~제3항, 제5항)을 준수하여야 한다.

제 8 절 구매카드지급

I. 서 설

기업간 거래에서는 결제수단으로 전자자금이체와 직결된 금융EDI 이외에 구매카드가 이용되고 있다. 구매카드는 「어떤 기업이 거래처인 다른 기업으로부터 물품을 구매할 때 그 거래처로부터 물품공급을 받음과 동시에 물품대금을 결제할 수 있는 카드」이다.

구매카드지급은 일반 신용카드지급과 같은 구조를 가지고 있으나, 기업간거래에서 구매대금을 지급하는 수단으로 이용된다는 점에 특징이 있다.

기업간거래에서는 구매카드지급과 함께 구매자금대출(또는 구매자금융)이 이용되고 있는데, 판매기업(30대 계열기업은 제외됨)이 물품을 공급한 후 구매기업으로부터 환어음을 받고 이를 판매기업의 거래은행에 제시하면 해당 은행이 대금을 지급하는 방식의 거래를 말한다. 이는 은행이 구매기업 발행의 어음을 결제함으로써 구매기업에게 금융을 제공한다는 것을 뜻한다. 대출기간은 보통 한도 1년 이내에서 개별대출(한도범위 내 건별 대출 포함) 180일 이내이다.

Ⅱ. 구매카드지급의 거래구조

구매카드에는 구매전용카드와 판매전용카드가 있다.

구매전용카드는 구매기업이 판매기업으로부터 물품을 구입하고 현행 어음, 수표 등의 결제수단에 대신하여 사용하는 카드를 말한다. 이 카드는 기존의 신용카드 거래구조와 같은 구조를 가지고 있는데, 구매기업이 거래은행과 카드발행계약을 체결하여 회원이 되며 판매기업이 가맹점이 된다. 이 카드는 법인카드와 동일하나, 구매대금 결제용으로 제한되고 이용한도가 확대되어 있다. 구매전용카드의 거래구조는 [그림 3-4]와 같다.

판매전용카드는 판매기업이 제품을 판매하고 구매기업이 대금의 결제수단으로 사용하는 카드를 말한다. 거래은행과 사전에 약정한 매출한도 내에서 제품 등을 판매하고 그 판매대금을 수금할 목적으로 발행한 회수 전용카드이다. 이 카드 역

[그림 3-4] 구매전용카드의 거래구조

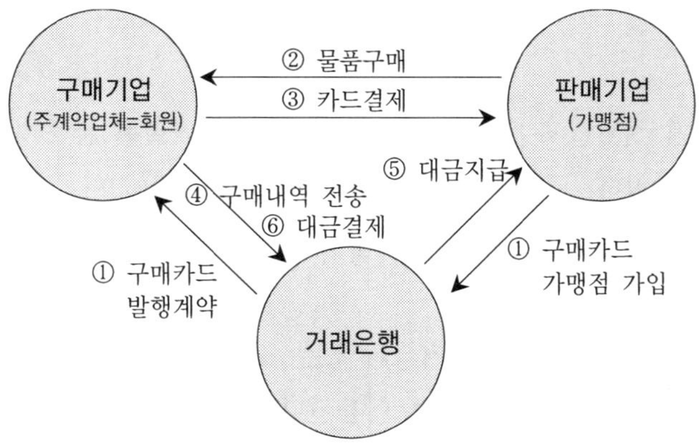

* 자료: 기업은행

[그림 3-5] 판매전용카드의 거래구조

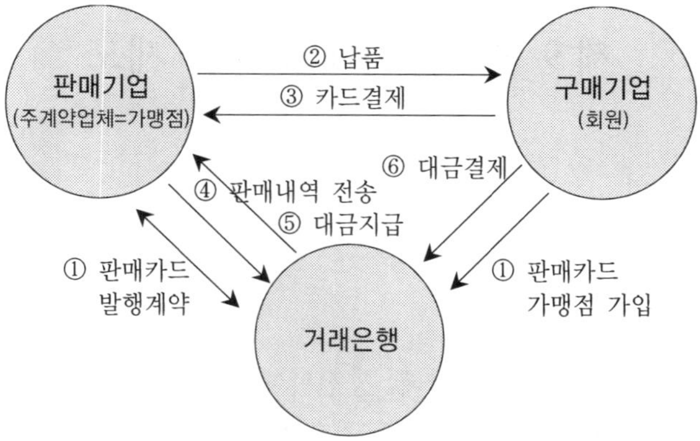

* 자료: 기업은행

시 기존의 신용카드 거래구조와 같은 구조를 취하는데, 판매기업이 거래은행과 카드발행계약을 체결하여 가맹점이 되며 구매기업이 회원이 되는 점이 구매전용카드의 경우와 다르다. 판매전용카드의 거래구조는 [그림 3-5]와 같다.

Ⅲ. 구매카드지급의 법률관계

구매전용카드는 신용카드와 비교할 때 기업의 구매대금 결제용으로 제한되고 이용한도가 확대되어 있다는 점이 다를 뿐 거래구조는 신용카드거래와 동일하다. 판매전용카드 역시 신용카드의 거래구조와 같은 구조를 취하고 있다. 따라서 구매카드지급에 관하여는 신용카드지급의 법률관계를 원용할 수 있다고 본다.

제9절 결제대금예치 제도

Ⅰ. 서 설

1. 결제대금예치의 의의

결제대금예치라 함은 「전자상거래, 통신판매 등의 거래와 관련하여 소비자가 구매의 안전을 위하여 재화 또는 용역을 공급받을 때까지 그 결제대금을 신뢰성 있는 제3자에게 예치하는 것」을 말한다. 외국에서는 에스크로(escrow)[186]라고 하며, 이 제도에서 신뢰성 있는 제3자를 결제대금예치업자(escrow holder)라고 한다.

결제대금예치의 법적 성질은 일종의 신탁으로 볼 수 있다. 신탁의 인수를 영업으로 하는 행위는 기본적 상행위이고(商 제46조 제15호), 이를 자기명의로 하는 자는 당연상인이 된다(商 제4조).

결제대금예치 제도는 2005. 3. 31 전자상거래소비자보호법의 개정에 의하여 외국에서 전자상거래 등의 대금지급에 관하여 거래안전장치 중의 하나로서 실시되고 있는 에스크로 제도를 도입한 것이다. 전자금융거래법 시행령은 결제대금예치 업무를 행하는 자를 전자금융업자의 하나로 규정하였다(제28조 제2항 제5호, 令 제15조 제3항 제1호).

2. 결제대금예치 제도의 유용성

결제대금예치 제도는 구매자가 신뢰성 있는 제3자에게 결제대금을 맡기고 재화 또는 용역이 도착하거나 제공된 후에 그 대금을 판매자에게 지급하게 함으로써, 구매자와 판매자에게 안전한 거래를 할 수 있도록 해 준다. 구매자는 하자 있거나 수량부족인 경우에 대처할 수 있고, 동시에 비대면거래에 있어서 사기의 위험을

186) 에스크로(escrow)는 원래 거래당사자들을 보호하기 위한 단기의 신탁약정을 뜻하나, 신뢰성 있는 제3자가 거래당사자들을 위하여 보유하는 독립한 계좌를 뜻하기도 한다. 외국의 경우 전자상거래에 있어서 에스크로는 부동산거래 등에서 이용되는 제도가 활용된 것이다.

방지할 수 있다. 판매자는 신뢰성 있는 제3자에게 거래대금이 입금된 것으로 확인한 후 재화 등을 배송할 수 있고, 부가적으로 제3자가 제공하는 온라인 배송추적 서비스에 의하여 재화 등의 배송을 확인할 수 있다.[187]

Ⅱ. 결제대금예치업자

결제대금예치업자란 소비자가 구매의 안전을 위하여 재화 또는 용역을 공급받을 때까지 그 결제대금을 예치하는 자를 말한다.

1. 전자금융업무의 등록

전자금융거래법은 전자금융거래와 관련하여 자금을 수수(授受)하거나 수수를 대행하는 전자금융업무로서, 결제대금을 예치받는 업무(電消 제13조 제2항 제10호)를 행하려는 자는 금융위원회에 등록하도록 규정하였다(제28조 제2항 제5호, 令 제15조 제3항 제1호).

전자금융거래법 시행령은 금융위원회에 등록하여야 할 결제대금예치업무로서 선불식 통신판매에 관한 경우만을 규정하고 있으나, 결제대금예치업무는 전자상거래의 경우에도 거래당사자의 선택에 의하여 이용되고 있으므로 이를 명시적으로 포함시키는 것이 타당할 것이다.

2. 결제대금예치업자의 자격

결제대금예치업자는 전자상거래소비자보호법 시행령에 의하여 일정한 자격이 있는 자로 지정되어 있었는데, 전자금융거래법 시행령은 이를 개정하여 다음의 자로 규정하고 있다(令 부칙 제2항, 電消 令 제19조의 2 제1항).

(ⅰ) 결제대금예치업무(電消 제13조 제2항 제10호)를 하기 위하여 전자금융거래법의 규정(제28조 제2항 제5호, 令 제15조 제3항 제1호)에 따라 금융위원회에 등록한 자로서 다음의 요건을 모두 갖춘 사업자

(가) 소비자피해보상보험계약 등(電消 제24조 제1항)을 체결할 것

---

187) Why Use Escrow?, https://www.escrow.com/solutions/escrow/index.asp 참조.

(나) 금융위원회의 설치 등에 관한 법률 제38조에 따른 금융기관 또는 우체국예금·보험에 관한 법률에 따른 체신관서에 결제대금의 예치만을 위한 계좌로 개설·통보한 계좌에 소비자의 결제대금을 예치할 것

(ii) 금융위원회에의 등록이 면제된 금융기관(제28조 제2항 단서)
이에 해당하는 기관은 은행법에 따른 금융기관과 전자화폐업무의 허가가 면제되는 금융기관이다. 다만, 여신전문금융회사 중 신용카드사업자는 제외한다(令 제15조 제2항).

Ⅲ. 결제대금예치의 법률관계

1. 통신판매업자의 의무

통신판매업자는 선불식 통신판매에 있어서 소비자가 결제대금예치의 이용(電消 제13조 제2항 제10호)을 선택한 경우에는 소비자가 결제대금예치를 이용하도록 하여야 한다(電消 제24조 제 2항).

결제대금예치는 소비자가 다음의 어느 하나에 해당하는 거래를 하는 경우에는 이를 적용하지 아니한다(電消 제24조 제3항).

① 10만원 이하의 범위 안에서 대통령령이 정하는 금액 이하인 재화 등을 구매하는 거래(同法 令 제28조의 2 참조)

② 신용카드로 재화 등의 대금을 지급하는 거래

③ 정보통신망에 의하여 전송되거나 결제대금예치업자가 배송을 확인할 수 없는 재화 등을 구매하는 거래

④ 일정 기간에 걸쳐 분할되어 공급되는 재화 등을 구매하는 거래

⑤ 다른 법률에 따라 소비자의 구매안전이 충분히 갖추어진 경우 또는 ① 내지 ④와 유사한 사유로 결제대금예치 또는 소비자피해보상보험계약 등의 체결이 필요하지 아니하거나 곤란하다고 공정거래위원회가 정하여 고시하는 거래

통신판매업자는 소비자가 계약체결 전에 재화 등에 대한 거래조건을 정확하게 이해하고 실수 또는 착오 없이 거래할 수 있도록 결제대금예치의 이용을 선택할

수 있다는 사항을 적절한 방법으로 표시·광고 또는 고지하고, 계약이 체결된 경우에는 계약자에게 같은 사항이 기재된 계약내용에 관한 서면을 재화 등을 공급할 때까지 교부하여야 한다(電消 제13조 제2항 제10호).

통신판매업자는 이 규정에 의하여 소비자에게 표시·광고 또는 고지한 거래조건을 신의에 좇아 성실하게 이행하여야 한다(電消 제13조 제5항).

2. 예치된 결제대금의 지급방법

결제대금예치업자는 예치된 결제대금을 다음과 같은 방법으로 통신판매업자에게 지급하거나 소비자에게 환급한다(電消 제24조 제4항, 同法 令 제28조의 3).

결제대금예치업자는 재화 등을 구매한 소비자(그 소비자의 동의를 얻은 경우에는 재화 등을 공급받을 자를 포함한다)에게 재화 등을 공급받은 사실을 공급받은 날부터 3영업일(거래당사자가 3영업일보다 긴 기간으로 약정한 경우에는 그 기간을 말한다) 이내에 통보하여 주도록 요청하여야 하며, 소비자로부터 재화 등을 공급받은 사실을 통보받은 후에 통신판매업자에게 결제대금을 지급한다.

결제대금예치업자는 통보 요청시에 소비자가 재화 등을 공급받은 날부터 3영업일이 지나도록 공급받은 사실을 통보하지 아니한 때에는 통신판매업자에게 결제대금을 지급할 수 있다는 사실을 소비자에게 고지하여야 한다.

소비자가 재화 등을 공급받은 날부터 3영업일이 지나도록 정당한 사유의 제시 없이 그 공급받은 사실을 통보하지 아니하고, 소비자가 통신판매업자에게 결제대금을 지급할 수 있다는 고지를 받고도 재화 등을 공급받은 사실을 그 기간 내에 통보하지 아니한 경우 또는 결제대금예치업자가 앞의 고지를 하지 아니한 경우에는 그 사실을 소비자에게 고지한 후 3 영업일이 지난 때에 통신판매업자에게 결제대금을 지급할 수 있다.

결제대금예치업자가 통신판매업자에게 결제대금을 지급하기 전에 소비자가 그 결제대금을 환급받을 사유가 발생한 경우에는 그 결제대금을 소비자에게 환급한다.

제10절 국제 전자지급거래

I. 서 설

역사적으로 국제거래 및 국제지급은 은행업무에 있어서 변화의 원동력이었다. 국내거래 및 지급은 국가에 의하여 제조된 화폐를 사용함으로써 불편 없이 이루어졌지만, 국제거래의 경우와 같이 국내통화를 받을 수 없는 자와 거래를 하였을 때에는 전문가의 중개가 필요하였다. 고대로부터 오늘날에 이르기까지 국제간의 지급은 은행업무에 있어서 특별한 역할을 하였다. 지급제도의 변화는 가끔 국제분야에서 먼저 일어나고 그 후에 국내분야로 이동하였다. 국제지급에 대한 수요는 국가간의 협력과 표준화를 위한 유인을 제공하였고, 또 국제지급과 그 운영은 개별국가의 국내은행제도에 변화를 초래하였다.

제2차 세계대전 이후 국제거래가 더욱 활발해지고, 이에 따라 국제적 지급의 수 및 금액이 점점 더 증가하고 있다. 국제지급은 외국은행의 통화, 항공우편을 통한 외국환, 전신 및 텔렉스 등을 통하여 이루어지고 있다. 특히 최근에는 정보통신망의 발달과 신속·정확한 지급의 요구에 따라 국제지급에 있어서도 다른 지급수단에 비하여 보다 능률적이고 위험이 적은 전자자금이체가 도입되고 있다. 그 예로서 미국의 은행간지급결제기관(CHIPS)은 미국 달러의 국제 자금이체를 처리하고 있고, 유럽지역에 있어서는 전세계은행간금융통신협회(SWIFT)가 국제 자금이체에 관한 통신문을 전송하고 있다.

현재 국제 자금이체에 있어서 가장 중요한 수단인 전신망이체를 규율하는 제정법상의 체계는 없다. 국제 자금이체의 문제가 점점 더 복잡해지고 국제적 측면에서 전자자금이체 통신망이 보다 설득력이 있게 되자, 국제 자금이체에 관하여 국제법규를 개발하여야 한다는 요구가 늘어나게 되었다. 그리하여 UN총회는 1966년 국제상거래법위원회(UNCITRAL)를 설립하고, 이 위원회에 국제상거래법의 조화와 통일을 도모할 임무를 부여하였다.

국제연합 국제상거래법위원회는 국제 경제활동에 관하여 균형 있는 발전을 촉진시키기 위하여 조약의 준비, 모델법전의 초안, 표준거래약관의 작성 등의 활동을 하고 있다. 동 위원회에 부여된 특수한 임무 중의 하나는 전자자금이체에 관한 원칙을 개발하는 것이었다. 동 위원회는 1992년 국제지급이체에 관한 모범법(Model Law on International Credit Transfers)을 성립시켰다. 장래에 국제 자금이체에 관한 원칙의 통일이 이루어질 날이 올지도 모르지만, 아직까지는 국제지급에 있어서 전통적으로 당사자의 행위를 규율하고 있는 법원칙들을 검토할 필요가 있다.

Ⅱ. 국제 전자지급의 방법

1. 국제지급의 수단

국제지급에 있어서 참가자는 송금인(지시인), 송금은행(지시은행), 외국의 거래은행(수취은행) 및 수익자(수취인)이다. 국제지급을 함에 있어서 송금인(지시인)은 전통적으로 다음과 같은 4가지 가능한 수단을 선택할 수 있다.[188)]

(1) 외국은행권 또는 동전

외국은행권 또는 동전(foreign bank notes and coins)에 의한 지급은 금전을 직접 수익자에게 우송하는 방법이다. 송금인이 이 방법을 이용하려면 특정한 외국통화의 금액을 외국은행의 지폐 또는 동전의 형태로 구입하여 수익자에게 우송한다. 그러나 이 방법은, 첫째로 고도의 도난위험성이 있고, 둘째로 불편하며, 셋째로 이체가 늦으므로 송금기간중에는 자금을 이용할 수 없다.

(2) 외국(은행)환

외국환(foreign bank draft)은 송금은행이 외국의 거래은행에 대하여 송금은행을 위하여 보유하고 있는 계좌로부터 특정한 금액을 지급하라고 지시하는 수표 또는 환어음이다. 송금인은 송금은행으로부터 외국환을 구입하여 외국의 수익자에게 우송하고, 수익자는 지급을 위하여 그 외국환을 송금은행의 거래은행에 제시

---

188) Baker & Brandel, *The Law of EFTS*, ¶ 29.01[1].

한다. 그러나 이 방법도 사기의 위험이 있고, 또 신속하지 못하다.

(3) 항공우편이체

항공우편이체(airmail transfer)는 송금은행이 외국의 거래은행에 대하여 수익자에게 지급을 하라고 지시하는 편지를 항공우편으로 보내는 방법에 의한 송금방법이다. 따라서 송금인은 수익자에게 아무것도 보낼 필요가 없다. 그러나 이 방법도 그리 신속한 송금방법은 아니다.

(4) 전신망이체

전신망이체(wire transfer)는 송금은행(지시은행)이 외국의 거래은행(수취은행)에 대하여 전신망에 의하여 전자적으로 통신문을 전송하여 수익자(수취인)에게 지급을 하라고 지시하는 방법에 의한 자금이체이다. 전신망이체는 지시은행이 수취인에게 통신문을 전송함으로써 자금이체를 하는 점에서 항공우편이체와 비슷하지만, 서면지시를 보내는 것이 아니라 전신망에 의하여 전자적으로 자금이체를 하는 점에서 다르다. 또 전신망이체는 수취인에게 수취은행으로부터 자금을 수취할 권한을 부여하는 점에서 외국환과 비슷하지만, 송금인(지시인)에게 유통증권을 발행하지 않는 점에서 외국환과 다르다.

전신망이체는 국제지급을 위한 가장 능률적인 방법이라고 인식되고 있다. 금융기관은 전신망이체를 이용하여 통신문을 전송함으로써 수취인에게 당일에 지급을 할 수 있다. 과거에 전신망이체는 비용이 많이 들었기 때문에 긴급한 지급 및 고액의 지급에만 이용되었다. 그러나 오늘날 전신망에 의한 국제 자금이체는 전신서비스 기술의 향상으로 더욱 신속하게 오류 없이 실행될 수 있게 되었고, 더 많은 서비스제공자에 의하여 저렴한 비용으로 제공될 수 있게 되었다. 그리하여 전신망이체는 국제 자금이체에 있어서 중요한 수단이 되고 있다.

2. 전신망이체의 운영

(1) 서 설

전신망이체는 지시은행이 수취은행에 대하여 수취인에게 지급을 하라는 지시를 전송하는 방법에 의하여 달성된다. 지시인은 전신망이체의 대가로 현금 또는 그의 은행계좌에 대하여 발행한 수표로써 지급을 하거나, 지시은행에 계좌를 보유하고 있는 경우에는 그 계좌에 대한 차변기장을 수권함으로써 지급을 한다.

지시은행이 전신망이체를 하는 방법에는 두 가지가 있다. 하나는 개별적 코레스 협정(individual correspondent arrangement)에 기초하여 자금이체를 실행하는 것이다. 이 경우에는 각 은행의 실무에 따라 자금이체의 형식 및 방법이 결정된다. 다른 하나는 전세계은행간통신운영협회(SWIFT)와 같은 국제적인 은행간통신망을 통하여 통신문을 전송함으로써 자금이체를 실행하는 것이다. 이 경우에 모든 참가은행은 통신망의 운영규칙에 따라 지급을 실행한다.

수취은행이 지급통신문(payment message)을 받았을 때에는 ① 수취인에게 자기앞수표를 보내거나, ② 수취인에게 등기우편으로 화폐를 우송하거나, ③ 수취인에게 개인적으로 자금을 청구하라고 요구하거나, ④ 그 은행에 수취인의 계좌가 있는 경우에는 그 계좌에 대기하거나, 또는 ⑤ 수취인이 계좌를 보유하고 있는 은행에 지급이체를 한다.

(2) 개별적 코레스협정에 의한 자금이체

개별적 코레스협정에 있어서 지시은행은 수취은행에 통신문을 전송하기 위하여 다음과 같은 세 가지 방법을 선택할 수 있다.

① 텔렉스회사와 통신문전송을 위한 계약을 체결한다. 이 방법은 국제지급의 수가 적은 은행에 적합하다.

② 통신문의 전송을 위하여 자신의 전용회선(dedicated line)을 임차한다.

③ 자신의 케이블 기타 전송시스템을 소유한다.

[그림 3-6]은 개별적 코레스협정에 있어서 자금이체의 경로를 나타낸 것이다.

(3) 통신망에 의한 자금이체

국제간의 지급이 양적으로 팽창하자 금융기관들은 통신문 교환망에 가입하는 것이 유익하다는 것을 깨닫게 되었다. 현재 통신망을 이용하여 국제 자금이체를 처리하고 있는 기구로서는 미국의 은행간지급결제기관(CHIPS), 영국의 자동지급결제시스템(CHAPS), 전세계은행간금융통신협회(SWIFT) 등이 있다. 이들은 국제 자금이체를 위하여 케이블통신망을 이용하고 있는 점에서 같지만, CHIPS와 CHAPS는

[그림 3-6] 개별적 코레스협정에 의한 자금이체의 경로

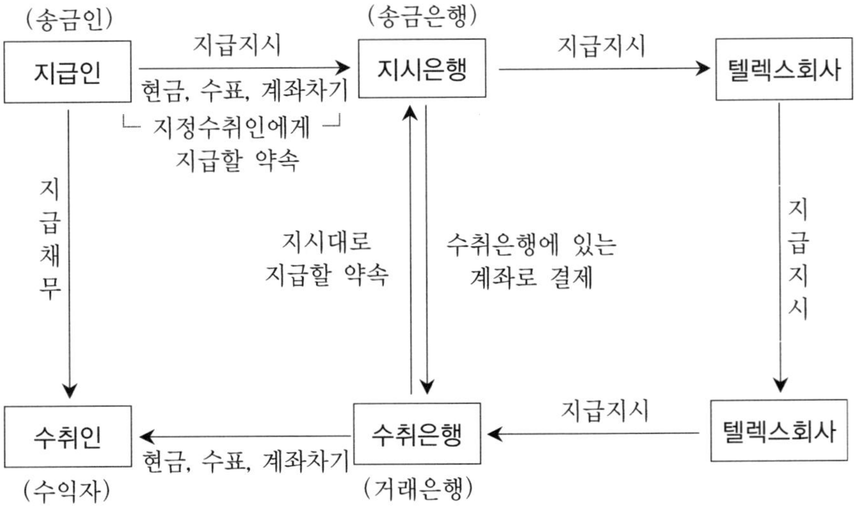

통신망임과 동시에 결제제도이고 SWIFT는 순수한 통신망이다. 아래에서는 SWIFT를 중심으로 하여 전신망에 의한 국제 자금이체를 설명하기로 한다.

국제 통신망의 회원 금융기관들은 통신망의 운영규정에 따라 전용회선을 통하여 통신문을 전송한다. SWIFT의 경우 지시은행이 거래를 실행하려면 단말기로 통신망의 교환센터(switching center) 중의 하나에 통신문을 전송한다. 지시은행은 교환센터가 수취은행에 통신문을 전송할 때까지는 통신문을 철회할 수 있다. 지시은행이 교환센터가 통신문을 발송한 후에 지급을 정지하려면 다른 매체를 통하여 수취은행과 교섭하여야 한다. 교환센터는 통신문을 승인한 후 수취은행에 전송하고, 수취은행은 손실 또는 중복을 방지하기 위하여 개개의 통신문을 확인한다. 수취은행은 통신문을 수령한 후 지급기일(pay date)에 수취인에게 대기 또는 지급을 한다. [그림 3-7]은 SWIFT 통신망에 의한 자금이체의 경로를 나타내고 있다.

(4) 전신망이체의 위험

국제 전신망이체와 관련된 위험은 대부분 국내 자금이체에도 공통된 것이지만,

[그림 3-7] SWIFT 통신망에 의한 자금이체의 경로

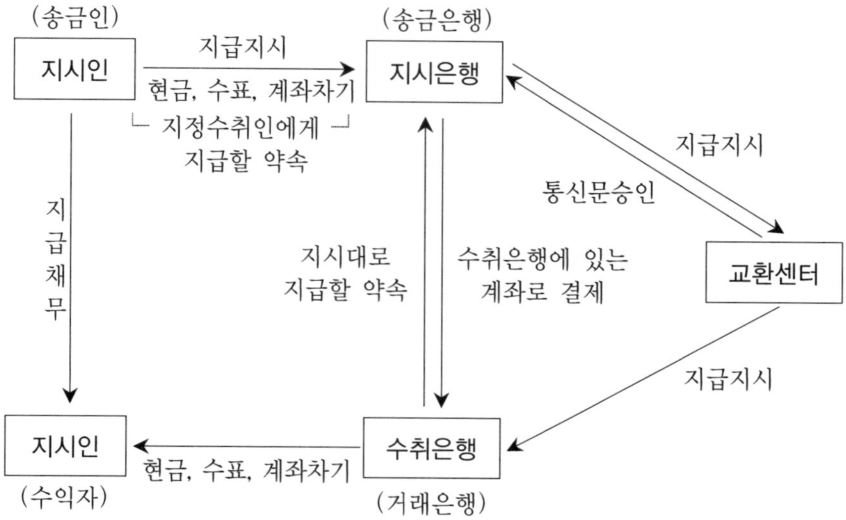

어떤 것은 국제 자금이체에 특유한 것도 있다. 국제 전신망이체에 있어서 생길 수 있는 위험은 다음과 같다.

① 지시은행, 통신문전송기관 또는 수취은행의 불이행이 있을 수 있다. 그러한 과오는 지급의 지연, 사전의 이체, 수취인 또는 금액의 착오, 지급의 불이행 등의 형태를 취할 수 있다.

② 지시은행 또는 수취은행이 지급불능이 될 수도 있다. 이러한 경우는 흔치 않을 것이지만, 이러한 유형의 위험은 법적으로 또 사업상 재미있는 상황을 만들어낸다.

③ 불가항력에 의한 지급의 불이행이 있을 수 있다.

④ 통신망운영상의 위험으로 지급을 할 수 없게 되는 경우도 있다.

⑤ 사기의 위험이 있을 수 있다.

Ⅲ. 당사자 사이의 법률관계

1. 지시인과 지시은행의 관계

(1) 지시인과 지시은행의 관계에 관한 이론

국제 자금이체에 있어서 지시인과 지시은행의 관계는 신탁이론(trust theory),[189] 계약채무이론(contract debt theory),[190] 대리이론(agency theory)[191] 등으로 파악되어 왔다. 미국의 법원들은 지시인과 지시은행의 관계에 관하여, 지시은행이 독립하여 특정한 금액을 송금하기로 약정하지 않는다는 것을 근거로 신탁이론을 배척하고 대부분 계약상의 채무관계로 보아왔지만, 1970년대 중반 이후에는 특정한 이체상황에 관하여 대리이론을 채택하여 왔다.

대리이론에 있어서는 지시은행을 대리인(agency)으로 보고 지시인을 본인(principal)으로 본다. 지시은행은 대리인으로서 성실히 행동하여야 하고 그 상황에서 통상의 주의를 기울여야 한다.[192] 따라서 지시은행은 이 의무를 위반함으로써 발생한 손실에 대하여 지시인에게 책임을 져야 한다. 이 책임에는 일반적으로 수취은행이 이체지시를 따르지 않음으로써 발생한 손실에 대한 책임도 포함된다.

지시은행이 대리인이라면, 수취은행은 지시은행의 대리인 또는 지시인의 복대리인(subagent)이다. 지시은행은 계약상 다른 규정이 없는 경우 수취은행의 과실에 대하여 책임을 질 수도 있고,[193] 지지 않을 수도 있다.[194] 그러나 개별적 이체계약에 있어서는 지시은행은 수취은행, 통신문전송기관 기타의 복대리인의 행위에 대한 책임을 부인할 수 있다. 지시은행은 이체계약의 약관에 의하여 그 자신의 행위, 즉 거래은행에 이체지시를 전송하는 행위에 대하여만 책임을 질 것을 규정할 수 있다. 이러한 면책조항(saving clauses)이 없는 때에는 지시은행이 책임을

189) State v. Grills, 35 R.I. 70, 85 A. 281(1912).
190) Beecher v. Cosmopolitan Trust Co., 239 Mass. 48, 131 N.E. 338(1921).
191) Gage v. Boston Nat'l Bank, 257 Mass. 449, 154 N.E. 74(1926).
192) Gage v. Boston Nat'l Bank, 257 Mass. 449, 154 N. E. 74(1926); Scheibe v. Zaro, 199 AD 807, 192 NYS 433(1st Dep't 1922).
193) Shrewsbury v. DuPont Nat'l Bank, 10 F.2d 632(D.C. Cir.1925).
194) Rosenberg v. Northwestern Nat'l Bank, 180 Minn. 161, 230 N.W. 280(1930).

질 수 있고, 소추할 수 있는 복대리인을 선임한 경우에는 지시은행의 면책을 허용한 판례가 있다.[195)]

(2) 손실에 대한 책임

일반적으로 지시은행은 이체의 지연, 수취은행의 이체지시의 불이행, 지급이체를 전혀 실행하지 않은 것 등으로 초래된 손실에 대하여 지시인에게 책임을 져야 한다. 지시인이 이체의 지연 또는 불이행으로 인한 손실에 대하여 회복할 수 있는 금액은 계약을 해제할 수 있는가 또는 손해배상을 청구하는 소송을 제기할 수 있는가에 따라 다르다. 이것은 외국통화의 평가절하의 경우에는 중요한 문제가 될 수 있다.

법원이 계약해제를 허용하는 경우에는 지시인은 지시은행에 예탁하였던 금액과 이자를 청구할 수 있다.[196)] 따라서 평가절하의 위험은 지시은행이 부담하게 된다. 국제 전신망이체는 외국은행환의 경우와 같이 기이행매매(excuted sale)가 아니라 미이행계약(excutory contract)이므로[197)] 지시인의 이체불이행에 대하여 계약해제권을 행사할 수 있게 될 것이다.

지시인이 손해배상을 청구하는 경우에는 계약위반시에 대기된 외국통화의 금액만을 회복할 수 있지만, 환율의 변동으로 인한 위험은 지시인이 부담하게 된다. 이 원칙의 근거는 외국통화가치의 변동은 외국에 있어서의 금전에 관한 지시인의 이용에 영향을 미치지 않았다는 것이다.[198)] 지시인은 지급금액을 회복하는 것과는 별도로 지급불이행으로 인하여 발생한 간접손해(consequential damage)를 회복할 수 있다. 이 경우에 지시인은 전통적인 Hadley v. Baxendate 사건[199)]의 원칙에 따라 은행이 예측할 수 있었던 권리침해에 대한 손해액만을 회복할 수 있다.

전신망에 의하여 지시되는 자금이체에 있어서 고객에 대한 은행의 책임을 밝히고 있는 대표적인 판례로 Delbrueck & Co. v. Manufactures Hanover Trust Co. 사건[200)]을 들 수 있다. 이 사건에서 원고 Delbrueck은 피고 Manufactures Hanover

195) Scopetz v. American Express Co., 251 Mass. 136, 146 N.E. 262(1925).
196) Richard v. Credit Suisse, 242 N.Y. 346, 152 N.E.2d 110(1926).
197) Gravenhorst v. Zimmermann, 236 N.Y. 22, 139 N.E. 766(1923).
198) Richard v. American Union Bank, 253 N.Y. 166, 170 N.E. 532(1930).
199) 9 Ex. 341, 156 Eng. Rep. 145(1854).

은행이 고객인 원고를 대리하여 CHIPS를 통하여 Chase Manhattan 은행에 있는 Herstatt 은행의 계좌에 자금이체를 함에 있어서, Herstatt의 폐업 후에 실행된 이체를 철회하지 않은 것은 과실이 있다고 주장하였다. 이에 대하여 뉴욕 연방지방법원은 피고에게 승소판결을 하면서, 피고가 자금이체 직전에 입수된 Herstatt의 폐업에 관한 정보에 기하여 행동을 하기에는 시간이 부족하였고, 또 독일의 고객인 원고가 Herstatt의 폐업을 일찍 알고 피고에 텔렉스를 보내어 그 다음 날로 예정된 다른 이체를 취소하라고 지시하면서 문제의 이체에 관하여 전혀 언급이 없었으므로, 원고에게 기여과실(contributory negligence)이 있다고 판시하였다. 이 사건의 항소법원은 원심판결을 인용하면서, 특히 지급시기의 문제에 초점을 맞추고 있다.

2. 지시은행과 수취은행의 관계

국제 전신망이체에 있어서 관련된 은행의 책임은 개별적 코레스협정에 의한 경우에는 지시은행과 수취은행 사이의 개별적인 사적 합의에 의하여 결정되고, 전세계은행간금융통신협회(SWIFT)와 같은 통신망에 의한 경우에는 통신망의 운영규정이나 운영절차에 의하여 결정되는 것이 보통이다.

SWIFT 규정은 지급의 지연 또는 통신문의 분실로 인하여 발생하는 이자손실에 관하여 참가은행인 지시은행 및 수취은행과 SWIFT의 책임을 규정하고 있다. SWIFT 규정은 참가은행의 주의의무의 기준을 정하고 참가은행 사이에 책임을 분배하고 있으나, 지시은행과 수취은행 양자가 과실이 없다고 주장하고 SWIFT에 청구를 하는 경우에는 그 청구를 심사·결정하게 되는데, 이러한 청구에 대비하여 이자손실 우발사고항목(interest loss contingency item)을 설정하고 있다. SWIFT가 자신에게 책임이 있다고 결정한 때에는 일정한 금액을 초과하는 이자손실에 대하여 보상을 하고, 청구가 무효라고 결정한 때에는 청구인에게 벌금을 부과한다.[201)]

---

200) 464 F.Supp. 989(S.D.N.Y. 1979), aff'd, 609 F.2d 1047(2nd Cir. 1979).

201) SWIFT, Board Paper 185 on Responsibility and Liability(Feb. 1979), para.4.

3. 수취인과 수취은행 또는 지시은행의 관계

수취인은 수취은행에 대하여 어떠한 권리를 가지는가, 또 수취인이 수취은행의 채권자가 되는 시기는 언제인가? 수취인의 권리를 결정하기 위해서는 수취인과 참가은행들과의 관계를 함께 살펴볼 필요가 있다. 이에 관하여는 다음과 같은 이론들이 제시되고 있다.

① 제3수익자이론: 수취인은 이체거래에 있어서 제3수익자이고, 지시은행은 지시인으로부터 대가를 받고 수취인을 위하여 대변을 설정하겠다는 약속을 하는 것이라는 견해이다.[202] 이 견해에 따르면 지시은행 또는 그 대리인(수취은행)은 직접 수취인에게 채무를 부담하게 된다.

② 대변설정이론: 수취인은 지시은행과 지시인간의 미이행계약(excutory contract)이 이행될 때 수취은행의 채권자로 되며, 이 계약은 수취인을 위하여 수취은행에 대변을 설정함으로써 이행이 완료된다고 보는 견해이다.[203]

③ 채권양도이론: 이체거래를 채권의 양도로 보는 견해이다.[204] 이 견해에 의하면 지시은행(과 수취은행)은 수취인 또는 수취인의 대리인인 수취은행이 채권양도의 통지를 받았을 때 수취인에게 지급할 채무를 부담하게 된다.

4. 지시인과 수취은행의 관계

수취은행이 수취인의 계좌가 아닌 계좌에 대기하거나 기타 이체지시에 따르지 아니하여 이체를 완전하게 이행하지 못한 경우에는 지시인에 대하여 어떠한 책임을 지는가? 수취은행의 책임의 근거에 관하여는 수취인은 지시은행과 수취은행간의 계약상의 제3수익자라는 견해,[205] 수취은행이 지시은행의 이체지시에 따르지 아니한 것은 지시은행과의 관계에서 과실이 있다는 견해,[206] 수취은행은 지시인의

---

202) Guaranty Trust Co. v. Lyon, 124 N.Y.S. 2d 680, 684(N.Y. Sup. Ct. 1953) 참조.

203) Ibid.

204) Delbrueck & Co. v. Manufactures Hanover Trust Co., 609 F.2d 1047(2d Cir. 1979); Singer v. Yokohama Specie Bank Ltd., 47 N.Y.S. 2d 881(N.Y. Sup. Ct. 1944), aff'd, 267 A.D. 980, 48 N.Y.S.2d 799(1944), rev'd on other grounds, 299 N.Y. 113, 85 N.E.2d 894(1949).

205) Securities Fund Servs. Inc. v. American National Bank & Trust Co., 542 F.Supp. 323(N.D. Ill. 1982). 지시인이 위조된 지시에 의하여 자금이체를 의뢰한 바, 수취은행이 수취인명의의 계좌가 없음에도 불구하고 계좌번호에만 따라 입금한 사건인데, 법원은 통일상법전 제4-104조(1)(E)("고객"의 정의), 제4-203조(지시의 효력) 등에 기하여 수취은행의 책임을 인정하였다.

복대리인으로서 본인인 지시인에 대한 의무를 위반하였다는 견해[207] 등 다양한 이론이 제기되고 있다. 미국의 법원들이 가장 많이 채택하고 있는 이론은 과실이론과 대리인의 의무위반 이론이다.

아래에서는 지시인과 수취은행의 관계에 관한 지도적 판례인 Evra 사건[208]을 검토하기로 한다.[209]

〈판례〉 Evra Corp. v. Swiss Bank Corp. 사건

(1) 사실관계

원고 Evra Corp.은 해양선적 및 강판판매업을 하는 일리노이주의 회사였다. Evra는 강판을 운송하기 위하여 선박 Pandora를 용선하였다. 용선계약에서는 운임은 선급으로 하고 제네바의 프랑스은행(Banque de Paris)에 있는 선주의 계좌에 지급하기로 하였으며, 또 용선자가 적시에 운임을 지급하지 않은 경우에는 선주가 용선계약을 해지할 수 있다고 약정하였다.

1973. 4. 25 Evra는 시카고의 Continental 은행에 대하여 선주에게 전신으로 자금이체를 지시하였다. Continental은 런던지점에 텔렉스통신문을 보내었고, 그 런던지점은 제네바의 거래은행인 스위스은행(Swiss Bank)에 텔렉스통신문을 보내어 자금이체를 지시하였다. 그러나 스위스은행은 프랑스은행에 있는 선주의 계좌에 자금을 이체하지 않았다. 스위스은행이 자금이체를 이행하지 않은 이유는 명백하지 않다. 법원은 스위스은행이 통신문을 분실하였거나 텔렉스기계에 종이를 공급하는 것을 게을리 하였을 것이라고 판단하고 있다.

4. 27 Pandora의 선주는 운임을 수령하지 못하였음을 이유로 용선계약을 해지하였다. Evra는 계약해지의 통지를 수령한 후 즉시 Continental에 전화를 하여 스위스은행이 어떠한 방법으로든 선주에게 자금을 이체하도록 요청하라고 지시하였

206) Ibid.; Evra Corp. v. Swiss Bank Corp., 522 F. Supp. 820(N.D. Ill. 1981).

207) 앞의 Evra Corp. v. Swiss Bank Corp. 사건판결.

208) Evra Corp. v. Swiss Bank Corp., 522 F. Supp. 820(N.D. Ill. 1981), rev'd, 673 F.2d 951(7th Cir. 1982).

209) 보다 자세한 것은 M. Budnitz, "The Finicky Computer, the Paperless Telex and the Fallible Swiss: Bank Technology and the Law," 25 Bos. Col. L. Rev. 259, 288-95(1984) 참조. 이 사건에 있어서 Swiss Bank는 전자자금이체의 구조상으로는 중개은행일 수도 있지만, 국제거래에 있어서는 보통 지시은행의 거래은행이 수취은행이다.

다. 또한 Evra는 선주에게 전화를 하여 지급에 과오가 있었다고 통지하였다. 그러나 선주는 지급의 수령을 거절하였다. 이에 Evra는 스위스은행에 계약위반 및 불법행위를 이유로 소송을 제기하고, 그로 인한 간접손해의 배상을 청구하였다.[210]

(2) 판결요지

① 미국 연방지방법원의 판결

미국 연방지방법원은 스위스은행에 계약상의 주의의무위반 및 과실이 있음을 이유로 원고 Evra에 승소판결을 내렸다. 연방지법은 통일상법전 제4편의 추심은행의 의무를 유추하여 거래은행인 스위스은행은 지시인의 대리인으로서 지시인에게 Continental이 부담하는 것과 동일한 주의의무를 부담하고, 특히 텔렉스통신문을 수령하고 처리하기 위한 신뢰할 수 있는 제도를 유지하여야 하며, 지시인과 스위스은행 사이에 계약관계가 존재하지 않는다는 것은 아무런 영향을 미치지 아니한다고 판시하였다. 나아가 연방지방법원은 이 사건에 있어서 결과적 책임의 위험은 합리적으로 예측할 수 있는 것이 아니라는 피고 스위스은행의 주장을 배척하고, 스위스은행의 지시인에 대한 의무의 범위 또는 의무위반의 결과로서 근접적으로 초래된 간접손해의 금액을 제한하는 것을 거절하였다.[211]

② 미국 연방고등법원의 판결

미국 연방고등법원(제7순회법원)은 원심판결을 파기하고 스위스은행은 Evra에게 간접손해를 배상할 책임이 없다고 판시하였다.

스위스은행은 원고와의 이전의 거래에 비추어 그 자금이체가 용선을 위하여 지급될 것임을 알았거나 알 수 있었어야 한다. 그러나 스위스은행은 그 지급이 지급기일이 도래하였거나 지급의 지체에 대하여 선주가 용선계약을 해지할 것이라는 등의 약정에 관한 특수한 측면을 알지는 못하였을 것이다. 따라서 스위스은행은 지급지시를 이행하지 않음으로써 초래될 수 있는 간접손해의 심각성을 미리 알지 못하였을 것이고, 거래에 관하여 기울여야 할 주의의 정도를 예고받지도 않았을 것이다. 더욱이 Evra는 선주로부터 지급을 수령하지 못하였다는 통지를 받은 후에도 직접 프랑스은행에 지급의 전신을 보내는 시도를 하지 않음으로써, 이체불이

---

210) 522 F. Supp. 820, 822-25(N.D. Ill. 1981).

211) 522 F. Supp. 820(N.D. Ill. 1981), at 827-33.

행으로부터 초래될 수 있는 손해를 방지하기 위한 최선의 노력을 하지 않았다.[212)]

연방고등법원은 스위스은행이 자금이체를 적절히 처리하지 않음으로써 초래되는 직접손해를 지시인에게 배상할 책임을 지지 않을 수 있는가, 그리고 원심이 인정한 지시인과 수취은행 사이의 대리관계 또는 과실에 대한 가능한 책임을 인정하지 않는가에 관하여는 명백히 밝히지 않고 있다. 그러나 Evra 사건의 판결이 있은 직후의 Securities Fund Services Inc. v. American National Bank & Trust Co. 사건[213)]에서는 수취은행은 이체의 부적절한 처리로 인한 (직접)손해를 배상할 책임이 있고, 지시은행과 수취은행은 대리관계에 있으며, 수취은행은 과실에 대하여 책임을 질 수 있다고 판시하고 있다.

5. 지급시기의 결정

국제 자금이체에 있어서 정확한 지급시기를 결정하는 것은 매우 어렵다. 이 문제는 관련된 채권자, 은행의 지급실패, 특정일에 지급할 것을 규정하는 계약 등과 관련되어 더욱 어렵게 된다. 이러한 곤란은 전신망이체에 의한 지급지시를 처리하는 데 24시간 정도가 소요된다는 것에 기인한다. 국제 전신망이체에 있어서 지급시기를 결정하는 기준으로 사용할 수 있는 시점은 다음과 같다.

① 수취은행이 이체지시를 받은 때.

② 수취은행이 지급은행의 계좌로부터 차기하여 수취인의 계좌에 대기하기로 결정한 때.

③ 수취은행이 수취인의 계좌에 대기하기 위하여 기장을 완료한 때.

④ 수취은행이 수취인에게 대변에 관하여 통지한 때.

⑤ 수취은행이 스스로 수취인에게 지급할 것을 확실히 한 때.

⑥ 수취인이 대변에 기하여 인출을 한 때.

결제(settlement)가 관련되는가의 여부 및 수취인이 수취은행에 계좌를 보유하고 있는가의 여부도 지급시기를 결정하는 데 중요한 요인이 될 수 있다.

은행간지급결제기관(CHIPS)의 경우 CHIPS 규정은 지급의 완결성에 관하여, 참가자가 일단 지급통신문을 전송한 후에는 철회할 수 없고, 그 통신문 및 CHIPS

---

212) 673 F.2d 951, 953-59(7th Cir. 1982).

213) 542 F. Supp. 323(N.D. Ill. 1982), aff'd, 718 F.2d 1104(7th Cir. 1983).

규정에 따라 지급을 하여야 할 무조건의 채무를 부담한다고 규정하고 있다. 다만 결제참가자가 결제를 불이행하거나 결제를 할 수 없는 경우에는 긴급 또는 특별 결제절차[214]에 따라 통신문이 반송될 수 있다.[215] 또 전세계은행간금융통신협회(SWIFT)는 지급시기 결정의 중요성에 비추어 (통신문의) "수신시기"(time of receipt), "입금기일"(value date), "지급기일"(pay date) 및 "마감시간"(cutoff time)이라는 용어를 사용하여 이 통신망을 이용한 이체거래에 있어서의 지급시기를 명확히 하고 있다.[216]

아래에서는 지급시기의 결정에 관한 지도적 판례로 CHIPS 이체에 관한 Delbreuck 사건[217]을 살펴보기로 한다. 이 사건에서 법원은 CHIPS 이체는 CHIPS 규정에 특별한 규정이 없는 한, 지시은행이 이 시스템을 통하여 이체통신문을 발송한 때에 완결된(final) 것이고 취소불가능한(irrevocable) 것으로 행하여진 것이라고 판시하였다.

〈판례〉 Delbrueck & Co. v. Manufactures Hanover Trust Co. 사건

(1) 사실관계

원고 독일의 Delbrueck은 뉴욕의 Hersttat 은행과 3개의 외환계약을 체결하였다. 그 내용은 하나는 250만 달러, 다른 하나는 1,000만 달러에 관한 것이었고 양자는 1974. 6. 26이 지급기일이었으며, 또 다른 하나는 1,000만 달러에 관한 것으로서 1974. 6. 27이 지급기일이었다. 1974. 6. 26 오전 Delbrueck은 수권절차에 따라 피고 Manufacturs Hanover 은행에 텔렉스를 보내어 Chase Manhattan 은행에 있는 Hersttat 은행의 계좌에 총 1,250만 달러를 이체할 것을 지시하고, 아울러 6. 27이 지급기일인 1,000만 달러의 지급을 수권하였다. Manufactures는 같은 날 오전

---

214) CHIPS Rules(March 2006), Rule 13.

215) CHIPS Rules(March 2006), Rule 2.

216) SWIFT Special Newsl., Apr. 1979, at 2. 통신문의 "수신시기"는 출력시기(output time)이고, "입금기일"은 수취은행이 이체자금을 이용할 수 있는 날이며(수취인이 이용할 수 있는 날이 아님), "지급기일"은 수취은행 또는 제3의 은행이 수취인에게 대기 또는 지급할 것이 요구되는 날이고, "마감시간"은 제3의 은행을 위하여 국내통화로 자금이체를 할 수 있는 날의 최후의 시간이다.

217) Delbrueck & Co. v. Manufactures Hanover Trust Co., 464 F. Supp. 989(S.D.N.Y. 1979), aff'd, 609 F.2d 1047(2d Cir. 1979).

CHIPS를 통하여 Chase 은행에 1,000만 달러는 11시 36분, 250만 달러는 11시 37분에 이체하였다. 그러나 Herstatt 은행은 같은 날 오전 10시 30분에 독일의 은행당국에 의하여 영업이 정지된 후였고, Manufactures가 이체를 한 시간은 다른 부서의 임원이 Herstatt의 폐업을 안지 6분 후였다.

Delbreuck는 같은 날 12시경에 Manufactures에 전화를 하고 나중에는 텔렉스 통신문을 보내어 이미 행하여진 1,250만 달러의 지급을 정지 또는 취소하려고 시도하였다. 같은 날 오후 Manufactures와 Delbrueck는 Chase 은행에 전화를 하여 자금을 반환받으려고 시도하였으나 거절당하였다. 같은 날 오후 9시 Chase 은행은 Herstatt의 계좌에 1,250만 달러를 공식적으로 대기하였다. 이에 Delbrueck는 Manufactures에 대하여 소송을 제기하고, Manufactures는 고객을 대리하여 자금이체를 함에 있어서 과실이 있었고 고객-예금자인 Delbrueck와의 묵시적 계약을 위반하였다고 주장하고, 더불어 폐업을 한 Herstatt 은행에 자금이체를 한 Chase 은행에도 과실이 있다고 주장하였다.[218]

(2) 판결요지

① 뉴욕 연방지방법원의 판결요지

뉴욕 연방지방법원은 피고 Manufactures에게 승소판결을 하면서, 피고가 자금이체 직전에 입수된 Herstatt의 실패에 관한 정보에 기하여 행동을 하기에는 시간이 부족하였고, 또 독일의 고객인 원고 Delbrueck가 Herstatt의 폐업을 일찍 알고 피고에 텔렉스를 보내어 그 다음 날로 예정된 다른 이체를 취소하라고 지시하면서 문제의 이체에 관하여 전혀 언급이 없었으므로, 원고에게 기여과실(contributory negligence)이 있다고 판시하였다.[219]

② 미국 연방고등법원의 판결요지

미국 연방고등법원(제2순회법원)은 피고승소로 판결하면서 원심의 사실인정을 그대로 인용하고 또 원심에서 검토되지 않은 계약위반의 문제를 상세하게 심리하였다. 법원은 특히 CHIPS 이체가 취소불가능한 것인가라는 문제에 초점을 맞추었다. 법원은 ① CHIPS의 실무 및 이러한 실무상의 지급의 완료에 관한 회원의

---

218) 464 F.Supp. 989(S.D.N.Y. 1979).

219) Ibid.

이해와 ② 채권의 양도에 관한 보통법(common law)을 근거로 6월 26일 11시 36분과 11시 37분에 CHIPS를 통하여 행하여진 자금이체는 완결된(final) 것이라고 결론을 내렸다.

첫번째 근거에 관하여, 법원은 CHIPS 규칙이 이체의 완결성에 관하여 아무런 규정을 두고 있지 않았다고 하더라도, 모든 회원은행은 이체가 행하여진 후에는 오기로 정정되는 경우를 제외하고는 완결된 것으로 믿었음에 틀림없으며, Delbrueck가 처음에는 6월 27일 지급될 1,000만 달러만에 대하여 지급정지를 요구한 행위가 이를 뒷받침한다고 판시하였다.[220]

두번째 근거에 관하여, 법원은 양도인이 채무자에 대하여 양도인에게 부담하는 자금을 양수인에게 지급하라는 지시를 하거나 양수인이 그에 관한 통지를 받았을 때에는 양도가 완료되는 바, Delbrueck는 Manufactures에 대하여 텔렉스통신문으로 그 자금을 이체하라고 명백히 지시하였다고 판시하였다.[221]

---

220) 609 F.2d 1047(2d Cir. 1979), at 1050.

221) Ibid., at 1051.

〈참고문헌〉

1. 국내문헌

가. 저 서

郭潤直, 「債權總論」, 신정수정판, 박영사, 2002.

郭潤直, 「債權各論」, 신정수정판, 박영사, 2002.

금융결제원, 「은행지로업무 연수교재」, 연수교재 제2호, 금융결제관리원, 1987.

金建植 · 南孝淳 編,「金融去來法講義」, 법문사, 1999.

孫晉華, 「電子資金移替制度」, 한국은행 인력개발실, 1995.

吳炳喆, 「電子去來法」, 전정판, 법원사, 2000.

李基秀, 「어음 · 手票法」, 제5판, 박영사, 2006.

鄭東潤, 「어음 · 手票法」, 제5판, 법문사, 2004.

鄭燦亨, 「어음 · 手票法講義」, 제6판, 박영사, 2006.

鄭燦亨 · 都濟文, 「銀行法」, 제2판, 박영사, 2005.

崔基元, 「어음 · 手票法」, 신정증보판, 박영사, 1990.

한국소프트웨어진흥원, 「디지털콘텐츠 산업 백서」, 2002. 6.

한국은행, 「우리나라의 금융제도」, 2005. 12.

한국은행, 「우리나라의 지급결제제도」, 2004. 12.

나. 논 문

金文煥, "컴퓨터에 의한 銀行資金移替의 法律上의 問題點," 判例月報, 1985. 2.

金文煥, "크레디트카드와 法," 金建植 · 南孝淳 編,「金融去來法講義」, 법문사, 1999.

김용직 · 지대운, "情報社會에 대비한 民事法 硏究 序論," 情報社會에 對備한 一般法硏究 (Ⅰ), 통신개발연구원, 1997.

金銀基, "電子貨幣의 法的 問題," 상사법연구, 제16권 제2호(1997. 10)

김이수, "電子貨幣法制의 導入方向에 관한 批判的 考察," 상사법연구 제24권 제1호(2005. 5).

나승성, "모바일 지급결제의 법적 문제점 검토," 인터넷법연구, 제3권 제1호(2004. 3).

손진화, "새로운 電子支給制度의 法律問題와 立法論," 「情報社會에 對備한 一般法硏究」 (Ⅱ), 한국정보통신정책연구원, 1998. 2.

손진화, "선급전자지급수단의 법률문제," 전자금융의 법적 과제(Ⅱ), 한국법제연구원, 2002. 5.

손진화, "온라인 신용카드거래의 법률문제," 經營法律, 제16집 제1호(2005. 10).

孫晉華, "電子資金移替去來의 法律關係," 經營法律, 제4집(1991. 7).

손진화, "전자지급거래에 있어서 소비자보호," 인터넷법연구, 제1호(2002. 6).

손진화 · 정경영, "전자금융거래기본법 제정에 관한 연구"(재정경제부 제출 연구보고서, 2002. 2).

李基秀, "컴퓨터를 이용한 金融決濟와 法," 高麗大 法學論輯, 제24집(1986. 12).
吳炳喆, "電子的 意思表示에 관한 硏究," 연세대학교 대학원, 법학박사논문, 1996.
이보우, "인터넷쇼핑몰에 대한 카드사의 입장 및 협력방안," E-commerce, 제43호(2002. 10).
이창한, "국내 전자상거래 현황 및 2002년도 주요정책 추진방향," 전자거래진흥원, 국내 e비즈니스 현황과 전망에 대한 세미나(2), 2002. 2. 19.
정경영, "전자결제제도의 법적 문제," 비교사법, 제7권 제2호(2002. 12).
정경영, "電子貨幣의 法的 構造," 荷郵 鄭東潤先生華甲記念 「二十一世紀 商事法의 展開」, 법문사, 1999.
정영훈, "전자결제와 소비자보호 문제," 2001 전자상거래 활성화 워킹그룹 보고서(Ⅱ) 「전자상거래 소비자보호에 관한 연구」, 산업자원부 · 한국전자거래진흥원, 2002. 1.
정진명, "전자화폐의 법적 문제," 인터넷법률, 제4호(2001 1).
鄭震明, "인터넷상 신용카드 使用의 法的 問題," 인터넷법률, 제6호(2001. 5).
정찬형 · 정경영 · 도제문, "지급결제제도의 감시와 중앙은행의 역할," 금융법연구, 제2권 제2호(2005. 12).
鄭熙喆, "Giro제도가 有價證券制度에 미치는 影響," 서울대 法學, 제26권 제1호(1985. 4).
조화건 · 차병주, "금융정보시스템의 발전 방향에 관한 고찰: 전자화폐를 중심으로," 국가기간전산망 저널, 1996. 9.
한국은행, 전자금융거래 기본법 제정 관련 "전자결제수단에 관한 검토보고서(안)"(2001. 11).
홍정인, "전자금융업자의 자격요건에 대한 PG사의 입장," E-commerce, 제44호(2002. 11).

2. 외국문헌

가. 저 서

Baker, Donald I. & Brandel, Roland E. *The Law of Electronic Fund Transfer Systems*, 2nd ed. Boston, Mass.: Warren, Gorham & Lamont, 1988.
Colton, Kent W. & Kraemer, Kenneth L. ed., *Computers and Banking: Electronic Funds Transfer Systems and Public Policy*, N.Y.: Plenum Press, 1980.
Denmark Nationalbank, *Payment Systems in Denmark*, Copenhagen, June 2005.
Effros, Robert C., *Payment Systems of the* World, N.Y.: Oceana Publications, 1996.
Ellis, Martin B. & Greguras, Fred M., *The Electronic Fund Transfer Act and Federal Reserve Board Regulation E: A Compliance Guide for Financial Institutions*, N.J.: Prentice-Hall, 1983.
Goode, R. M., *Commercial Law*, Middlesex: Penguin Books, 1982.
Holden, J. Milnes, *The Law and Practice of Banking, vol.1: Banker and Customer*, 4th ed., London: Pitman Publishing, 1986.
Kalakota, Ravi and Whinston, Andrew B., Frontiers of Electronic Commerce, Addison-Wesley, 1996.
Loshin, Pete & Murphy, Paul, *Electronic Commerce: On line Ordering and Digital Money*,

2nd ed., Charles River Media, 1997.

O'Mahony, D., Pierce, M. & Tewari, H., *Electronic Payment Systems for E-Commerce*, 2nd ed., Boston: Artech House, 2001.

National Commission on Electronic Fund Transfers, *EFT in the United States: Policy Recommendations and the Public Interest(Final Report, Oct. 1977)*, Washington, D.C.: U.S. Government Printing Office, 1977.

Revell, J. R. S., *Banking and Electronic Fund Transfer*, Paris: OECD, 1983.

Rostoker, Michael D. & Rines, Robert H., *Computer Jurisprudence: Legal Responses to the Information Revolution*, N.Y.: Oceana Publications, 1986.

Rubin, Edward L. & Cooter, Robert., *The Payment System: Cases, Materials and Issues*, St. Paul, Minn.: West Publishing Co., 1989.

Smendinghoff, Thomas J., ed., *Online Law*, Mass.: Addison-Wesley Developers Press, 1996.

Smith, Graham J H, *Internet Law and Regulation*, 3rd ed., London: Sweet & Maxwell, 2002.

Solomon, Elinor H., *Virtual Money*, Oxford: Oxford University Press, 1997.

Spindler, Gerald & Börner, Fritjof., eds., *E-Commerce Law in Europe and the USA*, Berlin: Springer, 2002.

UNCITRAL, *Legal Guide on Electronic Funds Transfers*, U.N. Doc. A/CN.9/ SER.B/1, N.Y.: U.N. Publication, 1987.

小山嘉昭, 「銀行法」, 東京: 財團法人 大藏財務協會, 1992.

田中誠二, 「銀行取引法」, 第4全訂版, 東京: 經濟法務硏究會, 1989.

나. 논 문

ABA Task Force on Stored-Value, A Commercial Lawyer's Take on the Electronic Purse: An Analysis of Commercial Law Issues Associated with Stored-Value Cards and Electronic Money, Bus. Law.(Feb. 1997).

BIS Committe on Payment and Settlement Systems, "Payment and settlement systems in selected countries"(April 2003).

Budnitz, Mark, "The Finicky Computer, the Paperless Telex and the Fallible Swiss: Bank Technology and the Law," 25 Bos. Col. L. Rev. 259(1984).

FRB, Report to the Congress on the Application of the Electronic Fund Transfer Act to Electronic Stored-Value Products, March 1997.

Geva, Benjamin, The Concept of Payment Mechanism, 24 Osgoode Hall L. J. 1(1986).

King, John L. & Kraemer, Kenneth L., Electronic Funds Transfers as a Subject of Study in Technology, Society, and Public Policy, in *Computers and Banking: Electronic Funds*

Transfer Systems and Public Policy, ed. Kent W. Colton & Kenneth L. Kraemer, N.Y.: Plenum Press, 1980.

Lingl, Herbert F., Risk Allocation in International Interbank Electronic Fund Transfers: CHIPS & SWIFT, 22 Harv. Int'l L. J. 621(1981).

Mittelsteadt, Thomas O., The Stop Payment Right in an Electronic Payment Environment: An Analysis of the Transition Problems Involved When Integrating a Traditional Right into New Value Transfer systems, 17 New Eng. L. Rev.(1982).

Scott, Hal S., Corporate Wire Transfers and the Uniform New Payment Code, 83 Col. L. Rev. 1664(1983).

Ozawa, J., "Local Area CAPTAIN Concepts," JTR, Apr. 1986.

Scott, Hal S., New Payment Systems: A Report to the 3-4-8 Committee of the Permanent Editorial Board for the Uniform Commercial Code(1978).

Uniform New Payments Code, P.E.B. Draft No.3, § 51(1)(2)(1983).

Vergari, James V., Electronic GIRO for the United States, 2 Computer L. J. 101(1980).

寺本透 等, "電子マネの實用化に向けて(上)," NBL, Vol.614(1997. 4).

森田宏樹, "電子マネ-の法的構成(4): 私法上,の金錢の一般理論による法的分析," NBL, Vol.622(1997. 8).

松本恒雄, "コンピュ-タ・ネットワ-クと取引法上の課題: 消費者取引を中心として," ズュリスト, No. 1117(1997. 8. 1-15).

宋垣 明 編, "法律問題硏究會報告書: EFT(電子資金移動)取引における法律問の明確化," 東京: 金融情報システムセンタ-, 1986.

岩原紳作, "コンピュ-タ-を用いた金融決濟と法: アメリカ法, 西ドイツ法を參考として," 金融法硏究, 創刊號(1985).

後藤紀一, "口座振替と西ドイツのラストシュリフト制度," 上柳克郎先生還曆記念「商事法の解釋と展望」, 東京: 有斐閣, 1984.

後藤紀一, "振込去來における法律關係," 香川法學, 제2권 제1호(1982).

3. 기타 자료

About SWIFT, http://www.swift.com/index.cfm?item_id=43232.

CHIPS Rules and Administrative Procedures(March 2006), http://www.chips.org/ reference/docs_rules/000720.pdf.

CHIPS Rules on Interbank Compensation(October 2005), http://www.chips.org/ reference/docs_rules/000721.pdf.

Why Use Escrow?, https://www.escrow.com/solutions/escrow/index.asp.

제 4 장 전자증권거래

제4장 전자증권거래

제1절 총 설

I. 유가증권의 무권화 · 전자화

유가증권에 있어서 권리와 증권의 결합, 즉 권리를 증권에 체화하는(verkörpern; embody) 것은 권리의 유통성을 높이고자 하는 데 그 목적이 있다. 그리하여 유가증권에 있어서는 권리와 증권을 결합함으로써, 그 종류에 따라 약간의 차이는 있지만 지명채권의 양도에 비하여 권리양도의 절차가 간이화되고, 또 대부분의 유가증권에 있어서는 지명채권의 양도에 비하여 권리양도의 효력이 강화되어 그 유통성을 높일 수 있다.

유가증권의 기능은 주권 · 사채권 등과 같은 자본시장증권(투자증권)에 있어서는 중대한 변화가 초래되었다. 자본시장증권에 있어서는 권리를 증권에 체화한다는 것이 거의 의미가 없게 되었다. 권리가 체화된 증권은 유통성이 높고 선의취득의 대상이 되므로 증권의 보관에 많은 위험이 따른다. 그리하여 개개인의 증권을 따로따로 보관하는 것이 아니라, 증권의 보관과 이에 따른 처리를 전문적으로 담당하는 보관전문기관이 생기고, 이 기관이 증권의 예탁을 받아 혼합하여 보관하는 혼장임치 또는 혼합보관이라는 현상이 생겨났다.

유가증권이 보관전문기관에 예탁되어 혼장임치되는 경우에는 유가증권의 권리자가 그 권리를 행사하거나 양도하는 경우에 증권을 현실적으로 제시하거나 교부하지 않고 보관증명서(예탁증명서)를 제출 또는 교부함으로써 가능하게 되었다. 그리하여 이제 유가증권의 권리자가 권리를 행사하기 위해서는 보관기관에의 임치로서 충분하게 되었다. 더욱이 보관전문기관이 보관증명서를 발행함에 있어서는 장부상의 기재만으로써 하게 되고, 제3자에게 증권을 양도하는 경우에도 보관전문기관이 창설한 증권대체(effect giro)를 이용함으로써 실물증권의 수수가 없는 권리양도가 가능하게 되었다.

또한 다수의 개별적 권리를 담고 있는 유가증권으로서 포괄증권을 발행하게 되었는데, 이 경우에 개별증권의 교부는 청구할 수 없고 권리자는 장부상의 대체거래를 통해서만 권리를 처분할 수 있으므로 실제로는 증권 없는 권리의 양도가 가능하다. 나아가 아예 증권을 작성하지 않는 가치권(Wertrecht)이 창설되게 되었다. 가치권이란 권리가 증권에 체화되지 아니한 주식·사채 등 장부상의 증권을 말한다(등록국채, 등록사채, 무주권주식 등).

우리나라에도 현재 증권의 예탁대체결제제도가 실시되고 있는데, 이를 전담하는 기관이 1974년 증권거래소가 전액출자하여 설립한 자회사인 한국예탁결제원이다(資市 제294조 참조). 또한 국채법과 공사채등록법에 따라 채권의 발행 없이 국채·공사채를 발행하는 방법이 인정되고(국채법 제5조, 공사채등록법 제5조), 국채·무기명식 공사채의 이전·담보제공 또는 신탁은 등록기관에의 등록에 의하여 행하므로(국채법 제6조 제1항, 공사채등록법 제6조) 이것은 일종의 가치권이라고 할 수 있다.

〈자본시장증권의 특징〉

유가증권은 경제적 목적에 따라 금전시장증권(금전증권), 자본시장증권(투자증권)과 재화유통증권(물품증권)으로 구분된다. 자본시장증권은 발행자를 위해서는 자본조달의 목적에 이바지하고 취득자를 위해서는 투자의 목적에 이바지하는 유가증권을 말한다. 주권·무기명채권이 대표적인 것이다. 금전시장증권의 특징은 개별적으로 발행되는 점에 있으나, 자본시장증권의 특징은 대량발행된다는 점에 있다. 물품증권에 있어서는 증권의 교부가 재화의 인도와 동일한 효력을 가진다.

Ⅱ. 전자증권거래의 의의

(1) 전자증권거래는 광의로는 「전자적 방법에 의한 증권의 발행 및 유통에 관

한 거래」를 뜻하고, 협의로는 「전자유가증권거래」를 뜻한다.

광의의 전자증권거래는 전자유가증권의 거래 외에 증권 없는 권리의 전자등록, 인터넷 증권거래 등을 포함한다. 여기에서 증권 없는 권리란 증권에 표시될 수 있거나 표시되어야 할 권리를 말하며, 이러한 권리는 그 증권이 발행되지 아니한 경우에도 그 증권으로 본다(資市 제4조 제9항). 증권 없는 권리의 전자등록의 예로는 국채·공사채·주식·사채의 전자등록을 들 수 있고, 인터넷 증권거래의 예로는 인터넷을 통한 주식·사채거래 등을 들 수 있다.

협의의 전자증권거래로서 전자유가증권거래는 전자어음·전자채권 등 전자유가증권을 대상으로 하는 거래이다. 전자유가증권이란 유가증권의 전자적 상응물로서 유가증권성이 인정될 수 있는 것을 말한다(후술 Ⅲ. 참조). 유가증권의 전자화는 전자어음·전자채권·주권·선하증권에 관하여 법제화가 이루어졌거나 진행중이고 수익증권 등으로 확대될 전망이며, 이에 따라 상법·어음법·수표법·자본시장통합법 기타 유가증권에 관한 특별법에 영향을 미치게 될 것이다.

(2) 전자어음에 대하여는 전자어음법이 적용되고, 전자채권에 대하여는 전자금융거래법이 적용된다. 증권 없는 권리의 전자등록에 대하여는 상법, 자본시장통합법 및 관련 특별법이 적용되고, 전자선하증권에 대하여는 상법 및 관련 특별법이 적용되며, 인터넷 증권거래에 대하여는 전자금융거래법·상법·자본시장통합법 등이 적용된다.

Ⅲ. 전자유가증권의 의의

1. 입법례

미국의 통일전자거래법(Uniform Electronic Transactions Act of 1999: UETA)[1]은 약속어음·권리증서 등을 포함하는 양도성기록(transferable record)을 규정하

1) 통일전자거래법은 1999년 7월 통일주법위원회(NCCUSL)에 의하여 채택되었는데, 주 입법에 의하여 채택되면 전자기록 및 전자서명에 대하여 서면기록 및 서명에 부여되는 것과 동일한 법적 지위를 부여하게 된다. D. Baumer & J. C. Poindexter, *Cyberlaw & E-Commerce*, N.Y.: McGraw-Hill, 2002, p.63; http://www.law.upenn.edu/bll/ ulc/fnact99/1990s/ueta99.htm 참조.

고 있다.

먼저, 양도성기록은 전자기록이 서면형식이라면 통일상법전 제3편에 의한 약속어음이거나 통일상법전 제7편에 의한 권리증서가 될 수 있고, 전자기록의 발행자가 그 전자기록이 양도성기록이라는 것에 명시적으로 동의하여야 한다.[2] 따라서 양도성 기록의 정의는 두 가지 방법으로 제한되고 있는데, 첫째로 서면 약속어음 및 서면 권리증서의 상응물만이 양도성기록으로 성립될 수 있고(수표의 경우에는 인정되지 않는다), 둘째로 전자기록의 발행자가 그 전자기록을 양도성기록으로 간주하는 데 명시적으로 동의하여야 한다.[3]

다음으로, 약속어음 또는 권리증서의 소지(possession)에 대체하는 개념으로서 양도성기록의 지배(control)를 규정하고 있다. 즉, 양도성기록의 이익의 양도를 증명하기 위하여 채용된 시스템이 양도성기록의 권리자의 신원을 신뢰성 있게 증명하고 양도성기록이 일정한 방법으로 성립·저장 및 양도되는 경우, 양도성기록을 발행받거나 양도받은 자는 양도성기록을 지배하는 것으로 본다.[4] 양도성기록에 관한 규정은 약속어음·권리증서의 발행자/채무자에 대응하여 그 전자적 상응물인 전자유가증권의 성립·양도 및 강제에 관한 법적 근거를 제공한다.[5]

2. 전자유가증권의 정의

(1) 학 설

전자유가증권이라는 용어는 도입단계에 있기 때문에 정의가 확립되어 있지 않지만, 현재 제시되어 있는 견해를 보면 다음과 같다.

첫째로, "서면형식의 유가증권을 정보처리시스템을 통하여 전자적 형태로 발행한 것"이라고 하는 견해가 있다.[6] 이 견해는 전자유가증권을 유가증권의 전자적 상응물로 파악하고 있는데, 전자문서와 표창된 권리의 이전 또는 행사가 어느 정도의 관련성을 가지는가를 밝히지 못하고 있다.

---

2) UETA § 16(a).
3) UETA, Comment 2 to the Section 16.
4) UETA § 16(b)(c), and Comment 3 to the Section 16.
5) UETA, Comment 1 to the Section 16 참조.
6) 정완용, "전자상거래 지급결제제도와 전자식 유가증권제도에 관한 연구," 전자상거래 활성화 워킹그룹 보고서(Ⅷ) 「전자상거래 법률제도연구」(산업자원부·한국전자거래진흥원, 2002. 1), 179쪽.

둘째로, "컴퓨터로 대표되는 정보처리시스템에 의하여 작성되어 저장될 수 있는 전자문서에 의해 사권이 표창되고 전자적 형태의 송·수신방법을 이용하여 유통될 수 있는 재화"라고 하는 견해가 있다.[7] 이 견해는 전자유가증권을 유통성을 강조하면서 재화로 파악하고 있는데, 전자유가증권의 본질은 유가증권으로서의 존재를 인정받을 수 있는가라는 측면일 것이다.

(2) 사 견

유가증권법상 유가증권의 정의에 관하여 사권(재산권)을 표창하는 증권이라는 점에 관하여는 이론이 없으나, 권리와 증권의 결합의 정도에 관하여는 학설이 대립하고 있는데 다수설은 권리의 발생·이전·행사의 전부 또는 일부에 증권의 소지를 요하는 것이라고 보고 있다.[8] 그런데 전자유가증권의 정의는 유가증권의 전자화라는 특성 때문에 유가증권법상의 유가증권의 정의와 전자금융거래의 특수성을 반영하여 파악하는 것이 타당하다. 따라서 전자유가증권인가 여부는 재산권이 체화되는 전자문서가 증서로서의 효력이 있는가, 기명날인 또는 서명의 요건을 충족하는가, 유가증권에 특유한 유통방법이 인정되는가 등을 고려하여 판단해야 할 것이다.

첫째로, 전자문서가 유가증권에서 권리와 결합되는 증서 즉 서면으로서의 효력이 있는가가 문제이다. 전자금융거래법의 적용대상인 전자금융거래는 전자금융사업자가 제공하는 금융상품 또는 서비스를 이용자가 비대면(非對面)의 자동화된 방식으로 이용하는 거래로 정의되어 있으므로(제2조 제1호), 전자금융거래가 되기 위해서는 금융상품 또는 서비스와의 관련성이 요구되고 있다. 전자유가증권은 재산권을 전자문서에 표창한 것으로서 전자금융거래의 한 유형인 전자증권거래의 대상이 되는 금융상품(재화)이다. 전자금융거래를 위하여 사용되는 전자문서는 전자거래기본법이 규정하는 전자문서의 정의(電去 제2조 제1호)에 따르고(제2조 제9호) 전자문서의 효력에 관한 규정(電去 제4조)이 적용된다(제5조 제1항).

---

7) 鄭敬永, (디지털경제법제 2) "有價證券 電子化에 관한 法律的 考察"(한국법제연구원, 2002. 10), 9쪽.

8) 徐燉珏·鄭完溶, 「商法講義(下)」, 제4전정판, 법문사, 1996, 59쪽; 孫珠瓚, 「商法(下)」, 제11정증보판, 박영사, 2005, 8쪽; 鄭燦亨, 「어음·手票法講義」, 제6판, 박영사, 2006, 6쪽 등.

전자거래기본법은 다른 법률에 특별한 규정이 있는 경우를 제외하고 모든 전자거래에 적용되는데(電去 제3조), 여기에서 "전자거래"라 함은 재화나 용역을 거래함에 있어서 그 전부 또는 일부가 전자문서에 의하여 처리되는 거래를 말한다고 규정하여(電去 제2조 제5호) 전자문서의 거래관련성을 요구하고 있다.[9] 또 전자문서의 효력에 관하여 다른 법률에 특별한 규정이 있는 경우를 제외하고는 전자적 형태로 되어 있다는 이유로 문서로서의 효력이 부인되지 아니한다고 규정하고 있다(電去 제4조 제1항).

전자거래기본법의 적용범위에 관하여는 재화 또는 용역의 거래로서 주요한 의사표시에 전자문서의 거래관련성을 인정하는 견해[10]와 다른 법률에 전자문서를 배제한다는 명문의 규정이 없는 경우에는 전자문서의 효력을 인정하여야 할 것이라는 견해[11]가 대립하고 있다. 전자거래기본법은 전자문서의 거래관련성을 요구하고 있으나, 전자거래를 둘러싼 법적 분쟁을 방지하고 전자거래의 촉진을 도모하려는 전자거래기본법의 입법취지에 비추어 그 적용범위를 엄격하게 해석할 것이 아니고 넓게 해석하여야 할 것이다.[12] 한편 전자금융거래에서도 전자문서가 사용되는 경우가 많지만, 전자금융거래법상 금융상품 또는 서비스와의 관련성은 요구되고 있으나 전자문서의 거래관련성은 요구되지 않는다(제2조 제1호 참조). 이러한 관점에서 전자금융거래에 있어서 전자문서를 사용하는 경우 법률에 특별한 정함이 없는 한, 전자문서의 효력을 인정하는데 제한을 둘 필요는 없다고 본다. 따라서 전자유가증권에서 권리가 결합되는 전자문서는 일반 유가증권에서 사용되는 서면증서와 동일한 효력을 가지게 되어 일반 유가증권에 사용되는 증서를 대체할 수 있다고 본다.

둘째로, 유가증권을 발행함에 있어서는 일반적으로 법정사항을 기재하고 기명

9) UNCITRAL 전자상거래에 관한 모범법은 상사적 활동에 관하여 사용되는 데이터메시지 형태의 모든 정보에 적용한다고 규정하여, 적용범위를 상행위 관련성에 의하여 제한하고 있다. 다만 "상사적"(commercial)이라는 용어는 계약상의 것이든 아니든 상업적 성격을 띤 모든 관계로부터 생기는 문제를 규율하도록 넓게 해석되어야 한다고 주기(註記)하고 있다(Article 1). 미국 통일전자거래법은 적용범위에 관하여 거래와 관련된 전자기록과 전자서명에 적용한다고 규정하여 거래관련성을 요구하면서, 적용이 배제되는 거래를 규정하고 있다[UETA § 3(a)(b)].

10) 정완용, "전자상거래 지급결제제도와 전자식 유가증권제도에 관한 연구," 181~182쪽.

11) 정경영, "전자금융거래법안의 문제점에 관한 고찰: 전자증권과 관련하여," 증권예탁, 제44호 (2003. 2), 56~57쪽.

12) 동지: 정경영, 앞의 논문, 58쪽.

날인 또는 서명을 할 것이 요구되는데, 전자유가증권이 되려면 전자문서상으로 기명날인 또는 서명의 요건을 충족하여야 한다. 이에 관하여 전자서명법은 다른 법령에서 문서 또는 서면에 서명, 서명날인 또는 기명날인을 요하는 경우 전자문서에 공인전자서명이 있는 때에는 이를 충족한 것으로 보고 있으므로(電署 제3조 제1항), 유가증권을 발행함에 있어서 전자문서에 공인전자서명이 있는 경우에는 법률이 요구하는 기명날인 또는 서명의 요건을 충족하게 된다. 또 공인전자서명 외의 전자서명은 당사자간의 약정에 따른 서명, 서명날인 또는 기명날인으로서의 효력을 가진다(電署 제3조 제3항). 이와 같이 전자유가증권을 발행함에 있어서 재산권을 전자문서로 표창하고 전자서명을 한 경우에, 유가증권법정주의의 요구를 충족한다면 유가증권으로서의 효력을 가질 수 있다.

셋째로, 전자유가증권은 기존의 유가증권과 비교할 때 재산권을 전자문서로 표창하고 권리의 유통성을 높이기 위한 목적을 가진다는 점에서는 같지만, 권리의 이전 및 행사 역시 전자문서에 의하여 전자적으로 이루어진다는 점이 특징이라고 할 수 있다.[13] 즉, 전자유가증권은 증권을 대체하는 전자문서와 권리의 결합이 일반 유가증권에서의 증권과 권리의 결합과 동등한 정도로 인정되는 것으로서 전자적 방법에 의하여 권리가 이전되고 행사된다.

전자유가증권은 위와 같은 충족하여야 한다고 볼 때 「재산권을 정보처리시스템에 의하여 전자문서로 작성하여 표창하고 그 권리의 이전 및 행사에 전자문서의 송신·수신을 필요로 하는 유가증권」이라고 정의할 수 있을 것이다. 전자유가증권으로 될 수 있는 것으로는 전자어음, 전자수표,[14] 전자채권(기명증권설에 의할 때) 등을 들 수 있다.

13) 동지: 鄭敬永, "有價證券 電子化에 관한 法律的 考察,"디지털경제법제 2(한국법제연구원, 2002. 10), 8~9쪽.

14) 전자수표(예: NetBill, NetCheck)는 수표의 전자적 상응물로서, 기본적으로 발행인이 거래은행에 대하여 그의 계좌로부터 다른 사람의 계좌로 자금을 이체하라고 지시하는 전자문서이다. 손진화·정경영, "전자금융거래기본법 제정에 관한 연구"(재정경제부 제출 연구보고서, 2002. 2), 129쪽; G. B. Delta & J. H. Matsuura, *Law of the Internet*, N.Y.: Aspen Law & Business, 1999, 9-72; Bo Yang, Digital Checks, *Payment Technologies for E-Commerce*, Weidong Kou, ed., Berlinr, 2003, 9.2.1, 9.3, 9.4.

3. 전자유가증권의 종류

(1) 전자유가증권에 속하는 것으로는 전자어음과 전자채권이 있고, 전자수표의 법제화가 이루어지는 경우 전자수표도 이에 속하게 될 것이다. Bolero 프로젝트(후술 제7절 Ⅱ. 참조)에 의한 볼레로 선하증권(Bolero Bill of Lading: BBL)이 전자유가증권인가에 관하여는 견해가 대립하고 있다. 개정 상법이 신설한 전자선하증권(商 제862조)의 법적 성질에 관하여도 의견이 갈릴 것으로 생각된다.

현재 고안되어 있는 전자유가증권은 기본적으로 중앙관리시스템에 등록하는 것을 전제로 하여 유가증권에 관한 법률관계를 처리하고 있다. 전형적인 전자유가증권의 모습은 예컨대 약속어음을 전자문서에 표창하고 발행과 배서·지급제시 등의 경우에 전자서명을 하여 중앙관리시스템과 관련 없이 정보통신망을 통하여 송신·수신하는 것이라고 할 수 있다. 그런데 전자유가증권을 중앙관리시스템에 발행등록한 후 권리의 이전 및 행사를 그 시스템을 통해서만 가능하게 한 경우에도, 권리와 증권의 결합이 유가증권과 동등한 정도이고 권리의 이전 및 행사에 전자문서의 송신·수신을 요하는 경우에는 전자유가증권으로 되는데 아무런 지장이 없다. 따라서 주식·사채 등의 전자등록제도에서 권리가 등록된 전자등록부(electronic register)는 전자유가증권이 될 수 없지만, 전자어음법에 의한 전자어음, 개정 상법상의 전자선하증권 등은 전자유가증권이 될 수 있다.

(2) 주식·사채 등에 관하여 전자등록부에의 등록을 공시방법으로 인정하여 권리자 및 권리내용을 인정하고 권리의 양도·담보설정 및 행사를 가능하게 하는 제도를 "전자증권제도"라고 부르기도 한다. 그런데 소위 "전자증권제도"에서는 전자적 방식의 유가증권이 존재하지 않고 권리의 발생·이전·행사 등에 관하여 유가증권의 법리에 따른다고 보기 어려우므로 "증권"이라는 용어를 사용하는 것이 적합한지 의문이다.[15)]

전자등록제도는 주권·채권 등의 유가증권이 권리를 서면증서에 체화하여 표창하던 방법에서 무권화의 단계를 거쳐 성립된 제도이다. 이 제도는 주식·사채 등

---

15) 이에 반하여 전자어음·전자채권(기명증권설에 의할 때) 등의 경우에는 전자문서 방식의 증서가 존재하고 그 권리의 발생·이전·행사 등에 관하여 기본적으로 유가증권의 법리에 따르므로 전자증권제도에 속한다.

을 전자등록부상의 계좌에 등록함으로써 권리의 양도·담보설정 및 행사를 가능하게 하는 제도이며, 재산권과 전자문서와의 결합의 정도가 유가증권에 있어서의 체화의 정도에 이르지 못하고 권리 유통의 측면에서 전자문서의 송신·수신이라는 특성이 나타나지 않는다. 따라서 이 제도를 가리키는 용어로서 "전자증권제도"는 부적합하며 전자등록제도가 적합하다고 본다.

〈전자등록증권의 실체〉

"전자증권"을 전자문서증권과 전자등록증권으로 분류하고, 전자등록제도에서의 전자등록증권은 권리의 표창성이나 권리와 증권의 결합성을 결여하고 있어 유가증권성을 인정하기 어렵다고 보는 견해가 있다.[16] 이 분류는 유가증권의 전자화의 방법에 따른 구분인데, 전자화의 결과 "전자문서증권"은 유가증권으로 볼 수 있지만 "전자등록증권"은 유가증권으로 보기 어렵다. 그런데 사물현상의 분류에 있어서는 그 본질이나 특성을 정확하게 나타낼 수 있도록 하는 것이 필요하며, 유가증권성이 인정되지 않는 것에 대하여 "증권"이라는 용어를 사용하는 것은 개념의 혼동을 초래할 우려가 있다.[17] "전자등록증권"은 주식·사채 등의 전자등록제도에서 권리가 등록된 전자등록부를 가리키는 용어일 뿐이다.

Ⅳ. 전자증권거래에 대한 입법적 대응

우리나라에서는 전자어음·전자수표·전자채권 등과 같은 전자유가증권이 등장하여 거래가 이용되기 시작하고, 초고속 정보통신망을 바탕으로 인터넷 증권거래가 활발하게 이용되고 있으며, 주식·사채 등에 관하여 전자등록제도가 고안되고 있다. 증권거래의 전자화는 세계적인 추세이며 정부의 적극적인 정책추진 및 기업의 서비스 제공에 따라 앞으로 더욱 활성화 될 것이다.

그런데 종래의 증권거래에 관한 법체계는 종이증권을 전제로 하여 구성되어 있기 때문에 증권거래의 전자화에 따른 법률문제에 대응하기에는 역부족이다. 현재

16) 정경영, "전자금융거래법안의 문제점에 관한 고찰: 전자증권과 관련하여," 50, 54쪽; "전자증권의 법적 성질과 전자등록제도에 관한 고찰," 상사법연구, 제22권 제3호(2003. 10), 124~125쪽.

17) 오길영, "등록주식의 유가증권성에 대한 연구," 상사판례연구, 제19집 제2권(2006. 6), 109~110쪽 참조.

의 입법상황을 살펴보면, 전자거래에 대하여는 전자거래기본법, 전자서명법, 전자금융거래법 등이 제정되어 전자거래에 대한 기본적 틀을 마련하고 있지만, 전자유가증권이나 증권 없는 권리의 전자등록제도를 예정하고 있지 않기 때문에 이들 법률로써는 증권거래의 전자화에 대응하기 어렵다. 전자어음에 관하여는 전자어음법이 제정되어 있으나, 전자어음만을 규율하고 있을 뿐이므로 앞으로 등장할 다른 전자유가증권을 규율하지 못한다. 또한 최근에 제정된 자본시장통합법은 증권거래에 관하여는 이전의 증권거래법의 내용을 그대로 수용하고 있을 뿐이고, 증권거래의 전자화에 관한 규정을 두고 있지 않다. 따라서 전자증권거래에 관한 규율을 통일하고 새로 등장하는 거래에 대비하기 위해서는 관련 법제를 정비할 필요성이 긴요하다.

제2절 전자어음거래

I. 전자어음의 의의

전자어음이라 함은 「전자문서로 작성되고 전자어음등록기관에 의하여 등록된 약속어음」을 말한다(電어 제2조 제2호). 여기에서 전자문서란 정보처리시스템에 의하여 전자적 형태로 작성, 송신·수신 또는 저장된 정보를 말한다(電어 제2조 제1호, 電去 제2조 제1호). 전자문서의 정의에서 정보처리시스템이란 전자문서의 작성, 송신·수신 또는 저장을 위하여 이용되는 정보처리능력을 가진 전자적 장치 또는 체계를 말한다(電去 제2조 제2호). 전자어음은 어음 중 약속어음에 대하여만 인정된다.

전자어음법은 2001. 11. 29 의원입법으로 국회에 제출되었는데, 2001. 7의 "전자어음법의 제정에 관한 연구보고서"[18]에 기초한 것이다. 전자어음법안에 대하여는 찬반양론이 대립하였다. 찬성론의 입장에서는 전자어음이 종이어음의 불투명성을 방지하고, 종이어음의 남발로 인한 고의부도의 폐해를 막아주며, 위조·변조를 방

18) 이철송, "전자어음법의 제정에 관한 연구"(연구보고서, 2001. 7).

지할 수 있고, 조세투명성을 확보할 수 있으며, 전자상거래를 활성화할 수 있다는 등의 이유로 입법의 필요성을 주장하였다.[19] 이에 대하여 반대론의 입장에서는 전자어음은 기존 어음의 문제점(발행남용, 연쇄부도, 위조 · 변조 등)을 그대로 가지고 있고, 분할배서를 허용하여 연쇄부도를 확대할 가능성이 있으며, 현재 거래계에서 이용되고 있지도 않아 입법의 필요성이 크지 않다고 주장하였다.[20]

생각건대, 전자어음법 제정 전에 약속어음에 대체하는 새로운 제도(전자외상매출채권, 구매카드 등)가 실시되고 있었는데 거래계에서 이용되고 있지 않은 제도를 법률이 창설하는 것은 바람직하지 않고, 외국의 입법례에서도 찾아보기 어려울 뿐 아니라, 전자어음에 관한 규정을 둔다고 하더라도 전자금융거래법의 일부로 되어야 할 성질의 것이다. 따라서 전자어음법의 해석과 적용에 있어서는 신중한 접근이 필요하다고 하겠다.[21]

Ⅱ. 전자어음의 법적 성질

전자어음은 전자어음관리기관(이하 이 절에서 "관리기관"이라 한다)에 의하여 등록되어 관리되고(電어 제5조 제1항 및 제16조 제2항), 전자어음의 배서 · 보증 또는 권리행사는 전자문서에 의하여만 할 수 있다(電어 제5조 제4항). 전자어음의 법적 성질에 관하여는 학설이 갈린다.

1. 전자등록증권설

전자어음의 법적 성질에 관하여 유가증권법상의 전형적인 유가증권으로 볼 수는 없으나 장부증권이론에서의 장부증권 또는 전자적 권리표창이론에서의 전자적 등록증권으로 파악하고, 소위 "전자증권제도"에서 주권 또는 채권을 전자증권화한 경우와 같이 보는 견해이다.[22]

---

19) 국회 법제사법위원회, "전자어음의 발행 및 유통에 관한 법률 제정에 관한 공청회"(2003. 5. 13), 12~17쪽.

20) 국회 법제사법위원회, 위의 공청회 자료, 51~57쪽(조정환, 법무부), 73~81쪽(변양호, 재정경제부); 정찬형, "전자어음법의 제정 필요한가?," 고려법학, 제41호(2003. 10), 42~44쪽.

21) 동지: 鄭燦亨, 「어음 · 手票法講義」, 771쪽.

22) 정경영, 앞의 논문, 같은 쪽.

2. 전자유가증권설

전자어음은 유가증권인 어음을 전자문서화한 것으로서, 전자거래기본법상 전자문서의 문서성이 인정되고(電去 제4조 1항 참조) 전자어음의 법률관계는 전자어음법이 규정한 것 외에는 어음법이 정한 바에 의하여 규율되므로 유가증권의 일종이라고 보는 견해이다.[23]

3. 사 견

전자등록증권설은 전자어음제도의 본질은 전자등록제도라고 보고 소위 "전자증권제도"에서 등록된 주식·채권과 동일하게 파악하여, 전자어음의 유가증권성을 부정한다. 전자어음에 있어서는 약속어음이 전자문서로 작성되어 등록기관에 등록되고(電어 제5조 제1항), 배서·보증 또는 권리행사가 등록기관에 의하여 관리되며(電어 제7조~제9조, 同法 令 제7조 제2항 참조), 등록된 수취인만이 관리기관을 통하여 배서를 하거나 전자어음의 지급제시를 할 수 있도록 하여(同法 令 제6조 제1항 본문·제3항) 전자어음의 유통성이 제한될 수 있다. 그러나 전자어음의 배서·보증 또는 권리행사는 전자문서에 의하여만 할 수 있고(電어 제5조 제4항), 관리기관은 수취인등록을 거부할 수 없으며(同法 令 제6조 제3항), 법률관계에 관하여 전자어음법이 규정하고 있지 않은 사항은 어음법의 규정에 따르게 된다(電어 제4조). 따라서 전자어음은 종이 어음의 전자적 상응물로서 유가증권의 일종이라고 보아야 할 것이다.

전자어음은 사권인 금전채권을 포함하고 있으므로 금전채권증권이고, 요식증권·설권증권·무인증권·지시증권·제시증권·상환증권 등 종이어음이 가지는 법적 성질을 그대로 가진다.

---

23) 이철송, "전자어음의 어음성," 인터넷법률, 제24호(2004. 7), 4쪽 참조.

Ⅲ. 전자어음의 법률관계

1. 전자어음의 발행

(1) 필요적 기재사항

(가) 전자어음에는 다음의 사항을 기재하여야 한다.

(i) 증권의 본문 중에 그 증권의 작성에 사용하는 국어로 약속어음임을 표시하는 문자(電어 제6조 제1항 제1호, 어 제75조 제1호)

(ii) 일정한 금액을 지급할 뜻의 무조건의 약속(電어 제6조 제1항 제1호, 어 제75조 제2호)

(iii) 만기의 표시(電어 제6조 제1항 제1호, 어 제75조 제3호): 전자어음의 만기는 발행일부터 1년을 초과할 수 없다(電어 제6조 제5항).

(iv) 지급을 받을 자 또는 지급을 받을 자를 지시할 자의 명칭(電어 제6조 제1항 제1호, 어 제75조 제5호)

(v) 발행일과 발행지(電어 제6조 제1항 제1호, 어 제75조 제6호)

(vi) 전자어음의 지급을 청구할 금융기관(電어 제6조 제1항 제2호): 실물어음의 경우에는 지급지가 필요적 기재사항인데(어 제75조 제1항 제4호), 전자어음의 경우에는 필요적 기재사항이 아니다. 다만, 전자어음의 지급을 청구할 금융기관이 소재하는 지역은 어음법 제75조 제4호의 규정에 의한 지급지로 본다(電어 제6조 제2항).

(vii) 전자어음의 동일성을 표시하는 정보(電어 제6조 제1항 제3호)

(viii) 사업자고유정보(電어 제6조 제1항 제4호)

(ix) 발행인의 공인전자서명: 발행인이 전자어음에 공인전자서명을 한 경우에는 어음법 제75조 제7호의 기명날인 또는 서명이 있는 것으로 본다(電어 제6조 제3항).

(나) 전자어음은 어음법 제10조(동법 제77조의 규정에서 인용하는 경우의 해당 조항을 말한다)의 규정에 의한 백지어음으로 발행할 수 없다(電어 제6조 제6항).

(2) 등록 및 교부

(가) 전자어음을 발행하고자 하는 자는 당해 전자어음을 관리기관에 등록하여야 한다(電어 제5조 제1항). 관리기관에 전자어음을 등록하여 발행하고자 하는 자는 금융기관(이하 "지급금융기관"이라 한다)과 당해 지급금융기관을 제3자방(어 제4조)으로 하기로 하는 계약("당좌예금계약")을 체결하여야 한다(電어 令 제5조 제1항). 관리기관은 당해 전자어음의 지급을 청구할 금융기관이나 신용조사기관 등의 의견을 참고하여 전자어음의 등록을 거부하거나 전자어음의 연간 총 발행금액 등을 제한할 수 있다(電어 제5조 제2항, 同法 令 제5조 제1항).

(나) 발행인이 수취인(수신자) 또는 그 대리인이 전자어음을 수신할 수 있는 정보처리시스템에 입력하여 송신하고(電去 제6조 제1항), 그 수취인(수신자)이 전자어음을 수신할 정보처리시스템을 지정한 경우에는 지정된 정보처리시스템에 입력된 때(다만, 전자문서가 지정된 정보처리시스템이 아닌 정보처리시스템에 입력된 경우에는 수신자가 이를 출력한 때), 수취인(수신자)이 전자문서를 수신할 정보처리시스템을 지정하지 아니한 경우에는 수취인(수신자)이 관리하는 정보처리시스템에 입력된 때(電去 제6조 제2항)에 전자어음을 발행한 것으로 본다(電어 제6조 제4항).

2. 전자어음의 배서

(1) 배서의 방식

전자어음에 배서를 하는 경우에는 전자어음에 배서의 뜻을 기재한 전자문서(이하 "배서전자문서"라 한다)를 첨부하여야 한다(電어 제7조 제1항). 배서전자문서에는 전자어음의 동일성을 표시하는 정보(電어 제6조 제1항 제3호)를 기재하여야 한다(電어 제7조 제2항).

피배서인이 다시 배서를 하는 경우에는 전자어음에 이전에 작성된 배서전자문서를 전부 첨부하고 배서를 하여야 한다(電어 제7조 제4항).

(2) 배서된 전자어음의 교부

배서인이 전자거래기본법의 규정에 따라 피배서인에게 전자어음과 배서전자문서를 송신하고 그 피배서인이 이를 수신한 때에는 어음법 제13조 제1항의 규정에 의한 배서 및 교부가 있는 것으로 본다(電어 제7조 제3항).

관리기관에는 수취인이 등록되는데(同法 令 제6조 제1항), 수취인은 관리기관의 정보처리조직을 이용하여 배서를 하므로(同法 令 제6조 제3항 참조), 전자어음이 배서된 때에는 배서인의 정보처리조직에는 전자어음이 소멸하거나 전자어음에 이미 배서되었음을 표시하는 문언이 기재되도록 하여야 한다(同法 令 제8조 제2항).

(3) 배서의 횟수제한

전자어음의 총 배서횟수는 20회를 초과할 수 없다(電어 제7조 제5항). 이러한 제한은 전자어음의 배서가 지나치게 많으면 이전의 배서의 진정 여부를 조사하는 것이 번거롭고 또 시간을 많이 필요로 하게 되어 전자어음의 유통을 저해하기 때문인 것으로 생각된다. 그러나 이러한 제한이 타당한지 또 배서횟수가 20회를 초과한 경우에 그 효력이 어떠한지는 의문이다.[24]

(4) 분할배서의 허용 여부

전자어음법안은 원래 분할배서를 규정하고 있었다.[25] 전자어음의 분할배서를 허용할 것인가가 문제이다.

분할배서를 허용하는 경우 어음의 유통성을 기존의 어음보다 폭발적으로 증가시켜 다수자가 관련된 연쇄부도 가능성을 대폭 확대시키고, 또 분할배서를 허용함으로 인하여 발생하는 경제적 이익보다 분쟁의 증가로 지출되는 비용이 더욱 커질 우려가 있다는 지적이 있다.[26]

그러나 분할금액 또는 분할횟수를 적절히 제한하여 분할배서를 허용하는 경우, 하청업체 등 중소기업에게 원활한 자금공급이 이루어져 오히려 부도의 가능성을 줄일 수 있을 것이며, 또 분할횟수의 제한에 의하여 관련 분쟁의 위험성은 적절한 범위로 축소할 수 있고 분할배서에 의한 경제적 이익이 분할로 인한 분쟁 증가로 지출되는 비용보다 클 것으로 예상된다.

---

24) 鄭燦亨, 「어음·手票法講義」, 778쪽.

25) 전자어음의 발행 및 유통에 관한 법률안(2001. 11. 30) 제8조.

26) 국회 법제사법위원회, 공청회 자료, 56, 75쪽; 김치원, "전자어음의 발행 및 유통에 관한 법률안(조재환의원 대표발의) 검토보고"(2002. 2), 14~15쪽 참조.

3. 전자어음의 보증

전자어음에 보증하는 자는 전자어음에 보증의 뜻을 기재한 전자문서를 첨부하여야 한다(電어 제8조 제1항). 이 경우에 기명날인 또는 서명(제6조 제3항)·전자어음의 발행시기(제6조 제4항) 및 배서전자문서의 기재사항(제7조 제2항)의 규정은 전자어음의 보증에 이를 준용한다. 이 경우 "발행인"은 "보증인"으로, "발행"은 "보증"으로 본다(電어 제8조 제2항).

4. 전자어음의 지급

(1) 전자어음의 지급제시

전자어음의 소지인이 전자어음 및 전자어음의 배서에 관한 전자문서를 첨부하여 지급청구의 뜻이 기재된 전자문서를 전자어음의 지급을 청구할 금융기관(電어 제6조 제1항 제2호)에 송신하고 당해 금융기관이 이를 수신한 때에는 어음법 제38조 제1항에서 규정한 지급제시가 있는 것으로 본다(電어 제9조 제1항 본문). 다만, 관리기관에 대한 전자어음의 제시는 지급을 위한 제시의 효력이 있으며 관리기관이 운영하는 정보처리조직에 의하여 전자어음의 만기일 이전에 자동으로 지급제시되도록 할 수 있다(電어 제9조 제1항 단서).

(2) 전자어음의 지급의 표시

관리기관은 어음금을 수령하는 금융기관이 어음금을 수령하는 동시에 소지인이 보관하는 전자어음에 지급이 이루어졌음을 표시하는 문언이 기재되도록 장치하여야 한다(電어 令 제9조 제1항).

또 관리기관은 위의 문언이 기재된 전자어음을 발행인에게 송신하여야 한다(電어 令 제9조 제2항).

(3) 전자어음의 지급통지와 환수

전자어음의 지급제시를 받은 금융기관이 어음금을 지급할 때에는 관리기관에 지급사실을 통지하여야 한다. 다만, 관리기관에서 운영하는 정보처리조직에 의하여 지급이 완료된 경우에는 그러하지 아니하다(電어 제9조 제4항).

지급사실의 통지가 있거나 관리기관의 정보처리조직에 의하여 지급이 완료된 경우 어음채무자가 당해 어음을 환수한 것으로 본다(電어 제10조).

5. 전자어음의 지급거절과 소구

(1) 지급거절

지급제시를 받은 금융기관이 지급을 거절할 때에는 전자문서(이하 "지급거절 전자문서"라 한다)로 하여야 한다(電어 제12조 제1항). 지급거절 전자문서를 관리기관에 통보하고 동 기관이 이를 확인한 경우 동 전자문서를 어음법 제44조 제1항의 규정에 의한 공정증서로 본다(電어 제12조 제2항).

전자어음의 소지인이 지급거절 전자문서를 수신한 날을 공정증서의 작성일로 본다(電어 제12조 제3항).

지급거절 전자문서의 확인 방법 및 절차 그 밖에 필요한 사항은 대통령령으로 정한다(電어 제12조 제4항).

(2) 소 구

전자어음의 소지인이 소구할 때에는 전자어음과 배서전자문서(제7조 제1항), 지급거절 전자문서를 첨부하여 소구의 뜻을 기재한 전자문서를 소구의무자에게 송신하여야 한다(電어 제13조 제1항).

소구의무자가 소구금액을 지급한 때에는 관리기관에 지급사실을 통지하여야 하며(電어 제13조 제2항), 이 통지가 있으면 소구의무자가 전자어음을 환수한 것으로 본다(電어 제13조 제3항).

소구를 하는 소지인은 소구의 뜻이 기재된 전자문서에 어음금을 수령할 금융기관의 계좌를 기재하여야 한다(電어 제13조 제4항 및 제9조 제3항).

6. 전자어음의 반환 · 수령거부

전자어음을 발행 또는 배서한 자가 착오 등을 이유로 전자어음을 반환받고자 하는 때에는 그 소지인으로 하여금 관리기관에 반환의 뜻을 통지하게 하여야 한다(電어 제14조 제1항). 이 통지가 있으면 전자어음은 발행 또는 배서되지 않은 것으로 보며, 관리기관은 당해 전자어음의 발행 또는 배서에 관한 기록을 말소하여야 한다(電어 제14조 제2항).

전자어음의 수신자가 전자어음의 수령을 거부하고자 하는 경우에는 관리기관에 그 뜻을 통지하여야 한다. 이 통지가 있으면 수신자가 전자어음을 수령하지 않은 것으로 보며, 관리기관은 수신자의 청구가 있을 경우 그 수신자가 전자어음의 수령을 거부한 사실을 증명하는 문서를 발급하여야 한다(電어 제14조 제3항).

Ⅳ. 안전성 확보 및 이용자 보호

1. 안전성 확보의무

관리기관은 전자어음에 관한 거래의 안전을 확보하고 지급의 확실성을 보장할 수 있도록 전자어음거래의 전자적 전송·처리를 위한 인력, 시설, 전자적 장치 등에 관하여 대통령령이 정하는 기준을 준수하여야 한다(電어 제15조).

2. 거래기록의 생성 및 보존

관리기관은 전자어음의 발행, 배서, 보증 및 권리행사 등이 자신의 전자정보처리조직을 통하여 이루어지도록 하여야 하며, 전자어음별로 발행인과 배서인에 관한 기록, 전자어음 소지인의 변동사항 및 당해 전자어음의 권리행사에 관한 기록을 보존하여야 하고, 전자어음거래를 추적·검색하고 오류가 발생할 경우 이를 확인·정정할 수 있는 기록을 생성하여 보존하여야 한다(電어 제16조 제1항).

위의 규정에 의하여 관리기관이 보존하여야 하는 기록의 종류와 방법 및 보존기간은 대통령령으로 정한다(電어 제16조 제2항).

3. 거래정보의 제공 등

관리기관은 이용자의 신청이 있는 경우에는 대통령령이 정하는 바에 따라 해당 전자어음 관련 발행상황 및 잔액 등의 결제정보를 제공하여야 한다(電어 제17조 제1항).

전자어음거래와 관련하여 업무상 다음에 해당하는 사항을 알게 된 자는 이용자의 동의를 얻지 아니하고 이를 타인에게 제공하거나 누설하여서는 아니된다. 다만, 금융실명거래법 제4조 제1항 단서의 규정에 의한 경우와 그 밖의 법률에 정한 경우에는 그러하지 아니하다(電어 제17조 제2항).

(i) 이용자의 신상에 관한 사항

(ii) 이용자의 거래계좌 및 전자어음거래의 내용과 실적에 관한 정보 또는 자료

관리기관은 건전한 전자어음 발행·유통과 선의의 거래자 보호를 위하여 대통령령이 정하는 경우에는 법무부장관의 사전승인을 얻어 전자어음거래 정보에 관한 사항 등을 공개할 수 있다(電어 제17조 제3항).

4. 약관의 명시·통지 등

관리기관은 전자어음을 등록함에 있어 이용자에게 전자어음거래에 관한 약관을 명시하고, 이용자의 요청이 있는 경우 대통령령이 정하는 바에 따라 당해 약관을 교부하고 그 내용을 설명하여야 한다(電어 제18조 제1항).

관리기관이 전자어음거래에 관한 약관을 제정 또는 변경하고자 하는 때에는 법무부장관의 승인을 얻어야 한다. 다만, 약관의 변경으로 인하여 이용자의 권익이나 의무에 불리한 영향이 없다고 법무부장관이 정하는 경우에는 변경 후 10일 이내에 법무부장관에게 통보하여야 한다(電어 제18조 제2항).

5. 이의제기와 분쟁처리

관리기관은 대통령령이 정하는 바에 따라 전자어음거래와 관련하여 이용자가 제기하는 정당한 의견이나 불만을 반영하고, 이용자가 전자어음거래에서 입은 손해를 배상하기 위한 절차를 마련하여야 한다(電어 제19조 제1항).

관리기관은 전자어음 등록시 이의제기와 분쟁처리 절차를 명시하여야 한다(電어 제19조 제2항).

Ⅴ. 전자어음관리업무의 감독

1. 관리기관의 감독 및 검사

법무부장관은 관리기관에 대하여 전자어음법 또는 동법에 의한 명령의 준수여부를 감독한다(電어 제20조 제1항).

법무부장관은 감독을 위하여 필요한 때에는 관리기관에 대하여 그 업무에 관한 보고를 하게 하거나 대통령령이 정하는 바에 따라 관리기관의 전자어음관리업무에 관한 시설·장비·서류 그 밖의 물건을 검사할 수 있다(電어 제20조 제2항).

법무부장관은 전자어음제도의 원활한 운영 및 이용자 보호 등을 위하여 필요한 때에는 관리기관에게 이용자의 전자어음거래정보 등 필요한 자료의 제출을 명할 수 있다(電어 제20조 제3항).

법무부장관은 관리기관이 전자어음법 또는 동법에 의한 명령을 위반하여 전자어음제도의 건전한 운영을 해하거나 이용자의 권익을 침해할 우려가 있다고 인정되는 경우에는 다음의 하나에 해당하는 조치를 할 수 있다(電어 제20조 제4항).

(ⅰ) 당해 위반행위에 대한 시정명령

(ⅱ) 관리기관에 대한 주의·경고 또는 그 임·직원에 대한 주의·경고 및 문책의 요구

(ⅲ) 관리기관 임원의 해임권고 또는 직무정지의 요구

법무부장관은 전자어음제도의 운영 및 관리기관의 감독 또는 검사와 관련하여 필요한 경우 금융위원회에 협의를 요청하거나 대통령령이 정하는 바에 따라 그 권한의 일부를 위임 또는 위탁할 수 있다(電어 제20조 제5항).

2. 관리기관 지정의 취소

법무부장관은 관리기관이 다음의 하나에 해당하는 때에는 제3조의 규정에 의한 지정을 취소할 수 있다(電어 제21조 제1항).

(ⅰ) 허위 그 밖의 부정한 방법으로 제3조의 규정에 의한 지정을 받은 때

(ⅱ) 정당한 사유 없이 1년 이상 계속하여 영업을 하지 아니한 때

(iii) 법인의 합병 · 파산 · 영업의 폐지 등으로 사실상 영업을 종료한 때

관리기관은 지정이 취소된 경우에도 그 처분 전에 행하여진 전자어음거래의 지급을 위한 업무를 계속하여 행할 수 있다(電어 제21조 제2항).

법무부장관은 관리기관의 지정을 취소하고자 하는 경우에는 청문을 실시하여야 하며, 지정을 취소한 때에는 지체 없이 그 내용을 관보에 공고하고 컴퓨터통신 등을 이용하여 일반인에게 알려야 한다(電어 제21조 제3항).

Ⅵ. 벌 칙

1. 형사제재

관리기관의 지정을 받지 아니하고 전자어음관리업무를 한 자는 5년 이하의 징역 또는 1억원 이하의 벌금에 처한다(電어 제22조 제1항).

다음의 하나에 해당하는 자는 3년 이하의 징역 또는 5천만원 이하의 벌금에 처한다(電어 제22조 제2항).

(i) 관리기관에 등록하지 아니하고 전자어음을 발행한 자

(ii) 이용자의 동의를 얻지 아니하고 전자어음거래 정보를 제공한 자

법무부장관의 관리기관의 검사를 기피하거나 방해한 자는 1년 이하의 징역 또는 3천만원 이하의 벌금에 처한다(제22조 제3항).

전자어음은 형법 제214조 내지 제217조에 정한 죄의 유가증권으로 보아 각 그 죄에 정한 형으로 처벌한다(電어 제22조 제4항).

2. 과태료

다음의 하나에 해당하는 자는 1천만원 이하의 과태료에 처한다(電어 제23조 제1항).

(i) 안전성 확보의무의 규정에 의한 안전성 기준을 위반한 자

(ii) 법무부장관의 자료제출명령에 대하여 정당한 사유 없이 자료를 제출하지 아니하거나 허위의 자료를 제출한 자

다음의 하나에 해당하는 자는 500만원 이하의 과태료에 처한다(제23조 제2항).

(i) 전자어음거래 기록의 보존의무를 위반한 자
(ii) 전자어음거래 정보 제공의 신청에 대하여 정당한 사유 없이 결제정보를 제공하지 아니한 자
(iii) 약관의 설명의무 또는 보고의무를 위반한 자
(iv) 분쟁처리절차를 설치하지 아니한 자

제 3 절 전자수표거래

I. 전자수표의 의의와 특징

1. 전자수표의 의의

전자수표(electronic check)라 함은 「종이 수표의 전자적 상응물로서 발행인이 거래은행(지급은행)에 대하여 일정한 금액의 지급을 위탁하는 형식의 전자문서」를 말한다. 따라서 전자수표는 본질적으로 발행인이 지급은행에 대하여 그의 계좌로부터 다른 사람의 계좌로 자금을 이체하라고 지시하는 메시지이다.

전자수표의 원형은 Neuman에 의하여 개발된 NetCheck이라고 한다.[27] 현재의 대표적인 전자수표는 미국의 금융서비스기술협회(Financial Services Technology Consortium)가 개발한 echeck이다.[28]

전자수표는 종래의 수표와 같은 방법으로 기능하도록 고안되었다. 전자수표는 종이 수표를 모델로 하여 현재 종이 수표에 포함되어 있는 모든 정보를 포함하게 된다. 다만 그 정보는 서면형태가 아니라 전자적 형태로 존재하게 된다. 전자수표는 서명과 배서를 위하여 또 발행인·지급은행과 은행계좌를 인증하기 위하여 디지털서명을 사용하게 된다. 전자수표는 직접 은행에 전송되지 않고 전자우편 또는 WWW과 같은 통신방법에 의하여 수취인에게 전송되며, 수취인은 여기에 배서하

---

27) G. Medvinsky & B. C. Neuman, NetCash: A Design for Practical Electronic Currency on the Internet, *Proceedings of the First ACM Conference on Computer and Commnications Security*, Nov. 1993.
28) What is the eCheck?, http://www.echeck.org/overview/what.html 참조.

여 양도할 수 있다.[29]

2. 전자수표의 특징

전자수표는 전자화폐와 더불어 전자적 증표(electronic token)에 해당한다. 전자수표는 기능적으로 종이 수표와 같이 기업과 소비자에 의하여 사용되고 기존의 결제제도를 통하여 결제된다. 전자수표는 종이 수표와 같이 발행인의 계좌로부터 출금을 할 수 있는 수권을 포함하게 되지만, 발행인의 계좌에 자금이 있다는 것을 보증하지는 않을 것이고 따라서 종이 수표와 같이 부도될 수 있다.[30]

전자수표의 장점은 다음과 같다. 첫째로, 전자수표는 종래의 수표와 같은 방법으로 기능하므로 소비자교육을 단순화할 수 있다. 둘째로, 전자수표는 소액지급제도에 적합하며, 종래의 암호화방법을 사용함으로써 거래를 신속하게 만든다. 셋째로, 전자수표는 자본의 유동기간을 만들어내고 이것은 상거래를 위하여 중요한 요건이 된다.[31] 넷째로, 이용자는 전자지급거래에 관한 법률의 책임규정 및 분쟁해결절차의 혜택을 받을 수 있다.[32]

Ⅱ. 전자수표의 거래구조

발행인은 수표금액, 발행인의 명칭, 지급은행의 명칭, 발행인의 계좌번호, 수취인의 명칭 등의 정보를 포함하는 전자수표를 발행한다. 발행인은 전자수표의 인증을 위하여 종이 수표에 있어서의 서명의 상응물로서 디지털서명을 사용한다.

발행인은 은행을 통하지 않고 전자우편 또는 웹(Web)을 통하여 수취인에게 전자수표를 전송한다. 수취인은 발행인의 서명을 확인한 후 다른 서명을 사용하여 다시 배서양도하거나, 전자수표에 배서하여 거래은행(수취은행)에 예치한다.

수취은행은 발행인 및 수취인의 서명을 확인한 후 수취인의 계좌에 대기하고,

29) D. Kosiur, *Understanding Electronic Commerce*, Washington: Microsoft Press, 1997, p. 49; Ronald J. Mann & Jane K. Winn, Electronic Commerce, 2nd ed., N.Y.: Aspen Publishers, 2005, p. 550.

30) T. J. Smendinghoff, ed., *Online Law*, Mass.: Addison-Wesley Developers Press, 1996, § 7.6.

31) R. Kalakota & A. B. Whinston, *Frontiers of Electronic Commerce*, Reading, Mass.: Addison-Wesley, 1996, p. 312.

32) What is the eCheck?, http://www.echeck.org/overview/what.html#one 참조.

결제를 위하여 전자수표에 배서하여 지급은행에 전송한다. 지급은행은 지급인의 서명을 확인한 후 지급인의 계좌에서 수표금액을 차감한다.[33)]

Ⅲ. 전자수표의 법적 성질

전자수표의 법적 성질은 전자수표관리 시스템의 설계 및 운용에 따라 달라질 것이나, 전자수표가 유가증권이 되려면 "수표금지급청구권을 전자수표관리시스템에 의하여 전자문서로 작성하여 표창하고 그 권리의 이전 및 행사에 전자문서의 송신·수신을 필요로 하는 것"이어야 하고, 또 유가증권법정주의의 요청을 충족하여야 한다.

전자수표에 유가증권성이 인정되는 경우, 전자수표는 발행인이 전자문서에 지급은행에게 일정한 금액의 지급을 위탁하는 내용을 기재하고 전자서명을 하여 발행한 전자유가증권이라고 볼 수 있다. 또 전자수표는 일정한 금전의 지급을 목적으로 하는 금전채권증권이다. 그 외에 전자수표는 대체로 전자어음의 경우와 같이 요식증권·설권증권·문언증권·무인증권·지시증권·제시증권·상환증권의 성질을 가지게 될 것이다.

Ⅳ. 전자수표법안의 내용

2006. 4. 18 국회 법제사법위원회에 「전자수표의 발행 및 유통에 관한 법률안」(이하 "법안"이라 한다)이 제출되었다. 이 법안은 전자적 방식으로 수표를 발행·유통하고 수표상의 권리를 행사할 수 있도록 함으로써 수표의 사용을 원활하게 함을 목적으로 하고 있다(법안 제1조). 전자수표는 전자어음과 거의 같은 구조 및 내용을 가지고 있다.

이 법안에 관하여는 전자어음과 마찬가지로 거래계에서 이용되고 있지 않은 제도를 법률이 창설하는 것은 바람직하지 않고, 입법례가 없을 뿐 아니라, 전자수표에 관한 규정을 둔다고 하더라도 전자금융거래법의 일부로 되어야 할 성질의 것

---

33) M. M. Anderson, The Electronic Check Architecture, http://www.echeck.org/library/wp/ArchitectuaOverview.pdf 참조.

이라고 생각한다.

법안의 제안이유와 주요내용은 다음과 같다.[34)]

1. 제안이유

기업거래에서는 다양한 결제수단이 필요하고, 특히 전자상거래 시장에서 안전하고 효율적인 전자지급결제시스템이 등장하여 그 사용범위를 넓히고 있으나, 고액지급·결제수단의 부재로 인한 전자수표의 필요성이 더욱 대두되고 있다.

전자수표가 도입되면 전자어음과 함께 전자결제수단으로서 기업의 결제가 간단·편리해지는 장점이 있으며, 종이수표에 비해 발행·유통·교환 비용이 절감되는 효과도 있다. 또한 기존의 종이수표에 기반을 두고 있어 사용하기가 용이하고, 전자서명, 인증서 등의 최신 정보통신기술을 이용하고 있기 때문에 효율성과 신뢰성 측면에서도 문제될 것이 없다.

전자수표의 도입은 다양한 결제수단의 제공이라는 측면에서 그 의미를 가지며, 이용자들은 각각의 장단점을 가진 결제수단 중 자신에게 가장 적합한 결제수단을 선택할 수 있게 된다.

2. 주요내용

(1) 법적 성질

이 법에 의해 발행된 전자수표는 「수표법」에 의해 발행된 수표로서의 효력을 가지며(법안 제4조), 또 「부정수표단속법」이 규정하는 수표로 본다(법안 제24조).

(2) 관리기관

전자수표를 발행하고자 하는 자와 전자수표를 수령하는 자는 전자수표관리기관(이하 이 절에서 “관리기관”이라 한다)에 등록하고 그 절차·방법 및 그 밖에 필요한 사항은 대통령령으로 정한다(법안 제5조). 관리기관은 법무부장관이 지정하되, 관리기관의 지정요건 및 지정절차 그 밖에 필요한 사항은 대통령령으로 정한다(법안 제2조).

---

34) 국회 의안정보시스템(http://likms.assembly.go.kr/bill) 의안번호 174269번 참조.

(3) 필요적 기재사항

전자수표의 발행시 「수표법」에서 정하는 사항 및 전자수표의 동일성을 표시하는 정보 및 발행인의 고유정보를 기재하여야 하며, 발행인이 전자수표를 송신하고 타인이 그 전자수표를 송신하였을 때를 발행시기로 본다. 전자수표는 백지수표로는 발행할 수 없다(법안 제6조).

(4) 배서 · 보증 및 지급제시

전자수표의 배서는 전자수표에 배서의 뜻을 기재한 전자문서를 첨부하여야 하고 그 문서에는 전자수표의 동일성을 표시하는 정보를 기재하여야 한다(법안 제7조). 전자수표의 보증은 전자수표에 보증인이 보증의 뜻을 기재한 전자문서를 첨부하여야 한다(법안 제9조). 전자수표의 지급제시는 소지인이 전자수표와 지급청구의 뜻이 기재된 전자문서를 지급인에게 송신하고 그 지급인이 수신한 때로 본다. 지급인이 수표금을 지급한 때에는 관리기관에 지급사실을 통지하여야 한다(법안 제10조).

(5) 지 급

지급인이 전자수표금을 지급하거나 소지인이 전자수표에 대하여 반환 · 수령거부의 뜻을 통지한 경우 지급인이 당해 전자수표를 환수한 것으로 한다(법안 제11조). 지급제시를 받은 지급인이 지급을 거절할 때에는 제시일자를 기재한 전자문서를 소지인에게 송신하고 이를 관리기관에 통지하여야 한다. 지급거절전자문서를 소지인이 수신한 경우에는 지급인의 선언으로 본다(법안 제12조).

(6) 소 구

전자수표의 소지인이 소구할 때에는 전자수표와 지급거절 전자문서를 첨부하여 소구의 뜻을 기재한 전자문서를 소구의무자에게 송신하여야 하고, 소구의무자가 소구금액을 지급한 때에는 관리기관에 지급사실을 통지하여야 한다(법안 제13조).

(7) 반환 및 수령거부

전자수표의 반환 및 수령거부(법안 제14조)를 규정하고 있다.

(8) 전자문서의 작성 · 관리방법

전자수표의 발행, 배서, 양도, 보증, 지급제시 및 소구를 위한 전자문서의 작성방법 및 관리기관의 관리방법에 관해 필요한 사항은 대통령령으로 정한다(법안 제15조).

(9) 안전성 확보 및 이용자 보호

전자어음법과 같이 안전성 확보(법안 제16조), 전자어음거래 기록의 생성 및 보존(법안 제17조), 전자어음거래 정보의 제공(법안 제18조), 약관의 명시 · 통지 · 제정 · 변경(법안 제19조), 이의제기와 분쟁처리(법안 제20조)를 규정하고 있다.

(10) 관리업무의 감독

법무부장관의 감독권과 감독 및 검사(법안 제21조), 관리기관 지정의 취소(법안 제22조)를 규정하고 있다.

(11) 적용 제외

수표법 중 지급제시기간(手 제29조 제2항 내지 제4항), 표준이 되는 세력(手 제30조), 어음교환소에 있어서의 제시(手 제31조), 상환증권성 · 일부지급(手 제34조), 복본발행의 조건 · 방식(手 제48조), 복본의 효력(手 제49조), 지급보증(手 제53조 내지 제58조)에 관한 규정은 전자수표에는 적용하지 아니한다(법안 제23조).

제 4 절 전자채권거래

I. 전자채권의 의의

전자채권이라 함은 「채무자가 특정한 채권자에 대하여 전자문서에 의하여 금전채무의 변제를 약속한 금전채권」을 말한다. 전자채권은 서면상으로 채무부담의 의사표시를 하지 않고 전자문서에 한 전자적 방식의 채권이다. 전자금융거래법은 전자채권을 다음의 요건을 갖춘 전자문서에 기재된 채권자의 금전채권을 말한다고 정의하고 있다(제2조 제16호).

① 채무자가 채권자를 지정할 것

② 전자채권에 채무의 내용이 기재되어 있을 것

③ 공인전자서명(電署 제2조 제3호)이 있을 것

④ 금융기관을 거쳐 전자채권관리기관(제29조 제1항)에 등록될 것

⑤ 채무자가 채권자에게 ① 내지 ③의 요건을 모두 갖춘 전자문서를 전자거래기본법 제6조 제1항의 규정에 따라 송신하고, 채권자가 이를 같은 법 제6조 제2항의 규정에 따라 수신할 것

현재 기업간 거래의 결제수단으로 고안되어 있는 전자외상매출채권은 전자채권으로 파악되고 있다(만기는 180일로 제한된다). 약관상 전자외상매출채권(이하 단순히 "전자채권"이라 한다)은 구매기업이 상거래를 통하여 판매기업으로부터 재화 및 용역의 구매계약을 체결함으로써 발생한 대금채권을 구매기업이 약관에 정한 변경권에 기하여 발행은행을 통한 전자적 수단에 의하여 약관에서 정한 절차와 방법에 따라 채권의 결제, 행사방법, 결제시기 등을 변경하기로 하는 의사표시를 함으로써 성립하는 채권이라고 정의되고 있다(전자외상매출채권거래 기본약관 제2조 1.).

Ⅱ. 전자채권의 거래구조

(1) 이용계약의 체결

구매기업과 판매기업이 거래서비스를 이용하기 위해서는 사전에 각자 거래은행(발행은행, 보관은행)과 이용약정을 체결하여야 한다. 구매기업과 판매기업은 물품구매계약을 체결하면서 전자채권에 의한 대금결제에 합의한다.

전자채권을 전자채권관리기관(제29조 제1항에 따라 전자채권의 등록 및 관리업무를 행하기 위하여 등록한 자를 말한다)에 등록하려는 자는 미리 금융기관과 전자채권의 발행 및 채무의 이행을 위한 계좌개설약정을 체결하여야 한다(令 제16조 제1항).

(2) 전자채권의 발행 및 등록

발행인은 발행은행을 통하여 전자채권을 발행한다. 전자채권관리기관(금융결제원)은 등록을 의뢰받은 전자채권 발행내역을 원장으로 만들어 보관한 후 발행은행과 보관은행에게 등록결과를 통지한다. 보관은행은 전자채권관리기관으로부터 전자채권 발행의 통지를 받아 전자채권 발행의 통지를 하고 전자채권을 보관한다. 대금채권은 발행등록을 함과 동시에 약관에서 정한 전자채권으로 변경되는 것으로 본다. [그림 4-1]은 전자채권의 발행절차를 나타낸 것이다.

[그림 4-1] 전자채권의 발행절차

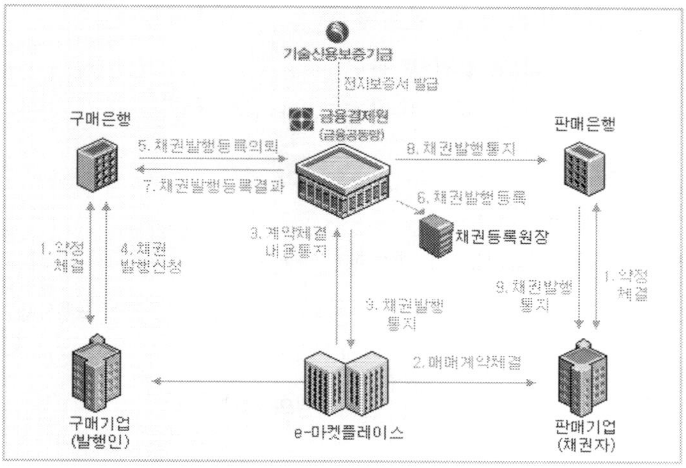

*자료: 금융결제원

전자채권관리기관은 금융기관을 거쳐 전자채권의 등록을 신청받은 때에는 그 전자채권의 발행 내역의 이상 유무를 확인하고, 이상이 없으면 전자채권등록원장에 등록한 후 이를 채권자에게 통지하여야 한다(令 제16조 제2항). 실제로는 보관은행이 금융결제원으로부터 전자채권 발행의 통지를 받아 채권자에게 통지한다.

전자채권관리기관에 등록하여야 할 사항은 다음과 같다(令 제16조 제3항).

① 전자채권의 채권번호와 종류(보증채권인지 무보증채권인지 여부)
② 채권자 및 채무자와 그 거래 금융기관에 관한 사항
③ 전자채권의 발행일 및 변제기

④ 전자채권의 발행한도 및 발행금액

⑤ 그 밖에 전자채권의 등록에 필요한 사항 등

(3) 관리기관의 전자채권 관리

전자채권관리기관은 등록된 전자채권에 대하여 다음의 사항을 관리하여야 한다(令 제16조 제4항).

① 전자채권의 변제기와 관련된 사항의 채무자에 대한 통지

② 전자채권의 변제내역 및 미변제내역

③ 전자채권의 양도내역

④ 금융기관간 전자채권 관련 결제내역

⑤ 전자채권 관련 거래의 정지에 관한 사항

⑥ 그 밖에 전자채권의 관리와 관련된 사항

(4) 전자채권의 추심 · 담보

전자채권의 만기가 도래하면 보관은행은 판매기업의 위임에 따라 전자채권 만기일 전영업일에 전자채권관리기관을 통하여 전자적인 방법으로 지급제시를 하여

[그림 4-2] 전자채권의 결제절차

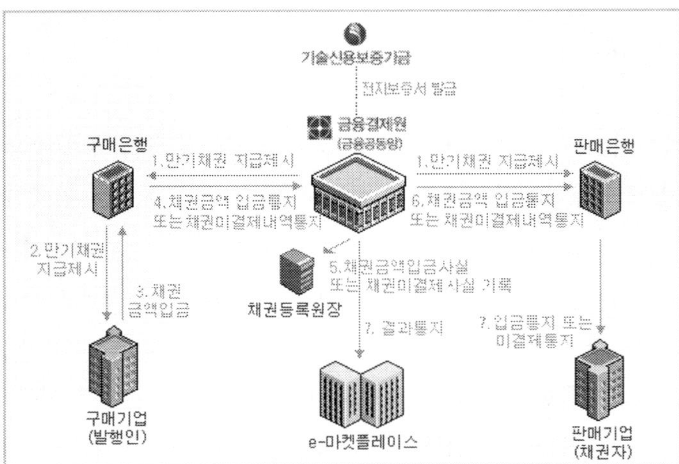

* 자료: 금융결제원

추심한다. 판매기업은 만기 전이라도 전자채권을 보관은행에 담보로 제공하고 대출을 받을 수 있다(전자외상매출채권거래 기본약관 제3조~제8조, 제12조 참조). [그림 4-2]는 전자채권의 결제절차를 나타낸 것이다.

Ⅲ. 전자채권증서의 법적 성질

전자채권 내지 전자채권증서의 법적 성질에 관하여는 지명채권설과 기명증권설이 대립하고 있다.

(1) 지명채권설

이 설은 전자채권은 어떤 기업이 다른 기업에게 물품 또는 용역을 외상으로 구입하고 판매기업을 채권자로 지정한 채권이고, 현행 유가증권법 및 채권법 체계에서는 전자문서에 의하여 어음·수표와 같은 지시채권 또는 무기명채권을 만들 수 없으므로 전자채권은 단지 지명채권에 불과하며, 이에 관한 전자문서는 차용증서와 같이 채권의 증거수단에 불과하다고 한다.[35]

(2) 기명증권설

이 설은 구매기업과 판매기업 사이의 구매계약상의 대금채권을 구매기업이 변경함으로써 발행되는 전자채권은 금전채권이라는 실체와 전자증권이라는 외형이 결합되어 지명채권의 성질을 가지며, 약관상 등록기관에의 등록에 의하여 보관은행에 대한 양도만 허용되고 배서나 교부에 의한 양도가 허용되지 않아 사실상 유통성이 제한되고 있으나, 전자채권증서는 재산권을 표창하고 그 양도·행사가 증권에 의하여 이루어진다는 점에서 불완전유가증권의 성질을 가진다고 본다.[36]

---

35) 산업자원부·한국전자거래진흥원, 전자상거래 활성화 워킹그룹 보고서(Ⅰ) "전자외상매출채권의 활성화 방안연구"(2002. 1), 41쪽; 이철송, "전자어음법의 제정에 관한 연구"(연구보고서, 2001. 7), 19~20쪽; 이철송, "전자어음의 어음성," 인터넷 법률, 제24호(2004. 7), 13쪽 주 13).

36) 윤창술, "전자외상매출채권과 전자어음에 대한 비교연구," 상사법연구, 제24권 제1호(2005. 5), 247쪽; 鄭敬永, "有價證券 電子化에 관한 法律的 考察," 44~47쪽 참조.

(3) 사 견

생각건대, 전자금융거래법은 전자채권에 관하여 채무자가 채권자를 지정하고 채무의 내용을 기재한 공인전자서명이 있는 전자문서를 채무자가 채권자에게 송신하고 채권자가 수신할 것을 요건으로 하고 있으므로(제2조 제16호), 전자채권증서는 전자증권으로서 요건을 갖추고 있다. 한편 전자채권은 일반인에 대한 양도는 금지되어 있으나, 판매기업이 만기 전에 보관은행에 담보로 제공하는 것은 가능하며 이 경우에는 지명채권의 양도방법에 의한다. 전자채권은 전자채권관리기관에 등록되기 전에는 증권 없는 권리에 불과하지만, 전자채권관리기관에 등록됨으로써 전자문서에 표창되고 그 양도와 추심은 전자문서에 의한 송·수신을 필요로 한다. 따라서 전자채권증서는 전자유가증권의 일종으로서 유통성이 제한되는 기명증권의 일종으로 볼 수 있을 것이다.[37]

전자금융거래법은 전자채권의 정의 및 양도의 대항요건을 규정하고 있으나(제20조), 그 양도의 방법과 양도의 효력은 사법의 일반원칙에 맡기고 있다.

Ⅳ. 전자채권의 양도방법

전자채권을 취득한 자는 일반적으로는 전자적 방법에 의하여 그 채권을 양도할 수 있다고 할 것이나, 전자채권은 기업의 자금융통 등의 특수한 목적을 위하여 창설되는 것이므로 양도를 제한할 필요가 있다. 그런데 판매기업은 전자채권의 만기일 이전에 자금이 필요한 때에는 전자채권을 담보로 보관은행으로부터 대출을 받는 방법으로 전자채권을 조기에 현금화할 수 있다(전자외상매출채권거래 기본약관 제12조 참조).

전자채권의 담보대출은 채권금액의 범위 내에서 발행일로부터 만기의 2영업일 전까지 가능하다. 이 담보대출은 그 법적 성질을 소비대차계약으로 볼 수 있으며, 담보의 방법으로는 채권질권·양도담보 등이 가능하다.

전자채권의 판매기업이 보관은행에 전자채권을 담보로 대출을 신청한 경우 보관은행은 전자채권의 "양도사실"을 확정일자 있는 증서에 의해 구매기업에 통지

37) 이에 비하여 전자어음은 권리의 발생·행사 및 이전의 전부에 전자증권의 소지(지배)를 요하는 완전유가증권으로서, 배서에 의하여 양도될 수 있는 지시증권인 점에서 전자채권과 다르다.

한다. 이러한 담보제도의 법적 성질을 무엇으로 볼 것인가가 문제이다.

이에 대하여는 소비대차계약에 따른 금전대여에 대해 전자채권을 담보로 제공하는 행위는 채권매매가 아닌 채권질권의 설정행위로 보아야 한다는 견해가 있다.[38] 그런데 약관에서 규정한 전자채권의 담보는 판매기업과 보관은행 사이의 소비대차계약에 기하여 전자채권을 양도담보로 제공한다는 법리구성도 가능하다.[39] 전자채권의 담보를 채권질권으로 보든 양도담보로 보든, 담보권설정을 위해서는 지명채권의 양도방법에 의한다(民 제346조, 제450조 참조).

Ⅴ. 전자채권양도의 대항요건

전자채권을 양도하려면 양도의 대항요건으로서 판매기업(보관은행이 대행한다)은 채무자인 구매기업에게 통지하거나 채무자의 승낙을 얻어야 하고, 제3자에 대하여는 앞의 양도의 통지나 승낙을 확정일자 있는 증서에 의하여야 한다(民 제349조, 제450조). 따라서 전자채권의 담보를 위해서는 그 양도의 대항요건을 명확하게 할 필요가 있다.

전자금융거래법은 전자채권양도의 대항요건을 전자적 방법에 의하여 간편하게 처리하기 위해 공인전자서명 및 시점확인으로 대체하고 있다.[40] 전자채권양도의 대항요건을 채무자에 대항요건과 제3자에 대한 대항요건으로 나누어 살펴보면 다음과 같다.

채무자에 대하여는 다음의 요건을 모두 갖춘 때에 민법 제450조 제1항의 규정에 따른 대항요건을 갖춘 것으로 본다(제20조 제1항).

(ⅰ) 양도인의 채권양도의 통지 또는 채무자의 승낙이 공인전자서명(電署 제2조 제3호)을 한 전자문서에 의하여 이루어질 것

(ⅱ) 위의 규정에 따른 통지 또는 승낙이 기재된 전자문서가 전자채권관리

38) 鄭敬永, "有價證券 電子化에 관한 法律的 考察," 62쪽, 주 117).

39) 전자외상매출채권은 구매기업이 만기일에 대금을 지급하지 못할 경우 보관은행이 판매기업에게 소구권을 행사할 수 있는가 여부에 따라 상환청구권이 있는 전자채권과 상환청구권이 없는 전자채권으로 구분된다(전자외상매출채권거래 기본약관 제2조 제18호 · 제19호, 제6조 참조). 이러한 방식은 채권의 양도담보에 있어서 매도담보와 협의의 양도담보의 형식에 대응하는 것으로 볼 수 있을 것이다.

40) 손진화 · 정경영, "전자금융거래기본법 제정에 관한 연구," 167쪽 참조.

기관에 등록될 것

제3자에 대하여는 위의 통지 또는 승낙이 기재된 전자문서에 전자서명법 제20조의 규정에 따른 시점확인이 있고 위의 요건을 모두 갖춘 때에 민법 제450조 제2항의 규정에 따른 대항요건을 갖춘 것으로 본다(제20조 제2항).

제 5 절 주식 · 사채의 전자등록

Ⅰ. 서 설

1. 전자등록제도의 의의

일반적으로 전자등록제도라 함은 「증권 없는 권리를 중앙등록기관의 전자등록부(electronic register)에의 등록함으로써 실물증권에 의하여 표창되던 권리의 권리자 및 내용을 인정하고, 전자등록부를 통하여 그 권리의 이전 · 담보설정 및 행사를 가능하게 하는 제도」를 말한다. 여기에서 증권 없는 권리란 증권에 표시될 수 있거나 표시되어야 할 권리를 말하며, 이러한 권리는 그 증권이 발행되지 아니한 경우에도 그 증권으로 본다(資市 제4조 제9항). 전자등록제도의 예로는 국채 · 공사채 · 주식 · 사채의 전자등록을 들 수 있다. 전자등록제도에서는 권리를 유체물인 증권에 표창하는 대신에 정보처리시스템에 의하여 작성되는 전자등록부에의 등록을 권리의 공시방법으로 인정하는 것이다. 증권 없는 권리의 전자등록은 광의의 전자증권거래에 속하고 전자금융거래의 일종이다.

유가증권은 경제적 목적에 따라 금전시장증권(어음 · 수표 등), 자본시장증권(투자증권: 주권 · 무기명사채권 등)과 재화유통증권(화물상환증 · 선하증권 · 창고증권 등)으로 분류되고 있는데, 전자등록제도는 주로 자본시장증권이 표창하던 권리를 실물증권의 발행 없이 전자등록부에 등록하는 제도를 가리킨다.

우리나라에서는 전자등록제도에 관하여 종래에 "증권무권화제도"라는 용어를 사용하다가,[41] 최근에는 인터넷 증권거래(사이버 트레이딩)의 보편화와 전자문서

41) 예컨대, 이철송, "예탁결제제도의 선진화와 증권무권화를 위한 법적 정비," (증권예탁원 세미

의 법적 효력 인정 등의 영향을 받아 "전자증권제도"라는 용어를 사용하고 있다.[42] "전자증권"(electronic securities)이라는 용어를 사용하는 예는 덴마크 증권거래법에서 찾아볼 수 있는데, 중앙예탁기관에 등록된 양도가능한 무권화된 증권(dematerialized securities)을 말한다고 규정하고 있다.[43] 영국에서는 "uncertificated securities,"[44] 미국에서는 "uncertificated security"[45]라는 용어를 사용하고 있다. 그런데 후술하는 바와 같이 전자등록부의 유가증권성은 인정되지 않으므로 "전자증권제도"라는 용어를 사용하는 것은 전자등록부가 유가증권인 것으로 오해하게 할 소지가 있다.

2. 전자등록제도의 도입 필요성

각국은 자본시장증권에 관하여 권리의 유통을 촉진하고 공시기능을 강화하기 위하여 권리를 증서에 표창한 실물증권제도를 도입 · 운영하면서, 보관전문기관으로서의 중앙예탁결제기관에 의한 증권의 혼장임치를 전제로 예탁결제제도를 시행하고 있다.[46] 우리나라에서는 1974년 이후 유가증권의 장부상의 기재로써 권리의 양도 또는 행사를 가능하게 하는 집중예탁제도를 운영하고 있으며(資市 제309조 제3항, 제311조 제1항 · 제2항 참조), 주권불소지제도(상법 제358조의 2) · 채권등록

나) 증시효율화를 위한 예탁결제 및 무권화 제도 발전방향(1996. 10. 17); 鄭燦亨, "有價證券의 無券化制度," 證券預託決濟制度의 法的 課題, 比較私法, 제3권 제2호(1996. 12); 최범수, "증권무권화의 의의와 추진방안," (증권예탁원 세미나) 증시효율화를 위한 예탁결제 및 무권화 제도 발전방향(1996. 10. 17).

42) 예컨대, 임종룡, "전자증권제도의 개요 및 도입필요성," 증권시장 경쟁력 제고를 위한 전자증권제도 도입방향 세미나(증권예탁원 · 한국증권연구원, 2001. 10. 24); 정찬형, "전자증권제도 도입에 따른 법적 문제 및 해결방안," 증권시장 경쟁력 제고를 위한 전자증권제도 도입방향 세미나(증권예탁원 · 한국증권연구원, 2001. 10. 24); 한국증권연구원, 「전자증권제도 도입에 관한 연구」, 2000. 10; 정찬형, "전자증권제도 도입에 따른 법적 문제 및 해결방안," 증권예탁, 제40호(2001-4분기, 증권예탁원 10주년 특집호).

43) Securities Trading, etc. Consolidated Act 2002, Sec. 59(2).

44) The Uncertificated Securities Regulations 2001, Sec. 3(1).

45) UCC § 8-102(a)(15).

46) 각국의 증권예탁결제제도에 관하여는 林重鎬, 「獨逸證券預託決濟制度」, 법문사, 1996; 증권예탁원, 「英國證券預託決濟制度」, 청정문화, 1998; 증권예탁원, 「주요국의 전자증권제도」, 2002. 7; 증권예탁원, 「증권예탁결제제도」, 신도문화사, 1995; 증권예탁원, 「일본증권시장개혁 자료집」, 2002. 12; 韓國比較私法學會, 「證券預託決濟制度의 法的 課題」, 比較私法, 제3권 제2호(1996. 12, 한국비교사법학회 창립2주년기념학술대회 특집호); 元容洙, "프랑스의 증권예탁결제제도," 證券預託決濟制度의 法的 課題, 比較私法, 제3권 제2호(1996. 12) 참조.

제도(국채법 제5조, 공사채등록법 제5조) 등에 의한 증권불발행제도가 시행되면서 실물 없는 증권거래가 가능하게 되었다. 그런데 정보통신기술이 발달함에 따라 유럽을 중심으로 주식 등에 관하여 실물증권을 발행하지 아니하고 정보처리시스템에 등록을 하는 전자등록제도가 출현하게 되었다.

증권 없는 권리에 관하여 전자등록제도의 도입이 논의되는 배경은 다음과 같다. 유가증권의 대량 발행 및 거래에 대처하기 위하여 고안된 증권예탁제도는 주권불소지제도, 채권등록제도, 일괄예탁제도 등과 결합하여 실물보관량과 실물발행량을 대폭 축소시켰고, 이에 따라 증권의 부동화가 이루어져 실물증권의 필요성이 거의 없어졌다. 일반 투자자는 실물증권을 직접 보유하지 않고도 증권에 관련된 권리를 안전하고 편리하게 행사할 수 있어 일반 투자자가 실물증권을 보유할 필요성은 계속 감소하고 있다. 더욱이 1990년대 이후 정보통신기술의 급속한 발달로 증권의 대량 발행 및 유통과 다수 투자자의 유가증권을 전자적으로 등록할 수 있는 정보처리시스템을 확보할 수 있게 되어, 증권거래 관련 비용을 절감하고 결제기간을 단축하며 증권거래를 자동 일괄처리(straight through processing: STP)하기 위한 전제로서 전자등록제도의 도입이 논의되고 있다.[47)]

전자등록제도의 도입 목적 및 필요성은 자금조달기간 및 증권관리비용의 축소, 실물증권제도 유지로 인한 부작용(거래의 익명화, 변칙 상속·증여 등) 해소, 금융산업의 선진화 및 투명성 제고, 금융산업의 국제경쟁력 강화 등으로 요약될 수 있다.

3. 전자등록제도에 관한 상법 개정안

법무부에서는 주식·사채의 전자등록제도를 신설하고, 주주총회 소집통지 및 공고·주주제안권·의결권 행사 등의 전자화를 내용으로 하는 상법 개정안을 마련하고 있다(2007년 7월 현재). 전자등록제도의 내용은 다음과 같다.[48)]

회사는 주권을 발행하는 대신 정관에 정하는 바에 따라 공인된 전자등록기관의 전자등록부에 주식을 등록할 수 있고, 전자등록부에 등록된 주식의 양도 또는 입

47) 임종룡, 앞의 논문, 3~8쪽; 한국증권연구원, 앞의 연구보고서, 9~13쪽.
48) 정완용, "회사법의 IT화 관련 개정사항에 관한 고찰," 신용사회와 상법의 발전방향: 상법개정안을 중심으로(한국상사법학회 2006년 하계학술대회, 2006. 7. 7), 28~30쪽 참조.

질은 전자등록부에 등록하여야 효력이 발생하며, 전자등록부에 주식을 등록한 자는 그 등록된 주식을 적법하게 소유한 것으로 추정한다. 전자등록부를 선의로 중대한 과실 없이 신뢰하고 전자등록에 의하여 권리를 취득한 자는 그 권리를 적법하게 취득한다(商 제356조의 2 신설). 전자등록제도·전자투표제도 등의 도입과 관련하여 전자주주명부 제도를 신설한다(商 제352조의 2 신설).

또 회사는 채권을 발행하는 대신 정관에 정하는 바에 따라 전자등록기관의 공인된 전자등록부에 채권자의 권리를 등록할 수 있다. 전자등록부에 등록된 채권자의 권리에 관하여는 주식의 전자등록에 관한 상법의 규정(商 제356조의 2)을 준용한다(商 제478조 제3항 신설). 사채의 전자등록제도·사채권자집회의 전자투표제도 등의 도입과 관련하여 전자사채원부 제도를 도입한다(商 제488조 제5호 개정).

아울러, 금전의 지급청구권, 물건이나 유가증권의 인도청구권 또는 사원의 지위를 표시하는 유가증권은 공인된 전자등록기관의 전자등록부에 등록하여 발행할 수 있게 하고, 이 경우에는 주식의 전자등록에 관한 상법 개정안 제356조의 2 제3항 내지 제6항의 규정을 준용하도록 하였다(商 제65조 개정).

그런데 상법 개정안은 전자등록제도에서 선의취득을 주식의 전자등록과 함께 규정하고 있으나(개정안 제356조의 2 제4항 2문), 선의취득은 주권의 선의취득에 관한 규정(商 제359조)에서 함께 규정하는 것이 바람직하다. 또 전자등록기관의 지정, 전자등록부의 기재사항 등에 관한 사항을 어떤 법에 규정할 것인지를 검토할 필요가 있다.

Ⅱ. 전자등록제도의 운영

주식·사채 등에 대하여 전자등록제도를 도입하기 위해서는 각국의 제도운영을 참작하여 우리나라의 환경에 맞는 제도를 선택할 필요가 있다. 아래에서는 전자등록제도의 운영과 관련하여 적용범위, 적용방법과 등록방식을 검토하기로 한다.

1. 전자등록제도의 적용범위

전자등록제도의 적용범위는 적용대상 권리와 적용대상 회사로 구분할 수 있다.

(1) 적용대상 권리

각국의 입법례는 전자등록제도의 적용대상에 관하여 자국의 환경에 따라 다른 입장을 취하고 있는데, 기본적으로 주식·사채에 대하여 적용하고 다른 증권이 표창하는 권리에 대해서도 적용을 확대하는 추세에 있다.[49]

① 자본시장통합법이 규정하는 증권상의 권리

자본시장통합법은 금융투자상품을 증권과 파생상품(장내파생상품, 장외파생상품)으로 구분하고 있으며, 원화로 표시된 양도성 예금증서[50]와 수탁자에게 신탁재산의 처분 권한(신탁법 제42조 및 제43조에 따른 처분 권한을 제외한다)이 부여되지 아니한 신탁(이하 "관리신탁"이라 한다)의 수익권을 제외하고 있다(資市 제3조 제1항·제2항).

자본시장통합법은 동법의 규율을 받는 증권을 채무증권, 지분증권, 수익증권, 투자계약증권, 파생결합증권과 증권예탁증권으로 구분하고 있다(資市 제4조 제2항). 그리고 증권에 표시될 수 있거나 표시되어야 할 권리는 그 증권이 발행되지 아니한 경우에도 그 증권으로 본다(資市 제2조 제9항).

생각건대, 전자등록제도의 적용대상은 집중예탁의 필요성이 있어 예탁결제제도를 이용하도록 하고 있는 증권, 즉 예탁결제원이 자본시장통합법의 규정(資市 제308조)에 의하여 예탁대상으로 지정한 증권에 의하여 표시될 수 있거나 표시되어야 할 권리로 하는 것이 바람직하다.[51] 그러나 예탁결제원에 의한 예탁대상증권상의 권리를 모두 적용대상으로 할 것은 아니며, 금융의 증권화 현상과 가장 관련이 깊은 증권, 즉 채무증권 중 국채증권·지방채증권·사채권, 지분증권 중 주권·신

---

49) 증권예탁원, 「주요국의 전자증권제도」, 7~12, 126, 221~222, 271~272쪽; 金建植, "미국의 證券預託決濟制度," 比較私法, 제3권 제2호(1996. 12), 62~64쪽; 정찬형, "전자증권제도 도입에 따른 법적 문제 및 해결방안," 10~22쪽; 商事法務 編輯部, "株券不發行·電子公告制度に關する要綱中間試案の公表·意見照會," 商事法務, No.1660(2003. 4), 4~5쪽; 한국증권연구원, 앞의 연구보고서, 97쪽 참조.

50) 양도성예금증서(CD)는 은행이 일정한 금액을 예수하였음을 인정하고 만기에 그 금액 및 이자를 지급하기로 약속하는 증권을 말한다. 양도성예금증서는 최저발행금액이 정해져 있고, 무기명할인식으로 발행되며, 만기는 30일 이상 270일 이내이고, 만기 이전에 중도해약이 불가능하나 이율은 정기예금보다 높은 수준으로 정해져 있다. 그 법적 성질은 지급약속증권으로서 약속어음에 가깝고 무기명증권이다. 鄭東潤, 「어음·手票法」, 제5판, 법문사, 2004, 24쪽.

51) 같은 취지: 정승화, "전자증권제도의 도입방향과 도입효과," 증권법학회 제86회 정기세미나(2002. 3. 22), 20쪽; 정찬형, 앞의 논문, 24~25쪽.

주인수권증서 등에 의하여 표시될 수 있거나 표시될 수 있는 권리를 적용대상으로 하는 것이 타당하다.

채무증권 중 기업어음증권과 수익증권에 관하여 전자등록제도가 적합한가는 별도로 고찰하기로 한다.

② 기업어음증권상의 권리

기업어음증권(Commercial Paper: CP)은 종합금융회사 등의 할인기관에 의하여 선정된 적격업체가 자금융통의 목적으로 발행한 어음을 할인기관이 매입하여 다시 일반투자가에게 매출하는 어음을 말한다. 자본시장통합법은 기업어음증권을 채무증권의 일종으로서 "기업이 사업에 필요한 자금을 조달하기 위하여 발행한 약속어음으로서 대통령령으로 정하는 요건을 갖춘 것"을 말한다고 정의하고 있다(資市 제4조 제3항).

기업어음증권의 법적 성질은 법률적으로는 약속어음이고 경제적으로는 융통어음이다. 종합금융회사 등이 매출하는 기업어음은 어음법상으로는 약속어음으로서 성질만을 가지지만, 금융투자업자를 통하여 중개된 기업어음은 약속어음임과 동시에 자본시장통합법상의 증권이다.

기업어음증권이 단기채권의 역할을 담당하고 있는 현실을 고려하면 그 유통시장을 활성화하고,[52] 또 실물발행에 따른 발행비용 및 사고위험을 줄이기 위해서는 금융투자업자가 매출하는 기업어음증권이 표시하는 권리에 대하여 전자등록제도를 적용할 필요가 있다고 본다. 기업어음증권이 전자등록부에 등록되어 무권화되고 분할양도가 가능해지면 우월한 상품성으로 인하여 등록제도의 유인이 커지게 될 것이다.[53]

③ 수익증권상의 권리

수익증권은 금융투자업자가 고객으로부터 수탁한 자금으로 주식 · 사채 등에 투자하여 운용하고 그 실적에 따른 수익을 고객에게 돌려주는 상품에 관하여 발행된 증서를 말한다. 자본시장통합법은 수익증권을 신탁의 수익권이 표시된 것으로 정의하면서, 신탁업자의 금전신탁 수익증권(資市 제110조)과 집합투자업자의 투자

---

52) (주)한국채권연구원, 「채권 및 단기금융시장 발전을 위한 인프라 구축 관련 연구」(2003. 4), 1~2쪽 참조.

53) 같은 취지: (주)한국채권연구원, 앞의 연구보고서, 66쪽.

신탁 수익증권(資市 제189조)을 예로 들고 있다.

신탁업자의 수익증권은 무기명식으로 발행하지만 수익자의 청구가 있는 때에는 기명식으로 발행할 수 있다(資市 제110조 제3항). 집합투자업자의 수익증권은 무액면 기명식으로 한다(資市 제189조 제4항).

투자신탁을 설정한 집합투자업자는 수익자명부의 작성에 관한 업무를 예탁결제원에 위탁하여야 하고 예탁결제원은 수익자명부를 작성·비치하여야 하며(資市 제189조 제6항·제7항), 수익증권의 양도와 입질은 주권과 동일하게 상법의 규정에 따라 증권의 교부에 의하고 선의취득이 인정되므로(資市 제189조 제9항) 수익증권이 표시하는 권리는 주식과 마찬가지로 전자등록제도의 적용대상으로 할 필요가 있다고 본다.

(2) 적용대상 회사

전자등록제도의 적용과 관련하여 상법상의 주식회사 중 어느 범위에서 전자등록제도를 도입할 것인가가 문제이다.

① 전자등록제도의 목적 및 필요성은 자본시장증권에 관하여 자금조달 및 증권관리비용의 축소, 실물증권제도 유지로 인한 부작용 해소와 금융산업의 선진화 및 투명성 제고에 있으므로, 적용대상 회사는 그 취지를 고려하여 결정하여야 할 것이다.

전자등록제도는 유통성이 활발한 주권·채권 등과 같은 증권을 발행하는 주식회사에 대하여 적용하는 것이 적합하다. 또한 주식회사 중 소량의 증권을 발행하는 소규모 주식회사에 대해서는 전자등록제도를 적용할 필요가 없으며, 오히려 소규모 주식회사가 중앙등록기관에 참가할 경우 여러 가지 규칙준수 의무가 부과되는 등 불편이 초래될 수 있으므로,[54] 일정 규모 이상의 주식회사에 대해서만 전자등록제도를 적용하고, 그 밖의 회사는 자율적인 결정에 의하여 참가할 수 있도록 해야 할 것이다.

② 전자등록제도를 강제적으로 적용할 일정 규모 이상의 주식회사는 정책적으로 결정하여야 할 사항인데, 자본시장통합상 증권거래를 하는 회사를 규율하는 규

---

54) 같은 취지: 정승화, 앞의 논문, 20~21쪽; 정찬형, 앞의 논문, 26쪽.

정(資市 제12조, 제386조 제2항) 및 전자등록시스템의 운영구조를 참작하여 그 범위를 정해야 할 것이다. 따라서 전자등록제도는 거래소 상장법인, 코스닥 등록법인, 증권업협회 등록법인, 예탁결제원이 예탁대상증권으로 지정한 증권의 발행회사 등이 해당할 것이다.

또한 증권의 원활한 유통성, 증권시장에 미치는 영향 등을 고려하여 거래소 상장법인, 코스닥 등록법인 등의 순으로 단계적으로 그 적용대상을 확대하는 것이 바람직할 것이다.

2. 전자등록제도의 적용방법

전자등록제도는 적용하는 방법에 따라 의무적 등록제도와 임의적 등록제도로 나눌 수 있다.[55]

(1) 의무적 등록제도

의무적 등록제도는 전자등록제도를 채택한 회사에 대해서는 실물증권을 발행할 수 없도록 하고 동시에 주주에게도 실물증권의 발행을 청구할 수 없도록 하는 제도이다. 이 제도에 의하면 실물증권을 발행하지 않고 중앙등록기관의 전자등록부에의 등록만으로 증권상의 모든 권리를 인정하여 완전한 무권화를 실현할 수 있다.

의무적 등록제도의 장점은 실물증권의 발행이 인정되지 않으므로 발행회사·증권회사 등이 실물증권을 발행 및 관리하는 비용을 절감할 수 있고, 실물증권의 이동이 없으므로 자금조달의 기간을 단축할 수 있어 전자등록제도의 효율성을 극대화할 수 있다는 것이다.[56] 이 제도의 단점은 실물증권을 선호하는 투자자의 의사를 충족할 수 없다는 것이다. 그러나 이에 관하여는 정당한 권리행사를 위하여 실물증권을 필요로 하는 투자자들의 실물증권 수요를 전자등록제도 내에서 흡수하여 투자자들의 권리를 보호하여야 할 것이다.[57]

---

55) 증권예탁원, 「주요국의 전자증권제도」, 38～39, 144～145, 221, 302쪽; 金建植, "미국의 證券預託決濟制度," 8쪽; 정찬형, 앞의 논문, 27～28; 商事法務 編輯部, 앞의 中間試案の公表·意見照會, 4～5쪽; 한국증권연구원, 앞의 연구보고서, 62～63쪽 참조.

56) 한국증권연구원, 앞의 연구보고서, 64쪽.

57) 정승화, 앞의 논문, 22쪽; 한국증권연구원, 앞의 연구보고서, 64쪽.

(2) 임의적 등록제도

임의적 등록제도는 발행단계에서 발행회사가 전자등록제도의 채택 여부를 선택할 수 있도록 자율성을 부여하고 유통단계에서도 권리자가 실물증권 또는 그 대체증서의 발행을 요구할 수 있는 제도이다. 따라서 전자등록제도가 실시된다고 하더라도 여전히 실물증권이 존재할 수 있다는 점에서 완전한 무권화는 이루어지지 않는다.

임의적 등록제도의 장점은 발행회사의 자율성을 존중할 수 있고 권리자가 증권의 실물을 보유할 수 있는 폭을 확대할 수 있다는 것이다. 이 제도의 단점은 실물증권의 발행을 전제로 하는 예탁결제제도와 실물증권이 발행되지 않는 전자등록제도가 이원적으로 운영되어 관리시스템의 효율성을 저하시키고 투자자에게 혼란을 가져올 수 있고,[58] 실물증권의 발행 및 관리업무가 여전히 남아 있어 전자등록제도로의 전환 필요성을 반감시킨다는 것이다.[59]

(3) 결 어

주권발행의 전면폐지를 목적으로 추진된 영국의 TAURUS 제도가 금융기관 사이의 이해의 충돌, 런던증권거래소의 지도력 부족, 관리시스템의 복잡화에 따른 개발일정 지체 및 비용의 증대 등의 원인으로 실패한 사례가 있다. 따라서 전자등록제도를 실시하려면 현재의 예탁결제제도에서의 환경의 정비와 정밀한 추진계획을 전제로 도입의 방식을 결정하여야 할 것이다.

전자등록제도를 시행하려면 발행회사 및 투자자들의 실물보유 선호를 배제하려는 의식 개선의 노력, 이해관계 기관(명의개서대리인·채권등록기관 등)의 이해충돌을 해소하는 방안의 강구 등이 선행되어야 할 것이다.[60] 아울러 등록기관의 정비, 전자등록시스템의 안전성 확보 등의 여건이 필요하다.

이러한 여건의 구비를 전제로 전자등록제도의 적용대상 회사로 정해진 회사는 의무적으로 이 제도에 참가하게 하여 의무적 등록제도를 도입하는 것이 바람직할 것으로 본다.[61] 그리고 의무적 등록제도가 적용되지 않는 회사에 대해서는 정관의

58) 정찬형, 앞의 논문, 28쪽; 한국증권연구원, 앞의 연구보고서, 64쪽.
59) 정승화, 앞의 논문, 23쪽; 정찬형, 앞의 논문, 28쪽.
60) 한국증권연구원, 앞의 연구보고서, 65쪽.

정함과 이사회의 결의에 의하여 전자등록제도를 이용할 수 있는 것으로 하는 것이 타당하다.

3. 전자등록제도에서의 등록방식

전자등록제도의 운영방법에는 개별 투자자의 계좌를 등록하는 방법에 따라 직접등록방식과 간접등록방식으로 나뉜다.[62)]

(1) 직접등록방식

직접등록방식은 중앙등록기관이 전자등록부에 의하여 계좌관리자(account operator)[63)]뿐만 아니라 개별 투자자의 권리 보유내역을 관리하는 방식을 말한다. 중앙등록기관은 등록대상인 권리 단위의 총량과 계좌관리자 및 개별 투자자의 권리 보유내역을 실시간으로 관리한다. 이 방식에서는 중앙등록기관이 계좌관리자의 계좌는 물론 개별 투자자의 계좌도 직접 관리하여 그 권리 보유내역을 실시간으로 파악할 수 있다. 덴마크[64)]와 스웨덴[65)]이 채택하고 있는 방식이다.

직접등록방식의 장점은 전자등록부상에 권리 보유내역이 실시간으로 관리되어 투자자의 권리가 강화될 수 있고, 회사의 자금조달 기간을 단축할 수 있는 등 자금조달 원활화에 기여할 수 있으며, 증권시장의 효율성을 제고할 수 있고, 투자자 정보관리가 용이하여 증권시장의 건전성을 제고할 수 있다는 것이다. 직접등록방식의 단점은 투자자들이 중앙등록기관에 관리되는 자신의 투자정보의 유출가능성에 대하여 불안감을 가질 수 있고, 주주내역의 실시간 관리를 위한 전자등록시스템의 구축 및 운영에 많은 비용이 필요하며, 이러한 시스템의 안전성을 도모하는

61) 같은 취지: 정승화, 앞의 논문, 23쪽; 정찬형, 앞의 논문, 28쪽.

62) 증권예탁원, 「주요국의 전자증권제도」, 39, 145, 223, 302쪽; 정승화, 앞의 논문, 24~25쪽; 정찬형, 앞의 논문, 29~30쪽; 日本 法務省 民事局 參事官室, 앞의 補足說明, 22쪽; 한국증권연구원, 앞의 연구보고서, 70~71쪽 참조.

63) 중앙등록기관과 개별 투자자를 매개하는 기관으로 자신 또는 고객을 위하여 전자등록제도에 참가하는 자를 말하며, 계좌운영자라고 부르기도 한다. 현행 예탁결제제도에서의 예탁자와 같이 증권회사 등이 계좌관리자가 된다.

64) 중앙등록기관인 VP(Vaerdipapircentralen)가 일반 투자자의 계좌를 관리하며 일반 투자자 명의로 직접 등록한다. Securities Trading, etc. Consolidated Act 2002, Sec. 62(2).

65) 중앙등록기관인 VPC(Värdepapperscentralen)가 일반 투자자를 비롯한 모든 투자자의 보유증권에 대한 등록기관 역할을 수행한다. The Financial Instruments Account Act, SFC 1998:1479, Chapter 4 Sec. 16.

것이 용이하지 않다는 것이다.

(2) 간접등록방식

간접등록방식은 중앙등록기관이 전자등록부에 의하여 계좌관리자의 계좌는 직접 관리하나 개별 투자자의 권리 보유내역은 직접 관리하지 아니하고 계좌관리자가 관리하는 방식을 말한다. 계좌관리자는 개별투자자의 권리 보유내역을 일일단위로 통지하지 않으므로 그 내역을 실시간으로 확인하는 것은 불가능하다. 영국, 프랑스, 이탈리아 등이 이 방식을 채택하고 있다. 미국의 경우 주식의 간접보유방식에서 계좌관리자인 증권중개기관·은행이 수익자를 위하여 중앙예탁기관인 DTC(Depository Trust Company)에 등록하는 간접등록방식을 채택하고 있다.[66]

간접등록방식의 장점은 투자정보가 계좌관리자만에 의해 관리되므로 투자정보의 유출가능성이 상대적으로 낮아 투자자의 불안감이 적고, 증권예탁제도와 운영체계가 유사하여 현행 제도를 크게 변경시킬 필요가 없으며, 신규제도 도입에 따른 비용부담 및 리스크가 적어 제도의 도입이 용이하다는 것이다. 간접등록방식의 단점은 투자자들의 권리 보유내역이 계좌관리자의 고객등록부에만 등록되고 전자등록부에 실시간으로 관리되지 않아 그 권리보호가 상대적으로 미흡하고, 발행회사는 자본조달 등에 관한 의사결정에서 주주내역을 쉽게 파악할 수 없어 자본조달 기간의 단축이 용이하지 않다는 것이다.

(3) 결 어

직접등록방식과 간접등록방식은 중앙등록기관이 전자등록부에 의하여 계좌관리자의 계좌를 관리하는 점에는 차이가 없고, 개별 투자자의 권리 보유내역을 직접 관리하는가 계좌관리자가 관리하는가 및 개별투자자의 권리 보유내역이 개별투자자의 명의로 직접 등록되는가 계좌관리자별로 총량으로 전자등록부에 등록되는가에 차이가 있다.[67]

직접등록방식인가 간접등록방식인가의 선택은 투자자의 보호, 증권시장의 효율

---

66) ALI & NCCUSL, op. cit., p. 661 참조.

67) 다만, 예외적으로 개별 투자자가 중앙등록기관에 직접 계좌를 개설하게 하는 방법이 있을 수 있다.

성과 환경을 고려하여 결정하여야 할 것이다.[68] 생각건대, 현행 증권예탁결제제도에 오랫 동안 익숙해져 있는 증권회사와 투자자들에게는 간접등록방식을 보다 쉽게 받아들일 수 있을 것이다. 한편 직접등록방식에 의하여 일반 투자자는 중앙등록기관에 계좌를 보유하되 계좌관리자를 통하여 계좌를 개설하도록 하는 방안도 증권시장의 건전성을 도모할 수 있는 방안이다. 두 가지 등록방식은 각각 장 · 단점을 가지고 있으므로 직접등록방식을 채택하는 경우에도 그 단점을 보완할 수 있는 방안(예컨대, 나미니(nominee) 등록제도[69])을 고안하거나 간접등록방식의 장점을 가능한 범위에서 반영하는 것이 바람직할 것으로 생각된다.[70]

Ⅲ. 전자등록부의 유가증권성 여부

1. 전자등록부상의 권리관계

전자등록제도에서 증권 없는 권리가 등록된 전자등록부가 유가증권인가 여부는 전자등록제도에서의 발행등록, 권리의 양도 및 행사와 전자등록부의 관계를 검토함으로써 가능하게 될 것이다.

(1) 발행등록에 있어서는 주권 · 사채 등을 전자문서화하여 등록하는 것이 아니라 증권 없는 권리로서의 주식 · 사채 등을 전자등록기관의 전자등록부(주식등록부 · 사채등록부 등)에 기재함으로써 권리자 및 권리내용을 인정하게 된다(상법 개정안 제356조의 2 제1항 1문). 그런데 전자등록부상에의 기재는 권리의 존재 및 내용을 나타내는 공시방법일 뿐이므로 전자등록부상의 계좌는 재산권을 표창하는 증권을 대체하는 전자문서라고 보기 어렵다.

---

68) 정승화, 앞의 논문, 25쪽.

69) '나미니'란 명의개서대리인을 말한다. 스웨덴의 The Financial Instruments Account Act, SFC 1998:1479, Chapter 3 Sec. 7 참조.

70) 직접등록방식의 단점은 전자등록시스템의 구축에 많은 비용이 필요하고 시스템의 안전성을 확보하기 어렵다는 것이다. 그러나 비용의 문제는 투자자의 보호, 증권관리비용의 축소, 자금조달 기간의 단축과 증권시장의 효율성 및 건전성 확보라는 측면에서 그 이상의 효과를 거둘 수 있다고 생각되므로 자금을 투입할 충분한 사유가 된다고 본다. 또 전자등록시스템의 안전성에 관하여는 오늘날의 정보통신기술의 수준을 고려할 때 대량의 등록 및 거래와 정보안전의 문제에 충분히 대처할 수 있을 것으로 생각된다.

(2) 권리의 양도 또는 질권의 설정에 있어서는 전자등록부에의 대체기재 또는 질권설정의 기재에 의하여 양수인은 권리를 취득하고 채권자는 질권을 취득하게 되어(상법 개정안 제356조의 2 제3항), 권리의 이전 또는 질권설정에 증권의 교부에 대응하는 전자문서의 송신·수신을 필요로 하지 않는다. 또 주권의 경우와 같이 점유의제의 효력(商 제336조 제2항 참조. 기명채권에 관하여는 이 규정이 준용되지 않는다)을 인정하는 것은 논리적으로 문제가 있다. 상법 개정안은 전자등록부에 주식을 등록한 자는 그 등록된 주식에 대한 권리를 적법하게 보유한 것으로 추정한다고 규정하는 바(상법 개정안 제356조의 2 제4항 1문), 이는 점유의제가 아니라 "보유의제"일 뿐이다.

(3) 권리의 행사에 있어서는 전자등록부에의 기재로써 권리자를 인정하고 전자등록부에 기재된 자만이 권리를 행사할 수 있게 되므로, 주식의 경우 실물주권에서와 같이 명의개서 또는 주권의 공탁을 전제로 권리행사를 하는 것이 아니다.

2. 전자등록부의 유가증권성 검토

(1) 전자등록제도는 전자등록부에의 등록을 공시방법으로 인정하여 권리자 및 권리내용을 인정하고 권리의 양도·담보설정 및 행사를 가능하게 하는 제도이다. 전자등록부는 권리의 공시방법일 뿐이며 권리의 표창성에 있어서 일반 유가증권에서의 권리와 증서의 결합의 정도에 이르지 못하고, 권리의 이전은 전자등록부의 계좌상의 대체기재에 의하고 전자문서의 송신·수신을 필요로 하지 않으며, 또 기명날인 또는 서명의 법적 효력이 있는 전자적 기법(예컨대, 전자서명)이 이용되는 것도 아니므로 유가증권으로 보기 어렵다.

(2) 전자등록제도는 실물증권을 발행하지 않고 전자등록부에의 등록에 의하여 권리관계를 처리하는 제도이므로, 전자등록부의 기능은 실물증권이 발행될 경우에 증권에 결합되던 권리(예컨대, 주주권·사채권)를 권리자의 계좌에 전자적으로 등록하는 데에 있고, 이와 같이 등록된 권리는 종래에 실물증권이 발행될 경우에 증권에 결합되는 권리와 같은 것이다. "전자증권"이라는 용어는 전자등록제도에서 기존의 유가증권을 대체하는 전자적 상응물로서의 존재를 나타내기 위하여 편

의상 부르는 명칭으로 이해하는 것이 타당하며, 그 실체는 권리가 등록되는 전자등록부상의 계좌라고 할 것이다. 따라서 소위 "전자증권제도"는 그 내용을 고려하면 종래 자본시장증권이 표창하던 권리의 전자등록제도를 가리키는 것이다.[71]

(3) 한편, 전자등록제도의 적용을 받지 않는 회사가 주권 · 채권 등을 전자문서로 작성하고 전자서명을 하여 발행회사에 등록한 것은 전자유가증권으로 볼 수 있으나, 이 경우에 전자주권 · 전자채권의 유가증권성은 전자문서에 표창되어 전자문서증권이 되는 결과로부터 나오는 것이지 발행회사에의 등록으로부터 나오는 것은 아니다.

Ⅳ. 전자등록된 권리의 법적 성질

1. 접근방법

전자등록부에 등록된 권리의 법적 성질이 무엇인가가 문제이다. 전자등록부의 법적 성질과 전자등록부에 등록된 권리의 법적 성질은 구별되어야 하며, 전자는 전자등록부상 계좌와 등록된 권리의 결합의 정도, 즉 계좌의 유가증권성 여부에 관한 것이고, 후자는 그러한 계좌에 등록된 권리 자체의 성질이 무엇인가에 관한 것이다.

종래 증권예탁결제제도에서 혼장임치된 증권상의 권리의 법적 성질이 무엇인가에 관하여 가치권이론, 장부증권이론, 전자적 권리표창이론 등이 제시되고 있는데,[72] 이러한 이론들은 실물증권의 발행을 전제로 하는 예탁결제제도를 바탕으로 하고 있으므로 전자등록제도에서는 전자등록부상 등록된 권리에 대하여 직접적인 접근을 하는 것이 타당하다.

---

71) 이에 따라 전자투자증권이라는 용어를 사용하기도 한다. 정승화, "전자투자증권의 법적 과제," 전자금융의 법적 과제(Ⅰ): 전자유가증권을 중심으로, 워크샵 2002-03(한국법제연구원, 2003. 5).

72) 증권예탁원, 「증권예탁결제제도」, 496~503쪽; 元容洙, 앞의 논문, 85쪽; 林重鎬, 앞의 논문, 409~411쪽; 정찬형, "전자증권제도 도입에 따른 법적 문제 및 해결방안," 7~8쪽.

2. 입법례에 의한 검토

미국의 통일상법전(UCC)은 증서로 표창되지 않는 무증서채무나 무증서주식·지분 등을 "uncertificated security"라고 규정하는데[73], 이 경우에 "security"[74]는 기초가 되는 주식·사채 기타 무형의 이익 또는 채무를 말하며, 그러한 자산과 그 자산에 관한 직접보유자의 이익이 증명되는 수단은 구별할 필요가 없다고 설명되고 있다.[75] 영국의 경우에도 "uncertificated securities"에 있어서 "securities"는 주식, 사채 등과 이에 관한 이익을 가리킨다.[76]

스웨덴의 금융증서계좌법에 의하면 동법에 의하여 등록된 금융증서의 보유자는 나미니 등록의 경우를 제외하고는 하나 이상의 중앙예탁기관(Central Securities Depositories: CSD) 등록계좌를 유지하여야 하며, 중앙예탁기관 등록부(register)는 이러한 CSD 등록계좌로 구성된다.[77] 중앙예탁기관에 등록된 회사의 주식(share)은 당해 회사를 위하여 CSD 등록부에 등록되어야 한다.[78] 이 경우에 등록의 대상은 주권(share certificate)이 아니라 주식 자체이며, 따라서 전자등록제도에서 주권의 개념은 개입되지 않는다.[79]

덴마크 증권거래법은 "전자증권"(electronic securities)이라는 용어를 사용하고

---

73) UCC § 8-102(a)(18).

74) 통일상법전은 "uncertificated security"를 증서로 표창되지 않는 security를 말한다고 정의하고 있는데[UCC § 8-102(a)(18)], security는 발행자의 채무나 무증서주식·지분 기타의 이익을 뜻하는 개념이다[UCC § 8-102(a)(15)]. ALI & NCCUSL, Uniform *Commercial Code: Official Text and Comments*, 2002 ed., M.N.: West Group, 2002, pp. 664~665 and Official Comment 18 to the Article 8-102.
이와 비교하여 미국 증권거래법 및 증권거래소법상의 security는 보다 폭넓게 규정되어 있는데, 원래 security는 "투자계약"(investment contract)이라는 개념에서 유래한 것이라고 한다. J. D. Cox, T. L. Hazen & F. H. O'Neal, *Corporations*, N.Y.: Aspen Law & Business, 1997, § 27.8.

75) ALI & NCCUSL, Ibid., p. 665 and Comment 18 to the Article 8-102.
특히, 간접보유방식에서는 "security entitlement"를 핵심개념으로 하여 규율하고 있는데, 이는 통일상법전 제8편 Part 5에 규정된 금융자산(financial asset)에 관한 보유자의 권리 및 재산상의 이익을 말한다[제8-102조 (a)(17)]. 금융자산에는 security[제8-102조 (a)(15): 2. 가.], 특정인의 채무, 주식·지분 기타의 이익, 증권중개인이 타인을 위하여 증권계좌에 보유하는 재산 등이 포함된다[제8-102조 (a)(9)]. 이 경우에도 금융자산은 이익 그 자체의 의미 또는 그 이익에 대한 특정인의 청구권이 증명되는 수단의 의미로 사용되며, 양자는 구별되지 않는다.

76) The Uncertificated Securities Regulations 2001, Sec. 3(1).

77) The Financial Instruments Account Act, SFC 1998:1479, Chapter 4 Sec. 1, 16.

78) Ibid., Chapter 4 Sec. 2.

79) Ibid., Chapter 4 Sec. 5 참조.

있는데 이는 무권화된 유통증권을 가리키는 바,[80] "무권화증권"이란 이미 증권이 아니며 그 실질적 의미는 미국 · 영국 등에서의 접근방법에 의하는 경우와 같다고 볼 수 있다.

일본의 신대체제도에서도 미국의 경우와 마찬가지로 계좌에 기재된 주식과 이를 증명하는 수단은 구별되지 않으며, 등록된 주식에 관한 권리를 그 본질로 파악하고 있다.[81]

3. 전자등록부상의 권리의 법적 성질

(1) 자본시장통합법은 증권에 표시될 수 있거나 표시되어야 할 권리는 그 증권이 발행되지 아니한 경우에도 그 증권으로 본다고 규정하고 있다(資市 제4조 제9항). 전자등록의 대상이 되는 권리는 증권에 표시될 수 있는 권리는 물론, 증권에 표시되어야 할 권리도 포함될 수 있다.

(2) 전자등록제도에서 전자등록부에 등록된 권리의 성질에 관하여, 유가증권의 실물발행을 부인한다고 하여 유가증권제도를 전면 부인하고 그 이전의 권리인 채권으로 다시 환원되는 제도가 아니라, 유가증권의 연장선상에서 새로운 형태의 권리로 파악되어야 한다고 보는 견해가 있다.[82] 그런데 전자등록제도에서는 실물증권의 존재를 전제로 하지 않고 유가증권에 있어서 권리를 체화하는 수단인 증서가 전자등록부로 대체된 결과 권리가 전자등록부에 직접 등록될 뿐이다. 따라서 전자등록부상의 기재를 유가증권의 연장선상에서 파악하는 것은 전자등록제도가 처음부터 증권을 발행하지 않는 제도라는 전제와 어긋나는 것이라고 생각된다.

(3) 전자등록제도에서 등록의 의미는 유가증권에 체화되어 표창되던 권리가 전자등록부에 기재되는 것을 뜻하고, 전자등록부에 등록된 권리는 원래 증서에 결합된 적이 없지만 종래에 유가증권에서 증서에 표창되던 권리와 같은 내용의 것이다. 전자등록제권도에서는 유가증권에서 권리가 표창되던 증서에 대체하여 전자

80) Securities Trading, etc. Consolidated Act 2002, Sec. 59(2).

81) 商事法務 編輯部, 앞의 中間試案の公表 · 意見照會 참조.

82) 鄭燦亨, "有價證券의 無券化制度," 25쪽.

등록부에 권리가 등록되는 결과, 등록된 주식·사채 등의 법률관계를 처리함에 있어서는 종래에 유가증권에서 권리가 표창되던 증서를 전자등록부로 대체한 변화를 반영할 필요가 있게 된다(예컨대, 전자등록부상의 기재에 대한 권리추정, 대체기재에 의한 권리이전 등의 법리구성).

V. 전자등록의 법률관계

1. 권리의 공시방법의 전자화

(1) 전자등록제도에서는 유가증권에서 권리를 증서에 표창하는 것과 달리 권리의 공시방법이 전자화되어 권리를 전자등록부상에 등록하여 공시하고, 이를 기초로 권리의 이전·담보설정 및 행사를 가능하게 한다. 전자등록제도에서 전자등록부에 권리를 공시하는 방법은 등록방식에 따라 차이가 있지만, 기존의 주식·사채 등과 관련된 주주·채권자 등의 보호에 관한 규정은 그대로 적용될 수 있어야 할 것이다.

(2) 증권 없는 권리, 즉 장부상으로만 존재하는 장부증권의 경우에 해석론으로서 두 단계의 의제를 전제로 하고 있다고 설명하는 견해가 있다. 이 견해는 한편으로는 권리를 표창하는 유가증권을 법적으로는 동산으로서 취급하고 다른 한편으로는 유가증권을 포기한 후에도 증권이 존재하는 것처럼 의제하는 것이다. 이러한 두 단계의 의제를 통하여 채권적 권리의 경우에도 물권법의 규정의 적용을 준용하자는 것이다.[83]

그러나 전자등록제도에서는 처음부터 증권의 발행을 전제로 하지 않고 권리를 전자등록부에 등록하여 공시하므로 위와 같은 의제적 방법을 사용하는 것은 실제에 맞지 않는다고 생각된다. 전자등록제도의 경우에는 권리가 등록된 전자등록부에 유가증권성이 인정되지 않는다는 사실을 있는 그대로 받아들이고, 전자등록부가 권리를 공시하여 권리의 존재를 나타낸다는 사실을 직시하는 것이 전자등록부

83) 林重鎬, "證券對替去來에 있어서의 有價證券의 無券化 現象과 그 法的 問題," 比較私法, 제5권 제1호(1998. 6), 406쪽.

에 등록된 권리의 법률관계를 간명하게 처리할 수 있는 방법일 것이다.

(3) 자본시장통합법이 증권에 표시될 수 있거나 표시되어야 할 권리는 그 증권이 발행되지 아니한 경우에도 그 증권으로 본다고 규정한 것(資市 제4조 제9항)은 주권불소지제도나 채권등록제도 · 전자등록제도에서 등록된 권리에 대하여 증권이 발행되지 않은 경우에도 증권이 발행된 것과 동일하게 법률관계를 규율하기 위한 것이다. 이 규정은 입법기술상의 편의에서 나온 것으로 이해된다. 그런데 전자등록제도에서는 등록된 권리를 증권으로 볼 것이 아니라 증권이 발행될 경우에 그 권리에 인정되는 효력과 같은 효력을 부여하는 것이 올바른 접근법이다.

전자등록제도는 처음부터 증권의 발행을 예정하지 아니한 제도이므로, 전자등록부를 유가증권으로 의제하거나 유가증권에서 인정되는 점유 · 교부의 개념을 도입하는 것은 제도의 본질과 거리가 멀다. 전자등록부[84]에 등록된 권리에 대하여는 "증권에 표시될 수 있는 권리"로서 증서에 표창된 경우에 인정되는 효력과 같은 효력을 부여하는 것이 타당하다.

2. 권리추정적 효력 및 권리이전적 효력

(1) 예탁결제제도에서는 실물증권의 존재 및 그 집중예탁을 전제로 하여 혼장임치된 증권 전체에 대한 공유지분이 계좌부에 기재되고, 계좌부에의 기재 또는 대체기재를 증권의 점유 또는 교부로 의제한다(資市 제309조 제3항, 제311조 제1항 · 제2항). 이에 대하여 전자등록제도에서는 실물증권의 존재를 전제로 하지 않고 권리 자체가 전자등록부에 등록되며, 전자등록부에의 기재에 대하여 유가증권의 점유에 대응하는 효력이 인정되고, 그 대체기재에 대하여 유가증권의 교부에 대응하는 효력이 인정된다.

(2) 전자등록제도에서는 유가증권의 점유에 대하여 권리추정적 효력이 인정되는 것과 같이 전자등록부에 권리를 등록한 자는 그 등록된 권리를 적법하게 보유

---

84) 이 경우에 전자등록부는 주권불소지제도 · 채권등록제도에서의 주주명부(商 제358조의 2 제2항) 또는 국채등록부(국채법 시행령 제13조) · 공사채등록부(공사채등록법 제9조)에 대응하는 장부이다.

한 것으로 추정하므로(상법 개정안 제356조의 2 제4항 1문), 전자등록부에의 기재에 대하여 권리추정적 효력이 인정된다. 또 유가증권의 교부에 의하여 권리가 양도되는 것과 같이 전자등록부에 등록된 권리의 양도는 전자등록부에 등록하여야 효력이 발생하므로(상법 개정안 제356조의 2 제3항), 전자등록부에의 대체기재에 의하여 권리이전적 효력이 생긴다.

이와 같이 전자등록부상의 기재 및 대체기재에 권리추정적 효력과 권리이전적 효력을 전제로, 전자등록부를 선의 및 중대한 과실 없이 신뢰하고 무권리자 등으로부터 권리를 취득한 자는 그 권리를 적법하게 취득하게 되어(상법 개정안 제356조의 2 제4항 1문) 선의취득이 인정된다. 또 회사 등은 전자등록부상의 권리자에 대하여 채무이행을 하면 면책될 수 있을 것이다(면책적 효력).

3. 선의취득의 문제

예탁결제제도에서 선의취득이 인정되는 경우는 고객이 무권한으로 타인의 주권을 예탁한 때, 예탁자가 무권한으로 다른 고객의 계좌로부터 대체를 한 때, 예탁자가 예탁주권을 오기한 때 등이다.[85] 그런데 전자등록부상의 권리를 무권리자로부터 선의 또는 중대한 과실 없이 양수하여 대체기재된 경우에도 양수인은 그 권리를 선의취득할 수 있는가?

(1) 선의취득을 인정하자는 견해

선의취득을 인정하자는 견해는 증권무권화에서 채권에 아주 유사한 계좌부상의 기재에는 권리외관이 있을 수 없다고 볼 수도 있지만, 이렇게 보는 것은 증권무권화제도가 다시 채권으로 환원되는 것이 아니라 유가증권개념의 연장선상에 있다는 점에 반하여 타당하지 않다고 본다.[86] 그러나 전자등록부상의 권리는 등록이라는 권리의 공시방법에 의하여 기재된 것이므로 그 권리가 채권에 유사하다고 볼 수 없음은 물론, 또 이를 유가증권의 연장선상에서 파악하는 것은 전자등록제도가 처음부터 증권을 발행하지 않는 제도라는 전제와 어긋나는 것이라고 생각된다.

---

85) 증권예탁원, 「증권예탁결제제도」, 92~93쪽; 上柳克郎 · 鴻 常夫 · 竹內昭夫, 新版「注釋會社法(4)」[株式(2)], 東京, 有斐閣, 1986, 321~322쪽.

86) 鄭燦亨, "有價證券의 無券化制度," 29쪽.

(2) 장부의 공신력을 인정하자는 견해

장부의 공신력을 인정하자는 견해는 선의취득은 점유라는 공시방법을 가진 권리에 인정되며, 특히 전자등록부 기재상의 오류로 초과기재가 발생한 경우[87]에 원래 존재하지 않는 권리를 선의취득하는 것은 부당하므로, 장부의 공신력에 의하여 취득자를 보호하자는 것이다.[88] 그러나 선의취득은 점유 그 자체에 인정되는 것이라기보다 점유에 바탕하여 생기는 권리외관을 신뢰한 자를 보호하는 제도이고, 공신력에 의하여 취득자를 보호하는 경우에는 선의의 취득자뿐만 아니라 악의의 취득자도 보호하게 되어 선의취득제도 본래의 취지와 어긋난다. 또 전자등록부는 권한 있는 공적 기관이 작성하는 장부가 아니며, 공신력을 인정하려면 이를 뒷받침할 수 있는 법제정비가 선행되어야 할 뿐 아니라, 개별 투자자는 직접등록방식에서도 계좌관리자를 통해서만 전자등록부를 열람할 수 있고 누구라도 언제든지 열람할 수 있는 것이 아니다. 따라서 공신력에 의한 취득자 보호는 법리적으로나 시스템 운영상으로나 타당하지 않은 것으로 보인다.

(3) 사 견

생각건대, 전자등록제도에서는 전자등록부에의 기재에 의하여 등록명의인을 적법한 권리자로 추정하므로(권리추정적 효력), 선의취득의 바탕이 되는 권리외관에 대한 신뢰는 점유에 의한 경우가 아니라 전자등록부상의 등록(권리의 공시방법)에 의한 경우에도 인정될 수 있다고 보며, 따라서 전자등록제도에 있어서 전자등록부상의 권리를 무권자로부터 선의 또는 중대한 과실 없이 양수한 경우에도 선의취득을 인정하는 것이 타당하다. 또, 권리가 전자등록부상 초과기재된 후 양도되어 대체기재된 경우에는 이를 선의 또는 중과실 없이 양수한 자에 대하여 입법적으로 초과기재된 부분의 권리를 취득하게 하여 취득자를 보호하여야 할 것이다. 이 경우에는 존재하지 않는 권리를 취득하게 하므로, 이에 따른 후속 조치를 하는 것이 타당하다. 따라서 초과기재된 권리 부분에 대하여 책임 있는 자가 초과분을 취

87) 예컨대, 발행회사가 발행주식의 수를 초과하여 등록을 한 때, 또는 간접등록방식에서 계좌관리자가 예탁주식 수를 초과하여 기재한 때와 같다.

88) 정경영, "전자증권의 법적 성질과 전자등록제도에 관한 고찰," 상사법연구, 제22권 제3호(2003. 10), 157~163쪽.

득하여 소각하게 하여야 할 것이다.

제 6 절 인터넷 증권거래

I. 서 설

1. 인터넷 증권거래의 의의

(1) 인터넷 증권거래는 광의로는 「인터넷을 통한 증권의 발행(증권 없는 권리의 전자등록을 제외한다) 및 유통에 관한 거래」를 뜻하고, 협의로는 「인터넷을 통한 증권의 유통에 관한 거래」를 뜻한다. 인터넷 증권거래에 있어서 발행시장에서는 발행회사나 제3자, 유통시장에서는 일반 투자가나 기관투자가가 인터넷 증권거래에 개입하고 있다.

인터넷 증권거래는 수수료가 저렴하며 시간의 제약을 받지 않고 신속한 거래를 할 수 있는 장점이 있다. 반면에 증권회사의 부실한 운영 프로그램, 매매체결지연 또는 매매체결내용 고지 지연, 매매주문 시스템 장애 등의 문제점도 지니고 있다.[89]

(2) 인터넷 증권거래는 발행회사, 투자자 등의 증권투자업자가 전자적 장치를 통하여 금융상품 및 서비스를 제공하고 이용자가 비대면의 자동화된 방식으로 이용하는 거래이므로 전자금융거래에 속한다(제2조 제1호). 인터넷 증권거래는 전자상거래소비자보호법의 적용을 받는 전자상거래 또는 통신판매에 해당할 수 있다.

자본시장통합법은 정보통신망이나 전자정보처리장치를 이용하여 동시에 다수의 자를 각 당사자로 하여 상장주권 매매를 중개하는 업무를 "전자증권중개업무"라고 규정하여(資市 제78조 제1항) 인터넷 증권거래를 예정하고 있다.

금융투자업의 일종으로서 투자중개업(제6조 제1항 제2호 · 제3항)을 영위하려는 자는 금융위원회로부터 금융투자업인가를 받아야 하며(資市 제12조 제1항), 투자

89) 김성태, "인터넷 證券去來의 法的 問題와 證券去來約款," 비교사법, 제7권 제2호(2000. 12), 134~135, 137~140쪽.

중개업 중 전자증권중개업무를 하고자 하는 자는 상법에 따른 주식회사로서 거래소의 회원이어야 한다(資市 제12조 제1항 · 제2항 제1호). 또 금융투자업자가 업무보고서(資市 제33조), 증권신고서(資市 제119조) 등의 신고서 · 보고서, 그 밖의 서류 또는 자료를 한국거래소, 한국투자금융협회 또는 한국예탁결제원에 신고서 · 보고서, 그 밖의 서류 또는 자료 등을 제출하는 경우에는 전자문서의 방법으로 할 수 있다(資市 제436조 제1항).

나아가 동법은 전자문서의 방법에 의한 투자설명서의 사용(資市 제124조 제1항 2문), 전자문서의 방법에 의한 공개매수설명서의 교부(資市 제137조 제3항), 전자증권중개회사의 시세조종행위 등의 금지(資市 제176조 제2항 제1호) 등을 규정하고 있다.

2. 인터넷 증권거래에 대한 적용법규

인터넷 증권거래는 주로 증권의 위탁매매 업무, 증권의 위탁의 중개 또는 대리업무 등으로 구성되어 있으며, 이 가운데 주된 업무는 위탁매매업무이다. 인터넷 증권거래에 대하여는 자본시장통합법, 전자거래기본법, 전자금융거래법, 전자상거래소비자보호법, 약관규제법 등이 적용된다.

(1) 자본시장통합법

인터넷을 통한 증권중개업자의 투자중개(資市 제6조 제3항 참조)에 대하여는 자본시장통합법 제3편(증권의 발행 및 유통), 제4편(불공정거래의 규제) 등의 규정과 상법의 위탁매매업에 관한 규정(商 제101조~제112조)이 적용된다. 금융투자업자로부터 업무의 일부를 위탁받은 제3자(資市 제42조 제1항)의 행위에 대하여는 자본시장과 증권투자업에 관한 법률, 상법의 위탁매매업에 관한 규정(商 제101조~제112조), 민법 제756조(사용자의 배상책임, 資市 제42조 제9항), 금융실명거래 및 비밀보장에 관한 법률 제4조(금융거래의 비밀보장, 資市 제42조 제9항 참조) 등이 적용된다.

발행회사가 자신의 홈페이지를 이용하여 증권을 발행하는 경우 또는 투자중개업자 등 제3자의 홈페이지를 이용하여 증권을 매매하는 경우에는 투자매매업으로 보지 아니한다(資市 제7조 제1항, 제6항 제2호). 이 경우에는 민법의 매매(民 제533

조 이하)나 위임(民 제680조 이하) 또는 대리(民 제114조 이하)에 관한 규정이 적용될 것이다.

(2) 전자거래기본법

인터넷 증권거래에 있어서 증권을 거래함에 있어서 그 전부 또는 일부가 전자문서에 의하여 처리되는 경우에는 전자거래기본법상의 전자거래에 해당하며(電去 제2조 제5호), 따라서 동법의 전자문서(電去 제2장), 전자거래의 안전성 확보 및 소비자보호(電去 제3장) 등에 관한 규정이 적용될 수 있다.

인터넷 증권거래에서 체결되는 매매계약이 전자문서에 공인전자서명을 하는 방식으로 이루어지는 경우에는 종이 문서로 계약을 체결한 것과 같은 효력이 인정될 수 있다(電去 제4조 제1항, 電署 제3조 제1항).

(3) 전자금융거래법

인터넷 증권거래는 전자금융거래이므로 전자금융거래법의 적용대상이며(제3조 제1항 본문), 관련 특별법 및 그 성질에 반하지 않는 한, 전자금융거래 당사자의 권리와 의무(제2장) 통칙, 전자금융거래의 안전성 확보 및 이용자 보호(제3장) 등의 규정이 적용된다.

증권투자업자가 인터넷을 통하여 증권의 위탁매매를 하거나 중개 또는 대리를 하는 업무는 전자적 장치를 통하여 금융상품 및 서비스를 제공하는 것으로서 전자금융업무(제2조 제1호 참조)에 해당한다. 이러한 업무를 영위하는 증권투자업자는 전자금융거래법상 금융기관이 되고(제2조 제3호 가.), 해당 업무에 대하여는 전자금융업무 감독(제5장)의 규정이 적용된다.

(4) 약관규제법

약관규제법은 인터넷 증권거래약관에 적용될 수 있다. 인터넷 증권거래약관에 대하여는 약관규제법 외에도 전자금융거래법의 약관에 관한 규정(제24조, 제25조)이 적용되는데, 특히 약관의 명시·설명의무에 대하여는 전자금융거래법의 약관의 명시·설명의무의 규정(제24조 제1항·제2항)이 1차적으로 적용된다.

그런데 인터넷 증권거래약관들은 체제나 내용이 통일되어 있지 않고 사업자의 필요에 따라 임의로 설정되어 있어 표준약관의 제정이 필요한 분야이다.

(5) 전자상거래소비자보호법

인터넷 증권거래는 인터넷을 통한 증권의 거래이므로 전자상거래소비자보호법상의 전자상거래 또는 통신판매에 해당하며(電消 제2조 제1호 · 제2호), 따라서 동법의 소비자보호에 관한 규정이 적용될 수 있다. 그러나 인터넷 증권거래에 대한 전자상거래소비자보호법의 적용범위는 매우 제한적이다(電消 제3조 제2항~제4항 참조).

Ⅱ. 인터넷 증권거래의 구조

인터넷 증권거래는 일반 증권거래의 경우와 같이 발행시장에서의 거래와 유통시장에서의 거래로 나눌 수 있다.[90)]

1. 발행시장에서의 인터넷 증권거래

발행시장에서의 거래에는 증권투자업자에 의한 인터넷 증권모집 외에, 발행회사에 의한 직접 모집과 제3자를 이용한 직접모집이 있다.

(1) 발행회사의 홈페이지를 이용한 직접모집

발행회사에 의한 직접모집은 공모와 사모가 모두 가능하다. 실제상으로는 직접공모와 사모의 방법이 주로 이용된다. 소액공모와 사모에 의한 주식발행에는 유가증권신고서의 제출이 면제되기 때문이다(資市 제119조 제1항, 동법에 의하여 폐지된 證去 제8조 제1항, 同法 施規 제2조 참조).

인터넷을 이용한 직접공모의 경우 발행회사는 자사의 홈페이지를 이용하여 모집에 의한 공모와 매출에 의한 공모를 행할 수 있다. 일반적으로는 먼저 발행회사가 인터넷상의 홈페이지에 자금조달계획 등을 게재하면 투자자는 이 홈페이지에서 공모안내서, 매수신청서 등을 다운로드받거나 전자우편에 의하여 수령하여 주

90) 인터넷 증권거래의 구조에 관하여 보다 자세한 것은 송종준, "인터넷증권거래와 정보공시문제," 비교사법, 제7권 제2호(2000. 12), 179~186쪽 참조.

식청약서에 서명한 다음 청약증거금을 발행회사에 송금하고, 발행회사는 주권을 투자자에게 우송하는 절차로 진행된다. 매출에 의한 공모에 있어서도 발행회사의 홈페이지상의 전자게시판을 통하여 같은 이와 같은 절차로 이루어진다.

인터넷을 이용한 사모는 자본시장통합법이 정하고 있는 기준에 의하여 결정되는데, 동법에 의하면 "사모"란 대통령령으로 정하는 방법에 따라 산출한 50인 미만의 투자자에게 새로 발행되는 증권의 취득의 청약을 권유하는 것을 말한다(資市 제9조 제7항 · 제8항). 이러한 사모가 가능하자면 인터넷 웹사이트에 접속이 가능한 자의 범위를 적격투자자 등으로 제한하는 방법으로 충족시킬 수 있다.

(2) 제3자의 홈페이지를 이용한 직접모집

증권의 모집은 발행회사가 제3자의 홈페이지에 발행회사의 웹사이트를 게재하여 연결(hyperlink)시킴으로써 직접모집에 관한 정보를 제공하여 두고, 제3자는 이에 접속하여 정보를 이용하는 자로부터 회비를 받거나 무료로 운영하는 방법이 이용되기도 한다. 그 밖에도 투자자의 신뢰부족으로 인하여 자금조달이 어려운 중소기업의 직접공모를 용이하게 하기 위하여, 기존의 증권투자업자가 아닌 자가 공모발행업무를 처리할 수 있는 시스템을 운용함으로써 증권의 직접공모가 이루어지기도 한다.

이와 같은 제3자의 인터넷을 이용한 정보제공행위는 직접모집시 증권의 매수 · 매도의 상대방을 찾아주고 거래의 중개 또는 주선행위만을 하는 것에 불과하고, 증권의 매매 자체는 발행회사와 투자자 사이에 직접적으로 이루어진다.

2. 유통시장에서의 인터넷 증권거래

유통시장에서의 인터넷 증권거래는 온라인 증권거래, 대체거래 등이 있다.

(1) 온라인 증권거래

온라인 증권거래(online trading)는 고객이 증권투자업자의 웹사이트를 통하여 주식이나 옵션의 예약주문을 입력하면 주문이 자동적으로 거래소 또는 코스닥시장에 전송되어 매매거래가 체결되는 방식이다. 고객은 전용페이지로부터 접속하거나 증권회사의 홈페이지에 직접 접속하며, 온라인형식으로 증권회사에 등록하는 것이 보통이다.

온라인 증권거래는 증권투자업자에게는 자동화로 인한 비용절감을, 고객에게는 거래비용의 인하를 가능하게 하며, 이러한 거래방식을 개설한 증권회사를 할인증권회사라고 한다. 이 거래방식은 증권투자업자의 전용회선을 이용하여 매매주문을 처리하는 홈트레이딩에서 출발한 것으로서 널리 이용되는 거래가 되었다.

(2) 대체거래

대체거래시스템(alternative trading system: ATS)이란 증권투자업자나 사설기관이 인터넷의 가상시장을 개설하고 이 시장을 통하여 거래소시장에 상장 또는 장외시장에 등록된 증권을 투자자들이 직접 거래하는 방식을 말한다. 여기에는 사설증권거래시스템과 가상증권거래시장시스템이 있다.

대체거래시스템에서는 정규의 증권시장을 경유할 필요 없이 주로 기관투자가들이 집중하여 증권을 매매할 수 있는 방법이 제공된다. 이 대체매매거래는 먼저 올라온 매매청약에 대한 주문을 실행하고, 주문의 일부 또는 전부가 충족되지 못할 경우에는 그 주문을 매매체결을 위해 기존시장으로 전달하는 것이 보통이지만, 여기에는 다양한 변형이 있을 수 있다.

사설증권거래시스템에서는 사설증권시장에서 기존 거래소의 가격정보를 중심으로 하여 주로 기관투자가들이 대량주문을 장중 또는 장종료후 일괄처리하는 방식, 매매조건을 입력하고 상대방과 직접 거래하는 방식, 매수 또는 매도주문을 특정시점에 집중하여 단일가로 체결하는 방식 등이 있다.

가상증권거래시스템에서는 증권투자업자 또는 투자가가 가상의 증권거래소에 회원으로 가입하여 컴퓨터를 이용하여 매매주문을 입력하면 그것이 전자매매장부시스템에 접수되어 자동적으로 가격 및 시간우선원칙에 따라 증권의 매매가 체결된다. 영국의 Tradepoint가 그 예이며, 이것은 공인투자거래소(recognized investment exchange)[91]로 되어 있다.

---

91) FSMA § 285(1)(a).

Ⅲ. 인터넷 증권거래에서의 정보공시

1. 발행시장에서의 정보공시

(1) 사전준비단계에서의 정보공시

(가) 발행시장에서 인터넷공모를 하는 경우에는 원칙적으로 자본시장통합법의 공시절차에 따라야 한다. 증권의 모집 또는 매출(소액공모의 경우에는 예외이다)을 하려면 발행인이 증권신고서(모집·매출신고서 또는 일괄신고서)를 금융위원회에 제출하여 수리되어야 한다(資市 제119조 제1항·제2항). 증권신고서는 전자문서의 방법으로 할 수 있다(資市 제436조 제1항). 증권신고서에 기재하는 정보는 발행인의 과거의 실적정보는 물론, 발행인의 미래의 예측정보도 포함될 수 있다(資市 제119조 제3항).

소액공모 또는 면제특례가 인정되는 경우에는 증권신고서를 제출할 필요가 없다. 그러나 이 경우에도 투자자를 보호하기 위하여 재무상태에 관한 사항의 공시, 그 밖에 대통령령으로 정하는 조치를 하여야 한다(資市 제130조).

(나) 증권신고서가 수리되기 전에 사전 준비단계에서 발행인이 자신의 웹사이트에 발행인에 관한 정보를 올려놓아 잠재적인 투자자에게 회사의 내용을 알리려고 하는 것이 허용되는가가 문제인데, 그러한 정보의 공시가 투자권유에 해당하는지의 여부를 판단하여 해결하여야 할 것이다.[92]

(2) 투자권유단계에서의 정보공시

(가) 증권신고의 효력이 발생하지 아니한 증권의 취득 또는 매수의 청약이 있는 경우에 그 증권의 발행인·매출인과 그 대리인은 그 청약의 승낙을 하여서는 아니 된다(資市 제121조 제1항). 증권신고서가 수리된 후 신고의 효력발생 전에도 매도의 청약 또는 매수의 청약의 권유, 즉 투자권유는 허용되는데, 이 경우에는 반드시 예비투자설명서를 사용하여야 한다(資市 제124조 제2항 제2호). 전자매체에 의한 예비투자설명서를 사용하는 경우에는 서면을 사용하는 경우와 실질적으로

92) 동지: 송종준, “인터넷증권거래와 정보공시문제,” 192쪽.

동일하게 투자권유의 의사표시가 투자자에게 전달되도록 전자공시의 요건을 정할 필요가 있고, 따라서 투자권유 단계에서 예비투자설명서의 교부의무를 부과하는 것이 바람직하다는 견해가 제시되고 있다.[93]

증권의 발행인 등은 투자권유의 방법으로 예비투자설명서 대신에 서면 또는 전자매체에 의한 간이투자설명서를 사용하여 광고·안내문·홍보 등을 할 수 있다(資市 제124조 제2항 제3호).

인터넷 등 전자매체에 광고를 하는 경우에 투자자로 하여금 예비투자설명서를 볼 수 있는 웹사이트의 주소를 게재하는 것은 위법하지 않을 것이다. 그러나 이러한 광고에 있어서 유가증권의 공모에 관한 증권분석가의 보고서 기타의 논의자료에 연결될 수 있는 장치를 설정하는 것은 허용되지 않는다고 할 것이다.

(나) 전자매체에 의한 투자설명회가 개최되는 경우가 많다. 투자설명회는 청약의 권유에 해당하고 증권신고서가 수리되기 전에는 허용되지 않는다. 다만, 이 경우에 일상적인 경영사항에 대한 정보는 공시할 수 있지만, 유가증권의 모집 또는 매출에 대한 투자자의 관심을 야기하는 것은 금지된다고 보아야 할 것이다.[94]

그러나 신고의 효력발생 전까지 개최되는 투자설명회는 예비투자설명서가 사용되는 한 금지되지 않지만, 투자설명회에서 공시하는 정보는 예비투자설명서에 기재된 정보의 범주에 속하는 것이어야 한다.

(3) 청약단계에서의 정보공시

(가) 증권신고의 효력이 발생하면 발행인은 유가증권의 모집 또는 매출을 위한 청약의 금지가 해제되어 투자자로부터 매수 또는 매도의 청약을 할 수 있다. 이 경우에는 증권을 취득하고자 하는 자(전문투자자, 그 밖에 대통령령으로 정하는 자를 제외한다)에게 투자설명서(資市 제123조 제1항)를 미리 교부하지 아니하면 그 증권을 취득하게 하거나 매도할 수 없다(資市 제124조 제1항).

투자설명서에는 증권신고서(資市 제119조 제2항의 일괄신고추가서류를 포함한다)에 기재된 내용과 다른 내용을 표시하거나 그 기재사항을 누락하여서는 아니된다. 다만, 기업경영 등 비밀유지와 투자자 보호와의 형평 등을 고려하여 기재를

93) 송종준, 위의 논문, 193쪽 참조.
94) 임재연, 「증권거래법」, 박영사, 2000, 84쪽.

생략할 필요가 있는 사항으로서 대통령령으로 정하는 사항에 대하여는 그 기재를 생략할 수 있다(資市 제123조 제2항).

(나) 증권발행인은 투자설명서를 재정경제부령으로 정하는 장소에 비치하고 일반인이 열람할 수 있도록 하여야 한다(資市 제123조 제1항). 증권발행인은 서면에 의한 투자설명서 대신 전자문서에 의한 투자설명서를 사용할 수 있으며, 이 경우에는 다음의 요건을 모두 충족하는 때에 이를 교부한 것으로 본다(資市 제124조 제1항 각 호).

(i) 전자문서에 의하여 투자설명서를 받는 것을 전자문서수신자가 동의할 것

(ii) 전자문서수신자가 전자문서를 받을 전자전달매체의 종류와 장소를 지정할 것

(iii) 자문서수신자가 그 전자문서를 받은 사실이 확인될 것

(iv) 전자문서의 내용이 서면에 의한 투자설명서의 내용과 동일할 것

2. 유통시장에서의 정보공시

(1) 발행인의 정보공시

유통시장에서의 정보공시는 정기공시와 수시공시로 구분할 수 있다. 정기공시는 상장법인 등이 과거 사업실적을 금융위원회에 제출하여 증권시장에 공시하는 것을 말하고, 수시공시는 상장법인 등의 경영·재산 등에 관하여 중대한 영향을 미칠 사항이 발생할 경우에 이를 해당 법인이 수시로 공시하는 것을 말한다.

금융위원회와 거래소는 사업보고서·반기보고서·분기보고서·주요사항보고서(이하 "사업보고서 등"이라 한다)를 3년간 일정한 장소에 비치하고, 인터넷 홈페이지 등을 이용하여 공시하여야 한다. 이 경우 기업경영 등 비밀유지와 투자자 보호와의 형평 등을 고려하여 대통령령으로 정하는 사항을 제외하고 비치 및 공시할 수 있다(資市 제163조).

유통시장에서 상장법인 등은 사업보고서 등을 금융위원회와 거래소에 제출하여 정기공시를 하여야 함은 물론(資市 제159조, 제160조 등 참조), 해당 법인의 경영·재산 등에 관하여 중대한 영향을 미칠 사실에 대하여 수시공시를 할 의무를 진다. 공시는 서면 또는 전자문서의 형태로 가능하다. 전자문서에 의하여 공시하는 경우

에는 금융위원회 또는 거래소에 제출한 내용 등을 자신의 웹사이트에 올려놓거나, 증권분석가의 분석서 · 평가내용 등을 담은 제3자의 웹사이트를 링크해 놓을 수도 있으며, 이러한 공시에 대하여 특별한 제한은 없다. 그러나 부실표시 또는 중요한 정보의 누락에 따른 위험으로부터 투자자를 보호하기 위한 대책이 필요하다.

(2) 금융투자업자의 정보공시 문제

금융투자업자가 전자게시판 · 이메일 등을 이용하여 발행인에 관한 정보를 유포시킬 수 있고, 이 과정에서 과장정보 · 허위사실이 유통되거나 투자자의 정보가 유출될 수 있다. 이러한 경우에 금융투자업자에게는 발행인에 준하는 정보전달의 요건이 부과되어야 할 필요가 있고, 따라서 전자문서에 의한 사업설명서의 교부요건(資市 제124조 제1항 각 호)에 준하는 처리가 필요하다고 본다. 금융투자업자의 부실공시에 대한 손해배상책임에 대해서는 허위기재 등으로 인한 배상책임의 규정(資市 제125조)을 적용할 수 있도록 하여야 할 것이다.

3. 부실공시 · 불공정행위 등

비대면거래를 특징으로 하는 인터넷 증권거래에서는 부실공시 · 불공정행위 등의 위법행위가 행해질 가능성이 많고, 실제상으로도 이러한 위법행위가 이루어지고 있다. 예컨대, 특정 주식에 대한 허위정보를 유포하거나 허위주문을 하여 일반투자자의 매수를 유인하는 사례가 있다. 이러한 행위는 결과적으로 인터넷 증권거래에 대한 투자자의 불신을 가져오는 원인이 될 수도 있다.[95]

자본시장통합법의 부실공시 · 불공정행위 등에 관한 규정은 인터넷 증권거래에 대해서도 적용된다. 즉, 증권신고서와 투자설명서에 거짓의 기재 또는 표시나 중요사항의 부실공시를 하거나, 미공개중요정보를 이용하거나, 시세조종행위를 하거나, 부정거래행위 등을 하는 것은 금지되며(資市 제119조 제5항, 제123조 제2항, 제174조, 제176조, 제178조), 이에 위반한 자는 손해배상책임을 지고(資市 제125조 제1항, 제175조, 제177조, 제179조) 불공정거래의 금지 규정에 위반한 자는 형사제재를 받는다(資市 제443조 제1항).[96]

95) 김성태, 앞의 논문, 149~150쪽 참조.

96) 또 '전자금융업무감독규정'은 금융기관 및 전자금융업자에게 정보기술부문 및 전자금융거래에

Ⅳ. 인터넷 증권거래의 약관

자본시장통합법은 금융투자업자의 약관 제정·변경의 금융위원회 및 한국금융투자협회에 대한 신고·보고의무(동법 제56조 제1항)와 인터넷 홈페이지 등을 이용한 공시의무(동법 제56조 제2항), 한국금융투자협회의 표준약관 제정·변경의 금융위원회에 대한 보고의무를 규정하고 있다(동법 제56조).

또한 인터넷 증권거래의 약관에 대하여는 전자금융거래법의 약관에 관한 규정이 적용된다(제26조). 따라서 전자금융사업자에 해당하는 금융투자업자는 이용자와 전자금융거래의 계약을 체결함에 있어서 약관을 명시하여야 하고, 이용자의 요청이 있는 경우에는 금융위원회가 정하는 방법에 따라 그 약관의 사본을 교부하고 그 약관의 내용을 설명하여야 한다(제24조 제1항). 이 규정을 위반하여 계약을 체결한 때에는 당해 약관의 내용을 계약의 내용으로 주장할 수 없다(제24조 제2항). 그 밖에도 약관의 변경과 통지의무(제24조 제3항 및 제4항), 약관의 제정 및 변경(제25조 제1항)에 관한 규정이 적용된다.

Ⅳ. 인터넷 증권거래 정보의 보호

자본시장통합법은 직무관련 정보의 이용 금지를 규정하여, 금융투자업자는 직무상 알게 된 정보로서 외부에 공개되지 아니한 정보를 정당한 사유 없이 자기 또는 제삼자의 이익을 위하여 이용하여서는 아니 된다고 규정하고 있다(동법 제54조).

전자금융거래법의 전자금융거래정보의 제공에 관한 규정은 인터넷증권거래에도 적용된다. 따라서 인터넷증권거래와 관련한 업무를 수행함에 있어서 이용자의 인적 사항 기타 전자금융거래의 정보 또는 자료에 해당하는 사항을 알게 된 자는 이용자의 동의를 얻지 아니하고 이를 타인에게 제공·누설하거나 업무상 목적 외에 사용할 수 없다(제26조 본문). 다만, 금융실명거래법 제4조 제1항 단서의 규정

관하여 중대한 사고가 발생한 경우에는 지체 없이 금융감독원장에게 보고할 의무를 부과하고 있는데(동 규정 제44조), 이 규정은 대부분의 금융투자업자에게도 적용된다(제2조 제3호 가. 참조).

에 따른 경우 그 밖에 다른 법률에서 정하는 바에 따른 경우에는 그러하지 아니하다(제26조 단서). 이 규정을 위반하여 인터넷증권거래 정보를 제공하거나, 누설하거나, 업무상 목적 외에 사용한 자는 형사제재를 받는다(제49조 제3항).

그 외에 인터넷증권거래 정보에는 금융실명거래법(제4조), 신용정보의 이용 및 보호에 관한 법률(제13조~제16조, 제23조), 전자상거래소비자보호법(電消 제11조), 정보통신망이용촉진법 등의 규정이 적용된다.

또 '전자상거래(인터넷사이버몰) 표준약관'(동 약관 제17조)과 '전자금융거래 표준약관'(동 약관 제24조, 제19조 제2항)도 개인정보보호에 관한 규정을 두고 있다.

Ⅵ. 전자상거래소비자보호법상의 규제

전자상거래소비자보호법 중 전자상거래에 관한 규정, 예컨대 전자문서의 활용, 거래기록의 보존 등, 조작실수 등의 방지, 전자적 대금지급의 신뢰확보(電消 제5조~제8조) 등은 인터넷 증권거래에도 적용될 수 있다.

그러나 인터넷 증권거래에 대한 전자상거래소비자보호법의 적용범위는 매우 제한적이다. 즉, ① 통신판매업자가 아닌 자 사이의 통신판매중개를 하는 통신판매업자에 대하여는 신원 및 거래조건에 대한 정보의 제공 등에 관한 규정(電消 제13조~제19조)을 적용하지 아니한다(電消 제3조 제3항). ② 자본시장통합법의 투자매매업자·투자중개업자에 의한 증권의 거래(資市 제42조 제46항)와 대통령령이 정하는 금융기관에 의한 금융상품의 거래(電消 令 제3조)에 대하여는 통신판매업자의 신고 등에 관한 규정(電消 제12조~제20조)을 적용하지 아니한다(電消 제3조 제4항).

제 7 절 전자선하증권거래

Ⅰ. 서 설

전자선하증권거래라 함은 「종이 선하증권의 전자적 상응물로서의 전자선하증권을 대상으로 하는 거래」를 말한다.

국제 해상운송에서는 종이선하증권 등 서면에 의한 거래로 인하여 생기는 불편과 비용으로 인하여 정보통신기술을 사용하여 비용절감과 업무 효율성의 증대를 도모하기 위하여 선하증권의 전자화가 추진되어 왔다. 그러나 전자식 선하증권에 종이 선하증권과 같은 법적 권리를 인정할 수 있는 법규가 마련되지 못하고, 거래당사자들이 전자식 선하증권의 사용에 따른 보안상의 위험을 염려하여 선하증권 기타 권리증서의 전자화는 진전의 속도가 매우 느렸다.

우리나라에서는 일본 · 중국 · 싱가폴 등과 전자무역을 추진하고 있으며, 전자무역 활성화를 위한 선결요건으로 전자선하증권 제도 도입을 위한 법적 근거가 요구되고 있다.[97] 이러한 요청을 반영하여 법무부에서는 상법 해상편을 전면 개정하는 상법 개정안을 마련하였고 전자선하증권 제도의 신설을 포함시켰다(개정 상법 제862조 참조). 이 개정안은 2006. 01. 17 국회에 제출되고 2007. 7. 3 국회 본회의에서 수정가결되었으며, 개정 상법은 공포 후 1년이 경과한 날부터 시행한다(개정 상법 부칙 제1조).

아래에서는 먼저 선하증권의 전자화를 위한 국제단체들의 시도, 볼레로 선하증권과 상법상의 전자선하증권 제도를 살펴보고, 전자선하증권의 법률문제를 다루기로 한다.

1. UN의 운송서류 전자화의 노력

유엔의 유럽경제위원회(Economic Commission for Europe)는 1987년 행정, 상

97) 임중호, "상법 일부개정법률안(정부제출) 검토보고," 국회 법제사법위원회 전문위원 검토보고서, 2006. 11, 57~58쪽 참조.

업 및 국제거래 전자문서교환 표준인 EDIFACT(EDI for Administration, Commerce and Trade)를 공표하였다. EDIFACT 메시지는 세계적으로 표준화된 통신 수단을 제공함으로써 호환성의 문제를 해결할 수 있다. 다만, 이용자들이 이 메시지를 채택함으로써 어떤 위험이 있을지도 모른다는 주저함 때문에 이를 채택하는 데 많은 시간이 소요되고 있다.

EDIFACT는 유럽위원회(Europe Commission) 작업그룹(WP4)에 의하여 다루어지고 있는데, 그 절차가 매우 느리기 때문에 이 문제를 해결하기 위하여 유엔 전자상거래센터(Centre for Trade Facilitation and Electronic Business: CEFACT)로 이관되었다.[98]

한편 유엔 국제상거래법위원회(UNCITRAL)의 전자상거래에 관한 모범법(1996)은 전자문서에 의하여 물건운송계약과 운송물에 대한 권리·의무의 양도가 이루어진 경우에는 서류의 이전에 의한 양도의 요건을 충족한다고 규정하고 있다.[99]

2. CMI 전자선하증권규칙

국제해법회(Committee Maritime International: CMI)는 1980년대 초에 해상운송장에 관한 연구에 착수하였는데, 이 연구과정에서 유류를 해상운송하는 경우에 발행되는 선하증권을 전자문서화하는 작업이 시작되었다. 이를 위하여 1988년에 운송중인 물건의 전자적 인도에 관한 국제소위원회(International Subcommittee of the Electronic Transfer of Rights to Goods in Transit)를 설치하였다. 이 소위원회의 작업의 결과로 1990년 6월 파리에서 '전자선하증권에 관한 CMI규칙'(CMI Rules for Electronic Bills of Ladings: 이하 "CMI규칙"이라 한다)이 제정되었다.[100]

CMI규칙은 당사자가 규칙에 따를 것을 합의한 경우에만 적용되고(제1조), 당사자의 행위에는 CMI규칙에 저촉되지 않는 한 국제상업회의소(ICC)의 UNCID[101]

---

98) 정완용, 「전자상거래법: e-비즈니스를 위한 법」, 268~269쪽.

99) UNCITRAL Model Law on Electronic Commerce(1996), § 17(3).

100) 정완용, 「전자상거래법: e-비즈니스를 위한 법」, 270쪽 참조.

101) Uniform Rules of Conduct for Interchange of Trade Data by Teletransmission. 국제상업회의소가 1987년에 EDI교환약정에 관한 국제적 표준을 마련하기 위하여 제정한 규칙이다.

가 적용되며(제3조 a), CMI규칙에 따른 전자문서교환은 EDIFACT 관련 기준에 적합하여야 한다(제3조 b). 운송인은 송하인으로부터 운송물을 수령한 때에는 송하인에게 메시지에 의하여 송하인이 지정한 전자주소로 운송물 수령의 통지를 하여야 한다(제4조 a). 운송물에 대한 관리권 및 양도권의 이전은 다음의 요건을 갖추어야 한다. 즉, (i) 현재의 소지인[102]이 새로운 소지인에게 관리권 및 양도권을 이전할 의사를 운송인에게 통지하고, (ii) 운송인은 그러한 통지메시지를 확인하며, (iii) 운송인은 새로운 소지인에게 제4조(수령메시지의 형식 및 내용)에 기재된 정보(비밀키를 제외한다)를 전송하고, (iv) 새로운 소지인은 운송인에게 관리권 및 양도권의 인수를 통지하며, (v) 운송인은 현재의 비밀키를 취소하고 새로운 소지인에게 새로운 비밀키를 발급하여야 한다(제7조 b).

3. SeaDoc 프로젝트

SeaDoc 프로젝트는 1986년 유류거래에서 운송서류를 전자문서화하기 위한 시도로서 인터탱코(Intertanko)와 체이스 맨하탄 은행(Chase Manhattan Bank)에 의하여 시작되었다. SeaDoc은 전통적인 종이문서와 전자문서 사이의 절충을 시도한 점에 특징이 있다. 그러나 SeaDoc 프로젝트는 1년 정도의 실험을 하였을 뿐 실행되지 않았다.

SeaDoc의 핵심적 내용은 선하증권을 중앙등록기관에 저장하고 중앙등록기관은 선하증권을 양도하지 않고 단지 전자적으로 소유권의 변동을 통지함으로써 지연을 피하도록 하였다는 점이다. 이론적으로 보면, 지연의 문제는 현저하게 감소되었고, 서류는 검사를 위하여 이용될 수 있으며, 선주는 항상 정당한 소지인에게 물건을 인도할 수 있음을 확신할 수 있다. 이 계획은 중앙등록기관에 서면형식의 선하증권을 등록하도록 하고, 물품에 대한 권리의 이전은 전자문서로 등록기관에 통지하도록 되어 있다. 등록기관은 컴퓨터 기록문서를 보관하고, 서면인 선하증권에 그 변동을 기록한다.[103]

---

102) 유효한 비밀키의 보유에 의하여 운송물에 대한 관리권, 양도권 등의 권리를 가진 당사자를 말한다(CMI규칙 제2조 d).

103) 정완용, 「전자상거래법: e-비즈니스를 위한 법」, 281쪽 참조.

4. Bolero 프로젝트

국경초월의 매매거래에서 서면을 없애기 위한 가장 실질적인 노력은 Bolero (Bill of Lading Electronic Registry Organization) 프로젝트이다. 발트·국제해운동맹(Baltic and International Maritime Conference: BIMCO)은 국제해법회(CMI)의 전자선하증권규칙에 근거하여 전자선하증권을 개발하는 프로젝트를 추진하게 되었는데, 이 프로젝트를 발전시킨 것이 Bolero 프로젝트이다.

전세계은행간금융통신협회(SWIFT)와 통운송클럽(Through Transport Club: TTC)은 선하증권의 전자화를 위하여 1995년 볼레로 협회(Bolero Association Limited: BAL)를 설립하고,[104] 1998년 볼레로 인터내셔널사(Bolero International Limited)를 설립하여[105] 볼레로 프로젝트를 수행하고 있다. 이 프로젝트에 의하여 1999년 9월 세계 물류회사와 금융기관들에 의하여 설립된 Bolero.net이 출범하였다. 볼레로 협회는 1999년 9월 '볼레로 규약집'(Bolero Rulebook: 이하 "규약집"이라 한다)[106]을 공표하였다. 볼레로 협회에 가입하려는 수입업자, 출입업자, 해상운송인 또는 금융기관은 볼레로 거래를 위하여 볼레로 규약집을 수락하는 계약을 체결하여야 한다. 볼레로 규약집은 여러 가지 절차규정을 두고 있지만, 가장 중요한 규정은 이용자가 볼레로 디지털메시지를 서면과 마찬가지로 수락하여야 하고 볼레로 디지털서명의 유효성에 이의를 제기할 수 없다는 것이다(규약집 § 2.2.2 (1) (3)).

우리나라에서는 2003년 11월 한국외환은행이 국내 은행권 최초로 볼레로 시스템을 이용하여 수출입 업무서류를 전자문서로 송신·수신하는 시험에 성공하였다. 이후 2005년 5월 우리은행을 시작으로 하여 삼성전자, 포스코(POSCO), 한국외환은행, 한진해운, 현대상선, 거항해운, 대한해운 등이 볼레로 협회에 가입하였다.

---

104) http://www.boleroassociation.org/index.htm 참조.

105) http://www.bolero.net/company/corporate__overview.html 참조.

106) http://www.boleraossociation.org/downloads/rulebook1.pdf.

Ⅱ. 볼레로 선하증권

1. 볼레로 선하증권의 의의

볼레로 선하증권이라 함은 관련 「권원등록기록(Title Registry Record)을 포함한 BBL(Bolero Bill of Lading) 문서」를 말한다(볼레로 규약집 § 1.1 (11)).

여기에서 권원등록(Title Registry: TR)이라 함은 Bolero International에 의하여 운영되고, 볼레로 선하증권의 보유 및 이전에 관한 기능을 실행하는 수단, 현재의 볼레로 선하증권의 지위의 기록 및 볼레로 선하증권 거래의 검색추적을 제공하는 응용절차를 말한다(규약집 § 1.1 (53)). 또 BBL 문서라 함은 운영절차(Operation Procedures)에 명시된 전송시스템(Core Messaging Platform: CMP)에 전송되어 BBL의 문서상의 구성요소로서 권원등록에 기록되고 해상운송인에 의한 물품수령을 확인하는 문서를 말한다(규약집 § 1.1 (6)).

2. 볼레로 선하증권의 거래구조

볼레로 선하증권의 거래구조는 다음과 같다.

(1) 볼레로 선하증권의 사용자가 되기 위해서는 3개의 계약을 체결하여야 한다.

첫째로, 볼레로 규정집의 개정절차 및 징계절차와 볼레로협회가 제공하는 서비스의 내용이 포함된 서비스계약(BAL service contract)을 체결한다. 볼레로 규약집과 운영절차에 서명하면 기존가입자들과 계약관계가 형성되며, 이후 가입하는 사용자들도 이와 같은 과정을 동일하게 반복하게 된다(규약집 § 2.1.1 (1)).

둘째로, 볼레로 인터내셔널사와 볼레로 운영서비스계약(operational service contract)을 체결한다.

셋째로, 모든 당사자가 볼레로 규약집의 내용에 구속된다는 계약을 체결하게 된다. 다만, 당사자 사이에 합의된 계약과 운송물의 멸실 등으로 인하여 발생하는 분쟁은 볼레로 선하증권에 편입된 운송약관을 중심으로 해석하게 된다.[107)]

---

107) 姜善俊, "볼레로형 전자선하증권의 도입에 관한 연구," 상사법연구, 제25권 제1호(2006. 5), 8

(2) 운송인은 표준약관을 볼레로 선하증권에 편입할 것을 명시할 수 있으며, 각 당사자는 이러한 편입에 의하여 해당 약관이 운송계약의 당사자를 구속하는 것으로 합의할 수 있다(§ 3.2 (1) (2)). 따라서 이면약관은 부합계약의 형태를 지닌다. 용선계약의 경우에도 당사자의 합의를 전제로 하여 볼레로 선하증권에 편입된 용선계약의 규정은 종이 선하증권에 기재된 것과 동일한 효력을 가진다(규약집 § 3.2 (3)). 또 볼레로 선하증권을 발행하는 운송계약은 국제협약 또는 그 국제협약을 시행하는 국내법의 강행규정의 적용을 받으며, 해당 국제협약 또는 국내법은 볼레로 선하증권에 편입된 것으로 간주한다. 국제협약 또는 그 조약을 시행하는 국내법과 볼레로 선하증권에 포함된 운송계약의 규정이 저촉되는 경우에는 해당 국제협약 또는 국내법이 우선한다(§ 3.2 (4)).

(3) 볼레로 선하증권의 거래절차는 다음과 같다.[108] 운송인은 선적시에 전자메시지의 형태로 선하증권을 볼레로에 발행하여야 한다. 이 메시지는 전통적인 선하증권에서 볼 수 있는 정보(적하의 형태·무게 또는 부피, 매도인 또는 송하인의 신원, 수하인 등)를 모두 포함하게 된다. 이 메시지는 디지털서명을 사용하여 인증을 받는다. 현재 운송인은 볼레로에서 발급받은 스마트카드로 그 비밀키(private key)를 생성한다. 이용자는 비밀키의 보안을 유지하지 못한 경우에도 비밀키에 의하여 서명된 모든 메시지에 대하여 책임을 진다(§ 2.2.4 (1)).

볼레로는 전자식 선하증권을 수령하면 운송인의 디지털서명을 확인하고 운송인의 지시에 따라 통상 송하인에게 그 선하증권을 발급한다. 송하인이 그 선하증권을 은행 또는 수하인에게 양도하려는 경우, 메시지에 새로운 증권 권리자의 신원을 기재하고 디지털서명을 하여 볼레로에 전송한다. 볼레로는 송하인의 선하증권 소지(ownership)를 취소하고 등록부에 새로운 증권 소지인을 기재한다.[109] 선하증권 소지인은 항해 종료시에 운송물을 수령하기 위하여 볼레로에 선하증권을 제시하는 메시지를 전송한다. 볼레로는 운송인에게 선하증권이 제시되었다는 사실

5~86쪽 참조.

108) Mann & Winn, *Electronic Commerce*, pp. 630~631 참조.

109) 요컨대, 볼레로 선하증권의 양도는 양도인의 전송시스템(CMP)에 대한 통지, 전송시스템(CMP)의 양수인에 대한 통지와 권원등록(TR)에의 등록에 의하여 이루어진다.

과 그 선하증권을 제시한 회사를 기재한 메시지를 전송한다.

볼레로에 의하여 작성된 선하증권에 의하여 담보되는 운송물이 볼레로 회원이 아닌 자에게 인도될 가능성에 대비하기 위하여, 볼레로 규약집은 전자식 선하증권을 전통적인 종이 선하증권으로 전환하는 절차를 포함하고 있다(규약집 § 3.7 (1)).

3. 볼레로 선하증권의 효력

(1) 당사자의 권리

볼레로 선하증권의 당사자의 권한은 기능별로 〈표 4-1〉과 같이 나누어져 있다(주요 기능만 표시함)(규약집 § 3.8 (1)). 볼레로 규약집에 규정된 당사자의 권한일지라도 원인계약상의 의무에 반하는 것은 인정되지 아니한다(규약집 § 3.8 (8)).

운송인은 볼레로 선하증권의 발행에 관한 규정에 따라 볼레로 선하증권의 발행

〈표 4-1〉 볼레로 선하증권의 당사자의 권한

기능 \ 당사자	운송인	송하인겸 소지인	지시식 소지인	질권자 소지인	소지인출급식 소지인	소지인	수하인 소지인
발행	○	×	×	×	×	×	×
소지인 지정	○	○	○	○	○	○	○
지시인 지정	○	×	○	○	○	×	×
백지배서	○	×	○	×	×	×	×
소지인출급식 소지인 지정	○	×	○	○	○	×	×
수하인 지정	○	×	○	○	○	×	×
질권자 소지인 지정	×	○	○	○	○	○	×
질권실행	×	×	×	○	×	×	×
제시	×	×	○	○	×	×	○
변경요구	×	○	○	○	○	○	○
변경허용	×	×	○	×	×	×	×
변경거절	○	×	○	×	×	×	×
종이로의 전환	×	○	○	○	○	○	○

의 권한만을 가지며, 변경의 허용 또는 거절의 권한을 행사하지 못한다(규약집 § 3.8 (2)). 송하인은 소지인출급식 소지인인 경우에는 지시 당사자를 지정할 수 있다(규약집 § 3.8 (3)). 볼레로 선하증권의 권원등록은 발행인(운송인)(규약집 § 3.1 (4) 참조)과 소지인만이 할 수 있으며, 송하인·수하인 또는 지시당사자가 소지인이 아닌 경우에는 권원등록을 지시할 권한을 가지지 못한다(규약집 § 3.8 (4)). 1개의 볼레로 선하증권에는 2명 이상의 소지인이 있을 수 없으나(규약집 § 1.1 (33)), 어느 한 소지인이 다른 당사자의 지위(지시식 소지인, 소지인출급식 소지인, 질권자 소지인, 수하인 소지인)를 겸할 수는 있다(규약집 § 3.8 (5)).

볼레로 선하증권을 소지한 운송인은 선하증권의 기재사항에 대하여 자유로운 변경이 가능하다. 운송인은 운송물 내지 선하증권을 교부하기 전에는 운송물의 처분에 관하여 절대적인 권한을 가진다는 것을 뜻한다.[110]

(2) 물권적 효력

볼레로 선하증권은 현행법상 인정되는 선하증권의 물권적 효력이 인정되지 않으며, 이를 대체하는 개념으로 볼레로 규약집은 "점유이전의 승인"(acknowledgement of transfer of possession)을 규정하고 있다. 이는 우리 민법상 목적물반환청구권의 양도에 의한 인도(民 제190조)와 유사하다.

볼레로 선하증권에 있어서는 양도성 있는 선하증권의 발행 후에 새로운 소지인을 지정함으로써 운송물의 법정점유(constructive possession)가 이전된다(규약집 § 3.4.1 (1)). 운송인은 새로운 소지인의 지정에 따라 볼레로 선하증권에 기재된 운송물을 점유하고 있다는 것을 승인하여야 한다(규약집 § 3.4.1 (2)). 이 경우에 운송인은 볼레로 인터내셔널사를 취소할 수 없는 대리인으로 임명하여야 한다(볼레로 규약집 § 3.4.2).[111] 수신인은 새로운 소지인 지정의 통지를 받은 경우에는 24시간 이내에 그 지정을 거절할 수 있으며(규약집 § 3.5.2 (1)), 이 경우에는 운송물에 대한 점유는 이전하지 않게 된다.

---

110) 權載烈, "볼레로형 전자선하증권에 관한 법적 연구," 상사법연구, 제21권 제4호(2003), 308쪽 참조.

111) 볼레로 인터내셔널사는 운송인이 새로운 소지인의 지시에 따라 운송물을 점유하고 있다는 것을 확인하거나, 새로운 소지인의 점유이전에 대하여 거절의 통지를 수신하는 역할을 수행하게 된다.

이와 같이 소지인은 볼레로의 권원등록시스템에 새로운 소지인을 지정하는 메시지를 전송하고, 운송인은 대리인인 볼레로를 통하여 '점유이전승인 통지'를 함으로써 운송물은 운송중에도 양수인에게 인도될 수 있다.

(3) 채권적 효력

볼레로 선하증권은 종이 선하증권에서 인정되는 채권적 효력이 인정되지 않는다. 볼레로 선하증권에서의 점유이전의 승인은 추정적 점유이전의 문제만을 다루므로 운송계약상의 권리·의무가 새로운 소지인에게 이전되기 위해서는 별도의 해결방안이 필요하며, 이러한 해결책으로 등장한 것이 경개(novation)의 개념이다.

볼레로 규약집은 새로운 소지인의 지정은 당사자 사이에 다음과 같이 합의한 것으로 본다. 첫째로, 선하증권의 새로운 소지인이 종전 소지인의 지정을 승낙한 시점이나 그 지정을 거절할 수 있는 때로부터 24시간이 경과한 시점 중에서 빠른 것에 따라 운송인과 새로운 소지인 사이에 BBL 문서에 기재된 조건에 따른 운송계약이 체결된 것으로 본다(규약집 § 3.5.1 (1)). 둘째로, 새로운 소지인은 운송계약상의 모든 권리와 의무를 취득하고(규약집 § 3.5.1 (2)) 종전 소지인의 권리와 책임은 원칙적으로 소멸한다(규약집 § 3.5.1 (3)).

볼레로 선하증권의 경우에는 경개계약의 효력으로서 새로운 소지인에게 운송물에 대한 인도청구권이 발생한다. 종이 선하증권에서는 선하증권을 최종적으로 양수한 소지인만이 운임 등에 대한 의무를 부담하게 되지만, 볼레로 선하증권에서는 선하증권이 양도된 경우에도 양도인이 송하인인 경우에는 운송계약상의 권리는 소멸하지만 의무는 존속한다는데 합의하고 있으므로 송하인은 최종 소지인과 함께 운임 등에 대하여 책임을 지게 된다(규약집 § 3.5.1 (3)(a)).

Ⅲ. 상법상의 전자선하증권 제도

1. 전자선하증권 제도의 입법취지

개정 상법상의 전자선하증권제도의 입법취지는 다음과 같다.

현행 종이선하증권은 위조·변조·분실 위험이 있고 이를 제조·보관·관리 및 유통하는데 상당한 비용이 드는 문제가 있다. 전자선하증권제도를 도입함으로써 선하증권의 위조·변조·분실 위험이 원천적으로 방지되고 선하증권의 제조·보관·관리 및 유통비용이 대폭 절감될 것으로 기대된다.112)

현대 해운기업들은 해운활동을 영위하면서 발달한 정보통신기술을 사용하여 비용절감과 업무 효율성의 증대를 도모하고 있고 이는 전세계적인 경향인 바, 이러한 현실을 반영하여 개정안은 종이선하증권이 전자적 환경에서 전자적 형태로도 이용될 수 있도록 할 필요가 있다.

국제적으로는 국가 상호 간의 무역환경이 IT화됨에 따라 이미 유럽을 중심으로 중앙등록기관에 전자적으로 등록하는 방식에 의한 볼레로(BOLERO)라고 하는 전자선하증권이 이용되는 등 전자무역이 활발히 이루어지고 있고, 국제해법위원회(CMI)는 「1990년 전자선하증권통일규칙(Uniform Rules for Electronic Bills of Lading)」을 제정한 바 있다.

우리나라의 경우 현재 일본·중국·싱가폴 등과 전자무역을 추진하고 있는데 전자무역 활성화를 위한 선결요건으로 전자선하증권 제도 도입을 위한 법적 근거가 요구되고 있다. 이에 따라 운송인이 종이 선하증권을 발행하는 대신에 전자선하증권 제도를 이용할 수 있도록 법제화하게 된 것이다.113)

2. 전자선하증권 제도의 기본내용

전자선하증권 제도는 법무부장관이 지정하는 등록기관에 등록하는 방식으로 전자선하증권을 발행하고 전자등록기관을 통하여 전자문서로 등록·배서·제시되는 선하증권 제도이다.

운송인은 종이 선하증권(제852조, 제855조)의 선하증권을 발행하는 대신에 송하인 또는 용선자의 동의를 얻어 법무부장관이 지정하는 등록기관에 등록을 하는 방식으로 전자선하증권을 발행할 수 있다(商 제862조 제1항). 전자선하증권에는 종이 선하증권의 기재사항(商 제853조 제1항)에 해당하는 정보가 포함되어야 한다(商 제862조 제2항).

전자선하증권의 권리자는 배서의 뜻을 기재한 전자문서를 작성한 다음 전자선

112) 국회 법제사법위원회, "商法 일부개정법률안 심사보고서"(2007. 7. 2), 5쪽 참조.
113) 국회 법제사법위원회, 위의 심사보고서, 56~57쪽 참조.

하증권을 첨부하여 지정된 등록기관을 통하여 상대방에게 송신하는 방식으로 그 권리를 양도할 수 있다(商 제862조 제3항).

전자선하증권의 등록기관의 지정요건, 발행 및 배서의 전자적인 방식, 운송물의 구체적인 수령절차 그 밖에 필요한 사항은 대통령령으로 정한다(商 제862조 제5항).

3. 전자선하증권의 거래구조

상법상 전자선하증권의 거래구조에 관하여는 매우 간단하게 규정되어 있다. 운송인은 종이 선하증권을 발행하는 대신에 송하인 또는 용선자의 동의를 얻어 전자선하증권에 종이 선하증권의 기재사항에 해당하는 정보를 포함시켜 법무부장관이 지정하는 등록기관에 등록을 하는 방식으로 전자선하증권을 발행한다(商 제862조 제1항·제2항). 전자선하증권의 권리자는 배서의 뜻을 기재한 전자문서를 작성한 다음 전자선하증권을 첨부하여 지정된 등록기관을 통하여 상대방에게 송신하는 방식으로 그 권리를 양도할 수 있다(商 제862조 제3항).

전자선하증권의 등록기관의 지정요건, 발행 및 배서의 전자적인 방식, 운송물의 구체적인 수령절차 그 밖에 필요한 사항은 대통령령으로 정하도록 하여(商 제862조 제5항), 실무 환경의 변화에 대응할 수 있도록 하였다.[114]

Ⅳ. 전자선하증권의 법적 성질

본래로 선하증권의 유가증권성 여부에 관하여는 유가증권긍정설[115]과 유가증권부정설[116]이 대립하고 있다. 전자어음의 경우와 마찬가지로 전자선하증권의 유

---

114) 국회 법제사법위원회, 위의 심사보고서, 58쪽 참조.

115) 이 설은 전자식 선하증권의 유가증권성 여부를 전자식 선하증권에 사용되는 전자적 문서에 요식증권성과 문언증권성을 부여할 수 있는가의 문제로 보고, 전자문서의 문서로서의 효력을 인정하고 전자서명에 의하여 기명날인 또는 서명의 요건을 충족하는 것으로 보아 전자식 선하증권의 유가증권성을 인정한다. 최승열, "전자선하증권의 법적 과제," 125, 129쪽.

116) 이 설은 전자식 선하증권은 영수증으로서의 기능, 운송계약내용의 증명 기능과 물품인도청구권을 표창하는 유통증권으로서의 기능을 가지는데, 서면에 의한 선하증권에서 서면은 운송물인도청구권을 표창하는 하나의 매체에 지나지 않으므로 그 서면 대신 전자문서가 사용될 수 있다고 한다. 다만, 전자식 선하증권을 양도함에 있어서는 배서나 교부를 요하지 않으므로 증권의 점유라는 물권적 요소는 나타나지 않고 권리귀속의 추정과 배타적 권리의 이전은 등록기관에의 등록으로 이루어진다는 점에서 전자식 선하증권은 유가증권이라고 보기 어렵고 소위 "전자등록

가증권성 여부에 대하여도 견해가 대립할 것으로 생각된다.

전자어음의 경우 등록·배서·보증 또는 권리행사가 등록기관에 의하여 관리되며 등록기관을 통해서만 지급제시를 할 수 있으므로 전자어음의 유통성이 제한될 수 있다(電어 제5조 제1항, 제7조~제9조, 同法 令 제6조 제1항 본문·제3항, 제7조 제2항). 그러나 전자어음의 배서·보증 또는 권리행사는 전자문서에 의하여만 할 수 있고 관리기관은 수취인등록을 거부할 수 없으며(電어 제5조 제4항, 同法 令 제6조 제3항), 법률관계에 관하여 전자어음법이 규정하고 있지 않은 사항은 어음법의 규정에 따르게 되므로(電어 제4조), 전자어음은 종이 어음의 전자적 상응물로서 유가증권의 일종이라고 볼 수 있다.

전자선하증권의 등록기관의 지정요건, 발행 및 배서의 전자적인 방식, 운송물의 구체적인 수령절차 그 밖에 필요한 사항은 대통령령으로 정한다(商 제862조 제5항). 법무부에 따르면, 대통령령에서 정할 사항은 입법기술적 측면에서 「전자어음 발행 및 유통에 관한 법률」 및 동법 시행령을 참고할 예정이라고 한다.[117] 한편 전자선하증권은 종이 선하증권(商 제852조, 제855조)과 동일한 법적 효력을 가진다(商 제862조 제1항 제2문). 생각건대, 전자선하증권은 발행·배서 및 권리행사가 전자어음법의 규정과 같이 규율될 예정이고 종이 선하증권과 같은 효력이 인정되므로, 종이 전자선하증권의 전자적 상응물로서 유가증권의 일종이라고 보아야 할 것이다.

전자선하증권은 인도증권·채권증권·요식증권·유인증권·지시증권·제시증권·상환증권 등 종이 선하증권이 가지는 법적 성질을 가진다.

V. 전자선하증권의 법률관계

전자선하증권은 종이 선하증권(商 제852조, 제855조)과 동일한 법적 효력을 가지므로(商 제862조 제1항 제2문) 전자선하증권에도 물권적 효력과 채권적 효력이 인정된다.

증권"이라고 본다. 鄭敬永, "有價證券 電子化에 관한 法律的 考察," 77쪽; 정경영, "전자선하증권의 도입에 관한 법적 검토," 상사판례연구, 제15집(2003), 504쪽 참조.

117) 국회 법제사법위원회, 앞의 심사보고서, 58쪽 주 65) 참조.

1. 물권적 효력

전자선하증권은 종이 선하증권(商 제852조, 제855조)과 동일한 법적 효력을 가지므로(商 제862조 제1항 제2문) 전자선하증권에도 물권적 효력이 인정된다.

전자선하증권을 작성한 경우에는 운송물에 관한 처분은 선하증권으로써 하여야 한다(商 제861조, 제132조). 전자선하증권에 의하여 운송물을 받을 수 있는 자에게 배서의 뜻을 기재한 전자문서를 작성한 다음 전자선하증권을 첨부하여 지정된 등록기관을 통하여 상대방에게 송신하고(商 제862조 제3항), 이 전자문서를 상대방이 수신하면 종이 선하증권을 배서하여 교부한 것과 동일한 효력이 있고, 이 전자문서를 수신한 권리자는 종이 선하증권을 교부받은 소지인과 동일한 권리를 취득한다(商 제862조 제4항). 이와 같이 전자선하증권을 교부한 때에는 운송물 위에 행사하는 권리의 취득에 관하여 운송물을 인도한 것과 동일한 효력이 있다(商 제861조, 제133조). 전자 선하증권의 취득자는 물권적 효력에 근거하여 운송물이 멸실 또는 훼손된 경우에는 운송인에 대하여 소유권침해를 원인으로 한 불법행위책임을 물을 수 있다.[118)]

2. 채권적 효력

전자선하증권은 종이 선하증권(商 제852조, 제855조)과 동일한 법적 효력을 가지므로(商 제862조 제1항 제2문) 전자선하증권에도 채권적 효력이 인정된다.

전자선하증권의 소지인은 그 증권과 상환하지 아니하면 운송물의 인도를 청구할 수 없다(商 제861조, 제129조). 선하증권은 법률상 당연한 지시증권으로서 배서가 금지되어 있지 않은 한 배서에 의하여 양도할 수 있으며(商 제861조, 제130조), 선하증권이 제3자에게 양도된 때에는 소지인과 운송인 사이의 운송에 관한 사항은 선하증권에 기재된 바에 의하게 된다. 선하증권이 발행된 경우 운송인과 송하인 사이에 선하증권에 기재된 대로 개품운송계약이 체결되고 운송물을 수령 또는 선적한 것으로 추정되므로(商 제854조 제1항), 선하증권에 기재된 물건과 실제로 수령·선적된 물건이 다른 경우 또는 공권이 발행된 경우 운송인은 반증이 없는 한 전자선하증권 취득자에게 채무불이행의 책임을 져야 하고, 또 반증이 있다 하

---

118) 대판 1983. 3. 22, 82 다카 1533 참조.

더라도 선의취득자에게 대항할 수 없다(商 제854조 제2항).

전자선하증권의 경우에도 종이 선하증권과 마찬가지로 상법 제130조와 제854의 규정에 의하여 양도인인 송하인이 가지는 운송물에 대한 인도청구권이 양수인에게 이전하고, 전자선하증권을 최종적으로 양수한 소지인만이 운임 등에 대한 의무를 부담하게 된다.

Ⅵ. 전자선하증권거래 정보의 보호

전자금융거래법의 전자금융거래정보의 제공에 관한 규정은 전자선하증권거래에도 적용된다. 따라서 전자선하증권거래와 관련한 업무를 수행함에 있어서 이용자의 인적 사항 기타 전자금융거래의 정보 또는 자료에 해당하는 사항을 알게 된 자는 이용자의 동의를 얻지 아니하고 이를 타인에게 제공·누설하거나 업무상 목적 외에 사용할 수 없다(제26조 본문). 다만, 금융실명거래법 제4조 제1항 단서의 규정에 따른 경우 그 밖에 다른 법률에서 정하는 바에 따른 경우에는 그러하지 아니하다(제26조 단서). 이 규정을 위반하여 전자선하증권거래 정보를 제공하거나, 누설하거나, 업무상 목적 외에 사용한 자는 형사제재를 받는다(제49조 제3항).

그 외에 전자선하증권거래 정보에는 금융실명거래법(제4조), 신용정보의 이용 및 보호에 관한 법률(제13조~제16조, 제23조), 정보통신망이용촉진법 등의 규정이 적용된다.

Ⅶ. 전자상거래소비자보호법상의 규제

전자상거래소비자보호법 중 통신판매에 관한 제12조 내지 제20조의 규정은 전자선하증권거래에는 적용되지 아니한다(電消 제3조 제4항, 同法 令 제3조). 그러나 그 밖의 규정, 예컨대 전자문서의 활용, 거래기록의 보존 등, 조작실수 등의 방지, 전자적 대금지급의 신뢰확보(電消 제5조~제8조) 등은 전자보험거래에도 적용될 수 있다.

〈참고문헌〉

1. 국내문헌

가. 저 서

郭潤直, 「債權總論」, 신정수정판, 박영

금융감독원, 「전자금융감독정보」, 2002. 12.

徐燉珏・鄭完溶, 「商法講義(下)」, 제4전정판, 법문사, 1996.

孫珠瓚, 「商法(下)」, 제11정증보판, 박영사, 2005.

林重鎬, 「獨逸證券預託決濟制度」, 법문사, 1996.

임재연, 「증권거래법」, 박영사, 2000

정완용, 「전자상거래법: e-비즈니스를 위한 법」, 개정판, 법영사, 2005.

증권예탁원, 「일본증권시장개혁 자료집」, 2002. 12.

鄭東潤, 「어음・手票法」, 제5판, 법문사, 2004.

鄭燦亨, 「어음・手票法講義」, 제6판, 박영사, 2006.

(주)한국채권연구원, 「채권 및 단기금융시장 발전을 위한 인프라 구축 관련 연구」(2003. 4).

증권예탁원, 「英國證券預託決濟制度」, 청정문화, 1998.

증권예탁원, 「주요국의 전자증권제도」, 2002. 7.

증권예탁원, 「증권예탁결제제도」, 신도문화사, 1995.

韓國比較私法學會, 「證券預託決濟制度의 法的 課題」, 比較私法, 제3권 제2호(1996. 12, 한국비교사법학회 창립2주년기념학술대회 특집호).

한국증권연구원, 「전자증권제도 도입에 관한 연구」, 2000. 10.

나. 논 문

姜善俊, "볼레로형 전자선하증권의 도입에 관한 연구," 상사법연구, 제25권 제1호(2006. 5).

국회 법제사법위원회, "商法 일부개정법률안 심사보고서"(2007. 7. 2).

국회 법제사법위원회, "전자어음의발행및유통에관한법률제정에 관한 공청회"(2003. 5. 23).

權載烈, "볼레로형 전자선하증권에 관한 법적 연구," 상사법연구, 제21권 제4호(2003).

金建植, "미국의 證券預託決濟制度," 比較私法, 제3권 제2호(1996. 12).

김성태, "인터넷 證券去來의 法的 問題와 證券去來約款," 비교사법, 제7권 제2호(2000. 12)

김치원, "전자어음의발행및유통에관한법률안(조재환의원대표발의) 검토보고"(2002. 2).

산업자원부・한국전자거래진흥원, 전자상거래 활성화 워킹그룹 보고서(Ⅰ) "전자외상매출채권의 활성화 방안연구"(2002. 1).

손진화, "주식 등의 전자등록제도의 도입방안," 「상사법연구」, 제22권 제3호(2003. 10).

손진화・정경영, "전자금융거래기본법 제정에 관한 연구"(재정경제부 제출 연구보고서, 2002. 2).

송종준, "인터넷증권거래와 정보공시문제," 비교사법, 제7권 제2호(2000. 12).
오길영, "등록주식의 유가증권성에 대한 연구," 상사판례연구, 제19집 제2권(2006. 6).
윤창술, "전자외상매출채권과 전자어음에 대한 비교연구," 상사법연구, 제24권 제1호(2005. 5).
元容洙, "프랑스의 증권예탁결제제도," 證券預託決濟制度의 法的 課題, 比較私法, 제3권 제2호(1996. 12).
이철송, "예탁결제제도의 선진화와 증권무권화를 위한 법적 정비" (증권예탁원 세미나) 증시효율화를 위한 예탁결제 및 무권화 제도 발전방향(1996. 10. 17).
이철송, "전자어음법의 제정에 관한 연구"(연구보고서, 2001. 7).
이철송, "전자어음의 어음성," 인터넷법률, 제24호(2004. 7).
임종룡, "전자증권제도의 개요 및 도입필요성," 증권시장 경쟁력 제고를 위한 전자증권제도 도입방향 세미나(증권예탁원·한국증권연구원, 2001. 10. 24).
임중호, "상법 일부개정법률안(정부제출) 검토보고," 국회 법제사법위원회 전문위원 검토보고서, 2006. 11.
林重鎬, "證券對替去來에 있어서의 有價證券의 無券化 現象과 그 法的 問題," 比較私法, 제5권 제1호(1998. 6).
鄭敬永, "有價證券 電子化에 관한 法律的 考察," 디지털경제법제 2(한국법제연구원, 2002. 10).
정경영, "전자금융거래법안의 문제점에 관한 고찰: 전자증권과 관련하여," 증권예탁, 제44호(2003. 2).
정경영, "전자선하증권의 도입에 관한 법적 검토," 상사판례연구, 제15집(2003).
정경영, "전자증권의 법적 성질과 전자등록제도에 관한 고찰," 상사법연구, 제22권 제3호(2003. 10).
정승화, "전자투자증권의 법적 과제," 전자금융의 법적 과제(Ⅰ): 전자유가증권을 중심으로, 워크샵 2002-03(한국법제연구원, 2003. 5).
정승화, "전자증권제도의 도입방향과 도입효과," 증권법학회 제86회 정기세미나(2002. 3. 22).
정완용, "전자상거래 지급결제제도와 전자식 유가증권제도에 관한 연구," 전자상거래 활성화 워킹그룹 보고서(Ⅷ) 「전자상거래 법률제도연구」(산업자원부·한국전자거래진흥원, 2002. 1).
정완용, "회사법의 IT화 관련 개정사항에 관한 고찰," 신용사회와 상법의 발전방향: 상법개정안을 중심으로(한국상사법학회 2006년 하계학술대회, 2006. 7. 7).
鄭燦亨, "有價證券의 無券化制度," 證券預託決濟制度의 法的 課題, 比較私法, 제3권 제2호(1996. 12).
정찬형, "전자어음법의 제정 필요한가?," 고려법학, 제41호(2003. 10).
정찬형, "전자증권제도 도입에 따른 법적 문제 및 해결방안," 증권예탁, 제40호(2001-4분기, 증권예탁원 10주년 특집호).
정찬형, "전자증권제도 도입에 따른 법적 문제 및 해결방안," 증권시장 경쟁력 제고를 위한 전자증권제도 도입방향 세미나(증권예탁원 · 한국증권연구원, 2001. 10. 24).
최승열, "전자선하증권의 법적 과제," 전자금융의 법적 과제(Ⅰ): 전자유가증권을 중심으로, 워크샵 2002-03(한국법제연구원, 2003. 5).
최범수, "증권무권화의 의의와 추진방안," (증권예탁원 세미나) 증시효율화를 위한 예탁결제 및 무권화 제도 발전방향(1996. 10. 17).

2. 외국문헌

가. 저 서

ALI & NCCUSL, *Uniform Commercial Code: Official Text and Comments*, 2002 ed., M.N.: West Group, 2002.
Baumer, David L. & Poindexter, J. C., *Cyberlaw & E-Commerce*, N.Y.: McGraw-Hill, 2002.
Cox, James D., Hazen, Thomas Lee & O'Neal, F. Hodge, *Corporations*, N.Y.: Aspen Law & Business, 1997.
Delta, George B. & Matsuura, Jeffrey H., *Law of the Internet*, N.Y.: Aspen Law & Business, 1999.
Kalakota, Ravi & Whinston, Andrew B., *Frontiers of Electronic Commerce*, Reading, Mass.: Addison-Wesley, 1996.
Kosiur, David, *Understanding Electronic Commerce*, Washington: Microsoft Press, 1997.
Mann, Ronald J. & Winn, Jane K., Electronic Commerce, 2nd ed., N.Y.: Aspen Publishers, 2005.
Smendinghoff, Thomas J., ed., *Online Law*, Mass.: Addison-Wesley Developers Press, 1996.
Yang, Bo, *Digital Checks, Payment Technologies for E-Commerce*, Weidong Kou, ed., Berlin, 2003.

上柳克郎 · 鴻 常夫 · 竹內昭夫, 新版「注釋會社法 (4)」[株式(2)], 東京, 有斐閣, 1986.

나. 논 문

Anderson, Milton M., The Electronic Check Architecture, http://www.echeck.org/library/wp/ArchitectualOverview.pdf.
Medvinsky, G. & Neuman, B. C., NetCash: A Design for Practical Electronic Currency on the Internet, *Proceedings of the First ACM Conference on Computer and Commnications Security*, Nov. 1993.

商事法務 編輯部, "株券不發行 · 電子公告制度に關する要綱中間試案の公表 · 意見照會," 商事法務, No.1660(2003. 4).

日本 法務省 民事局 參事官室, "株券不發行制度及び電子公告制度の導入に關する要綱中間試案の補足說明," 商事法務, No.1660(2003. 4).

3. 기타 자료

Bolero Rulebook, http://www.boleraossociation.org/downloads/rulebook1.pdf.
Uniform Electronic Transactions Act of 1999, http://www.law.upenn.edu/bll/ulc/fnact99/1990s/ueta99.htm.
What is the eCheck?, http://www.echeck.org/overview/what.html.

제 5 장 전자보험거래

제5장 전자보험거래

제1절 총 설

Ⅰ. 보험거래의 전자화

(1) 인터넷의 보급 확장과 함께 보험거래에 관하여도 전자화가 추진되고 있다. 보험분야에서는 보험계약의 특성상 은행거래나 증권거래에 비하여 전자화의 속도가 느리다. 그 이유는 보험상품은 은행이나 증권에 관한 상품에 비해 복잡하고 일반인이 이해하기 쉽지 않아 전문가인 보험설계사 등의 설명이나 도움이 필요하고, 은행거래나 증권거래가 빈번하게 이용되는데 반하여 보험계약은 1회성을 띠는 경우가 보통이기 때문이다. 그러나 비교적 상품의 단순화 및 표준화가 쉬운 자동차보험 등을 중심으로 청약이 가능한 사이버몰이 확대되고 인터넷전용 상품도 증가하는 추세에 있다.[1)]

전자보험거래는 보험계약 자체보다는 보험계약과 관련된 서비스를 중심으로 확대되고 있으며, 보험계약자에 대한 대출, 배당금의 수령, 보험계약 내용 조회 등을 내용으로 하고 있다. 전자보험거래는 현재의 보험계약 관련 서비스 중심에서 앞으로 보험계약 자체로 확산될 것으로 예상되나, 본격적인 활성화에는 다소의 시간이 필요할 전망이다.

국내 보험사의 인터넷 보험계약은 보험요율을 소폭 인하하는 정도의 인센티브를 주고 있는데, 보험계약의 특성으로 인하여 그 활성화에는 한계가 있다. 앞으로

1) 금융감독원, 「전자금융감독정보」, 2002. 12, 4쪽.

보험요율이 자유화되고 보험요율의 인하가 확대되면 인터넷 보험거래도 증가할 것으로 예상된다. 또 업종간 겸업화와 보험시장의 개방이 추진되면 인터넷 보험계약이 빠르게 확산될 가능성도 있다.

(2) 원래 보험은 동질적인 경제상의 위험에 놓여 있는 다수인이 하나의 단체(위험단체)를 구성하여, 미리 보험료를 내어 기금을 구성하고, 현실적으로 우연한 사고(보험사고)를 입은 사람에게 보험금을 지급하여 경제생활의 불안을 제거 또는 경감시키려는 제도이다. 그러나 보험은 도덕적 위험을 유발하는 폐해도 있다. 즉, 생명보험에서 보험계약자 또는 피보험자가 피보험자의 건강에 관한 중요한 사실을 숨기거나, 보험금을 받기 위하여 피보험자를 살해하거나, 화재보험에서 보험의 목적에 방화하는 것 등이 그것이다.

보험계약의 체결과 이행이 인터넷을 통하여 전자적 방법으로 이루어지는 경우에는 도덕적 위험을 유발할 수 있는 가능성이 더 높을 수도 있다. 따라서 전자보험거래의 활성화를 위해서는 인터넷을 통한 거래에 적합한 보험상품을 개발하고 보험가입 기준을 정형화하되, 가입자의 선택에 따라 보험계약 체결의 내용을 달리할 수 있는 옵션항목을 적절한 범위 내에서 정하여 도덕적 위험을 방지할 수 있도록 하여야 할 것이다.

(3) 전자보험거래에도 상법 등 보험거래에 적용되는 법률과 보험상품약관이 적용되지만, 전자금융거래로서의 특성에서 나오는 법률문제에는 전자금융거래법과 전자보험거래약관이 적용된다.

Ⅱ. 전자보험거래의 개념

(1) 전자보험거래의 의의

전자보험거래라 함은 광의로는 「전자적 방법에 의한 보험거래」를 뜻하고, 협의로는 「인터넷을 통하여 비대면의 자동화된 방식으로 이루어지는 보험거래」 즉 인터넷 보험거래를 뜻한다. 인터넷을 통한 보험계약의 체결, 보험금의 전자적 지급 등이 그 예이다. 전자적 방법에 의한 보험계약 내용·보험금의 조회는 광의의 전자보험거래에 속한다고 볼 수 있다. 그러나 인터넷을 통하여 보험계약을 체결한 후에, 진사의(診査醫)의 진료를 받는 행위, 보험금을 보험회사로부터 현실적으로 수령하는 행위 등은 전자보험거래에 속하지 않는다.

전자보험거래는 금융기관인 보험회사(제2조 제3호, 金委 제38조 제4호)가 전자적 장치를 통하여 보험상품 및 서비스를 제공하고 이용자가 비대면의 자동화된 방식으로 이를 이용하는 거래이므로 전자금융거래에 속한다(제2조 제1호). 전자보험거래는 전자상거래소비자보호법의 적용을 받는 전자상거래 또는 통신판매에 해당할 수 있다.

전자보험거래에서는 보험계약의 체결, 보험금의 지급 등의 전자거래 이외에 보험계약조회·보험금조회·보상서비스·상담서비스 등 부가서비스도 이용할 수 있다.

2003. 11. 21 생명보험협회와 대한손해보험협회는 '전자보험거래 표준약관'(이하 이 절에서 "표준약관"이라 한다)을 제정하고 공정거래위원회에 심사청구를 하여 승인을 받았다.[2)] 이 표준약관은 '전자금융거래 기본약관'을 참조하여 전자금융거래 일반에 관한 사항을 규정하고 보험에 특유한 사항을 추가로 규정하고 있다.

(2) 전자보험거래의 범위

① 표준약관은 전자보험거래의 대상이 되는 보험의 종류를 지정하고 있지는 않다. 보험은 보험사고발생의 객체에 따라 재산보험·인보험, 보험금의 지급방법에 따라 손해보험(부정액보험)·정액보험, 보험사고의 발생장소에 따라 육상보험·해상보험·항공보험으로 나눌 수 있다. 이론적으로는 전자보험거래의 대상이 되는 보험의 종류에는 제한이 없다고 말할 수 있지만, 인터넷을 통한 계약의 체결과 이행이라는 비대면성 때문에 이용가능한 보험의 종류에 제한이 있게 될 것이다. 그리하여 전자보험거래는 보험의 목적과 보험금의 산정이 정형화 될 수 있는 재산보험·인보험 중에서 정액보험과 육상보험이 적합하다고 말할 수 있을 것이다(화재보험, 자동차보험, 일시금보험, 연금보험, 정액보상특약부 보증보험 등).

② 표준약관은 이용자가 전자거래를 하고자 하는 경우에는 회사가 정한 방법에

2) 생명보험협회(http://www.klia.or.kr/), 보험법규 중 기타 관련 법규 3번.

따라 별도의 이용신청을 하여야 한다고 규정한다(표준약관 제3조 제1항). 여기에서 전자거래라 함은 회사가 전자적 수단을 통하여 제공하는 보험계약의 청약·청약철회·해지·계약변경과 대출 등을 이용자가 직접 이용하는 거래를 말한다(표준약관 제2조 제2호). 회사는 전자거래의 이용신청을 한 자에게 전자거래 이외에 보험계약조회·보험금조회·보상서비스·상담서비스 등 부가서비스도 이용하게 할 수 있다(표준약관 제4조 제1항). 회사는 전자적 수단에 사용되는 기술적 사양을 변경할 사유가 발생한 경우에는 변경될 내용 및 변경일자 등을 전자적 수단을 통하여 변경일 기준 7영업일 이전에 게시한다(표준약관 제4조 제2항).

Ⅲ. 전자보험거래에 대한 적용법규

전자보험거래에 대하여는 상법, 전자거래기본법, 전자금융거래법, 전자상거래소비자보호법, 약관규제법 등이 적용된다.

(1) 상 법

전자보험거래는 보험거래이므로 그 성질에 반하지 않는 한, 상법 제4편 보험에 관한 규정이 적용된다.

(2) 전자거래기본법

전자보험계약의 체결 또는 이행이 전자문서에 의하여 처리되는 경우에는 전자거래기본법상의 전자거래에 해당하며(電去 제2조 제5호), 따라서 동법의 전자문서(電去 제2장), 전자거래의 안전성 확보 및 소비자보호(電去 제3장) 등에 관한 규정이 적용될 수 있다.

전자보험계약의 체결 또는 이행이 전자문서에 공인전자서명을 하는 방식으로 이루어지는 경우에는 종이 문서로 계약을 체결한 것과 같은 효력이 인정될 수 있다(電去 제4조 제1항, 電署 제3조 제1항).

(3) 전자금융거래법

전자보험거래는 전자금융거래이므로 전자금융거래법의 적용대상이며, 관련 특별법 및 그 성질에 반하지 않는 한, 전자금융거래 당사자의 권리와 의무(제2장) 통칙, 전자금융거래의 안전성 확보 및 이용자 보호(제3장) 등의 규정이 적용된다.

보험회사가 인터넷을 통하여 보험계약을 체결 또는 이행하게 하거나 부가서비스를 제공하는 행위는 전자적 장치를 통하여 금융상품 및 서비스를 제공하는 것으로서 전자금융업무(제2조 제1호 참조)에 해당한다. 이러한 업무를 영위하는 보험업자는 전자금융거래법상 금융기관이 되고(제2조 제3호 가.), 해당 업무에 대하여는 전자금융업무 감독(제5장)의 규정이 적용된다.

(4) 약관규제법

약관규제법은 전자보험거래 약관에 적용될 수 있다. 전자보험거래 약관에 대하여는 약관규제법 외에도 전자금융거래법의 약관에 관한 규정(제24조, 제25조)이 적용되는데, 특히 약관의 명시·설명의무에 대하여는 전자금융거래법의 약관의 명시·설명의무의 규정(제24조 제1항·제2항)이 1차적으로 적용된다.

(5) 전자상거래소비자보호법

전자보험거래는 인터넷을 통한 보험계약의 체결 또는 이행을 하는 거래이므로 전자상거래소비자보호법상의 전자상거래 또는 통신판매에 해당하며(電消 제2조 제1호·제2호), 따라서 동법의 소비자보호에 관한 규정이 적용될 수 있다. 전자금융거래법은 전자상거래소비자보호법의 규정 중 전자보험거래에 적용되는 사항을 대부분 규정하고 있다.

그러나 전자보험거래에 대한 전자상거래소비자보호법의 적용범위는 계약내용에 관한 서면(電消 제13조 제2항, 전자문서를 포함한다)의 송부의무에 관한 규정이 적용되지 않는 등 매우 제한적이다(電消 제3조 제2항 제1호 참조).

제2절 전자보험계약의 체결

Ⅰ. 전자보험계약의 청약

보험회사가 웹사이트에 예상 보험계약자를 위하여 인터넷을 통하여 전자보험계약을 체결하도록 권고하거나 기타 보험상품에 가입하도록 권유하는 것은 계약의 청약이 아니라 청약의 유인에 해당한다.

보험계약의 청약은 보험계약자가 전자적 수단을 이용하여 청약서에 기재사항을 기재하여 청약을 하고 청약과 함께 제1회 보험료를 보험회사가 정한 방법에 따라 납입함으로써 이루어진다(표준약관 제8조 제2항 및 제3항 참조). 이 경우에 보험회사는 청약내용과 보험료 납입사실(신용카드결제의 경우 매출전표 등)을 이용자가 확인할 수 있도록 한다(표준약관 제8조 제4항).

Ⅱ. 전자보험계약의 성립시기

표준약관은 전자거래는 회사가 이용자의 거래요청을 접수하고 그 내용이 회사의 호스트컴퓨터에 의해 처리되어 저장되는 때에 성립하고, 회사는 전자거래요청에 대한 접수사실과 그 처리결과를 즉시 알려준다고 규정하고 있으나(표준약관 제6조), 이 규정은 대출·조회 등 일반 서비스에 적용되고 보험계약의 체결에는 적용되지 않는다고 볼 것이다.

생명보험의 경우 회사는 계약의 청약을 받고, 제1회 보험료를 받은 경우에 "무진단계약"은 청약일, "진단계약"은 진단일(재진단의 경우에는 최종 진단일)로부터 30일 이내에 승낙 또는 거절하여야 하며, 승낙한 때에는 보험가입증서(보험증권)를 교부한다. 그러나 30일 이내에 승낙 또는 거절의 통지가 없으면 승낙된 것으로 본다(생명보험 표준약관 제1조 제3항).

그런데 전자보험거래의 경우에는 인터넷을 통한 거래의 특성상 진단계약에 대하여 서비스를 제공하기는 어려울 것이다. 따라서 보통의 경우 보험계약자의 청약에 대한 보험회사의 승낙은 청약내용과 보험료 납입사실을 통지한 때에 이루어지고, 이때에 보험계약이 성립한다고 보아야 할 것이다. 보험자의 책임은 당사자간에 다른 약정이 없으면 최초의 보험료의 지급을 받은 때로부터 개시한다(商 제656조).

보험회사는 전자적 수단을 이용하여 전자보험거래 표준약관과 보험상품약관(예컨대, 생명보험약관, 자동차보험약관 등)을 교부할 수 있다. 다만, 이용자의 요청이 있는 경우에는 이들 약관을 서면으로 교부한다(표준약관 제9조 제2항).

이용자는 전자적 수단을 이용하여 보험상품약관상 청약철회가 가능한 기일 내에 회사가 정한 방법에 따라 보험계약의 청약을 철회할 수 있고, 회사는 청약 철회를 접수한 경우에는 이용자에게 청약철회의 접수사실을 전자적 수단을 통하여 알려준다(표준약관 제10조).

Ⅲ. 고지의무의 이행방법

고지의무라 함은 보험계약 당시에 보험계약자 또는 피보험자가 중요한 사항을 고지할 의무를 말하는데, 상법은 보험계약자가 고의 또는 중대한 과실로 고지의무를 위반한 경우에 원칙적으로 보험자는 그 사실을 안 날로부터 1월내에, 계약을 체결한 날로부터 3년 내에 한하여 계약을 해지할 수 있다고 규정하고 있다(商 제651조 본문).

그런데 전자보험거래에서는 고지의무를 어떻게 이행할 수 있는가가 문제이다. 상법은 보험자가 서면으로 질문한 사항은 중요한 사항으로 추정하고 있는데(商 제651조의 2), 전자보험거래에서는 보험자가 전자문서인 청약서에 질문한 사항에 대하여 보험계약자가 성실하게 기재한 경우에는 고지의무위반이 되지 않는 것으로 볼 것이다.

제3절 전자보험계약의 이행

Ⅰ. 보험료의 납입

전자보험거래에서 이용자는 보험계약의 청약과 함께 제1회 보험료를 회사가 정한 방법에 따라 납입한다(표준약관 제8조 제3항 참조). 제2회 이후의 보험료는 계좌이체, 신용카드지급 등의 방법에 의하여 납입하거나, 자동계좌이체 등을 이용하여 납입하는 것이 보통이다. 이러한 보험료의 전자지급은 전자보험거래의 일부로 볼 수 있으며, 보험계약법에 관한 법규와 함께 전자지급거래에 관한 법규가 적용된다.

회사는 보험료의 납입 절차가 종료된 경우에는 청약내용과 보험료 납입사실(신용카드결제의 경우 매출전표 등)을 이용자가 확인할 수 있도록 한다(표준약관 제8조 제4항 참조).

Ⅱ. 보험금의 지급

보험계약자 또는 피보험자나 보험수익자는 보험사고의 발생을 안 때에는 지체없이 보험자에게 그 통지를 발송하여야 한다(商 제657조 제1항). 보험계약자 또는 피보험자나 보험수익자가 이 통지의무를 해태함으로 인하여 손해가 증가된 때에는 보험자는 그 증가된 손해를 보상할 책임이 없다(商 제657조 제2항).

보험자는 보험금액의 지급에 관하여 약정기간이 있는 경우에는 그 기간 내에 약정기간이 없는 경우에는 보험사고발생의 통지(商 제657조 제1항)를 받은 후 지체 없이 지급할 보험금액을 정하고 그 정하여진 날부터 10일 내에 피보험자 또는 보험수익자에게 보험금액을 지급하여야 한다(商 제658조).

보험금의 지급은 보험모집인 등을 통하여 하거나 보험수익자 등이 보험자의 영업소에서 직접 수령할 수도 있고, 계좌이체·CMS이체 등 전자자금이체의 방법을 이용할 수도 있다. 이 경우 보험금의 전자지급에 대하여는 보험료의 전자지급과 마찬가지로 보험계약에 관한 법규 외에 전자지급거래에 관한 법규가 적용된다.

Ⅲ. 부가서비스의 제공

전자보험거래에서는 보험계약의 청약·청약철회·해지·계약변경과 대출 외에도, 보험계약조회·보험금조회·보상서비스·상담서비스 등 부가서비스를 제공한다(표준약관 제4조 제1항). 전자거래의 이용시간은 원칙적으로 회사가 정한 시간 이내이나 회사의 사정에 따라 달라질 수 있으며, 회사가 이용시간을 변경하고자 할 경우에는 변경일 기준 3영업일 이전에 게시 가능한 전자적 수단을 통하여 게시한다(표준약관 제5조 제2항 본문).

전자거래는 회사가 이용자의 거래요청을 접수하고 그 내용이 회사의 호스트컴퓨터에 의해 처리되어 저장되는 때에 성립한다(표준약관 제6조 제1항). 일정한 경우에는 회사가 전자거래를 정지 또는 제한할 수 있다(표준약관 제7조).

이용자가 표준약관에 의한 전자거래 이용에 관한 계약을 해지하고자 할 때에는 이용자 본인이 전자적 수단이나 회사가 정하는 기타의 방법에 의하여 회사에 해지신청을 하여야 한다(표준약관 제14조).

회사가 이용자에게 통지를 하는 경우에는 원칙적으로 이용자가 신고한 연락처로 전화, 서면 또는 기타 전자적 수단으로 알린다(표준약관 제18조 제1항).

Ⅳ. 전자보험계약의 내용변경·임의해지

보험계약의 내용변경은 보험종목·보험기간·보험가입금액·보장내용·보험계약자 또는 보험수익자·보험료 납입방법 등과 같은 보험계약의 내용을 변경하는 것을 말한다. 보험계약의 내용변경은 전자적 수단을 이용하여 할 수 있다(표준약관 제11조 제1항).

전자보험거래 표준약관은 보험계약의 임의해지도 전자적 수단을 이용하여 할 수 있으며, 이 경우 회사는 보험상품약관에서 정한 해약환급금을 지급한다(표준약관 제12조).

제 4 절 무권한거래와 당사자의 책임

전자보험거래의 수행과정에서 무권한거래 기타의 사고가 발생하여 보험계약자 등의 이용자에게 손해가 발생하거나 이용자가 접근매체를 분실·도난당하여 손해가 발생한 때에는 보험회사와 이용자 사이에 손실은 전자금융거래법 제9조 및 제10조에 의하여 분담하게 된다. 표준약관은 무권한거래와 관련하여 면책조항을 두고 있는데, 전자금융거래법의 책임규정과 관련하여 검토를 요한다.

Ⅰ. 이용자에게 고의 또는 중과실이 있는 경우

보험회사는 사고발생에 있어서 이용자에게 고의나 중과실이 있는 경우 그 책임의 전부 또는 일부를 이용자의 부담으로 할 수 있다는 취지의 약정을 미리 이용자와 체결한 때에는 면책될 수 있다(제9조 제2항 제1호). 이 규정에 따른 이용자의 고의나 중대한 과실은 대통령령이 정하는 범위 안에서 전자금융거래에 관한 약관에 기재된 것에 한한다(제9조 제3항).

표준약관은 단순히 회사와 이용자 사이에 개별적으로 합의한 사항이 이 약관에서 정한 사항과 다를 때에는 그 합의사항을 이 약관에 우선하여 적용한다고 규정하고 있는데(표준약관 제24조 제1항), 이는 개별약정우선의 원칙을 명시한 것이다. 그러나 개별약정에 의하여 미리 면책규정을 두었더라도 이용자의 고의나 중대한 과실이 대통령령이 정하는 범위(令 제8조)를 벗어나는 경우 보험회사는 면책될 수 없다.

Ⅱ. 이용자에게 경과실이 있는 경우

전자금융거래법은 이용자에게 경과실이 있는 경우에 관하여는 아무런 규정을 두고 있지 않다. 사법상 원칙적으로 당사자 일방에게 중과실이 있는 경우는 물론 경과실이 있는 경우에도 손해배상책임을 진다. 그런데 전자금융거래법이 이용자에게 고의나 중과실이 있는 경우에만 전자금융사업자가 사전의 면책약정에 의하여 면책될 수 있다는 예외규정을 두고 있는 취지로 볼 때 이용자에게 경과실이 있는 경우에는 책임을 물을 수 없는 것으로 해석된다.

Ⅲ. 당사자 쌍방에게 과실이 없는 경우

당사자 쌍방에게 과실이 없는 경우 보험회사는 접근매체의 위조나 변조로 발생한 사고, 계약체결 또는 거래지시의 전자적 전송이나 처리과정에서 발생한 사고로 인하여 이용자에게 손해가 발생한 경우에는 그 손해를 배상할 책임을 진다(제9조 제1항). 이용자가 일반인인 경우에는 이 원칙이 그대로 적용된다. 그러나 법인(중소기업기본법 제2조 제2항에 의한 소기업을 제외한다)인 이용자에게 손해가 발생한 경우로서, 전자금융사업자가 사고를 방지하기 위하여 보안절차를 수립하고 이를 철저히 준수하는 등 합리적으로 요구되는 충분한 주의의무를 다한 때에는 그 책임의 전부 또는 일부를 이용자가 부담하게 할 수 있다(제9조 제2항 제2호).

표준약관은 회사는 접근수단의 위조, 변조 또는 계약체결 및 거래지시의 전송이나 처리과정에서의 사고로 인하여 이용자가 입은 손해에 대하여 원칙적으로 책임을 부담하나(표준약관 제21조 제2항 본문), 접근수단의 위조·변조 등으로 인하여 이용자가 입은 손실에 관하여 보험회사가 "사고발생에 대하여 이용자에게 고의 또는 과실이 있음을 회사가 입증하는 경우"에는 면책되는 것으로 규정하고 있다(표준약관 제21조 제2항 단서). 또 보험회사는 이용자로부터 접수한 전자거래가 천재지변 등 불가항력적인 사유로 처리 불가능하거나 지연된 경우에 그 사유를 지체 없이 이용자에게 알린 때에는 면책된다고 규정한다(표준약관 제21조 제3항).

위 표준약관의 규정 중 사전의 약정 없이 이용자의 고의·과실의 입증에 의하여 또 이용자에게 경과실이 있는 경우에도 보험회사가 면책되도록 한 부분은 전자금융거래법 제9조 제1항의 취지에 비추어 법인인 이용자에 관한 예외규정(제9조 제2항 제2호)에 해당하지 않는 한, 무효라고 할 것이다.

Ⅳ. 이용자의 접근매체 분실·도난에 대한 책임

이용자가 접근매체를 분실하거나 도난당하여 무권한거래로 손해가 발생한 경우에는 이용자에게 과실이 있는 경우가 보통이므로 이용자가 책임을 져야 하는 것이 원칙이다. 다만, 전자금융사업자의 책임규정(제9조)에 의하여 전자금융사업자가 책임을 져야 할 경우에는 예외이다.

전자금융거래법은 이용자가 접근매체를 분실·도난당한 경우에 이용자의 통지의 시점을 기준으로 하여, 이용자와 전자금융사업자 사이에 손실을 분배하고 있다. 즉, 이용자는 접근매체의 분실·도난의 통지를 하기 전에는 제3자가 접근매체를 사용함으로 인하여 발생한 손실을 부담한다. 그러나 이용자가 접근매체의 분실이나 도난 등의 통지를 한 때에는 전자금융사업자는 그 때부터 제3자가 접근매체를 사용함으로 인하여 이용자에게 발생한 손해를 배상할 책임을 진다(제10조 제1항 본문).

위의 규정 및 전자금융사업자의 책임(제9조)의 규정에 불구하고 다른 법령에 이용자에게 유리하게 적용될 수 있는 규정이 있는 경우에는 그 법령을 우선 적용한다(제10조 제2항).

표준약관은 이용자는 전자거래에 관한 접근수단이 도난, 분실, 도용, 위조 또는 변조된 사실을 알았거나 기타 거래절차상 비밀을 요하는 사항이 누설되었음을 알았을 때에는 지체없이 이를 회사에 알려야 한다고 규정하고, 회사는 이용자의 요청이 있을 때에는 사고 또는 장애의 사유를 지체 없이 조사하여 그 결과를 이용자에게 알려준다고 규정한다(표준약관 제17조 제1항). 또 회사는 이용자로부터 앞의 통지를 접수한 후에 발생하는 금전적 피해에 대하여는 그 금액과 약관대출 이율로 계산한 경과이자를 보상하지만, 그러나 이용자가 그 통지를 지체하여 발생한 손해에 대하여는 책임을 지지 아니한다고 규정한다(표준약관 제21조 제1항).

제 5 절 전자보험거래의 약관

Ⅰ. 약관의 명시 · 설명의무

보험회사와 이용자 사이에 개별적으로 합의한 사항이 약관에서 정한 사항과 다를 때에는 그 합의사항을 약관에 우선하여 적용한다(표준약관 제24조 제1항). 이는 개별약정우선의 원칙을 명시한 것이다. 전자보험거래에 관하여 표준약관에서 정하지 않은 사항에 대하여는 당해 보험상품약관 등을 적용한다(표준약관 제24조 제2항).

전자금융거래법은 전자금융사업자에게 약관의 명시 · 설명의무를 부과하고, 이 의무를 위반하여 계약을 체결한 때에는 당해 약관의 내용을 계약의 내용으로 주장할 수 없다고 규정하고 있다(제24조 제1항).

표준약관도 보험회사가 표준약관과 보험상품약관을 게시하고 이용자에게 이들 약관의 중요한 내용을 확인하도록 하고, 또 전자적 수단을 이용하여 표준약관과 보험상품약관을 교부할 수 있다고 규정한다. 다만, 이용자의 요청이 있는 경우에는 이들 약관을 서면으로 교부한다(표준약관 제9조, 생명보험 표준약관 제3조 제1항, 장기손해보험 표준약관 제3조 제1항).[3]

Ⅱ. 약관변경의 통지의무

전자금융거래법은 약관변경의 경우에 전자금융사업자에게 통지의무를 부과하고, 이용자에게 계약해지권을 부여하고 있다(제24조).

---

3) 생명보험의 경우, 컴퓨터를 이용하여 보험거래를 할 수 있도록 설정된 가상의 영업장(사이버몰)을 이용하여 계약을 체결하고 전자거래기본법에서 규정하는 절차에 따라 약관 및 청약서부본을 전자문서로 송신하고 계약자 또는 그 대리인이 당해 문서를 수신하였을 때에는 약관 및 청약서부본을 교부한 것으로 보며, 약관의 중요내용에 대하여 계약자가 사이버몰에서 확인한 때에는 약관의 중요한 내용을 설명한 것으로 본다(생명보험 표준약관 제3조 제1항 단서). 계약체결시 계약자가 공인인증기관(전자서명법 제2조 제10호)이 인증한 전자서명을 하지 아니한 때에는 계약자는 청약일부터 3개월 이내에 계약을 취소할 수 있다(생명보험 표준약관 제3조 제2항 후단).

표준약관은 이를 구체화하여 약관의 명시 및 변경 등에 관하여 자세하게 규정하고 있다(표준약관 제23조).

제6절 전자보험거래 정보의 보호

전자보험거래 정보에는 금융실명거래법(제4조), 신용정보의 이용 및 보호에 관한 법률(제13조~제16조, 제23조), 정보통신망이용촉진법(제22조 이하) 등이 적용되지만, 전자금융거래법은 별도의 규정을 두고 있고 표준약관도 이용자정보에 대한 비밀보장 등을 규정하고 있다.

Ⅰ. 전자금융거래법상의 정보보호

전자금융거래법의 전자금융거래정보의 제공에 관한 규정은 전자보험거래에도 적용된다. 따라서 전자보험거래와 관련한 업무를 수행함에 있어서 이용자의 인적사항과 이용자의 계좌, 접근매체 및 전자금융거래의 내용과 실적에 관한 정보 또는 자료에 해당하는 사항을 알게 된 자는 이용자의 동의를 얻지 아니하고 이를 타인에게 제공·누설하거나 업무상 목적 외에 사용할 수 없다(제26조 본문). 다만, 금융실명거래법 제4조 제1항 단서의 규정에 따른 경우 그 밖에 다른 법률에서 정하는 바에 따른 경우에는 그러하지 아니하다(제26조 단서). 이 규정을 위반하여 전자화폐지급 정보를 제공하거나, 누설하거나, 업무상 목적 외에 사용한 자는 형사제재를 받는다(제49조 제3항).

Ⅱ. 표준약관상의 정보보호

표준약관은 전자보험거래 정보에 관하여 이용자정보에 대한 비밀보장, 통화내용의 녹음, 거래기록의 보존 및 자료 제공 등을 규정하고 있다.

① 이용자정보에 대한 비밀보장

회사는 관계법령에서 정한 경우를 제외하고 전자거래를 수행함에 있어서 알게 된 정보를 이용자 본인의 동의 없이는 타인에게 제공하지 못하고, 회사는 이용자의 개인정보가 도난, 분실, 변조 및 유출되지 않도록 전자적 수단에 대한 보안관리에 주의를 기울여야 하며, 회사의 관리소홀로 인한 이용자 정보의 도난, 분실, 변조 및 유출시에는 회사가 책임을 진다(표준약관 제22조).

② 통화내용의 녹음

회사는 거래의 정확성을 기하기 위하여 이용자의 동의를 얻어 전화통화 내용을 녹음할 수 있으나, 다만 녹음된 내용은 해당 거래의 분쟁이 발생할 경우의 증거자료로만 사용할 수 있으며, 이 경우 이용자는 회사에 녹음된 내용의 개시를 요구할 수 있다(표준약관 제19조).

③ 거래기록의 보존 및 자료 제공 등

회사는 전자거래의 기록을 보험계약 소멸일로부터 5년간 보존하며, 회사는 이용자의 요청이 있을 경우 금융실명거래법 등 관계 법률에 저촉되지 않는 범위 내에서 회사가 보존·관리하고 있는 전자거래와 관련된 기록 및 자료를 당해 이용자에게 제공한다(표준약관 제20조).

제 7 절 전자상거래소비자보호법상의 규제

전자상거래소비자보호법 중 전자상거래에 관한 규정, 예컨대 전자문서의 활용, 거래기록의 보존 등, 조작실수 등의 방지, 전자적 대금지급의 신뢰확보(電消 제5조~제8조) 등은 전자보험거래에도 적용될 수 있다.

그러나 전자보험거래에 대한 전자상거래소비자보호법의 적용범위는 매우 제한적이다. 즉, ① 통신판매업자가 아닌 자 사이의 통신판매중개를 하는 통신판매업자에 대하여는 신원 및 거래조건에 대한 정보의 제공 등에 관한 규정(電消 제13조~제19조)을 적용하지 아니한다(電消 제3조 제3항). ② 자본시장과 금융투자업에 관한 법률의 투자매매업자·투자중개업자에 의한 증권의 거래(資市 제42조 제46항)와 대통령령이 정하는 금융기관에 의한 금융상품의 거래(電消 令 제3조)에 대하여는 통신판매업자의 신고 등에 관한 규정(電消 제12조~제20조)을 적용하지 아니한다(電消 제3조 제4항).

〈참고문헌〉

금융감독원, 「전자금융감독정보」, 2002. 12.
李基秀, 「商法(下)」, 개정판, 박영사, 1999.
鄭東潤, 「商法(下)」, 개정판, 법문사, 2003.
鄭燦亨, 「商法講義(下)」, 제10판, 박영사, 2008.
崔基元, 「商法學講新義論(下)」, 제14판, 박영사, 2005.

생명보험협회 · 대한손해보험협회, '전자보험거래 표준약관'(2003. 11. 21).
생명보험협회, '생명보험 표준약관'(2005. 4. 1).

제 6 장 전자금융거래의 안전성 확보 및 이용자 보호

제6장 전자금융거래의 안전성 확보 및 이용자 보호

제1절 총 설

전자금융거래는 이용자에게 신속하고 편리한 수단이며, 전자금융사업자에게 새로운 이익 및 고객 서비스를 창출할 수 있는 기회를 제공한다. 한편 전자금융거래를 지원하는 정보처리시스템은 여러 가지 측면에서 남용의 위험, 오조작, 오류 등의 가능성이 존재한다. 경우에 따라서는 금융기관, 전자금융업자 기타 서비스 제공자와 이용자들에게 막대한 손해를 발생시킬 수도 있다. 따라서 전자금융거래는 정보 및 시스템의 안전성 확보와 이용자 보호가 전제되어야 발전할 수 있을 것이다.

일반적으로 정보안전의 목적은 진정성(authenticity), 기밀성(confidentiality), 무결성(integrity), 이용가능성(availability)과 합법적 사용(legitimate use)을 확보하는 것이라고 할 수 있다. 이러한 목적을 달성하기 위하여 기술영역에서 논의되는 기본사항은 컴퓨터안전과 통신안전이다.

컴퓨터안전(computer security)은 컴퓨터시스템 내에서 정보를 보호하는 것을 뜻하며, 운영체제 소프트웨어와 데이터베이스 관리 소프트웨어상의 안전측면과 같은 고려를 포함한다. 이에 대하여 통신안전(communication security)은 정보가 어떤 시스템에서 다른 시스템으로 이동할 때 그 정보를 보호하는 것을 뜻한다. 컴퓨터안전과 통신안전의 조치는 물적 안전 · 인적 안전 · 관리상 안전 · 미디어 안전 등의 조치와 함께 작동될 필요가 있다.

시스템 및 정보에 대한 잠재적 위협은 매우 다양하지만, 주요한 위협으로는 시스템침입 · 수권위반 · 장치설정[1] · 통신감시 · 통신개입 · 거래부인 등을 들 수 있다. 이러한 위협으로부터 안전성을 확보하기 위한 장치로는 접근통제 서비스 · 인증 서비스 · 기밀성 서비스 · 데이터무결성 서비스 · 부인방지 서비스 등의 보호장치를 설정하는 것이 필요하다. 보호장치는 위협이 현실화하는 것을 방지하거나, 위협의 실현가능성을 최소화하거나 또는 현실화된 위험의 영향을 줄이기 위하여 설정될 수 있다.[2]

전자금융거래법은 거래의 안전성확보 및 이용자보호와 관련하여 안전성의 확보의무, 전자금융거래기록의 생성 및 보존, 전자지급수단의 발행과 이용한도, 약관의 명시와 변경통지, 약관의 제정 및 변경, 전자금융거래정보의 제공, 분쟁처리 및 분쟁조정 등을 규정하고 있다(제3장).

제2절 전자금융거래의 안전성 확보

Ⅰ. 서 설

전자금융거래의 안전성은 거래의 신뢰성을 확보하는 기초이다. 전자거래기본법은 전자거래의 안전성 확보를 위하여 개인정보보호, 영업비밀보호, 암호제품의 사용, 전자거래사업자에 대한 인증 등을 규정하고 있다(電去 제12조~제14조, 제18조). 나아가 전자금융거래법은 전자금융거래의 안전성 확보를 위하여 안전성의 확보의무, 전자금융거래 기록의 생성 및 보존, 전자지급수단의 발행과 이용한도 등을 규정하고 있다(제21조~제23조).

금융위원회는 전자금융거래법이 제정되기 이전에 '금융기관전자금융업무감독규정'(2000. 12. 29, 금융위원회공고 제2000-117호)과 '금융기관전자금융업무감독규정 시행세칙'(2001. 3. 30)을 제정하여 전자금융업무 감독의 지침으로 사용해 왔다.

---

1) 한 가지 목적을 위하여 시스템을 사용할 권한을 부여받은 자가 다른 무권한 목적을 위하여 사용하는 것으로서, 표면적으로는 시스템을 사용하는 내부자의 위협에 속하나 외부침입과 연관되어 있다.

2) W. Ford & M. S. Baum, *Secure Electronic Commerce*, N.J.: Prentice-Hall, 1997, pp. 93~98 참조.

그런데 전자금융거래법이 새로운 제도를 창설하고 기존의 법리를 일부 수정하였으므로, 금융위원회는 기존의 감독규정을 전문개정한 '전자금융감독규정'(2006. 12. 28, 금융위원회공고 제2006-88호)과 '전자금융감독규정 시행세칙'(2006. 12. 28)을 마련하였다.

Ⅱ. 안전성의 확보의무

1. 선관주의의무

금융기관 · 전자금융업자 및 전자금융보조업자(이하 "금융기관 등"이라 한다)는 전자금융거래가 안전하게 처리될 수 있도록 선량한 관리자로서의 주의를 다하여야 한다(제21조 제1항). 전자금융사업자의 선관주의의무는 전자금융거래계약의 위임계약 요소에서 당연히 나오는 것이므로(民 제681조 참조) 이 규정은 선언적 규정에 불과하다. 금융기관 등이 이 의무에 위반하여 이용자에게 손해를 발생하게 한 때에는 손해배상책임을 진다(제9조 제1항, 民 제393조 참조).

전자금융거래법은 전자금융보조업자에게도 선관주의의무를 부과하고 있다. 그런데 전자금융보조업자의 고의나 과실로 이용자에게 손해가 발생한 경우, 이용자는 전자금융사업자에게 손해배상을 청구하는 것이 보통이다. 이에 따라 전자금융사업자는 전자금융보조업자의 고의나 과실로 인하여 발생한 손해에 대하여 이용자에게 그 손해를 배상한 경우에는 그 전자금융보조업자에게 구상할 수 있다(제11조 제2항).

또한 이용자는 전자금융사업자와의 약정에 따라 전자금융사업자에게 행하는 각종 통지를 전자금융보조업자에게 할 수 있다. 이 경우 전자금융보조업자에게 한 통지는 전자금융사업자에게 한 것으로 본다(제11조 제3항).

2. 정보기술부문 및 전자금융업무 기준 준수의무

전자금융거래에 있어서 안전성과 신뢰성을 확보하기 위해서는 서비스 제공의 기초가 되는 인적 · 물적 설비를 갖추고, 전자금융업무에 관하여 적절한 기준이 수립되어야 한다. 전자금융거래의 안전성 확보를 위한 시스템 측면의 조치로는 물리적・기술적 보호조치, 컴퓨터 등의 적절한 선택, 안전한 소프트웨어의 설치, 정보처리시스템의 보안조치 등을 들 수 있다.[3)]

금융기관 등은 전자금융거래의 안전성과 신뢰성을 확보할 수 있도록 전자금융거래의 종류별로 전자적 전송이나 처리를 위한 인력, 시설, 전자적 장치 등의 정보기술부문 및 전자금융업무에 관하여 금융위원회가 정하는 기준을 준수하여야 한다(제21조 제2항).[4)]

3. 인증방법의 기준 준수의무

(1) 인증방법의 중요성과 기준 준수의무

인터넷을 통한 전자자금이체, 전자화폐지급, 신용카드지급 등의 경우에는 전자매체의 보안수준에 따라 제3자가 지급관련 정보를 가로채거나 부정한 목적으로 이용할 위험이 있다. 전자금융거래에 있어서 진정성, 무결성 및 부인방지를 위한 인증방법은 거래의 안전성과 신뢰성을 확보하는 중요한 수단이다.[5)] 이에 따라 전자금융거래법은 전자금융거래의 안전성과 신뢰성을 확보하기 위하여 공인인증서(電署 제2조 제8호)의 사용 등 인증방법에 대하여 금융위원회가 필요한 기준을 정할 수 있도록 하고 있다(제21조 제3항).[6)]

---

3) 현인섭, "전자상거래의 안정성확보에 관한 법적 고찰," 경영법률, 제15집 제2호(2005. 4), 24~25쪽 참조.

4) '전자금융감독규정'은 전자금융업무 및 정보기술부문의 안정성에 관하여 다음과 같이 규정하고 있다(電監 제6조).

① 금융기관 등은 전자금융업무 및 그 기반이 되는 정보기술부문(이하 "전자금융업무 등"이라 한다)의 다음 각 호의 사항에 대한 자체 안전대책을 설정·운용하여야 한다.

1. 정보기술부문의 인력 운용
2. 전산실 등 시설 보호
3. 단말기, 전산자료 및 정보통신 등 전자적 장치 보호
4. 그 밖에 전자금융업무 등의 안전성 확보를 위하여 필요한 사항

② 금융기관 및 전자금융업자는 제1항의 안전대책을 설정·운용함에 있어 감독원장이 정하는 최소한의 기준・절차를 준수하여야 한다.

이에 따라 동 규정 시행세칙은 정보기술부문의 안정성확보 대책에 관하여, 단말기 보호대책, 전산자료 보호대책, 정보처리시스템 보호대책, 해킹 방지대책, 바이러스 감염 방지대책, 홈페이지 등 공개용 서버 관리대책, IP주소 관리대책으로 나누어 자세한 기준을 설정하고 있다(電監 施細 제8조 내지 제15조).

5) 정완용, 「전자상거래법: e-비즈니스를 위한 법」, 개정판, 법영사, 2005, 248~249쪽 참조.

6) '전자금융감독규정'은 공인인증서의 사용기준에 대하여, 모든 전자금융거래에 있어 「전자서명법」에 의한 공인인증서를 사용하여야 하되, 다만 기술적・제도적으로 공인인증서 적용이 곤란한 전

인증(authentication)이라 함은 거래지시나 그 정정 또는 취소가 발신인으로 표시된 자의 것인가 여부를 확인하고 결정하기 위하여 설정되는 절차를 말한다.[7] 인증방법은 금융기관 등이 이용자의 신원을 확인하고 거래의 진정성 및 무결성을 확보하는 수단이 되고, 이용자가 거래내용을 확인할 수 있는 방법을 제공하는 수단이 된다. 따라서 이용자가 인증절차를 준수하여 거래를 하였을 경우 금융기관은 이용자의 거래지시를 진정한 것으로 신뢰하고 거래지시에 따라 거래를 처리하면 채무불이행의 책임을 지지 아니한다.

인증방법은 무권한거래가 발생한 경우 전자금융사업자의 손해배상책임을 정하는 데 중요한 역할을 한다. 전자금융사업자는 접근매체의 위조나 변조로 발생한 사고, 계약체결 또는 거래지시의 전자적 전송이나 처리과정에서 발생한 사고로 인하여 이용자에게 손해가 발생한 손해를 배상할 책임을 지는 것이 원칙이다(제9조 제1항). 그러나 전자금융사업자는 ① 사고 발생에 있어서 이용자의 고의나 중대한 과실이 있는 경우로서 그 책임의 전부 또는 일부를 이용자의 부담으로 할 수 있다는 취지의 약정을 미리 이용자와 체결한 때와 ② 기업간 거래의 경우에 전자금융사업자가 사고를 방지하기 위하여 인증방법 등 보안절차를 수립하고 이를 철저히 준수하는 등 합리적으로 요구되는 충분한 주의의무를 다한 때에는 그 책임의 전부 또는 일부를 이용자가 부담하게 할 수 있다(제9조 제2항).

(2) 전자서명법상의 인증방법

전자서명법은 공인인증서의 사용 등 인증방법에 관하여 규정하고 있다. 다른 법률에서 공인인증서를 이용하여 본인임을 확인하는 것을 제한 또는 배제하고 있지 아니한 경우에는 전자서명법의 규정에 따라 공인인증기관이 발급한 공인인증서에 의하여 본인임을 확인할 수 있다(電署 제18조의 2). 이 규정은 금융위원회가 전자금융거래법의 규정(제21조 제3항)에 따라 인증방법에 대하여 기준을 정하는 범위 내에서 전자금융거래에도 적용된다.

공인인증기관은 인증업무에 관한 시설의 안전성 확보를 위하여 행정안전부령이 정하는 보호조치를 취하여야 하고(電署 제18조의 3), 자신이 발급한 공인인증서가

자금융거래로 감독원장이 정하는 경우에는 그러하지 아니하다고 규정하고 있다(電監 제7조).

7) UNCITRAL Model Law, Article 2 (i) 참조.

유효한지의 여부를 누구든지 항상 확인할 수 있도록 하는 설비 등 인증업무에 관한 시설 및 장비를 안전하게 운영하여야 한다(電署 제19조 제1항). 공인인증기관은 가입자의 신청이 있는 경우 외에는 가입자의 전자서명생성정보를 보관하여서는 아니되며, 가입자의 신청에 의하여 그의 전자서명생성정보를 보관하는 경우 당해 가입자의 동의 없이 이를 이용하거나 유출하여서는 아니된다(電署 제21조 제3항).

가입자는 자신의 전자서명생성정보를 안전하게 보관·관리하고, 이를 분실·훼손 또는 도난·유출되거나 훼손될 수 있는 위험을 인지한 때에는 그 사실을 공인인증기관에 통보하여야 한다. 이 경우 가입자는 지체 없이 이용자에게 공인인증기관에 통보한 내용을 고지하여야 한다(電署 제21조 제1항).

이용자는 공인인증서 기재사항 등에 의하여 공인전자서명의 진위 여부를 확인하기 위하여 공인인증서의 유효 여부의 확인, 공인인증서의 정지 또는 폐지 여부의 확인, 공인인증서의 이용범위 또는 용도를 제한하는 경우 이에 관한 사항 및 가입자가 제3자를 위한 대리권 등을 갖는 경우 또는 직업상 자격 등의 표시를 요청한 경우 이에 관한 사항의 확인의 조치를 취하여야 한다(電署 제25조의 2).

공인인증기관 및 가입자는 공인인증서의 유효기간 이내에 당해 공인인증서의 기재사항 또는 공인인증서와 결부된 정보가 정확하고 완전하게 유지되도록 상당한 주의를 기울여야 한다(電署 제22조의 2 제1항).

누구든지 타인의 전자서명생성정보를 도용 또는 누설하여서는 아니되고, 타인의 명의로 공인인증서를 발급받거나 발급받을 수 있도록 하여서는 아니되며, 공인인증서가 아닌 인증서 등을 공인인증서로 혼동하게 하거나 혼동할 우려가 있는 유사한 표시를 사용하거나 허위로 공인인증서의 사용을 표시하여서는 아니된다(電署 제23조).

공인인증기관은 인증업무 수행과 관련하여 가입자 또는 공인인증서를 신뢰한 이용자에게 손해를 입힌 때에는 그 손해를 배상하여야 한다. 다만, 그 손해가 불가항력으로 인하여 발생한 경우에는 그 배상책임이 경감되고, 공인인증기관이 과실 없음을 입증한 경우에는 그 배상책임이 면제된다(電署 제26조).

Ⅲ. 전자금융거래 기록의 생성 및 보존

1. 전자금융거래 기록의 생성 및 보존의무

금융기관 등은 전자금융거래의 내용을 추적·검색하거나, 그 내용에 오류가 발생할 경우에 이를 확인하거나 정정할 수 있는 기록을 생성하여 5년의 범위 안에서 대통령령이 정하는 기간 동안 보존하여야 한다(제22조 제1항).

전자상거래소비자보호법은 사업자가 대금결제에 관한 기록을 5년간 보관하도록 규정하고 있다(電消 제6조 제1항 1문 및 제3항). 이 경우 소비자가 쉽게 거래기록을 열람·보존할 수 있는 방법을 제공하여야 한다(電消 제6조 제1항 2문). 이에 따라 동법 시행령은 사업자가 소비자에게 제공하여야 할 거래기록의 보존방법을 구체적으로 규정하고 있다. 즉, 거래가 이루어진 해당 사이버몰에서 거래당사자인 소비자가 거래기록을 열람·확인할 수 있도록 하고 전자문서의 형태로 정보처리시스템 등에 저장할 수 있도록 하여야 하며, 사업자가 개인정보의 이용에 관한 동의를 철회한 소비자의 거래기록 및 개인정보를 보존하는 경우에는 개인정보의 이용에 관한 동의를 철회하지 아니한 소비자의 거래기록 및 개인정보와 별도로 보존하여 한다(同法 令 제6조 제2항 제1호·제3호).

2. 전자금융거래 기록의 종류 및 보존기간

금융기관 등이 보존하여야 하는 전자금융거래 기록의 종류 및 보존기간은 다음과 같다(제22조 제2항).

① 다음의 거래기록은 5년간 보존한다(令 제12조 제1항 제1호). 그러나 전자금융사업자와 동일한 거래기록을 생성·보존하는 전자금융보조업자의 경우에는 이를 3년간 보존한다(令 제12조 제2항).

(ⅰ) 거래내용의 확인에 필요한 사항(令 제12조 제1항 제1호, 法 제7조 제4항 제1호 내지 제5호)

(가) 전자금융거래의 종류(보험계약의 경우에는 보험계약의 종류를 말한다) 및 금액, 전자금융거래의 상대방에 관한 정보

(나) 전자금융거래의 거래일시, 전자적 장치의 종류 및 전자적 장치를 식별할 수 있는 정보

(다) 전자금융거래가 계좌를 통하여 이루어지는 경우 거래계좌의 명칭 또는 번호(보험계약의 경우에는 보험증권번호를 말한다)

(라) 금융기관 또는 전자금융업자가 전자금융거래의 대가로 받은 수수료

(ii) 해당 전자금융거래와 관련한 전자적 장치의 접속기록

(iii) 전자금융거래의 신청 및 조건의 변경에 관한 사항

(iv) 건당 거래금액이 1만원을 초과하는 전자금융거래에 관한 기록

② 다음의 거래기록은 1년간 보존한다(令 제12조 제1항 제2호).

(i) 건당 거래금액이 1만원 이하인 전자금융거래에 관한 기록

(ii) 전자지급수단의 이용과 관련된 거래승인에 관한 기록

(iii) 그 밖에 금융위원회가 정하여 고시하는 기록

3. 전자금융거래 기록의 보존방법

전자거래기본법은 전자문서의 보관에 관하여 규정하고 있으나(電去 제5조),[8] 전자금융거래법은 금융기관 등은 거래기록을 서면 또는 마이크로필름, 디스크, 자기테이프 기타 전산정보조직을 이용한 방법으로 보존하여야 한다고 규정하고 있다(제22조 제2항, 令 제12조 제3항). 금융기관 등이 거래기록을 디스크, 자기테이프 그 밖의 전산정보처리조직에 의하여 보존하는 경우에는 전자거래기본법 제5조 제1항 각 호의 요건을 모두 갖추어야 한다(令 제12조 제4항).

금융기관 등은 전자금융거래 기록을 공인전자문서보관소[9]에 보관할 수도 있다.

---

8) 전자거래기본법 제5조는 전자문서의 보관에 관하여 다음과 같이 규정한다.

① 전자문서가 다음 각 호의 요건을 갖춘 경우에는 그 전자문서의 보관으로 관계 법령이 정하는 문서의 보관에 갈음할 수 있다.

1. 전자문서의 내용을 열람할 수 있을 것
2. 전자문서가 작성 및 송신·수신된 때의 형태 또는 그와 같이 재현될 수 있는 형태로 보존되어 있을 것
3. 전자문서의 작성자, 수신자 및 송신·수신일시에 관한 사항이 포함되어 있는 경우에는 그 부분이 보존되어 있을 것

② 제1항의 규정을 적용함에 있어서 전자문서의 송신 또는 수신만을 위하여 필요한 부분에 관하여는 이를 전자문서로 보지 아니할 수 있다.

공인전자문서보관소가 전자문서를 보관하는 경우에는 전자거래기본법 제5조 제1항의 규정에 의한 전자문서의 보관이 행하여진 것으로 본다(電去 제31조의 6). 이 경우 공인전자문서보관소에 보관된 전자문서는 보관기간중에는 그 내용이 변경되지 아니한 것으로 추정한다(電去 제31조의 7 제1항). 또 공인전자문서보관소가 당해 공인전자문서보관소에 보관된 전자문서의 보관사실, 작성자, 수신자 및 송신・수신일시 등에 관한 사항에 대한 증명서를 대통령령이 정하는 방법 및 절차에 따라 발급한 경우에 그 증명서에 기재된 사항은 진정한 것으로 추정한다(電去 제31조의 7 제2항).

Ⅳ. 전자지급수단의 발행과 이용한도

금융위원회는 전자지급수단의 특성을 감안하여 대통령령이 정하는 바에 따라 전자금융사업자에게 다음에 규정된 한도를 제한하거나 그 밖에 필요한 조치를 할 수 있다(제23조).

① 전자화폐 및 선불전자지급수단의 발행권면 최고한도

② 전자자금이체의 이용한도

③ 직불전자지급수단의 이용한도

전자화폐 및 선불전자지급수단의 발행권면 최고한도는 50만원으로 한다(令 제13조 제1항).

전자자금이체의 이용한도는 100억원의 범위 안에서 금융위원회가 정하여 고시한다(令 제13조 제2항 본문). 다만, 전자금융사업자와 이용자 사이에 별도의 계약이 있는 경우에는 이용한도를 달리 정할 수 있다(令 제13조 제2항 단서).

직불전자지급수단의 이용한도는 1억원의 범위 안에서 금융위원회가 정하여 고시한다(令 제13조 제3항).

전자자금이체와 직불전자지급수단의 이용한도에 관하여 구체적인 사항은 전자자금이체의 방법, 이용횟수나 이용기간 등을 고려하여 금융위원회가 정하여 고시

---

9) "공인전자문서보관소"라 함은 지식경제부장관의 지정을 받아 타인을 위하여 전자문서를 보관 또는 증명하거나 그 밖에 전자문서와 관련된 업무를 수행하는 법인을 말한다(電去 제31조의 2 제1항・제2항).

한다(令 제13조 제4항, 電監 제10조 및 별표 1 참조).

제3절 전자금융거래의 이용자보호

Ⅰ. 서 설

전자금융거래에 있어서 이용자들에게 중요한 관심사는 자금이동과 관련된 시스템 위험(system risk), 금융프라이버시(financial privacy), 범죄(crime) 등이다. 더욱이 전자금융거래에 있어서 당사자의 권리·의무 및 책임은 상당한 부분이 아직 명백히 해결되어 있지 않다.

전자금융거래에 관한 법률문제를 소비자보호의 관점에서 규율할 것인가, 아니면 이용자와 전자금융사업자 사이의 이해조정이라는 관점에서 규율할 것인가가 논의될 수 있다.

소비자의 개념에 관해서는 다양한 견해가 제시되고 있으나, 일반적으로 소비생활을 영위하기 위하여 상품 또는 용역을 구입하여 사용하거나 이용하는 자로서 사업자에 대립하는 개념이라는 점은 공통적으로 인식되고 있다.[10] 소비자기본법은 소비자를 "사업자가 제공하는 물품 또는 용역(시설물을 포함한다)을 소비생활을 위하여 사용(이용을 포함한다)하는 자 또는 생산활동을 위하여 사용하는 자로서 대통령령이 정하는 자"라고 규정하고 있다(消基 제2조 제1호).

전자지급거래에 대한 규율을 소비자보호의 관점에서 접근하는 나라도 있다. 예컨대, 미국의 전자자금이체법(EFTA)은 소비자계좌와 관련되는 전자자금이체에 있어서 소비자의 권리를 규율하는 연방입법으로서 소비자신용보호법(1968)[11] 제9편에 편입되어 있다.[12] 그리고 통일상법전(UCC) 제4A편은 비소비자 이체 내지 대량이체인 전신망이체(wire transfer)를 다루고 있다. 따라서 전자자금이체법과

---

10) 權五乘, 「消費者保護法」, 제4판, 법문사, 2002, 4쪽; 權載烈, 「經濟法」, 법원사, 2001, 352쪽; 李南基·李承祐, 「經濟法」, 제3정판, 박영사, 2001, 431쪽 참조.

11) Pub. L. No.90-321(1968), 15 U.S.C. §601 et seq.

12) 미국의 전자자금이체법은 "이 법에서 소비자라 함은 자연인(natural person)을 말한다."라고 정의하고 있다. EFTA § 903(5)(1978).

이에 따른 규칙 E는 소비자 전자자금이체에 적용되고, 통일상법전 제4A편은 주로 상업적 내지 대규모 전자자금이체에 적용된다.

이에 반하여 덴마크 지급수단법은 소비자옴부즈만에게 일정한 권한을 부여하고 있으나, 법률을 전체적으로 보면 소비자보호의 관점이 아니라 이용자보호라는 관점에서 접근하고 있다.[13] 또 독일 자금이체법에 있어서 자금이체는 사무처리계약의 일종으로 파악되고 있으며, 이는 자금이체에 관한 규정이 소비자거래의 경우에는 물론 일반 민사거래로서 비소비자 자금이체에도 적용된다는 것을 뜻한다.

전자지급거래, 전자증권거래, 전자보험거래 등을 포함하는 전자금융거래의 이용자를 "금융소비자"라고 보아 소비자보호의 관점에서 전자금융거래에 대한 법적 규율을 시도할 수도 있을 것이다. 그런데 전자금융거래에 있어서 전형적인 자금이동은 재화 또는 용역 거래의 지급수단으로서의 성격을 가지고 실시간 이체(real time transfer)를 특징으로 하므로, 원인관계에 기한 항변이 제한되는 등 어음·수표에 의한 지급과 유사하게 중성적·추상적 성질을 가지고 있다. 한편, 전자금융거래의 모든 이용자가 전자금융사업자가 제공하는 물품 또는 용역을 소비생활을 위하여 사용하거나 이용하는 자 또는 생산활동을 위하여 최종적으로 사용하거나 이용하는 자에 해당하지는 않는다(消基 제2조 제1호, 구 消費者保護法 令 제2조 제1호 참조).

특히 기업간 거래의 속하는 전자채권거래, 구매카드지급, 금융결제원의 차액결제, 한은금융망(BOK-Wire)을 통한 총액결제 등은 소비자와 관련 없는 제도라고 할 수 있다. 그러나 쇼핑몰에서 온라인으로 상품을 구입하고 그 대금을 전자적 방법으로 지급하는 것과 같이, 전자금융거래의 원인관계가 소비자거래인 경우 해당 전자금융거래는 소비자거래에 있어서 물품의 인도 또는 용역의 제공에 대한 반대급여로서의 성질을 가진다. 전자금융거래가 소비자와 직접 관련되는 경우에는 소비자보호 법규가 적용될 수 있으나, 이 경우에도 소비자는 전자금융거래의 관점에

---

13) 덴마크 지급수단법은 "지급수단은 이용자가 투명성, 임의성, 남용에 대한 보호 및 지급수단 사용의 비밀을 보장받는 방법으로 고안·운영되어야 한다. 지급시스템이 앞의 기반 위에서 안전하게 원활하게 잘 작동하도록 보장하는데 필요한 법적·조직적·기술적·보안조치가 취해져야 한다."고 한다. 또 이용자의 개념에 대응하는 보유자의 개념에 관하여, "보유자라 함은 지급수단의 사용을 위하여 약정을 한 자 또는 발행자와의 관계에서 선불지급수단의 적법한 보유자를 말한다."고 규정한다. CPIA § 3(1).

서 볼 때에는 전자금융사업자가 제공하는 금융상품 또는 서비스의 "거래당사자"라는 지위를 기초로 한 "소비자"이다.

요컨대 전자금융거래의 이용자는 기업·소비자간 거래에서는 소비자이지만 기업간 거래에서는 기업이다. 따라서 전자금융거래법의 적용이나 법률관계의 해석에 있어서 이용자보호가 문제되는 경우 거래의 일방 당사자라는 일반적 관점에서 균형을 고려할 필요가 있고, 소비자가 직접 관련되는 경우에는 소비자보호의 문제를 고려하여야 할 것이다.

전자금융거래법은 전자금융거래의 이용자보호를 위하여 약관에 관한 규정과 전자금융거래 정보의 보호 및 분쟁처리·조정에 관한 규정을 두고 있다(제24조~제27조). 동법의 규정 외에도 전자금융거래의 이용강제의 금지, 거래수수료에 관한 사항 등에 관하여 명문의 규정을 두는 것이 바람직하다.[14)]

Ⅱ. 약관에 관한 규정

1. 전자금융거래약관 일반

전자금융거래에 관한 약관은 보통거래약관으로 존재하고 전국적으로 통일되어 있는 것이 일반적이다. 전자금융거래약관에 대하여도 기본적으로 약관규제법이 적용되지만, 전자금융거래의 특성에 따른 수정이 필요하다.

사업자 및 사업자단체는 일정한 거래분야에서 표준이 될 약관을 마련하여 그 내용이 약관규제법에 위반되는지 여부에 관하여 공정거래위원회에 심사를 청구할 수 있다(約規 제19조의 2 제1항).

공정거래위원회는 소비자단체나 한국소비자원의 요청이 있는 경우 또는 일정한 거래분야에서 다수의 고객에게 피해가 발생하여 표준약관이 필요한 경우 사업자 및 사업자단체에 대하여 표준이 될 약관을 마련하여 심사청구할 것을 권고할 수 있다(約規 제19조의 2 제2항). 또 공정거래위원회는 사업자 및 사업자단체가 표준약관 심사청구의 권고(約規 제19조의 2 제3항)를 받은 날부터 4월 이내에 필요한

14) 손진화·정경영, "전자금융거래기본법 제정에 관한 연구"(재정경제부 제출 연구보고서, 2002. 2), 87~88쪽 참조.

조치를 하지 아니하는 경우 관련분야의 거래당사자 및 소비자단체나 한국소비자원의 의견을 듣고 관계부처의 협의를 거쳐 표준이 될 약관을 마련할 수 있다(約規 제19조의 2 제4항).

그러나 자유시장경제 체제에서는 계약당사자가 계약내용을 자유롭게 결정함을 원칙으로 하므로 관계부처 또는 공정거래위원회가 표준약관은 만들어 사업자단체에게 이를 사용하도록 강요하는 것은 바람직하지 못하다. 또 사업자단체는 사업자에 대하여 표준약관의 사용을 권장할 수 있을 뿐이지 명령할 수는 없다.[15)]

전자금융거래에 관한 약관의 예로는 전자금융거래 기본약관, 현금카드 이용규약, 전자화폐 회원약관, 전자화폐 가맹점약관, 신용카드 회원규약, 신용카드 가맹점약관, 자동이체거래약관, 대량지급거래약관, 타행환거래약관, PG서비스이용약관, 전자보험거래 기본약관 등이 있다. 은행수신거래 기본약관에도 전자자금이체와 관련된 규정이 있다(계좌이체에 의한 입금에 관한 제4조 제2항, 예금의 성립시기에 관한 제5조 제1항 제3호·제5호).

상업적 계좌를 규율하는 계약은 개별적으로 체결될 수도 있으며, 전자지급거래에 있어서는 자금이체의 유형, 필요한 수권절차, 고객의 계좌가 차기 또는 대기될 시기 등에 관하여 특별규정을 두는 경우가 있다.

전자금융거래에 관한 약관은 거래당사자의 권리·의무와 책임에 관한 기본사항과 전자금융제도의 운영에 관한 사항 중 고객과 관련된 중요사항을 규정하고 있는 것이 보통이다. 전자금융사업자는 전자금융거래계약을 체결할 때 이용자에게 약관의 요지를 설명하여야 할 것이다. 또 전자금융사업자가 이용자와 전자금융거래계약을 체결할 때와 약관을 변경할 때에는 약관을 공개하는 것이 필요하다.

2. 약관의 명시와 변경통지 등

전자금융사업자는 이용자와 전자금융거래계약을 체결함에 있어서 약관을 명시하여야 하고, 이용자의 요청이 있는 경우에는 금융위원회가 정하는 방법에 따라 그 약관의 사본을 교부하고 그 약관의 내용을 설명하여야 한다(제24조 제1항). 전자금융사업자는 이 규정을 위반하여 계약을 체결한 때에는 당해 약관의 내용을

15) 李銀榮, 「約款規制法」, 박영사, 1994, 728쪽 참조.

계약의 내용으로 주장할 수 없다(제24조 제2항).

전자금융사업자는 약관을 변경하는 때에는 변경되는 약관의 시행일 1월 전에 금융위원회가 정하는 방법에 따라 이를 게시하고 이용자에게 알려야 한다. 다만, 법령의 개정으로 인하여 긴급하게 약관을 변경하는 때에는 금융위원회가 정하는 방법에 따라 이를 즉시 게시하고 이용자에게 알려야 한다(제24조 제3항).

이용자는 약관의 변경내용이 게시되거나 통지된 후부터 변경되는 약관의 시행일 전의 영업일까지 전자금융거래의 계약을 해지할 수 있다. 이 기간 안에 이용자가 약관의 변경내용에 대하여 이의를 제기하지 아니하는 경우에는 약관의 변경을 승인한 것으로 본다(제24조 제4항).

3. 약관의 제정 및 변경

전자금융사업자가 전자금융거래에 관한 약관을 제정하거나 변경하고자 하는 경우에는 미리 금융위원회에 보고하여야 한다. 다만, 이용자의 권익이나 의무에 불리한 영향이 없는 경우로서 금융위원회가 정하는 경우에는 약관의 제정 또는 변경 후 10일 이내에 금융위원회에 보고할 수 있다(제25조 제1항). 금융위원회는 건전한 전자금융거래질서를 유지하기 위하여 필요한 경우에는 전자금융사업자에 대하여 이 규정에 따른 약관의 변경을 권고할 수 있다(제25조 제2항).

금융위원회는 약관의 제정 또는 변경에 대한 보고의 시기·절차 그 밖에 필요한 사항을 정할 수 있다(제25조 제3항).

전자금융거래법상의 약관의 제정 및 변경에 관한 규정은 우체국예금·보험에 관한 법률에 따른 체신관서(제2조 제3호 다.) 및 새마을금고법에 따른 새마을금고 및 새마을금고연합회(제2조 제3호 라.)에 대하여는 이를 적용하지 아니한다(제25조 제4항).

Ⅲ. 전자금융거래 정보의 보호

전자금융거래정보는 금융거래정보로서 개인의 금융프라이버시에 속하는 사항이다. 전자금융거래정보의 보호에 관하여는 기본적으로 신용정보의 이용 및 보호에 관한 법률(信情 제13조~제16조, 제22조~제28조, 제32조), 금융실명거래법(金實

제4조, 제6조), 정보통신망이용촉진법(情通 제22조~제40조, 제62조, 제67조) 등이 적용되지만, 전자금융거래법, 전자어음법과 여신전문금융업법은 전자금융거래와 관련하여 별도의 규정을 두고 있다. 또 소비자거래에 대하여는 전자상거래소비자보호법이 적용될 수 있다.

위의 법률들은 프라이버시의 보호에 관하여 동의 접근법(consent approach)을 채택하고 있다. 동의접근법은 시장에 기초한 모델로서, 데이터 안전 및 무결성의 범위 내에서 개인정보의 공개 및 사용에 관한 결정에 정보주체가 참여하는 것을 허용하는 방법을 말한다. 미국의 연방공정거래위원회(FTC)가 제시한 바와 같이 "공정한 정보관행"(fair information practices)은 통지(notice), 선택(choice), 접근(access), 보안(security) 및 강제(enforcement)라고 할 수 있다.[16]

1. 전자금융거래법

전자금융거래법은 전자금융거래정보의 제공에 관하여 기본적으로 본인의 동의를 얻도록 하는 동의접근법을 채택하고 있다.

전자금융거래와 관련한 업무를 수행함에 있어서 다음 중의 어느 하나에 해당하는 사항을 알게 된 자는 이용자의 동의를 얻지 아니하고 이를 타인에게 제공·누설하거나 업무상 목적 외에 사용하여서는 아니된다(제26조 본문).

(i) 이용자의 인적 사항

(ii) 이용자의 계좌, 접근매체 및 전자금융거래의 내용과 실적에 관한 정보 또는 자료

예외적으로, 금융실명거래법 제4조 제1항 단서의 규정에 따른 경우 그 밖에 다른 법률에서 정하는 바에 따른 경우에는 이용자의 동의를 얻지 아니하고 이를 타인에게 제공·누설하거나 업무상 목적 외에 사용할 수 있다(제26조 단서).

위의 규정을 위반하여 전자금융거래 정보를 제공하거나, 누설하거나, 업무상 목적 외에 사용한 자(선불전자지급수단 발행자 포함)는 5년 이하의 징역 또는 3천만원 이하의 벌금에 처한다(제49조 제3항).

---

16) J. D. Brinson & M. F. Radcliffe, *Internet Law and Business Handbook*, C.A.: Roberts Group, 2000, pp. 250~252 참조.

2. 전자어음법

전자어음법은 전자어음거래 정보의 제공에 관하여 전자금융거래법과 같은 취지의 규정을 두고 있다.

전자어음거래와 관련하여 업무상 다음에 해당하는 사항을 알게 된 자는 이용자의 동의를 얻지 아니하고 이를 타인에게 제공하거나 누설하여서는 아니된다. 다만, 금융실명거래법 제4조 제1항 단서의 규정에 의한 경우와 그 밖의 법률에 정한 경우에는 그러하지 아니하다(電어 제17조 제2항).

(i) 이용자의 신상에 관한 사항

(ii) 이용자의 거래계좌 및 전자어음거래의 내용과 실적에 관한 정보 또는 자료

위의 규정을 위반하여 전자어음거래 정보를 제공한 자는 3년 이하의 징역 또는 5천만원 이하의 벌금에 처한다(電어 제22조 제2항 제2호).

관리기관은 건전한 전자어음 발행·유통과 선의의 거래자 보호를 위하여 대통령령이 정하는 경우에는 법무부장관의 사전승인을 얻어 전자어음거래 정보에 관한 사항 등을 공개할 수 있다(電어 제17조 제3항).

3. 여신전문금융업법

여신전문금융업법은 결제대행업체가 신용정보 및 거래대행에 관한 정보를 제공할 때의 준수사항을 규정하고 있다.

결제대행업체는 물품의 판매 또는 용역의 제공 등을 하는 자의 신용정보 및 신용 카드거래의 대행내역을 제공할 때, 물품의 판매 또는 용역의 제공 등을 하는 자의 상호 및 주소를 신용카드회원·직불카드회원 또는 선불카드소지자가 알 수 있도록 하여야 한다(與專 제19조 제5항, 同法 令 제6조의 11 제1항 제2호). 사위 그 밖의 부정한 방법으로 알아낸 타인의 신용카드 정보를 보유하거나 이를 이용하여 신용카드에 의한 거래를 한 자에 대하여는 형사제재가 있다(與專 제70조 제1항 제6호).

4. 전자상거래소비자보호법

전자상거래소비자보호법은 전자상거래에 있어서 소비자에 관한 정보의 보호를 규정하고 있다.

사업자는 전자상거래 또는 통신판매를 위하여 소비자에 관한 정보를 수집 또는 이용(제3자에게 제공하는 경우를 포함한다)하고자 하는 경우에는 정보통신망이용촉진법 등 관련 규정에 따라 이를 공정하게 수집 또는 이용하여야 한다(電消 제11조 제1항).

사업자는 재화 등을 거래함에 있어서 소비자에 관한 정보가 도용되어 당해 소비자가 재산상의 손해가 발생하였거나 발생할 우려가 있는 특별한 사유가 있는 경우에는 본인 확인이나 피해의 회복 등 필요한 조치를 취하여야 한다(電消 제11조 제2항). 여기에서 "필요한 조치"라 함은 소비자 본인이 요청하는 경우 도용여부의 확인 및 당해 소비자에 대한 관련거래 기록의 제공, 도용에 의하여 변조된 소비자에 관한 정보의 원상회복, 도용에 의한 피해의 회복을 말한다(同法 令 제12조).

5. 특정금융거래보고법

특정금융거래보고법은 특정금융거래정보의 비밀보장을 규정하고 있다.

금융정보분석원의 소속 공무원 또는 수사기관 등에 대한 정보제공(特金 제7조)의 규정에 의하여 제공된 특정금융거래정보와 관련된 특정형사사건의 수사 등에 종사하는 자는 그 직무와 관련하여 알게 된 특정금융거래정보 및 자료제공의 요청(特金 제10조)의 규정에 의하여 제공받은 정보 또는 자료를 다른 사람에게 제공 또는 누설하거나 그 목적 외의 다른 용도로 사용하여서는 아니된다. 또 누구든지 금융정보분석원의 소속 공무원 또는 특정형사사건의 수사 등에 종사하는 자에게 특정금융거래정보 및 자료제공의 요청(特金 제10조)의 규정에 의하여 제공받은 정보 또는 자료를 제공할 것을 요구하거나 목적 외의 다른 용도로 사용할 것을 요구하여서는 아니된다(特金 제9조 제1항).

수사기관 등에 대한 정보제공의 규정(特金 제7조)에 의하여 제공된 특정금융거래정보는 재판에서 증거로 할 수 없다(特金 제9조 제2항).

금융기관 등의 혐의거래보고 등의 규정에 의한 보고에 관여한 금융기관 등의 종사자는 벌칙 규정과 관련된 재판을 제외하고는 당해 보고와 관련된 사항에 관하여 증언을 거부할 수 있다. 다만, 중대한 공익상의 필요가 있는 때에는 그러하지 아니하다(特金 제9조 제3항).

Ⅳ. 전자적 대금지급의 신뢰성확보

전자상거래소비자보호법은 전자적 대금지급의 신뢰성확보를 규정하고 있다.

사업자가 대통령령이 정하는 전자적 대금지급 방법을 이용하는 경우 사업자와 전자결제수단 발행자, 전자결제서비스 제공자 및 당해 전자결제수단을 통한 전자결제서비스의 이행을 보조하거나 중개하는 자(이하 "전자결제업자 등"이라 한다)은 관련 정보의 보안 유지에 필요한 조치를 취하여야 한다(電消 제8조 제1항, 同法 令 제7조, 제8조). 사업자와 전자결제업자 등은 전자적 대금지급이 이루어지는 경우 소비자가 입력한 정보가 소비자의 진정 의사 표시에 의한 것인지를 확인함에 있어 주의를 다하여야 한다(電消 제8조 제2항).

사업자와 전자결제업자 등은 전자적 대금지급이 이루어진 경우 전자문서의 송신 등 총리령이 정하는 방법에 따라 소비자에게 그 사실을 통지하고, 언제든지 소비자가 전자적 대금지급과 관련한 자료를 열람할 수 있도록 하여야 한다(電消 제8조 제3항, 同法 施規 제6조).

다수의 사이버몰에서 사용되는 결제수단으로서 대통령령이 정하는 결제수단의 발행자는 총리령이 정하는 바에 따라 당해 결제수단의 신뢰도의 확인과 관련된 사항, 사용상의 제한이나 그 밖의 주의 사항 등을 표시 또는 고지하여야 한다(電消 제8조 제4항, 同法 令 제9조).

Ⅴ. 전자금융거래의 분쟁처리 및 분쟁조정

1. 서 설

전자금융거래는 원인이 되는 계약 없이 독립적으로 행하여지는 경우도 있지만,

원인이 되는 계약의 이행으로 행하여지는 경우가 많다. 따라서 전자금융거래에서의 분쟁은 원인계약에서 생기는 경우와 전자금융거래 자체에서 생기는 분쟁으로 나눌 수 있다.

전자금융거래 관한 분쟁은 거래의 종류에 따라 전자지급거래에 관한 분쟁, 전자증권거래에 관한 분쟁과 전자보험거래에 관한 분쟁으로 나눌 수 있고, 분쟁의 내용에 따라 전자금융거래계약에 관한 분쟁과 지급지시에 관한 분쟁으로 나눌 수 있다. 또 분쟁에 따른 청구는 의무이행 자체의 청구, 의무불이행으로 인한 손해배상청구와 불법행위로 인한 손해배상청구로 나눌 수 있다.

전자금융거래에 대하여도 민사소송법에 의한 소송제도에 의하여 분쟁해결이 가능하지만, 전자금융거래의 속도와 전문성에 비추어 소송제도에 의존하는 것은 비용과 시간의 낭비가 따른다. 따라서 전자금융거래의 분쟁해결은 전자금융거래의 전문기술성을 고려한 적절한 분쟁해결 방안으로서 소송에 의한 방법 외에 중재, 조정 등의 다양한 대안적 분쟁해결제도(alternative dispute resolution: ADR)를 도입할 필요가 있다. 또한 온라인거래의 특성을 감안하여 온라인 분쟁해결제도(online dispute resolution: ODR)를 마련하는 것도 유용하다.[17)]

2. 전자금융거래의 분쟁해결에 대한 적용법규

전자금융거래의 분쟁해결에 대하여는 분쟁의 유형에 따라 적용법규가 다르다. 원인계약에 관한 분쟁에 대하여는 전자거래기본법, 민법, 상법 등의 실체법과 관련 특별법이 적용된다. 전자금융거래 자체에서 생기는 분쟁에 대하여는 전자금융거래법의 분쟁해결에 관한 규정(제27조), 전자지급거래, 전자증권거래와 전자보험거래에 관한 특별법규가 정하는 분쟁해결 규정이 적용된다. 그리고 거래가 소비자거래와 관련될 경우에는 전자상거래소비자보호법의 분쟁해결 관련 규정이 적용된다.

---

17) 온라인 분쟁해결제도는 협상, 중재, 조정 등 대안적 분쟁해결의 방법을 온라인상으로 도입하는 제도이다. 이 제도는 인터넷을 통하여 온라인 환경에서 분쟁을 해결하는 절차에 이용될 수 있을 뿐 아니라, 오프라인 환경에서 분쟁해결을 하는 데에도 도움을 줄 수 있다. E. Katsh & J. Rifkin, *Online Dispute Resolution: Resolving Conflicts in Cyberspace*, San Francisco: Jossey-Bass, 2001, pp. 2~8 참조.

3. 전자금융거래법상의 분쟁처리 제도

전자금융사업자는 대통령령이 정하는 바에 따라 전자금융거래와 관련하여 이용자가 제기하는 정당한 의견이나 불만을 반영하고 이용자가 전자금융거래에서 입은 손해를 배상하기 위한 절차를 마련하여야 한다(제27조 제1항). 전자금융사업자는 손해배상 등 분쟁처리를 위한 분쟁처리책임자 및 담당자를 지정하고, 그 연락처(전화번호·모사전송번호·전자우편주소 등을 말한다)를 인터넷홈페이지 등을 통하여 이용자가 알 수 있게 하여야 한다(令 제14조 제1항).

이용자는 전자금융거래의 처리에 관하여 이의가 있을 때에는 위의 규정에 정한 절차에 따라 손해배상 등 분쟁처리를 요구하거나 금융감독원 또는 한국소비자원 등을 통하여 분쟁조정을 신청할 수 있다(제27조 제2항). 분쟁처리 및 분쟁조정의 신청을 위한 구체적인 절차와 방법 등은 대통령령으로 정한다(제27조 제3항).

이용자는 손해배상 등의 분쟁처리를 요구하는 경우에는 서면(전자문서를 포함한다) 또는 전자적 장치를 이용하여 금융기관 또는 전자금융업자의 본점이나 영업점에 분쟁의 처리를 신청할 수 있다. 이 경우 전자금융사업자는 15일 이내에 손해배상 등 분쟁처리에 대한 조사 또는 처리 결과를 이용자에게 알려야 한다(令 제14조 제2항).

한편, 전자상거래소비자보호법은 사업자와 소비자 사이에 전자적 대금지급과 관련하여 다툼이 있는 경우 전자결제업자 등은 대금지급 관련 정보의 열람을 허용하는 등 대통령령이 정하는 바에 따라 당해 분쟁의 해결에 협조하여야 한다고 규정하고 있다(電消 제8조 제5항).

4. 대안적 분쟁해결제도

대안적 분쟁해결제도로는 중재, 민사조정, 금융분쟁조정위원회 등에 의한 조정을 들 수 있다.

(1) 중 재

중재란 당사자간의 합의로 사법상의 분쟁을 법원의 재판에 의하지 아니하고 중재인의 판정에 의하여 해결하는 절차를 말한다(중재법 제1조). 중재는 당사자간에 중재합의가 있어야 진행될 수 있고, 중재판정은 당사자간에 있어서 법원의 확정판결과 동일한 효력을 가진다(동법 제35조).

중재는 다른 대안적 분쟁해결제도와는 달리 중재판정이 당사자를 구속하는 효력이 있고, 비용이 저렴하기 때문에 소송제도에 의하는 것보다 시간적·경제적으로 유리할 수도 있다. 그러나 전자금융거래에서 발생하는 분쟁사건은 거래의 전문기술적 성격과 분쟁규모에 따라서 전자금융거래 관련 전문기관에서 조정하는 것이 합리적일 수도 있다.[18]

(2) 민사조정

민사에 관한 분쟁의 당사자는 법원에 조정을 신청할 수 있으며(민사조정법 제2조), 조정사건은 조정담당판사나 조정위원회가 조정을 한다(동법 제7조 제1항 및 제2항). 조정은 법원에서 위촉하는 전문가가 조정위원으로 조정절차를 진행한다(동법 제10조). 조정절차는 비공개로 할 수 있지만, 이 경우에도 조정담당판사는 적당하다고 인정하는 자에게 방청을 허가할 수 있다(동법 제20조).

조정은 당사자 사이에 합의된 사항을 조서에 기재함으로써 성립하며(동법 제28조), 재판상의 화해와 동일한 효력이 있다(동법 제29조). 조정절차의 비용은 조정이 성립된 경우에는 특별한 합의가 없으면 당사자 각자의 부담으로 하고, 조정이 성립되지 아니한 경우에는 신청인의 부담으로 한다(동법 제37조).

조정도 시간과 비용을 절약할 수 있는 장점이 있지만, 전자금융거래의 분쟁은 조정위원의 전문성이 뒷받침되지 않으면 합리적으로 해결되기 어려울 것이다.

(3) 금융분쟁조정위원회 등에 의한 조정

이용자는 전자금융거래의 처리에 관하여 이의가 있을 때에는 전자금융사업자가 마련한 분쟁처리절차에 따라 손해배상 등의 청구를 하지 않고, 금융감독원 또는 한국소비자원 등을 통하여 분쟁조정을 신청할 수 있다(제27조 제2항). 분쟁조정의 신청을 위한 구체적인 절차와 방법 등은 대통령령으로 정하며(제27조 제3항), 전자금융사업자는 전자금융거래의 계약을 체결하는 때에는 분쟁조정의 절차를 명시

---

18) 정완용, 「전자상거래법: e-비즈니스를 위한 법」, 318쪽 참조.

하여야 한다(제27조 제4항).

이용자는 금융과 관련하여 분쟁이 있는 때에는 금융감독원장에게 조정신청을 할 수 있으며(금융분쟁조정세칙 제11조 제1항), 금융감독원장은 금융감독원에 접수된 사건 중 분쟁의 원만한 해결을 위하여 당사자가 합의하도록 함이 상당하다고 인정되는 사건의 경우에는 구두 또는 서면으로 당사자에게 합의할 것을 권고할 수 있다(동 세칙 제20조 제1항). 사건이 금융분쟁조정위원회에 회부된 경우 위원회는 사건이 각하의 사유(동 세칙 제17조 제1항 참조)에 해당하는 때를 제외하고는, 사건이 회부된 날로부터 60일 이내에 이를 심의하여 조정결정하여야 한다(동 세칙 제25조 제1항). 당사자가 조정안을 수락한 경우 당해 조정안은 재판상 화해와 동일한 효력을 갖는다(동 세칙 제29조 제1항).

이용자는 분쟁을 해결하는 방법으로서 금융분쟁위원회에 분쟁조정을 신청하지 않고 한국소비자원 소비자분쟁조정위원회(消基 제60조)나 전자거래분쟁조정위원회(電去 제32조)에 분쟁조정을 신청할 수도 있다. 이용자가 소비자분쟁조정위원회에 분쟁조정을 신청하는 경우에는 소비자기본법에서 정한 절차에 따라야 할 것이다. 그리고 전자거래분쟁조정위원회에 분쟁조정을 신청하는 경우에는 전자거래기본법에서 정한 절차에 따르게 될 것이나, 전자금융거래의 분쟁에 관한 문제는 전자거래기본법만으로는 해결되기 어려운 것이 보통이므로 전자금융거래법과 전자상거래소비자보호법에 근거하여 분쟁을 해결하는 경우도 생길 수 있다.

전자금융거래의 분쟁조정이 여러 개의 기관에 의하여 이루어지는 경우 동종의 사건에 관하여 분쟁조정의 내용이 다를 수 있으므로, 각 기관의 분쟁조정절차 규정에서 상호간의 의견교환이나 조정사건의 이송이 가능한 방안을 모색할 필요가 있다.

〈참고문헌〉

금융감독원, 「전자금융감독정보」, 2002. 12.

權五乘, 「消費者保護法」, 제5판, 법문사, 2005.

權載烈, 「經濟法」, 법원사, 2001.

李南基 · 李承祐,「經濟法」, 제3정판, 2001.

李銀榮, 「約款規制法」, 박영사, 1994.

정완용, 「전자상거래법: e-비즈니스를 위한 법」, 개정판, 법영사, 2005.

손진화 · 정경영, "전자금융거래기본법 제정에 관한 연구"(재정경제부 제출 연구보고서, 2002. 2).

현인섭, "전자상거래의 안정성확보에 관한 법적 고찰," 경영법률, 제15집 제2호(2005. 4).

Brinson, J. Dianne & Radcliffe, Mark F., *Internet Law and Business Handbook*, C.A.: Roberts Group, 2000.

Katsh, Ethan & Rifkin, Janet, *Online Dispute Resolution: Resolving Conflicts in Cyberspace*, San Francisco: Jossey-Bass, 2001.

Ford, Warwick & Baum, Michael S., *Secure Electronic Commerce*, N.J.: Prentice-Hall, 1997.

제 7 장 전자금융업의 허가·등록과 감독

제7장 전자금융업의 허가·등록과 감독

제1절 총 설

Ⅰ. 전자금융업무 감독의 의의

금융제도는 국가 경제질서의 구성요소이며, 합리적이고 효율적인 운영을 위하여 적정한 금융규제가 필요하다. 금융감독은 금융감독기관이 주어진 권한의 범위 내에서 금융회사 등이 금융규제 및 금융정책을 준수하는가 여부를 확인하여, 금융회사의 건전경영을 도모하고 금융제도의 안정성을 확보하는 역할을 한다.

금융감독은 금융감독기관이 금융회사의 건전성 및 금융제도의 안정성을 확보하기 위하여 법령에 기하여 감독권을 행사하는 행정행위이다.[1] 금융감독의 수단은 금융회사의 신설·합병 등의 인·허가 및 등록, 금융관련 법령에 의한 명령·지도, 금융회사의 건전성 규제 및 검사, 금융관련 법령과 검사결과에 따른 제재 등이다.

전자금융업무에 대한 감독은 위와 같은 금융감독의 기본 틀과 전자금융거래법의 규정에 의하여 행하여진다. 전자금융거래는 화폐의 흐름을 매개하는 거래이며, 화폐는 폭넓게 수용되는 교환매체, 가치저장 및 계산단위로서의 사회적 약속이다. 건전한 화폐는 시장시스템의 원활한 기능을 위하여 필수적이다. 화폐가치의 지나친 유동은 정보를 왜곡하고 자원의 흐름을 오도하게 될 것이다. 더욱이 화폐의 안정성이 없으면 사람들은 통화제도에 대한 신뢰를 잃게 되고, 나아가 시장은 왜곡

1) 鄭燦亨·都濟文, 「銀行法」, 제2판, 박영사, 2005, 319~320쪽 참조.

될 것이다.

전자금융거래에 걸려 있는 중요한 문제 중의 하나는 신뢰성 있고 편리한 신용 및 지급제도이다. 전자금융제도의 기본적 요건은 공중통신망을 위하여 이용될 수 있는 데이터보안 표준을 갖추는 것이며, 장기적인 관점에서는 이 제도에서 신뢰의 보장자 역할을 할 수 있는 새로운 종류의 기관을 개발하는 것이다.

전자금융서비스가 활성화되고 지구촌화를 지향하게 될수록 국가경제에 미치는 영향도 증가할 것이다. 그리하여 전자지급거래, 전자증권거래, 전자보험거래 등의 전자금융서비스를 제공하는 기관들은 안전한 데이터보안 표준을 개발하고 신뢰성 있는 기관적 관계를 확립할 책무가 있다고 하겠다. 전자금융거래의 안전성과 신뢰성을 확보함과 아울러 전자금융업의 건전한 발전을 도모하기 위해서는 전자금융서비스에 대한 국가의 감독기능이 매우 중요하다.

우리나라에서는 금융위원회의 설치 등에 관한 법률에 근거하여 설치된 금융위원회와 금융감독원이 은행업무, 증권업무, 보험업무 등의 금융업무에 대한 감독권을 행사하고 있으며, 전자금융업무도 금융감독원의 감독을 받는다.

Ⅱ. 전자금융업무의 감독기구

각국은 전통적으로 금융업무에 대하여 중앙은행이 감독권을 행사하도록 하고 있으나, 금융기관의 업무영역의 확대·복합금융상품의 출현 등 금융기관의 겸업화가 진전되고 전자금융업자와 같은 새로운 금융업자가 등장함으로써 이를 총괄할 수 있는 효율적인 감독기구가 요청되고 있다. 이에 따라 영국은 금융감독청, 오스트레일리아·캐나다·독일은 금융감독청, 프랑스는 금융시장청, 일본은 금융청을 설치하고 있다. 우리나라에서는 종래에 은행감독원, 증권감독원, 보험감독원 및 신용관리기금으로 분산되어 있던 금융감독체계를 하나로 통합하여 금융감독원을 설치하고 있다. 아래에서는 주요국 및 우리나라에 있어서 전자금융업무 감독기구의 구성 및 운영을 살펴보기로 한다.

1. 미 국

미국의 금융감독기구로는 연방준비금제도 위원회(Federal Reserve Board: FRB)

와 증권거래위원회(Securities and Exchange Commission: SEC)가 주된 역할을 담당하고 있다.

(1) 연방준비금제도 위원회

연방준비금제도는 1913년에 설립된 미국의 중앙은행으로서, 안전하고 융통성 있으며 안정적인 통화·금융제도를 제공할 임무를 가지고 있으며, 중앙의 정부기관인 위원회와 12개의 연방준비금은행으로 구성되어 있다.

7명의 이사로 구성된 위원회는 연방준비금은행을 감독하고, 전국의 지급제도에 관하여 광범한 권한을 행사하며, 소비자신용보호에 관한 대부분의 법률을 관장한다. 나아가 위원회는 주의 허가를 받은 연방준비금제도 회원은행, 은행지주회사의 감독, 회원은행들의 외국에서의 활동 등의 감독을 통하여 미국 은행시스템에 관한 감독·규제에 있어서 주된 역할을 담당한다. 상업은행들 중 국법은행에 대하여는 통화감독관이, 연방준비금제도의 비회원은행에 대하여는 연방예금보험공사가 감독권을 행사한다.[2)]

(2) 증권거래위원회

증권거래위원회는 1934년에 1933년의 증권거래법과 1934년의 증권거래소법의 시행을 강제하고 증권시장의 안정성을 도모하며 투자자들을 보호하기 위하여 설립되었다.

증권거래원회는 대통령이 상원의 동의를 얻어 임명하는 5명의 위원(Commissioner)과 4개의 국-회사금융국·시장규제국·투자관리국·집행국-으로 구성된다.

위원회의 회의는 연방증권법의 해석, 기존 규칙의 수정, 시장조건의 변경을 가져오는 새로운 규칙의 제안, 규칙 및 법률의 집행 등을 수행한다. 회의는 집행조사와 같은 기밀사항에 속한 것이 아니면 공개한다.[3)]

---

2) FRB, *Federal Reserve System: Purpose and Functions*, 2005. 5, http://www.federalreserve.gov/pf/pf.htm.

3) SEC, About the SEC, http://www.sec.gov/about.shtml 참조.

2. 영 국

영국의 금융감독기구는 금융감독청((Financial Service Authority)으로서, 2000년 금융서비스 및 시장법(Financial Services and Markets Act 2000)에 의하여 설립된 민간독립기관이다.[4] 금융감독청은 금융위원회의 지시를 받아 업무를 수행한다. 금융위원회는 재무부장관이 임명하는 위원장, 사무국장, 3명의 상임위원과 10명의 비상임위원으로 구성된다. 위원회는 정책을 총괄하지만, 일상 업무는 상임위원 등의 집행위원들이 담당한다.[5]

금융감독청의 규제목적은 시장의 신뢰, 공중의 인식, 소비자보호와 금융범죄의 축소이다. 금융감독청은 규제목적에 적합하고 가장 부합한다고 생각하는 방법으로 그 일반적 권한[6]을 행사하여야 한다. 나아가 금융감독청은 가장 효율적이고 경제적인 방법으로 그 자원을 사용할 필요에 유의하여 일반적 권한을 행사할 것 등 세부적인 업무수행 방법을 제시하고 있다(동법 제2조).

3. 오스트레일리아

(1) 금융감독청

오스트레일리아의 금융감독기구는 금융감독청(Australian Prudential Regulation Authority: APRA)으로서, 1998년 금융감독청법(Australian Prudential Regulation Authority Act 1998)에 의하여 설립된 기관이다(동법 제7조).

금융감독청은 법인으로서(동법 제13조) 3인 내지 5인 이하의 상임위원으로 구성되고, 3인 이상의 상임위원으로 구성되는 상임집행위원회가 운영 및 업무수행을 한다(제16조 제1항·제3항). 상임집행위원회의 의장은 상임위원 중에서 임명한다(동법 제18조 제1항). 상임집행위원회의 임무는 안정적·효율적·경쟁적인 금융제도 내에서 금융 약속의 충족을 보장하는 금융업무 기준 및 실무 기준을 수립·

4) FSMA § 1.

5) FSA, Who are we, http://www.fsa.gov.uk/Pages/About/Who/index.shtml 참조.

6) 금융서비스 및 시장법은 금융감독청의 일반적 권한을 다음과 같이 명시하고 있다(동법 제2조(4)).
(a) 동법에 의한 규칙제정권
(b) 실무규약(code) 준비·작성권
(c) 일반지침(general guidance) 제정권
(d) 특별한 권한의 수행에 유의하는 일반정책·원칙 결정권

집행하는 것이다.[7]

금융감독청은 은행업법(Banking Act 1959)에 의한 예금수취기관, 보험법(Insurance Act 1973)에 의한 보험회사, 퇴직저축계좌법(Retirement Savings Accounts Act 1997)에 의한 퇴직저축계좌 제공자 기타 금융기관에 대한 감독권을 행사한다.

(2) 증권투자위원회

오스트레일리아의 증권투자위원회(Australian Securities and Investment Commission: ASIC)는 호주의 시장중개기관과 예금·보험·집합투자증권 등 금융상품을 감독하고, 불공정영업행위를 규제하기 위하여 1998년 금융제도 개편으로 설립되었다. 증권투자위원회는 현재 2001년 증권투자위원회법(Australian Securities and Investment Commission 2001)에 의하여 규율된다.

증권투자위원회는 법인으로서(동법 제8조) 3인 내지 8인 이하의 상임위원으로 구성되고, 3인 이상의 상임위원으로 구성되는 상임집행위원회가 운영 및 업무수행을 한다(제9조).

증권투자위원회의 임무는 소비자, 투자자 및 채권자를 보호하기 위하여 회사 및 금융서비스 법률을 집행하고 관련 규제를 하며, 미디어 및 연차보고서를 통하여 관련 정보를 공중에게 공개한다.[8]

4. 캐나다

캐나다의 금융감독기구는 금융감독청(Office of the Superintendent of Financial Institutions: OSFI)으로서, 금융시스템의 공적 신뢰에 기여할 목적으로 제정된 금융감독청법(Office of the Superintendent of Financial Institutions Act 1985, c. 18 (3rd Supp.))에 의하여 1987년 종전의 연방정부 내부조직인 은행감독청과 보험감독국을 합병한 통합감독기관으로 설립되었다(동법 제3조).

금융감독청의 업무는 예금수취기관·보험회사 등의 금융기관과 민간연금에 대하여 금융건전성을 감독하고 조언을 하며, 리스크 통제·관리를 위한 정책 및 절

---

7) APRA, Who we are, http://www.apra.gov.au/aboutApra/ 참조.

8) ASIC, "About ASIC," http://www.asic.gov.au/asic/asic.nsf# 참조.

차의 채택을 권장하는 것이다(동법 제4조 제2항 · 제2.1항 참조). 구체적으로는 금융감독에 관한 법규를 제 · 개정하고 지침을 발행하며, 연방규제기관의 신청을 승인하고, 금융기관과 민간연금의 안전성 및 건전성을 감시 · 평가하여 필요할 경우 적시에 개입하는 것이다.[9)]

5. 독 일

독일의 금융감독기구는 연방금융감독청(Bundesanstalt fur Finanzdienstleistungsaufsicht: BaFin)으로서, 연방금융감독청설립법에 의하여 기존의 은행감독원, 보험감독원과 증권감독원을 통합하여 2002. 5. 1에 설립되었다.

연방금융감독청의 임무는 금융시장의 안정을 위하여 신용기관 · 금융서비스기관 · 보험회사 · 증권회사 등을 감독하는 것이며, 연방정부에 업무를 보고하는 공적기관으로 재무부의 감독을 받는다. 2001년 6월 우리나라 금융위원회와 업무협력약정을 체결하였다.[10)]

6. 프랑스

프랑스의 금융감독기구는 금융시장청(Autorité des marchés financiers: AMF)으로서, 2003년 금융안정법(loi n° 2003-706 de sécurité financière du 1er août 2003)에 따라 금융감독제도의 효율성 및 공신력 제고를 위하여 증권거래위원회, 금융시장위원회와 금융관리위원회를 통합하여 2003. 8. 1에 설립되었다.

금융시장청은 독립한 공적 기관으로서, 16명의 위원으로 구성되고 제재위원회, 특별위원회와 자문위원회가 부속되어 있다. 금융시장청의 임무는 금융소비자 보호, 투자자정보의 보호와 건전한 금융시장 등이다.[11)]

7. 일 본

일본의 금융감독기구는 금융청으로서, 1998년 6월 금융청설치법에 의하여 총리

---

9) OSFI, "How We Regulate," http://www.osfi-bsif.gc.ca/osfi/index_e.aspx?DetailID=370 참조.

10) BaFin, "Aktuelles," http://www.bafin.de/cgi-bin/bafin.pl; 금융감독원, "해외금융감독," http://www.fss.or.kr/kor/koreanIndex.html 참조.

11) AMF, "Les mission de AMF," http://www.amf-france.org/default.asp; 금융감독원, "해외금융감독," http://www.fss.or.kr/kor/koreanIndex.html 참조.

부의 외국으로 설치된 기관이다(금융청법 제2조).

금융청은 금융기능의 안정을 확보하고 예금자·보험계약자·유가증권의 투자자 등의 보호를 위하여 금융의 원활을 도모하는 것을 임무로 하고 있다(동법 제3조). 금융청의 소관사무는 금융제도의 기획입안, 은행·증권회사·보험회사 등의 민간금융기구나 시장관계자 등에 대한 검사·감독, 증권시장에 대한 거래규칙의 설정, 기업회계기준의 설정 기타 기업의 재무에 관한 사항, 공인회계사, 감사법인 등의 감독, 국제기구에서의 작업이나 2자간·다자간 금융협의에의 참가, 증권시장 규칙의 준수상황 등의 감시이다(동법 제4조).

8. 우리나라

(1) 금융위원회

금융위원회는 금융위원회의 설치 등에 관한 법률에 근거하여 설치된 금융정책·감독기관이다(金委 제3조). 증권·선물시장의 불공정거래 조사 등을 위하여 금융위원회에 증권선물위원회를 둔다(金委 제19조).

금융위원회는 건전한 신용질서와 공정한 금융거래관행을 확립하고 예금자 및 투자자등 금융수요자를 보호하는 것을 목적으로 하며, 9인의 위원으로 구성하되 위원장은 국무총리의 제청으로 대통령이 임명한다(金委 제4조 제1항·제2항).

금융위원회의 주된 소관사무는 금융정책·금융감독과 금융감독원에 대한 지도·감독이다. 금융위원회는 동법과 다른 법령이 규정하는 바에 따라 금융기관에 대한 감독과 관련된 규정의 제정 및 개정, 금융기관의 설립·합병·전환·영업양수·양도등의 인·허가, 금융기관의 경영과 관련된 인·허가, 금융기관에 대한 검사·제재와 관련된 주요사항, 증권·선물시장의 관리·감독 및 감시 등과 관련된 주요사항, 자본시장통합법 기타 다른 법령에서 금융위원회에 부여된 업무에 관한 사항을 심의·의결한다(金委 제17조, 資市 제415조, 제426조).

금융위원회는 동법과 다른 법령이 규정하는 바에 따라 금융감독원의 업무·운영·관리에 대한 지도·감독을 하며, 금융감독원의 정관변경에 대한 승인, 금융감독원의 예산 및 결산 승인, 기타 금융감독원을 지도·감독하기 위하여 사항을 심의·의결한다(金委 제18조).

(2) 금융감독원

금융감독원은 1999년 1월 금융위원회의 설치 등에 관한 법률에 근거하여 설립되었으며, 금융위원회 또는 증권선물위원회의 지도·감독을 받아 금융기관에 대한 검사·감독업무 등을 수행하기 위한 무자본 특수법인이다(金委 제24조).

금융감독원의 업무는 금융기관의 업무 및 재산상황에 대한 검사, 검사결과에 따른 동법과 다른 법령의 규정에 의한 제재, 금융위원회 및 소속기관에 대한 업무보조, 기타 동법과 다른 법령에서 금융감독원이 수행하도록 하는 업무이다(金委 제37조).

금융감독원의 검사대상인 기관은 은행법상의 금융기관, 자본시장통합법상의 금융투자업자, 여신전문금융회사 등 금융업무를 영위하는 대부분의 기관이다(金委 제38조, 資市 제419조, 제426조).

제 2 절 전자금융업의 허가·등록

I. 서 설

금융업무는 전통적으로 은행 등 금융기관의 고유 업무에 속하였다. 그런데 전자상거래의 발전과 전자금융거래의 활성화에 따라 새로운 금융정보기술이 도입되고 전통적인 금융업무의 방식에 변화가 초래되어, 기존의 금융기관이 취급하지 않던 전자금융서비스, 예컨대 전자화폐·디지털상품권·휴대폰지급·마일리지 등의 서비스가 제공되고 있다.

새로운 금융업무로서 전자금융서비스가 제공됨에 따라 기존의 금융기관 외에 전자금융업무를 제공하는 사업자로서 전자금융업자가 등장하였고, 전자금융거래의 일부를 대행하거나 보조하는 전자금융보조업자도 등장하고 있다. 전자금융서비스는 서비스제공자, 이용자, 투자자와 규제·조정자 모두에게 영향을 미치고 있다.

이제 전자금융서비스의 이용자를 보호하기 위하여 전자금융거래의 안전성과 신뢰성을 확보해야 할 책임이 강조되고, 또 전자금융거래는 통화의 흐름에 영향을 미치는 거래이므로 전자금융업무에 대한 국가적 감독을 확보할 필요성이 제기되고 있다. 이에 따라 전자금융업무에 대하여는 시장진입의 요건을 정하여 허가를 받아 영위할 업무와 등록을 하고 영위할 업무를 구분하고, 또 등록 없이 영위할 수 있는 업무의 범위를 정할 필요가 있다.

전자금융업무의 허가 · 등록은 넓게 보면 전자금융업의 감독에 속하는 업무이지만, 전자금융거래법은 전자금융업무에 대한 일반 감독업무와 별도의 장을 두고 있다. 전자금융업무의 허가 · 등록은 전자화폐업무의 허가와 전자금융업무의 등록으로 구분되며, 전자금융업무의 등록은 다시 전자자금이체업무 등의 등록과 전자채권관리기관의 등록으로 나누어진다. 그 외에 전자금융거래법은 최소자본금, 허가 및 등록의 요건과 결격사유, 겸업제한과 유사명칭의 사용금지, 가맹점에 대한 규제 등을 규정하고 있다.

Ⅱ. 허가 · 등록대상 업무

1. 허가대상 업무–전자화폐 발행 · 관리 업무

(1) 각국의 전자화폐 발행에 대한 규제

① 유럽연합

유럽연합(EU) 의회는 2000년 9월 '전자화폐업자의 건전성감독 지침'(Directive 2000/46/EC on the taking up of, pursuit of and prudential supervision of the business of e-money institutions)을 제정하였다. 이 지침은 각 회원국에 대하여 구속력을 가지는데, 각 회원국은 이 지침의 내용을 2002. 4. 27까지 법률에 반영하고 2005. 4. 27까지 보고하도록 규정되어 있다(동 지침 제10조, 제11조).

전자화폐업자의 최저자본금은 100만 유로이며, 자기자본이 이 이하로 내려가서는 아니된다(동 지침 제4조 1.). 전자화폐업자의 업무는 전자화폐의 발행과 밀접한 관련이 있는 금융 · 비금융서비스의 제공(신용공여 제외)과 다른 기업이나 공공기관을 대신한 전자매체상의 데이터보관으로 제한된다(동 지침 제1조 4.). 전자화폐업자는 회원국의 모국의 허가만으로 유럽연합 내 어디에서나 전자화폐사업을 영위할 수 있으며 모국의 감독과 통제를 받는다(동 지침 제9조).

② 영 국

영국은 유럽연합(EU)의 지침에 따라 금융서비스 및 시장법(FSMA)에 의한 규제대상 업무의 하나로 전자화폐발행업무를 포함시키기로 하고 2001년 12월 '전자화폐발행자의 규제(안)'(The Regulation of Electronic Money Issuers)을 발표하였다. 금융감독청은 2000년 4월 전자화폐발행자에 대한 규칙 및 지침(The Regulation of Electronic Money Issuers-Feedback on CP117)을 마련하였다.[12] 전자화폐발행자에 대한 규제내용은 다음과 같다.

전자화폐발행자는 사전에 허가를 받도록 하되, 은행·빌딩협회 등은 별도의 허가 없이 전자화폐를 발행할 수 있다. 비은행 발행자는 업무의 범위와 신용공여가 엄격히 제한된다. 발행규모가 500만 파운드 이하이고 자회사 등 특정집단 또는 100인 미만의 자에게 이용되는 발행자 또는 150 유로 이하의 금액이 저장되는 전자화폐의 발행자는 규제대상에서 제외된다. 발행자의 업무는 전자화폐의 발행과 밀접한 관련이 있는 업무에 한정되고 전자화폐에 의한 신용공여는 금지된다. 발행자의 최소자본금은 100만 유로이고, 최소 자기자본을 유지할 의무가 있다. 개개의 전자지갑의 충전한도는 250 파운드 이하이다.

③ 미 국

미국은 연방정부 차원에서는 전자화폐의 발행에 대하여 특별한 제한을 두고 있지 않으며, 장래의 규제계획도 밝혀진 것이 없다. 이것은 통화규제는 정부가 개입하지 않을 때 가장 잘 작동한다는 정책입안자들의 입장을 반영하고 있다고 볼 수 있다.[13]

그런데 전자화폐에 대한 연방정부의 입법이 없다고 하더라도 두 가지 관점에서 전자화폐에 대한 법적 규제가 있을 수 있다. 첫째로, 주정부 차원에서는 기존의 은행서비스 규제가 일부 전자지급 서비스에 적용될 수 있다. 둘째로, 일부 연방입법은 특별히 전자화폐에 대한 적용을 위하여 확장될 수 있다. 예컨대, 연방준비금제도 위원회(FRB)는 스마트카드에 기초한 전자화폐 중 100달러 이상 가치충전이 되는 것에 대하여 규칙 E를 적용하되, 온라인형과 오프라인형(계좌적 성격의 것과

12) FSA, Electronic Money: Perimeter Guidance, February 2003, http://www.fsa.gov.uk/pubs/cp/cp172.pdf, para.2.1.

13) M. Kohlbach, Making Sense of Electronic Money, Journal of Information, Law and Technology 2004 (1), para. 5. 참조.

비계좌적 성격의 것)으로 구분하여 적용 수준을 달리할 것을 제안하였다.[14)]

또 연방예금보험공사(Federal Deposit Insurance Company)는 스마트카드에 기초한 전자화폐가 예금보험에 의하여 보호되는가에 관하여, 일반적으로는 예금보험의 보호를 받지 못하나 고객의 예금계좌에 저축된 금전과 연결되는 경우에는 예금보험을 적용할 여지가 있다는 의견을 제시하였다.[15)] 그러나 이러한 논의도 가치저장카드에 한정되는 것이어서, 모바일지급과 같은 새로운 기술과는 관련이 없다.

(2) 전자화폐 업무의 허가 및 면제

전자화폐의 발행 및 관리업무를 행하고자 하는 자는 금융위원회의 허가를 받아야 한다(제28조 제1항 본문).

다만, 은행법에 따른 금융기관 그 밖에 대통령령이 정하는 금융기관은 허가가 면제된다(제28조 제1항 단서). 은행법에 따른 금융기관 외에 허가가 면제되는 금융기관은 다음과 같다(令 제15조 제1항).

① 우체국예금 · 보험에 관한 법률에 따른 체신관서, 새마을금고법에 따른 새마을금고 및 새마을금고연합회

② 상호저축은행법에 의한 상호저축은행과 그 중앙회, 신용협동조합법에 의한 신용협동조합 및 그 중앙회, 농업협동조합법에 의한 농업협동조합중앙회의 신용사업부문, 수산업협동조합법에 의한 수산업협동조합중앙회의 신용사업부문(金委 제38조 제6호 · 제7호 · 제11호 · 제12호)

③ 여신전문금융업법에 따른 여신전문금융회사 중 신용카드사업자

④ 장기신용은행법에 따라 인가를 받아 설립된 금융기관

⑤ 중소기업은행법에 따른 중소기업은행, 한국수출입은행법에 따른 한국수출입은행, 산림조합법에 따른 조합과 그 중앙회의 신용사업부문, 농업협동조합법에 따른 조합, 수산업협동조합법에 따른 조합

---

14) FRB, Report to the Congress on the Application of the Electronic Fund Transfer Act to Electronic Stored-Value Products, March 1997.

15) Federal Deposit Insurance Company, 'General Counsel's Opinion No.8-Stored Value Cards, 61 Fed. Reg. 40,490(Aug. 2, 1996).

2. 등록대상 업무

(1) 전자자금이체업무 등

① 등록의 원칙

다음의 업무를 행하고자 하는 자는 금융위원회에 등록하여야 한다(제28조 제2항 본문).

(ⅰ) 전자자금이체업무

(ⅱ) 직불전자지급수단의 발행 및 관리

(ⅲ) 선불전자지급수단의 발행 및 관리[16]

(ⅳ) 전자지급결제대행에 관한 업무[17]

(ⅴ) 그 밖에 대통령령이 정하는 전자금융업무

그 밖에 대통령령이 정하는 업무는 전자금융거래와 관련하여 자금을 수수(授受)하거나 수수를 대행하는 전자금융업무로서 다음의 어느 하나에 해당하는 업무를 말한다(令 제15조 제3항).

(ⅰ) 소비자가 구매의 안전을 위하여 재화 또는 용역을 공급받을 때까지 그 결제대금을 예치하는 결제대금예치업무(電消 제13조 제2항 제10호, 同法 令 제19조의 2)[18]

전자금융거래법 시행령은 금융위원회에 등록하여야 할 결제대금예치업무로서 선불식 통신판매에 관한 경우만을 규정하고 있으나, 결제대금예치업무는 전자상거래의 경우에도 거래당사자의 선택에 의하여 이용되고 있으므로 이를 명시적으로 포함시키는 것이 타당할 것이다. 선불식 통신판매에 있어서는 소비자가 결제대금예치의 이용을 선택하는

16) 선불전자지급업무를 등록한 회사는 (주)다음커뮤니케이션, (주)마이비, (주)엠플온라인, (주)옥션, (주)인터파크, (주)인터파크지마켓, (주)케이티, (주)카드넷, (주)한국스마트카드 등이다.

17) 전자결제대행업무를 등록한 회사는 나이스정보통신(주), 씨제이시스템즈(주), 에스케이텔레콤(주), (주)다음커뮤니케이션, (주)마이비, (주)뱅크다운, (주)사이버패스, (주)엠플온라인, (주)옥션, (주)올앳, (주)이니시스, (주)인터파크, (주)케이에스넷, (주)케이티, (주)케이티프리텔, (주)티지코프, (주)페이게이트, (주)한국사이버결제, (주)한국스마트카드, (주)한국정보통신, 한국버추얼페이먼트(주), (주)LG텔레콤 등이다.

18) 결제대금예치업무를 등록한 회사는 (주)다음온켓, (주)엠플온라인, (주)옥션, (주)올앳, (주)인터파크, (주)인터파크지마켓, (주)케이에스넷, (주)페이게이트, (주)한국사이버결제, (주)GS홈쇼핑, (주)LG텔레콤 등이다.

경우 결제대금예치 제도의 이용이 강제된다(電消 제24조 제2항).

(Ⅱ) 수취인을 대행하여 지급인이 수취인에게 지급하여야 할 자금의 내역을 전자적인 방법으로 지급인에게 고지하고, 자금을 직접 수수하며 그 정산을 대행하는 업무(전자고지결제업무)[19]

② 등록의 면제

다음 중 어느 하나에 해당하는 자는 금융위원회에 등록하지 아니하고 전자금융업무를 행할 수 있다.

(ⅰ) 은행법에 따른 금융기관 그 밖에 대통령령이 정하는 금융기관(제28조 제2항 단서)
여기에서 "대통령령이 정하는 금융기관"은 전자화폐업무의 허가가 면제되는 금융기관이다. 다만, 여신전문금융회사 중 신용카드사업자는 제외한다(令 제15조 제2항).

(ⅱ) 다음 중 어느 하나의 경우에 해당하는 선불전자지급수단을 발행하는 자(제28조 제3항 제1호)

(가) 특정한 건물 안의 가맹점 등 대통령령이 정하는 기준[20]에 해당하는 가맹점에서만 사용되는 경우

(나) 총발행잔액이 대통령령이 정하는 금액(현재 30억원이다. 令 제15조 제5항) 이하인 경우

(다) 이용자가 미리 직접 대가를 지불하지 아니한 선불전자지급수단으로서 이용자에게 저장된 금전적 가치에 대한 책임을 이행하기 위하여, 선불전자지급수단의 미상환잔액 전부에 대하여 일정한 금융기관(제22조 제2항 각 호)으로부터 지급보증을 받거나 상환

19) 전자결제고지업무를 등록한 회사는 이지스효성(주), (주)앳누리, (주)동서아이티에스, (주)GS홈쇼핑 등이다.

20) 이에 따른 가맹점의 기준은 다음의 어느 하나에 해당하는 것을 말한다(令 제15조 제4항).
① 가맹점이 1개의 기초자치단체(지방자치법 제2조 제1항 제2호에 따른 지방자치단체를 말하며, 제주특별자치도의 경우에는 행정시를 말한다) 안에만 위치할 것
② 가맹점 수가 10개 이하일 것
③ 가맹점이 1개의 건축물(「건축법」 제2조 제1항 제2호에 따른 건축물을 말한다) 안에만 위치할 것
④ 가맹점이 1개의 사업장(「부가가치세법 시행령」 제4조 및 제4조의 2에 따른 사업장을 말한다) 안에만 위치할 것

보증보험(이에 상당하는 공제를 포함한다)에 가입한 경우(令 제15조 제6항)

등록이 면제된 선불전자지급수단을 발행하는 자에 대하여는 전자금융거래법 중 전자금융업자에 관한 대부분의 규정을 준용한다(제28조 제4항 본문). 다만, 소속 임직원의 위법·부당한 행위로 지급불능 상태가 되는 등 대통령령이 정하는 금융사고[21]가 발생하는 경우에는 약관의 제정 및 변경(제25조), 금융감독원의 감독 및 검사(제39조 제2항~제5항, 금융기관 등의 제휴 또는 외부주문에 대한 감독 및 검사(제40조 제2항 및 제3항) 등 보다 엄격한 감독법규를 준용한다(제28조 제4항 단서).

③ 자금이동에 직접 관여하지 아니하고 전자지급거래의 전자적 처리를 위한 정보만을 전달하는 업무 등 대통령령이 정하는 전자지급결제대행에 관한 업무를 수행하는 자(제28조 제3항 제2호)

이에 해당하는 업무는 전자금융거래와 관련한 자금을 수수하거나 수수를 대행하지 아니하고 전자지급거래 정보만을 단순히 전달하는 업무이다(令 제15조 제7항).

(2) 전자채권 등록·관리 업무

전자채권의 등록 및 관리업무를 행하고자 하는 자는 금융위원회에 등록하여야 한다(제29조 제1항). 전자채권관리기관의 전자채권 등록에 관한 절차와 방법 그 밖에 필요한 사항은 대통령령으로 정한다(제29조 제3항). 현재 금융결제원이 전자채권관리기관으로 등록되어 있다(2007. 3. 30).

전자채권관리기관은 다음의 사항을 관리한다(令 제16조 제4항).

① 전자채권의 변제기와 관련된 사항의 채무자에 대한 통지

② 전자채권의 변제내역 및 미변제내역

---

21) 여기에서 "금융사고"라 함은 다음의 어느 하나에 해당하는 경우를 말한다(令 제15조 제8항).
① 해당 법인 임직원의 위법하거나 부당한 행위로 이용자 또는 가맹점에 대한 환급 또는 정산이 사실상 불가능하게 된 경우
② 해당 전자금융업무와 관련된 접근매체의 위조 또는 변조로 이용자 또는 가맹점에 손해가 발생한 경우
③ 해당 지급수단의 관리를 위한 정보처리시스템의 장애로 이용자 또는 가맹점에 손해가 발생한 경우
④ 해당 법인의 임직원 또는 가맹점이 이용자의 전자금융거래정보를 노출하거나 그 밖에 다른 법령에 따른 개인정보 또는 신용정보보호 관련 규정을 위반한 것이 명백한 경우

③ 전자채권의 양도내역
④ 금융기관간 전자채권 관련 결제내역
⑤ 전자채권 관련 거래의 정지에 관한 사항
⑥ 그 밖에 전자채권의 관리와 관련된 사항

등록한 전자채권관리기관에 대하여는 안전성의 확보의무(제21조), 전자금융거래기록의 생성 및 보존(제22조), 감독 및 검사(제39조), 한국은행의 자료제출 요구 등(제41조) 및 허가와 등록의 취소 등(제43조)의 규정을 준용한다(제29조 제2항).

Ⅲ. 최소자본금

전자금융거래법은 전자금융사업자에 대하여 업무를 영위할 수 있는 기업의 형태와 업무의 종류별로 최소자본금을 규정하고(제30조), 최소자본금의 구체적인 금액은 화폐발행자의 경우를 제외하고 각 업무에 따라 시행령으로 정하게 하였다.

1. 전자화폐발행자

전자화폐의 발행 및 관리업무(제28조 제1항)를 행하기 위하여 금융위원회의 허가를 받고자 하는 자는 주식회사로서 자본금이 50억원 이상이어야 한다(제30조 제1항).

2. 전자자금이체업무 영위자 등

전자자금이체업무(제28조 제2항 제1호), 직불전자지급수단의 발행 및 관리 업무(제28조 제2항 제2호) 또는 선불전자지급수단의 발행 및 관리 업무(제28조 제2항 제3호)를 행하기 위하여 등록할 수 있는 자는 상사회사(商 제170조)회사로서 업무의 종류별로 자본금·출자총액이 20억원 이상이어야 하며(제30조 제2항), 각 업무에 따른 최소자본금은 다음과 같다(令 제17조 제1항).

① 전자자금이체업무: 30억원
② 직불전자지급수단 발행 및 관리 업무: 20억원
③ 선불전자지급수단의 발행 및 관리 업무: 20억원

3. 전자지급결제대행업무 영위자 등

전자지급결제대행에 관한 업무(제28조 제2항 제4호), 그 밖에 대통령령이 정하는 전자금융업무(제28조 제2항 제5호) 및 전자채권의 등록 및 관리업무(제29조)를 행하기 위하여 등록할 수 있는 자는 상사회사(商 제170조) 또는 민사회사(民 제32조)로서 업무의 종류별로 자본금·출자총액 또는 기본재산이 5억원 이상이어야 하며(제30조 제3항), 각 업무에 따른 최소자본금은 다음과 같다(令 제17조 제2항).

① 전자지급결제대행업무: 10억원

② 결제대금예치업무(영 제15조 제3항 제1호): 10억원

③ 전자고지결제업무(영 제15조 제3항 제2호): 5억원

④ 전자채권 등록 및 관리 업무: 30억원 이상

4. 2 이상의 업무 영위자의 경우

허가 또는 등록의 대상인 업무를 2 이상 영위하고자 하는 경우에는 위의 구분에 의한 금액의 합계액을 자본금·출자총액 또는 기본재산으로 한다. 다만, 그 합계액이 50억원 이상인 경우에는 50억원으로 한다(令 제17조 제3항).

Ⅳ. 허가·등록의 요건과 결격사유

1. 허가·등록의 요건

전자금융업의 허가를 받고자 하는 자는 다음의 요건을 모두 갖추어야 한다(제31조 제1항).

① 최소자본금에 관한 규정(제30조)에 의한 자본금 또는 기본재산을 보유할 것

② 이용자의 보호가 가능하고 행하고자 하는 업무를 수행함에 있어서 충분한 전문인력과 전산설비 등 물적 시설을 갖추고 있을 것

③ 대통령령이 정하는 재무건전성 기준[22]을 충족할 것

---

22) 재무건전성 기준은 다음과 같다(令 제18조).
① 허가 또는 등록신청자가 금융감독원으로부터 검사를 받는 기관(金委 제38조)인 경우에는 그 기관의 설립·운영 등에 관한 법령에서 정하는 경영건전성에 관한 기준 등을 감안하여 금융

④ 사업계획이 타당하고 건전할 것

⑤ 대통령령이 정하는 주요출자자[23]가 충분한 출자능력, 건전한 재무상태 및 사회적 신용을 갖추고 있을 것

전자금융업의 등록을 하고자 하는 자는 위 ① 내지 ③의 요건을 모두 갖추면 된다(제31조 제1항 2문).

전자금융업의 허가 및 등록의 세부요건에 관하여 필요한 사항은 금융위원회가 정한다(제31조 제2항).

2. 허가 · 등록의 결격사유

다음의 어느 하나에 해당하는 자는 전자금융업의 허가(제28조 제1항)를 받거나 등록(제28조 제2항 및 제29조)을 할 수 없다(제32조).

위원회가 정하여 고시하는 재무건전성 기준에 적합할 것(令 제18조 제1항).

② 허가 또는 등록신청자가 ①에 규정된 이외의 자인 경우에는 허가 또는 등록신청자[대주주가 독점규제 및 공정거래에 관한 법률 제2조 제2호의 규정에 의한 기업집단(같은 법 시행령 제17조 제1항 제1호 및 제2호에 해당하는 기업집단은 제외한다)에 속하는 기업인 경우에는 금융업 또는 보험업을 영위하는 회사를 제외한 그 기업집단을 포함한다]의 자기자본 · 출자총액 또는 기본재산에 대한 부채총액의 비율이 100분의 200의 범위 안에서 금융위원회가 정하여 고시하는 비율 이하일 것(令 제18조 제2항 본문).

다만, 다음의 요건을 모두 갖춘 신청인에 대하여는 금융위원회가 그 비율을 달리 정하여 고시할 수 있다(令 제18조 제2항 단서).

(가) 정부 또는 광역지방자치단체(이하 "정부 등"이라 한다)가 자본금 · 출자총액 또는 기본재산의 100분의 10 이상을 소유하고 있거나 출자하고 있을 것

(나) 신청인의 사업 수행이 곤란하게 되는 경우 정부 등이 해당 사업을 인수할 것을 확약하는 등 그 사업의 연속성에 대하여 정부 등이 보장하고 있을 것

(다) 금융위원회가 정하여 고시하는 요건에 맞추어 재무구조개선계획을 제출할 것

23) 여기에서 "주요출자자"라 함은 다음과 같다(令 제18조 제3항).

① 의결권 있는 발행주식총수 또는 출자총액을 기준으로 본인 및 그와 증권거래법시행령 제10조의 3 제2항 각 호의 1에 해당하는 관계에 있는 자(이하 "특수관계인"이라 한다)가 소유하는 주식 또는 출자지분이 가장 많은 경우의 그 본인(이하 "최대주주"라 한다). 다만, 최대주주가 법인인 경우에는 다음의 1에 해당하는 자를 포함한다.

(가) 최대주주인 법인의 최대주주(최대주주인 법인을 사실상 지배하는 자가 그 법인의 최대주주와 명백히 다른 경우에는 그 사실상 지배하는 자를 포함한다)

(나) 최대주주인 법인의 대표자

② 최대주주의 특수관계인인 주주 또는 출자자

③ 누구의 명의로 하든지 자기의 계산으로 소유한 주식 또는 출자지분의 합계액이 의결권 있는 발행주식총수 또는 출자총액의 100분의 10 이상에 해당하는 자

④ 임원의 임면 등 당해 법인의 주요 경영사항에 대하여 사실상 영향력을 행사하고 있는 주주 또는 출자자

① 등록이 말소(제34조)된 날부터 1년이 지나지 아니한 법인 및 그 등록이 말소될 당시 그 법인의 대주주(대통령령이 정하는 출자자[24])를 말한다. 이하 같다)이었던 자로서 그 말소된 날부터 1년이 지나지 아니한 자

② 허가 또는 등록의 취소(제43조 제1항)가 있은 날부터 3년이 지나지 아니한 법인 및 그 취소 당시 그 법인의 대주주이었던 자로서 그 취소가 있은 날부터 3년이 지나지 아니한 자

③ 채무자 회생 및 파산에 관한 법률에 따른 회생절차 중에 있는 회사 및 그 회사의 대주주

④ 금융거래 등 상거래에 있어서 약정한 기일 내에 채무를 변제하지 아니한 자로서 금융위원회가 정하는 자

⑤ 허가 또는 등록 신청일을 기준으로 최근 3년간 대통령령이 정하는 금융관계법령[25])을 위반하여 벌금형 이상의 처벌을 받은 사실이 있는 자

⑥ 위의 ① 내지 ⑤에 해당하는 자가 대주주인 법인

V. 허가 · 등록의 절차

1. 허가 · 등록의 신청

전자금융업의 허가를 받거나 등록(제28조, 제29조)을 하고자 하는 자는 다음의 사항을 기재한 허가 또는 등록신청서를 금융위원회에 제출하여야 한다(제33조 제1항, 令 제20조 제1항).

① 상호 및 주된 사무소의 소재지

② 임원에 관한 사항

③ 자본금 및 출자자(금융위원회가 정하여 고시하는 소액출자자를 제외한다)의

---

24) 여기에서 "출자자"라 함은 법인의 의결권 있는 주식 또는 출자지분을 많이 소유하고 있는 자부터 순차적으로 그 소유주식수 또는 출자지분을 합하여 의결권 있는 발행주식 총수 또는 출자총액의 100분의 50에 달하는 때에 그에 포함되는 주주 또는 출자자 모두를 말한다. 이 경우 소유주식수 또는 출자지분의 합계가 발행주식 총수 또는 출자총액의 100분의 50이 되는 때의 소유주식수 또는 출자지분이 같은 자가 2인 이상인 경우에는 이들 모두를 포함한다(令 제19조 제1항).

25) 결격사유가 되는 금융관계법령의 위반에 있어서, 금융관계법령은 전자금융거래법 시행령 별표 1에 열거되어 있다(令 제19조 제2항 및 별표 1).

성명 또는 명칭과 그 지분율

④ 영위하려는 전자금융업무

⑤ 전자금융업무 외의 사업을 영위하고 있거나 영위하려는 자의 경우에는 해당 사업의 내용(허가의 경우에 한한다)

신청서에는 정관 및 자본금 납입 증명서류 등과 그 밖에 허가 또는 등록에 필요한 서류로서 금융위원회가 정하여 고시하는 서류를 첨부하여야 한다(令 제20조 제2항).

2. 전자금융업의 허가절차

전자금융업의 허가절차는 허가사항에 대한 사전심사 및 확실한 실행을 위하여 허가의 이전에 예비적으로 행하는 의사표시(이하 "예비허가 등"이라 한다)와 허가로 구분한다(電監 제14조 제1항).

예비허가 등을 신청하고자 하는 자는 금융감독원장이 정하는 바에 따라 관련 신청서 및 첨부서류를 금융감독원에 제출하여야 한다. 금융위원회는 예비허가 등의 심사를 위하여 필요하다고 인정하는 때에는 예비허가 등의 신청에 대하여 이해관계인의 의견을 요청할 수 있고, 금융시장에 중대한 영향을 미칠 우려가 있다고 판단되는 경우 공청회를 개최할 수 있다(電監 제15조 제1항 · 제2항). 금감위는 예비허가등의 신청에 대하여 관련 법령과 허가의 세부기준(電監 제4장 제2절)을 감안하여 예비허가 등의 여부를 결정한다(電監 제15조 제6항).

신청인은 예비허가 등의 내용 및 조건을 이행한 후 금융감독원장이 정하는 바에 따라 허가신청서 및 첨부서류를 금융위원회에 제출하여야 한다(제33조 제1항, 令 제20조 제1항). 금융위원회는 허가신청에 대하여 관련 법령과 허가의 세부기준(電監 제4장 제2절)에 따라 심사하여 허가여부를 결정한다. 허가에는 조건을 붙일 수 있으며 허가를 거부하는 경우에는 이를 서면으로 신청인에게 통보하여야 한다(電監 제16조 제1항~제3항). 금감위는 예비허가 등의 내용 및 조건의 이행여부를 확인하기 위하여 실지조사를 실시할 수 있으며, 신청인은 이에 적극 협조하여야 한다(電監 제16조 제4항).

금융위원회는 허가신청서를 제출받은 날로부터 3월 이내에 허가여부를 결정하여 신청인에게 통보하여야 한다(令 제20조 제3항).

금융위원회는 허가신청을 승인한 경우에는 지체 없이 그 내용을 관보에 공고하고 인터넷 등을 이용하여 일반인들에게 알려야 한다(제33조 제2항, 電監 제18조).

금융위원회는 전자금융업의 허가 또는 등록을 한 때에는 지체 없이 그 내용을 관보에 공고하고 컴퓨터통신 등을 이용하여 일반인에게 알려야 한다(제33조 제3항).

3. 전자금융업의 등록절차

전자금융업무(제28조) 또는 전자채권등록 · 관리업무(제29조)의 등록을 신청하고자 하는 자는 금융감독원장이 정하는 바에 따라 등록신청서를 금융감독원에 제출하여야 하며(제33조 제1항, 令 제20조 제1항) 등록신청서를 제출한 자가 자본금요건(제30조) 및 등록요건(제31조)을 갖춘 경우에는 지체 없이 등록하고 그 사실을 신청인에게 통보한다(제33조 제2항, 令 제20조 제4항 참조).

금융감독원장은 신청인의 등록 신청에 대하여 심사기준(電監 제4장 제2절)에 따라 등록 여부를 결정한다(電監 제19조 제2항). 금융감독원장은 등록의 내용 및 조건의 이행여부를 확인하기 위한 실지조사를 실시할 수 있다(電監 제19조 제3항).

금융감독원장은 등록신청을 수리한 경우에는 지체 없이 그 내용을 관보에 공고하고 인터넷 등을 이용하여 일반인들에게 알려야 한다(電監 제19조 제4항).

Ⅵ. 신청에 따른 등록의 말소

전자금융업의 등록(제28조 제2항 및 제29조)을 한 자는 대통령령이 정하는 바에 따라 그 등록의 말소를 신청할 수 있다(제34조 제1항).

금융위원회는 등록 말소의 신청이 있는 때에는 지체 없이 그 등록을 말소한다(제34조 제2항). 금융위원회는 등록을 말소한 때에는 지체 없이 그 내용을 관보에 공고하고 컴퓨터통신 등을 이용하여 일반인에게 알려야 한다(제34조 제3항).

Ⅶ. 겸업제한과 유사명칭의 사용금지

1. 겸업제한

(1) 전자화폐의 발행 및 관리업무의의 허가(제28조 제1항)를 받은 전자금융업자는 다음의 업무가 아닌 업무는 이를 겸영하지 못한다(제35조 제1항).

① 제28조 제2항 각 호의 등록대상 업무(등록한 경우에 한한다)

② 허가를 받은 전자화폐의 발행 및 관리업무(제28조 제1항) 및 위의 등록을 한 업무(제28조 제2항 각 호)를 행하기 위하여 필요한 업무로서 대통령령이 정하는 업무

허가받은 업무 및 등록을 한 업무를 행하기 위하여 필요한 업무는 다음과 같다(令 제22조 제1항).

(ⅰ) 전자금융업과 관련된 정보처리시스템 및 소프트웨어의 개발·판매·대여

(ⅱ) 금융기관 및 전자금융업자를 위한 전자금융업무의 일부 대행

(ⅲ) 그 밖에 법 제28조 또는 법 제29조에 따른 허가를 받거나 등록을 한 업무를 수행하기 위하여 필요한 업무로서 금융위원회가 정하여 고시하는 업무[26]

(2) 전자화폐의 발행 및 관리업무의 허가(제28조 제1항)를 받은 전자금융업자는 전자화폐 미상환잔액 전부에 대하여 대통령령이 정하는 금융기관[27]으로부터

---

26) 이에 따라 전자화폐 발행업자의 겸업가능 업무는 ① 전자화폐 발행 및 관리를 위한 가맹점의 모집과 ② 전자화폐 발행 및 관리를 위한 인터넷 홈페이지의 운영 및 이를 통한 통신판매 중개로 정해져 있다(電監 제27조).

27) 이에 속하는 금융기관은 다음과 같다(令 제22조 제2항).

① 은행법 또는 장기신용은행법에 의한 인가를 받아 설립된 금융기관, 종합금융회사에관한법률에 의한 종합금융회사, 농업협동조합법에 의한 농업협동조합중앙회의 신용사업부문, 수산업협동조합법에 의한 수산업협동조합중앙회의 신용사업부문(金委 제38조 제1호·제5호·제11·제12호)

② 신용보증기금법에 따른 신용보증기금

③ 기술신용보증기금법에 따른 기술신용보증기금

④ 보험업법에 따른 보험회사

지급보증을 받거나 상환보증보험에 가입한 경우에는 위의 (1)에서 정한 업무 아닌 업무를 행할 수 있다(제35조 제2항).

2. 유사명칭의 사용금지

전자화폐(제2조 제15호)가 아닌 것에는 전자화폐라는 명칭을 사용하지 못한다(제36조 제1항).

전자화폐의 발행 및 관리업무의 허가(제28조 제1항)를 받지 아니한 자는 그 상호 중에 전자화폐라는 명칭을 사용하지 못한다(제36조 제2항).

Ⅷ. 가맹점에 대한 규제

1. 가맹점의 준수사항

가맹점은 직불전자지급수단이나 선불전자지급수단 또는 전자화폐(이하 "전자화폐 등"이라 한다)에 의한 거래를 이유로 재화 또는 용역의 제공·등을 거절하거나 이용자를 불리하게 대우하여서는 아니된다(제37조 제1항).

가맹점은 이용자로 하여금 가맹점수수료를 부담하게 하여서는 아니 된다(제37조 제2항).

가맹점은 다음의 어느 하나에 해당하는 행위를 하여서는 아니 된다(제37조 제3항).

① 재화 또는 용역의 제공 등이 없이 직불전자지급수단에 의한 거래를 한 것으로 가장(假裝)하는 행위

② 실제 매출금액을 초과하여 직불전자지급수단에 의한 거래를 하는 행위

③ 다른 가맹점 이름으로 직불전자지급수단에 의한 거래를 하는 행위

④ 가맹점의 이름을 타인에게 빌려주는 행위

⑤ 직불전자지급수단에 의한 거래를 대행하는 행위를 하여서는 아니 된다(제37조 제3항).

---

⑤ 한국산업은행법에 따른 한국산업은행, 중소기업은행법에 따른 중소기업은행(令 제2조 제1호·제2호)

가맹점이 아닌 자는 가맹점의 이름으로 전자화폐 등에 의한 거래를 하여서는 아니 된다(제37조 제4항).

2. 가맹점의 모집

전자금융사업자가 가맹점을 모집하는 경우에는 가맹점이 되고자 하는 자의 영업여부 등을 확인하여야 한다. 다만, 여신전문금융업법 제16조의 2(가맹점의 모집)의 규정에 따라 이미 확인을 한 가맹점인 경우에는 그러하지 아니하다(제38조 제1항).

전자금융사업자는 분실 · 도난 · 위조되거나 변조된 전자화폐 등에 의한 거래에 따른 손실을 가맹점에 떠넘길 수 없다. 다만, 전자금융사업자가 그 거래에 대하여 그 가맹점의 고의 또는 중대한 과실을 증명하는 경우에는 그 손실의 전부 또는 일부를 가맹점의 부담으로 할 수 있다는 취지의 계약을 가맹점과 체결한 경우에는 그러하지 아니하다(제38조 제2항).

전자금융사업자는 가맹점 수수료, 가맹점에 대한 책임(제38조 제2항)과 가맹점의 준수사항(제37조)을 금융위원회가 정하는 방법에 따라 가맹점에 알려야 한다(제38조 제3항).

전자금융사업자는 가맹점이 제37조(가맹점의 준수사항 등)의 규정을 위반하여 형의 선고를 받거나 관계 행정기관으로부터 위반사실에 대하여 서면통보를 받는 등 대통령령이 정하는 사유[28]에 해당하는 때에는 특별한 사유가 없는 한 지체 없이 가맹점계약을 해지하여야 한다(제38조 제4항).

---

28) 가맹점계약의 해지 사유는 다음과 같다(令 제23조).
① 가맹점이 전자금융거래정보의 제공 등에 관한 의무(제26조)를 위반하거나 가맹점 준수사항(제37조 제3항 제3호 내지 제5호)을 위반하여 형을 선고받은 경우
② 가맹점이 가맹점의 준수사항 등(제37조 제1항 · 제2항 또는 제3항 제3호 내지 제5호)을 위반한 사실에 관하여 관계 행정기관으로부터 서면통보가 있는 경우
③ 관계 행정기관으로부터 해당 가맹점의 폐업사실을 서면으로 통보받은 경우

제3절 전자금융업무의 감독

I. 서 설

전자금융업무는 전통적인 금융업무에 전자적 방법을 적용한 것으로서 금융업무에 혁신을 가져오고 있다. 금융업무에 전자적 방법이 도입되었다고 하여 금융업무의 본질이 변하는 것이라고 볼 수는 없으며, 감독원칙은 기본적으로 동일하게 적용되어야 할 것이다. 이는 금융소비자에게 전통적인 금융상품과 동일하게 보호를 받을 수 있다는 신뢰감을 줄 수 있기 때문에 정책적으로 중요하다고 할 수 있다. 또한 장래에 정보기술이 어느 방향으로 발전할지 알 수 없는 상황에서 섣부른 법적 규제는 기술중립성(technology neutrality)을 해하고 민간의 창의와 혁신을 저해할 수도 있기 때문이다.[29)]

그러나 전통적인 감독의 틀을 유지하면서도 특정한 기술을 지지하는 감독정책이 아니라 전자금융의 특성으로 인한 변화를 반영하는 감독정책 및 기준을 수립하는 것이 바람직하다고 할 것이다. 이러한 변화를 반영할 필요의 범위 내에서 감독기준을 수정하거나 필요한 기준을 새로 설정하는 것이 중요하다.

금융위원회는 전자금융거래법이 제정되기 이전에 '금융기관전자금융업무감독규정'(2000. 12. 29, 금융감독위원회공고 제2000-117호)과 '금융기관전자금융업무감독규정 시행세칙'(2001. 3. 30)을 제정하여 전자금융업무 감독의 지침으로 사용해 왔다. 전자금융거래법은 금융기관 및 이용자의 권리·의무 및 책임을 설정함에 있어서 전자금융거래 및 전자금융업무의 특성을 반영하여 기존의 법 규정이나 법리를 상당한 부분 수정하고 새로운 제도를 창설하였다. 이에 따라 금융위원회는 기존의 감독규정을 전면개정한 '전자금융감독규정'(2006. 12. 28, 금융감독위원회공고 제2006-88호)과 '전자금융감독규정시행세칙'(2006. 12. 28)을 마련하였다.

전자금융거래법은 전자금융업무의 감독에 관하여 금융감독원의 감독 및 검사

---

29) 금융감독원, 「전자금융거래와 감독정책」, 2003. 3, 55~57쪽 참조.

권, 제휴 또는 외부주문에 대한 감독 및 검사, 한국은행의 권한, 회계처리 구분 및 건전경영지도, 전자금융업의 허가와 등록의 취소 등, 합병 · 해산 · 폐업 등의 인가, 권한의 위탁 등을 규정하고 있다.

Ⅱ. 금융감독원의 감독 및 검사권

금융감독원은 금융위원회의 지도 · 감독을 받아 금융기관 및 전자금융업자에 대하여 이 법 또는 이 법에 의한 명령의 준수여부를 감독한다(제39조 제1항).

금융감독원장은 위 감독을 위하여 필요한 때에는 전자금융사업자로 하여금 그 업무 및 재무상태에 관한 보고를 하게 할 수 있다(제39조 제2항).

금융감독원장은 금융기관 및 전자금융업자의 전자금융업무와 그와 관련된 재무상태를 검사하고, 검사를 위하여 필요하다고 인정하는 때에는 금융기관 및 전자금융업자에 대하여 업무와 재무상태에 관한 자료의 제출 또는 관계인의 출석을 요구할 수 있다(제39조 제3항). 이 경우에 검사를 하는 자는 그 권한을 표시하는 증표를 관계인에게 내보여야 한다(제39조 제4항). 금융감독원장은 앞의 규정에 따라 검사를 한 때에는 그 결과를 금융위원회가 정하는 바에 따라 금융위원회에 보고하여야 한다(제39조 제5항).

금융위원회는 전자금융사업자가 전자금융거래법 또는 동법에 따른 명령을 위반하여 전자금융사업자의 건전한 운영을 해할 우려가 있다고 인정하는 때에는 금융감독원장의 건의에 따라 다음의 어느 하나에 해당하는 조치를 할 수 있다(제39조 제6항 전단).

① 위반행위에 대한 시정명령

② 전자금융사업자에 대한 주의 또는 경고

③ 임원과 직원에 대한 주의, 경고 또는 문책의 요구

④ 임원의 해임권고 또는 직무정지의 요구

금융위원회는 금융감독원장으로 하여금 위의 ① 내지 ③에 해당하는 조치를 하게 할 수 있다(제39조 제6항 후단).

금융기관은 전자금융거래법의 규정에 의한 검사 외에, 금융위원회의 설치 등에 관한 법률 및 동법 시행령, 금융업관련법 및 그 시행령과 기타 관계법령에 의하여

금융감독원장이 실시하는 검사를 받고 경우에 따라 제재를 받을 수 있다('금융기관검사 및 제재에 관한 규정' 참조).

Ⅲ. 정보기술부문의 건전성 감독

전자금융감독규정은 금융기관의 정보기술부문의 건전성 감독을 위하여 정보기술부문 실태평가를 다음과 같이 규정하고 있다(電監 제29조).

금융감독원장은 금융기관의 정보기술부문의 건전성 여부를 감독하여야 한다(電監 제29조 제1항).

금융감독원장은 업무의 성격 및 규모, 정보기술부문에 대한 의존도 등을 감안하여 그 필요성이 인정되는 금융기관에 대하여 검사를 통해 정보기술부문 운영 실태를 평가하고 그 결과를 경영실태평가 등 감독 및 검사업무에 반영할 수 있다(電監 제29조 제2항).[30]

정보기술부문 실태평가는 1등급(우수), 2등급(양호), 3등급(보통), 4등급(취약), 5등급(위험)의 5단계 등급으로 구분한다(電監 제29조 제3항).

정보기술부문의 실태평가 대상 및 그 밖의 실태평가를 위한 구체적인 사항은 감독원장이 정한다(電監 제29조 제4항).

Ⅳ. 제휴 또는 외부주문에 대한 감독 및 검사

금융기관 및 전자금융업자는 전자금융거래와 관련하여 전자금융보조업자와 제휴 또는 외부주문에 관한 계약을 체결하거나 변경하는 때(전자금융보조업자가 다른 전자금융보조업자와 제휴 또는 외부주문에 관한 계약을 체결하거나 변경하는 때를 포함한다)에는 전자금융거래의 안전성 및 신뢰성과 금융기관 및 전자금융업자의 건전성을 확보할 수 있도록 금융위원회가 정하는 기준을 준수하여야 한다(제40조

---

30) 정보기술부문 실태평가 대상 금융기관에는 전자금융업무를 영위하는 대부분의 금융기관이 포함되며, 정보기술부문 실태평가는 검사기준일 현재 평가대상기관의 정보기술부문 실태를 IT감사, IT경영, 시스템 개발·도입·유지 보수, IT서비스 제공 및 지원의 부문별로 구분 평가하고 부문별 평가결과를 감안하여 종합평가한다('전자금융감독규정 시행세칙' 제37조 참조).

제1항).

금융위원회는 위 규정에 따른 계약 내용이 전자금융사업자의 경영의 건전성 및 이용자의 권익을 침해하는 것이라고 인정하는 때에는 그 전자금융사업자에 대하여 관련 계약 내용의 시정 또는 보완을 지시할 수 있다(제40조 제2항).

금융감독원장은 위 규정에 따른 제휴 또는 외부주문과 관련하여 전자금융사업자에 대한 검사를 하는 경우에는 금융위원회가 정하는 기준에 따라 그 전자금융보조업자에 대한 자료제출을 요구할 수 있다(제40조 제3항).

V. 회계처리 구분 및 건전경영지도

전자금융사업자는 자금운용과 전자금융거래와 관련한 업무의 성과를 분석할 수 있도록 전자화폐의 발행 및 관리업무(제28조 제1항) 및 전자금융업의 등록대상인 업무(제28조 제2항)별로 다른 업무와 구분하여 계리하여야 한다(제42조 제1항 전단).

전자금융사업자는 금융위원회가 정하는 바에 따라 전자금융거래와 관련한 업무 및 경영실적에 관한 보고서를 작성하여 금융위원회에 제출하여야 한다(제42조 제1항 후단).

금융위원회는 전자금융거래와 관련한 업무를 수행하는 전자금융사업자의 건전경영을 지도하고 전자금융사고를 예방하기 위하여 대통령령이 정하는 바에 따라 다음의 사항에 관한 경영지도기준을 정할 수 있다(제42조 제2항).

① 자본의 적정성에 관한 사항

② 자산의 건전성에 관한 사항

③ 유동성에 관한 사항

④ 그 밖에 경영의 건전성 확보를 위하여 필요한 사항

위의 경영지도의 기준에는 다음의 사항이 포함되어야 하며, 구체적 기준은 금융위원회가 정하는 바에 따른다(令 제24조).

① 허가·등록요건 자본금 유지에 관한 사항(제28조 또는 법 제29조)

② 자기자본의 보유기준에 관한 사항

③ 유동성부채에 대한 유동성자산의 보유기준에 관한 사항

④ 총자산 대비 투자위험성이 낮은 자산의 비율에 관한 사항

⑤ 미상환잔액 대비 자기자본의 비율에 관한 사항(선불전자지급수단의 발행인 및 전자화폐발행자에 한한다)

이에 따라 '전자금융감독규정'은 경영지도기준(電監 제34조),[31] 경영개선권고(電監 제35조), 경영개선요구(電監 제36조), 경영개선명령(電監 제37조), 경영개선계획 제출 및 평가 등(電監 제40조)을 규정하고 있다. 금융위원회는 경영개선권고, 경영개선요구, 경영개선명령의 조치를 하는 경우 해당 전자금융업자에게 그 근거와 이유를 제시하여야 한다(電監 제38조).

금융위원회는 전자화폐의 발행 및 관리업무의 허가(제28조 제1항)를 받은 전자금융사업자가 위의 경영지도기준을 충족하지 못하는 등 경영의 건전성을 크게 해할 우려가 있다고 인정하는 때에는 자본금의 증액, 이익배당의 제한 등 경영개선을 위하여 필요한 조치를 요구할 수 있다(제42조 제3항).

전자화폐의 발행 및 관리업무의 허가(제28조 제1항)를 받은 전자금융사업자의 재무상태가 경영지도기준에 미달하거나 거액의 금융사고 또는 부실채권의 발생으

---

31) '전자금융감독규정'은 전자금융업자 경영지도기준에 관하여 다음과 같은 세부규정을 두고 있다(電監 제34조).

① 법 제42조 제2항에 따른 구체적인 경영지도기준은 다음과 같다.

1. 법 제30조 및 시행령 제17조에 따른 허가나 등록요건상 최소자본금·출자총액 또는 기본재산기준을 항상 충족할 것
2. 총자산에서 총부채를 감한 자기자본이 항상 0을 초과할 것
3. 미상환잔액 대비 자기자본 비율은 20% 이상일 것(전자화폐 및 선불전자지급수단 발행자에 한한다)
4. 총자산 대비 투자위험성이 낮은 자산의 비율은 다음 각 목과 같이 유지할 것. 이 때 투자위험성이 낮은 자산은 〈별표 3〉[註: '전자금융감독기준' 참조]과 같다.

가. 법 제28조 제1항의 규정에 따라 허가를 받은 전자금융업자 및 법 제28조 제2항 제3호의 규정에 따라 등록을 한 전자금융업자 : 20% 이상

나. 가목 이외의 등록대상 전자금융업자 : 10% 이상

5. 유동성 비율은 다음 각 목과 같이 유지할 것

가. 법 제28조 제1항의 규정에 따라 허가를 받은 전자금융업자 : 60% 이상

나. 법 제28조 제2항 제3호의 규정에 따라 등록을 한 전자금융업자 : 50% 이상

다. 그 밖의 등록대상 전자금융업자 : 40% 이상

② 제1항에서 정하는 비율의 구체적 산정기준은 감독원장이 정한다.

③ 감독원장은 제1항의 경영지도비율이 악화될 우려가 있거나 경영상 취약부문이 있다고 판단되는 전자금융업자에 대하여 이의 개선을 위한 계획 또는 약정서를 제출토록 하거나 해당 전자금융업자와 경영개선협약을 체결할 수 있다. 다만, 제35조 내지 제37조의 규정에 의한 경영개선권고, 경영개선요구 또는 경영개선명령을 받고 있는 전자금융업자의 경우에는 그러하지 아니하다.

로 인하여 경영지도기준에 미달하게 될 것이 명백하다고 판단되는 때에 필요한 조치 등에 관하여는 금융산업의 구조개선에 관한 법률 제10조, 제11조 제1항 · 제4항 · 제5항, 제13조의 2, 제14조, 제14조의 2 내지 제14조의 5, 제14조의 7, 제15조 내지 제19조, 제27조 및 제28조를 준용한다(제42조 제4항).

Ⅵ. 전자금융업의 허가 · 등록의 취소 등

1. 허가 또는 등록의 취소

금융위원회는 전자금융사업자가 다음 중의 어느 하나에 해당하는 때에는 전자금융업의 허가 또는 등록(제28조)을 취소할 수 있다(제43조 제1항).

① 거짓 그 밖의 부정한 방법으로 전자금융업의 허가를 받거나 등록을 한 때

② 허가와 등록의 결격사유(제32조 제1호~제5호)에 해당하는 때

③ 금융위원회의 따른 업무의 정지명령(제43조 제2항)을 위반한 때

④ 정당한 사유 없이 1년 이상 계속하여 영업을 하지 아니한 때

⑤ 법인의 합병이나 파산이나 영업의 폐지 등으로 사실상 영업을 종료한 때

금융위원회는 전자금융업의 허가 또는 등록을 취소하고자 하는 경우에는 청문을 실시하여야 한다(제44조). 또 금융위원회는 전자금융업의 허가 또는 등록을 취소한 때에는 지체 없이 그 내용을 관보에 공고하고 컴퓨터통신 등을 이용하여 일반인에게 알려야 한다(제43조 제4항).

2. 전자금융업무의 정지

금융위원회는 전자금융사업자가 다음 중의 어느 하나에 해당하는 때에는 6월의 범위 안에서 기간을 정하여 관련 업무의 전부 또는 일부의 정지를 명할 수 있다(제43조 제2항).

① 접근매체에 의한 이용자의 신원의 확인의무 등(제6조 제1항 · 제2항, 제8조 제2항 · 제3항, 제16조 제1항~제4항, 제19조 제1항, 제35조, 제36조 또는 제38조 제3항 · 제4항)을 위반한 때

② 금융위원회의 조치나 지시 또는 명령(제23조, 제39조 제6항, 제40조 제2항 또

는 제42조 제3항)을 어긴 때

③ 금융위원회는 위반행위의 정도 및 위반횟수 등을 참작하여 제1항에 따른 업무정지의 기간 또는 과징금의 금액의 2분의 1의 범위 안에서 가중하거나 감경할 수 있다. 다만, 가중하는 경우에도 업무정지의 기간은 6월을, 과징금의 총액은 5천만원을 초과할 수 없다.

금융위원회는 전자금융사업자가 위 규정 중의 어느 하나에 해당하게 된 때에는 대통령령이 정하는 바에 따라 업무정지명령에 갈음하여 5천만원 이하의 과징금을 부과할 수 있다(제46조 제1항).

금융원위원회가 업무정지를 명하거나 과징금을 부과할 수 있는 위반행위의 종별에 따른 업무정지의 기간 및 과징금의 금액은 전자금융거래법 시행령 별표 2와 같다(令 제26조 제1항). 금융위원회는 위반행위의 정도 및 위반횟수 등을 참작하여 업무정지의 기간 또는 과징금의 금액의 2분의 1의 범위 안에서 가중하거나 감경할 수 있다. 다만, 가중하는 경우에도 업무정지의 기간은 6월을, 과징금의 총액은 5천만원을 초과할 수 없다(令 제26조 제1항).

3. 처분 전에 행하여진 업무의 계속

전자금융사업자는 전자금융업무의 전부 또는 일부가 정지되거나 허가 또는 등록이 취소된 경우에도 그 처분 전에 행하여진 전자금융거래의 지급 및 결제를 위한 업무를 계속하여 행할 수 있다(제43조 제3항).

Ⅶ. 합병·해산·폐업 등의 인가

전자금융업의 허가(제28조 제1항)를 받은 전자금융업자가 다음 중의 어느 하나에 해당하는 행위를 하고자 하는 때에는 대통령령이 정하는 바에 따라 금융위원회의 인가를 받아야 한다(제45조 제1항, 令 제25조 참조).

① 다른 전자금융사업자와의 합병

② 해산 또는 전자금융업무의 폐지

③ 영업의 전부 또는 일부의 양도와 양수

금융위원회는 위의 규정에 따른 인가에 조건을 붙일 수 있다(제45조 제2항).

Ⅷ. 권한의 위탁

금융위원회는 전자금융거래법에 따른 권한의 일부를 대통령령이 정하는 바에 따라 금융감독원장에게 위탁할 수 있다(제48조).

금융위원회가 금융감독원장에게 위탁하는 업무는 다음과 같다(令 제30조).

① 약관의 제정 및 변경 보고의 접수, 약관변경의 권고(제25조)

② 전자금융업 · 전자채권관리기관의 등록 및 등록 말소(제28조, 제33조, 제34조)

③ 제휴 또는 외부 주문계약(제40조)에 대한 시정 또는 보완 지시

④ 전자금융거래와 관련한 업무 및 경영실적보고서(제42조)의 접수

금융감독원장은 위탁받은 업무의 처리결과를 금융위원회가 정하는 바에 따라 금융위원회에 보고하여야 한다(令 제30조 제2항).

Ⅸ. 한국은행의 권한

1. 한국은행의 기능과 지급 · 결제제도

한국은행은 우리나라의 중앙은행으로서 주요 기능은 통화신용정책의 수립 및 집행, 지급 · 결제제도의 총괄 · 감시, 금융기관 경영실태 분석 및 검사, 외국환 관리, 금융기관 예금의 수입, 국고금 관리, 조사연구 및 통계편제, 금융기구와의 거래 및 교류 등이다(한국은행법 제4장).[32)]

한국은행은 지급 · 결제제도의 운영 · 관리에 대한 기본적 사항을 규정하고, 주요 지급결제시스템 운용기관에 대한 감시와 제도개선 요구 등을 통하여 우리나라 지급 · 결제제도 전반을 총괄하고 감시하는 역할을 수행한다. 또 한국은행금융결제망(BOK-Wire)을 설치하고 실시간총액결제(RTGS)를 통하여 금융기관간의 청산차액을 건별로 즉시 이체하고 있다. 한국은행금융결제망은 총액결제 외에도 금융결제원이 운영하는 은행공동망 등 소액전자지급제도에서 발생한 은행간 청산차액을 최종적으로 결제하는 기능도 수행하고 있다.[33)]

---

32) 한국은행, 「우리나라의 금융제도」, 2005. 12, 53~77쪽.

한국은행은 지급결제제도의 안전성과 효율성을 도모하기 위하여 한국은행이 운영하는 지급결제제도에 관하여 필요한 사항을 정할 수 있다(동법 제81조 제1항). 한국은행은 2001년부터 "지급결제제도 운영·관리규정"(2001. 12. 27, 제36차 금융통화위원회)을 제정하여 운용하고 있다. 한국은행은 한국은행 외의 자가 운영하는 지급결제제도에 대하여 필요한 경우 당해 운영기관 또는 감독기관에 운영기준 개선 등을 요청할 수 있고(동법 제81조 제2항), 지급결제제도의 원활한 운영을 위하여 당해 운영기관에 대하여 지급결제 관련 자료를 요구할 수 있다(동법 제81조 제3항). 한국은행은 지급결제제도의 참가기관에 대하여 필요한 자료의 제출을 요구할 수 있다(동법 제81조 제4항).

한국은행은 금융통화위원회가 통화신용정책 수행을 위하여 필요하다고 인정하는 경우, 금융기관에 대하여 자료제출을 요구할 수 있고(동법 제87조 제1문), 구체적 범위를 정하여 금융감독원에 대하여 검사 또는 공동검사를 요구할 수 있다(동법 제88조 제1항).

2. 전자금융거래법상의 권한

전자금융거래법은 한국은행의 기능 및 한국은행법의 취지에 맞추어 전자금융업무에 관하여 한국은행의 자료제출요구권, 검사 또는 공동검사 요구권 및 전자금융거래 통계조사권을 규정하고 있다.

(1) 자료제출 요구권

한국은행은 금융통화위원회가 전자지급거래와 관련하여 통화신용정책의 수행 및 지급결제제도의 원활한 운영을 위하여 필요하다고 인정하는 때에는 금융기관 및 전자금융업자에 대하여 자료제출을 요구할 수 있다. 이 경우 요구하는 자료는 금융기관 및 전자금융업자의 업무부담을 고려하여 필요한 최소한의 범위로 한정하여야 한다(제41조 제1항).

자료제출 요구 방법 및 절차는 한국은행법 제87조 및 제88조의 규정과 금융위원회의 설치 등에 관한 법률 제62조의 규정을 준용한다(제41조 제3항).

---

33) 위의 책, 64, 100~101쪽 참조.

(2) 검사 또는 공동검사 요구권

한국은행은 금융통화위원회가 통화신용정책의 수행을 위하여 필요하다고 인정하는 때에는 전자화폐발행자 및 전자화폐의 발행 및 관리업무(제28조 제2항 제1호)를 행하기 위하여 등록한 금융기관 및 전자금융업자에 대하여 금융감독원에 검사를 요구하거나 한국은행과의 공동검사를 요구할 수 있다(제41조 제2항).

(3) 전자금융거래 통계조사권

한국은행은 전자금융거래의 현황 파악과 효과적인 통화신용정책의 수립 및 시행을 위하여 전자금융업 및 전자금융거래에 관한 통계조사를 할 수 있다. 이 경우 필요한 자료를 정부기관, 금융기관등과 전자금융거래관련 법인과 단체에 요구할 수 있다(제47조 제1항). 이 경우 자료의 제출을 요구받은 정부기관, 금융기관 등과 전자금융거래관련 법인과 단체는 정당한 사유가 없는 한 이에 응하여야 한다(제47조 제2항).

한국은행의 통계조사의 대상과 방법 및 절차에 관하여 필요한 사항은 대통령령으로 정한다(제47조 제3항). 이에 따라, 한국은행이 실시하는 전자금융업 및 전자금융거래에 관한 통계조사는 다음의 사항을 대상으로 한다(令 제29조).

① 전자금융업무를 영위하거나 이를 보조하는 기관, 단체, 사업자의 자산과 부채 및 자본금, 전자금융거래에 관련된 매출, 비용 및 수익에 관한 사항

② 전자금융거래를 처리하는 전산시스템 현황에 관한 사항

③ 전자지급수단의 발행 및 이용과 전자자금이체, 전자지급결제대행 및 전자채권거래 등 전자금융거래 현황에 관한 사항

④ 그 밖에 전자금융업 및 전자금융거래에 관한 현황파악 또는 통화신용정책의 수행에 필요한 사항

3. 자본시장통합법상의 권한

(1) 자료제출 요구권

한국은행은 금융통화위원회가 금융투자업자의 자금이체업무(資市 제40조 제4호)와 관련하여 통화신용정책의 수행 및 지급결제제도의 원활한 운영을 위하여 필요하다고 인정하는 때에는 해당 업무를 영위하는 금융투자업자에 대하여 자료

제출을 요구할 수 있다(資市 제419조 제2항 제1문·제4항, 한국은행법 제87조).

(2) 검사 또는 공동검사 요구권

한국은행은 금융통화위원회가 통화신용정책의 수행을 위하여 필요하다고 인정하는 때에는 금융투자업자가 영위하는 금융투자업자의 자금이체업무에 대하여 금융감독원에 검사 또는 공동검사를 요구할 수 있다(資市 제419조 제3항·제4항, 한국은행법 제88조, 金委 제62조).

〈참고문헌〉

금융감독원, 「전자금융감독정보」, 2002. 12.

금융감독원, 「전자금융거래와 감독정책」, 2003. 3.

鄭燦亨 · 都濟文, 「銀行法」, 제2판, 박영사, 2005.

한국은행, 「우리나라의 금융제도」, 2005. 12.

한국은행, 「우리나라의 지급결제제도」, 2004. 12.

손진화 · 정경영, "전자금융거래기본법 제정에 관한 연구"(재정경제부 제출 연구보고서, 2002. 2).

임윤상 · 오형석, "주요국의 지급결제시스템 감시 등에 관한 법률," 한국은행 금융결제국, 2007. 1.

FRB, *Federal Reserve System: Purpose and Functions*, 2005. 5.

Federal Deposit Insurance Company, 'General Counsel's Opinion No.8-Stored Value Cards, 61 Fed. Reg. 40,490(Aug. 2, 1996).

FSA, Electronic Money: Perimeter Guidance, February 2003.

Kohlbach, Manfred, Making Sense of Electronic Money, Journal of Information, Law and Technology 2004 (1).

AMF, Les mission de AMF, http://www.amf-france.org/default.asp.

ASIC, About ASIC, http://www.asic.gov.au/asic/asic.nsf#.

APRA, Who we are, http://www.apra.gov.au/aboutApra/.

BaFin, Aktuelles, http://www.bafin.de/cgi-bin/bafin.pl.

FSA, Who are we, http://www.fsa.gov.uk/Pages/About/Who/index.shtml.

OSFI, How We Regulate, http://www.osfi-bsif.gc.ca/osfi/index__e.aspx?DetailID=370.

SEC, About the SEC, http://www.sec.gov/about.shtml.

제 8 장 전자금융거래와 자금세탁방지 제도

제 8 장 전자금융거래와 자금세탁방지 제도

제 1 절 총 설

Ⅰ. 전자금융거래와 자금세탁의 가능성

1. 자금세탁의 정의

세금포탈자, 마약거래자 등은 추적을 당하지 않고 자금세탁을 하기 위하여 자금을 이동시키려고 시도하고 있다. 세계 각국에서 매년 5,000억 달러 정도가 세탁되는 것으로 평가되고 있다. 그런데 자금세탁이 무엇인가에 관하여 법률은 명확한 정의를 내리고 있지 않다.

OECD의 금융조치 전담기구(Financial Action Task Force: FATF)는 자금세탁행위(money laundering)를 다음과 같이 개략적으로 정의하고 있다. 대규모 범죄행위의 목적은 그 행위를 수행하는 개인 또는 집단의 이익을 창출하는 것이다. 자금세탁은 이러한 범죄수익의 불법원천을 숨기기 위한 범죄수익의 처리과정이다. 이러한 과정은 범죄자로 하여금 범죄원천을 위태롭게 함이 없이 그 수익을 향유할 수 있게 한다는 점에서 형사적 중요성을 가진다.[1] 금융조치 전담기구는 자금세탁 및 테러자금조달의 방법 및 추세 프로젝트팀으로 하여금 자금세탁의 요소를 분석하는 작업을 추진하고 있다.[2]

특정금융거래정보의 보고 및 이용 등에 관한 법률(2007. 12. 21 법률 제8704호:

---

1) What is Money Laundering?, http://www.fatf-gafi.org/ 참조.

2) FATF, *Annual Report* 2004-2005, 2005. 6, pp. 88~90 참조.

이하 "특정금융거래보고법"이라 한다)에 의하면 자금세탁행위는 "불법재산의 취득·처분 또는 발생원인에 관한 사실을 가장하거나 그 재산을 은닉하는 행위 및 탈세 등의 범죄를 범할 목적으로 재산의 취득·처분 또는 발생원인에 관한 사실을 가장하거나 그 재산을 은닉하는 행위"이다(特金 제2조 제4호, 마약류불법거래방지에 관한 특례법 제7조, 범죄수익은닉의 규제 및 처벌 등에 관한 법률 제3조 참조). 위의 정의들을 종합해 보면, 자금세탁이라 함은 "범죄활동으로 얻은 불법적 수익을 외관상의 합법적 원천(apparently legal source)으로 전환하는 것"을 말한다.[3)]

2. 전자금융거래에 있어서 자금세탁의 가능성

1989년 G7 정상회의에서 자금세탁방지를 위한 국제공조를 위해 창설된 금융조치 전담기구(FATF)는 새로운 인터넷 지급시스템의 속도(speed), 보안성(security) 및 익명성(anonymity)은 대규모의 추가적인 자금세탁을 가져오게 될 것이라고 믿고 있다. 특정한 마약사범들은 이제 인터넷을 통하여 자금을 이동시킬 수 있게 되어, 더 이상 국경을 넘어 자금을 밀반입할 필요가 없게 되었다. 또한 기술의 발전으로 법적 규제를 받는 은행업무 영역 외에서 익명거래를 할 수 있게 되었다. 그 결과 자금세탁을 위험하고 비용이 많이 드는 것으로 만드는 모든 규제 및 제한은 무용지물로 만들 수 있다.

디지털화폐(digital cash; e-cash)는 은행시스템으로 들어갈 때 이미 수많은 중계기관을 거친 결과 자금의 추적을 매우 어렵게 만들고 있다. 디지털화폐는 철저하게 암호화되어 있고, 이에 따라 법집행기관들은 거래를 추적하여 재구성할 수 없게 될 것이고, 심지어는 예컨대 유럽의 전자화폐 제공자인 DigiCash 조차도 그 고객들이 그들의 자금을 어떻게 소비하는가를 추적할 수 없다. 이러한 사실은 전자금융거래에 있어서 자금세탁의 가능성을 말해주고 있다.

증권거래·보험거래도 전자화의 추진으로 자금세탁의 가능성을 높여주고 있다. 종래 서면에 기초한 거래에 비하여 온라인 거래에 따라 신속한 매매와 자금이동이 가능해지기 때문이다.

다음 표에서 보는 바와 같이 자금세탁의 가능성이 있는 혐의거래보고 건수는

---

3) T. Manzi, Money Laundering and the Law: The Problem and its Solutions, February 24, 1996, http://www.sgrm.com/art53.htm.

지속적으로 증가하고 있으며, 보고 건수는 은행이 가장 많고 그 다음으로 증권회사이다.

〈표 8-1〉 보고기관별 혐의거래보고 접수 현황

(단위 : 건)

구 분	은 행	증 권	보 험	기 타	합 계
2002	243	30	0	2	275
2003	1,623	101	6	14	1,744
2004	4,380	225	9	66	4,680
2006	23,522	199	58	370	24,149
합 계	42,709 (96.4%)	815 (1.8%)	124 (0.3%)	659 (1.5%)	44,307 (100%)

* 자료: 금융정보분석원, 「자금세탁방지업무에 관한 연차보고서(2006)」, 2007. 10, 115쪽.

Ⅱ. 자금세탁방지를 위한 국제협력

자금세탁 및 불법적인 금융거래가 국제적으로 이루어짐에 따라 국가간 혹은 국제적인 협력은 필수적이라 할 수 있다. 이에 따라 OECD의 금융조치 전담기구(FATF), 유럽연합(EU), 자금세탁방지를 위한 아태그룹(APG), 국제통화기금(IMF), 세계은행(World Bank) 등 국제기구들은 자금세탁 대응방안과 국제협력을 위하여 적극적으로 논의하고 있다.

한편, 자금세탁범죄의 초국가성이라는 특성 때문에 범죄인 인도, 사법공조와 같은 국가차원의 협력 분야로부터 자금세탁정보 교환 등과 같은 자금세탁 전담기구(Financial Intelligence Unit: FIU)의 상호협력체제까지, 국제협력의 중요성이 더욱 부각되고 있다. 이에 따라 각국은 FIU간 협력기구인 에그몽그룹(Egmont Group of Financial Intelligence Units)[4]을 결성하여 정보교류협정(MOU) 체결 등 국가간 협력체제를 구축하고 있다.

---

4) The Egmont Group White Paper, http://www.egmontgroup.org/about_egmont.pdf 참조. 에그몽그룹은 1995년 6월 미국과 벨기에의 주도로 전세계 FIU간 협력증진을 목적으로 출범하였으며, 우리나라는 2002. 6. 5 모나코에서 개최된 제10차 총회에서 정식 회원으로 가입하였다.

1. UN의 비엔나협약과 테러자금조달방지협약

UN의 비엔나협약, 즉 「마약 및 향정신성 물질의 불법거래 방지에 관한 유엔 협약」(United Nations Convention against Illicit Traffic in Narcotic Drugs and Psychotropic Substances, 1988)은 마약거래의 방지를 위하여 제정되었는데, 자금세탁에 대하여도 포괄적인 규정을 두고 있다. 이 협약에 의한 자금세탁방지 제도의 주요 내용은 ① 자금세탁 행위를 범죄로 규정, ② 마약관련 범죄자의 조기석방, 가석방의 제한, ③ 마약관련 범죄자에 대한 재판관할권 확보, ④ 마약관련 재산의 몰수, ⑤ 은행 등의 거래기록 제출의무 및 금융비밀 배제, ⑥ 몰수를 위한 국제협력 등이다. 우리나라는 1998년 12월 이 협약에 서명하였다.

1999년 12월 UN총회에서는 테러자금조달방지협약(International Convention for the Suppression of the Financing of Terrorism, 1999)이 채택되었다.[5] 이 협약은 테러자금의 정의, 테러자금조달의 범죄화, 테러자금의 몰수·동결에 관한 특례, 혐의거래보고, 현금 등 휴대반출입 제한 등을 그 내용으로 하고 있다. 우리나라는 2004년 2월 이 협약에 서명하였으나 이에 관한 후속 입법은 마련되고 있지 않다.

2. 유럽이사회 협약

유럽이사회(Council of Europe)의 「범죄수익의 세탁, 수색, 압수 및 몰수에 관한 협약」(Convention on Laundering, Search, Seizure and Confiscation of Proceeds from Crime, 8.XI.1990)은 1990년 11월 스트라스부르그에서 유럽의 23개 국가들에 의하여 체결되었다. 이 협약은 비엔나협약을 보완한 것이지만 비엔나협약과는 달리 불법 마약범죄에 제한하지 않고 불법수익이 발생하는 모든 범죄를 대상으로 한다는 것이 특징이다. 따라서 이 협약의 주요 목적은 마약, 무기밀매 등 중대한 범죄(serious crime)로부터 파생되는 수익의 세탁을 방지하고 이를 위해 국제적인 공조수사체제를 유지하여 범죄의 궁극적인 목적인 수익을 몰수함으로써 국제범죄를 함께 예방하려는 것이라 볼 수 있다.

2005년 5월 와르소 희의에서는 1990년 협약을 보완하여 국제적 규모의 자금세

---

5) http://untreaty.un.org/English/Terrorism/Conv12.pdf.

탁에 대한 국내조치, 국제공조 및 FIU 사이의 협력, 감시장치, 분쟁해결 등을 규정한 새 협약(Council of Europe Convention on Laundering, Search, Seizure and Confiscation of Proceeds from Crime and on the Financing of Terrorism, Warsaw, 16.Ⅴ.2005)이 제안되었다.

3. 바젤선언

국제결제은행(BIS) 산하 은행업무감독에 관한 바젤위원회(Basel Committee on Banking Supervision)는 1988년 "자금세탁을 목적으로 하는 은행제도의 범죄적 사용 방지에 관한 선언"(Statement on Prevention of Criminal Use of the Banking System for the Purpose of Money Laundering)을 채택하였다.[6] 이 선언은 자금세탁의 방지를 위한 은행의 윤리적 책임(원칙)을 제시하고, 각국의 은행감독 당국에 의한 이 선언의 지지를 요청하고 있다.

바젤선언의 기본원칙은 ① 금융기관의 고객확인 및 거래기록 보존 의무, ② 자금세탁관련 행위에 대한 서비스 제공 또는 적극적 지원금지, ③ 금융기관의 법집행 당국과의 완전한 협력의무 등이다. 이는 대부분의 선진금융기관들에서 채택하고 있는 가이드라인이 되고 있다.

4. 자금세탁방지를 위한 지역적 협력

(1) FATF

OECD는 1989년 7월 파리 G7 정상회의에서의 논의에 따라 자금세탁에 관한 금융조치 전담기구(FATF)를 설치하였다. 이 전담기구는 자금세탁방지를 위하여 국내외적으로 정책을 개발·추진하는 정부간 기구이며, 그 임무는 회원국에 있어서 자금세탁 기법 및 추세를 조사하고, 국내·국제수준에서 채택된 조치를 감시하고, 추가적으로 필요한 자금세탁 대응조치를 제시하는 것이다. 동시에 비회원국에 있어서 자금세탁 대응조치의 채택을 권고하고 있다.[7] 2006년 현재 이 전담기구의 회원국은 OECD 회원국 등 33개국이며, 중국과 자금세탁방지를 위한 아태그룹

---

6) BIS, Prevention of Criminal Use of the Banking System for the Purpose of Money-Laundering(December 1988) 참조.

7) About the FATF, http://www.fatf-gafi.org/ 참조.

(APG), 카리브 금융조치 전담기구(CFATF), 에그몽그룹(Egmont Group), 인터폴(Interpol), 국제통화기금(IMF), 세계은행(World Bank) 등의 단체가 업저버로 참가하고 있다.

금융조치 전담기구는 1990년 자금세탁방지 제도의 수립과 관련하여 40개 권고사항(Forty Recommendations)을 채택하였다. 이 권고사항은 자금세탁에 대처하기 위한 금융시스템과 규제, 사법제도, 국제협력 등에 관하여 필요한 조치를 각국에 권고하고 있다. 1996년과 2003년 일부 수정된 40개 권고사항은 현재 자금세탁에 관한 세계적인 표준으로 인정되고 있다.

금융조치 전담기구는 2001년 10월 테러자금조달에 관한 현안에 대처하기 위하여 8개 특별권고사항을 제정하였다. 이 권고사항들은 테러활동과 테러조직에 자금을 지원하는 것을 방지하기 위한 일련의 조치들을 포함하고 있으며, 40개 권고사항에 대하여 보충적 위치를 차지한다.

(2) MONEYVAL

유럽연합은 1991년 6월 금융기관이 자금세탁 목적을 위하여 사용되는 것을 방지하기 위한 이사회 지침(Council Directive)을 채택한 바 있고, 반자금세탁조치의 평가에 관한 전문가위원회(MONEYVAL[8])를 두고 있다.

(3) CFATF

중남미에서는 1990년 6월 카리브 금융조치 전담기구(Caribbean Financial Action Task Force: CFATF)에 의한 19개 아루바 권고를 채택하였다.[9] 또한 1992년 11월 카리브 및 남미 국가들은 자금세탁에 관한 킹스턴 선언을 채택하였으며, 1995년 12월 미주 정상회의 및 각료회의에서 범죄수사 및 자금세탁에 관한 공동선언을 채택하였다.

---

8) 정식명칭은 Council of Europe Select Committee of Experts on the Evaluation of Anti-Money Laundering Measures이다. http://www.coe.int/moneyval 참조.

9) CFATF 19 Recommendations, http://www.cfatf.org/eng/recommendations/cfatf/ 참조.

(4) APG

아시아 · 태평양 지역에서는 1997년 2월 미국, 일본, 호주 등의 주도로 자금세탁방지를 위한 아태그룹(Asia/Pacific Group on Money Laundering: APG)을 설립하였다. 아태그룹의 회원국은 현재 사무국을 운영하고 있는 호주 등 25개국이며(우리나라도 회원국으로 되어 있다) 기타 역내 국가는 옵서버로 참여하고 있다. 아태그룹의 주요 임무 및 목적은 자금세탁문제에 대한 역내국가의 이해 촉진, 자금세탁방지에 관한 연구 및 지원, 회원국간 자금세탁방지 경험의 교환 및 최선의 방안 모색, 자금세탁방지를 위한 회원국에 대한 권고 및 평가 등이다.[10)]

(5) EAG

러시아 · 중국 등은 2004년 10월 FATF형 지역단체로서 자금세탁 및 테러자금조달 방지 유라시아그룹(Eurasian Group on combating money laundering and financing of terrorism: EAG)를 설립하였는데, 현재 7개국이 회원으로 가입하고 미국 · 영국 · 독일 · 프랑스 · 일본 등과 자금세탁 관련 국제단체가 업저버로 참가하고 있다.[11)]

제 2 절 자금세탁방지 제도

각국은 자금세탁행위에 대응하기 위하여 금융제도, 사법제도와 국제협력을 연계하고 있다.

Ⅰ. 금융조치 전담기구(FATF)의 40개 권고사항

자금세탁에 관한 세계적인 표준으로 인정되고 있는 금융조치 전담기구(FATF)의 40개 권고사항의 골격은 다음과 같다.

40개 권고사항은 서문과 ① 법률제도, ② 자금세탁 및 테러자금조달을 방지하기

10) History and Background of APG, http://www.apgml.org/about/history.aspx 참조.

11) http://www.eurasiangroup.org/

위하여 금융기관 및 특정 비금융사업 및 전문직이 취하여야 할 조치, ③ 자금 세탁 및 테러자금조달방지 시스템에 필요한 제도적 조치 및 기타 조치, ④ 국제협력, ⑤ 기타 협력 등의 5개 부분으로 구성되어 있다.

권고사항 제5조(익명 또는 가명 계좌 사용의 금지), 제10조(거래기록의 5년 이상 보관), 제13조(혐의거래보고의무) 중 기본적 의무는 각국의 법률이나 규정에 명시되어야 하지만, 세부적인 사항 및 기타 다른 권고사항에 규정된 의무조항은 법률이나 규정이 아닌 소관 관청에서 발표한 법률, 규정 또는 기타 강제력이 있는 수단으로 실행할 수도 있다.

자금세탁의 처벌범위에 관하여는 각국은 1988년 유엔 마약 및 향정신성물질 불법거래방지 협약(비엔나 협약) 및 2000년 유엔 조직범죄방지 협약(팔레모 협약)에 기초하여 자금세탁행위를 처벌해야 한다고 규정하고 있다.[12)]

Ⅱ. 미국의 자금세탁방지 제도

미국의 1970년 은행비밀보호법(Bank Secrecy Act of 1970)은 금융기관은 모든 금융거래를 감시하고 특히 "의심스러운 행위"(suspicious activity)에 대하여 재무부(FinCEN)에 보고하도록 규정하고 있다. 은행들은 사이버 지급을 통하여 예금을 수령하였을 때, 은행비밀보호법을 준수하기 위하여 그 고객 신원에 대한 기존의 정책을 수정하게 되었다.

지금까지 은행업무와 관련하여 수집하는 모든 정보(예컨대, 이름, 주소, 생년월일, 직업, 기타 법적으로 인정되는 신원확인 수단)는 대면거래를 예상한 것이다. 금융기관이 사이버 지급을 수령하였을 때 고객에 관하여 수집하는 정보는 대면거래에서만큼 신뢰할 수 있는 것이 못된다. 미국에 있어서 금융기관들이 '은행비밀보호법'을 준수하기 위해서는 최초로 인터넷 은행계좌를 설정할 때 대면거래를 요구하여야 한다. 이전까지는 온라인 은행들이 계좌를 개설할 때 이러한 절차를 밟지 않았던 것이다. 그리하여 인터넷 은행업무의 주된 혜택은 고객이 추가로 계좌를 개설하거나 거래를 완료하기 위해 은행 빌딩에 갈 필요가 없다는 것이다.

12) FATF, Forty Recommendations Art. 1.

미국 의회는 자금세탁을 최소화하려는 목적으로 1986년 자금세탁통제법(Money Laundering Control Act of 1986), 1994년 자금세탁금지법」(Money Laundering Suppression Act of 1994)을 포함하는 몇 개의 법률을 통과시켰다. 미국 재무부의 1국인 금융범죄규제망(Financial Crimes Enforcement Network: FinCEN)은 자금세탁에 대처하기 위한 기구이다. FinCEN은 매년 카지노 수입에서 미국 시민에 의해 유지되는 외국은행 계좌에 이르기까지 1,300만건의 보고를 받는다.

Ⅲ. 우리나라의 자금세탁방지 제도

1. 금융정보분석원

우리나라에서는 2001년 9월 특정금융거래보고법이 제정되고 2001년 11월 자금세탁 대응 전담기구로서 금융정보분석원(KoFIU)이 설립되었다(特金 제3조 참조). 금융정보분석원의 직무는 다음과 같다(特金 제3조 제1항).

① 금융기관 등(特金 제2조 제1호)의 혐의거래보고 등, 금융기관 등의 고액현금거래보고 및 외국환거래자료 등의 통보의 규정(特金 제4조, 제4조의 2, 제6조)에 의하여 보고받거나 통보받은 사항의 정리·분석 및 제공

② 금융기관 등의 고액현금거래보고 등, 금융기관 등의 고액현금거래보고, 금융기관 등의 보고책임자 임명 등 및 금융기관 등의 고객주의의무의 규정(特金 제4조, 제4조의 2, 제5조, 제5조의 2)에 의하여 금융기관 등이 수행하는 업무에 대한 감독 및 검사

③ 외국금융정보분석기구에 대하여 해당 외국의 법령에 따라 혐의거래를 보고하는 규정(제4조 제6항 제2호)에 따른 외국금융정보분석기구와의 협조 및 정보교환

④ 「공중 등 협박목적을 위한 자금조달행위의 금지에 관한 법률」에 따른 업무

⑤ 그 밖에 ①부터 ④까지의 업무와 관련된 업무로서 대통령령이 정하는 업무

2. 자금세탁방지 체계

금융거래의 자금세탁방지 체계는 금융제도, 사법제도 및 국제협력체계를 상호 연계하여 국내·국제적 자금세탁행위를 대응하는 종합적인 관리체계이다.[13] 금융

제도는 금융기관의 보고 및 고객확인 의무 제도로서, 금융기관이 자금세탁 의심이 있는 혐의거래나 고액현금거래를 금융정보분석원(KoFIU)에 보고하거나 자금세탁행위 등을 방지하기 위하여 합당한 주의로서 일정한 사항을 확인하는 제도이다. 사법제도는 자금세탁행위를 범죄행위로 규정하여 처벌하고 자금세탁행위와 관련된 수익 및 재산을 몰수·추징, 금융기관이 범죄수익 사실을 수사기관에 신고하는 제도이다. 그리고 국제협력은 국가간 자금세탁 정보교환, 수사공조 등 상호협력체계를 구축하는 제도이다. 금융정보분석원은 2002년에 에그몽그룹(Egmont Group)에 가입하였으며, 금융조치 전담기구(FATF) 가입도 추진하고 있다.

금융정보분석원은 FIU 정보시스템을 구축하여 종래 대부분 서류작업에 의해 이루어지던 혐의거래 보고, 접수, 분석 및 제공의 업무를 인터넷을 통하여 온라인으로 처리하고, 금융정보분석에 필요한 관련 자료의 조회 등도 전자적으로 처리하고 있다.[14)]

제 3 절 전자금융거래와 자금세탁 문제

Ⅰ. 온라인뱅킹과 자금세탁 문제

1. 온라인뱅킹의 특징

(1) 인터넷을 통하여 소매 은행업무(retail banking) 서비스를 제공하는 금융기관이 늘어나고 있다. 동시에 인터넷을 이용하여 자금세탁을 하려는 기관도 늘어나고 있다. 그런데 단순히 인터넷상으로 존재하는 것과 "거래상의" 서비스("transactional" services)를 제공하는 것을 구별할 필요가 있다. 제공되는 서비스는 계좌잔액의 확인에서부터 다른 기관에 있는 계좌로의 자금이체까지 다양하다. 거래상의 서비스는 금융기관마다 다르지만, 신규계좌 개설, 청구서 지급, 데비트카드 및 크레디트카드 거래, 온라인 대출, 경우에 따라 예금수탁 등과 같은 활동을 포함한다. 일부

13) 한국증권업협회, 「자금세탁행위 방지를 위한 업무지침」, 2006. 1; 전국은행연합회, 「자금세탁방지 업무지침 및 해설」, 2005. 12 참조.

14) 금융정보분석원, 「자금세탁방지업무에 관한 연차보고서(2005년도)」, 2006. 6, 4쪽.

온라인 은행업무는 순수한 인터넷은행에 의하여 제공되지만, 대부분의 거래상 서비스는 추가적인 고객서비스 차원에서 기존의 금융기관들이 온라인 은행업무로 이동하여 제공하는 것이다. 사실 미국에서 2000년 현재 거래상의 서비스를 제공하는 875개 기관 중 8개 기관만이 인터넷을 통하여 서비스를 제공하고 있다.[15)]

(2) 온라인 은행업무에 대한 관심은 고객과 금융기관 사이의 대면접촉을 줄이자는 것이다. 고객은 인터넷서비스 제공자(ISP)를 통하여 인터넷 브라우저와 월드와이드웹을 사용함으로써 PC로부터 그의 계좌에 접근한다. 이러한 접근은 고객이 은행의 웹서버에 개인 신원확인 코드를 제공함으로써 가능하고, 또 암호화 소프트웨어가 사용될 때에는 적절한 키가 브라우저 소프트웨어에 의하여 생성된다. 그리하여 금융기관은 실제로 계좌에 접근하는 개인의 신원을 확인할 방법이 없다. 더욱이, 인터넷 접속의 이동성이 증가함으로써 고객은 실제로 세계 어느 곳에서나 그의 계좌에 접근할 수 있게 되었다. 그러나 그 접속은 ISP를 통하여 이루어지므로, 금융기관은 계좌가 접속되는 위치를 확인할 방법이 없다. 따라서, 진정한 신원을 감추려고 하는 개인-자금세탁자 기타의 범죄자를 포함한다-은 어느 위치에서나 제한 없이 그의 은행계좌에 접근하여 계좌를 관리할 수 있다.[16)]

(3) 온라인 은행업무에 있어서 또 하나의 문제는 감독기관의 통일적 규제의 흠결이다. 그리하여 고객의 활동이 그의 명의로 설정된 특정 계좌에 연계되어 있을지라도 그 계좌가 개설된 후에는 인터넷 거래자의 신원을 확인할 방법이 없는 것이다. 사실 온라인 금융기관이 고도의 기밀보호를 하는 수준에 있고 계좌개설에 관하여 신원증명을 요구하지 않는 경우, 자금세탁자는 이론적으로는 그의 컴퓨터 단말기의 편의성에 의하여 자금을 이동시킬 수 있는 것이다.[17)]

2. 온라인뱅킹에 의한 자금세탁의 가능성

(1) 온라인 은행업무에 있어서 핵심적인 논점은 고객이 금융기관의 종업원의

---

15) FATF, "Report on Money Laundering Typologies 1999-2000"(February. 2000), p. 2.
16) Ibid.
17) FATF, "1998-1999 Report on Money Laundering Typologies"(February 1999), p. 8.

개입 없이 거래를 수행할 수 있다는 것이다. 현재 금융조치 전담기구(FATF) 회원국들에 있어서 대응책은 계좌를 개설할 때와 같이 비즈니스 관계가 설정될 때 최소한의 것으로서 고객확인(customer identification)에 초점을 맞추고 있다. 이러한 조치는 온라인 계좌에도 적용될 수 있다. 예컨대, 일본에서는 온라인 거래는 전통적인 대면의 방식으로 개설된 계좌에 관하여만 행해질 수 있다. 벨기에의 반자금세탁 입법은 비즈니스 관계의 개시가 대면하여 이루어지든 편지·팩스·이메일 또는 인터넷으로 이루어지든 아무런 차이를 두고 있지 않다. 미국에서는 계좌의 개설은 온라인으로 이루어질 수 있지만, 고객은 금융기관에 의한 확인을 받아야 하는 신원 확인번호를 제출하여야 하는데, 이 절차는 은행계좌를 우편으로 개설하는 경우에 적용되는 경우와 다르지 않다.[18)]

(2) 거래관계의 개시에 있어서 고객확인은 최초의 단계 후에 발전하는 중대한 또는 조직화된 범죄조직을 탐색하기에는 부족하다는 지적이 있다. 고객과 금융기관 사이의 인적 접촉의 제거라는 온라인 은행업무의 성질상 누가 실제로 계좌를 통제하고 무엇이 통상의 업무행위를 구성하는가를 알기 어렵다는 것이다. 사실 현재 수행되고 있는 온라인 은행업무에 있어서 금융기관은 특정 계좌가 특정 시간에 접근되었다는 것, 관련된 금액, 그리고 수익자(그 이름 또는 계좌번호) 정도를 일상적으로 확인할 수 있을 것이다. 그러나 금융기관은 그 접근이 명의상의 계좌보유자에 의하여 일어났다는 것을 가정할 수 있을 뿐이고, 고객이 거래를 한 정확한 위치를 확인할 방법이 없을 것이다.[19)] 이것은 한 개인이 금융기관 또는 계좌가 개설된 기관의 주의를 끌지 않고 동시에 수많은 계좌를 통제할 수 있다는 것을 뜻한다.[20)]

(3) 또 하나의 논점은 잠재적인 자금세탁 위반을 탐색하고 추적함에 있어서 관련될 수 있는 규제 또는 조사의 관할권(jurisdiction)이다. 인터넷 은행업무는 다른 온라인 상업활동과 함께 국경의 장벽을 깨뜨릴 가능성을 가진 것으로 진전되었다.

---

18) FATF, "Report on Money Laundering Typologies 1999~2000," p. 3.
19) G. R. Ferrera, etc., *Cyber Law*: Text and Cases, Thomson Learning, 2001, p. 306 참조.
20) FATF, "Report on Money Laundering Typologies 1999~2000," p. 3.

일부 전문가들은 국내 금융기관에 대한 인가요건은 그 관할권 내에서 고객들에게 금융서비스를 제공하는 어떤 기관에게도 동일하게 적용될 수 있다고 주장한다. 그럼에도 불구하고, 인터넷의 성질상 특정한 국가가 그 시민이 국경 밖의 다른 위치에서 온라인 은행업무를 제공하는 기관과 인터넷을 통하여 계좌를 설정하는 것을 금지하는 것은 불가능하지는 않지만 어렵다는 것을 알 수 있게 될 것이다.[21]

3. 온라인뱅킹과 자금세탁에 대한 대응방안

(1) 국제결제은행(BIS)은 1988년 바젤선언에서 은행시스템이 자금세탁의 목적을 위하여 범죄에 이용되는 것을 방지하기 위한 방안으로 고객확인(customer identification), 법률준수(compliance with laws)와 집행기관의 협력을 강조하고 있다.[22]

첫째로, 은행은 금융시스템이 범죄자금을 위한 통로로 이용되지 않도록 하기 위해서 모든 고객의 진정한 신원을 확정할 수 있도록 합리적인 노력을 하여야 한다. 모든 계좌의 보유 및 안전관리 시설을 사용하는 것들을 확인하기 위하여 특별한 주의를 기울여야 한다. 은행은 신규 고객으로부터 신원을 획득하기 위한 효과적인 절차를 확립하여야 한다. 신원증명을 제공하지 않는 고객들과는 중요한 사업거래를 하지 않는 정책을 명백히 하여야 한다.

둘째로, 은행의 경영진은 사업이 고도의 윤리적 기준에 적합하게 수행될 것과 금융거래에 관한 법률 및 규제가 준수될 것을 확보하여야 한다. 고객을 대리한 거래에 관하여는 은행은 당해 거래가 범죄활동으로부터 나오는 것인지 또는 범죄활동의 일부를 구성하는 것인지 여부를 알 수단이 없을 수도 있고, 또 이와 유사하게 국제적인 관계에서는 고객을 대리한 국경초월의 거래가 다른 나라의 규제를 준수할 것을 확보하는 것이 어려울 수도 있다. 그럼에도 불구하고 은행은 자금세탁 활동과 관련되어 있다고 추정할 충분한 이유가 있는 거래에 있어서는 서비스를 제공하거나 적극적인 지원을 해서는 아니된다.

셋째로, 은행은 고객 기밀성 보호에 관한 특정한 지역 규제에 의하여 허용되는

---

21) Ibid.

22) BIS, Prevention of Criminal Use of the Banking System for the Purpose of Money-Laundering(December 1988).

범위 내에서 국가의 법집행기관과 완전한 협력을 하여야 한다. 변조되거나 불완전하거나 또는 그릇된 정보의 제공을 통하여 법집행기관을 기만하려는 고객을 지원하는 것을 피하기 위해서 주의를 기울여야 한다. 은행은 예금으로 보유된 자금이 범죄활동으로부터 유래하였거나 관련 거래 그 자체가 범죄를 목적으로 한다는 상당한 추정을 할 수 있는 사실을 인식한 경우에는, 예컨대 지원 거절, 고객관계의 단절 또는 계좌 폐쇄·동결을 위하여, 법률을 준수하는 적절한 조치를 취하여야 한다.

(2) 자금세탁에 대한 온라인 은행업무의 취약성을 다룬 금융조치 전담기구(FATF) 전문가들의 제안은 다음과 같다.[23)]

① 본질적으로 무엇이 "익명의" 계좌인가가 확립되어 있지 않다는 것을 확실히 하기 위하여 현재의 고객확인 요건을 강화할 것.

② 금융기관이 거래관계 기간을 통하여 진실로 고객을 알 수 있는 능력을 가지게 하는 새로운 절차를 확립할 것.

③ 관할권 사이의 기준의 통일성을 향하여 나아갈 것.

④ 의심스러운 온라인 거래의 추적과 고객확인을 가능하게 하는 새로운 정보기술 능력을 개발할 것.

⑤ 허용되는 온라인 서비스의 유형 또는 그 거래의 금액을 제한할 것.

⑥ 온라인 거래를 전통적인 방법(예컨대, 고객과 금융기관 사이의 대면 접촉)으로 설정된 계좌에 국한할 것.

⑦ 특정 관할권에서 영업인가를 받지 않은 금융기관이 해당 관할권에 온라인으로 서비스를 제공하는 것을 금지할 것.

⑧ 인터넷은행을 인가한 관할권과 그 인터넷은행이 고객을 가진 관할권 양자가 감시권을 행사할 것.

나아가 전문가들은 법집행단체 내에 인터넷환경에서의 잠재적인 자금세탁의 추적 및 검사에 관한 전문지식을 개발할 필요가 있다는 것을 인식하였다.

---

23) FATF, Report on Money Laundering Typologies 1999~2000, p. 4.

Ⅱ. 전자화폐와 자금세탁 문제

1. 스마트카드에 의한 자금세탁의 가능성

(1) 전자화폐의 수용가능성은 현재로는 불확실하지만, 장래에 널리 수용된다는 전제 아래에서 보면 다음과 같이 말할 수 있다. 개인의 신원확인번호 등과 같은 특별한 보안장치를 가지고 있지 않은 스마트카드(smartcard)에 저장된 전자화폐는 통화와 같이 도난에 취약하다. 그러나 일부 전자화폐는 랩탑과 같은 장치에 저장될 수 있고, 전자화폐를 포함하고 있는 마이크로칩에 접근하기 전에 액세스 코드를 요구한다.

전자화폐 거래는 보다 낮은 비용으로 이루어질 수 있다. 왜냐하면 사용자는 전자화폐를 얻기 위하여 금융기관의 지점 또는 자동입출금기(ATM)에 가지 않아도 되기 때문이다. 사용자는 가정의 PC에서 전자화폐에 접근할 수 있고, 인터넷을 이용하여 원격지에서 전자화폐를 보낼 수 있으며, 전자화폐에 의한 지급은 즉시 완결될 수 있다. 전자화폐거래는 현금의 경우와 달리 대면거래로 이루어질 필요가 없다. 더욱이 다른 나라의 경우 대부분의 전자화폐 이전은 익명으로 처리될 것으로 예상된다.[24]

(2) 스마트카드는 지폐와 동전 형식의 현금에 대한 대안으로 개발되었다. 카드에 내장된 마이크로 칩은 전자적 형태의 금전적 가치를 저장할 수 있고 이 금전적 가치는 현금과 같이 소비될 수 있다. 카드상의 가치는 이미 금융기관으로부터 차감되었기 때문에 카드가 분실된 경우에도 해당 금융기관에게 손실은 없다. 여기에 금융기관이 개개의 카드에 보유될 수 있는 금액을 제한하는 이유가 있다.

스마트카드 시스템 중에는 운영상 특성의 관점에서 많은 변형이 존재한다. 일부 시스템은 거래의 익명성을 제공하는 반면, 다른 시스템은 회계추적을 하는데 이용될 수 있는 데이터를 포착할 수 있도록 고안되어 있다. 이러한 관점에서 금융조치

---

24) R. L. Miller & G. A. Jentz, *Law for E-Commerce*, West Legal Studies in Business, 2002, pp. 426~428.

전담기구(FATF) 회원국들은 자동판매기를 통하여 사실상 익명의 자금이체를 허용하는 스마트카드를 배포하는 것에 관하여 관심을 나타내고 있다.[25]

(3) 금융조치 전담기구(FATF) 회원국들에 있어서 스마트카드 시스템의 발행자/운영자들은 카드에 충전될 수 있는 금액에 제한을 두고 있다(예컨대, 영국 기관들은 50~500 파운드의 한도를 설정하고 있다). 그런데 비회원국에 있어서 어떤 한 기관은 소문에 의하면 92,000 달러의 상한을 가진 스마트카드를 출시하고 있다. 더욱이, 대부분의 스마트카드 시스템들은 소위 "PtoP"(직접적인 '카드 대 카드') 거래를 허용하고 있지는 않지만, 일부 기관들은 금융기관에게 상환하지 않고 카드 보유자들 사이에 자금을 이동시킬 수 있는 스마트카드를 개발하고 있다. 어느 경우이든 카드기능에 제한을 두는 경우에도 각 국내 규제기관이 아니라 카드발행자에 의하여 제한이 설정되어 왔다.[26] 이러한 상황은 스마트카드에서 자금세탁의 가능성을 증가시킬 수 있을 것이다.

2. 디지털화폐에 의한 자금세탁의 가능성

(1) 디지털화폐(digital cash; e-cash)는 인터넷을 통하여 상품 및 용역의 대가를 지급하는 방법으로 제공하기 위해 개발되었다. 개념상 디지털화폐는 통상의 인터넷거래를 위하여 지폐 및 동전을 대체하게 될 것이고, 동전의 최소금액 단위로 분할될 수 있는 추가적인 편익을 가지고 있어서 소액지급(micropayment)을 허용하게 된다. 그리하여 이러한 소액지급은 예컨대 온라인 신문의 특정한 부분을 읽는데 사용될 수 있다. 고객은 스마트카드의 경우와 같이 그 발행자로부터 일정한 금액의 디지털화폐를 구입하고 그 금액은 고객들의 PC 또는 안전한 온라인 보관소에 저장된다. 또 디지털화폐는 Digicash의 Ecash 시스템과 같이 은행계좌로부터 디지털 코인을 하드디스크로 다운로드받아 인터넷상 익명으로 사용될 수 있는 경우도 있다.[27]

고객이 상품 또는 용역을 구입하고 디지털화폐로 대가를 지급하였을 때 그 금

25) FATF, 1998-1999 Report on Money Laundering Typologies, p. 8.

26) Ibid.

27) P. Spencer, Regulation of the Payments Market and the Prospect for Digital Money, BIS Papers No.7(Part. 7), November, 2001, p. 2, note 2 참조.

액은 소매상의 디지털화폐 계좌에 대기되고, 이후 소매상의 은행계좌로 업로딩된다. 디지털화폐 제도의 보안성은 그 금액이 권한 있는 기관 이외의 자에 의하여 창설될 수 없도록 하거나 동일한 금액이 한번 이상 사용될 수 없도록 확보하는 것에 요점이 있다.[28)]

(2) 디지털화폐에 대한 관심은 일반적으로 스마트카드에서 살펴본 것과 같다. 최초의 구입과 최종의 결제단계만이 은행을 통하여 일어나기 때문에 그 사이의 거래에 있어서 디지털화폐를 추적할 방법이 없게 될 것이다. 일부 제도는 전자현금 지갑(e-cash 'purse')에 보관할 수 있는 금액에 제한을 설정하는 방안을 강구중이지만, 현재 통일적인 규제기준은 없고 그러한 규제가 고객들에 의한 디지털화폐 사용을 제한하는데 기여할 것인지는 불확실하다. 동전 및 은행권과 유사한 디지털화폐의 익명성은 보고의무를 진 금융기관이 디지털화폐 거래의 궁극적 원천을 적극적으로 확인하는데 지장을 주게 될 것이다. 또한 현재 이용될 수 있는 컴퓨터 암호화시스템은 조사기관의 검사를 막게 될 것이다.[29)]

3. 전자화폐와 자금세탁에 대한 대응방안

(1) 스마트카드는 현실세계에서는 물론 인터넷에서도 휴대 및 사용할 수 있어 현금의 모든 기능을 모사할 수 있는 것으로 보인다. 디지털화폐 제도의 성공은 약간의 불확실성이 존재한다. 그럼에도 불구하고 금융조치 전담기구(TATF)의 전문가들은 새로운 지급기술은 매우 빠르게 변하고 있고, 디지털화폐 제도에 제안된 다른 제도와 함께 계속 감시되어야 한다는 데에 의견을 같이한다.

(2) 전문가들이 새로운 지급기술에 관하여 자금세탁에의 취약성을 해결하기 위해 검토한 대안들은 다음과 같다.[30)]

① 스마트카드의 기능 및 충전의 제한(최대 충전금액 및 거래총액의 제한, 고객당 스카트카드의 수 포함)

---

28) Ibid., pp. 8~9.

29) Ibid.

30) FATF, 1998~1999 Report on Money Laundering Typologies, p. 9.

② 새로운 지급기술의 금융기관 및 은행계좌와의 연계
③ 검사를 위한 표준기록 절차의 확보
④ 이들 조치를 위한 국제표준의 확립

Ⅲ. 전자증권거래와 자금세탁 문제

1. 전자증권거래에 의한 자금세탁의 가능성

(1) 증권거래는 전자거래의 등장과 국제규모의 시장에 있어서 거래의 다양성 및 국경에 상관없는 시장의 특성으로 말미암아 범죄자들에게 자금세탁 장치를 제공할 수 있다. 증권부문에서의 자금세탁은 외부와 내부의 불법활동으로부터 생길 수 있으며, 외부로부터 생길 수 있는 불법자금은 자금의 원천을 은닉 내지 은폐하기 위하여 증권거래 또는 법인의 설립이 이용될 수 있다. 증권시장 자체 내에서 생기는 불법활동, 예컨대 횡령 · 내부자거래 · 증권사기 · 시세조종 등은 다시 자금세탁을 거쳐야 하는 불법자금을 만들어내게 된다. 이 경우에는 자금세탁자들에게 불법자금을 세탁함과 동시에 관련 거래로부터 추가적인 수익을 얻게 할 가능성이 있다.[31]

(2) 전자증권거래에서는 주식뿐만 아니라, 전자어음 · 전자채권 · 기업어음증권(CP) · 수익증권 등의 거래를 통하여 고액의 자금세탁이 행하여질 가능성이 있다. 또 파생금융상품은 주로 선물거래나 옵션거래를 통하여 거래되는데, 유동성과 익명성이 높고 그 거래가 복잡한 한편, 변동성이 크므로 자금의 이동에 용이하여 자금세탁의 수단으로 이용될 가능성이 높다. 인터넷 증권거래는 거래의 신속성과 반복성으로 인하여 자금세탁의 수단으로 이용되는 경우 추적이 쉽지 않다.

2. 전자증권거래와 자금세탁에 대한 대응방안

(1) 자금세탁은 일반적인 거래유형으로 포괄하기는 어려우나, 보통 배치단계(예치단계), 반복단계(은폐단계), 통합단계(합법화단계)의 3단계 절차를 거치는데

31) FATF, *Annual Report* 2002-2003, 2003. 6, p. 11.

(미국 관세청 3단계 모델 이론), 자금세탁방지 제도는 주로 배치단계와 반복단계에서 불법거래를 인식하여 대처하는 것이다.[32)]

금융조치 전담기구(FATF)는 다음과 같이 권고하고 있다. 즉, 금융기관은 익명성을 유지하기 용이한 새로운 금융기법으로 인해 생겨날 수 있는 자금세탁 위험에 특히 주의를 기울이고, 필요하다면 자금세탁에 이러한 기법이 사용되지 않도록 조치를 취해야 한다. 특히 금융기관은 비대면 거래 등과 관련된 구체적 위험을 다루기 위한 정책 및 절차를 마련해야 한다.[33)] 또 각국은 현금 및 무기명 양도성 증서의 해외유출입을 탐지하거나 감시할 수 있는 효율적인 조치를 시행할 것을 고려하여야 한다. 이 경우 정보의 적절한 사용을 확보하기 위한 조치를 마련해야 하며 자본이동의 자유를 저해하여서는 아니된다.[34)]

(2) 전자어음, 전자채권 등의 거래는 기업간 거래인 경우가 대부분이고 고액의 자금세탁이 가능하므로 금융기관 등은 자금세탁행위의 혐의거래나 고액현금거래에 관하여 고객주의의무를 강화할 필요가 있다.

파생금융상품에 관하여는 선물 및 옵션거래에서 고객의 실체관계 파악 및 거래 모니터링 강화를 통하여 자금세탁을 방지할 필요가 있다. 파생상품거래는 통상 기업을 통하여 이루어지는데, 파생상품 약정시 가능하면 거래기업의 지배구조 등 실체관계를 파악하는 것이 바람직하고, 비정상적 파생상품거래를 추출해 내기 위해 전산시스템 등을 이용한 주기적인 모니터링을 실시할 필요가 있다.[35)]

---

32) 배치단계(Placement Stage)는 범죄수익이 금융기관으로 유입되거나 다른 지역으로 이송되는 단계이다. 주로 현금형태로 유입되며 자금추적이 어려운 지역으로 이동하는 단계이다. 반복단계(Layering Stage)는 복잡한 금융거래를 반복하면서 정상적인 금융거래로 위장하는 단계이다. 다수 금융기관을 이용하여 수표, 채권, 주식 등으로 전환하고 상거래 및 외환거래 형태로 위장한다(조세회피지역 등을 활용한다). 통합단계(Integration Stage)는 세탁된 자금을 기업 등에 합법적으로 투자하여 적법한 출처로 전환하거나 정상적인 사업수익으로 제도금융권에 재반입하는 단계이다. 한국증권업협회, 「자금세탁방지업무편람」, 2006. 1, 4쪽 참조.

33) FATF, Forty Recommendations, art. 8.

34) FATF, Forty Recommendations, art. 19 a.

35) 한국증권업협회, 「자금세탁방지업무편람」, 2006. 1, 47쪽 참조.

제4절 국경초월의 자금세탁 문제

I. 서 설

전자금융거래는 국경초월의 전자은행업무와 같이 국경의 장벽을 뛰어넘어 제공될 정도로 발전하고 있다. 국경초월의 전자은행업무라 함은 어느 나라에서 다른 나라 주민에게 거래상 온라인 은행상품 또는 서비스를 제공하는 것을 말한다. 이 정의는 리스크 관리의 측면에서 폭넓게 정의된 것이며, 단순히 은행의 웹사이트에서 상품 또는 서비스 정보를 제공하는 것은 포함되지 않는다. 다만, 그 은행의 웹사이트가 국경을 초월하여 외국의 주민을 지향하는 것으로 볼 수 있을 때에는 예외이다.[36]

아래에서는 국제결제은행의 국경초월의 전자은행업무 활동에 관한 리스크관리 원칙과 국경초월의 전자화폐 사용의 문제를 살펴보기로 한다.

II. 국제결제은행의 리스크관리 원칙

국제결제은행(BIS)의 은행감독에 관한 자금세탁방지위원회는 국경초월의 전자은행업무 활동에 있어서 리스크관리에 관하여 다음과 같은 원칙을 제시하고 있다.[37]

원칙 1: 은행업 기관은 국경초월의 은행업무 활동에 착수하기 전에 적절한 위험평가 및 적정한 주의를 하여야 하고, 또 그러한 활동을 위한 효과적인 관리 프로그램을 확립하여야 한다.

원칙 2: 국경초월의 은행업무 활동에 착수하려는 은행업 기관은 잠재적인 고객들이 은행의 동일성, 영업활동 본국과 규제상의 인가를 확인할 수 있도록 충분한

36) Basel Committee, Management and Supervision of Cross-Border Electronic Banking Activities, pp. 4~5 참조.

37) Ibid., pp. 6~7.

공시를 제공하여야 한다.

또 자금세탁방지위원회는 국경초월의 전자은행업무 활동의 감독에 관하여 영업활동 본국 은행감독기관 사이에 적절한 감독장치를 확보하기 위한 공동협력 추진, 정보 공유와 감독기준에 대한 투명성 확보를 강조하고, 동시에 지역 은행감독자를 위한 고려사항을 제시하고 있다.[38]

Ⅲ. 국경초월의 전자화폐 사용 문제

국경초월의 전자화폐 사용이 문제될 수 있다. 이에 관하여는 두 가지 시나리오를 가정할 수 있다. 첫째로, 소비자가 국내 기관이 발급한 전자화폐 카드를 사용하여 여행중에 또는 컴퓨터 통신망을 통하여 외국 상인에게 지급을 할 수 있다. 둘째로, 어느 나라의 발행자가 다른 나라의 소비자에게 전자화폐를 발행하고 국내 또는 외국의 상인에게 사용할 수 있게 하는 것이다. 그런데 카드에 기초한 전자화폐에 있어서는 완전히 국외에 시스템을 설정한 발행자는 소비자·상인을 위한 특별한 하드웨어나 대면을 요하므로 비현실적이지만, 컴퓨터통신망을 통하여 사용할 수 있는 디지털화폐의 경우에는 소비자·상인을 위한 특별한 하드웨어나 대면을 요하지 않는다. 그런데 어느 경우에나 역외 발행자는 거주민에게 친숙하고 또 은행간 지급결제시스템에 직접 접근할 수 있는, 명성 있는 기관에 비하여 상업적 불이익을 받을 수 있을 것이다. 또한 국가 사이의 정책 차이가 전자화폐의 개발에 불리한 효과를 가져 올 수도 있을 것이다.[39]

복수의 관할권에서 운영될 수 있는 전자화폐는 다른 관할권에서 개인들에게 익명으로 대규모 지급을 하는데 이용되는 경우에는 범죄를 용이하게 하는 도구로 사용될 가능성이 있다. 반자금세탁 규정들은 국가 사이에 조화될 수도 있겠지만, 다른 측면에서 특정한 범죄활동을 조사·소추하는 기관과 관련하여 관할권의 불명확성을 가져올 수도 있을 것이다.[40]

---

38) Ibid., pp. 9~11.

39) Group of Ten, Electronic Money: Computer Protection, Law Enforcement, Supervisory and Cross Border Issues(April 1997), pp. 24~25.

40) Ibid., pp. 25~26 참조.

제 5 절 현행법상의 자금세탁방지 조치

Ⅰ. 전자금융거래법상의 자금세탁방지 조치

1. 계좌개설 및 거래내용 확인

(1) 계좌개설과 실명거래의 확보

전자금융거래법은 전자금융거래와 관련된 계좌의 개설에 관하여 특별한 규정을 두고 있지는 않다. 따라서 개좌의 실명거래 문제는 금융실명거래 및 비밀보장에 관한 법률에 의하여 규율된다(金實 제4조 참조).

전자금융거래에 관한 계좌의 실명성을 확보하는 것은 전자금융거래에 있어서 금융기관이 고객확인을 할 수 있는 기초가 된다는 점에서 자금세탁방지를 위한 기본장치가 될 수 있다고 볼 것이다.

(2) 거래내용의 확인

전자금융사업자는 이용자가 전자금융거래에 사용하는 전자적 장치를 통하여 거래내용을 확인할 수 있도록 하여야 한다(제7조 제1항). 전자금융사업자는 이용자가 거래내용을 서면으로 제공할 것을 요청하는 경우에는, 그 요청을 받은 날부터 2주 이내에 거래내용에 관한 서면을 교부하여야 한다(제7조 제3항). 전자금융사업자에게 거래명세서의 제공의무를 부과한 것이다. 이러한 규정은 이용자가 전자금융거래에서 오류 또는 부정이체가 발생하였는지 여부를 알 수 있게 하는데 주된 목적이 있으나,[41] 전자금융거래에서의 자금세탁과 관련하여 고객이 확인을 할 수 있는 수단을 제공한다는 점에서도 의의가 있다.

---

41) 손진화 · 정경영 등, "전자금융거래기본법 제정에 관한 연구"(재정경제부 제출 연구보고서, 2002. 2), 52쪽.

2. 접근매체의 발급 및 전자화폐의 양도

(1) 접근매체의 발급

전자금융거래법은 접근매체의 발급에 관한 규정을 두어 이용자의 동일성 확보를 도모하고 있다. 금융기관·전자금융업자는 이용자의 발급신청이 있는 경우에 한하여 본인확인을 거쳐 접근장치를 발급하는 것을 원칙으로 하되, 선불전자지급수단 또는 전자화폐인 경우나 접근매체의 갱신 또는 대체발급 등을 위하여 대통령령이 정하는 바에 따라 이용자의 동의를 얻은 경우에는 예외로 한다(제6조 제2항). 각종의 전자식 카드·전자서명생성정보·인증서·이용자번호·비밀번호 등의 접근매체는 전자금융거래를 개시하는 수단임과 동시에, 이용자 및 거래내용의 진실성과 정확성을 확보하기 위한 수단이므로(제2조 제10호 참조) 자금세탁방지를 위한 구체적 수단이 될 수 있을 것이다.

전자금융사업자는 전자금융거래를 위하여 접근매체를 선정하여 사용 및 관리하고, 이용자의 신원, 권한 및 거래지시의 내용 등을 확인하여야 한다(제6조 제1항). 또 이용자는 접근매체의 사용 및 관리에 있어서 선량한 관리자의 주의를 다하여야 한다(제9조 제2항 제1호, 제10조 제1항 참조).

(2) 전자화폐의 양도

전자화폐 보유자는 발행자와의 약정에 따라 선불전자지급수단 또는 전자화폐를 타인에게 양도하거나 담보로 제공할 수 있다(제18조 제1항).

전자화폐를 양도하거나 담보로 제공하는 경우에는 반드시 발행자의 중앙전산시스템을 경유하여야 한다. 다만, 실지명의가 확인되지 아니하는 선불전자지급수단 또는 전자화폐의 경우에는 그러하지 아니하다(제18조 제2항).

이론상 전자화폐를 화폐에 준하는 지위를 부여하려면 그 자유로운 양도를 허용하여야 할 것이다. 그러나 전자화폐의 자유로운 양도는 다른 한편으로는 거래기록의 추적을 어렵게 만들고 자금세탁의 가능성을 증가시키게 될 것이다.

3. 안전성의 확보의무

금융기관·전자금융업자 및 전자금융보조업자(이하 "금융기관 등"이라 한다)는 전자금융거래의 안전성 및 신뢰성을 확보하기 위하여 필요한 설비, 인증시스템 등의 설비를 갖추어야 하고, 전자금융거래를 선관주의로써 처리할 의무를 부담한다.

금융기관 등은 전자금융거래가 안전하게 처리될 수 있도록 선량한 관리자로서의 주의를 다하여야 한다(제21조 제1항). 금융기관 등은 전자금융거래의 안전성과 신뢰성을 확보할 수 있도록 전자금융거래의 종류별로 정보기술부문 및 전자금융업무에 관하여 금융위원회가 정하는 기준을 준수하여야 한다(제21조 제2항). 금융위원회는 전자금융거래의 안전성과 신뢰성을 확보하기 위하여 공인인증서(전자서명법 제2조 제8호)의 사용 등 인증방법에 대하여 필요한 기준을 정할 수 있다(제21조 제3항).

전자금융거래의 안전성 및 신뢰성을 확보하기 위해서는 금융기관 등에게 검산절차 확보의무를 지울 필요가 있다. 검산절차의 확보는 전산시스템의 고장·파손·멸실 등으로 인하여 전자금융거래의 기록 기타의 정보를 상실하였을 때 그 복구를 위한 조치를 포함한다. 검산절차를 확보하는 것은 자금세탁의 정보를 확보하는 유용한 장치가 될 것이다.

4. 기록생성 및 보존의무

금융기관 등은 전자금융거래의 내용을 추적·검색하거나, 그 내용에 오류가 발생할 경우에 이를 확인하거나 정정할 수 있는 기록을 생성하여 5년의 범위 안에서 대통령령이 정하는 기간 동안 보존하여야 한다(제22조 제1항). 이 경우에 금융기관 등이 보존하여야 하는 기록의 종류 및 보존방법은 대통령령으로 정한다(제22조 제2항, 令 제12조 참조).

전자금융거래가 금융거래에서 차지하는 비중에 비추어 거래 기록은 각종 분쟁에 있어서 증거가 될 수 있으므로, 금융기관에게 전자금융거래의 기록을 5년간 보존할 의무를 부과한 것이다. 이 규정은 전자금융거래에 있어서 자금세탁이 발생하였을 때 관련 거래에 관한 증거가 될 수 있다는 점에서 의의가 있다.

5. 전자금융업무 감독규정

전자금융거래법이 설정하고 있는 전자금융업무 감독의 기준은 다음과 같다.

금융감독원은 금융위원회의 지시를 받아 금융기관 및 전자금융업자에 대한 감독권을 행사하며, 필요한 때에는 전자금융사업자로 하여금 그 업무 및 재무상태에 관한 보고를 하게 할 수 있고, 전자금융업무와 그와 관련된 재무상태를 검사할 수 있다(제39조 제1항~제3항). 금융위원회는 전자금융거래법 위반의 위반행위에 대한 시정명령 등의 조치를 할 수 있다(제39조 제6항).

금융기관 및 전자금융업자는 자금운용과 전자금융거래와 관련한 업무의 성과를 분석할 수 있도록 다른 업무와 구분하여 계리하고, 금융위원회가 정하는 바에 따라 전자금융거래와 관련한 업무 및 경영실적에 관한 보고서를 작성하여 금융위원회에 제출하여야 한다(제42조 제1항).

금융위원회는 전자금융거래와 관련한 업무를 수행하는 전자금융사업자의 건전경영을 지도하고 전자금융사고를 예방하기 위하여 자본의 적정성, 자산의 건전성 및 유동성에 관한 사항 등 경영의 건전성 확보를 위하여 필요한 경영지도기준을 정할 수 있다(제42조 제2항).

금융위원회는 2000. 12. 29 '금융기관전자금융업무감독규정'(금융위원회공고 제2000-117호)을 제정하고 전자금융업무 감독의 지침으로 사용해 왔는데, 전자금융거래법의 시행과 함께 새로운 법률관계의 설정에 따른 수정이 필요하여 기존의 감독규정을 전면개정한 '전자금융감독규정'(2006. 12. 28. 금융위원회공고 제2006-88호)과 '전자금융감독규정 시행세칙'(2006. 12. 28.)을 마련하였다.

금융위원회 및 금융감독원의 전자금융업무 감독기능은 금융정보분석원의 혐의거래・고액현금거래・외국환거래자료 분석 및 제공(特金 제3조 제1항 제1호)의 기능과 함께 자금세탁을 강력하게 억제할 수 있는 장치가 될 것이다.

Ⅱ. 특정금융거래보고법상의 자금세탁방지 조치

특정금융거래보고법이 규정하는 자금세탁방지 주요 조치는 자금세탁행위 등의 보고와 금융기관 등의 보고책임자 임명이다.

1. 자금세탁행위 등의 보고

금융기관 등(特金 제2조 제1호)은 혐의거래보고 의무, 고액현금거래보고 의무와 고객확인 의무가 있다.[42)]

(1) 혐의거래보고 의무

금융기관 등은 다음의 어느 하나에 해당하는 경우에는 대통령령이 정하는 바에 따라 지체없이 그 사실을 금융정보분석원장에게 보고하여야 한다(特金 제4조 제1항, 同法 令 제6조).

① 금융거래와 관련하여 수수한 재산이 불법재산이라고 의심되는 합당한 근거가 있거나 금융거래의 상대방이 자금세탁행위나 공중협박자금조달행위를 하고 있다고 의심되는 합당한 근거가 있는 경우로서 당해 금융거래 금액이 대통령령이 정하는 금액 이상인 경우

② 금융거래의 상대방이 ①의 규정을 회피할 목적으로 금액을 분할하여 금융거래를 하고 있다고 의심되는 합당한 근거가 있는 경우로서 분할하여 거래한 금액의 합계액이 ①의 규정에 의하여 대통령령으로 정하는 금액 이상인 경우

금융기관 등은 금융거래와 관련하여 수수한 재산이 위 ① 또는 ②에 규정된 대통령령으로 정하는 금액(②의 경우에는 합계액을 말한다) 미만인 경우에도 당해 재산이 불법재산이라고 의심되는 합당한 근거가 있거나 금융거래의 상대방이 자금세탁행위나 공중협박자금조달행위를 하고 있다고 의심되는 합당한 근거가 있는 경우에는 그 사실을 금융정보분석원장에게 보고할 수 있다(特金 제4조 제2항).

금융기관 등은 혐의거래보고를 하는 때에는 그 의심되는 합당한 근거를 명시하여야 한다(特金 제4조 제3항).

금융기관 등은 금융정보분석원장이 정하는 서식에 의하여 일정한 사항을 문서·전자기록매체 그 밖에 금융정보분석원장이 정하는 방법으로 보고하여야 한다(令 제7조 제1항). 금융기관 등은 보고를 한 때에는 당해 보고와 관련된 일정한 자료를 다른 금융거래자료와 구분하여 보고한 날부터 5년간 보존하여야 한다(特金 제4조 제4항, 同法 令 제7조 제2항).

---

42) 2007년에 공중 등 협박목적을 위한 자금조달행위의 금지에 관한 법률(2007.12.21, 법률 제8697호)이 제정되었다. 이 법률은 「테러자금 조달의 억제를 위한 국제협약」을 이행하기 위한 목적을 가지고 있으며, ① 테러자금조달억제법 제정과 관련된 사항의 반영(동법 제4조), ② 금융기관 등 및 그 종사자의 의무(동법 제5조), ③ 벌칙 및 과태료(제6조, 제7조) 등을 규정하고 있다.

(2) 고액현금거래보고 의무

금융기관 등은 5천만원의 범위 안에서 대통령령이 정하는 금액 이상의 현금(외국통화를 제외한다)이나 현금과 유사한 기능의 지급수단으로서 대통령령이 정하는 것(이하 "현금 등"이라 한다)을 지급하거나 영수한 경우에는 다른 금융기관 등(대통령령으로 정하는 자를 제외한다)과의 현금 등의 지급 또는 영수와 같이 일정한 경우를 제외하고 그 사실을 30일 이내에 금융정보분석원장에게 보고하여야 한다(特金 제4조의 2 제1항, 同法 令 제8조의 2 제1항, 제8조의 3).

금융기관 등은 금융거래의 상대방이 앞의 규정을 회피할 목적으로 금액을 분할하여 금융거래를 하고 있다고 의심되는 합당한 근거가 있는 경우에는 그 사실을 금융정보분석원장에게 보고하여야 한다(特金 제4조의 2 제2항).

금융기관 등은 금융정보분석원장이 정하는 서식에 따라 일정한 사항을 온라인·문서·전자기록매체 그 밖에 금융정보분석원장이 정하는 방법으로 보고하여야 한다(令 제8조의 4 제1항).

(3) 고객확인 의무

금융기관 등은 금융거래를 이용한 자금세탁행위와 공중협박자금조달행위를 방지하기 위하여 합당한 주의로서 다음의 어느 하나에 해당하는 조치를 취하여야 한다. 이 경우 금융기관 등은 이를 위한 업무지침을 작성하고 운용하여야 한다(特金 제5조의 2 제1항).

① 고객이 계좌를 신규로 개설하거나 대통령령이 정하는 금액 이상으로 일회성 금융거래를 하는 경우 거래당사자의 신원에 관한 사항으로서 대통령령이 정하는 사항의 확인: 이 경우 고객확인 의무는 금융거래에 적용된다. 다만, 금융기관 등은 금융거래의 성질상 그 적용이 적절하지 아니하거나 자금세탁행위에 이용될 가능성이 현저히 적은 금융거래로서 금융정보분석원장이 정하여 고시하는 거래의 경우에는 확인을 하지 아니할 수 있다(特金 令 제10조의 2 제1항·제2항, 제10조의 3~4).

② 실제 거래당사자 여부가 의심되는 등 고객이 자금세탁행위를 할 우려가 있는 경우 실제 당사자 여부 및 금융거래 목적의 확인

금융기관 등은 금융거래가 이루어지기 전에 고객확인을 하여야 한다. 다만, 금

융거래의 성질 등으로 인하여 불가피한 경우로서 금융정보분석원장이 정하는 경우에는 금융거래가 이루어진 후에 고객확인을 할 수 있다(特金 令 제10조의 5). 금융기관 등은 고객확인을 한 사항이 의심스러운 경우에는 그 출처를 신뢰할 만한 문서·정보 그 밖의 확인자료를 이용하여 그 진위 여부를 확인할 수 있다(特金 令 제10조의 2 제3항).

2. 금융기관 등의 보고책임자 임명

금융기관 등(증권금융회사 등을 제외한다)은 혐의거래보고 및 고액현금거래보고를 원활하게 하고 금융기관 등을 통한 자금세탁행위와 공중협박자금조달행위를 효율적으로 방지하기 위하여, 보고업무를 담당할 자의 임명 및 내부 보고체제의 수립, 자금세탁행위와 공중협박자금조달행위의 방지를 위한 업무지침의 작성 및 운용, 자금세탁행위와 공중협박자금조달행위의 방지를 위한 임·직원의 교육 및 연수의 조치를 하여야 한다(特金 제5조, 同法 令 제10조 제1항).

금융정보분석원장은 자금세탁행위를 효율적으로 방지하는 데 지장이 없는 범위 안에서 일정한 자에 대하여 앞의 조치 중 일부를 면제할 수 있다(同法 令 제10조 제2항).

3. 외국환거래자료 등의 통보

한국은행총재, 세관의 장 그 밖에 대통령령이 정하는 자는 「외국환거래법」 제17조(지급수단등의 수출입의 허가 등)의 규정에 의한 허가 또는 신고에 관련된 자료 및 동법 제21조(국세청장등에게의 통보 등)의 규정에 의한 통보에 관련된 자료를 금융정보분석원장에게 통보하여야 한다(特金 제6조 제1항). 이 규정에 의한 통보대상 자료의 범위 및 통보절차 등에 관하여 필요한 사항은 대통령령으로 정한다(特金 제6조 제1항, 同法 令 제11조 제2항, 제3항).

4. 수사기관 등에 대한 정보제공

금융정보분석원장은 불법재산, 자금세탁행위 또는 공중협박자금조달행위와 관련된 형사사건의 수사, 조세·관세 범칙사건 및 「정치자금법」 위반사건의 조사 또는 금융감독업무(이하 "특정형사사건의 수사 등"이라 한다)에 필요하다고 인정되는 때에는 다음의 정보(이하 "특정금융거래정보"라 한다)를 검찰총장·국세청장·관세청장·중앙선거관리위원회 또는 금융위원회에 제공한다(特金 제7조 제1항).

① 혐의거래보고 의무에 의하여 금융기관 등이 보고한 정보

② 외국금융정보분석기구로부터 제공받은 정보

③ ① 및 ②의 정보 또는 고액현금거래보고 의무 및 외국환거래자료 등의 통보 의무에 의하여 보고·통보받은 정보를 정리 또는 분석한 정보

금융정보분석원장은 불법재산, 자금세탁행위 또는 공중협박자금조달행위와 관련된 형사사건의 수사에 필요하다고 인정되는 때에는 대통령령이 정하는 특정금융거래정보를 경찰청장에게 제공한다(特金 제7조 제1항).

검찰총장·경찰청장·국세청장·관세청장·중앙선거관리위원회·금융위원회(이하 "검찰총장 등"이라 한다)는 특정형사사건의 수사 등을 위하여 필요하다고 인정되는 때에는 대통령령이 정하는 바에 따라 금융정보분석원장에게 혐의거래보고 의무에 의하여 금융기관이 제공한 정보 등(特金 제7조 제1항 제3호)의 제공을 요구할 수 있다(特金 제7조 제4항).

금융정보분석원장은 특정금융거래정보를 제공한 때에는 심사분석 및 제공과정에 참여한 공무원의 성명, 제공된 정보의 내용 및 제공사유 등을 대통령령이 정하는 바에 따라 그 제공한 날부터 5년간 기록·보존하여야 한다(特金 제7조 제7항).

5. 외국금융정보분석기구와의 정보교환 등

금융정보분석원장은 이 법에 의한 목적을 달성하기 위하여 필요하다고 인정되는 때에는 외국금융정보분석기구에 상호주의 원칙에 따라 특정금융거래정보를 제공하거나 이와 관련된 정보를 제공받을 수 있다(特金 제8조 제1항).

위의 규정에 의하여 금융정보분석원장이 외국금융정보분석기구에 특정금융거래정보를 제공할 수 있는 경우는 다음의 요건을 충족하는 경우에 한한다(特金 제8조 제2항).

① 외국금융정보분석기구에 제공된 특정금융거래정보가 제공된 목적 외의 다른 용도로 사용되지 아니할 것

② 특정금융거래정보의 제공사실의 비밀이 유지될 것

③ 외국금융정보분석기구에 제공된 특정금융거래정보가 금융정보분석원장의

사전동의 없이는 외국의 형사사건의 수사나 재판에 사용되지 아니할 것

금융정보분석원장은 외국으로부터 요청이 있는 때에는 법무부장관의 동의를 얻어 외국금융정보분석기구에 제공한 특정금융거래정보를 그 요청과 관련된 형사사건의 수사나 재판에 사용하는 것에 대하여 동의할 수 있다(特金 제8조 제3항).

〈참고문헌〉

1. 국내문헌

금융정보분석원, 「자금세탁방지업무에 관한 연차보고서(2005년도)」, 2006. 6.
전국은행연합회, 「자금세탁방지 업무지침 및 해설」, 2005. 12.
한국증권업협회, 「자금세탁방지업무편람」, 2006. 1.
한국증권업협회, 「자금세탁행위 방지를 위한 업무지침」, 2006. 1.

2. 외국문헌

FATF, *Annual Report* 2004-2005, 2005. 6.
Ferrera, Gerald R. etc., Cyber Law: Text and Cases, Thomson Learning, 2001.
Miller, Roger L. & Jentz, Gaylord A., *Law for E-Commerce*, West Legal Studies in Business, 2002.
Basel Committee on Banking Supervision, Management and Supervision of Cross-Border Electronic Banking Activities, Basel Committee Publications No. 93(July 2003).
BIS, Prevention of Criminal Use of the Banking System for the Purpose of Money-Laundering, December 1988.
FATF, 1998-1999 Report on Money Laundering Typologies(February 1999).
FATF, Report on Money Laundering Typologies 1999-2000(February 2000).
FATF, Report on Money Laundering Typologies 2002-2003(February 2003).
Group of Ten, Electronic Money: Computer Protection, Law Enforcement, Supervisory and Cross Border Issues(April 1997).
Manzi, Thomas, Money Laundering and the Law: The Problem and its Solutions, February 24, 1996, http://www.sgrm.com/art53.htm.
Spencer, Peter, Regulation of the Payments Market and the Prospect for Digital Money, BIS Papers No.7(Part. 7), November 2001.

3. 기타 자료

자금세탁방지제도, http://www.kofiu.go.kr/HpMainFset.jsp.
About the FATF, http://www.fatf-gafi.org/.
CFATF 19 Recommendations, http://www.cfatf.org/eng/recommendations/cfatf/.
History and Background of APG, http://www.apgml.org/about/history.aspx.
The Egmont Group White Paper, http://www.egmontgroup.org/about_egmont.pdf.
What is Money Laundering?, http://www.fatf-gafi.org/.

제 9 장 제 재

제9장 제 재

전자금융거래는 국가경제에 미치는 영향이 크고 특히 전자화폐 등은 통화에 미치는 영향이 적지 않다. 전자금융거래는 가상공간에서 비대면으로 이루어지므로 사이버범죄(cyber crime)가 일어나기 쉬운 영역이다. 이에 따라 전자금융거래법은 범죄에 해당하는 행위에 대하여는 형벌에 처하고, 또 일정한 행위에 대하여는 과태료를 부과할 수 있게 하였다.

Ⅰ. 형사제재

1. 접근매체의 위조·변조 등

다음의 어느 하나에 해당하는 자는 7년 이하의 징역 또는 5천만원 이하의 벌금에 처한다(제49조 제1항). 징역형과 벌금형은 병과할 수 있다(제49조 제7항).

① 접근매체를 위조하거나 변조한 자

② 위조되거나 변조된 접근매체를 판매알선·판매·수출 또는 수입하거나 사용한 자

③ 분실되거나 도난된 접근매체를 판매알선·판매·수출 또는 수입하거나 사용한 자

④ 전자금융거래를 위한 전자적 장치 또는 정보통신망(情通 제2조 제1항 제1호)에 침입하여 허위 그 밖의 부정한 방법으로 접근매체를 획득하거나 획득된 접근매체를 이용하여 전자금융거래를 한 자

⑤ 강제로 빼앗거나, 횡령하거나, 사람을 속이거나 공갈하여 획득한 접근매체를 판매알선·판매·수출 또는 수입하거나 사용한 자

2. 전자화폐의 위조 등

전자화폐는 형법의 유가증권의 위조 등(刑 제214조), 자격모용에 의한 유가증권의 작성(刑 제215조), 허위유가증권의 작성 등(刑 제216조) 및 위조유가증권 등의 행사 등(刑 제217조)에 정한 죄의 유가증권으로 보아 각 그 죄에 정한 형으로 처벌한다(제49조 제2항). 징역형과 벌금형은 병과할 수 있다(제49조 제7항).

3. 업무상 목적 외의 전자금융거래 정보의 제공 등

이용자의 동의를 얻지 아니하고 이를 타인에게 제공·누설하거나 업무상 목적 외에 사용함으로써(제26조) 전자금융거래 정보를 제공하거나, 누설하거나, 업무상 목적 외에 사용한 자(등록이 면제된 선불전자지급수단 발행자를 포함한다)는 5년 이하의 징역 또는 3천만원 이하의 벌금에 처한다(제49조 제3항). 징역형과 벌금형은 병과할 수 있다(제49조 제7항).

4. 허가 또는 등록을 하지 아니한 전자금융업무의 수행

다음의 어느 하나에 해당하는 자는 3년 이하의 징역 또는 2천만원 이하의 벌금에 처한다(제49조 제4항). 징역형과 벌금형은 병과할 수 있다(제49조 제7항).

① 전자금융업의 허가를 받거나 전자금융업 또는 전자채권관리기관의 등록을 하지 아니하고 그 업무를 행한 자(미수범도 처벌한다. 제49조 제6항)

② 허위 그 밖의 부정한 방법으로 전자금융업의 허가를 받거나 전자금융업 또는 전자채권관리기관의 등록을 한 자(미수범도 처벌한다. 제49조 제6항)

③ 다른 가맹점의 이름으로 전자화폐 등에 의한 거래를 한 자

④ 전자화폐 등에 의한 거래를 대행하는 행위를 하여 전자화폐 등에 의한 거래를 대행한 자

⑤ 가맹점이 아닌 자가 가맹점의 이름으로 전자화폐 등에 의한 거래를 한 자

⑥ 허위 그 밖의 부정한 방법으로 전자금융거래정보를 열람하거나 제공받은 자

5. 접근매체의 양도·양수 또는 질권설정 등

다음의 어느 하나에 해당하는 자는 1년 이하의 징역 또는 1천만원 이하의 벌금

에 처한다(제49조 제5항). 징역형과 벌금형은 병과할 수 있다(제49조 제7항).

① 접근매체를 양도·양수하거나, 질권을 설정한 자

② 전자화폐가 아닌 것에 전자화폐의 명칭을 사용하거나 전자금융업의 허가를 받지 아니하고 그 상호 중에 전자화폐라는 명칭을 사용한 자

③ 전자화폐 등에 의한 거래를 이유로 재화 또는 용역의 제공을 거절하거나 이용자를 불리하게 대우한 자

④ 이용자에게 가맹점수수료를 부담하게 한 자

⑤ 가맹점의 이름을 타인에게 빌려준 자

⑥ 합병·해산·폐업 등의 인가를 받지 아니하고 다른 금융기관 또는 전자금융업자와 합병하거나, 해산 또는 전자금융업무를 폐지하거나 또는 영업의 전부 또는 일부의 양도와 양수를 한 자

6. 양벌규정

법인의 대표자나 법인 또는 개인의 대리인이나 사용인 그 밖의 종업원이 그 법인 또는 개인의 업무에 관하여 벌칙의 대상인 행위(제49조)를 한 때에는 그 행위자를 처벌할 뿐만 아니라 그 법인 또는 개인에 대하여도 같은 조의 벌금형을 과한다(제50조).

Ⅱ. 과 징 금

1. 과징금을 부과하는 위반행위

금융위원회는 전자금융사업자가 업무정지의 사유(제43조 제2항) 중 어느 하나에 해당하게 된 때에는 대통령령이 정하는 바에 따라 업무정지명령에 갈음하여 5천만원 이하의 과징금을 부과할 수 있다(제46조 제1항). 과징금을 부과할 수 있는 위반행위의 종별에 따른 업무정지의 기간 및 과징금의 금액은 전자금융거래법 시행령 별표 2와 같다(제46조 제2항, 令 제26조 제1항).

금융위원회는 위반행위의 정도 및 위반횟수 등을 참작하여 과징금의 금액의 2분의 1의 범위 안에서 가중하거나 감경할 수 있다. 다만, 가중하는 경우에도 과징

금의 총액은 5천만원을 초과할 수 없다(令 제26조 제2항).

2. 과징금의 부과 · 징수

금융위원회는 과징금을 부과하려는 때에는 그 위반행위의 종별과 해당 과징금의 금액 등을 명시하여 납부할 것을 서면으로 통지하여야 한다(令 제27조 제1항). 이 통지를 받은 자는 20일 이내에 과징금을 금융위원회가 정하여 고시하는 수납기관에 납부하여야 한다. 다만, 천재지변이나 그 밖에 부득이한 사유로 그 기간 안에 과징금을 납부할 수 없을 때에는 그 사유가 없어진 날부터 7일 이내에 납부하여야 한다(令 제27조 제2항). 과징금을 납부받은 수납기관은 영수증을 납부자에게 교부하고, 지체 없이 수납한 사실을 금융위원회에 통보하여야 한다(令 제27조 제3항). 과징금은 이를 분납할 수 없다(令 제27조 제5항). 금융위원회는 전자금융사업자가 과징금을 기한 이내에 납부하지 아니하는 때에는 국세체납처분의 예에 따라 이를 징수한다(제46조 제3항).

금융위원회는 대통령령이 정하는 바에 따라 과징금의 징수 및 체납처분에 관한 업무를 국세청장에게 위탁할 수 있다(제46조 제4항). 금융위원회는 체납처분에 관한 업무를 국세청장에게 위탁하는 때에는 금융위원회 의결서, 세입징수결의서 및 고지서, 납부독촉장을 첨부한 서면으로 하여야 한다(令 제28조 제1항). 국세청장은 위탁받은 체납처분 업무를 종료한 경우에는 그 업무 종료 일시, 그 밖에 필요한 사항을 종료일부터 30일 이내에 금융위원회에 서면으로 통보하여야 한다(令 제28조 제2항).

Ⅲ. 과 태 료

1. 과태료에 처하는 행위

다음의 어느 하나에 해당하는 자는 1천만원 이하의 과태료에 처한다(제51조 제1항).

① 거래내용에 관한 서면을 교부하지 아니한 자(선불전자지급수단 발행자 포함)

② 선불전자지급수단 또는 전자화폐를 양도하거나 담보로 제공한 자

③ 전자금융거래기록을 생성하거나 보존하지 아니한 자(전자채권관리기관·선불전자지급수단 발행자를 포함한다)

④ 약관을 명시하거나 설명하거나, 교부하거나, 게시하거나, 통지 또는 보고하지 아니한 자(선불전자지급수단 발행자를 포함한다)

⑤ 전자금융거래에 관한 분쟁처리 절차를 마련하지 아니한 자(선불전자지급수단 발행자를 포함한다)

⑥ 금융감독원장의 검사 및 자료제출 요구를 거부하거나, 방해하거나, 기피한 자(선불전자지급수단 발행자를 포함한다)

⑦ 전자금융업무별로 다른 업무와 회계처리의 구분을 하지 아니한 자 또는 업무 및 경영실적에 관한 보고서를 제출하지 아니하거나, 허위의 보고서를 제출한 자

2. 과태료의 부과·징수

과태료는 대통령령이 정하는 바에 따라 금융위원회가 부과·징수한다(제51조 제2항). 과태료의 부과·징수절차는 다음과 같다(令 제31조).

① 금융위원회는 과태료를 부과할 때에는 해당 위반행위를 조사·확인한 후 위반사실·과태료금액 등을 서면으로 명시하여 이를 납부할 것을 과태료처분대상자에게 통지하여야 한다.

② 금융위원회는 과태료를 부과하고자 할 때에는 10일이상의 기간을 정하여 과태료처분대상자에게 구술 또는 서면(전자문서를 포함한다)에 의한 의견진술의 기회를 주어야 한다. 이 경우 지정된 기일까지 의견진술이 없는 때에는 의견이 없는 것으로 본다.

③ 금융위원회는 과태료의 금액을 정함에 있어서는 그 위반행위의 동기와 그 결과 등을 참작하여야 한다.

④ 과태료는 국고금관리법령의 수입금 징수에 관한 절차의 예에 따라 징수한다. 이 경우 납입고지서에는 이의신청방법과 이의신청기간 등을 함께 기재하여야 한다.

3. 과태료 처분에 대한 이의·재판

과태료 처분을 받아들이지 아니할 이유가 있는 자는 그 처분의 고지를 받은 날부터 30일 이내에 금융위원회에 이의를 제기할 수 있다(제51조 제3항). 과태료 처분을

받은 자가 이의를 제기한 경우에는 금융위원회는 지체 없이 관할법원에 그 사실을 통보하여야 하고, 그 통보를 받은 관할 법원은 비송사건절차법에 따른 과태료의 재판을 한다(제51조 제4항). 이 기간 이내에 이의를 제기하지 아니하고 과태료를 납부하지 아니한 때에는 국세체납처분의 예에 따라 징수한다(제51조 제5항).

부 록

1. 전자금융거래법
2. 전자금융거래법 시행령
3. 전자어음의 발행 및 유통에 관한 법률
4. 지급결제제도 운영·관리규정
5. 금융분쟁조정세칙
6. 전자금융거래 기본약관
7. 전자보험거래 표준약관
8. 전자화폐(K-Cash) 회원약관
9. 전자화폐(K-Cash) 가맹점약관
10. BankPay PG서비스 이용약관
11. UNCITRAL 국제지급이체에 관한 모범법

전자금융거래법

[제정 2006.4.28 법률 제7929호]

제1장 총 칙

제1조(목적) 이 법은 전자금융거래의 법률관계를 명확히 하여 전자금융거래의 안전성과 신뢰성을 확보함과 아울러 전자금융업의 건전한 발전을 위한 기반조성을 함으로써 국민의 금융편의를 꾀하고 국민경제의 발전에 이바지함을 목적으로 한다.

제2조(정의) 이 법에서 사용하는 용어의 정의는 다음과 같다.

1. "전자금융거래"라 함은 금융기관 또는 전자금융업자가 전자적 장치를 통하여 금융상품 및 서비스를 제공(이하 "전자금융업무"라 한다)하고, 이용자가 금융기관 또는 전자금융업자의 종사자와 직접 대면하거나 의사소통을 하지 아니하고 자동화된 방식으로 이를 이용하는 거래를 말한다.
2. "전자지급거래"라 함은 자금을 주는 자(이하 "지급인"이라 한다)가 금융기관 또는 전자금융업자로 하여금 전자지급수단을 이용하여 자금을 받는 자(이하 "수취인"이라 한다)에게 자금을 이동하게 하는 전자금융거래를 말한다.
3. "금융기관"이라 함은 다음 각 목의 어느 하나에 해당하는 기관이나 단체 또는 사업자를 말한다.
   가. 「금융위원회의 설치 등에 관한 법률」 제38조제1호 내지 제8호·제10호 내지 제12호에 규정된 기관
   나. 「여신전문금융업법」에 따른 여신전문금융회사
   다. 「우체국예금·보험에 관한 법률」에 따른 체신관서
   라. 「새마을금고법」에 따른 새마을금고 및 새마을금고연합회
   마. 그 밖에 법률의 규정에 따라 금융업 및 금융 관련 업무를 행하는 기관이나 단체 또는 사업자로서 대통령령이 정하는 자
4. "전자금융업자"라 함은 제28조의 규정에 따라 허가를 받거나 등록을 한 자(금융기관을 제외한다)를 말한다.
5. "전자금융보조업자"라 함은 금융기관 또는 전자금융업자를 위하여 전자금융거래를 보조하거나 그 일부를 대행하는 업무를 행하는 자 또는 결제중계시스템의 운영자로서 「금융위원회의 설치 등에 관한 법률」 제3조의 규정에 따른 금융위원회(이하 "금융위원회"라 한다)가 정하는 자를 말한다.
6. "결제중계시스템"이라 함은 금융기관과 전자금융업자 사이에 전자금융거래정보를 전달하여 자금정산 및 결제에 관한 업무를 수행하는 금융정보처리운영체계를 말한다.
7. "이용자"라 함은 전자금융거래를 위하여 금융기관 또는 전자금융업자와 체결한 계약(이하 "전자금융거래계약"이라 한다)에 따라 전자금융거래를 이용하는 자를 말한다.
8. "전자적 장치"라 함은 전자금융거래정보를 전자적 방법으로 전송하거나 처

리하는데 이용되는 장치로서 현금자동지급기, 자동입출금기, 지급용단말기, 컴퓨터, 전화기 그 밖에 전자적 방법으로 정보를 전송하거나 처리하는 장치를 말한다.

9. "전자문서"라 함은 「전자거래기본법」 제2조제1호의 규정에 따른 작성, 송신·수신 또는 저장된 정보를 말한다.
10. "접근매체"라 함은 전자금융거래에 있어서 거래지시를 하거나 이용자 및 거래내용의 진실성과 정확성을 확보하기 위하여 사용되는 다음 각 목의 어느 하나에 해당하는 수단 또는 정보를 말한다.
    가. 전자식 카드 및 이에 준하는 전자적 정보
    나. 「전자서명법」 제2조제4호의 전자서명생성정보 및 같은 조제7호의 인증서
    다. 금융기관 또는 전자금융업자에 등록된 이용자번호
    라. 이용자의 생체정보
    마. 가목 또는 나목의 수단이나 정보를 사용하는데 필요한 비밀번호
11. "전자지급수단"이라 함은 전자자금이체, 직불전자지급수단, 선불전자지급수단, 전자화폐, 신용카드, 전자채권 그 밖에 전자적 방법에 따른 지급수단을 말한다.
12. "전자자금이체"라 함은 지급인과 수취인 사이에 자금을 지급할 목적으로 금융기관 또는 전자금융업자에 개설된 계좌(금융기관에 연결된 계좌에 한한다. 이하 같다)에서 다른 계좌로 전자적 장치에 의하여 다음 각 목의 어느 하나에 해당하는 방법으로 자금을 이체하는 것을 말한다.
    가. 금융기관 또는 전자금융업자에 대한 지급인의 지급지시
    나. 금융기관 또는 전자금융업자에 대한 수취인의 추심지시(이하 "추심이체"라 한다)
13. "직불전자지급수단"이라 함은 이용자와 가맹점간에 전자적 방법에 따라 금융기관의 계좌에서 자금을 이체하는 등의 방법으로 재화 또는 용역의 제공과 그 대가의 지급을 동시에 이행할 수 있도록 금융기관 또는 전자금융업자가 발행한 증표(자금을 융통받을 수 있는 증표를 제외한다) 또는 그 증표에 관한 정보를 말한다.
14. "선불전자지급수단"이라 함은 이전 가능한 금전적 가치가 전자적 방법으로 저장되어 발행된 증표 또는 그 증표에 관한 정보로서 다음 각 목의 요건을 모두 갖춘 것을 말한다. 다만, 전자화폐를 제외한다.
    가. 발행인(대통령령이 정하는 특수관계인을 포함한다) 외의 제3자로부터 재화 또는 용역을 구입하고 그 대가를 지급하는데 사용될 것
    나. 구입할 수 있는 재화 또는 용역의 범위가 2개 업종(「통계법」 제17조제1항의 규정에 따라 통계청장이 고시하는 한국표준산업분류의 중분류상의 업종을 말한다. 이하 이 조에서 같다) 이상일 것
15. "전자화폐"라 함은 이전 가능한 금전적 가치가 전자적 방법으로 저장되어 발행된 증표 또는 그 증표에 관한 정보로서 다음 각 목의 요건을 모두 갖춘 것을 말한다.
    가. 대통령령이 정하는 기준 이상의 지역 및 가맹점에서 이용될 것

나. 제14호 가목의 요건을 충족할 것
다. 구입할 수 있는 재화 또는 용역의 범위가 5개 이상으로서 대통령령이 정하는 업종 수 이상일 것
라. 현금 또는 예금과 동일한 가치로 교환되어 발행될 것
마. 발행자에 의하여 현금 또는 예금으로 교환이 보장될 것

16. "전자채권"이라 함은 다음 각 목의 요건을 갖춘 전자문서에 기재된 채권자의 금전채권을 말한다.
가. 채무자가 채권자를 지정할 것
나. 전자채권에 채무의 내용이 기재되어 있을 것
다. 「전자서명법」제2조제3호의 공인전자서명이 있을 것
라. 금융기관을 거쳐 제29조제1항의 규정에 따른 전자채권관리기관(이하 "전자채권관리기관"이라 한다)에 등록될 것
마. 채무자가 채권자에게 가목 내지 다목의 요건을 모두 갖춘 전자문서를 「전자거래기본법」 제6조제1항의 규정에 따라 송신하고 채권자가 이를 같은 법 제6조제2항의 규정에 따라 수신할 것

17. "거래지시"라 함은 이용자가 전자금융거래계약에 따라 금융기관 또는 전자금융업자에게 전자금융거래의 처리를 지시하는 것을 말한다.
18. "오류"라 함은 이용자의 고의 또는 과실 없이 전자금융거래가 전자금융거래계약 또는 이용자의 거래지시에 따라 이행되지 아니한 경우를 말한다.
19. "전자지급결제대행"이라 함은 전자적 방법으로 재화의 구입 또는 용역의 이용에 있어서 지급결제정보를 송신하거나 수신하는 것 또는 그 대가의 정산을 대행하거나 매개하는 것을 말한다.
20. "가맹점"이라 함은 금융기관 또는 전자금융업자와의 계약에 따라 직불전자지급수단이나 선불전자지급수단 또는 전자화폐에 의한 거래에 있어서 이용자에게 재화 또는 용역을 제공하는 자로서 금융기관 또는 전자금융업자가 아닌 자를 말한다.

제 3 조(적용범위) ① 이 법은 다른 법률에 특별한 규정이 있는 경우를 제외하고 모든 전자금융거래에 적용한다. 다만, 금융기관 및 전자금융업자간에 따로 정하는 계약에 따라 이루어지는 전자금융거래 가운데 대통령령이 정하는 경우에는 이 법을 적용하지 아니한다.
② 제5장의 규정은 제2조제3호 다목 및 라목의 금융기관에 대하여는 이를 적용하지 아니한다.

제 4 조(상호주의) 외국인 또는 외국법인에 대하여도 이 법을 적용한다. 다만, 대한민국 국민 또는 대한민국 법인에 대하여 이 법에 준하는 보호를 하지 아니하는 국가의 외국인 또는 외국법인에 대하여는 그에 상응하여 이 법 또는 대한민국이 가입하거나 체결한 조약에 따른 보호를 제한할 수 있다.

제 2 장 전자금융거래 당사자의 권리와 의무

제 1 절 통 칙

제 5 조(전자문서의 사용) ① 전자금융거래를 위하여 사용되는 전자문서에 대하여는 「전자거래기본법」 제4조 내지 제7조, 제9조 및 제10조의 규정을 적용한다.

② 금융기관 또는 전자금융업자가 거래지시와 관련하여 수신한 전자문서는 각 문서마다 독립된 것으로 본다. 다만, 금융기관 또는 전자금융업자와 이용자 사이에 전자금융거래계약에 따라 확인절차를 거치는 경우에는 그 절차에 따른다.

제6조(접근매체의 선정과 사용 및 관리) ① 금융기관 또는 전자금융업자는 전자금융거래를 위하여 접근매체를 선정하여 사용 및 관리하고 이용자의 신원, 권한 및 거래지시의 내용 등을 확인하여야 한다.

② 금융기관 또는 전자금융업자가 접근매체를 발급할 때에는 이용자의 신청이 있는 경우에 한하여 본인임을 확인한 후에 발급하여야 한다. 다만, 다음 각 호의 어느 하나에 해당하는 경우에는 이용자의 신청이나 본인의 확인이 없는 때에도 발급할 수 있다.

1. 선불전자지급수단 또는 제16조제1항 단서의 규정에 따른 전자화폐인 경우
2. 접근매체의 갱신 또는 대체발급 등을 위하여 대통령령이 정하는 바에 따라 이용자의 동의를 얻은 경우

③ 접근매체는 다른 법률에 특별한 규정이 없는 한 양도·양수하거나 질권을 설정하여서는 아니된다. 다만, 제18조의 규정에 따른 선불전자지급수단이나 전자화폐의 양도 또는 담보제공을 위하여 필요한 경우에는 그러하지 아니하다.

제7조(거래내용의 확인) ① 금융기관 또는 전자금융업자는 이용자가 전자금융거래에 사용하는 전자적 장치(금융기관 또는 전자금융업자와 이용자 사이에 미리 약정한 전자적 장치가 있는 경우에는 그 전자적 장치를 포함한다)를 통하여 거래내용을 확인할 수 있도록 하여야 한다.

② 금융기관 또는 전자금융업자는 이용자가 거래내용을 서면(전자문서를 제외한다. 이하 같다)으로 제공할 것을 요청하는 경우에는 그 요청을 받은 날부터 2주 이내에 거래내용에 관한 서면을 교부하여야 한다.

③ 제1항 및 제2항의 규정에 따라 제공하는 거래내용의 대상기간, 종류 및 범위 등에 관한 사항은 대통령령으로 정한다.

제8조(오류의 정정 등) ① 이용자는 전자금융거래에 오류가 있음을 안 때에는 그 금융기관 또는 전자금융업자에게 이에 대한 정정을 요구할 수 있다.

② 금융기관 또는 전자금융업자는 제1항의 규정에 따른 오류의 정정요구를 받은 때에는 이를 즉시 조사하여 처리한 후 정정요구를 받은 날부터 2주 이내에 그 결과를 이용자에게 알려야 한다.

③ 금융기관 또는 전자금융업자는 스스로 전자금융거래에 오류가 있음을 안 때에는 이를 즉시 조사하여 처리한 후 오류가 있음을 안 날부터 2주 이내에 그 결과를 이용자에게 알려야 한다.

제9조(금융기관 또는 전자금융업자의 책임) ① 금융기관 또는 전자금융업자는 접근매체의 위조나 변조로 발생한 사고, 계약체결 또는 거래지시의 전자적 전송이나 처리과정에서 발생한 사고로 인하여 이용자에게 손해가 발생한 경우에는 그 손해를 배상할 책임을 진다.

② 제1항의 규정에 불구하고 금융기관 또는 전자금융업자는 다음 각 호의 어느 하나에 해당하는 경우에는 그 책임의 전부 또는 일부를 이용자가 부담하게 할 수 있다.

1. 사고 발생에 있어서 이용자의 고의나 중대한 과실이 있는 경우로서 그 책임의 전부 또는 일부를 이용자의 부담으

로 할 수 있다는 취지의 약정을 미리 이용자와 체결한 경우

2. 법인(「중소기업기본법」제2조제2항에 의한 소기업을 제외한다)인 이용자에게 손해가 발생한 경우로 금융기관 또는 전자금융업자가 사고를 방지하기 위하여 보안절차를 수립하고 이를 철저히 준수하는 등 합리적으로 요구되는 충분한 주의의무를 다한 경우

③ 제2항제1호의 규정에 따른 이용자의 고의나 중대한 과실은 대통령령이 정하는 범위 안에서 전자금융거래에 관한 약관(이하 "약관"이라 한다)에 기재된 것에 한한다.

④ 금융기관 또는 전자금융업자는 제1항의 규정에 따른 책임을 이행하기 위하여 금융위원회가 정하는 기준에 따라 보험 또는 공제에 가입하거나 준비금을 적립하는 등 필요한 조치를 하여야 한다.

제10조(접근매체의 분실과 도난 책임) ① 금융기관 또는 전자금융업자는 이용자로부터 접근매체의 분실이나 도난 등의 통지를 받은 때에는 그 때부터 제3자가 그 접근매체를 사용함으로 인하여 이용자에게 발생한 손해를 배상할 책임을 진다. 다만, 선불전자지급수단이나 전자화폐의 분실 또는 도난 등으로 발생하는 손해로서 대통령령이 정하는 경우에는 그러하지 아니하다.

② 제1항 및 제9조의 규정에 불구하고 다른 법령에 이용자에게 유리하게 적용될 수 있는 규정이 있는 경우에는 그 법령을 우선 적용한다.

제11조(전자금융보조업자의 지위) ① 전자금융거래와 관련하여 전자금융보조업자(전자채권관리기관을 포함한다. 이하 이 장에서 같다)의 고의나 과실은 금융기관 또는 전자금융업자의 고의나 과실로 본다.

② 금융기관 또는 전자금융업자는 전자금융보조업자의 고의나 과실로 인하여 발생한 손해에 대하여 이용자에게 그 손해를 배상한 경우에는 그 전자금융보조업자에게 구상할 수 있다.

③ 이용자는 금융기관 또는 전자금융업자와의 약정에 따라 금융기관 또는 전자금융업자에게 행하는 각종 통지를 전자금융보조업자에게 할 수 있다. 이 경우 전자금융보조업자에게 한 통지는 금융기관 또는 전자금융업자에게 한 것으로 본다.

제 2 절 전자지급거래 등

제12조(전자지급거래계약의 효력) ① 금융기관 또는 전자금융업자는 지급인 또는 수취인과 전자지급거래를 하기 위하여 체결한 약정에 따라 수취인이나 수취인의 금융기관 또는 전자금융업자에게 지급인 또는 수취인이 거래지시한 금액을 전송하여 지급이 이루어지도록 하여야 한다.

② 금융기관 또는 전자금융업자는 제1항의 규정에 따른 자금의 지급이 이루어질 수 없게 된 때에는 전자지급거래를 하기 위하여 수령한 자금을 지급인에게 반환하여야 한다. 이 경우 지급인의 과실로 인하여 지급이 이루어지지 아니한 때에는 그 전송을 하기 위하여 지출한 비용을 공제할 수 있다.

제13조(지급의 효력발생시기) 전자지급수단을 이용하여 자금을 지급하는 경우에는 그 지급의 효력은 다음 각 호의 어느 하나에서 정한 때에 생긴다.

1. 전자자금이체의 경우: 거래지시된 금액의 정보에 대하여 수취인의 계좌가 개설되어 있는 금융기관 또는 전자금

융업자의 계좌의 원장에 입금기록이 끝난 때
2. 전자적 장치로부터 직접 현금을 출금하는 경우: 수취인이 현금을 수령한 때
3. 선불전자지급수단 및 전자화폐로 지급하는 경우: 거래지시된 금액의 정보가 수취인이 지정한 전자적 장치에 도달한 때
4. 그 밖의 전자지급수단으로 지급하는 경우: 거래지시된 금액의 정보가 수취인의 계좌가 개설되어 있는 금융기관 또는 전자금융업자의 전자적 장치에 입력이 끝난 때

제14조(거래지시의 철회) ① 이용자는 제13조 각 호의 규정에 따라 지급의 효력이 발생하기 전까지 거래지시를 철회할 수 있다.

② 제1항의 규정에 불구하고 금융기관 또는 전자금융업자와 이용자는 대량으로 처리하는 거래 또는 예약에 따른 거래 등의 경우에는 미리 정한 약정에 따라 거래지시의 철회시기를 달리 정할 수 있다.

③ 금융기관 또는 전자금융업자는 제1항의 규정에 따른 거래지시의 철회방법 및 절차와 제2항의 규정에 따른 약정에 관한 사항을 약관에 기재하여야 한다.

제15조(추심이체의 출금 동의) ① 금융기관 또는 전자금융업자는 추심이체를 실행하기 위하여 대통령령이 정하는 바에 따라 미리 지급인으로부터 출금에 대한 동의를 얻어야 한다.

② 지급인은 수취인의 거래지시에 따라 지급인의 계좌의 원장에 출금기록이 끝나기 전까지 금융기관 또는 전자금융업자에게 제1항의 규정에 따른 동의의 철회를 요청할 수 있다.

③ 제2항의 규정에 불구하고 금융기관 또는 전자금융업자는 대량으로 처리하는 거래 또는 예약에 따른 거래 등의 경우에는 미리 지급인과 정한 약정에 따라 동의의 철회시기를 달리 정할 수 있다.

④ 금융기관 또는 전자금융업자는 제2항 및 제3항의 규정에 따른 동의의 철회방법 및 절차와 약정에 관한 사항을 약관에 기재하여야 한다.

제16조(전자화폐의 발행과 사용 및 환금) ① 전자화폐를 발행하는 금융기관 또는 전자금융업자(이하 "전자화폐발행자"라 한다)는 전자화폐를 발행할 경우 접근매체에 식별번호를 부여하고 그 식별번호와 「금융실명거래 및 비밀보장에 관한 법률」 제2조제4호에서 규정한 이용자의 실지명의(이하 "실지명의"라 한다) 또는 예금계좌를 연결하여 관리하여야 한다. 다만, 발행권면 최고한도가 대통령령이 정하는 금액 이하인 전자화폐의 경우에는 그러하지 아니하다.

② 전자화폐발행자는 현금 또는 예금과 동일한 가치로 교환하여 전자화폐를 발행하여야 한다.

③ 전자화폐발행자는 전자화폐보유자가 전자화폐를 사용할 수 있도록 발행된 전자화폐의 보관 및 사용 등에 필요한 조치를 하여야 한다.

④ 전자화폐발행자는 전자화폐보유자의 요청에 따라 전자화폐를 현금 또는 예금으로 교환할 의무를 부담한다.

⑤ 제1항 내지 제4항의 규정에 따른 전자화폐의 발행·교환의 방법 및 절차에 관하여는 대통령령으로 정한다.

제17조(전자화폐에 의한 지급의 효력) 전자화폐보유자가 재화를 구입하거나 용역을 제공받고 그 대금을 수취인과의 합의에 따라 전자화폐로 지급한 때에는 그

대금의 지급에 관한 채무는 변제된 것으로 본다.

제18조(전자화폐 등의 양도성) ① 선불전자지급수단 보유자 또는 전자화폐 보유자는 발행자와의 약정에 따라 선불전자지급수단 또는 전자화폐를 타인에게 양도하거나 담보로 제공할 수 있다.

② 제1항의 규정에 따라 선불전자지급수단 또는 전자화폐를 양도하거나 담보로 제공하는 경우에는 반드시 발행자의 중앙전산시스템을 경유하여야 한다. 다만, 실지명의가 확인되지 아니하는 선불전자지급수단 또는 제16조제1항 단서의 규정에 따른 전자화폐의 경우에는 그러하지 아니하다.

제19조(선불전자지급수단의 환급) ① 선불전자지급수단을 발행한 금융기관 또는 전자금융업자는 선불전자지급수단보유자가 선불전자지급수단에 기록된 잔액의 환급을 청구하는 경우에는 미리 약정한 바에 따라 환급하여야 한다.

② 금융기관 또는 전자금융업자는 제1항의 규정에 따른 환급과 관련된 약정을 약관에 기재하고, 다음 각 호의 어느 하나에 해당하는 경우에는 선불전자지급수단에 기록된 잔액의 전부를 지급한다는 내용을 약관에 포함시켜야 한다.

1. 천재지변 등의 사유로 가맹점이 재화 또는 용역을 제공하기 곤란하여 선불전자지급수단을 사용하지 못하게 된 경우
2. 선불전자지급수단의 결함으로 가맹점이 재화 또는 용역을 제공하지 못하는 경우
3. 선불전자지급수단에 기록된 잔액이 일정비율 이하인 경우. 이 경우 일정비율은 100분의 20 미만으로 정할 수 없다.

제20조(전자채권양도의 대항요건) ① 전자채권의 양도는 다음 각 호의 요건을 모두 갖춘 때에 「민법」 제450조제1항의 규정에 따른 대항요건을 갖춘 것으로 본다.

1. 양도인의 채권양도의 통지 또는 채무자의 승낙이 「전자서명법」제2조제3호의 공인전자서명을 한 전자문서에 의하여 이루어질 것
2. 제1호의 규정에 따른 통지 또는 승낙이 기재된 전자문서가 전자채권관리기관에 등록될 것

② 제1항의 규정에 따른 통지 또는 승낙이 기재된 전자문서에 「전자서명법」 제20조의 규정에 따른 시점확인이 있고 제1항의 요건을 모두 갖춘 때에 「민법」 제450조제2항의 규정에 따른 대항요건을 갖춘 것으로 본다.

제 3 장 전자금융거래의 안전성 확보 및 이용자 보호

제21조(안전성의 확보의무) ① 금융기관·전자금융업자 및 전자금융보조업자(이하 "금융기관등"이라 한다)는 전자금융거래가 안전하게 처리될 수 있도록 선량한 관리자로서의 주의를 다하여야 한다.

② 금융기관등은 전자금융거래의 안전성과 신뢰성을 확보할 수 있도록 전자금융거래의 종류별로 전자적 전송이나 처리를 위한 인력, 시설, 전자적 장치 등의 정보기술부문 및 전자금융업무에 관하여 금융위원회가 정하는 기준을 준수하여야 한다.

③ 금융위원회는 전자금융거래의 안전성과 신뢰성을 확보하기 위하여 「전자서명법」 제2조제8호의 공인인증서의 사용 등 인증방법에 대하여 필요한 기준을 정할

수 있다.

제22조(전자금융거래기록의 생성 및 보존) ① 금융기관등은 전자금융거래의 내용을 추적·검색하거나 그 내용에 오류가 발생할 경우에 이를 확인하거나 정정할 수 있는 기록을 생성하여 5년의 범위 안에서 대통령령이 정하는 기간동안 보존하여야 한다.

② 제1항의 규정에 따라 금융기관등이 보존하여야 하는 기록의 종류 및 보존방법은 대통령령으로 정한다.

제23조(전자지급수단의 발행과 이용한도) 금융위원회는 전자지급수단의 특성을 감안하여 대통령령이 정하는 바에 따라 금융기관 또는 전자금융업자에게 다음 각 호에 규정된 한도를 제한하거나 그 밖에 필요한 조치를 할 수 있다.

1. 전자화폐 및 선불전자지급수단의 발행권면 최고한도
2. 전자자금이체의 이용한도
3. 직불전자지급수단의 이용한도

제24조(약관의 명시와 변경통지 등) ① 금융기관 또는 전자금융업자는 이용자와 전자금융거래의 계약을 체결함에 있어서 약관을 명시하여야 하고, 이용자의 요청이 있는 경우에는 금융위원회가 정하는 방법에 따라 그 약관의 사본을 교부하고 그 약관의 내용을 설명하여야 한다.

② 금융기관 또는 전자금융업자는 제1항의 규정을 위반하여 계약을 체결한 때에는 당해 약관의 내용을 계약의 내용으로 주장할 수 없다.

③ 금융기관 또는 전자금융업자는 약관을 변경하는 때에는 변경되는 약관의 시행일 1월 전에 금융위원회가 정하는 방법에 따라 이를 게시하고 이용자에게 알려야 한다. 다만, 법령의 개정으로 인하여 긴급하게 약관을 변경하는 때에는 금융위원회가 정하는 방법에 따라 이를 즉시 게시하고 이용자에게 알려야 한다.

④ 이용자는 제3항의 규정에 따른 약관의 변경내용이 게시되거나 통지된 후부터 변경되는 약관의 시행일 전의 영업일까지 전자금융거래의 계약을 해지할 수 있다. 전단의 기간 안에 이용자가 약관의 변경내용에 대하여 이의를 제기하지 아니하는 경우에는 약관의 변경을 승인한 것으로 본다.

제25조(약관의 제정 및 변경) ① 금융기관 또는 전자금융업자가 전자금융거래에 관한 약관을 제정하거나 변경하고자 하는 경우에는 미리 금융위원회에 보고하여야 한다. 다만, 이용자의 권익이나 의무에 불리한 영향이 없는 경우로서 금융위원회가 정하는 경우에는 약관의 제정 또는 변경 후 10일 이내에 금융위원회에 보고할 수 있다.

② 금융위원회는 건전한 전자금융거래질서를 유지하기 위하여 필요한 경우에는 금융기관 또는 전자금융업자에 대하여 제1항의 규정에 따른 약관의 변경을 권고할 수 있다.

③ 금융위원회는 제1항의 규정에 따른 약관의 제정 또는 변경에 대한 보고의 시기·절차 그 밖에 필요한 사항을 정할 수 있다.

④ 제1항 내지 제3항의 규정은 제2조제3호 다목 및 라목의 금융기관에 대하여는 이를 적용하지 아니한다.

제26조(전자금융거래정보의 제공 등) 전자금융거래와 관련한 업무를 수행함에 있어서 다음 각 호의 어느 하나에 해당하는 사항을 알게 된 자는 이용자의 동의를 얻지 아니하고 이를 타인에게 제

공·누설하거나 업무상 목적 외에 사용하여서는 아니된다. 다만,「금융실명거래 및 비밀보장에 관한 법률」 제4조제1항 단서의 규정에 따른 경우 그 밖에 다른 법률에서 정하는 바에 따른 경우에는 그러하지 아니하다.

1. 이용자의 인적 사항
2. 이용자의 계좌, 접근매체 및 전자금융거래의 내용과 실적에 관한 정보 또는 자료

제27조(분쟁처리 및 분쟁조정) ① 금융기관 또는 전자금융업자는 대통령령이 정하는 바에 따라 전자금융거래와 관련하여 이용자가 제기하는 정당한 의견이나 불만을 반영하고 이용자가 전자금융거래에서 입은 손해를 배상하기 위한 절차를 마련하여야 한다.

② 이용자는 전자금융거래의 처리에 관하여 이의가 있을 때에는 제1항에서 정한 절차에 따라 손해배상 등 분쟁처리를 요구하거나 금융감독원 또는 한국소비자보호원 등을 통하여 분쟁조정을 신청할 수 있다.

③ 제1항 및 제2항의 규정에 따른 분쟁처리 및 분쟁조정의 신청을 위한 구체적인 절차와 방법 등은 대통령령으로 정한다.

④ 금융기관 또는 전자금융업자는 전자금융거래의 계약을 체결하는 때에는 제1항 내지 제3항의 규정에 따른 절차를 명시하여야 한다.

제 4 장 전자금융업의 허가와 등록 및 업무

제28조(전자금융업의 허가와 등록) ① 전자화폐의 발행 및 관리업무를 행하고자 하는 자는 금융위원회의 허가를 받아야 한다. 다만, 「은행법」에 따른 금융기관 그 밖에 대통령령이 정하는 금융기관은 그러하지 아니하다.

② 다음 각 호의 업무를 행하고자 하는 자는 금융위원회에 등록하여야 한다. 다만, 「은행법」에 따른 금융기관 그 밖에 대통령령이 정하는 금융기관은 그러하지 아니하다.

1. 전자자금이체업무
2. 직불전자지급수단의 발행 및 관리
3. 선불전자지급수단의 발행 및 관리
4. 전자지급결제대행에 관한 업무
5. 그 밖에 대통령령이 정하는 전자금융업무

③ 제2항의 규정에 불구하고 다음 각 호의 어느 하나에 해당하는 자는 금융위원회에 등록하지 아니하고 같은 항 각 호의 업무를 행할 수 있다.

1. 다음 각 목의 어느 하나의 경우에 해당하는 선불전자지급수단을 발행하는 자
   가. 특정한 건물 안의 가맹점 등 대통령령이 정하는 기준에 해당하는 가맹점에서만 사용되는 경우
   나. 총발행잔액이 대통령령이 정하는 금액 이하인 경우
   다. 이용자가 미리 직접 대가를 지불하지 아니한 선불전자지급수단으로서 이용자에게 저장된 금전적 가치에 대한 책임을 이행하기 위하여 대통령령이 정하는 방법에 따라 상환보증보험 등에 가입한 경우
2. 자금이동에 직접 관여하지 아니하고 전자지급거래의 전자적 처리를 위한 정보만을 전달하는 업무 등 대통령령이 정하는 전자지급결제대행에 관한 업무를 수행하는 자

④ 제3항제1호 다목의 규정에 따라 등록이 면제된 선불전자지급수단을 발행하는 자에 대하여는 제4조, 제2장 및 제3장(제19조, 제23조 및 제25조를 제외한다), 제37조, 제38조, 제39조제1항 · 제6항, 제41조제1항, 제43조제2항 · 제3항, 제46조 및 제47조의 전자금융업자에 관한 규정을 준용한다. 다만, 소속 임직원의 위법 · 부당한 행위로 지급불능 상태가 되는 등 대통령령이 정하는 금융사고가 발생하는 경우에는 제25조, 제39조제2항 내지 제5항, 제40조제2항 및 제3항을 준용한다.

⑤ 금융위원회는 제1항의 규정에 따른 허가에 조건을 붙일 수 있다.

제29조(전자채권관리기관의 등록) ① 전자채권의 등록 및 관리업무를 행하고자 하는 자는 금융위원회에 등록하여야 한다.

② 제21조, 제22조, 제39조, 제41조 및 제43조의 규정은 제1항의 규정에 따라 전자채권의 등록 및 관리업무를 행하기 위하여 등록한 전자채권관리기관에 대하여 이를 준용한다.

③ 전자채권관리기관의 전자채권 등록에 관한 절차와 방법 그 밖에 필요한 사항은 대통령령으로 정한다.

제30조(자본금) ① 제28조제1항의 규정에 따라 허가를 받고자 하는 자는 주식회사로서 자본금이 50억원 이상이어야 한다.

② 제28조제2항제1호 내지 제3호의 규정에 따라 등록할 수 있는 자는 「상법」 제170조에서 정한 회사로서 업무의 종류별로 자본금 · 출자총액이 20억원 이상으로서 대통령령이 정하는 금액 이상이어야 한다.

③ 제28조제2항제4호, 제5호 및 제29조의 규정에 따라 등록할 수 있는 자는 「상법」 제170조에서 정한 회사 또는 「민법」 제32조에서 정한 법인으로서 업무의 종류별로 자본금 · 출자총액 또는 기본재산이 5억원 이상으로서 대통령령이 정하는 금액 이상이어야 한다.

제31조(허가 및 등록의 요건) ① 제28조 및 제29조의 규정에 따라 허가를 받거나 등록을 하고자 하는 자는 다음 각 호의 요건을 모두 갖추어야 한다. 제4호 및 제5호는 허가의 경우에 한한다.

1. 제30조의 규정에 의한 자본금 또는 기본재산을 보유할 것
2. 이용자의 보호가 가능하고 행하고자 하는 업무를 수행함에 있어서 충분한 전문인력과 전산설비 등 물적 시설을 갖추고 있을 것
3. 대통령령이 정하는 재무건전성 기준을 충족할 것
4. 사업계획이 타당하고 건전할 것
5. 대통령령이 정하는 주요출자자가 충분한 출자능력, 건전한 재무상태 및 사회적 신용을 갖추고 있을 것

② 제1항의 규정에 따른 허가 및 등록의 세부요건에 관하여 필요한 사항은 금융위원회가 정한다.

제32조(허가와 등록의 결격사유) 다음 각 호의 어느 하나에 해당하는 자는 제28조 및 제29조의 규정에 따른 허가를 받거나 등록을 할 수 없다.

1. 제34조의 규정에 따라 등록이 말소된 날부터 1년이 지나지 아니한 법인 및 그 등록이 말소될 당시 그 법인의 대주주(대통령령이 정하는 출자자를 말한다. 이하 같다)이었던 자로서 그 말소된 날부터 1년이 지나지 아니한 자
2. 제43조제1항의 규정에 따른 허가 또는 등록의 취소가 있은 날부터 3년이 지

나지 아니한 법인 및 그 취소 당시 그 법인의 대주주이었던 자로서 그 취소가 있은 날부터 3년이 지나지 아니한 자

3. 「채무자 회생 및 파산에 관한 법률」에 따른 회생절차 중에 있는 회사 및 그 회사의 대주주
4. 금융거래 등 상거래에 있어서 약정한 기일 내에 채무를 변제하지 아니한 자로서 금융위원회가 정하는 자
5. 허가 또는 등록 신청일을 기준으로 최근 3년간 대통령령이 정하는 금융관계법령을 위반하여 벌금형 이상의 처벌을 받은 사실이 있는 자
6. 제1호 내지 제5호에 해당하는 자가 대주주인 법인

제33조(허가와 등록의 신청 등) ① 제28조 및 제29조의 규정에 따라 허가를 받거나 등록을 하고자 하는 자는 대통령령이 정하는 바에 따라 신청서를 금융위원회에 제출하여야 한다.

② 금융위원회는 제1항의 규정에 따라 신청서를 접수한 때에는 대통령령이 정하는 바에 따라 허가 또는 등록을 하고 그 결과를 신청인에게 통보하여야 한다.

③ 금융위원회는 제28조 및 제29조의 규정에 따라 허가 또는 등록을 한 때에는 지체 없이 그 내용을 관보에 공고하고 컴퓨터통신 등을 이용하여 일반인에게 알려야 한다.

제34조(신청에 따른 등록의 말소) ① 제28조제2항 및 제29조의 규정에 따라 등록을 한 자는 대통령령이 정하는 바에 따라 그 등록의 말소를 신청할 수 있다.

② 금융위원회는 제1항의 규정에 따른 신청이 있는 때에는 지체 없이 그 등록을 말소한다.

③ 금융위원회는 제2항의 규정에 따라 등록을 말소한 때에는 지체 없이 그 내용을 관보에 공고하고 컴퓨터통신 등을 이용하여 일반인에게 알려야 한다.

제35조(겸업제한) ① 제28조제1항의 규정에 따라 허가를 받은 전자금융업자는 다음 각 호의 업무가 아닌 업무는 이를 겸영하지 못한다.

1. 제28조제2항 각 호의 업무(등록한 경우에 한한다)
2. 제28조제1항의 규정에 따라 허가를 받은 업무 및 제1호의 업무를 행하기 위하여 필요한 업무로서 대통령령이 정하는 업무

② 제1항의 규정에 불구하고 제28조제1항의 규정에 따라 허가를 받은 전자금융업자는 전자화폐 미상환잔액 전부에 대하여 대통령령이 정하는 금융기관으로부터 지급보증을 받거나 상환보증보험에 가입한 경우에는 제1항 각 호의 규정에서 정한 업무 아닌 업무를 행할 수 있다.

제36조(유사명칭의 사용금지) ① 제2조제15호의 전자화폐가 아닌 것에는 전자화폐라는 명칭을 사용하지 못한다.

② 제28조제1항의 규정에 따라 허가를 받지 아니한 자는 그 상호 중에 전자화폐라는 명칭을 사용하지 못한다.

제37조(가맹점의 준수사항 등) ① 가맹점은 직불전자지급수단이나 선불전자지급수단 또는 전자화폐(이하 "전자화폐등"이라 한다)에 의한 거래를 이유로 재화 또는 용역의 제공 등을 거절하거나 이용자를 불리하게 대우하여서는 아니된다.

② 가맹점은 이용자로 하여금 가맹점수수료를 부담하게 하여서는 아니 된다.

③ 가맹점은 다음 각 호의 어느 하나에 해당하는 행위를 하여서는 아니 된다.

1. 재화 또는 용역의 제공 등이 없이 전자화폐등에 의한 거래를 한 것으로 가장(가장)하는 행위
2. 실제 매출금액을 초과하여 전자화폐등에 의한 거래를 하는 행위
3. 다른 가맹점 이름으로 전자화폐등에 의한 거래를 하는 행위
4. 가맹점의 이름을 타인에게 빌려주는 행위
5. 전자화폐등에 의한 거래를 대행하는 행위

④ 가맹점이 아닌 자는 가맹점의 이름으로 전자화폐등에 의한 거래를 하여서는 아니 된다.

제38조(가맹점의 모집 등) ① 금융기관 또는 전자금융업자가 가맹점을 모집하는 경우에는 가맹점이 되고자 하는 자의 영업여부 등을 확인하여야 한다. 다만, 「여신전문금융업법」 제16조의2의 규정에 따라 이미 확인을 한 가맹점인 경우에는 그러하지 아니하다.

② 금융기관 또는 전자금융업자는 다음 각 호의 어느 하나에 해당하는 거래에 따른 손실을 가맹점에 떠넘길 수 없다. 다만, 금융기관 또는 전자금융업자가 그 거래에 대하여 그 가맹점의 고의 또는 중대한 과실을 증명하는 경우에는 그 손실의 전부 또는 일부를 가맹점의 부담으로 할 수 있다는 취지의 계약을 가맹점과 체결한 경우에는 그러하지 아니하다.

1. 분실되거나 도난된 전자화폐등에 의한 거래
2. 위조되거나 변조된 전자화폐등에 의한 거래

③ 금융기관 또는 전자금융업자는 다음 각 호의 사항을 금융위원회가 정하는 방법에 따라 가맹점에 알려야 한다.

1. 가맹점수수료
2. 제2항의 규정에 따른 가맹점에 대한 책임
3. 제37조의 규정에 따른 가맹점의 준수사항

④ 금융기관 또는 전자금융업자는 가맹점이 제37조의 규정을 위반하여 형의 선고를 받거나 관계 행정기관으로부터 위반사실에 대하여 서면통보를 받는 등 대통령령이 정하는 사유에 해당하는 때에는 특별한 사유가 없는 한 지체 없이 가맹점계약을 해지하여야 한다.

제 5 장 전자금융업무의 감독

제39조(감독 및 검사) ① 금융감독원(「금융위원회의 설치 등에 관한 법률」제24조제1항의 규정에 따른 "금융감독원"을 말한다. 이하 같다)은 금융위원회의 지시를 받아 금융기관 및 전자금융업자에 대하여 이 법 또는 이 법에 의한 명령의 준수여부를 감독한다.

② 금융감독원장(「금융위원회의 설치 등에 관한 법률」제29조제1항의 규정에 따른 "금융감독원장"을 말한다. 이하 같다)은 제1항의 규정에 따른 감독을 위하여 필요한 때에는 금융기관 또는 전자금융업자로 하여금 그 업무 및 재무상태에 관한 보고를 하게 할 수 있다.

③ 금융감독원장은 금융기관 및 전자금융업자의 전자금융업무와 그와 관련된 재무상태를 검사하고, 검사를 위하여 필요하다고 인정하는 때에는 금융기관 및 전자금융업자에 대하여 업무와 재무상태에 관한 자료의 제출 또는 관계인의 출석을 요구할 수 있다.

④ 제3항의 규정에 따라 검사를 하는 자

는 그 권한을 표시하는 증표를 지니고 이를 관계인에게 내보여야 한다.

⑤ 금융감독원장은 제3항의 규정에 따라 검사를 한 때에는 그 결과를 금융위원회가 정하는 바에 따라 금융위원회에 보고하여야 한다.

⑥ 금융위원회는 금융기관 또는 전자금융업자가 이 법 또는 이 법에 따른 명령을 위반하여 금융기관 또는 전자금융업자의 건전한 운영을 해할 우려가 있다고 인정하는 때에는 금융감독원장의 건의에 따라 다음 각 호의 어느 하나에 해당하는 조치를 하거나 금융감독원장으로 하여금 제1호 내지 제3호에 해당하는 조치를 하게 할 수 있다.

1. 위반행위에 대한 시정명령
2. 금융기관 또는 전자금융업자에 대한 주의 또는 경고
3. 임원과 직원에 대한 주의, 경고 또는 문책의 요구
4. 임원의 해임권고 또는 직무정지의 요구

제40조(금융기관등의 제휴 또는 외부주문에 대한 감독 및 검사) ① 금융기관 및 전자금융업자는 전자금융거래와 관련하여 전자금융보조업자와 제휴 또는 외부주문에 관한 계약을 체결하거나 변경하는 때(전자금융보조업자가 다른 전자금융보조업자와 제휴 또는 외부주문에 관한 계약을 체결하거나 변경하는 때를 포함한다)에는 전자금융거래의 안전성 및 신뢰성과 금융기관 및 전자금융업자의 건전성을 확보할 수 있도록 금융위원회가 정하는 기준을 준수하여야 한다.

② 금융위원회는 제1항의 규정에 따른 계약 내용이 금융기관 또는 전자금융업자의 경영의 건전성 및 이용자의 권익을 침해하는 것이라고 인정하는 때에는 그 금융기관 또는 전자금융업자에 대하여 관련 계약 내용의 시정 또는 보완을 지시할 수 있다.

③ 금융감독원장은 제1항의 규정에 따른 제휴 또는 외부주문과 관련하여 금융기관 또는 전자금융업자에 대한 검사를 하는 경우에는 금융위원회가 정하는 기준에 따라 그 전자금융보조업자에 대한 자료제출을 요구할 수 있다.

제41조(한국은행의 자료제출 요구 등) ① 한국은행은 금융통화위원회가 전자지급거래와 관련하여 통화신용정책의 수행 및 지급결제제도의 원활한 운영을 위하여 필요하다고 인정하는 때에는 금융기관 및 전자금융업자에 대하여 자료제출을 요구할 수 있다. 이 경우 요구하는 자료는 금융기관 및 전자금융업자의 업무부담을 고려하여 필요한 최소한의 범위로 한정하여야 한다.

② 한국은행은 금융통화위원회가 통화신용정책의 수행을 위하여 필요하다고 인정하는 때에는 전자화폐발행자 및 제28조제2항제1호의 업무를 행하기 위하여 등록한 금융기관 및 전자금융업자에 대하여 금융감독원에 검사를 요구하거나 한국은행과의 공동검사를 요구할 수 있다.

③ 제1항 및 제2항의 요구 방법 및 절차는 「한국은행법」 제87조 및 제88조의 규정과 「금융위원회의 설치 등에 관한 법률」 제62조의 규정을 준용한다.

제42조(회계처리 구분 및 건전경영지도) ① 금융기관 및 전자금융업자는 자금운용과 전자금융거래와 관련한 업무의 성과를 분석할 수 있도록 제28조제1항 및 제2항에 규정된 업무별로 다른 업무와 구분하여 계리하고, 금융위원회가 정하

는 바에 따라 전자금융거래와 관련한 업무 및 경영실적에 관한 보고서를 작성하여 금융위원회에 제출하여야 한다.
② 금융위원회는 전자금융거래와 관련한 업무를 수행하는 금융기관 또는 전자금융업자의 건전경영을 지도하고 전자금융사고를 예방하기 위하여 대통령령이 정하는 바에 따라 다음 각 호의 사항에 관한 경영지도기준을 정할 수 있다.
1. 자본의 적정성에 관한 사항
2. 자산의 건전성에 관한 사항
3. 유동성에 관한 사항
4. 그 밖에 경영의 건전성 확보를 위하여 필요한 사항

③ 금융위원회는 제28조제1항의 규정에 따라 허가를 받은 금융기관 또는 전자금융업자가 제2항의 경영지도기준을 충족하지 못하는 등 경영의 건전성을 크게 해할 우려가 있다고 인정하는 때에는 자본금의 증액, 이익배당의 제한 등 경영개선을 위하여 필요한 조치를 요구할 수 있다.
④ 제28조제1항의 규정에 따라 허가를 받은 금융기관 또는 전자금융업자의 재무상태가 제2항의 경영지도기준에 미달하거나 거액의 금융사고 또는 부실채권의 발생으로 인하여 제2항의 경영지도기준에 미달하게 될 것이 명백하다고 판단되는 때에 필요한 조치 등에 관하여는 「금융산업의 구조개선에 관한 법률」제10조, 제11조제1항·제4항·제5항, 제13조의2, 제14조, 제14조의2 내지 제14조의5, 제14조의7, 제15조 내지 제19조, 제27조 및 제28조를 준용한다.

제43조(허가와 등록의 취소 등) ① 금융위원회는 금융기관 또는 전자금융업자가 다음 각 호의 어느 하나에 해당하는 때에는 제28조의 규정에 따른 허가 또는 등록을 취소할 수 있다.
1. 허위 그 밖의 부정한 방법으로 제28조의 규정에 따른 허가를 받거나 등록을 한 때
2. 제32조제1호 내지 제5호에 해당하는 때
3. 제2항의 규정에 따른 업무의 정지명령을 위반한 때
4. 정당한 사유 없이 1년 이상 계속하여 영업을 하지 아니한 때
5. 법인의 합병이나 파산이나 영업의 폐지 등으로 사실상 영업을 종료한 때

② 금융위원회는 금융기관 또는 전자금융업자가 다음 각 호의 어느 하나에 해당하는 때에는 6월의 범위 안에서 기간을 정하여 관련 업무의 전부 또는 일부의 정지를 명할 수 있다.
1. 제6조제1항·제2항, 제8조제2항·제3항, 제16조제1항 내지 제4항, 제19조제1항, 제35조, 제36조 또는 제38조제3항·제4항의 규정을 위반한 때
2. 제23조, 제39조제6항, 제40조제2항 또는 제42조제3항의 규정에 따른 금융위원회의 조치나 지시 또는 명령을 어긴 때

③ 금융기관 또는 전자금융업자는 제1항 및 제2항의 규정에 따라 업무의 전부 또는 일부가 정지되거나 허가 또는 등록이 취소된 경우에도 그 처분 전에 행하여진 전자금융거래의 지급 및 결제를 위한 업무를 계속하여 행할 수 있다.
④ 금융위원회는 제1항의 규정에 따라 허가 또는 등록을 취소한 때에는 지체 없이 그 내용을 관보에 공고하고 컴퓨터 통신 등을 이용하여 일반인에게 알려야 한다.

제44조(청문) 금융위원회는 제43조제1항의 규정에 따라 허가 또는 등록을 취소

하고자 하는 경우에는 청문을 실시하여야 한다.

제45조(합병·해산·폐업 등의 인가) ① 제28조제1항의 규정에 따라 허가를 받은 전자금융업자가 다음 각 호의 어느 하나에 해당하는 행위를 하고자 하는 때에는 대통령령이 정하는 바에 따라 금융위원회의 인가를 받아야 한다.

1. 다른 금융기관 또는 전자금융업자와의 합병
2. 해산 또는 전자금융업무의 폐지
3. 영업의 전부 또는 일부의 양도와 양수

② 금융위원회는 제1항의 규정에 따른 인가에 조건을 붙일 수 있다.

제46조(과징금) ① 금융위원회는 금융기관 또는 전자금융업자가 제43조제2항 각 호의 어느 하나에 해당하게 된 때에는 대통령령이 정하는 바에 따라 업무정지 명령에 갈음하여 5천만원 이하의 과징금을 부과할 수 있다.

② 제1항의 규정에 따른 과징금을 부과하는 위반행위의 종별과 정도 등에 따른 과징금의 금액 그 밖에 필요한 사항은 대통령령으로 정한다.

③ 금융위원회는 제1항의 규정에 따른 과징금을 기한 이내에 납부하지 아니하는 때에는 국세체납처분의 예에 따라 이를 징수한다.

④ 금융위원회는 대통령령이 정하는 바에 따라 과징금의 징수 및 체납처분에 관한 업무를 국세청장에게 위탁할 수 있다.

제6장 보 칙

제47조(전자금융거래 통계조사) ① 한국은행은 전자금융거래의 현황 파악과 효과적인 통화신용정책의 수립 및 시행을 위하여 전자금융업 및 전자금융거래에 관한 통계조사를 할 수 있다. 이 경우 필요한 자료를 정부기관, 금융기관등과 전자금융거래 관련 법인과 단체에 요구할 수 있다.

② 제1항의 규정에 따라 자료의 제출을 요구받은 정부기관, 금융기관 등과 전자금융거래 관련 법인과 단체는 정당한 사유가 없는 한 이에 응하여야 한다.

③ 제1항의 규정에 따른 통계조사의 대상과 방법 및 절차에 관하여 필요한 사항은 대통령령으로 정한다.

제48조(권한의 위탁) 금융위원회는 이 법에 따른 권한의 일부를 대통령령이 정하는 바에 따라 금융감독원장에게 위탁할 수 있다.

제7장 벌 칙

제49조(벌칙) ① 다음 각 호의 어느 하나에 해당하는 자는 7년 이하의 징역 또는 5천만원 이하의 벌금에 처한다.

1. 접근매체를 위조하거나 변조한 자
2. 위조되거나 변조된 접근매체를 판매알선·판매·수출 또는 수입하거나 사용한 자
3. 분실되거나 도난된 접근매체를 판매알선·판매·수출 또는 수입하거나 사용한 자
4. 전자금융거래를 위한 전자적 장치 또는 「정보통신망이용 촉진 및 정보보호 등에 관한 법률」 제2조제1항제1호의 규정에 따른 정보통신망에 침입하여 허위 그 밖의 부정한 방법으로 접근매체를 획득하거나 획득된 접근매체를 이용하여 전자금융거래를 한 자
5. 강제로 빼앗거나, 횡령하거나, 사람을

속이거나 공갈하여 획득한 접근매체를 판매알선·판매·수출 또는 수입하거나 사용한 자

② 전자화폐는「형법」제214조 내지 제217조에 정한 죄의 유가증권으로 보아 각 그 죄에 정한 형으로 처벌한다.

③ 제26조의 규정을 위반하여 전자금융거래 정보를 제공하거나, 누설하거나, 업무상 목적 외에 사용한 자(제28조제4항의 규정에 따라 이를 준용하는 선불전자지급수단을 발행하는 자를 포함한다)는 5년 이하의 징역 또는 3천만원 이하의 벌금에 처한다.

④ 다음 각 호의 어느 하나에 해당하는 자는 3년 이하의 징역 또는 2천만원 이하의 벌금에 처한다.

1. 제28조 또는 제29조의 규정에 따라 허가를 받거나 등록을 하지 아니하고 그 업무를 행한 자
2. 허위 그 밖의 부정한 방법으로 제28조 또는 제29조의 규정에 따라 허가를 받거나 등록을 한 자
3. 제37조제3항제3호의 규정을 위반하여 다른 가맹점의 이름으로 전자화폐등에 의한 거래를 한 자
4. 제37조제3항제5호의 규정을 위반하여 전자화폐등에 의한 거래를 대행한 자
5. 제37조제4항의 규정을 위반하여 가맹점의 이름으로 전자화폐등에 의한 거래를 한 자
6. 허위 그 밖의 부정한 방법으로 전자금융거래정보를 열람하거나 제공받은 자

⑤ 다음 각 호의 어느 하나에 해당하는 자는 1년 이하의 징역 또는 1천만원 이하의 벌금에 처한다.

1. 제6조제3항의 규정을 위반하여 접근매체를 양도·양수하거나, 질권을 설정한 자
2. 제36조의 규정을 위반하여 전자화폐의 명칭을 사용한 자
3. 제37조제1항의 규정을 위반하여 전자화폐등에 의한 거래를 이유로 재화 또는 용역의 제공을 거절하거나 이용자를 불리하게 대우한 자
4. 제37조제2항의 규정을 위반하여 이용자에게 가맹점수수료를 부담하게 한 자
5. 제37조제3항제4호의 규정을 위반하여 가맹점의 이름을 타인에게 빌려준 자
6. 제45조제1항의 규정에 따른 인가를 받지 아니하고 동항 각 호의 어느 하나에 해당하는 행위를 한 자

⑥ 제1항제1호 및 제2호의 미수범은 처벌한다.

⑦ 제1항 내지 제6항의 징역형과 벌금형은 병과할 수 있다.

제50조(양벌규정) 법인의 대표자나 법인 또는 개인의 대리인이나 사용인 그 밖의 종업원이 그 법인 또는 개인의 업무에 관하여 제49조의 규정에 해당하는 행위를 한 때에는 그 행위자를 처벌할 뿐만 아니라 그 법인 또는 개인에 대하여도 같은 조의 벌금형을 과한다.

제51조(과태료) ① 다음 각 호의 어느 하나에 해당하는 자(제1호, 제3호, 제4호, 제5호, 제6호의 경우에는 제28조제4항의 규정에 따라 이를 준용하는 선불전자지급수단을 발행하는 자를 포함한다)는 1천만원 이하의 과태료에 처한다.

1. 제7조제2항의 규정을 위반하여 거래내용에 관한 서면을 교부하지 아니한 자
2. 제18조제2항의 규정을 위반하여 선불전자지급수단 또는 전자화폐를 양도하거나 담보로 제공한 자
3. 제22조제1항(제29조제2항에서 준용하

는 경우를 포함한다)의 규정을 위반하여 기록을 생성하거나 보존하지 아니한 자
4. 제24조제1항·제3항 또는 제25조제1항의 규정을 위반하여 약관을 명시하거나 설명하거나, 교부하거나, 게시하거나, 통지 또는 보고하지 아니한 자
5. 제27조제1항의 규정을 위반하여 분쟁처리 절차를 마련하지 아니한 자
6. 제39조제3항(제29조제2항에서 준용하는 경우를 포함한다) 및 제40조제3항의 규정에 따른 검사 및 자료제출을 거부하거나, 방해하거나, 기피한 자
7. 제42조제1항의 규정을 위반하여 회계처리의 구분을 하지 아니한 자 또는 보고서를 제출하지 아니하거나, 허위의 보고서를 제출한 자

② 제1항의 규정에 따른 과태료는 대통령령이 정하는 바에 따라 금융위원회가 부과·징수한다.

③ 제2항의 규정에 따른 과태료 처분을 받아들이지 아니할 이유가 있는 자는 그 처분의 고지를 받은 날부터 30일 이내에 금융위원회에 이의를 제기할 수 있다.

④ 제2항의 규정에 따른 과태료처분을 받은 자가 제3항의 규정에 따라 이의를 제기한 경우에는 금융위원회는 지체 없이 관할법원에 그 사실을 통보하여야 하고, 그 통보를 받은 관할 법원은 「비송사건절차법」에 따른 과태료의 재판을 한다.

⑤ 제3항 규정에 따른 기간 이내에 이의를 제기하지 아니하고 과태료를 납부하지 아니한 때에는 국세체납처분의 예에 따라 징수한다.

부 칙 〈제7929호, 2006.4.28〉

제 1 조(시행일) 이 법은 2007년 1월 1일부터 시행한다.

제 2 조(접근매체 등에 관한 경과조치) 이 법 시행당시 발행된 접근매체 및 전자지급수단은 이 법에 따라 발행된 것으로 본다.

제 3 조(허가 및 등록에 관한 경과조치) ① 이 법 시행당시 전자화폐를 발행하거나 관리하고 있는 자는 이 법 시행일부터 3월 이내에 제28조제1항의 규정에 따라 금융위원회의 허가를 받아야 한다.

② 이 법 시행당시 전자자금이체업무, 직불전자지급수단 또는 선불전자지급수단의 발행 및 관리, 전자지급결제대행에 관한 업무 등을 수행하고 있는 자는 이 법 시행일부터 6월 이내에 제28조제2항의 규정에 따라 금융위원회에 등록하여야 한다.

③ 이 법 시행당시 전자채권관리기관의 업무를 행하고 있는 자는 이 법 시행일부터 3월 이내에 제29조의 규정에 따라 금융위원회에 등록하여야 한다.

제 4 조(다른 법률의 개정) 「여신전문금융업법」일부를 다음과 같이 개정한다.

제17조제1항제1호중 "신용카드 또는 직불카드"를 "신용카드"로 한다.

제17조제1항제2호중 "신용카드등"을 "신용카드"로 한다.

제19조제3항중 "신용카드회원등"을 "신용카드회원"으로 한다.

제19조제4항제3호 및 제5호중 "신용카드등"을 각각 "신용카드"로 한다.

제22조를 삭제한다.

제57조제1항제2호중 "제21조·제22조"를 "제21조"로 한다.

제70조제2항제4호·제5호중 "신용카드등"을 각각 "신용카드"로 한다.

제70조제3항제3호중 "신용카드회원등"을 "신용카드회원"으로 한다.

전자금융거래법 시행령

[제정 2006.12.29 대통령령 제19783호]

제1장 총 칙

제1조(목적) 이 영은 「전자금융거래법」에서 위임된 사항과 그 시행에 관하여 필요한 사항을 규정함을 목적으로 한다.

제2조(금융기관의 범위) 「전자금융거래법」(이하 "법"이라 한다) 제2조제3호마목에서 "대통령령이 정하는 자"라 함은 다음 각 호의 어느 하나에 해당하는 자를 말한다.

1. 「한국산업은행법」에 따른 한국산업은행
2. 「중소기업은행법」에 따른 중소기업은행
3. 「한국수출입은행법」에 따른 한국수출입은행
4. 「산림조합법」에 따른 조합과 그 중앙회의 신용사업부문
5. 「농업협동조합법」에 따른 조합
6. 「수산업협동조합법」에 따른 조합
7. 「한국증권선물거래소법」에 따른 한국증권선물거래소
8. 「증권거래법」에 따른 증권예탁결제원
9. 「금융지주회사법」에 따른 금융지주회사와 「금융지주회사법 시행령」 제2조제2항제1호에 해당하는 회사
10. 「보험업법」에 따른 보험협회와 보험요율산출기관
11. 「화재로 인한 재해보상과 보험가입에 관한 법률」에 따른 한국화재보험협회
12. 「증권거래법」에 따른 한국증권업협회
13. 「선물거래법」에 따른 선물협회
14. 「신용정보의 이용 및 보호에 관한 법률」에 따른 신용정보업자와 종합신용정보집중기관
15. 「금융기관부실자산 등의 효율적 처리 및 한국자산관리공사의 설립에 관한 법률」에 따른 한국자산관리공사
16. 「한국주택금융공사법」에 따른 한국주택금융공사
17. 「신용보증기금법」에 따른 신용보증기금
18. 「기술신용보증기금법」에 따른 기술신용보증기금

제3조(선불전자지급수단의 요건) 법 제2조제14호가목에서 "대통령령이 정하는 특수관계인"이라 함은 발행인과 다음 각 호의 어느 하나에 해당하는 관계에 있는 자를 말한다.

1. 「상법」 제342조의2에 따른 모회사 또는 자회사
2. 「독점규제 및 공정거래에 관한 법률」 제2조제1호의2 또는 제1호의3에 따른 지주회사 또는 자회사
3. 「금융지주회사법」 제2조제1항제1호에 따른 금융지주회사 또는 동항제2호에 따른 자회사

제4조(전자화폐의 범용성 요건) ① 법 제2조제15호가목에서 "대통령령이 정하는 기준 이상의 지역 및 가맹점"이라 함은 2개 이상의 광역지방자치단체(「지방자치법」 제2조제1항제1호에 따른 지방자치단체를 말한다. 이하 같다) 및 500개 이상

의 가맹점을 말한다.

② 법 제2조제15호다목에서 "대통령령이 정하는 업종 수"라 함은 5개 업종을 말한다.

제5조(적용범위의 예외) 법 제3조제1항 단서에서 "대통령령이 정하는 경우"라 함은 다음 각 호의 어느 하나에 해당하는 경우를 말한다.

1. 법 제2조제6호에 따른 결제중계시스템을 이용하는 전자금융거래
2. 「한국은행법」 제81조제1항에 따라 한국은행이 운영하는 지급결제제도를 이용하는 전자금융거래

제6조(접근매체의 갱신 또는 대체발급) 금융기관 또는 전자금융업자는 법 제6조제2항 단서 및 동항제2호에 따라 다음 각 호의 어느 하나에 해당하는 경우에는 이용자의 신청이나 본인의 확인이 없는 때에도 접근매체를 갱신 또는 대체발급할 수 있다.

1. 갱신 또는 대체발급 예정일 전 6월 이내에 사용된 적이 없는 접근매체는 이용자로부터 갱신 또는 대체발급에 대하여 서면동의[「전자서명법」 제2조제3호에 따른 공인전자서명(이하 "공인전자서명"이라 한다)이 있는 전자문서에 의한 동의를 포함한다]를 얻은 경우
2. 갱신 또는 대체발급 예정일 전 6월 이내에 사용된 적이 있는 접근매체는 그 예정일부터 1월 이전에 이용자에게 발급 예정사실을 알린 후 20일 이내에 이용자로부터 이의 제기가 없는 경우

제7조(거래내용의 확인 등) ① 금융기관 또는 전자금융업자는 법 제7조제1항에 따라 이용자가 전자적 장치를 통하여 거래내용을 확인할 수 있도록 하는 경우에 전자적 장치의 운영장애, 그 밖의 사유로 거래내용을 확인하게 할 수 없는 때에는 인터넷 등을 이용하여 즉시 그 사유를 알리고, 그 사유가 종료된 때부터 이용자가 거래내용을 확인할 수 있도록 하여야 한다.

② 금융기관 또는 전자금융업자는 법 제7조제2항에 따라 이용자로부터 거래내용을 서면(전자문서를 제외한다. 이하 같다)으로 제공할 것을 요청받은 경우 전자적 장치의 운영장애, 그 밖의 사유로 거래내용을 제공할 수 없는 때에는 그 이용자에게 즉시 이를 알려야 한다. 이 경우 법 제7조제2항의 거래내용에 관한 서면의 교부기간을 산정함에 있어서 전자적 장치의 운영장애, 그 밖의 사유로 거래내용을 제공할 수 없는 기간은 산입하지 아니한다.

③ 법 제7조제3항에 따른 거래내용의 대상기간은 제12조제1항 각 호에 따른 거래기록의 보존기간으로 한다.

④ 법 제7조제3항에 따른 거래내용의 종류(조회거래를 제외한다. 이하 이 조에서 같다) 및 범위는 다음 각 호와 같다.

1. 전자금융거래의 종류(보험계약의 경우에는 보험계약의 종류를 말한다) 및 금액, 전자금융거래의 상대방에 관한 정보
2. 전자금융거래의 거래일시, 전자적 장치의 종류 및 전자적 장치를 식별할 수 있는 정보
3. 전자금융거래가 계좌를 통하여 이루어지는 경우 거래계좌의 명칭 또는 번호(보험계약의 경우에는 보험증권번호를 말한다)
4. 금융기관 또는 전자금융업자가 전자금융거래의 대가로 받은 수수료
5. 법 제15조제1항에 따른 지급인의 출금

동의에 관한 사항

6. 그 밖에 이용자의 전자금융거래내용 확인에 필요한 사항으로서 금융위원회가 정하여 고시하는 사항

⑤ 금융기관 또는 전자금융업자는 법 제7조제2항에 따른 거래내용의 서면 제공과 관련하여 그 요청의 방법·절차, 접수창구의 주소(전자우편주소를 포함한다) 및 전화번호 등을 전자금융거래와 관련한 약관(이하 "약관"이라 한다)에 규정하여야 한다.

제8조(고의나 중대한 과실의 범위) 법 제9조제3항에 따른 고의나 중대한 과실의 범위는 다음 각 호와 같다

1. 이용자가 접근매체를 제3자에게 대여하거나 그 사용을 위임한 경우 또는 양도나 담보의 목적으로 제공한 경우(법 제18조에 따라 선불전자지급수단이나 전자화폐를 양도하거나 담보로 제공한 경우를 제외한다)
2. 제3자가 권한 없이 이용자의 접근매체를 이용하여 전자금융거래를 할 수 있음을 알았거나 쉽게 알 수 있었음에도 불구하고 접근매체를 누설하거나 노출 또는 방치한 경우

제9조(선불전자지급수단이나 전자화폐의 분실과 도난 책임) 법 제10조제1항 단서에서 "대통령령이 정하는 경우"라 함은 선불전자지급수단이나 전자화폐의 분실 또는 도난의 통지를 하기 전에 저장된 금액에 대한 손해에 대하여 그 책임을 이용자의 부담으로 할 수 있다는 취지의 약정이 금융기관 또는 전자금융업자와 이용자 간에 미리 체결된 경우를 말한다.

제10조(출금 동의의 방법) 법 제15조제1항에 따라 지급인으로부터 출금에 대한 동의를 얻는 방법은 다음 각 호와 같다.

1. 금융기관 또는 전자금융업자가 지급인으로부터 서면(공인전자서명이 있는 전자문서를 포함한다. 이하 이 조에서 같다)에 의하여 출금신청을 받는 방법
2. 수취인이 지급인으로부터 서면에 의한 출금의 동의를 받아 금융기관 또는 전자금융업자에게 전달(전자적 방법으로 출금의 동의내역을 전송하는 것을 포함한다)하는 방법

제11조(전자화폐의 발행 및 환금방법) ① 법 제16조제1항 단서에서 "대통령령이 정하는 금액"이라 함은 5만원을 말한다.

② 전자화폐발행자는 법 제16조제1항·제2항 및 제4항에 따라 전자화폐를 발행하거나 현금 또는 예금과 교환하는 경우에는 그 전자화폐발행자의 중앙전산시스템을 경유하여야 하며, 다음 각 호의 사항을 기록·관리하여야 한다. 다만, 법 제16조제1항 단서에 따른 전자화폐의 경우에는 전자화폐발행자의 중앙전산시스템을 경유하지 아니할 수 있으며, 제2호의 사항을 기록·관리하지 아니할 수 있다.

1. 전자화폐의 발행 또는 교환의 일시와 금액
2. 전자화폐의 발행신청인 또는 교환신청인
3. 전자화폐 접근매체의 식별번호
4. 그 밖에 전자화폐의 발행 또는 교환에 관한 사항

③ 전자화폐발행자는 전자화폐보유자가 전자화폐를 현금 또는 예금으로 교환하여 줄 것을 요청하는 경우에는 이를 발행하는 모든 장소에서 그 교환에 응하여야 한다. 다만, 법 제16조제1항 단서에 따른 전자화폐의 경우 교환의 편의성을 해치지 아니하는 범위에서 그 이용자에게

교환장소를 별도로 정하여 알린 경우에는 그 장소에서만 교환에 응할 수 있다.
④ 전자화폐발행자는 전자화폐보유자가 교환을 요구하면 교환요구금액 전부를 즉시 현금으로 지급하거나 전자화폐보유자의 예금계좌로 지급하여야 한다. 다만, 전자화폐의 파손 등으로 인하여 교환요구금액을 확인할 수 없으면 교환을 요구받은 날부터 15일 이내에 해당 전자화폐가맹점의 대금청구와 이에 따른 결제내역 등을 확인한 후 즉시 그 금액을 지급하여야 한다.

제12조(거래기록의 보존기간 및 방법 등) ① 법 제22조제1항 및 제2항에 따른 거래기록의 종류별 보존기간은 다음 각 호와 같다.

1. 다음 각 목의 거래기록은 5년간 보존하여야 한다.
   가. 제7조제4항제1호 내지 제5호에 관한 사항
   나. 해당 전자금융거래와 관련한 전자적 장치의 접속기록
   다. 전자금융거래의 신청 및 조건의 변경에 관한 사항
   라. 건당 거래금액이 1만원을 초과하는 전자금융거래에 관한 기록
2. 다음 각 목의 거래기록은 1년간 보존하여야 한다.
   가. 건당 거래금액이 1만원 이하인 전자금융거래에 관한 기록
   나. 전자지급수단의 이용과 관련된 거래승인에 관한 기록
   다. 그 밖에 금융위원회가 정하여 고시하는 거래기록

② 금융기관 또는 전자금융업자와 동일한 거래기록을 생성·보존하는 전자금융보조업자가 제1항제1호 각 목의 거래기록을 보존하여야 하는 기간은 동항제1호에 불구하고 3년으로 한다.
③ 금융기관·전자금융업자 및 전자금융보조업자(이하 "금융기관등"이라 한다)는 제1항 및 제2항의 거래기록을 서면, 마이크로필름, 디스크 또는 자기테이프, 그 밖의 전산정보처리조직을 이용한 방법으로 보존하여야 한다.
④ 금융기관등은 제3항에 따라 거래기록을 디스크, 자기테이프, 그 밖의 전산정보처리조직을 이용하여 보존하는 경우에는 「전자거래기본법」 제5조제1항 각 호의 요건을 모두 갖추어야 한다.

제13조(이용한도 등) ① 법 제23조에 따른 전자화폐 및 선불전자지급수단의 발행권면 최고한도는 50만원으로 한다.
② 법 제23조에 따른 전자자금이체의 이용한도는 100억원의 범위 안에서 금융위원회가 정하여 고시한다. 다만, 금융기관 또는 전자금융업자와 이용자 간에 별도의 계약이 있는 경우에는 그 이용한도를 달리 정할 수 있다.
③ 법 제23조에 따른 직불전자지급수단의 이용한도는 1억원의 범위 안에서 금융위원회가 정하여 고시한다.
④ 제2항 본문 및 제3항에 따른 이용한도의 구체적인 사항은 전자자금이체의 방법, 이용횟수나 이용기간 등을 고려하여 금융위원회가 정하여 고시한다.

제14조(분쟁처리 및 분쟁조정 신청절차 등) ① 금융기관 또는 전자금융업자는 법 제27조제1항에 따라 손해배상 등의 분쟁처리를 위한 분쟁처리책임자 및 담당자를 지정하고, 그 연락처(전화번호·모사전송번호·전자우편주소 등을 말한다)를 인터넷 등을 통하여 이용자에게 알려야 한다.

② 이용자는 법 제27조제2항에 따라 손해배상 등의 분쟁처리를 요구하는 경우에는 서면(전자문서를 포함한다) 또는 전자적 장치를 이용하여 금융기관 또는 전자금융업자의 본점이나 영업점에 분쟁의 처리를 신청할 수 있다. 이 경우 금융기관 또는 전자금융업자는 15일 이내에 손해배상 등 분쟁처리에 대한 조사 또는 처리 결과를 이용자에게 알려야 한다.

③ 이용자는 법 제27조제2항에 따라 「금융위원회의 설치 등에 관한 법률」에 따른 금융감독원의 금융분쟁조정위원회 또는 「소비자보호법」에 따른 한국소비자보호원의 소비자분쟁조정위원회에 분쟁조정을 신청할 수 있다.

제15조(허가 또는 등록면제 등) ①법 제28조제1항 단서에서 "대통령령이 정하는 금융기관"이라 함은 다음 각 호의 어느 하나에 해당하는 금융기관을 말한다.

1. 법 제2조제3호다목 및 라목에 규정된 금융기관
2. 「금융위원회의 설치 등에 관한 법률」 제38조제6호・제7호・제11호 및 제12호에 규정된 기관
3. 「여신전문금융업법」에 따른 여신전문금융회사 중 신용카드사업자
4. 「장기신용은행법」에 따라 인가를 받아 설립된 금융기관
5. 제2조제1호 내지 제6호에 규정된 기관

② 법 제28조제2항 단서에서 "대통령령이 정하는 금융기관"이라 함은 제1항 각 호의 어느 하나에 해당하는 금융기관을 말한다. 다만, 제1항제3호의 자는 법 제28조제2항제1호의 전자자금이체업무를 금융위원회에 등록하지 아니하고 행할 수 있는 금융기관에서 제외한다.

③ 법 제28조제2항제5호에서 "대통령령이 정하는 전자금융업무"라 함은 전자금융거래와 관련하여 자금을 수수(授受)하거나 수수를 대행하는 전자금융업무로서 다음 각 호의 어느 하나에 해당하는 업무를 말한다.

1. 「전자상거래 등에서의 소비자보호에 관한 법률」 제13조제2항제10호에 따라 결제대금을 예치받는 업무
2. 수취인을 대행하여 지급인이 수취인에게 지급하여야 할 자금의 내역을 전자적인 방법으로 지급인에게 고지하고, 자금을 직접 수수하며 그 정산을 대행하는 업무

④ 법 제28조제3항제1호가목에서 "대통령령이 정하는 기준"이라 함은 다음 각 호의 어느 하나에 해당하는 것을 말한다.

1. 가맹점이 1개의 기초자치단체(「지방자치법」 제2조제1항제2호에 따른 지방자치단체를 말하며, 제주특별자치도의 경우에는 행정시를 말한다) 안에만 위치할 것
2. 가맹점 수가 10개 이하일 것
3. 가맹점이 1개의 건축물(「건축법」 제2조제1항제2호에 따른 건축물을 말한다) 안에만 위치할 것
4. 가맹점이 1개의 사업장(「부가가치세법 시행령」 제4조 및 제4조의2에 따른 사업장을 말한다) 안에만 위치할 것

⑤ 법 제28조제3항제1호나목에서 "대통령령이 정하는 금액"이라 함은 30억원을 말한다. 이 경우 법 제28조제3항제1호나목에 따른 총발행잔액의 구체적인 산정방법은 금융위원회가 정하여 고시한다.

⑥ 법 제28조제3항제1호다목에서 "대통령령이 정하는 방법에 따라 상환보증보험 등에 가입한 경우"라 함은 선불전자지급수단의 미상환잔액 전부에 대하여

제22조제2항 각 호의 어느 하나에 해당하는 금융기관으로부터 지급보증을 받거나 상환보증보험(이에 상당하는 공제를 포함한다)에 가입한 경우를 말한다.

⑦ 법 제28조제3항제2호에서 "대통령령이 정하는 전자지급결제대행에 관한 업무"라 함은 전자금융거래와 관련된 자금을 수수하거나 수수를 대행하지 아니하고 전자지급거래에 관한 정보만을 단순히 전달하는 업무를 말한다.

⑧ 법 제28조제4항 단서에서 "대통령령이 정하는 금융사고가 발생한 경우"라 함은 다음 각 호의 어느 하나에 해당하는 경우를 말한다.

1. 해당 법인 임직원의 위법하거나 부당한 행위로 이용자 또는 가맹점에 대한 환급 또는 정산이 사실상 불가능하게 된 경우
2. 해당 전자금융업무와 관련된 접근매체의 위조 또는 변조로 이용자 또는 가맹점에 손해가 발생한 경우
3. 해당 지급수단의 관리를 위한 정보처리시스템의 장애로 이용자 또는 가맹점에 손해가 발생한 경우
4. 해당 법인의 임직원 또는 가맹점이 이용자의 전자금융거래정보를 노출하거나 그 밖에 다른 법령에 따른 개인정보 또는 신용정보보호 관련 규정을 위반한 것이 명백한 경우

제16조(전자채권 등록에 관한 절차와 방법 등) ① 전자채권을 전자채권관리기관(법 제29조제1항에 따라 전자채권의 등록 및 관리업무를 행하기 위하여 등록한 자를 말한다. 이하 이 조에서 같다)에 등록하려는 자는 미리 금융기관과 전자채권의 발행 및 채무의 이행을 위한 계좌개설약정을 체결하여야 한다.

② 전자채권관리기관은 금융기관을 거쳐 전자채권의 등록을 신청받은 때에는 그 전자채권의 발행 내역의 이상 유무를 확인하고, 이상이 없으면 전자채권등록원장에 등록한 후 이를 채권자에게 통지하여야 한다.

③ 전자채권관리기관이 제2항에 따라 전자채권을 등록하는 경우 그 등록사항은 다음 각 호와 같다.

1. 전자채권의 채권번호와 종류(보증채권인지 무보증채권인지 여부)
2. 채권자 및 채무자와 그 거래 금융기관에 관한 사항
3. 전자채권의 발행일 및 변제기
4. 전자채권의 발행한도 및 발행금액
5. 그 밖에 전자채권의 등록에 필요한 사항

④ 전자채권관리기관은 등록된 전자채권에 대하여 다음 각 호의 사항을 관리하여야 한다.

1. 전자채권의 변제기와 관련된 사항의 채무자에 대한 통지
2. 전자채권의 변제내역 및 미변제내역
3. 전자채권의 양도내역
4. 금융기관간 전자채권 관련 결제내역
5. 전자채권 관련 거래의 정지에 관한 사항
6. 그 밖에 전자채권의 관리와 관련된 사항

제17조(자본금 요건) ① 법 제30조제2항에서 "대통령령이 정하는 금액"이라 함은 다음 각 호와 같다.

1. 법 제28조제2항제1호의 전자자금이체업무의 경우 : 30억원
2. 법 제28조제2항제2호의 직불전자지급수단의 발행 및 관리의 경우 : 20억원
3. 법 제28조제2항제3호의 선불전자지급

수단의 발행 및 관리의 경우 : 20억원
법 제30조제3항에서 "대통령령이 정하는 금액"이라 함은 다음 각 호와 같다.

1. 법 제28조제2항제4호의 전자지급결제대행에 관한 업무의 경우 : 10억원
2. 제15조제3항제1호의 업무의 경우 : 10억원
3. 제15조제3항제2호의 업무의 경우 : 5억원
4. 법 제29조의 전자채권의 등록 및 관리업무의 경우 : 30억원

③ 법 제28조 및 법 제29조에 따른 업무를 둘 이상 영위하려는 경우에는 제1항 각 호 및 제2항 각 호의 구분에 따른 금액의 합계액을 자본금·출자총액 또는 기본재산으로 한다. 다만, 그 합계액이 50억원 이상이면 50억원으로 한다.

제18조(재무건전성 기준 등) ① 법 제28조 및 법 제29조에 따른 허가를 받거나 등록을 하려는 자(이하 이 조에서 "신청인"이라 한다)가 「금융위원회의 설치 등에 관한 법률」 제38조에 규정된 금융감독원의 검사대상기관인 경우에는 그 기관의 설립·운영 등에 관한 법령에서 정하는 경영건전성에 관한 기준 등을 감안하여 금융위원회가 정하여 고시하는 재무건전성 기준에 적합하여야 한다.

② 신청인이 제1항의 검사대상기관이 아닌 경우에는 신청인[신청인의 대주주가 「독점규제 및 공정거래에 관한 법률」 제2조제2호에 따른 기업집단(동법 시행령 제17조제1항제1호 및 제2호에 해당하는 기업집단을 제외한다. 이하 이 조에서 "기업집단"이라 한다)에 속하는 기업이면 금융업 또는 보험업을 영위하는 회사를 제외한 그 기업집단을 포함한다]의 자기자본·출자총액 또는 기본재산에 대한 부채총액의 비율이 100분의 200의 범위 안에서 금융위원회가 정하여 고시하는 비율 이하이어야 한다. 다만, 다음 각 호의 요건을 모두 갖춘 신청인에 대하여는 금융위원회가 그 비율을 달리 정하여 고시할 수 있다.

1. 정부 또는 광역지방자치단체(이하 "정부등"이라 한다)가 자본금·출자총액 또는 기본재산의 100분의 10 이상을 소유하고 있거나 출자하고 있을 것
2. 신청인의 사업 수행이 곤란하게 되는 경우 정부등이 해당 사업을 인수할 것을 확약하는 등 그 사업의 연속성에 대하여 정부등이 보장하고 있을 것
3. 금융위원회가 정하여 고시하는 요건에 맞추어 재무구조개선계획을 제출할 것

③ 법 제31조제1항제5호에서 "대통령령이 정하는 주요출자자"라 함은 다음 각 호와 같다.

1. 의결권 있는 발행주식총수 또는 출자총액을 기준으로 본인 및 그와 「증권거래법 시행령」 제10조의3제2항 각 호의 어느 하나에 해당하는 관계에 있는 자(이하 "특수관계인"이라 한다)가 소유하는 주식의 수 또는 출자지분이 가장 많은 경우의 그 본인(이하 "최대주주"라 한다). 다만, 최대주주가 법인인 경우에는 다음 각 목의 어느 하나에 해당하는 자를 포함한다.
   가. 최대주주인 법인의 최대주주(최대주주인 법인을 사실상 지배하는 자가 그 법인의 최대주주와 다른 경우에는 그 사실상 지배하는 자를 포함한다)
   나. 최대주주인 법인의 대표자
2. 최대주주의 특수관계인인 주주 또는 출자자

3. 누구의 명의로 하든지 자기의 계산으로 소유한 주식 또는 출자지분의 합계액이 의결권 있는 발행주식총수 또는 출자총액의 100분의 10 이상에 해당하는 자
4. 임원의 임면(任免) 등 해당 법인의 주요 경영사항에 대하여 사실상 영향력을 행사하고 있는 주주 또는 출자자

제19조(대주주인 출자자 등) ① 법 제32조제1호에서 "대통령령이 정하는 출자자"라 함은 법인의 의결권 있는 주식 또는 출자지분을 많이 소유하고 있는 자부터 순차적으로 그 소유주식수 또는 출자지분을 합하여 의결권 있는 발행주식총수 또는 출자총액의 100분의 50에 달하는 때에 그에 포함되는 주주 또는 출자자 모두를 말한다. 이 경우 소유주식수 또는 출자지분의 합계가 발행주식총수 또는 출자총액의 100분의 50이 되는 때의 소유주식수 또는 출자지분이 같은 자가 2인 이상인 경우에는 이들 모두를 포함한다.

② 법 제32조제5호에서 "대통령령이 정하는 금융관계법령"이라 함은 별표 1 각 호의 법령을 말한다.

제20조(허가와 등록의 신청방법 등) ① 법 제28조 및 법 제29조에 따라 허가를 받거나 등록을 하려는 자는 다음 각 호의 사항을 기재한 허가 또는 등록신청서를 금융위원회에 제출하여야 한다.
1. 상호 및 주된 사무소의 소재지
2. 임원에 관한 사항
3. 자본금 및 출자자(금융위원회가 정하여 고시하는 소액출자자를 제외한다)의 성명 또는 명칭과 그 지분율
4. 영위하려는 전자금융업무
5. 전자금융업무 외의 사업을 영위하고 있거나 영위하려는 자의 경우에는 해당 사업의 내용(허가의 경우에 한한다)

② 제1항에 따른 신청서에는 다음 각 호의 서류를 첨부하여야 한다. 이 경우 담당 공무원은 「전자정부구현을 위한 행정업무 등의 전자화촉진에 관한 법률」 제21조제1항에 따른 행정정보의 공동이용을 통하여 법인등기부등본(신청인이 법인인 경우에 한한다)을 확인하여야 하며, 신청인이 확인에 동의하지 아니하는 경우에는 해당 서류를 첨부하도록 하여야 한다.
1. 정관 및 자본금 납입 증명서류
2. 재무제표와 그 부속서류
3. 주주의 구성(허가의 경우에 한한다)
4. 업무개시 후 3년 간의 사업계획서(추정 재무제표 및 예산수지 계산서를 포함한다)
5. 전문인력 및 시설현황을 기재한 서류
6. 영업현황(허가의 경우에 한한다)을 기재한 서류
6. 임원의 이력서 및 경력증명서
7. 그 밖에 허가 또는 등록에 필요한 서류로서 금융위원회가 정하여 고시하는 서류

③ 금융위원회는 제1항에 따라 허가신청서를 제출받은 날부터 3월 이내에 허가여부를 결정하고, 신청인에게 통보하여야 한다.

④ 금융위원회는 제1항에 따라 등록신청서를 제출한 자가 법 제31조의 등록요건을 갖춘 경우에는 지체 없이 등록을 하고, 그 사실을 신청인에게 통보하여야 한다.

⑤ 금융위원회는 제1항 및 제2항에 따라 제출받은 서류에 흠결이 있는 경우에는

서류를 제출받은 날부터 10일 이내에 보완할 것을 요청할 수 있다. 이 경우 보완에 걸린 기간은 제3항에 따른 기간에 산입하지 아니한다.

제21조(등록말소신청) 법 제34조제1항에 따라 등록의 말소를 신청하려는 자는 금융위원회가 정하여 고시하는 바에 따라 이용자 보호조치를 마친 후, 다음 각 호의 사항을 기재한 등록말소신청서를 금융위원회에 제출하여야 한다.

1. 상호 및 주된 사무소 소재지
2. 등록을 말소하려는 전자금융업무의 종류
3. 등록말소의 사유
4. 등록말소에 따른 이용자 보호조치내역

제22조(겸업가능 업무 등) ① 법 제35조제1항제2호에서 "대통령령이 정하는 업무"라 함은 다음 각 호의 어느 하나에 해당하는 업무를 말한다.

1. 전자금융업과 관련된 정보처리시스템 및 소프트웨어의 개발·판매·대여
2. 금융기관 및 전자금융업자를 위한 전자금융업무의 일부 대행
3. 그 밖에 법 제28조 또는 법 제29조에 따른 허가를 받거나 등록을 한 업무를 수행하기 위하여 필요한 업무로서 금융위원회가 정하여 고시하는 업무

② 법 제35조제2항에서 "대통령령이 정하는 금융기관"이라 함은 다음 각 호의 어느 하나에 해당하는 기관을 말한다.

1. 「금융감독기구 설치 등에 관한 법률」 제38조제1호·제5호·제11호 및 제12호의 기관
2. 「신용보증기금법」에 따른 신용보증기금
3. 「기술신용보증기금법」에 따른 기술신용보증기금
4. 「보험업법」에 따른 보험회사
5. 제2조제1항제1호 및 제2호의 금융기관

제23조(전자금융업 가맹점계약 해지 사유) 법 제38조제4항에서 "대통령령이 정하는 사유"라 함은 다음 각 호의 어느 하나에 해당하는 경우를 말한다.

1. 가맹점이 법 제26조 또는 법 제37조제3항제3호 내지 제5호를 위반하여 형을 선고받은 경우
2. 가맹점이 법 제37조제1항·제2항 또는 제3항제3호 내지 제5호를 위반한 사실에 관하여 관계 행정기관으로부터 서면통보가 있는 경우
3. 관계 행정기관으로부터 해당 가맹점의 폐업사실을 서면으로 통보받은 경우

제24조(경영지도의 기준) 법 제42조제2항에 따른 경영지도의 기준에는 다음 각 호의 사항이 포함되어야 한다.

1. 법 제28조 또는 법 제29조에 따른 허가 또는 등록의 요건인 자본금의 유지에 관한 사항
2. 자기자본의 보유기준에 관한 사항
3. 유동성부채에 대한 유동성자산의 보유기준에 관한 사항
4. 총자산 대비 투자위험성이 낮은 자산의 비율에 관한 사항
5. 미상환잔액 대비 자기자본의 비율에 관한 사항(선불전자지급수단의 발행인 및 전자화폐발행자에 한한다)

제25조(합병·해산·폐업 등의 인가) ① 금융위원회는 법 제45조제1항에 따라 합병·해산 또는 폐지의 인가를 하는 경우에는 다음 각 호의 사항을 고려하여야 한다.

1. 법 제45조제1항제1호에 따른 합병의 경우
   가. 전자금융산업의 효율화와 신용질

서의 유지에 지장을 주지 아니할 것
나. 합병에 따른 영업계획 및 조직운영계획이 적정할 것
다. 합병으로 인하여 설립되는 회사 또는 합병 후 존속하는 회사 등이 법 제30조 내지 제32조를 위반하지 아니할 것
라. 「상법」과 「증권거래법」, 그 밖의 관계 법령에 따른 절차이행에 하자가 없을 것
2. 법 제45조제1항제2호에 따른 해산 또는 폐지의 경우
가. 해당 금융기관의 경영 및 재무상태 등에 비추어 부득이한 사정이 있을 것
나. 전자화폐 이용자 및 가맹점 보호와 신용질서유지에 지장을 주지 아니할 것
다. 「상법」과 「증권거래법」, 그 밖에 관계 법령에 따른 절차이행에 하자가 없을 것

② 법 제45조제1항제3호에 따른 영업의 전부 또는 일부의 양수 인가에 관하여는 제1항제1호를, 영업의 전부 또는 일부의 양도 인가에 관하여는 제1항제2호를 각각 준용한다.
③ 금융위원회는 법 제45조제1항에 따른 인가의 세부요건, 신청서류, 그 밖에 필요한 사항을 정하여 고시할 수 있다.

제26조(업무정지 및 과징금부과의 기준 등) ① 법 제43조제2항에 따라 업무정지를 명하거나 법 제46조제1항에 따라 과징금을 부과할 수 있는 위반행위의 종별에 따른 업무정지의 기간 및 과징금의 금액은 별표 2와 같다.
② 금융위원회는 위반행위의 정도 및 위반횟수 등을 참작하여 제1항에 따른 업무정지의 기간 또는 과징금의 금액의 2분의 1의 범위 안에서 가중하거나 감경할 수 있다. 다만, 가중하는 경우에도 업무정지의 기간은 6월을, 과징금의 총액은 5천만원을 초과할 수 없다.

제27조(과징금의 부과 및 납부) ① 금융위원회는 법 제46조제1항에 따라 과징금을 부과하려는 때에는 그 위반행위의 종별과 해당 과징금의 금액 등을 명시하여 납부할 것을 서면으로 통지하여야 한다.
② 제1항에 따라 통지를 받은 자는 20일 이내에 과징금을 금융위원회가 정하여 고시하는 수납기관에 납부하여야 한다. 다만, 천재지변이나 그 밖에 부득이한 사유로 그 기간 안에 과징금을 납부할 수 없을 때에는 그 사유가 없어진 날부터 7일 이내에 납부하여야 한다.
③ 제2항에 따라 과징금을 납부받은 수납기관은 영수증을 납부자에게 교부하고, 지체 없이 수납한 사실을 금융위원회에 통보하여야 한다.
④ 과징금은 이를 분납할 수 없다.

제28조(체납처분의 위탁) ① 금융위원회는 법 제46조제4항에 따라 체납처분에 관한 업무를 국세청장에게 위탁하는 때에는 다음 각 호의 서류를 첨부한 서면으로 하여야 한다.
1. 금융위원회 의결서
2. 세입징수결의서 및 고지서
3. 납부독촉장

② 국세청장은 제1항에 따라 위탁받은 체납처분 업무를 종료한 경우에는 그 업무 종료 일시, 그 밖에 필요한 사항을 종료일부터 30일 이내에 금융위원회에 서면으로 통보하여야 한다.

제29조(통계조사의 대상과 방법 등) 법 제

47조제1항에 따라 한국은행이 실시하는 전자금융업 및 전자금융거래에 관한 통계조사는 다음 각 호의 사항을 대상으로 한다.

1. 전자금융업무를 영위하거나 이를 보조하는 기관 또는 단체나 사업자의 자산·부채 및 자본금, 전자금융거래에 관련된 매출·비용 및 수익에 관한 사항
2. 전자금융거래를 처리하는 정보처리시스템 현황에 관한 사항
3. 전자지급수단의 발행 및 이용과 전자자금이체, 전자지급결제대행 및 전자채권거래 등 전자금융거래의 현황에 관한 사항
4. 그 밖에 전자금융업 및 전자금융거래에 관한 현황파악 또는 통화신용정책의 수행에 필요한 사항

제30조(권한의 위탁) ① 금융위원회는 법 제48조에 따라 다음 각 호의 업무를 금융감독원장에게 위탁한다.

1. 법 제25조에 따른 약관의 제정 및 변경 보고의 접수, 약관 변경의 권고
2. 법 제28조·제33조 및 제34조에 따른 등록 및 등록 말소
3. 법 제40조에 따른 제휴 또는 외부 주문계약에 대한 시정 또는 보완 지시
4. 법 제42조에 따른 업무 및 경영실적보고서의 접수

② 금융감독원장은 제1항에 따라 위탁받은 업무의 처리결과를 금융위원회가 정하여 고시하는 바에 따라 금융위원회에 보고하여야 한다.

제31조(과태료 부과·징수절차) ① 금융위원회는 법 제51조제2항에 따라 과태료를 부과할 때에는 해당 위반행위를 조사·확인한 후 위반사실·과태료금액 등을 서면으로 명시하여 이를 납부할 것을 과태료처분대상자에게 통지하여야 한다.

② 금융위원회는 제1항에 따라 과태료를 부과하려는 때에는 10일 이상의 기간을 정하여 과태료처분대상자에게 구술 또는 서면(전자문서를 포함한다)에 의한 의견진술의 기회를 주어야 한다. 이 경우 지정된 기일까지 의견진술이 없는 때에는 의견이 없는 것으로 본다.

③ 금융위원회는 과태료의 금액을 정함에 있어서는 해당 위반행위의 동기와 그 결과 등을 참작하여야 한다.

④ 과태료는 국고금관리법령의 수입금 징수에 관한 절차의 예에 따라 징수한다. 이 경우 납입고지서에는 이의신청방법과 이의신청기간 등을 함께 기재하여야 한다.

부 칙 〈제19783호, 2006.12.29〉

① (시행일) 이 영은 2007년 1월 1일부터 시행한다.

② (다른 법령의 개정) 전자상거래 등에서의 소비자보호에 관한 법률 시행령 일부를 다음과 같이 개정한다.

제19조의2제1항을 다음과 같이 하고, 동조제2항을 삭제하며, 동항제3항 각 호 외의 부분중 "제1항제10호의 규정에 따른 사업자가 동항동호 라목의 규정에 따라"를 "제1항제1호에 따른 사업자가 동항동호가목에 따라"로 한다.

① 법 제13조제2항제10호에서 "대통령령이 정하는 제3자"라 함은 다음 각 호의 어느 하나에 해당하는 자를 말한다.

1. 법 제13조제2항제10호의 결제대금예치업무를 하기 위하여 「전자금융거래법」 제28조제2항제5호 및 동법 시행령 제15조제3항제1호에 따라 금융위원회

에 등록한 자로서 다음 각 목의 요건을 모두 갖춘 사업자
가. 법 제24조제1항에 따른 소비자피해보상보험계약 등(이하 "소비자피해보상보험계약등"이라 한다)을 체결할 것
나. 「금융위원회의 설치 등에 관한 법률」 제38조에 따른 금융기관 또는 「우체국예금·보험에 관한 법률」에 따른 체신관서에 결제대금의 예치만을 위한 계좌로 개설·통보한 계좌에 소비자의 결제대금을 예치할 것
2. 「전자금융거래법」 제28조제2항 단서에 따른 금융기관

[별표 1] 허가 및 등록의 결격사유와 관련된 금융관계법령(제19조제2항 관련)

1. 「은행법」
2. 「한국은행법」
3. 「예금자보호법」
4. 「한국산업은행법」
5. 「중소기업은행법」
6. 「장기신용은행법」
7. 「한국수출입은행법」
8. 「증권거래법」
9. 「종합금융회사에 관한 법률」
10. 「신탁업법」
11. 「간접투자자산 운용업법」
12. 「보험업법」
13. 「자산유동화에 관한 법률」
14. 「주택저당채권 유동화회사법」
15. 「산업발전법」
16. 「상호저축은행법」
17. 「여신전문금융업법」
18. 「신용보증기금법」
19. 「기술신용보증기금법」
20. 「신용협동조합법」
21. 「새마을금고법」
22. 「중소기업 창업지원법」
23. 「신용정보의 이용 및 보호에 관한 법률」
24. 「선물거래법」
25. 「금융위원회의 설치 등에 관한 법률」
26. 「농업협동조합법」
27. 「수산업협동조합법」
28. 「산림조합법」
29. 「외국환거래법」
30. 「외국인투자촉진법」
31. 「금융산업의 구조개선에 관한 법률」
32. 「금융실명거래 및 비밀보장에 관한 법률」
33. 「금융지주회사법」
34. 「금융기관부실자산 등의 효율적 처리 및 한국자산관리공사의 설립에 관한 법률」
35. 「특정 금융거래정보의 보고 및 이용 등에 관한 법률」
36. 「한국주택금융공사법」
37. 「유사수신행위의 규제에 관한 법률」
38. 「대부업의 등록 및 금융이용자보호에 관한 법률」

[별표 2] 위반행위별 업무정지의 기간 및 과징금의 금액(제26조제1항 관련)

위 반 행 위	해당 법조문	업무정지 기간	과징금의 금액
1. 전자화폐발행자가 법 제16조제1항을 위반한 때	법 제43조제2항제1호	6월	5천만원
2. 전자금융업자가 법 제35조를 위반한 때	법 제43조제2항제1호	6월	5천만원
3. 금융기관 또는 전자금융업자가 법 제36조를 위반한 때	법 제43조제2항제1호	6월	5천만원
4. 금융기관 또는 전자금융업자가 법 제6조제1항 · 제2항 · 제38조제3항 · 제4항을 위반한 때	법 제43조제2항제1호	3월	3천만원
5. 전자화폐발행자가 법 제16조제2항 내지 제4항을 위반한 때	법 제43조제2항제1호	3월	3천만원
6. 금융기관 또는 전자금융업자가 법 제23조 · 제39조제6항에 따른 금융위원회의 조치를 어긴 때	법 제43조제2항제2호	3월	3천만원
7. 금융기관 또는 전자금융업자가 법 제8조제2항 · 제3항을 위반한 때	법 제43조제2항제1호	1월	1천만원
8. 금융기관 또는 전자금융업자가 법 제19조제1항을 위반한 때	법 제43조제2항제1호	1월	1천만원
9. 금융기관 또는 전자금융업자가 법 제40조제2항 또는 제42조제3항에 따른 금융위원회의 지시 또는 명령을 어긴 때	법 제43조제2항제2호	1월	1천만원

전자어음의 발행 및 유통에 관한 법률

[제정 2004.3.22 법률 제7197호]

제1장 총 칙

제1조(목적) 이 법은 전자적 방식으로 약속어음을 발행·유통하고 어음상의 권리를 행사할 수 있도록 함으로써 국민경제의 향상에 이바지함을 목적으로 한다.

제2조(정의) 이 법에서 사용하는 용어의 정의는 다음과 같다.

1. "전자문서"라 함은 전자거래기본법 제2조제1호의 규정에 의한 정보를 말한다.
2. "전자어음"이라 함은 전자문서로 작성되고 제5조제1항에 의하여 등록된 약속어음을 말한다.
3. "공인전자서명"이라 함은 전자서명법 제2조제3호의 규정에 의한 정보를 말한다.
4. "전자어음관리기관"이라 함은 제3조제1항의 규정에 의하여 법무부장관의 지정을 받은 기관을 말한다.
5. "공인인증서"라 함은 전자서명법 제2조제8호의 규정에 의한 전자적 정보를 말한다.
6. "사업자고유정보"라 함은 전자어음과 관련된 당사자의 상호나 사업자등록번호, 회원번호, 법인등록번호 또는 주민등록번호 등 사업자를 식별할 수 있는 정보를 말한다.
7. "금융기관"이라 함은 은행법에 의한 금융기관 및 이에 준하는 업무를 수행하는 금융기관으로 대통령령이 정하는 기관을 말한다.
8. "이용자"라 함은 전자어음거래를 위하여 전자어음관리기관에 등록을 하고 전자어음관리기관의 시스템을 이용하여 전자어음거래를 하는 자를 말한다.

제3조(전자어음관리기관) ① 전자어음관리기관은 법무부장관이 지정한다.

② 전자어음관리기관의 지정요건 및 지정절차 그 밖에 필요한 사항은 대통령령으로 정한다.

제4조(적용범위) 전자어음에 관하여 이 법에 규정이 있는 경우를 제외하고는 어음법이 정하는 바에 의한다.

제2장 전자어음의 등록 및 어음행위

제5조(전자어음의 등록 등) ① 전자어음을 발행하고자 하는 자는 당해 전자어음을 전자어음관리기관에 등록하여야 한다.

② 전자어음관리기관은 당해 전자어음의 지급을 청구할 금융기관이나 신용조사기관 등의 의견을 참고하여 전자어음의 등록을 거부하거나 전자어음의 연간 총 발행금액 등을 제한할 수 있다.

③ 전자어음관리기관의 전자어음 등록에 관한 절차·방법 그 밖에 필요한 사항은 대통령령으로 정한다.

④ 전자어음의 배서, 보증 또는 전자어음상의 권리의 행사는 이 법의 규정에 의한 전자문서에 의하여서만 할 수 있다.

제6조(전자어음의 발행) ① 전자어음에는 다음의 사항을 기재하여야 한다.

1. 어음법 제75조제1호·제2호·제3호·

제5호·제6호에서 정하는 사항
2. 전자어음의 지급을 청구할 금융기관
3. 전자어음의 동일성을 표시하는 정보
4. 사업자고유정보

② 제1항제2호의 규정에 의한 금융기관이 소재하는 지역은 어음법 제75조제4호의 규정에 의한 지급지로 본다.

③ 발행인이 제1항의 전자어음에 공인전자서명을 한 경우에는 어음법 제75조제7호의 기명날인 또는 서명이 있는 것으로 본다.

④ 발행인이 타인에게 전자거래기본법 제6조제1항의 규정에 따라 전자어음을 송신하고 그 타인이 동법 제6조제2항의 규정에 따라 수신한 때에 전자어음을 발행한 것으로 본다.

⑤ 전자어음의 만기는 발행일부터 1년을 초과할 수 없다.

⑥ 어음법 제10조(동법 제77조의 규정에서 인용하는 경우의 해당 조항을 말한다)의 규정에 의한 백지어음은 전자어음으로 발행할 수 없다.

제 7 조(전자어음의 배서) ① 전자어음에 배서를 하는 경우에는 전자어음에 배서의 뜻을 기재한 전자문서(이하 "배서전자문서"라 한다)를 첨부하여야 한다.

② 배서전자문서에는 제6조제1항제3호에 규정된 사항을 기재하여야 한다.

③ 배서인이 타인에게 전자거래기본법 제6조제1항의 규정에 따라 전자어음과 배서전자문서를 송신하고 그 타인이 동법 제6조제2항의 규정에 따라 수신한 때에는 어음법 제13조제1항의 규정에 의한 배서 및 교부가 있는 것으로 본다.

④ 피배서인이 다시 배서를 하는 경우에는 전자어음에 이전에 작성된 배서전자문서를 전부 첨부하고 제1항의 규정에 의한 배서를 하여야 한다.

⑤ 전자어음의 총 배서횟수는 20회를 초과할 수 없다.

⑥ 제6조제3항의 규정은 전자어음의 배서에 이를 준용한다. 이 경우 "발행인"은 "배서인"으로 본다.

제 8 조(전자어음의 보증) ① 전자어음에 보증하는 자는 전자어음에 보증의 뜻을 기재한 전자문서를 첨부하여야 한다.

② 제6조제3항·제4항 및 제7조제2항의 규정은 전자어음의 보증에 이를 준용한다. 이 경우 "발행인"은 "보증인"으로, "발행"은 "보증"으로 본다.

제 9 조(지급제시) ① 전자어음의 소지인이 전자어음 및 전자어음의 배서에 관한 전자문서를 첨부하여 지급청구의 뜻이 기재된 전자문서를 제6조제1항제2호의 금융기관에 송신하고 당해 금융기관이 이를 수신한 때에는 어음법 제38조제1항에서 규정한 지급제시가 있는 것으로 본다. 다만, 전자어음관리기관에 대한 전자어음의 제시는 지급을 위한 제시의 효력이 있으며 전자어음관리기관이 운영하는 정보처리조직에 의하여 전자어음의 만기일 이전에 자동으로 지급제시되도록 할 수 있다.

② 지급제시를 위한 송신과 수신의 시기는 전자거래기본법 제6조제1항 및 제2항에 따른다.

③ 지급제시를 하는 소지인은 제1항의 규정에 의한 지급청구의 뜻이 기재된 전자문서에 어음금을 수령할 금융기관의 계좌를 기재하여야 한다.

④ 제1항의 규정에 의한 지급제시를 받은 금융기관이 어음금을 지급할 때에는 전자어음관리기관에 지급사실을 통지하여야 한다. 다만, 전자어음관리기관에서

운영하는 정보처리조직에 의하여 지급이 완료된 경우에는 그러하지 아니하다.

제10조(어음의 소멸) 제9조제4항의 규정에 의한 통지가 있거나 전자어음관리기관의 정보처리조직에 의하여 지급이 완료된 경우 어음채무자가 당해 어음을 환수한 것으로 본다.

제11조(어음의 상환과 일부지급의 영수) 어음법 제39조제1항 내지 제3항의 규정은 전자어음에 적용하지 아니한다.

제12조(지급거절) ① 제9조제1항의 규정에 의한 지급제시를 받은 금융기관이 지급을 거절할 때에는 전자문서(이하 "지급거절 전자문서"라 한다)로 하여야 한다.

② 지급거절 전자문서를 전자어음관리기관에 통보하고 동 기관이 이를 확인한 경우 동 전자문서를 어음법 제44조제1항의 규정에 의한 공정증서로 본다.

③ 전자어음의 소지인이 제1항의 규정에 의한 전자문서를 수신한 날을 공정증서의 작성일로 본다.

④ 제2항의 규정에 의한 지급거절 전자문서의 확인 방법 및 절차 그 밖에 필요한 사항은 대통령령으로 정한다.

제13조(소구) ① 전자어음의 소지인이 소구할 때에는 전자어음과 제7조제1항의 규정에 의한 배서전자문서, 제12조의 규정에 의한 지급거절 전자문서를 첨부하여 소구의 뜻을 기재한 전자문서를 소구의무자에게 송신하여야 한다.

② 소구의무자가 소구금액을 지급한 때에는 전자어음관리기관에 지급사실을 통지하여야 한다.

③ 제2항의 통지가 있으면 소구의무자가 전자어음을 환수한 것으로 본다.

④ 제9조제3항의 규정은 전자어음의 소구에 이를 준용한다. 이 경우 "지급청구"는 "소구"로 본다.

제14조(어음의 반환·수령거부) ① 전자어음을 발행 또는 배서한 자가 착오 등을 이유로 전자어음을 반환받고자 하는 때에는 그 소지인으로 하여금 전자어음관리기관에 반환의 뜻을 통지하게 하여야 한다.

② 제1항의 통지가 있으면 전자어음은 발행 또는 배서되지 않은 것으로 보며, 전자어음관리기관은 당해 전자어음의 발행 또는 배서에 관한 기록을 말소하여야 한다.

③ 전자어음의 수신자가 전자어음의 수령을 거부하고자 하는 경우에는 그 수신자는 전자어음관리기관에 그 뜻을 통지하여야 한다. 이 통지가 있으면 수신자가 전자어음을 수령하지 않은 것으로 보며, 전자어음관리기관은 수신자의 청구가 있을 경우 그 수신자가 전자어음의 수령을 거부한 사실을 증명하는 문서를 발급하여야 한다.

제 3 장 전자어음거래의 안전성 확보 및 이용자 보호

제15조(안전성 확보의무) 전자어음관리기관은 전자어음에 관한 거래의 안전을 확보하고 지급의 확실성을 보장할 수 있도록 전자어음거래의 전자적 전송·처리를 위한 인력, 시설, 전자적 장치 등에 관하여 대통령령이 정하는 기준을 준수하여야 한다.

제16조(전자어음거래 기록의 생성 및 보존) ① 전자어음관리기관은 전자어음의 발행, 배서, 보증 및 권리행사 등이 자신의 전자정보처리조직을 통하여 이루어지도록 하여야 하며, 전자어음별로 발행인과

배서인에 관한 기록, 전자어음 소지인의 변동사항 및 당해 전자어음의 권리행사에 관한 기록을 보존하여야 하고, 전자어음거래를 추적·검색하고 오류가 발생할 경우 이를 확인·정정할 수 있는 기록을 생성하여 보존하여야 한다.

② 제1항의 규정에 의하여 전자어음관리기관이 보존하여야 하는 기록의 종류와 방법 및 보존기간은 대통령령으로 정한다.

제17조(전자어음거래 정보의 제공 등) ① 전자어음관리기관은 이용자의 신청이 있는 경우에는 대통령령이 정하는 바에 따라 해당 전자어음 관련 발행상황 및 잔액 등의 결제정보를 제공하여야 한다.

② 전자어음거래와 관련하여 업무상 다음 각호에 해당하는 사항을 알게 된 자는 이용자의 동의를 얻지 아니하고 이를 타인에게 제공하거나 누설하여서는 아니된다. 다만, 금융실명거래및비밀보장에관한법률 제4조제1항 단서의 규정에 의한 경우와 그 밖의 법률에 정한 경우에는 그러하지 아니하다.

1. 이용자의 신상에 관한 사항
2. 이용자의 거래계좌 및 전자어음거래의 내용과 실적에 관한 정보 또는 자료

③ 전자어음관리기관은 건전한 전자어음 발행·유통과 선의의 거래자 보호를 위하여 대통령령이 정하는 경우에는 법무부장관의 사전승인을 얻어 제1항 및 제2항에 규정된 사항 등을 공개할 수 있다.

제18조(약관의 명시·통지 등) ① 전자어음관리기관은 전자어음을 등록함에 있어 이용자에게 전자어음거래에 관한 약관을 명시하고, 이용자의 요청이 있는 경우 대통령령이 정하는 바에 따라 당해 약관을 교부하고 그 내용을 설명하여야 한다.

② 전자어음관리기관이 전자어음거래에 관한 약관을 제정 또는 변경하고자 하는 때에는 법무부장관의 승인을 얻어야 한다. 다만, 약관의 변경으로 인하여 이용자의 권익이나 의무에 불리한 영향이 없다고 법무부장관이 정하는 경우에는 변경 후 10일 이내에 법무부장관에게 통보하여야 한다.

제19조(이의제기와 분쟁처리) ① 전자어음관리기관은 대통령령이 정하는 바에 따라 전자어음거래와 관련하여 이용자가 제기하는 정당한 의견이나 불만을 반영하고, 이용자가 전자어음거래에서 입은 손해를 배상하기 위한 절차를 마련하여야 한다.

② 전자어음관리기관은 전자어음 등록시 제1항의 규정에 의한 절차를 명시하여야 한다.

제 4 장 전자어음관리업무의 감독

제20조(전자어음관리기관의 감독 및 검사) ① 법무부장관은 전자어음관리기관에 대하여 이 법 또는 이 법에 의한 명령의 준수여부를 감독한다.

② 법무부장관은 제1항의 규정에 의한 감독을 위하여 필요한 때에는 전자어음관리기관에 대하여 그 업무에 관한 보고를 하게 하거나 대통령령이 정하는 바에 따라 전자어음관리기관의 전자어음관리업무에 관한 시설·장비·서류 그 밖의 물건을 검사할 수 있다.

③ 법무부장관은 전자어음제도의 원활한 운영 및 이용자 보호 등을 위하여 필요한 때에는 전자어음관리기관에게 이용자의 전자어음거래정보 등 필요한 자료의 제출을 명할 수 있다.

④ 법무부장관은 전자어음관리기관이 이

법 또는 이 법에 의한 명령을 위반하여 전자어음제도의 건전한 운영을 해하거나 이용자의 권익을 침해할 우려가 있다고 인정되는 경우에는 다음 각호의 1에 해당하는 조치를 할 수 있다.

1. 당해 위반행위에 대한 시정명령
2. 전자어음관리기관에 대한 주의·경고 또는 그 임·직원에 대한 주의·경고 및 문책의 요구
3. 전자어음관리기관 임원의 해임권고 또는 직무정지의 요구

⑤ 법무부장관은 전자어음제도의 운영 및 전자어음관리기관의 감독 또는 검사와 관련하여 필요한 경우 금융위원회에 협의를 요청하거나 대통령령이 정하는 바에 따라 그 권한의 일부를 위임 또는 위탁할 수 있다.

제21조(지정의 취소) ① 법무부장관은 전자어음관리기관이 다음 각호의 1에 해당하는 때에는 제3조의 규정에 의한 지정을 취소할 수 있다.

1. 허위 그 밖의 부정한 방법으로 제3조의 규정에 의한 지정을 받은 때
2. 정당한 사유없이 1년 이상 계속하여 영업을 하지 아니한 때
3. 법인의 합병·파산·영업의 폐지 등으로 사실상 영업을 종료한 때

② 전자어음관리기관은 지정이 취소된 경우에도 그 처분전에 행하여진 전자어음거래의 지급을 위한 업무를 계속하여 행할 수 있다.

③ 법무부장관은 제1항의 규정에 의하여 지정을 취소하고자 하는 경우에는 청문을 실시하여야 하며 지정을 취소한 때에는 지체없이 그 내용을 관보에 공고하고 컴퓨터통신 등을 이용하여 일반인에게 알려야 한다.

제5장 벌 칙

제22조(벌칙) ① 제3조의 규정에 의한 지정을 받지 아니하고 전자어음관리업무를 한 자는 5년 이하의 징역 또는 1억원 이하의 벌금에 처한다.

② 다음 각호의 1에 해당하는 자는 3년 이하의 징역 또는 5천만원 이하의 벌금에 처한다.

1. 제5조제1항의 규정을 위반하여 전자어음관리기관에 등록하지 아니하고 전자어음을 발행한 자
2. 제17조제2항의 규정을 위반하여 전자어음거래 정보를 제공한 자

③ 제20조제2항의 규정에 의한 검사를 기피하거나 방해한 자는 1년 이하의 징역 또는 3천만원 이하의 벌금에 처한다.

④ 전자어음은 형법 제214조 내지 제217조에 정한 죄의 유가증권으로 보아 각 그 죄에 정한 형으로 처벌한다.

제23조(과태료) ① 다음 각호의 1에 해당하는 자는 1천만원 이하의 과태료에 처한다.

1. 제15조의 규정에 의한 안전성 기준을 위반한 자
2. 제20조제3항의 규정에 의한 자료제출 명령에 대하여 정당한 사유없이 자료를 제출하지 아니하거나 허위의 자료를 제출한 자

② 다음 각호의 1에 해당하는 자는 500만원 이하의 과태료에 처한다.

1. 제16조제1항의 규정에 의한 보존의무를 위반한 자
2. 제17조제1항의 규정에 의한 신청에 대하여 정당한 사유없이 결제정보를 제공하지 아니한 자

3. 제18조의 규정에 의한 약관의 설명의무 또는 보고의무를 위반한 자
4. 제19조제1항의 규정에 의한 분쟁처리절차를 설치하지 아니한 자

제24조(전자어음관리기관의 금융기관 간주) 제3조의 규정에 의한 지정을 받은 전자어음관리기관은 특정경제범죄가중처벌등에관한법률 제2조의 규정에 의한 금융기관으로 본다.

부 칙 〈제7197호, 2004.3.22〉

이 법은 2005년 1월 1일부터 시행한다.

지급결제제도 운영·관리규정

제정	2001. 12. 27.	제36차 금통위
개정	2002. 7. 18.	제18차 금통위
"	2003. 12. 24.	제27차 금통위
"	2004. 6. 24.	제13차 금통위
"	2004. 9. 9.	제19차 금통위
"	2006. 6. 22	제13차 금통위
"	2006. 8. 24.	제18차 금통위

제1장 총 칙

제1조(목적) 이 규정은 「한국은행법」(이하 "법"이라 한다) 제28조, 법 제62조 및 법 제81조의 규정에 따라 지급결제제도의 운영·관리업무를 수행하는데 필요한 사항을 정함을 목적으로 한다.

제2조(정의) 이 규정에서 사용하는 용어의 정의는 다음 각 호와 같다.

1. "지급수단"이라 함은 그 소지인 또는 사용자가 자금을 이체하거나 인출하기 위하여 사용할 수 있는 현금외의 모든 장표 또는 전자적 방식의 수단을 말한다.
2. "지급결제시스템"이라 함은 자금의 이체를 가능하게 하는 지급수단, 참가기관, 운영조직, 업무처리 규정 및 절차, 전산시스템 등으로 구성되는 제도적 장치를 말한다.
3. "지급결제시스템 운영기관"이라 함은 제2호의 지급결제시스템이 작동될 수 있도록 지급수단의 교환 또는 지급지시의 송수신을 중계하고 이에 따른 거래의 청산 또는 결제 업무를 수행하는 기관을 말한다.
4. "금융기관"이라 함은 법 제11조에서 정하는 금융기관을 말한다.
5. "외환동시결제시스템"이라 함은 매도통화와 매입통화의 동시결제를 통한 외환결제리스크의 감축을 목적으로 설립된 외환결제전문기관인 국제외환동시결제은행(CLS Bank International, 이하 "CLS은행"이라 한다)이 운영하는 지급결제시스템을 말한다.

제3조(지급결제제도의 운영·관리) ① 한국은행은 지급결제제도의 운영·관리업무를 수행함에 있어서 지급결제제도의 안전성과 효율성을 확보함을 그 목표로 한다.

② 한국은행은 제1항의 목표를 달성하기 위하여 지급결제시스템에 대한 감시업무를 수행하여야 한다.

③ 한국은행은 제1항의 목표를 달성하기 위하여 참가기관간 자금이체를 실시간으로 처리하는 거액결제시스템을 직접 운영하며, 필요한 경우 다른 지급결제시스템을 구축·운영할 수 있다.

④ 한국은행은 지급결제제도와 관련하여 주요 정책을 수립하거나 변경하였을 경우 이를 관련기관에 통보하고 공표하여

야 한다.

⑤ 한국은행은 제1항의 목표를 달성하기 위하여 필요한 경우 국내외 관련기관 및 외국 중앙은행 등과 협력하여야 한다.

⑥ 지급결제시스템 운영기관은 자신이 운영하는 지급결제시스템이 안전하고 효율적으로 운영되도록 노력하여야 한다.

제 2 장 지급결제제도의 관리

제 1 절 지급결제시스템에 대한 감시

제4조(감시업무의 범위) 제3조 제2항에서 규정한 한국은행의 감시업무는 다음 각 호와 같다.

1. 감시대상 지급결제시스템의 선정 및 분류
2. 지급결제 관련자료의 수집 및 분석
3. 감시대상 지급결제시스템의 안전성 및 효율성 평가
4. 감시대상 지급결제시스템의 개선요청
5. 긴급상황시의 조치 등

제5조(감시대상 지급결제시스템) 제3조 제2항에 의한 한국은행의 감시대상 지급결제시스템은 한국은행과 한국은행외의 자가 운영하는 지급결제시스템을 포함한다.

제6조(감시대상 지급결제시스템의 분류) ① 한국은행은 제5조의 지급결제시스템을 결제규모, 결제의 성격 등에 따라 중요지급결제시스템 및 기타지급결제시스템으로 분류한다.

② 제1항의 중요지급결제시스템은 해당 시스템이 정상적으로 작동되지 못할 경우 그 충격이 국내외 금융시스템에 널리 파급되거나 금융시스템의 붕괴를 일으킬 가능성이 있는 시스템을 말하며 이에 해당하는 지급결제시스템은 다음 각 호와 같다.

1. 한국은행금융결제망
2. 금융결제원이 운영하는 지급결제시스템중 어음교환시스템, 타행환공동망 및 전자금융공동망
3. 증권예탁결제원이 운영하는 채권장외시장결제시스템과 한국증권선물거래소가 운영하는 유가증권시장결제시스템·코스닥시장결제시스템·선물시장결제시스템
4. 외환동시결제시스템

③ 제1항의 기타지급결제시스템은 제5조의 감시대상 지급결제시스템중 제2항의 중요지급결제시스템에 해당하지 아니하는 지급결제시스템을 말한다.

제7조(자료의 제출요구) ① 한국은행은 법 제28조 제11호 및 법 제81조 제3항의 규정에 따라 한국은행금융결제망이외의 지급결제시스템 운영기관에 대하여 다음 각 호의 자료의 제출을 요구할 수 있다.

1. 지급결제시스템 운영관련 규정 및 업무처리절차
2. 지급결제시스템 평가, 통계작성 등을 위한 자료
3. 기타 총재가 필요하다고 인정하는 지급결제관련 자료

② 제1항에서 정하는 자료의 제출을 요구받은 기관은 이에 응하여야 한다.

제8조(평가기준) ① 한국은행이 감시대상 지급결제시스템의 안전성 및 효율성을 평가할 때 고려하여야 할 사항은 다음 각 호와 같다.

1. 운영관련 규정 및 업무처리절차 등이 관련 법률과 합치하는지 여부
2. 운영관련 규정 및 업무처리절차 등이 결제에 따르는 리스크와 그 리스크가

참가기관에 미치는 영향을 명확히 규정하고 있는지 여부
3. 신용리스크와 유동성리스크의 관리절차가 마련되어 있는지 여부
4. 결제일 영업종료시점까지 최종결제를 완료할 수 있는 장치가 마련되어 있는지 여부
5. 차액결제방식의 지급결제시스템을 평가하는 경우 최대결제채무를 보유한 참가기관이 결제를 이행하지 못할 때에도 적시에 결제가 이루어질 수 있도록 보장하는 장치가 마련되어 있는지 여부
6. 자금의 최종결제가 한국은행 당좌예금계정을 통하여 이루어지는지 여부
7. 보안성과 운영상의 신뢰성을 확보할 수 있는 제도적 장치와 업무지속성을 확보할 수 있는 대책이 마련되어 있는지 여부
8. 실용적이고 효율적인 지급수단을 제공하고 있는지 여부
9. 객관성과 공정성을 갖춘 참가기준을 공개하고 있는지 여부
10. 투명하고 책임소재가 명확한 관리제도가 마련되어 있는지 여부

② 제6조 제2항 제3호의 결제시스템에 대해서는 제1항의 평가사항과 함께 국제결제은행(BIS)과 국제증권위원회기구(IOSCO)가 공동으로 정한 「증권결제시스템에 대한 권고사항」 및 「중앙거래당사자(CCP)에 대한 권고사항」을 평가기준으로 적용할 수 있다.

③ 총재는 제1항 및 제2항의 사항외에 필요하다고 판단되는 사항을 추가하거나 일부사항을 제외하고 평가할 수 있다.

제9조(평가시기) ① 감시대상 지급결제시스템에 대한 평가시기는 다음 각 호와 같다.
1. 중요지급결제시스템 : 정기적으로 평가. 다만, 안전성과 효율성에 영향을 미치는 중요한 변경이 있거나 총재가 필요하다고 판단하는 경우에는 수시평가
2. 기타지급결제시스템 : 안전성과 효율성에 영향을 미치는 중요한 변경이 있는 등 총재가 필요하다고 판단하는 경우에 평가

② 제1항 제1호에서 규정한 중요지급결제시스템에 대한 정기평가의 주기는 총재가 정하는 바에 따른다.

제10조(개선요청) ① 한국은행은 제8조 및 제9조에 따라 지급결제시스템을 평가한 결과가 총재가 정하는 수준에 미치지 못하거나 총재가 필요하다고 판단하는 경우 법 제81조 제2항의 규정에 따라서 운영기관(한국은행을 제외한다. 이하 같다) 또는 감독기관에 해당 지급결제시스템 운영기준의 개선 등을 요청할 수 있다.

② 제1항에 따라 개선 등을 요청할 경우에는 금융통화위원회의 의결을 거쳐야 한다. 다만, 그 내용이 기술적이거나 경미한 경우에는 그러하지 아니하다.

③ 한국은행으로부터 제1항의 개선 등을 요청받은 지급결제시스템 운영기관은 필요한 조치를 취하고 그 결과를 한국은행에 통보하여야 한다.

제11조(지급결제시스템 운영기관의 통보사항) 중요지급결제시스템의 운영기관은 다음 각 호의 어느 하나에 해당하는 경우 이를 한국은행에 즉시 통보하여야 한다.
1. 자신이 운영하는 지급결제시스템의 운영관련 규정, 업무처리절차, 참가기관,

전산시스템 등의 변경이 해당 지급결제시스템의 안전성 또는 효율성에 영향을 미칠 것으로 판단되는 경우

2. 자신이 운영하는 지급결제시스템 또는 그 참가기관의 전산시스템 장애, 재해, 파업, 테러, 영업중단 등 긴급한 상황의 발생으로 해당 지급결제시스템을 정상적으로 운영하지 못하게 될 경우

제12조(긴급상황시의 조치) ① 한국은행은 제11조 제2호에 관한 통보를 받았거나 긴급한 상황이라고 판단하는 경우 해당 지급결제시스템 운영기관으로 하여금 업무처리절차 또는 운영시간의 일시적 변경, 관련 참가기관의 일시적 참가제한 등의 조치를 취하도록 권고할 수 있다.

② 총재는 제1항의 업무를 원활하게 수행하기 위하여 필요하다고 판단하는 경우 그 소속직원을 지급결제시스템 운영기관 및 참가기관에 파견하여 현장확인, 관계자면담 등을 하게 할 수 있다.

제13조(세부 감시방법) 감시대상 지급결제시스템의 평가 등 감시에 관한 구체적인 사항은 총재가 따로 정한다.

제 2 절 결제리스크의 관리

제14조(리스크 관리방안) 한국은행은 지급결제제도의 안전성을 확보하기 위하여 다음 각 호와 같이 지급결제시스템의 결제리스크 관리방안을 강구할 수 있다.

1. 한국은행금융결제망 및 한국은행에 개설된 당좌예금계정간 자금이체를 통하여 차액결제가 이루어지는 지급결제시스템 : 한국은행이 해당 지급결제시스템 운영기관 및 참가기관과 협의하여 적절한 결제리스크 관리제도를 마련하여 운용
2. 제1호에 해당되지 아니하는 지급결제시스템 : 한국은행은 해당 지급결제시스템 운영기관이 적절한 결제리스크 관리방안을 마련하여 운용하도록 권고

제15조(순채무한도의 설정) ① 한국은행에 개설된 당좌예금계정간 자금이체를 통하여 차액결제가 이루어지는 지급결제시스템에 참가하는 기관(이하 "차액결제 참가기관"이라 한다)은 지급지시(지급승낙을 포함한다. 이하 같다)가 실시간으로 송수신되는 차액결제 대상거래중 총재가 정하는 거래에 대하여 미결제 순채무액의 상한(이하 "순채무한도"라 한다)을 정하여야 한다.

② 제1항의 미결제 순채무액은 당일(다음 날이 차액결제가 실시되지 않는 날인 경우에는 그 날을 포함한다)중 해당거래의 발생시점까지 다른 차액결제 참가기관에 송신한 지급지시 누계금액에서 다른 차액결제 참가기관으로부터 수신한 지급지시 누계금액을 차감한 금액으로 한다.

제16조(순채무한도의 조정요구) 총재는 제15조의 규정에 따라 차액결제 참가기관이 설정한 순채무한도가 해당기관의 과거 순채무액 규모 등에 비추어 과소하거나 과다하다고 판단될 경우 해당기관에 순채무한도의 조정을 요구할 수 있다.

제17조(담보증권의 제공) ① 차액결제 참가기관은 다음 각 호에서 정한 금액에 해당하는 국채, 정부보증채권 또는 한국은행통화안정증권(이하 "통화안정증권"이라 한다)을 결제이행을 위한 담보로 한국은행에 제공하여야 한다.

1. 순채무한도 설정대상거래에 대하여는 동 한도의 30%
2. 순채무한도가 적용되지 않는 차액결제 대상거래에 대하여는 총재가 정하는

기간중 차액결제시점별 평균 교환순지급금액의 30%.

② 제1항의 규정에 불구하고 차액결제대상거래중 어음교환(지급지시가 실시간으로 송수신되는 거래를 제외한다)은 담보증권 제공대상에서 제외하며, 차액결제 신규참가 등 불가피하다고 인정되는 경우 총재는 해당기관의 담보증권 제공을 일정기간 유예할 수 있다.

③ 총재는 제1항에 따라 산정된 차액결제 참가기관별 담보증권 제공금액을 해당기관의 경영건전성 등을 고려하여 동 금액의 상하 각 15% 범위내에서 조정할 수 있다.

제18조(담보증권의 사용) ① 차액결제 참가기관이 제17조의 규정에 따라 담보를 제공한 차액결제 대상거래의 결제를 이행하지 아니한 경우 총재는 해당기관으로부터 받은 담보증권중 차액결제시점이 같은 거래의 결제이행을 위하여 제공된 담보증권을 해당기관에 대한 대출담보로 사용하거나 처분할 수 있다.

② 제1항의 규정에 따른 담보증권의 처분은 시장가격으로 하되 처분방법 및 시기 등은 금융시장여건을 감안하여 총재가 정한다.

제19조(결제부족자금의 공동분담) ① 제18조의 조치에도 불구하고 결제자금 부족이 해소되지 않을 경우에는 다른 차액결제 참가기관이 그 부족자금을 공동으로 분담한다. 다만, 차액결제 대상거래중 어음교환(지급지시가 실시간으로 송수신되는 거래를 제외한다)은 공동분담대상에서 제외한다.

② 제1항의 규정에 따른 결제부족자금의 차액결제 참가기관별 분담금은 차액결제시점이 같은 거래의 결제이행을 위하여 제17조의 규정에 따라 제공하여야 할 담보증권금액의 비율에 따라 산정한다.

③ 제1항의 규정에 따른 분담금을 납입하지 못하는 차액결제 참가기관에 대하여는 제18조의 규정을 준용한다.

④ 제3항의 조치에도 불구하고 미납입 분담금이 있을 경우 그 미납입 분담금은 나머지 차액결제 참가기관이 재분담한다.

제20조(분담금의 상환) 차액결제를 이행하지 아니한 차액결제 참가기관은 제19조의 규정에 따라 분담금을 납입한 다른 차액결제 참가기관에 대하여 동 분담금에 한국은행의 금융기관에 대한 여신업무이율중 최고이율을 적용한 이자를 가산한 금액을 상환하여야 한다.

제 3 장 지급결제제도의 운영

제21조(한은금융망의 운영) 한국은행은 한국은행에 개설된 당좌예금계정(외화자금이체의 경우에는 외화예수금계정을 말한다. 이하 같다)을 통하여 참가기관간 자금이체업무를 실시간으로 처리하기 위한 한국은행금융결제망(이하 "한은금융망"이라 한다)을 구축·운영한다.

제22조(취급업무) ① 한국은행은 한은금융망을 통하여 다음 각 호의 업무를 취급한다.

1. 한은금융망 참가기관(이하 "참가기관"이라 한다)간 원화 및 외화 자금의 실시간 총액결제
2. 참가기관간 원화 및 외화 자금의 지정시점 차액결제
3. 한국은행과 참가기관간 원화 및 외화 자금의 결제

② 한국은행은 필요한 경우 한은금융망

을 이용하여 제1항에서 정한 업무외에 통화안정증권의 발행·상환, 국공채 매매, 국채의 발행·상환, 한국은행 대출 및 국고금 관련자료의 송수신, 통화금융 정보 수집 등의 업무를 처리할 수 있다.

제23조(가입자격 및 약정체결) ① 한은금융망에 가입할 수 있는 기관은 한국은행의 당좌예금거래 대상기관으로서 총재가 정하는 가입기준을 충족하는 기관으로 한다.

② 제1항의 기관중 한은금융망에 가입하고자 하는 기관은 총재가 정하는 바에 따라 가입신청서를 제출하고 한국은행과 한은금융망 가입약정을 체결하여야 한다.

③ 제2항의 기관중 제22조 제1항 제2호의 차액결제에 참가하고자 하는 기관은 총재가 정하는 바에 따라 차액결제 참가신청서를 제출하고 한국은행과 차액결제에 관한 약정을 체결하여야 한다.

제24조(지급결제시스템의 한은금융망 이용) ① 지급결제시스템 운영기관이 참가기관간 최종결제를 위하여 한은금융망의 이용을 신청하는 경우 총재는 해당 지급결제시스템의 안전성과 효율성을 평가한 후 허용여부를 결정한다.

② 제1항의 규정에 따라 한은금융망을 이용하여 최종결제를 할 수 있도록 허용받은 지급결제시스템 운영기관(이하 "이용기관"이라 한다)은 총재가 정하는 바에 따라 한국은행과 한은금융망 이용약정을 체결하여야 한다.

제25조(차액결제의 요청 및 처리) ① 제24조 제2항의 규정에 따라 한국은행과 한은금융망 이용약정을 체결한 이용기관은 자신이 운영하는 지급결제시스템의 참가기관간 차액결제(이에 따른 자금조정을 포함한다)를 한국은행에 요청할 수 있다.

② 한국은행은 제1항의 차액결제 요청을 접수한 경우 차액결제 대상거래별로 총재가 따로 정한 시점에 이를 처리한다. 다만, 차액결제시점에 참가기관의 당좌예금잔액이 부족한 경우에는 그러하지 아니하다.

제26조(비용부담) 참가기관 및 이용기관은 총재가 정하는 바에 따라 한은금융망의 이용수수료와 기타 부대비용을 부담하여야 한다.

제27조(전문의 송수신) ① 한국은행, 참가기관 및 이용기관이 한은금융망을 이용하여 상호간에 송신한 전문은 수신기관 컴퓨터의 자기기록장치에 기록된 때 또는 수신기관의 단말장치에 표시된 때에 수신된 것으로 본다.

② 참가기관 및 이용기관이 송신한 자금이체, 통화안정증권의 발행·상환, 국공채 매매 및 국채의 발행·상환 관련 신청전문은 한국은행이 수신한 때에 승낙된 것으로 본다.

③ 참가기관 및 이용기관은 자신이 송신한 자금이체, 통화안정증권의 발행·상환, 국공채 매매 및 국채의 발행·상환 관련 신청전문이 한국은행에 정당하게 수신된 때에는 이를 취소할 수 없다. 다만, 참가기관의 당좌예금잔액이 부족한 경우에는 그러하지 아니하다.

④ 한국은행은 수신전문의 정당여부를 확인한 결과 흠을 발견한 때에는 그 처리를 거절하거나 기타 필요한 조치를 취할 수 있다.

⑤ 한국은행과 참가기관 및 이용기관간에 송수신한 각종 전문 및 전자적으로 기록된 자료들은 한국은행의 제반 규정에서 정하고 있는 문서와 동일한 효력을

갖는다.

제28조(전문의 처리시점) ① 한국은행은 한은금융망을 통하여 자금이체, 통화안정증권의 발행·상환, 국공채 매매 및 국채의 발행·상환 관련 신청전문을 수신한 때에는 이를 즉시 처리한다. 다만, 참가기관의 당좌예금잔액이 부족한 경우에는 즉시 처리하지 않고 대기시킬 수 있다.

② 총재는 제1항의 규정에 불구하고 콜자금 이체, 국고금 수납자금 결제 등 일괄하여 처리할 필요가 있는 신청전문에 대하여는 그 처리시점을 따로 정할 수 있다.

제29조(표준화) 한국은행은 한은금융망 업무를 안전하고 효율적으로 수행하기 위하여 참가기관 및 이용기관이 사용하는 장비와 통신방식, 송수신전문 및 업무처리절차 등에 관한 표준을 정할 수 있다.

제30조(참가기관 및 이용기관의 의무) ① 참가기관은 한은금융망을 통한 거래결과를 수시로 확인하여 결제에 필요한 당좌예금잔액을 유지하여야 한다.

② 참가기관 및 이용기관은 제22조 제1항 제2호의 차액결제방식으로 최종결제되는 자금이체 거래중 동조 동항 제1호의 총액결제방식에 적합하다고 판단되는 거래에 대해서는 이를 총액결제방식으로 전환함으로써 차액결제에 따르는 신용리스크의 감축을 도모하여야 한다.

③ 참가기관 및 이용기관은 한은금융망 이용에 필요한 장비 및 소프트웨어 등을 사용함에 있어서 장애가 발생하지 않도록 유지·관리하여야 하며 전산시스템 장애, 재해, 파업, 테러, 영업중단 등 긴급한 상황의 발생에 대비하여 업무지속성을 확보할 수 있는 대책을 마련하여야 한다.

④ 참가기관 및 이용기관은 다른 법령에서 특별히 정한 경우를 제외하고는 한은금융망을 통하여 알게 된 정보를 외부에 누설해서는 아니된다.

⑤ 참가기관은 법 제81조 제4항의 규정에 따라 한국은행이 필요한 자료의 제출을 요구하는 경우 이에 응하여야 한다.

⑥ 참가기관은 「채무자회생 및 파산에 관한 법률」에 의한 회생절차 개시신청, 회생절차 개시결정 등이 있거나 파산신청, 파산선고 등이 있는 경우 그 사실을 지체없이 한국은행에 통보하여야 한다.

⑦ 이용기관은 자신이 운영하는 지급결제시스템의 운영관련 규정, 업무처리절차, 참가기관, 전산시스템 등의 변경이 한은금융망의 운영에 영향을 주는 것으로 판단되는 경우 이를 사전에 한국은행과 협의하여야 한다.

제31조(업무지속성 확보) ① 총재는 전산시스템 장애, 재해, 파업, 테러 등 긴급한 상황이 발생하더라도 한은금융망 업무가 중단되지 않도록 예방하고 중단되는 경우 이를 신속하게 복구할 수 있는 대책을 수립·시행하여야 한다.

② 총재는 참가기관 및 이용기관에 대해서도 그 기관이 수행하는 지급결제업무의 지속성을 확보할 수 있는 대책을 수립·시행하도록 지도하여야 한다.

제32조(면책) ① 한국은행은 고의 또는 중대한 과실이 없는 한 전문송수신의 장애, 업무처리의 지연 및 참가기관이나 이용기관의 허위 또는 오류전문 송신 등으로 인하여 발생한 손해에 대하여 책임을 지지 아니한다.

② 한국은행은 참가기관 및 이용기관이

이 규정, 이의 시행을 위한 세칙 및 기타 한국은행의 관련 규정이나 지시를 위반한 경우에는 이로 인하여 발생한 손해에 대하여 책임을 지지 아니한다.

제33조(국내외 지급결제시스템과의 연계) ① 총재는 한은금융망을 국내외의 다른 지급결제시스템과 연계할 수 있다.

② 총재는 제1항의 조치를 취하고자 하는 경우 제24조의 규정에 준하여 처리하여야 한다.

③ 제1항의 규정에 따라 한은금융망에 연계된 지급결제시스템 운영기관은 제24조 제2항의 규정에 따른 이용기관으로 본다.

제34조(한은금융망의 운영시간 및 휴무) ① 한은금융망의 운영시간은 한국은행의 업무시간 등을 고려하여 총재가 따로 정한다.

② 한은금융망은 다음 각 호의 날에는 운영하지 아니한다.

1. 「관공서의 공휴일에 관한 규정」에서 정하는 공휴일
2. 근로자의 날(5월 1일)
3. 토요일

제35조(제재 등) 총재는 참가기관 또는 이용기관이 다음 각 호의 어느 하나에 해당하는 경우에는 주의환기, 시정요구, 한은금융망 이용의 제한 또는 중지, 관련약정의 해지 등의 조치를 취할 수 있다.

1. 이 규정, 이의 시행을 위한 세칙 및 기타 한국은행의 관련 규정이나 지시를 위반한 경우
2. 영업정지, 인·허가 취소, 해산, 파산, 폐업 등으로 지급결제 관련업무의 정상적인 수행이 곤란하거나 불가능하다고 인정되는 경우

제4장 보 칙

제36조(금융통화위원회에 대한 보고) ① 총재는 매년 지급결제제도의 운영·관리 상황에 관한 보고서를 금융통화위원회에 제출하여야 한다.

② 총재는 다음 각 호의 어느 하나에 해당하는 경우에는 이를 금융통화위원회에 지체없이 보고하여야 한다.

1. 제12조 제1항의 규정에 따라 긴급상황시의 조치를 권고한 경우
2. 제18조 제1항의 규정에 따라 차액결제참가기관이 제공한 담보증권을 대출담보로 사용하거나 처분한 경우
3. 제19조 제1항의 규정에 따라 차액결제참가기관이 결제부족자금을 공동분담하도록 한 경우
4. 전산시스템의 심각한 장애, 재해, 파업, 테러 등 긴급한 상황이 발생하여 제22조 제1항의 규정에 따른 한은금융망 업무가 정상적으로 운영되지 못한 경우
5. 제24조 제1항의 규정에 따라 지급결제시스템의 한은금융망 이용을 허용한 경우
6. 제33조 제1항의 규정에 따라 한은금융망을 국내외 지급결제시스템과 연계한 경우
7. 제35조 제1호의 규정에 따라 한은금융망 이용의 제한·중지 또는 관련약정의 해지 조치를 취한 경우

제37조(외환동시결제시스템에 대한 일부 규정 적용의 예외) ① 제4조, 제7조 내지 제12조 및 제14조의 규정에 불구하고 외환동시결제시스템에 대한 감시업무에 관한 사항은 관련국가의 중앙은행간에 합

의된 원칙 등을 감안하여 총재가 따로 정할 수 있다.

② 제23조, 제24조, 제27조, 제28조 및 제30조 내지 제32조의 규정에 불구하고 CLS은행의 한은금융망 가입 및 이용에 관하여는 총재가 따로 정할 수 있다.

제38조(위임) 이 규정의 시행에 필요한 세부사항은 총재가 정한다.

부 칙 〈2001. 12. 27〉

제1조(시행일) 이 규정은 2002년 2월 1일부터 시행한다.

제2조(폐지규정) 이 규정의 시행과 동시에 「한국은행금융결제망운영규정」(1994. 7.21. 제16차 금융통화운영위원회 제정)은 폐지한다.

제3조(경과조치) ① 이 규정 시행일 전에 「한국은행금융결제망운영규정」및 관련 약정에 따라 취급된 업무는 이 규정에 따라 취급된 것으로 본다.

② 이 규정 시행일 전에 한은금융망을 이용해 온 지급결제제도의 운영기관과 한은금융망에 연계된 지급결제제도의 운영기관은 이 규정에 따라 한은금융망 이용을 허용받은 것으로 본다.

부 칙 〈2002. 7. 18〉

제1조(시행일) 이 규정은 2002년 8월 1일부터 시행한다.

제2조(경과조치) 제19조 제1항 제2호 단서 규정에 불구하고 2002년 8월 1일부터 2003년 1월 31일까지는 55%를 적용한다.

부 칙 〈2003. 12. 24〉

이 규정은 2004년 1월 1일부터 시행한다.

부 칙 〈2004. 6. 24〉

이 규정은 2004년 7월 1일부터 시행한다.

부 칙 〈2004. 9. 9〉

이 규정은 2004년 10월 1일부터 시행한다.

부 칙 〈2006. 6. 22.〉

이 규정은 2006년 6월 22일부터 시행한다.

부 칙 〈2006. 8. 24.〉

이 규정은 2006년 8월 24일부터 시행한다.

금융분쟁조정세칙

[제정 1999.1.30 개정 2000.11.22, 2002.2.22, 2002.7.26, 2005.8.26]

제 1 장 총 칙

제 1 조(목적) 이 세칙은 금융감독기구의설치등에관한법률(이하 "법"이라 한다) 제3장제5절, 법시행령(이하 "영"이라 한다) 제13조 내지 제22조 및 금융감독원(이하 "감독원"이라 한다) 정관 제21조의 규정에 의한 금융분쟁조정위원회(이하 "위원회"라 한다)의 운영과 금융분쟁의 조정절차 등에 관하여 필요한 사항을 정함을 목적으로 한다.

제 2 조(적용범위) 위원회의 운영과 조정절차 등에 관하여는 법 · 영 및 감독원의 정관에서 정하고 있는 사항을 제외하고는 이 세칙에서 정하는 바에 따른다.

제 3 조(용어의 정의) 이 세칙에서 사용하는 용어의 정의는 다음과 같다

1. "신청인"이라 함은 금융감독원장(이하 "원장"이라 한다)에게 금융관련분쟁의 조정을 신청한 자를 말한다.
2. "피신청인"이라 함은 신청인의 상대방을 말한다.
3. "당사자"라 함은 당사자 일방(신청인 또는 피신청인) 또는 당사자 쌍방(신청인 및 피신청인)을 말한다.
4. "금융관련기관"이라 함은 법 제38조에 의하여 감독원의 검사를 받는 기관을 말한다.
5. "금융분쟁"이라 함은 금융관련기관, 예금자 등 금융수요자 및 기타 이해관계인이 금융관련기관의 금융업무 등과 관련하여 권리의무 또는 이해관계가 발생함에 따라 금융관련기관을 상대로 제기하는 분쟁을 말한다.

제 2 장 위원회의 구성 및 운영

제 4 조(위원회의 구성) ① 위원회는 위원장 1인을 포함한 30인 이내의 위원으로 구성한다.

② 위원회의 위원장(이하 "위원장"이라 한다)은 원장이 그 소속 부원장 중에서 지명하는 자가 되며, 위원회 위원은 원장이 그 소속 부원장보 중에서 지명하는 자와 다음 각 호의 자 중에서 위촉하는 자로 한다.

1. 판사 · 검사 또는 변호사의 자격이 있는 자
2. 소비자보호법에 의한 한국소비자보호원 및 소비자단체의 임원 또는 그 직에 있었던 자
3. 금융기관 또는 금융관계기관 · 단체에서 15년 이상 근무한 경력이 있는 자
4. 금융에 관한 학식과 경험이 있는 자
5. 전문의의 자격이 있는 의사
6. 기타 분쟁의 조정과 관련하여 원장이 필요하다고 인정하는 자

제 5 조(위원의 임기) 위원장 및 원장이 그 소속 부원장보중에서 지명하는 위원의 임기는 당해 직에 재직하는 기간으로 하며, 제4조제2항제1호 내지 제6호의 위원의 임기는 2년으로 하되 연임할 수 있다.

제 6 조(위원장의 직무) ① 위원장은 위원회를 대표하며, 위원회의 회의를 주재하

고 사무를 통할한다.

② 위원장이 부득이한 사유로 직무를 수행할 수 없는 때에는 위원회 위원중 분쟁조정 담당 부원장보인 위원이 위원장의 직무를 대행한다.

제7조(위원회의 회의) ① 위원회의 회의는 위원장 1인을 포함하여 보험분야 또는 비보험분야(은행, 증권, 비은행등)별로 매 회의시 위원장이 지명하는 7인 이상 11인 이하의 위원으로 회의 1주일 전까지 구성하며, 위원장이 소집한다.

② 회의는 매월 첫째주(첫째주 화요일이 없는 경우는 셋째주) 화요일과 셋째주(첫째주 화요일이 없는 경우는 다섯째주) 화요일에 소집함을 원칙으로 하되 위원장이 필요하다고 인정하는 때에는 수시로 소집할 수 있다.

③ 위원회는 제1항의 규정에 의한 구성원 과반수의 출석과 출석위원 과반수의 찬성으로 의결한다.

제7조의2(위원의 제척, 기피 및 회피) ① 위원회의 위원은 다음 각호의 1에 해당하는 경우에는 그 분쟁조정신청사건(이하 "사건"이라 한다)의 심의, 의결에서 제척된다.

1. 위원 또는 위원의 배우자나 배우자이었던 자가 당해 사건의 당사자가 되거나 당해 사건에 관하여 공동 권리자 또는 의무자의 관계 에 있는 경우
2. 위원이 당해 사건의 당사자와 친족관계에 있거나 있었 던 경우
3. 위원이 당해 사건에 관하여 당사자의 대리인으로서 관여하거나 관여하였던 경우
4. 위원이 당해 사건에 관하여 증언, 법률자문 또는 손해 사정등을 한 경우

② 당사자는 위원에게 심의·의결의 공정을 기대하기 어려운 사정이 있는 경우에는 기피신청을 할 수 있다. 이 경우 원장은 위원회의 의결을 거치지 아니하고 기피여부를 결정한다.

③ 위원이 제1항 또는 제2항의 사유에 해당하는 때에는 스스로 그 사건의 심의·의결에서 회피할 수 있다

[본조신설 2000.11.22]

제8조(간사) ① 위원회의 사무를 처리하기 위하여 위원회에 간사 1인을 둔다.

② 간사는 감독원직제에서 정한 소관부서장으로 한다.

③ 간사는 위원회에 참석하며, 위원장은 필요하다고 인정하는 때에는 간사로 하여금 안건에 대하여 설명하게 할 수 있다.

제9조(의사록) ① 간사는 회의경과를 기재한 의사록을 작성하여야 한다.

② 제1항의 의사록은 위원장과 간사가 기명하고 날인 또는 서명하여야 한다.

③ 간사는 제1항 및 제2항의 규정에 의하여 작성한 의사록을 위원회의 차기회의에 보고하여야 한다.

제10조(전문위원) ① 원장은 조정업무와 관련하여 원장 또는 위원회의 자문에 응하기 위하여 30인 이내의 전문위원을 위촉할 수 있다.(개정 2002.2.22)

② 전문위원은 전문의의 자격이 있는 의사, 손해사정인 기타 원장이 필요하다고 인정하는 자로 한다.

③ 감독원에 접수된 사건 및 위원회에 회부된 사건의 처리를 위하여 원장이 필요하다고 인정하는 경우에는 전문위원에게 자문을 의뢰할 수 있다.(개정 2000.11.22)

④ 제1항의 규정에 의하여 위촉된 전문위원의 임기는 2년으로 하되 연임할 수 있다.

제3장 조정의 신청 등

제11조(분쟁조정신청) ① 금융관련기관, 예금자 등 금융수요자 및 기타 이해관계인은 금융과 관련하여 분쟁이 있는 때에는 원장에게 분쟁의 조정을 신청(이하 "조정신청"이라 한다)할 수 있으며 원장에게 조정신청을 하고자 하는 자는 다음 각 호의 서류를 첨부한 분쟁조정신청서(이하 "조정신청서"라 한다)를 원장에게 제출하여야 한다.

1. 조정신청의 원인 및 사실을 증명하는 서류
2. 대리인이 조정신청서를 제출하는 경우에는 그 위임장
3. 기타 분쟁조정에 필요한 증거서류 또는 자료

② 제1항의 규정에 의한 조정신청서에는 다음 각 호의 사항을 기재하여야 한다.

1. 신청인과 상대방의 성명 및 주소(당사자가 법인인 경우에는 법인의 명칭 및 주된 사무소의 소재지와 그 대표자의 성명 및 주소를 말한다)
2. 대리인이 있는 경우에는 그 성명 및 주소
3. 신청의 취지
4. 신청의 이유

③ 원장은 감독원에 접수된 진정서, 탄원서 기타 민원서류 중 그 내용이 이 세칙에 의한 조정절차에 의하여 처리함이 타당하다고 인정되는 민원서류는 그 명칭 및 형식의 여하에 불구하고 이를 제1항의 규정에 의한 조정신청이 있는 것으로 처리할 수 있다.

④ 분쟁처리 담당자는 분쟁조정신청을 접수하는 즉시, 처리부서, 담당자 직성명, 전화번호 등을 유선, 전자우편, 문서 등 연락가능한 방법으로 접수사실을 통지하여야 한다.(본조신설 2002.2.22)

⑤ 신청인이 동일한 내용으로 정당한 사유없이 3회이상 반복하여 분쟁조정을 신청한 경우에 2회이상 그 처리결과를 통지한 후 접수되는 신청에 대하여는 내부적으로 종결처리 할 수 있다.(본조신설 2002.2.22)

제12조(대표자의 선정) ① 다수인이 공동으로 신청한 분쟁조정에 있어 대표자를 선정한 경우에는 그 선임사실을 서면으로 증명하여야 한다.

② 선정된 대표자는 이를 선임한 신청인들을 위하여 사건에 관한 모든 행위를 할 수 있다. 다만, 조정신청의 취하, 피신청인과의 합의 또는 조정결정서의 수락은 다른 신청인의 동의를 얻어야 하며, 이 경우 동의를 얻은 사실을 서면으로 증명하여야 한다.

제13조(대리인의 선임) 당사자는 변호사, 기타 제3자를 대리인으로 선임할 수 있다. 이 경우 그 선임사실을 서면으로 증명하여야 한다.

제14조(조정신청의 중간회신) ① 감독원에 접수된 조정신청 중 사실조사 또는 위원회의 회부 등의 사유로 처리가 지연되는 경우 원장은 지연사유 등을 신청인에게 통지하여야 한다.

② 원장은 분쟁조정을 위해 필요한 경우 피신청인에게 조정신청서사본을 송달하거나 상당한 기일을 정하여 조정신청에 대한 의견서 또는 답변서와 관련자료의 제출을 요구할 수 있다.

③ 조정신청이 접수된 때에는 소관부서장은 금융분쟁조정기록부에 조정신청의 접수, 보완, 사실조사 및 처리결과 등에

대한 기록을 유지하여야 한다

제15조(조정신청의 보완) ① 원장은 조정신청에 대하여 관련자료 등 보완이 필요하다고 인정될 때에는 상당한 기간을 정하여 그 보완을 요구 한다.

② 원장은 신청인이 제1항의 기간 내에 보완을 하지 아니하는 때에는 7일 이내의 기간을 정하여 다시 보완을 요구할 수 있다.

③ 제1항 및 제2항의 규정에 의한 보완에 소요된 기간은 제17조제2항 및 제22조제1항제3호의 규정에 의한 기간에 이를 산입하지 아니한다.

제16조(사실조사 등) ① 원장은 사건의 조사를 위하여 필요하다고 인정되는 경우에는 감독원직원으로 하여금 사건에 대한 검사, 사실조사 및 조회 또는 관련자의 출석 등의 방법으로 조사를 하게 하거나 당사자에 대하여 사실의 확인 또는 자료의 제출 등을 요구할 수 있다.

② 원장은 사건의 조사를 위하여 관계기관에 감정, 조회 기타 필요한 검사 등을 의뢰할 수 있다.

③ 금융관련기관에 대한 금융분쟁에 관련된 검사는 분쟁조정업무를 담당하는 소관부서장이 관할한다. 다만, 소관부서장은 필요하다고 인정되는 경우 소관 검사국장에게 검사를 의뢰할 수 있다.

④ 제3항에 의한 검사 및 그 처리등에 관한 사항은 관련법령 및 감독원의 규정을 준용한다.

⑤ 제1항의 규정에 의한 사실조사 등에 소요된 기간은 제17조제2항 및 제22조제1항제3호의 규정에 의한 기간에 이를 산입하지 아니한다.

제 4 장 감독원장의 분쟁처리

제17조(조정신청의 위원회 회부전 처리)

① 원장은 조정신청내용이 다음 각 호의 1에 해당하는 경우에는 합의권고 또는 위원회에 회부를 하지 아니하고 직접 처리하거나 해당기관에 이첩하여 처리하게 할 수 있다.

1. 이미 법원에 제소된 사건이거나 조정신청이 있은 후 소를 제기한 경우
2. 조정신청의 내용이 관련법령 또는 객관적인 증빙 등에 의하여 합의권고 또는 조정절차 진행의 실익이 없는 경우
3. 신청인이 정당한 사유 없이 제15조의 규정에 의한 보완요구를 받고도 지정된 기한 내에 이를 보완하지 아니하거나 소재불명 등으로 보완요구가 2회에 걸쳐 반송된 경우
4. 조정신청의 내용과 직접적인 이해관계가 없는 자가 조정신청을 하는 경우
5. 신청인이 부당한 이익을 얻을 목적으로 조정신청을 한 것으로 인정되는 경우
6. 신청인이 상당한 이유 없이 취하된 조정신청건 또는 동일한 내용에 대하여 다시 조정신청을 하거나 가명으로 조정신청한 것이 확인된 경우
7. 당사자의 주장이 상이하거나 증거채택이 어려워 사실관계확정이 곤란하거나 수사사건과 직접적으로 관련된 경우
8. 당사자의 주장내용이 부당하거나 관련법령, 조정선례, 법원판례 등에 비추어 명백하게 받아들일 수 없다고 인정되는 경우
9. 조정신청의 내용이 분쟁조정대상으로서 적합하지 아니하다고 인정되는 경우

② 사건에 대하여 제1항의 규정에 의하

여 직접처리를 하거나 해당기관에 이첩하여 처리하게 할 때에는 조정신청 접수일로부터 30일 이내에 그 처리결과 및 사유를 명시하여 당사자에게 서면으로 통지한다.

제18조(조정신청의 취하 등) ① 신청인은 사건명, 당사자 및 취하사유가 표시된 취하서를 제출함으로써 조정신청을 취하할 수 있다.

② 신청인이 조정신청취하서를 제출한 경우 등 이 규정에 의한 조정절차진행의 필요가 없는 사유가 발생한 경우에는 조정절차진행을 중지하고 당해 사건을 종결처리할 수 있다.

③ 제2항의 규정에 따라 사건을 종결처리한 경우 원장은 당사자에게 통지하여야 한다. 다만, 조정신청취하서를 제출한 신청인에게는 그러하지 아니하다.

④ 당해사건이 위원회에 회부되어 계류중인 경우에는 위원회에도 이를 통보하여야 한다.

제19조(소 제기 등의 통지) ① 분쟁조정 신청후에 당해 사건에 대하여 소를 제기하였거나 민사조정법에 따라 법원에 조정신청을 한 당사자는 지체없이 다음 각 호의 사항을 원장에게 통지하여야 한다.

1. 당해 사건의 관할법원
2. 소송일자 또는 조정신청일자
3. 소송번호 또는 사건번호
4. 소장 또는 조정신청서의 사본

② 원장은 사건의 처리절차의 진행중에 일방당사자가 소를 제기하거나 민사조정신청을 한 경우에는 그 조정의 처리를 중지하고 이를 당사자에게 통보하여야 한다.

제20조(합의권고) ① 원장은 감독원에 접수된 사건중 분쟁의 원만한 해결을 위하여 당사자가 합의하도록 함이 상당하다고 인정되는 사건의 경우에는 구두 또는 서면으로 당사자에게 합의할 것을 권고할 수 있다.

② 원장은 제1항의 규정에 의한 합의권고에 있어 필요하다고 인정되는 경우에는 당해 조정신청에 관하여 이해관계를 가지는 자를 출석시켜 합의에 참가하도록 할 수 있다.

③ 당사자간에 합의가 성립한 때에는 합의서 3부를 작성하여 당사자가 기명하고 날인 또는 서명하도록 한 후 이를 확인하여 당사자에게 각 1부를 교부하고 1부는 감독원에 보관한다.

④ 당사자인 금융관련기관은 제3항의 규정에 의한 합의서를 수령한 날로부터 20일 이내에 합의서 내용에 따른 조치를 취하고 그 결과를 지체없이 원장에게 보고하여야 한다.

제21조(합의 불성립) 당사자가 원장의 합의권고를 거부하거나 정당한 이유 없이 합의권고절차진행을 위한 출석기일에 출석하지 아니한 때에는 합의가 성립되지 아니한 것으로 본다.

제 5 장 위원회의 분쟁조정

제22조(위원회에의 회부 및 통지) ① 원장은 다음 각 호의 1에 해당되는 경우에는 위원회 회부사건 요약표를 작성하고 관련자료를 첨부하여 위원회에 회부하여야 한다.

1. 제17조의 규정에 따라 원장이 직접 처리하거나 해당기관에 이첩하여 처리하는 것이 적당하지 않다고 인정되는 경우
2. 제20조의 규정에 의한 합의권고가 적당하지 않다고 인정되는 경우

3. 제20조의 규정에 따라 합의권고절차를 진행하였으나 사건의 접수일로부터 30일 이내에 당사자간에 합의가 성립되지 아니한 경우

② 원장이 제1항의 규정에 의하여 사건을 위원회에 회부한 때에는 당사자에게 당해 사건이 위원회에 회부된 사실을 통지하여야 한다. 이 경우 당사자에게 일정 기간내에 추가자료를 제출할 수 있다는 사실과 위원의 명단 및 이들에 대한 기피의 신청을 할 수 있다는 사실을 통지하여야 한다.(개정 2000.11.22)

③ 제2항의 기피의 신청을 하는 경우에는 기피사유와 증거자료를 서면으로 제출하여야 한다.(개정 2000.11.22)

제23조(자료제출 등) ① 위원회는 사건의 심의를 위하여 필요한 경우에는 원장에게 당해 사건에 대한 조사 또는 관련자료의 수집을 요청할 수 있다.

② 원장은 위원회로부터 제1항의 규정에 의한 요청을 받은 때에는 지체없이 조사를 실시하거나 관련자료를 수집하여 위원회에 제출하여야 한다.

제24조(당사자 등의 의견청취) ① 위원회는 당사자 기타 이해관계인·감정인·참고인 등의 의견을 들을 필요가 있다고 인정되는 때에는 이들에게 회의에 출석하여 의견을 진술할 것을 요청할 수 있다.

② 위원회는 제1항의 규정에 의하여 의견을 듣고자 하는 때에는 시기 및 장소를 정하여 긴급을 요하는 경우가 아닌 한 의견청취 3일전까지 당사자 등에게 통지하여야 한다.

③ 당사자 기타 이해관계인은 위원회의 허가를 받아 위원회에 출석하여 의견을 진술할 수 있다.

제25조(결정) ① 위원회는 사건이 회부된 날로부터 60일 이내에 이를 심의하여 조정결정하여야 한다. 다만, 신청의 내용이 제17조제1항 각호의 1에 해당되는 등 위원회의 조정의 실익이 없는 경우에는 각하결정을 할 수 있다.

② 위원회가 제1항에 의한 결정을 한 때에는 조정결정서 또는 각하결정서를 작성하여야 한다.

③ 제2항의 조정결정서 또는 각하결정서에는 다음 각호의 사항을 기재하여야 한다.

1. 당사자의 성명 또는 명칭과 주소
2. 조정 또는 각하결정사항
3. 조정 또는 각하결정이유
4. 조정 또는 각하결정일자

제26조(심의·의결 결과통보) 위원회가 사건에 대한 심의·의결을 종료한 때에는 그 결과를 원장에게 통보하여야 한다.

제27조(원장의 재의 요구) ① 원장은 위원회의 의결사항이 다음 각호의 1에 해당하는 경우 재의요구의 사유 등을 첨부하여 재의를 요구할 수 있다

1. 관련법규를 위반한 경우
2. 공익에 비추어 심히 부당한 경우

② 제2항의 규정에 의한 재의 요구가 있는 때에는 제7조제1항의 규정에 의한 구성원 3분의 2이상의 출석과 출석위원 3분의 2이상의 찬성으로 재의결한다.

제28조(조정결정 등의 통지) 원장은 재의요구사항을 제외한 사건에 대하여는 위원회의 조정결정서 또는 각하결정서를 첨부하여 위원회의 의결내용을 당사자에게 통지한다. 다만, 신청인의 청구를 인용(부분인용 포함)하는 것으로 조정결정된 사건에 대하여는 다음 각 호의 사항을 함께 통지한다.(개정 2002.2.22)

1. 조정결정의 수락은 조정결정의 통지를 받은 날로부터 20일 이내에 이루어져

야 하며, 그러하지 아니할 경우에는 조정이 성립되지 아니한 것으로 처리된다는 사실

2. 당사자 쌍방이 조정결정내용을 수락할 경우 감독원에 출석하여 조정서를 작성하거나 조정결정수락서에 기명하고 날인 또는 서명하여 감독원에 제출하여야 한다는 사실
3. 당사자 쌍방이 조정결정 내용을 수락하여 조정이 성립하면 법이 정하는 바에 따라 재판상 화해와 동일한 효력을 가진다는 사실

제29조(조정의 성립 등) ① 당사자가 제28조의 규정에 의하여 통지된 조정안을 수락한 경우 당해 조정안은 재판상 화해와 동일한 효력을 갖는다.

② 당사자쌍방은 제28조의 규정에 의한 조정결정의 통지를 받은 날로부터 20일 이내에 감독원에 출석하여 조정서 3부에 기명하고 날인 또는 서명하여야 하며 원장이 이를 확인하여 당사자에게 조정서 각 1부를 교부하고 1부는 감독원에서 보관하여야 한다.

③ 원장은 제1항의 규정에도 불구하고 당사자가 감독원에 출석하여 조정서에 기명날인하기 곤란하다고 판단될 때에는 당사자로 하여금 제28조의 규정에 의한 조정결정의 통지를 받은 날로부터 20일 이내에 조정결정수락서에 기명하고 날인 또는 서명하여 감독원에 제출토록 할 수 있다. 이 경우 원장이 조정결정수락서를 확인하여 조정서 3부를 작성하여 당사자에게 각각 1부를 교부 또는 송달하고 1부는 감독원에서 보관하여야 한다.

④ 당사자의 일방 또는 쌍방이 제28조의 규정에 의한 조정결정의 통지를 받은 후 소정기일 이내에 조정결정내용을 수락하지 아니한 때에는 조정이 성립하지 아니한 것으로 본다.

⑤ 원장은 조정이 성립되지 아니한 때에는 당사자에게 조정이 성립되지 아니한 사실 및 사유를 명시하여 통지한다.

⑥ 금융관련기관은 조정안을 수락하지 아니한 때에는 그 사유를 원장에게 제출하여야 한다.

제30조(처리결과의 통보 및 보고) ① 원장은 조정결정한 사건의 처리결과를 위원회에 통보한다.

② 제29조에 의하여 조정이 성립된 경우 당사자인 금융관련기관은 조정에 따른 처리결과를 조정이 성립한 날로부터 20일 이내에 원장에게 보고하여야 한다.

제31조(재조정신청) ① 당사자는 다음 각 호의 1에 해당하는 사유가 있는 때에는 위원회의 결정에 대하여 재조정을 신청할 수 있다. 다만, 당사자가 당초 조정신청을 할 때에 그 사유를 주장하였거나 이를 알면서 주장하지 아니한 경우에는 그러하지 아니하다.

1. 조정 당시에는 제출되지 아니한 것으로서 조정의 결과에 중대한 영향을 미치는 새로운 사실이 나타난 경우
2. 조정의 증거로 된 문서, 증인의 증언, 참고인의 진술 등의 자료가 위조 또는 변조된 것이거나 허위임이 밝혀진 경우
3. 조정의 기초가 된 법률, 판결 등이 변경된 경우
4. 조정에 영향을 미칠 중요한 사항에 관하여 위원회가 판단하지 아니한 경우
5. 제척되어야 할 위원이 조정에 관여한 경우

② 재조정신청은 당사자가 조정결정 또는 각하결정을 통지받은 날로부터 1개월 이내에 하여야 한다.

③ 제1항의 규정에 따른 재조정 신청사건의 처리에 대해서는 이장의 규정을 준용한다.

④ 원장은 제2항에서 정하는 기간을 경과한 재조정신청에 대하여는 특별한 사유가 없는 한 이를 각하처리한다.

제6장 보 칙

제32조(분쟁조정의 공표) 원장은 공익 또는 금융수요자 등의 보호를 위하여 필요하다고 인정하는 때에는 분쟁조정업무와 관련된 내용을 공표할 수 있다.

제32조의2(소송지원) ① 원장은 다음 각호의 1에 해당하는 사건으로서 피신청인의 조치가 현저히 부당하다고 위원회가 인정하여 소송지원을 요청하는 경우 신청인을 위한 소송지원을 할 수 있다. 다만, 소송지원이 실익이 없거나 공익목적상 부적절하다고 인정되는 경우에는 그러하지 아니한다.(개정 2005. 8. 26)

1. 위원회에서 신청인의 청구를 인용하는 것으로 조정결정된 사건
2. 위원회에서 조정결정이 있기전 사건으로서 위원회의 조정선례 또는 법원의 판례 등에 비추어 신청인의 청구를 인용하는 것으로 조정결정될 것이 명백한 사건

② 제1항의 규정에 의한 소송지원액은 소송지원사건 심급별로 1천만원 이내로 한다. (신설 2005. 8. 26).

③ 원장은 소송지원 결정 이후 다음 각호의 1에 해당하는 사유가 발생하는 경우에는 소송지원을 중단할 수 있다. (신설 2005. 8. 26.)

1. 신청인이 특별한 사정없이 소송당사자로서의 의무를 다하지 아니하는 경우
2. 신청인이 소송지원 신청시 제출한 자료나 진술 등이 허위로 판명된 경우
3. 소송지원 과정에서 새로이 발견된 사실로 인해 당해 소송지원이 실익이 없게 되거나 공익목적상 부적절하게 된 경우

④ 기타 소송지원에 관한 세부사항은 원장이 정하는 바에 의한다.(개정 2005. 8. 26)

[본조신설 2002.7.26]

제33조(수당 등) 원장은 다음 각호의 경우 감독원의 예산범위내에서 따로 정하는 바에 따라 수당 및 실비, 출장비, 자문료 또는 수임료 등을 지급할 수 있다.(개정 2002.7.26)

1. 제7조에 의하여 위원이 위원회에 참석하는 경우
2. 위원이 사건의 해결을 위하여 국내외에 출장을 하는 경우
3. 제10조에 의하여 전문위원이 원장의 자문에 응하는 경우
4. 제24조에 의하여 위원회가 요청한 감정인・참고인 등이 위원회에 출석하여 의견을 진술하는 경우

제34조(세부사항 등) 이 세칙의 시행을 위하여 필요한 서식 등 세부사항에 대하여는 감독원 직제에서 정한 소관부서장이 별도로 정하는 바에 의한다.

부 칙

제1조(시행일) 이 시행세칙은 1999년 1월 30일부터 시행한다.

제2조(경과조치) ① 금융감독원 설립당시의 은행법, 증권거래법 및 보험업법의 규정에 의하여 은행감독원, 증권감독원 및 보험감독원에 분쟁의 조정을 신청한 것은 이 세칙에 의하여 감독원에 대하여

분쟁의 조정을 신청한 것으로 본다.

② 이 세칙 시행일 이전에 감독원에 분쟁의 조정을 신청한 것은 이 세칙에 의하여 신청한 것으로 본다.

부 칙 〈2000.11.22〉

이 세칙은 2000년 11월 23일부터 시행한다.

부 칙 〈2002. 2.22〉

이 세칙은 2002년 2월 22일부터 시행한다.

부 칙 〈2002. 7.26〉

이 세칙은 2002년 8월 1일부터 시행한다

부 칙 〈2005. 8.26〉

이 세칙은 2005년 8월 29일부터 시행한다.

전자금융거래 기본약관

제 1 조(목적) 이 약관은 OO 은행(이하 "은행"이라 한다)과 거래처 사이의 전자금융거래에 관한 기본적인 사항을 정함으로써, 거래의 신속하고 효율적인 처리를 도모하고 거래당사자 상호간의 이해관계를 합리적으로 조정하는 것을 목적으로 한다.

제 2 조(용어의 정의) 이 약관에서 사용하는 용어의 의미는 다음 각호와 같다.

1. "거래처"라 함은 전자금융거래를 이용하는 고객을 말한다.
2. "전자금융거래"라 함은 은행이 전자적 수단을 통하여 제공하는 조회, 입금·출금, 계좌이체 등을 거래처가 직접 이용하는 거래를 말한다.
3. "전자적 수단"이라 함은 현금자동지급기, 현금자동입·출금기, 컴퓨터, 전화기, 직불카드거래단말기 기타 전자금융거래를 처리하는데 이용되는 전자적 장치를 말한다.
4. "거래지시"라 함은 거래처가 전자금융거래에 관한 계약에 의하여 은행에 개별적인 전자금융거래의 처리를 의뢰하는 것을 말한다.
5. "지급인"이라 함은 전자금융거래에 의하여 자금이 출금되는 계좌(이하 "출금계좌"라 한다)의 명의인을 말한다.
6. "수취인"이라 함은 전자금융거래에 의하여 자금이 입금되는 계좌(이하 "입금계좌"라 한다)의 명의인을 말한다.
7. "계좌이체"라 함은 지급인의 거래지시에 따라 은행이 특정계좌에서 자금을 출금하여 같은 은행 또는 다른 은행의 계좌에 입금하는 것을 말한다.
8. "예약에 의한 계좌이체"라 함은 계좌이체가 장래의 특정일자에 이루어지도록 거래처가 미리 거래지시하고 은행이 이를 해당일자에 처리하는 것을 말한다.
9. "계좌송금"이라 함은 거래처가 현금자동입·출금기를 통하여 자기 또는 타인의 계좌에 자금을 입금하는 것을 말한다.
10. "영업일"이라 함은 통상 은행이 점포에서 정상적인 영업을 하는 날을 말한다.
11. "접근수단"이라 함은 전자금융거래의 방식을 통하여 거래지시를 하는데 필요한 카드, 인증서, 비밀번호, 이용자번호 등을 말한다.

제 3 조(적용되는 거래) 이 약관은 은행과 거래처사이에 이루어지는 다음 각호의 전자금융거래에 적용된다.

1. 현금자동지급기, 현금자동입·출금기에 의한 거래
2. 컴퓨터에 의한 거래
3. 전화기에 의한 거래
4. 직불카드단말기에 의한 거래
5. 기타 전자적 수단에 의한 거래

제 4 조(거래계약의 체결) 거래처가 전자금융거래를 하고자 하는 경우에는 사전에 은행과 별도의 거래계약을 체결하여야 한다. 다만, 다음 각호의 1에 해당하는 경우에는 그러하지 아니하다.

1. 단순조회(예금잔액, 예금입·출금내역

등)
2. 단순히 이용수수료를 납부하고 처리하는 거래
3. 현금자동지급기, 현금자동입·출금기에 의한 거래
4. 기타 은행이 정하는 거래

제 5 조(이용시간) ① 거래처는 은행이 정한 시간 이내에서 전자금융거래를 이용할 수 있다.

② 이용시간은 은행의 사정에 따라 달라질 수 있으며, 이용시간을 변경하고자 할 경우에는 3영업일전 영업점 및 게시 가능한 전자적 수단을 통하여 게시한다. 다만, 시스템 장애복구, 긴급한 프로그램 보수, 외부요인 등 불가피한 경우에는 예외로 한다.

제 6 조(계좌이체 한도) 거래처는 은행이 정한 최고한도 및 지정방법에 따라 이체한도를 설정하여야 한다.

제 7 조(비밀번호 등록) 거래계약을 체결하고 거래처가 거래비밀번호를 전자적 수단으로 직접 등록할 경우에는 계약일 포함 3영업일 이내에 등록하여야 한다.

제 8 조(거래의 성립) 거래처가 전자금융거래를 하고자 하는 경우에는 다음 각호의 시기에 거래가 성립한다.
1. 계좌이체의 경우에는 거래처가 입력한 거래지시의 내용을 은행이 확인하고 출금자금(수수료를 포함한다. 이하 같다)을 출금계좌원장에 출금기록 한 때
2. 현금출금의 경우에는 거래처가 입력한 거래지시의 내용을 은행이 확인하고 출금자금을 출금계좌원장에 출금기록 한 때
3. 계좌송금의 경우에는 은행이 거래처가 입력한 거래지시의 내용 및 입금자금을 모두 확인한 때
4. 예약에 의한 계좌이체의 경우는 은행이 거래처의 거래지시 내용을 확인한 때. 다만, 이체시점에 자금이 출금계좌에 입금되어 있을 것을 조건으로 한다.

제 9 조(거래지시의 처리기준) ① 은행은 거래처의 거래지시에 포함된 계좌번호, 비밀번호, 이용자번호 등을 신고된 것과 대조하여 그 일치여부를 확인한 후에 거래지시를 처리한다.

② 은행은 거래처의 거래지시에 따라 출금계좌에서 자금을 인출할 때 예금거래기본약관에 불구하고 통장이나 지급청구서 또는 수표없이 인출한다.

③ 대량계좌이체, 타행계좌이체 등과 같이 거래의 특성상 수취인의 명의를 확인할 수 없는 경우에는 수취인의 계좌번호를 기준으로 하여 거래를 처리한다.

④ 타행계좌이체는 당일 중에 처리한다. 다만 당일 중 처리가 불가능한 경우에는 제20조 제4항에서 정한 바에 따라 처리한다.

⑤ 예약에 의한 계좌이체의 경우 이체시점에 출금계좌의 자금이 거래처가 거래지시한 금액 이상일 때 처리한다.

⑥ 예약에 의한 계좌이체의 경우 이체지정일이 은행 휴무일로 정해질 때에는 익영업일에 거래를 처리한다.

제10조(거래의 제한) ① 다음 각호의 1에 해당하는 경우에는 전자금융거래의 당해 지시에 따른 거래를 제한할 수 있다.
1. 전자금융거래의 처리시점에 출금계좌의 자금이 출금자금에 미달하는 때. 다만, 전자금융거래에 관한 개별약관에 따로 정한 경우에는 그에 따른다.
2. 입금 또는 출금계좌가 해지되었거나 거래중지계좌에 편입되었을 때
3. 이체일에 입금 또는 출금계좌의 잔액

증명서가 발급되었을 때
4. 거래처가 설정한 이체한도를 초과하여 계좌이체 거래지시를 할 때
5. 입금계좌를 지정하여 계좌이체를 이용하기로 한 거래처가 지정하지 않은 계좌로 계좌이체 거래지시를 할 때
6. 법적 지급제한 등으로 거래제공이 부적합하다고 은행이 인정했을 때

② 다음 각호의 1에 해당하는 경우에는 해당 전자적 수단을 통한 계좌이체의 전부를 제한할 수 있다.
1. 인증서 유효기간이 만료되었거나 인증서가 취소되었을 때
2. 컴퓨터 또는 전화기로 전자금융거래를 이용하는 거래처가 6개월이상 계좌이체 이용실적이 없을 때

③ 은행이 제1항 및 제2항에 의해 전자금융거래를 제한한 경우에는 거래처의 거래지시가 있을 때 해당 전자적 수단을 통하여 그 사유를 알려야 한다.

④ 제2항의 경우에 거래처는 은행이 정한 인증서 재발급·유효기간의 연장 또는 계속 사용의사 확인 등의 절차를 거쳐 전자금융거래를 이용할 수 있다.

제11조(거래의 완료) ① 계좌이체 및 계좌송금의 경우에는 수취인의 계좌원장에 입금기록을 마친 때에 거래가 완료된다.
② 현금출금의 경우에는 거래처에게 현금이 지급된 때에 거래가 완료된다.

제12조(수수료) ① 은행은 전자금융 수수료를 거래처의 계좌에서 출금하거나 거래처로부터 직접 현금으로 받을 수 있으며, 수납방법은 개별약관에 따른다.
② 수수료는 은행의 수수료율 계산방법에 따르며, 은행이 수수료율을 변경하고자 하는 때에는 그 내용을 영업점 및 게시 가능한 전자적 수단에 변경일 1주일 전에 게시하여 1개월간 알린다.

제13조(거래지시의 취소·변경) ① 제8조에 의하여 거래가 성립한 이후에는 이를 취소 또는 변경하지 못한다. 다만 예약에 의한 계좌이체는 이체일 전영업일까지 해당 전자적 수단을 통하여 거래지시를 취소할 수 있다.
② 거래처의 요청에 따라 출금계좌를 해지할 때에는 해당 계좌에 등록된 예약에 의한 계좌이체 거래지시도 취소된다.
③ 거래처의 사망·한정치산선고·금치산 선고나 거래처 또는 은행의 해산·합병·파산은 그 자체로는 거래지시를 취소 또는 변경하는 것으로 되지 아니하며 은행의 권한에도 영향을 미치지 아니한다.

제14조(신고사항의 변경) ① 거래처가 계좌번호, 비밀번호, 이용자번호, 상호, 주소, 전화번호 등 은행에 신고한 사항을 변경하고자 할 경우에는 전자금융거래에 관한 개별약관에 정한 바에 따라 신고하여야 한다.
② 신고사항의 변경은 은행이 제1항의 신고를 접수하고 전산입력에 요구되는 합리적인 시간이 지난 후에 그 효력이 생긴다.

제15조(거래계약의 해지) 전자금융거래에 관한 계약을 해지하고자 할 때에는 거래처 본인이 전자금융거래에 관한 개별약관에 정한 바에 따라 서면 또는 해당 전자적 수단에 의하여 은행에 해지신청을 하여야 한다.

제16조(거래내용의 확인) ① 거래처는 거래지시와 제21조 제1항에 의한 처리결과가 일치하는지 여부를 확인하여야 한다.
② 거래처는 거래지시와 은행의 처리결과가 일치하지 않음을 알게 된 때에는 이를 즉시 은행에 통지하여야 하며 은행

은 이체자금의 이동경로를 확인하거나 출금을 제한하는 등 필요한 조치를 취하여야 한다.

제17조(오류의 처리) ① 은행은 전자금융거래가 거래지시와 달리 처리된 사실을 확인한 때에는 거래지시대로 정정하여야 한다.

② 은행은 제1항에 의한 정정사실을 거래처에게 통지하여야 한다.

제18조(거래내용 녹음) 은행은 거래의 정확성을 기하기 위해 직원과의 전화통화에 의한 거래내용을 녹음할 수 있다. 다만, 녹음된 내용은 해당거래에 관한 분쟁이 발생할 경우의 증거자료로만 사용할 수 있으며, 이 경우 거래처는 은행에 녹음된 내용의 개시를 요구할 수 있다.

제19조(거래기록의 보존 및 자료 등의 제공) ① 은행은 전자금융거래로 인한 입출금내역을 5년간 유지, 보전하여야 한다.

② 은행은 거래처의 요청이 있을 경우 금융실명거래및비밀보장에관한법률 등 다른 법률에 저촉되지 않는 범위내에서 은행이 보존·관리하고 있는 전자금융거래 관련 기록·자료를 거래처에게 제공하여야 한다.

제20조(사고·장애시의 처리) ① 거래처는 거래계좌에 관한 접근수단의 도난·분실·위조 또는 변조의 사실을 알았거나 기타 거래절차상 비밀을 요하는 사항이 누설되었음을 알았을 때에는 지체없이 이를 은행에 신고하여야 한다.

② 제1항의 신고는 은행이 이를 접수하고 전산입력에 요구되는 합리적인 시간이 지난 후에 그 효력이 생긴다.

③ 제1항의 신고를 철회할 경우에는 거래처 본인이 은행에 서면으로 신청하여야 한다.

④ 은행은 통신장애 및 기타의 사유로 인하여 거래지시된 전자금융거래가 처리불가능할 경우 출금계좌로 입금처리하고 거래처의 신고된 연락처로 이를 통지하여야 한다.

⑤ 은행은 거래처의 요청이 있을 때에는 사고 또는 장애의 사유를 지체 없이 조사하여 그 결과를 거래처에게 통지하여야 한다.

제21조(통지방법 및 효력) ① 은행은 제11조의 처리결과를 즉시 해당 전자적 수단을 통하여 알린다. 다만, 타행계좌이체 및 예약에 의한 계좌이체의 경우에는 접수결과를 즉시 해당 전자적 수단을 통하여 알린다.

② 은행은 제17조제2항, 제20조제4항 및 제5항 등 전자금융거래에서 발생하는 사항을 통지하는 경우에는 거래처가 신고한 연락처로 전화, 서면 또는 기타 전자적 수단으로 통지하여야 한다.

③ 은행이 서면으로 통지했을 때에는 천재지변 등 불가항력적인 경우 외에는 보통의 우송기간이 지났을 때 도달한 것으로 추정한다.

④ 거래처가 제14조에 의한 변경신고를 게을리함에 따라 제3항에 의하여 발송한 서면통지가 거래처에게 연착하거나 도달하지 아니한 때에는 보통의 우송기간이 경과한 때에 도달한 것으로 본다.

제22조(접근수단의 관리) ① 거래처는 전자금융거래에 필요한 접근수단을 제3자에게 대여, 위탁 또는 양도하지 못한다.

② 거래처는 접근수단을 본인 이외의 제3자에게 누설해서는 안되며, 접근수단의 도용이나 위조 또는 변조를 방지하기 위한 관리에 충분한 주의를 기울여야 한다.

제23조(손실부담 및 면책) ① 은행은 거래

처로부터 제20조에 의한 신고를 받고 전산입력에 요구되는 합리적인 시간이 지난 후에 발생하는 부정이체 금액에 대하여는 그 금액과 1년 만기 정기예금 이율로 계산한 경과이자를 보상한다. 다만, 부정이체 결과로 당해 계좌에서 발생한 손실액이 1년 만기 정기예금 이율로 계산한 금액을 초과하는 경우에는 당해 손실액을 보상한다.

② 은행은 거래지시에 포함된 계좌번호, 비밀번호, 이용자번호 등이 은행에 신고된 것과 같음을 확인하고 거래지시의 내용대로 전자금융거래를 처리한 경우에는 은행의 과실이 아닌 접근수단의 위조·변조 기타의 사고로 거래처에 손해가 생기더라도 책임을 지지 아니한다. 다만, 거래지시의 전송과정에서 거래처의 고의 또는 과실에 의하지 않은 사고가 발생한 경우에는 그러하지 아니하다.

③ 은행은 거래처로부터 접수한 전자금융거래가 천재지변, 은행의 귀책사유가 없는 정전, 화재, 통신장애 기타의 불가항력적인 사유로 처리 불가능하거나 지연된 경우 거래처에 대해 처리 불가능하거나 지연된 사유를 통지한 경우에는 거래처에 대하여 이로 인한 책임을 지지 아니한다.

④ 은행은 거래처가 제20조 제1항의 신고를 지체하여 생긴 손해에 대하여는 책임을 지지 아니한다.

⑤ 은행은 거래처가 제16조의 확인 또는 통지를 하지 않음으로 인하여 발생한 손해에 대하여는 책임을 지지 아니한다. 다만, 거래처의 거래지시와 상이한 처리를 한 경우에는 그러하지 아니하다.

⑥ 은행은 제3항 및 제21조 제2항에 의한 통지를 할 경우에 은행에 책임 없는 사유로 통지를 하지 못한 때에는 이로 인한 거래처의 손해에 대하여 책임을 지지 아니한다.

⑦ 통지서비스(FAX 등) 이용과 관련하여 거래처가 지정한 통신매체의 고장으로 통지를 하지 못하거나, 거래처의 부주의로 인하여 거래처 관련 정보가 유출되는 경우에는 은행은 책임을 지지 아니한다.

제24조(비밀보장의무) 은행은 법령에 정한 경우를 제외하고는 전자금융거래업무를 수행함에 있어서 알게 된 거래처 관련 정보를 거래처 본인의 동의 없이는 다른 사람에게 제공하지 못한다. 다만, 은행의 관리소홀로 인한 거래처 관련 정보 도난 및 유출시에는 은행이 책임을 진다.

제25조(약관의 변경) ① 은행이 이 약관을 변경코자 할 때는 그 변경 1개월전에 영업점 또는 게시가능한 전자적 수단에 게시하며, 변경내용이 거래처에 불리한 경우에는 영업점 또는 게시가능한 전자적 수단에 게시하는 외에 일간신문에 공고하고 거래처가 사전에 제공한 전자메일로 그 내용을 통지한다. 다만, 법령의 개정이나 제도의 개선 등으로 인하여 긴급히 약관을 변경할 때는 즉시 이를 게시하여야 하며, 변경내용이 거래처에 불리한 경우에는 신문에 공고하고 전자메일로 통지하여야 한다.

② 변경내용을 게시한 후 시행일 전영업일까지 거래처의 이의가 은행에 도달하지 않으면 거래처가 이를 승인한 것으로 본다.

제26조(약관적용의 우선순위) ① 은행과 거래처 사이에 개별적으로 합의한 사항이 이 약관에 정한 사항과 다를 때에는 그 합의사항을 이 약관에 우선하여 적용

한다.

② 전자금융거래에 관하여 이 약관에서 정하지 않은 사항은 개별약관이 정하는 바에 따른다.

③ 이 약관과 전자금융거래에 관한 개별약관에서 정하지 않은 사항에 대하여는 다른 약정이 없으면 관계 법령, 은행수신거래약관 및 은행여신거래약관을 적용한다.

제27조(이의제기) 거래처는 전자금융거래의 처리에 관하여 이의가 있을 때에는 은행의 분쟁처리기구에 그 해결을 요구하거나 금융감독원 금융분쟁조정위원회, 한국소비자보호원 소비자분쟁조정위원회 등을 통하여 분쟁조정을 신청할 수 있다.

제28조(준거법) 이 약관의 해석·적용에 관하여는 대한민국법을 적용한다.

부 칙

제1조(시행일) 이 약관은 2001년 12월 1일부터 시행한다.

제2조(경과조치) 제25조에 의한 전자메일 통지는 2002년 12월 1일부터 적용한다.

전자보험거래 표준약관

제1장 총 칙

제1조(목적) 이 약관은 ○○보험회사(이하 "회사"라 한다)와 이용자 사이의 전자거래에 관한 기본적인 사항을 정함으로써 거래를 신속하고 효율적으로 처리하며 거래당사자 상호간의 이해관계를 합리적으로 조정하는 것을 목적으로 합니다.

제2조(용어의 정의) 이 약관에서 사용하는 용어의 정의는 다음과 같습니다.

1. "이용자"라 함은 전자거래를 이용하는 고객을 말합니다.
2. "전자거래"라 함은 회사가 전자적 수단을 통하여 제공하는 보험계약의 청약 · 청약철회 · 해지 · 계약변경과 대출 등을 이용자가 직접 이용하는 거래를 말합니다.
3. "전자적 수단"이라 함은 컴퓨터, 정보단말기 등 전자거래를 처리하는데 이용되는 전자적 장치를 말합니다.
4. "접근수단"이라 함은 전자거래를 이용하는데 필요한 카드, 공인인증서, 비밀번호, 고객번호 등을 말합니다.
5. "공인인증서"라 함은 전자서명법 제15조의 규정에 따라 공인인증기관이 발행한 인증서를 말합니다.
6. "영업일"이라 함은 회사가 영업점에서 정상적인 영업을 하는 날을 말합니다.

제3조(이용자의 가입 및 접근수단의 관리) ① 이용자가 전자거래를 하고자 하는 경우에는 회사가 정한 방법에 따라 별도의 이용신청을 하여야 합니다.

② 이용자는 전자거래에 필요한 전자우편주소를 회사에 신고하여야 하며, 회사는 이용자가 신고한 전자우편주소가 유효한 지 여부를 확인할 수 있습니다.

③ 이용자는 전자거래에 필요한 접근수단을 제3자에게 대여, 위탁 또는 양도하지 못합니다.

④ 이용자는 접근수단을 본인 이외의 제3자에게 누설해서는 안되며, 접근수단의 도용이나 위조 또는 변조를 방지하기 위하여 충분한 주의를 기울여야 합니다.

제4조(전자거래 이용범위 등) ① 회사는 제3조에 따라 이용신청을 한 자에게 전자거래 이외에 보험계약조회 · 보험금조회 · 보상서비스 · 상담서비스 등 부가서비스도 이용하게 할 수 있습니다.

② 회사는 전자적 수단에 사용되는 기술적 사양을 변경할 사유가 발생한 경우에는 변경될 내용 및 변경일자 등을 전자적 수단을 통하여 변경일기준 7영업일 이전에 게시하여 드립니다.

제5조(이용시간) ① 이용자는 회사가 정한 시간 이내에서 전자거래를 이용할 수 있습니다.

② 이용시간은 회사의 사정에 따라 달라질 수 있으며, 회사가 이용시간을 변경하고자 할 경우에는 변경일 기준 3영업일 이전에 게시 가능한 전자적 수단을 통하여 게시하여 드립니다. 다만 시스템 장애복구, 프로그램의 긴급한 보수, 외부요인 등 사전 게시가 어려운 경우에는 예외로

합니다.

제6조(전자거래의 성립) ① 전자거래는 회사가 이용자의 거래요청을 접수하고 그 내용이 회사의 호스트컴퓨터에 의해 처리되어 저장되는 때에 성립합니다.

② 회사는 제1항의 전자거래요청에 대한 접수사실과 그 처리결과를 즉시 알려드립니다.

제7조(전자거래의 중지 등) ① 회사는 다음 각호의 1에 해당하는 경우에는 당해 전자거래를 중지할 수 있습니다.

1. 당해 전자적 수단과 연결된 시스템이 통신장애 및 기타의 사유로 오류가 발생한 경우
2. 당해 전자적 수단의 시스템의 변경, 보수, 보완 등의 사유로 시스템을 중지한 경우

② 회사는 다음 각호의 1에 해당하는 경우에는 해당 전자거래 전부를 제한할 수 있습니다.

1. 공인인증서 유효기간이 만료되었거나 공인인증서가 취소되었을 때
2. 이용자가 지정한 은행계좌가 거래정지되거나 이용자가 회사에 알리지 않고 은행계좌를 임의변경하는 등의 사유로 보험료 수납이나 대출금 · 보험금 등의 지급이 불가능한 경우

③ 회사는 제1항 및 제2항에 의해 전자거래를 중지 또는 제한한 경우에는 이용자에게 전자적 수단을 통하여 그 사유를 알려 드립니다.

④ 이용자는 제2항의 경우에 회사가 정한 공인인증서 재발급, 유효기간 연장 등의 절차를 거쳐 전자거래를 이용할 수 있습니다.

제2장 보험계약의 청약 등

제8조(보험계약의 청약) ① 이용자는 전자적 수단을 이용하여 회사가 정한 방법에 따라 보험계약의 청약을 할 수 있습니다.

② 회사는 이용자가 청약서 기재사항을 전부 기재한 경우에는 청약서 기재사항을 다시 확인하도록 하여 드립니다.

③ 이용자는 전자적 수단을 이용하여 청약과 함께 제1회 보험료를 회사가 정한 방법에 따라 납입하여야 합니다.

④ 회사는 제3항의 절차가 종료된 경우에는 청약내용과 보험료 납입사실(신용카드결제의 경우 매출전표 등)을 이용자가 확인할 수 있도록 하여 드립니다.

제9조(약관교부 등) ① 회사는 전자적 수단을 이용하여 보험계약을 체결하는 경우 이 약관과 보험상품약관을 게시하고 이용자에게 이들 약관의 중요한 내용을 확인하도록 하여 드립니다.

② 회사는 전자적 수단을 이용하여 이 약관과 보험상품약관을 교부할 수 있습니다. 다만, 이용자의 요청이 있는 경우에는 이들 약관을 서면으로 교부하여 드립니다.

제10조(보험계약의 청약 철회) ① 이용자는 전자적 수단을 이용하여 보험상품약관상 청약철회가 가능한 기일내에 회사가 정한 방법에 따라 보험계약의 청약을 철회할 수 있습니다.

② 회사는 제1항에 의한 청약 철회를 접수한 경우에는 이용자에게 청약철회의 접수사실을 전자적 수단을 통해 알려드립니다.

제 3 장 보험계약의 내용변경 등

제11조(보험계약내용의 변경) ① 이용자는 전자적 수단을 이용하여 회사가 정한 방법에 따라 보험종목·보험기간·보험가입금액·보장내용·보험계약자 또는 보험수익자·보험료 납입방법 등의 계약내용 변경을 신청할 수 있습니다.

② 회사는 제1항에 의한 보험계약내용의 변경신청을 접수한 경우에는 이용자가 변경내용을 다시 확인할 수 있도록 하여 드립니다.

③ 회사는 보험계약내용이 변경된 경우 이용자에게 그 사실을 전자적 수단을 통해 즉시 알려드립니다.

제12조(보험계약의 임의 해지) ① 이용자는 전자적 수단을 이용하여 회사가 정한 방법에 따라 보험계약을 해지할 수 있으며, 이 경우 회사는 보험상품약관에서 정한 해약환급금을 지급합니다.

② 회사는 제1항에 의한 해지신청을 접수한 때에는 이용자에게 해지신청의 접수사실을 전자적 수단을 통해 알려드립니다.

제 4 장 전자거래 내용의 확인 등

제13조(신고사항의 변경) ① 이용자는 주소·전화번호·비밀번호·전자우편주소·은행계좌 등 회사에 신고한 사항을 변경하고자 할 경우에는 전자적 수단이나 회사가 정하는 기타의 방법에 의하여 변경신청을 하여야 합니다.

② 제1항에 의한 신고사항의 변경은 회사가 신청을 접수한 즉시 그 효력이 발생합니다.

제14조(전자거래 이용계약의 해지) 이용자가 이 약관에 의한 전자거래 이용에 관한 계약을 해지하고자 할 때에는 이용자 본인이 전자적 수단이나 회사가 정하는 기타의 방법에 의하여 회사에 해지신청을 하여야 합니다.

제15조(거래내용의 확인) ① 이용자는 회사에 요청한 전자거래와 회사의 처리결과가 일치하는지 여부를 확인하여야 합니다.

② 이용자는 회사에 요청한 전자거래와 회사의 처리결과가 일치하지 않음을 알게 된 때에는 즉시 이를 회사에 알려야 하며, 회사는 사실확인 절차를 거쳐 필요한 조치를 취하여 드립니다.

제16조(거래오류의 정정) 회사는 이용자가 요청한 전자거래 내용과 다르게 처리되었음을 확인한 때에는 이용자가 요청한 내용대로 정정하여야 하며, 정정 사실을 이용자에게 알려드립니다.

제17조(사고 및 장애시의 처리) ① 이용자는 전자거래에 관한 접근수단이 도난, 분실, 도용, 위조 또는 변조된 사실을 알았거나 기타 거래절차상 비밀을 요하는 사항이 누설되었음을 알았을 때에는 지체없이 이를 회사에 알려야 합니다.

② 제1항의 통지는 회사가 이를 접수한 즉시 그 효력이 발생합니다.

③ 이용자가 제1항의 통지를 철회할 경우에는 이용자 본인이 회사에 서면으로 신청하여야 합니다.

④ 회사는 통신장애 및 기타의 사유로 인하여 이용자가 요청한 전자거래의 처리가 불가능할 경우에는 신고된 이용자의 연락처로 이를 알려드립니다.

⑤ 회사는 이용자의 요청이 있을 때에는 사고 또는 장애의 사유를 지체 없이 조

사하여 그 결과를 이용자에게 알려드립니다.

제18조(통지의 방법) ① 회사는 제16조, 제17조제4항 및 제5항에 의한 통지를 하는 경우에는 이용자가 신고한 연락처로 전화, 서면 또는 기타 전자적 수단으로 알려드립니다.

② 회사가 서면으로 통지하였을 경우에는 천재지변 등 불가항력적인 경우 이외에는 보통의 우송기간이 지났을 때 도달한 것으로 추정합니다.

③ 이용자가 제13조에 의한 통지를 하지 아니하여 회사가 발송한 서면통지가 이용자에게 연착하거나 도달하지 아니한 때에는 보통의 우송기간이 경과한 때에 도달한 것으로 봅니다.

제19조(통화내용의 녹음) 회사는 거래의 정확성을 기하기 위하여 이용자의 동의를 얻어 전화통화내용을 녹음할 수 있습니다. 다만 녹음된 내용은 해당 거래의 분쟁이 발생할 경우의 증거자료로만 사용할 수 있으며, 이 경우 이용자는 회사에 녹음된 내용의 개시를 요구할 수 있습니다.

제5장 이용자 보호

제20조(거래기록의 보존 및 자료 제공 등) ① 회사는 전자거래의 기록을 보험계약 소멸일부터 5년간 보존합니다.

② 회사는 이용자의 요청이 있을 경우 금융실명거래및비밀보장에관한법률 등 관계법률에 저촉되지 않는 범위내에서 회사가 보존·관리하고 있는 전자거래와 관련된 기록 및 자료를 당해 이용자에게 제공하여야 합니다.

제21조(손실부담 및 면책) ① 회사는 이용자로부터 제17조제1항에 의한 통지를 접수한 후에 발생하는 금전적 피해에 대하여는 그 금액과 약관대출 이율로 계산한 경과이자를 보상하여 드립니다. 그러나 이용자가 그 통지를 지체하여 발생한 손해에 대하여는 책임을 지지 아니합니다.

② 회사는 접근수단의 위조, 변조 또는 계약체결 및 거래지시의 전송이나 처리과정에서의 사고로 인하여 이용자가 입은 손해에 대하여 책임을 부담합니다. 다만, 이러한 사고발생에 대하여 이용자에게 고의 또는 과실이 있음을 회사가 입증하는 경우에는 그러하지 아니합니다.

③ 회사는 이용자로부터 접수한 전자거래가 천재지변, 회사의 귀책사유가 없는 정전, 화재, 통신장애, 기타의 불가항력적인 사유로 처리 불가능하거나 지연된 경우에 그 사유를 지체없이 이용자에게 알린 때에는 이용자에 대하여 이로 인한 책임을 지지 아니합니다.

④ 회사는 이용자가 제15조의 확인 또는 통지를 하지 않음으로 인하여 발생한 손해에 대하여는 책임을 지지 아니합니다. 다만 이용자가 요청한 내용과 다르게 처리한 경우에는 그러하지 아니합니다.

제22조(이용자정보에 대한 비밀보장) ① 회사는 관계법령에서 정한 경우를 제외하고 전자거래를 수행함에 있어서 알게 된 정보를 이용자 본인의 동의 없이는 타인에게 제공하지 못합니다.

② 회사는 이용자의 개인정보가 도난, 분실, 변조 및 유출되지 않도록 전자적 수단에 대한 보안관리에 주의를 기울여야 하며, 회사의 관리소홀로 인한 이용자 정보의 도난, 분실, 변조 및 유출시에는 회사가 책임을 집니다.

제23조(약관의 명시 및 변경 등) ① 회사

가 이 약관을 변경하고자 할 때에는 변경사유, 변경내용 및 적용일자 등을 명시하여 변경일 기준 1개월전에 게시가능한 전자적 수단에 게시하고 이용자의 전자우편주소로 통지하여 드립니다. 다만, 법령의 개정이나 제도의 개선 등으로 인하여 긴급히 이 약관을 변경할 경우에는 즉시 이를 게시하고 통지합니다.

② 약관변경의 내용이 이용자에게 불리할 경우에는 변경일 기준 1개월전에 제1항에 의한 게시와 통지 외에 2개 이상의 일간신문에 공고합니다.

③ 이용자는 제1항 및 제2항의 고지후 변경약관 시행일 전영업일까지 전자적 수단이나 기타 방법에 의한 통지로 전자거래 이용계약을 해지할 수 있으며, 이 기간내에 이용자의 이의가 회사에 도달하지 않으면 이용자가 이를 승인한 것으로 봅니다.

제24조(약관적용의 우선순위) ① 회사와 이용자 사이에 개별적으로 합의한 사항이 이 약관에서 정한 사항과 다를 때에는 그 합의사항을 이 약관에 우선하여 적용합니다.

② 전자거래에 관하여 이 약관에서 정하지 않은 사항에 대하여는 당해 보험상품 약관 등을 적용합니다.

제25조(분쟁조정) 이용자가 회사의 전자거래의 처리에 관하여 이의가 있을 때에는 회사의 분쟁처리기구에 그 해결을 요구하거나 금융감독원의 금융분쟁조정위원회, 한국소비자보호원의 소비자분쟁조정위원회 등을 통하여 분쟁조정을 신청할 수 있습니다.

제26조(준거법) 이 약관에서 정하지 아니한 사항은 대한민국법령을 적용합니다.

전자화폐(K-Cash) 회원약관

제 1 조(목적) 이 약관은 전자화폐(이하 'K-Cash'라 한다)의 발행기관과 K-Cash를 발급 받은 회원이 K-Cash를 이용함에 있어 발행기관과 회원간의 권리·의무 등 제반 법률관계를 규정함을 목적으로 합니다.

제 2 조(용어의 정의) 이 약관에서 사용하는 용어의 정의는 다음과 같습니다.

1. 'K-Cash'란 집적회로(Integrated Circuit) 칩(Chip)이 내장된 카드에 전자기호 형태의 화폐가치를 저장하였다가 물품 구매나 용역의 이용시 사용할 수 있는 지급 수단으로서 여신전문금융업법에서 정하고 있는 선불카드 개념의 현금 대체 수단을 말합니다.
2. '발행기관'이란 K-Cash를 발행하여 이 약관에서 정하는 바에 따라 회원에게 K-Cash를 발급하는 은행 또는 신용카드회사를 말합니다.
3. '회원'이란 이 약관을 승인하고 발행기관으로부터 K-Cash를 신청하여 발급받은 분을 말합니다.
4. '가맹점'이란 전자화폐 가맹점 약관에 따라 가맹점 가입을 신청하여 은행으로 부터 가입을 승인받은 업소, 시설 등을 말하며, 컴퓨터 등 정보통신설비를 이용 하여 재화나 용역을 거래할 수 있도록 설정된 가상의 영업장(이하 '인터넷쇼핑몰'이라 한다)을 포함합니다.
5. 'K-Cash판독기'란 회원이 컴퓨터 등에서 K-Cash 가치저장 및 환불을 하거나 잔액을 조회하고 제4호의 인터넷쇼핑몰에서 지급수단으로 사용할 수 있도록 하는 K-Cash를 판독하는 기기를 말합니다.

제 3 조(발급 등) ① 발행기관에서는 예금계좌를 보유한 분의 신청이 있을 때 K-Cash를 발급해 드리며, 이 때 회원은 K-Cash거래를 위한 주계좌를 지정하여야 합니다.

② K-Cash의 발급을 신청(컴퓨터를 이용한 신청 포함)하고자 하는 분은 발행기관이 제시하는 소정양식에 그 내용을 기재하여 발행기관에 제출한 후 이 약관에 동의하여야 합니다.

③ 발행기관에서는 회원이 컴퓨터 등을 이용하여 금융거래를 하거나 인터넷쇼핑몰 에서 지급수단으로 사용하고자 하는 경우 K-Cash판독기를 대여할 수 있습니다.

④ 회원은 K-Cash 및 K-Cash판독기를 선량한 관리자로서의 주의를 가지고 관리하여 이 약관의 목적을 위해서만 사용하여야 하며, 파손·훼손·분해 등을 해서는 안되며 전자적 정보의 복제·변조 등을 해서는 안됩니다.

⑤ 회원으로서 이 약관의 적용을 받는 시점은 K-Cash를 발급받은 때로 합니다.

제 4 조(비밀번호) 회원은 K-Cash 발급신청시 발행기관이 정하는 바에 따라 비밀번호(PIN: Personal Identification Number)를 등록하여야 하며, 사용중 이를 변경할 수 있습니다.

제 5 조(이용) ① 회원이 K-Cash로 물품을

구매하거나 용역을 제공받고자 할 때는 K-Cash가맹점 어디에서나 이용할 수 있으며, 사용내역을 발행기관에서 조회할 수 있습니다.

② 회원이 K-Cash로 물품을 구매하거나 용역을 제공받고 K-Cash의 잔액이 차감되어 단말기에 거래내역이 기록된 후에는 이를 취소할 수 없습니다. 다만, 조작오류로 취소가 불가피 할 경우, 구매 즉시(카드와 가맹점 단말기에서 별도의 추가거래가 있기 전) 마지막 거래에 한하여 취소가 가능합니다.

③ 제1항의 단서는 인터넷쇼핑몰에서의 거래에 적용되지 않으므로 동 업체의 약관에서 정한 절차에 따라야 합니다.

제 6 조(이용의 제한) ① 회원은 K-Cash 사용과 관련한 전산시스템(이하 '시스템'이라 한다)이 다음 각호의 1에 해당되는 경우 K-Cash 이용에 제한이 있습니다.

1. 시스템의 휴업일 또는 휴업시간
2. K-Cash 위·변조 등 부정사용 방지를 위하여 필요한 경우
3. 전산장애, 통신회선 장애 및 정전 등으로 시스템과의 접속이 이루어지지 않은 경우
4. 시스템의 보수관리를 위하여 필요한 경우
5. 기타 천재지변 등 시스템에 불가항력의 사유가 발생한 경우

② 회원이 제1항의 사유로 K-Cash를 이용하지 못함으로써 손해를 입은 경우 은행의 중대한 과실이 있는 경우를 제외하고는 이의제기 및 손해배상청구를 하지 않는 것으로 합니다.

제 7 조(가치저장) ① 회원은 필요한 경우 은행의 자동화기기(CD/ATM), 컴퓨터, 구매 단말기 등 발행기관이 정한 기기(이하 '가치저장단말기'라 한다)를 이용하여 주 계좌로부터 일정한 금액을 출금하여 K-Cash에 가치저장 할 수 있습니다.

② 가치저장단말기를 이용하여 K-Cash에 가치저장할 수 있는 최대금액한도는 여신전문금융업법 시행령에서 정하는 바에 따릅니다.

③ 발행기관은 가치저장을 통해 주계좌에서 출금된 금액에 대하여는 예금이자를 지급하지 않습니다.

④ 회원은 가치저장시 제4조에 의한 비밀번호와 주계좌의 비밀번호를 입력하여야 합니다.

제 8 조(가치환불) ① 발행기관은 다음 각호의 1에 해당하는 사유가 발생하는 경우 회원이 K-Cash에 기록된 잔액을 청구하는 때에는 즉시 당해 K-Cash를 회수하고 잔액을 지급합니다.

1. 천재지변 등의 사유로 가맹점이 물품 또는 용역을 제공하기가 곤란하여 회원이 이를 사용하지 못하게 된 경우
2. K-Cash의 결함으로 인하여 가맹점이 물품 또는 용역을 제공하지 못하게 된 경우
3. 회원이 정당한 K-Cash를 제시하고 환불을 요청하는 경우

② K-Cash의 훼손 등으로 인하여 잔액을 확인할 수 없는 경우에는 가맹점의 대금 청구와 이에 따른 결제등의 절차에 따라 잔액이 확인된 후 즉시 환불하여 드립니다.

③ 회원이 가치저장단말기를 이용하여 환불하는 경우 동 금액은 반드시 주계좌로 입금됩니다.

제 9 조(수수료 등) ① 발행기관은 K-Cash의 발급 및 K-Cash 판독기 대여에 따른 발행 예치금과, 가치저장 또는 환불에 따

른 수수료를 받을 수 있습니다.

② 제1항의 발행예치금은 K-Cash 및 K-Cash판독기를 은행에 반납하는 경우 돌려 드립니다. 다만, 제11조의 사유 등 고객의 책임있는 사유로 재발행하는 경우 기존의 발행예치금은 발행기관에 귀속되며 다시 예치하여야 합니다.

제10조(가치저장의 제한) 다음 각호의 1에 해당되는 경우 발행기관은 회원의 가치저장을 제한할 수 있습니다.

1. 비밀번호의 오류입력횟수 초과
2. K-Cash의 최대 가치저장한도 초과
3. K-Cash가 사고신고된 경우
4. 주계좌 잔액(대출약정 계좌는 대출 미사용 잔액 포함) 부족
5. 주계좌의 당일 잔액에 대한 잔액증명이 발급된 경우
6. 기타 가치저장이 불가능한 기술적, 제도적 사유가 발생한 경우

제11조(분실, 도난) ① 회원은 K-Cash를 분실하거나 도난당한 경우 즉시 발행기관에 그 사실을 신고하여야 합니다.

② 회원이 발행기관에 K-Cash의 분실 또는 도난 신고를 하였다 하더라도 분실 또는 도난 당시 K-Cash에 이미 가치저장되어 있던 금액에 대하여 발행기관은 현금의 분실 또는 도난에 준하여 책임을 지지 않습니다. 다만, 은행은 제1항에 따라 신고된 K-Cash에 대하여 신고이후의 가치저장을 제한하게 됩니다.

제12조(양도 및 담보제공 금지) 회원은 K-Cash를 타인에게 양도 또는 대여하거나 담보로 제공할 수 없습니다.

제13조(위・변조에 대한 책임) ① K-Cash의 위・변조로 발생된 불법거래의 책임은 발행기관에 있습니다.

② 제1항의 규정에 불구하고 회원의 고의 또는 다음 각호의 1에 해당하는 중대한 과실을 발행기관이 입증하는 경우에는 발행기관은 책임을 지지 않습니다.

1. K-Cash의 대여, 양도, 보관, 이용위임, 담보제공 등으로 인한 위・변조 사고
2. 비밀번호 유출로 인한 위・변조 사고
3. 회원의 가족, 동거인에 의한 위・변조 사고 또는 이들이 관련하여 발생한 위・변조 사고
4. 천재지변, 전쟁, 내란, 풍수해 기타 이와 유사한 사유로 질서문란중에 발생한 위・변조 사고

③ 위・변조된 K-Cash의 부정사용 조사를 위하여 발행기관이 요청한 조사에 응하지 아니하거나 이를 방해한 경우 발행기관은 책임을 지지 않습니다.

제14조(가맹점과의 분쟁) ① 회원이 가맹점에서 K-Cash를 이용함에 따라 발생한 거래 하자에 관한 분쟁은 회원과 가맹점에서 직접 해결하는 것으로 하며 발행기관은 관여하지 않습니다.

② 제1항의 분쟁으로 발생되는 거래금액의 반환 등에 관하여는 회원과 가맹점간에 처리하는 것으로 하며 가맹점의 구매단말기(PSAM)로 이전한 K-Cash가치는 제5조 제2항의 단서 경우를 제외하고 반환의무를 지지 않습니다.

제15조(변경사항의 신고) 회원은 주계좌 등 회원가입신청서 기재사항의 변경이 있을 때에는 소정의 절차에 의하여 발행기관에 즉시 신고하여야 합니다.

제16조(자격정지・상실 및 탈회) ① 발행기관은 회원이 다음 각호의 1에 해당되는 경우 회원의 자격을 정지할 수 있습니다.

1. 입회신청서의 기재사항을 허위로 작성한 경우

2. 이 약관 또는 관계법령에서 정한 사항을 위반한 경우
3. 회원이 K-Cash를 이용하여 공공질서와 선량한 풍속에 반하는 행위를 하는 경우

② 발행기관이 회원자격을 정지시킨 후 30일 이내에 그 사유가 시정되지 아니하거나 동일한 행위가 2회 이상 반복되는 경우 발행기관은 회원의 자격을 상실시킬 수 있습니다.

③ 발행기관은 제1항 및 제2항의 사유발생시 회원에 통지하며, 회원이 탈회하고자할 경우에는 발행기관이 정한 방법에 따라 K-Cash 해지신청을 하여야 합니다.

④ 제1항 내지 제3항에 의하여 회원자격이 상실된 경우 회원은 다음 각호의 1의 조치를 하여야 합니다.

1. K-Cash 및 K-Cash판독기 반환
2. K-Cash잔액 및 예치금 청구

제17조(약관변경 승인 등) 이 약관을 변경할 경우 발행기관은 그 내용을 적용 예정일로부터 14일 이전까지 일간신문에 공고 또는 발행기관의 본지점과 홈페이지에 게시하기로 하며, 회원이 적용 예정일까지 이의를 제기하지 않았을 때에는 변경된 약관을 승인한 것으로 간주합니다.

제18조(약관 위반시의 책임) 발행기관과 회원은 이 약관을 위반함으로써 발생하는 모든 책임을 각자가 부담하며, 이로 인하여 상대방에게 손해를 입힌 경우에는 배상 하여야 합니다.

제19조(약관에서 정하지 아니한 사항) 이 약관에서 정하지 아니한 사항과 약관의 해석에 관하여는 관계법령, 전자금융거래기본약관, 예금거래기본약관 및 상관례에 따릅니다.

제20조(관할법원) 이 약관에 따른 거래에 관한 소송은 발행기관의 본·지점 소재지 또는 회원의 주소지를 관할하는 법원으로 합니다.

제21조(경과조치) 제19조의 전자금융거래기본약관 시행일 전에 발생되는 문제는 이 약관을 우선 적용합니다.

전자화폐(K-Cash) 가맹점약관

제1조(목적) 이 약관은 전자화폐(이하 'K-Cash'라 한다)의 회원과 K-Cash가맹점이 K-Cash를 이용하여 거래를 함에 있어 은행과 가맹점간의 권리·의무 등 제반 법률관계를 규정함을 목적으로 합니다.

제2조(정의) 이 약관에서 사용하는 용어의 정의는 다음과 같습니다.

1. 'K-Cash'란 집적회로(IC, Integrated Circuit) 칩(Chip)이 내장된 카드에 전자 기호형태의 화폐가치를 저장하였다가 물품구매나 용역의 이용시 사용할 수 있는 지급수단으로서 여신전문금융업법에서 정하고 있는 선불카드 개념의 현금대체 수단을 말합니다.
2. '은행'이란 이 약관에서 정하는 바에 따라 가맹점과 K-Cash를 이용한 거래를 결제하는 은행을 말합니다.
3. '회원'이란 전자화폐 회원약관에 따라 발행기관으로부터 K-Cash를 신청하여 발급받은 분을 말합니다.
4. '가맹점'이란 이 약관에 따라 가맹점가입을 신청하여 은행으로부터 가입을 승인받은 업소, 시설 등을 말하며, 컴퓨터 등 정보통신설비를 이용하여 재화나 용역을 거래할 수 있도록 설정된 가상의 영업점(이하 '인터넷쇼핑몰'이라 한다)을 포함합니다.
5. '단말기'란 K-Cash를 수용할 수 있는 보안장치가 적용된 구매관련 모듈(PSAM, Purchase Secure Application Module)이 설치된 가맹점의 기기 또는 장치를 말합니다.

제3조(계좌신고 의무 등) ① 가맹점은 대금결제 및 은행과의 거래를 위하여 가맹점 명의 로 개설된 예금계좌를 은행이 정한 소정의 방법으로 신고하여야 하며, 변경이 있을 경우에도 신고하여야 합니다.

② 가맹점은 단말기를 설치하여야 하며 단말기의 구입, 설치 및 유지 등의 비용은 가맹점이 부담하여야 합니다.

③ 가맹점은 단말기의 설치시 소정의 절차에 따라 은행에 신고하여야 하며, 은행은 신고를 접수한 날로부터 10일 이내에 가맹점이 해당 단말기로 K-Cash를 취급할 수 있도록 조치하여야 합니다.

④ 가맹점은 다른 K-Cash가맹점 명의로 K-Cash에 의한 거래를 하여서는 안됩니다.

⑤ 가맹점은 은행이 정하는 K-Cash 가맹점표식을 점포내외 또는 홈페이지의 잘 보이는 곳에 부착 또는 게시하여야 합니다.

제4조(단말기의 사용) ① 은행은 가맹점에 K-Cash의 취급방법 및 단말기 사용법을 자세히 알려주어야 하며 가맹점은 이를 준수하여야 합니다.

② 가맹점은 회원이 K-Cash 사용시 그 처리가 항상 순조롭고 신속하게 이루어지도록 전산시스템의 기술적 안전조치뿐만 아니라 단말기 사용방법의 숙지, 유지 및 관리 등에 선량한 관리자로서의 주의를 다하여야 합니다.

③ 가맹점은 단말기를 불법, 부정한 목적 등에 사용하여서는 안됩니다.

④ 가맹점은 단말기의 보안장치에 관한 사항을 타인에게 누설하여서는 안됩니다.

제5조(K-Cash의 처리) ① 회원이 가맹점에서 물품 및 용역의 대금을 K-Cash로 지불하거나 K-Cash가치저장 및 환불을 요구하는 경우 가맹점은 회원의 요구를 거부하여서는 안됩니다. 다만, 인터넷 쇼핑몰에서의 가치저장 및 환불은 할 수 없으며 제6조에 해당하는 경우에는 회원의 K-Cash 사용을 거절할 수 있습니다.

② 회원이 대금지불을 위해 K-Cash를 단말기에 삽입하여 K-Cash의 잔액이 차감되고 단말기에 거래내역이 기록되는 시점(인터넷쇼핑몰의 서버에 기록되는 시점)에서 회원은 대금결제를 완료한 것으로 합니다.

③ 가맹점은 K-Cash 회원에 대하여 현금 등의 결제수단을 이용한 고객보다 가격, 서비스 등 거래조건을 불리하게 대우하여서는 안됩니다.

④ 은행은 회원이 제1항에 의하여 가맹점의 단말기로 가치저장 및 환불한 경우 가맹점에 소정의 수수료를 지급합니다.

제6조(K-Cash의 취급금지) 회원이 제시하는 K-Cash가 위법 또는 기타 부정한 방법으로 취득·제작된 것을 알았을 경우에는 K-Cash를 취급해서는 안됩니다.

제7조(반품 등의 경우 대금처리) 은행은 K-Cash로 대금지불을 완료한 거래에서 제공된 물품 및 서비스의 하자 등으로 반품 또는 교환하는 경우, 온라인거래는 정해진 처리절차에 따라 환불처리하며, 오프라인 거래는 K-Cash에 의한 대금지급을 정상적인 것으로 처리하며, 은행의 귀책사유로 인정되는 경우 이외에는 일체의 책임을 지지 않습니다. 이 경우 은행은 귀책사유가 없음을 입증하여야 합니다.

제8조(거래취소의 처리) ① 회원이 온라인 가맹점이 아닌 가맹점에서 K-Cash를 이용하여 거래를 취소하는 것은 원칙적으로 불가능 합니다. 다만, 단말기 조작오류 등으로 인하여 취소가 불가피할 경우, 구매 즉시(카드와 단말기에서 별도의 추가거래가 있기 전) 마지막 거래에 한하여 취소가 가능합니다.

제9조(회원과의 분쟁) ① K-Cash에 의해 판매하거나 제공한 상품 및 용역에 관한 모든 분쟁은 가맹점과 회원간에 해결하는 것을 원칙으로 합니다.

② 회원과 K-Cash에 의한 거래로 인하여 분쟁이 발생한 경우 가맹점은 이의 해결을 위해 적극 노력하여야 하며 은행의 중재가 있는 때에는 이에 적극 협조하여야 합니다.

제10조(위·변조 책임) ① 은행은 회원의 위·변조 K-Cash사용에 대한 일체의 책임을 부담합니다. 다만, 제6조의 경우와 다음 각 호의 1에 해당하는 중대한 과실을 은행이 입증하는 경우에는 은행은 책임을 지지 않습니다.

1. 가맹점이 이 약관상의 의무를 위반함으로 인하여 K-Cash의 위·변조 사고가 발생한 경우
2. 천재지변, 전쟁, 내란, 풍수해 기타 이와 유사한 사유로 질서문란중에 발생한 위·변조 사고
3. 인터넷쇼핑몰의 해킹 등으로 인한 위·변조 사고

② 위·변조된 K-Cash의 부정사용 조사를 위하여 발행기관이 요청한 조사에 응하지 아니하거나 이를 방해하는 경우에도 은행은 책임을 지지 않습니다.

제11조(거래내역 전송의무) 가맹점은 거래

가 발생한 날로부터 은행 영업일(이하 '영업일'이라 한다)을 기준으로 3영업일 이내에 거래내역을 전송하여 대금을 청구하여야 합니다. 다만, 온라인 가맹점의 경우에는 거래내역을 거래가 발생한 날로부터 7일 이내에 전송하여야 하며, 동 기간을 경과하여 발생한 은행의 손해에 대해서는 가맹점이 해당은행앞으로 보상하여야 합니다.

제12조(수수료) ① 가맹점은 K-Cash 취급과 관련하여 은행이 정한 소정의 수수료를 부담하여야 합니다.

② 가맹점은 고객에게 전항의 수수료 및 기타 K-Cash 거래와 관련한 수수료를 전가 하여서는 안됩니다.

제13조(대금청구 및 결제) ① 가맹점은 회원이 결제를 완료한 금액에 대하여 은행이 정하는 방법으로 대금을 청구하여야 합니다.

② 은행은 가맹점이 청구한 매출대금에서 제12조에서 정한 수수료를 공제한 후 가맹점이 신고한 예금계좌에 잔액을 입금하여 드립니다.

③ 은행은 제2항의 잔액을 청구일의 익영업일에 입금하여 드립니다. 다만, 가맹점이 은행에서 정한시각 이후에 청구하는 경우에는 청구일의 익익영업일에 입금됩니다. 단, 온라인 가맹점에서 발생한 취소거래는 가맹점에서 취소거래를 전송한 날짜의 익영업일에 가맹점 계좌로부터 출금합니다.

④ 은행은 제5조 제1항의 구매단말기에 의한 K-Cash가치저장 및 환불에 따른 소정의 수수료를 제3항에 포함하여 지급합니다.

⑤ 온라인 가맹점은 거래취소에 따라 당일 대금환불 해당액을 제3조 제1항에서 정한 예금계좌에 입금하여야 합니다. 다만, 은행과 별도 계약을 체결한 경우에는 그러하지 않습니다.

제14조(분실, 도난) 가맹점에 설치된 단말기의 분실, 도난, 전산시스템의 장애로 인한 가맹점의 손실에 대하여 은행은 일체 책임을 지지 않습니다.

제15조(양도금지 등) 가맹점은 그 명의를 타인에게 대여할 수 없고 가맹점 가입으로 획득하는 일체의 유형 및 무형의 권리를 신고없이 양도, 전매 또는 기타 담보의 목적으로 이용할 수 없습니다.

제16조(변경사항 신고) ① 가맹점은 가입시 신고한 상호, 대표자, 예금계좌 등의 중요한 사항에 변경이 있을 경우 지체없이 은행에 신고하여야 합니다.

② 가맹점이 전항의 신고를 소홀히 하여 발생한 손해에 대하여 은행은 책임을 지지 않습니다.

③ 가맹점이 주소 및 상호변경 등의 신고를 소홀히 하여 은행으로부터의 통지가 연착하거나 도착하지 않은 것으로 인정되는 경우에는 통상 도달하여야 할 시기에 통지된 것으로 봅니다.

제17조(상호협력) ① 가맹점과 은행은 전산장애 및 통신장애 등 부득이한 사유로 K-Cash 업무를 정상적으로 수행할 수 없는 경우 이를 해결하기 위하여 서로 협력하여야 합니다.

② 은행은 가맹점의 거래내역 조회요구에 응하여야 합니다.

제18조(유효기간) 이 약관은 가맹점이 이에 기명날인하고 은행이 승인한 때로부터 그 효력이 발생하며 가맹점자격 유효기간은 1년간으로 하고 유효기간 만료 1개월 전까지 은행 또는 가맹점에서 탈회 및 자격정지 통지가 없는 한 다시 1년간

자동으로 연장됩니다.

제19조(자격정지·상실 및 탈회) ① 은행은 가맹점이 다음 각호의 1에 해당되는 경우 가맹점 자격을 정지시키거나 상실시킬 수 있습니다.

1. 가맹점의 고의 또는 중대한 과실로 인한 부정사용의 경우
2. 단말기의 무단 대여·양도·담보제공 등의 경우
3. 이 약관이나 관계법률에서 정한 사항을 위반한 경우
4. 다른 채무로 인하여 압류, 가압류, 가처분, 강제집행, 임의경매 등의 대상이 되거나 기타 가맹점의 신용불량정보가 신용정보기관에 등록되는 등 가맹점의 신용상태가 현저히 악화되었다고 판단되는 경우

② 은행이 가맹점 자격을 정지시킨 후 30일 이내에 그 사유가 시정되지 아니하거나 동일한 행위가 2회 이상 반복되는 경우에는 은행은 가맹점의 자격을 상실시킬 수 있습니다.

③ 은행은 제①항과 제②항의 사유 발생시 가맹점에 통지하며, 가맹점이 탈회를 원하는 경우 이를 은행에 신고하여야 합니다.

제20조(자격정지·상실 및 탈회시의 처리) ① 자격정지·상실 및 탈회시까지의 K-Cash 이용대금결제는 제11조 내지 제13조에서 정한 바에 따릅니다.

② 자격정지·상실 및 탈회의 경우 가맹점은 가맹점 표식을 철거하여야 하며, 단말기를 사용하여서는 안됩니다.

③ 은행은 자격정지·상실 및 탈회 이후 발생한 거래의 대금청구에 대하여 지불을 거절할 수 있습니다.

제21조(약관변경·승인 등) ① 이 약관을 변경할 경우 은행은 그 내용을 서면으로 작성하여 적용 예정일로부터 14일 이전까지 가맹점에 통지하여야 하며, 가맹점이 적용 예정일까지 이의를 제기하지 않았을 때에는 변경 약관을 승인한 것으로 간주합니다.

② 제1항의 경우 은행으로부터의 통지 또는 송부서류 등이 연착하거나 도착하지 아니한 경우에도 통상 도착하여야 할 시기에 도착한 것으로 간주합니다.

제22조(비밀보장) 가맹점은 K-Cash 취급으로 알게 된 회원의 개인정보 또는 거래에 대한 사항을 외부에 누설 또는 제공하여서는 안됩니다.

제23조(약관 위반시의 책임) 은행과 가맹점은 이 약관을 위반함으로써 발생하는 모든 책임을 각자가 부담하며, 이로 인하여 상대방에게 손해를 입힌 경우에는 배상하여야 합니다.

제24조(약관에서 정하지 아니한 사항) 이 약관에서 정하지 아니한 사항과 약관의 해석에 관하여는 관계법령, 전자금융거래기본약관 및 상관례에 따릅니다.

제25조(관할법원) 이 약관에 따른 거래에 관한 소송은 은행의 본·지점 소재지 또는 가맹점의 주소지를 관할하는 법원으로 합니다.

제26조(경과조치) 제24조의 전자금융거래기본약관 시행일 전에 발생되는 문제는 이 약관을 우선 적용합니다.

BankPay PG서비스 이용약관

제 1 장 총 칙

제 1 조(목적) 이 약관은 전자상거래 지급결제중계서비스(이하 "PG서비스"라 한다)를 제공하는 사단법인 금융결제원(이하 "결제원"이라 한다)과 PG서비스를 이용하는 PG서비스 이용기관(이하 "이용기관"이라 한다)간의 권리·의무 및 책임사항을 규정함을 목적으로 한다.

제 2 조(정의) 이 약관에서 사용하는 용어의 정의는 다음과 같다.

1. 'PG서비스'란 인터넷 전자거래시 고객이 이용기관에게 재화나 용역 기타 서비스(이하 '상품 등'이라 한다)의 대가를 지급하여야 하는 경우 결제기관에 결제승인요청을 중계하고 결제기관의 승인결과를 이용기관 및 고객에게 중계하여 해당 전자상거래가 원활히 이루어질 수 있도록 지원하는 전자상거래 지급결제 중계서비스이다.
2. '전자거래'라 함은 상품 등의 거래에 있어서 그 전부 또는 일부가 전자문서(컴퓨터 등 정보처리능력을 가진 장치에 의하여 전자적 형태로 작성되어 송·수신 또는 저장되는 정보)에 의하여 처리되는 거래를 말한다.
3. '이용기관'이라 함은 사이버 몰을 운영하는 자로서 이 약관을 준수하기로 하며 결제원에서 정하는 별도의 기준을 득한 자를 말한다.
4. '결제기관'이라 함은 고객 또는 이용기관이 결제수단별로 결제승인을 요청한 사항에 대하여 결제승인여부를 제공하는 은행, 카드사 등의 기관을 말한다.
5. '사이버 몰'이라 함은 컴퓨터 등과 정보통신설비를 이용하여 상품 등을 거래할 수 있도록 설정된 가상의 영업장을 말한다.
6. '고객'이라 함은 "공인인증서 가입자"로서 이용기관의 사이버 몰을 이용하여 상품 등을 취득하고 결제원 PG서비스를 이용하여 당해 대금결제를 행하는 자를 말한다.
7. '결제정보'라 함은 고객이 이용기관의 사이버 몰에서 상품 등을 구매하고 당해 결제금액 지급을 위하여 입력하는 결제관련 각종정보(계좌번호, 카드번호, 주민등록번호, 비밀번호 등)를 말한다.
8. '개인정보'라 함은 당해 정보에 포함되어 있는 성명·주민등록번호 등의 사항에 의하여 특정 개인을 식별할 수 있는 정보(당해 정보만으로는 특정 개인을 인식할 수 없더라도 다른 정보와 용이하게 결합하여 식별할 수 있는 것을 포함한다)를 말한다.
9. '전자화폐(이하 'K-Cash'라 한다)'라 함은 금융IC카드표준에서 정한 집적회로 칩(Integrated Circuit Chip)이 내장된 카드에 일정액의 화폐가치를 전자기호형태로 저장하였다가 상품 등의 대가로 지불하는 현금대체 지급수단을 말한다.

제 3 조(약관의 효력발생) 이 약관은 이용

기관이 (별지1)의 'PG서비스 이용(신규 · 변경 · 해지)신청서'를 제출하고 결제원이 당해 사항을 승인한 때로부터 그 효력이 발생한다.

제 4 조(약관의 개정 등) ① 결제원은 이 약관의 내용을 이용기관에게 서면, 또는 전자적 형태(전자우편 등)의 개별통지를 통하여 명시한다. 다만, 약관의 개정내용이 경미한 경우에는 PG서비스 홈페이지(bankpay.or.kr)에 게시하는 것으로 통지에 갈음한다.

② 결제원은 PG서비스에 새로운 업무적용, 정부에 의한 시정명령의 이행 및 기타 결제원의 업무상 약관을 변경해야할 중대한 사유가 있다고 판단될 경우 이 약관을 변경할 수 있다.

③ 이용기관이 변경된 약관을 통지받은 날로부터 14일 이내에 결제원에 서면으로 이의를 제기하지 아니한 때에는 변경된 약관을 승인한 것으로 간주하며, 변경된 약관의 효력은 이용기관에게 통지한 후 14일이 경과한 다음날부터 발생한다.

④ 이 약관에서 정하지 아니한 사항과 약관의 해석에 관하여는 전자거래기본법, 전자서명법 등의 관계법령, K-Cash 가맹점약관 및 상관례에 따른다.

제 2 장 이용기관 및 결제원의 일반사항

제 5 조(이용기관의 자격기준) 이용기관이 PG서비스 이용 자격을 취득하기 위해서는 다음사항을 이행하여야 한다.

1. 전자상거래를 위한 사이버몰을 현실적으로 구축 · 운영(서버 및 URL보유 등)하고 있어야 하며, 결제원이 정한 별도의 기준을 충족하여야 한다.
2. 공인인증기관인 결제원이 발급하는 인증서를 보유해야 한다.
3. 전자거래의 안정성 확보를 위해 결제원에서 별도로 정하여 통지하는 사항을 이행하여야 한다.

제 6 조(이용기관의 의무) 이용기관은 사이버 몰 운영자로서 다음과 같은 의무를 진다.

1. 고객을 대상으로 상품 등의 판매를 위한 사이버몰의 운영 및 관리
2. 고객이 구매한 상품 등의 배송 및 전달
3. 고객에게 제공한 상품 등에 대한 고객의 불만사항처리 등을 포함한 제반지원
4. 고객의 환불 및 취소요구에 대한 처리
5. 고객 개인정보의 보호 등
6. 공정거래위원회의 「전자거래 등에서의 소비자보호에 관한 법률」의 준수

제 7 조(결제원의 의무) 결제원은 PG시스템 운영자로서 다음과 같은 의무를 진다.

1. 고객이 이용기관의 사이버 몰에 접속하여 상품 등의 구매를 위해 제시한 "결제정보"에 대한 보안
2. PG시스템 개발 · 운영 · 관리 및 보안
3. 이용기관의 계좌이체 및 K-Cash 대금 정산내역조회
4. 이용기관의 신용카드 정산내역 조회 및 통지

제 8 조(이용기관의 자격정지 · 상실 및 탈퇴 등) ① 결제원은 이용기관이 다음 각 호의 1에 해당되는 경우 그 시기를 정하여 서면 또는 기타 전자적 형태(전자우편 등)의 개별통지를 통하여 이용기관의 자격을 정지 · 상실시키거나 탈퇴시킬 수 있다.

1. 최초 승인일로부터 6개월 또는 최근 1년 동안 이용실적이 없는 경우
2. 이용기관의 고의 또는 중대한 과실로 인한 PG서비스 부정이용(결제원이 제

공하는 전산처리 프로세스의 변형 등)의 경우
3. 고객의 결제정보를 무단으로 취득하는 경우
4. 이용기관이 타인명의를 도용하여 신청한 사실 또는 신청서를 허위로 기재하였거나 허위서류를 첨부한 사실을 결제원이 인지한 경우
5. 이용기관이 사이버 몰 운영중 이 약관 제6조에서 정한 사항에 미달되는 경우가 발생했을 경우
6. 이용기관의 영업 또는 자산의 전부 또는 중요 부분이 몰수, 매각, 이전되거나 기타 달리 처분된 경우
7. 이용기관이 파산, 회사정리, 강제화의, 해산 또는 청산절차 또는 그와 유사한 기타 절차를 신청한 경우 또는 제3자가 위 절차를 신청하고 그 신청이 30일 이내에 기각 또는 각하되지 않는 경우
8. 이용기관이 조세공과에 관하여 납기전 납부고지를 받거나 제3자에 의한 채무불이행자명부 등재의 신청이 있는 경우
9. 이용기관 소유의 재산에 대하여 압류, 가압류, 가처분, 체납처분 압류통지가 발송된 때 또는 기타의 방법에 의한 강제집행개시의 신청이 있거나 체납처분의 착수가 있고 그로부터 30일 이내에 동 신청이나 처분 등이 기각, 각하, 취소 또는 철회되지 아니한 경우 또는 이용기관의 신용불량정보가 신용정보기관에 등록되는 등 이용기관의 신용상태가 현저히 악화되었다고 판단되는 경우
10. 기타 이 약관이나 관계법령에서 정한 사항을 위반하여 이용기관자격을 그대로 유지시키기 어려운 상당한 이유가 있는 경우

② 결제원은 전항 각 호가 발생한 경우 이용기관에게 이를 미리 통지하고 기한을 정하여 소명할 기회를 부여한다. 다만, 이용기관이 미리 시정할 의사가 없음을 표시하거나 그러한 의사가 없는 것이 명백한 경우에는 그러하지 아니한다.
③ 자격이 정지 또는 상실된 이용기관이 제1항 각호의 사유가 소멸되었음을 증명하는 서류를 결제원에 제출하고 결제원이 이를 인정하는 경우 서비스 개시시점을 별도로 정하여 개별통지 한다.
④ 이용기관이 서비스 이용을 해지하고자 하는 경우에는 해지하고자 하는 날로부터 1개월 전까지 'PG서비스 이용(해지)신청서'(별지1)를 결제원에 서면으로 제출하여야 한다.
⑤ 이용기관이 승인내용을 변경하고자 할 경우에는 변경 예정일 7영업일 이전까지 'PG서비스 이용(변경)신청서'(별지1)를 결제원에 서면 또는 FAX로 제출하여야 한다. 다만, 전화번호, FAX번호, 부서명, E-MAIL주소 등 변경사항이 미미한 경우에는 유선통지로 갈음할 수 있다.

제 3 장 PG서비스의 이용

제 9 조(이용조건) 이용기관은 결제원 PG서비스를 이용함에 있어 다음 사항을 사전 숙지하여야 한다.
1. 결제원이 이 약관에 의거하여 이용기관에게 제공하는 PG서비스는 은행계좌, 신용카드, K-Cash 등 결제원이 정한 결제수단을 보유한 고객을 대상으로 이용기관이 사이버 몰에서 판매하는 상품 등의 거래에 대한 지급결제중계로 한정하며, 이 때 이용기관이 판매하는 상품 등은 국내법이나 사회적 미

풍양속에 반하지 않는 것이어야 한다.

2. 이용기관은 상품 등을 구매하고자 하는 고객의 결제정보를 보유하거나 고객의 결제정보를 대행입력 또는 부정한 방법으로 사용하는 등의 행위를 하여서는 아니된다.
3. 이용기관은 고객의 계좌에 대하여 잔액부족, 법적이용제한 등 결제기관이 결제승인을 못하는 경우나 결제기관이 별도로 정한 계좌별 일일 출금금액한도 등 출금불가사유가 있을 경우 상품 등의 판매에 제한을 받을 수 있다.

제10조(서비스의 제공) 결제원은 PG서비스와 관련하여 다음 각 호의 서비스를 제공한다.

1. 이용기관의 사이버 몰을 이용하는 고객 구매대금의 결제결과 전송
2. 이용기관이 신청(별지1)한 은행계좌앞 계좌이체 판매대금 입금
3. 이용기관의 판매 건수 및 당해 대금의 조회
4. K-Cash 결제/취소 서비스
5. 신용카드 인증 서비스
6. 신용카드 승인/취소 서비스
7. 신용카드 판매내역 EDI 매입, 청구 서비스
8. 신용카드 판매내역 매입, 매입결과 조회 및 통지서비스
9. 기타 PG서비스와 관련하여 결제원이 정하는 업무

제11조(서비스의 처리 등) ① 고객이 이용기관의 사이버 몰에서 상품 등의 구매대금을 PG서비스를 통하여 지급하고자 하는 경우 이용기관은 고객의 지급요구를 거부하여서는 안된다.

② 이용기관은 부정한 고객임을 알았거나 알 수 있었을 경우 당해 거래요구에 응하여서는 안된다.

③ 이용기관은 고객이 이용기관의 사이버 몰에 접속하여 상품 등의 구매를 위한 주문 및 배송관련 자료를 입력할 때 결제정보의 입력까지 요구하여서는 아니되며, 결제정보는 결제원이 제공하는 별도의 화면에서 입력할 수 있도록 하여야 한다.

④ 결제원은 고객이 입력한 결제정보에 대해 결제기관에 처리를 요청하고 결제기관으로부터의 처리결과를 이용기관 및 고객에게 전송한다.

제12조(이용시간) PG서비스 이용시간은 연중무휴 1일 24시간을 원칙으로 하되, 결제기관별로 관련 업무환경에 따라 이용시간의 제한이 있을 수 있다.

제13조(서비스의 중단) ① 결제원은 컴퓨터 등 정보통신설비의 보수점검·교체 및 고장, 통신의 두절 등의 상유가 발생한 경우에는 서비스 제공을 일시적으로 중단할 수 있다.

② 결제원은 전항의 중단사유를 알았을 경우에는 이용기관에게 제4조 제1항에서 정한 방법으로 통지한다.

제14조(판매대금의 정산) ① 결제원은 이용기관의 계좌이체 판매대금을 판매일 익영업일에 이용기관이 결제원에 신청(별지1)한 은행계좌로 입금한다. 이 경우 결제원이 따로 정한 수수료를 차감한 금액을 입금한다.

② 결제원은 이용기관의 신용카드 거래승인내역을 근거로 EDI 매입내역을 해당카드사로 청구하고 해당 카드사는 청구일로부터 2~4영업일후에 이용기관의 입금계좌에 입금한다. 이때 이용기관의 카드사별 가맹점수수료를 차감한 금액을 입금한다.

③ 결제원은 이용기관의 K-Cash 판매대금을 이용기관이 결제원에 신청한 K-Cash 정산일에 이용기관의 입금계좌에 입금한다. 이 경우 결제원이 따로 정한 수수료를 차감한 금액을 입금한다.

④ 이용기관이 요청한 거래자료와 결제원의 당해 내부자료가 상이할 경우 그 상이함을 발견한 자가 상대방에게 유선으로 통지하고 이용기관이 관련 증빙자료를 당일 중 결제원에 제출하여야 한다. 이 경우 상이함을 발견한 일자가 이용기관 지정계좌앞 입금이전이면 결제원과 이용기관간 서면합의시까지 이용기관 지정계좌 앞 입금을 유보하며 입금이후이면 발견 당사자의 요청에 따라 제출된 자료를 근거로 한 상호 합의에 따른다.

第15條(고객의 이의제기 및 환불) ① 물품의 하자 및 배달 미확인 등의 경우를 포함한 고객의 이의제기에 대해서는 이용기관의 책임하에 모든 처리를 하여야 한다. 다만, 결제원 및 결제기관의 임무와 관련되는 경우에는 이를 결제원에서 처리하거나 필요한 지원을 제공할 수 있다.

② 전항의 사유 등으로 고객이 거래의 취소 및 환불을 요구하는 경우 이용기관이 이를 직접 접수하여 처리하여야 하며, 고객에게 판매대금 환불시 당해 거래분의 기 정산된 수수료는 반환하지 않는다.

③ PG서비스 이용기관 승인기준 제5호 가. 또는 나.에 해당하는 증명서 등을 제출한 이용기관이 고의 또는 과실 등으로 인해 발생한 고객의 민원에 대하여 신속히 처리하지 않을 경우 결제원과 은행은 별도의 통지 없이 담보금 또는 보험금으로 선지급 처리할 수 있다.

第16條(정산내역의 보관 및 인계) 결제원과 이용기관은 대금의 정산관련 근거를 최소 5년간 보관하여야 하며, 각각의 필요에 의해 서면으로 특정자료의 제출요구가 있을 경우 요구일로부터 7영업일 이내에 제출하여야 한다.

제 4 장 기 타

第17條(손해배상의 범위) ① 결제원과 이용기관은 이 약관을 위반함으로써 발생하는 모든 책임을 각 자가 부담하며, 이로 인하여 상대방에게 손해를 입힌 경우에는 배상하여야 한다.

② 결제원은 천재지변, 국가비상사태, 전쟁, 파업, 결제기관의 업무중지, 기타 결제원의 지배범위 밖의 사유로 인하여 이용기관 및 제3자에게 발생시킨 손해에 대하여 책임지지 아니한다.

第18條(정보유출 금지) 결제원과 이용기관은 PG서비스와 관련하여 취득한 정보 또는 자료에 대하여 상대방의 사전승인 없이 외부에 유출하여서는 아니되며 이를 위반한 경우 그로 인해 발생되는 손해에 대해서는 그 위반책임이 있는 자가 민·형사상의 책임 등을 포함한 모든 책임을 진다.

第19條(분쟁처리) ① 결제원은 고객과 이용기관의 대금결제와 관련한 분쟁발생시 당사자가 관련 자료를 요청하는 경우 이를 제공할 수 있다.

② 결제원과 이용기관은 PG서비스와 관련하여 고객 또는 제3자 등을 포함한 분쟁발생시 상호 호혜적인 입장으로 분쟁해결을 위해 노력하기로 한다.

第20條(관할법원) 결제원과 이용기관의 분쟁에 관한 소송은 결제원 본점소재지 또는 이용기관의 본점소재지 관할법원으로 한다.

UNCITRAL 국제지급이체에 관한 모범법

제1장 총 칙*

제1조(적용범위)** (1) 이 법은 발신은행과 수신은행이 다른 국가에 있는 경우의 지급이체에 대하여 적용한다.

(2) 이 법은 통상의 영업의 일부로서 은행에 적용되는 것과 동일한 방법으로 지급지시를 실행하는데 종사하는 기관에 대하여 적용한다.

(3) 이 법의 적용범위를 결정함에 있어서 은행의 지점과 독립사무소가 다른 국가에 있는 경우에는 이를 별개의 은행으로 본다.

* UNCITRAL은 채택을 원하는 국가에 대하여 다음의 조문을 제안한다:

제y조 법률의 저촉

(1) 지급지시로부터 생기는 권리와 의무는 당사자가 선택한 법에 의하여 이를 규율한다. 이에 관한 합의가 없으면 수신은행의 국가의 법을 적용한다.

(2) 제1항 제1문의 규정은 지급지시의 실제의 발신인이 발신명의인을 구속할 권한을 가졌는가의 문제를 어느 국가의 법이 규율하는가의 결정에 영향을 미치지 아니한다.

(3) 이 조의 적용에 있어서

(a) 하나의 국가가 다른 법의 지배를 받는 수개의 독립된 영토단위로 구성되어 있는 경우 각 영토 단위는 이를 별개의 국가로 본다.

(b) 은행의 지점 및 독립사무소가 다른 국가에 있는 경우에는 이를 별개의 은행으로 본다.

** 이 법은 소비자보호와 관련된 문제를 규율하지 아니한다.

제2조(정의) 이 법에서 사용하는 용어의 정의는 다음과 같다.

(a) "지급이체"(Credit transfer)라 함은 자금을 수취인의 처분에 놓이게 할 목적으로 행하여지고 지시인의 지급지시로 개시되는 일련의 작용을 말한다. 이 용어는 지시인의 지급지시를 실행할 의도로 지시인의 은행 또는 중계은행에 의하여 발행되는 지급지시를 포함한다. 지급지시에 대한 지급을 이행할 목적으로 발행된 지급지시는 다른 지급이체의 일부로 본다.

(b) "지급지시"(Payment order)라 함은 다음의 경우에 일정한 금액 또는 확정가능한 금액을 수취인의 처분에 놓이게 하기 위하여 발신인이 수신은행에 대하여 하는 무조건의 지시를 말하며, 그 방식을 묻지 아니한다.

(i) 수신은행이 발신인의 계좌에 차기함으로써 또는 기타 발신인으로부터 지급을 받음으로써 상환을 받을 예정인 경우.

(ii) 지시가 수취인의 청구에 의하여 지급이 행하여질 것임을 규정하고 있지 아니하는 경우.

이 규정에 불구하고 지시가 수취은행에 계좌를 가지고 있지 아니한 수취인을 위하여 그 은행이 수취인의 지급청구시까지 자금을 보유할 것을 명한다는 이유만으로 지급지시로 되는 것을 방해받지 아니한다.

(c) "지시인"(Originator)이라 함은 지급이체에 있어서 최초의 지급지시의 발행

자를 말한다.

(d) “수취인”(Beneficiary)이라 함은 지급이체의 결과 자금을 수령할 자로서 지시인의 지급지시에 지정된 자를 말한다.

(e) “발신인”(Sender)이라 함은 지시인과 발신은행을 포함하여 지급지시를 발행하는 자를 말한다.

(f) “수신은행”(Receiving bank)이라 함은 지급지시를 수신하는 은행을 말한다.

(g) “중계은행”(Intermediary bank)이라 함은 지시인의 은행 및 수취은행을 제외한 수신은행을 말한다.

(h) “자금”(Funds) 또는 “금전”(Money)이라 함은 은행에 의하여 보유되는 계좌상의 대변을 포함하고, 이 법이 정부간 기관의 규칙 또는 둘 이상의 국가간의 협정의 규정에 관계없이 적용되는 한, 정부간 기관 또는 그 협정에 의하여 설정된 통화단위로 지정된 대변을 포함한다.

(i) “인증”(Authentication)이라 함은 지급지시나 그 정정 또는 취소가 발신인으로 표시된 자에 의하여 발행되었는가 여부를 판단하기 위하여 합의에 의하여 설정된 절차를 말한다.

(j) “은행영업일”(Banking day)이라 함은 은행이 해당 유형의 행위를 수행하는 날을 말한다.

(k) “실행기간”(Execution period)이라 함은 제11조 제1항의 규정에 따라 지급지시가 실행될 수 있는 최초의 날을 시기로 하여 제11조 제1항의 규정에 따라 지급지시가 실행될 수 있는 마지막 날을 종기로 하는 하루 또는 이틀의 기간을 말한다.

(l) “실행”(Execution)이라 함은 수취은행 이외의 수신은행에 대하여 적용되는 한, 수신은행에 의하여 수신된 지급지시를 실행할 의도로 하는 지급지시의 발행을 말한다.

(m) “이자”(Interest)라 함은 자금 또는 금전의 기간가치로서, 다른 합의가 없으면 관련 자금 또는 금전에 관하여 은행단체에서 관습적으로 승인되는 비율 및 기준에 따라 계산되는 것을 말한다.

제 3 조(조건부지시) (1) 지시가 조건이 부가되었기 때문에 지급지시로 될 수 없음에도 그 지시를 수신한 은행이 무조건적 지급지시를 발행함으로써 수신한 때에는 그 이후 지시의 발신인은 이 법에 따라 지급지시의 발신인과 동일한 권리와 의무를 가지며 지시에 지정된 수취인은 지급지시의 수취인으로 취급된다.

(2) 이 법은 은행이 수신한 조건부지시의 수신기간을 규율하지 아니하며, 조건의 충족 여부에 의존하는 조건부지시 발신인의 권리 또는 의무에 영향을 미치지 아니한다.

제 4 조(합의에 의한 변경) 지급이체의 당사자의 권리와 의무는 이 법에 다른 규정이 없으면 당사자의 합의에 의하여 이를 변경할 수 있다.

제 2 장 당사자의 의무

제 5 조(발신인의 의무) (1) 발신인은 지급지시나 그 정정 또는 취소가 발신인에 의하여 또는 발신인을 구속할 권한을 가진 자에 의하여 발행된 경우에는 그 구속력을 받는다.

(2) 지급지시나 그 정정 또는 취소가 단순한 서명대조의 방법 이외의 인증에 따르는 경우, 제1항의 규정에 의하여 구속력을 받지 아니하는 발신명의인이라도

다음의 경우에는 구속력을 받는다.

(a) 인증이 그 사정 하에서 무권한 지급지시에 대하여 거래상 합리적인 보안의 방법이고,

(b) 수신은행이 인증을 준수한 경우.

(3) 당사자는 인증이 그 사정 하에서 거래상 합리적인 보안의 방법이 아닌 경우에는 발신명의인이 제2항의 규정에 의한 구속력을 받는다고 합의하는 것이 허용되지 아니한다.

(4) 발신명의인은 수신은행에 의하여 수신된 지급지시가 다음에 규정한 자 이외의 자의 행위로부터 나온 것임을 증명한 경우에는 제2항의 규정에 의한 구속력을 받지 아니한다.

(a) 발신명의인의 현재 또는 이전의 피용자, 또는

(b) 발신명의인과의 관계에 의하여 인증절차에 접근할 수 있는 자.

이 규정은 수신은행이 지급지시가 발신명의인의 과실로 인하여 인증절차에 접근한 자의 행위로부터 나온 것임을 증명한 때에는 적용하지 아니한다.

(5) 지급지시에 의한 구속력을 받는 발신인은 수신은행에 의하여 수신된 지시의 내용에 의한 구속력을 받는다. 그러나 발신인은 다음의 경우에는 지급지시의 오류복본이나 지급지시상의 오류 또는 불일치에 의하여 구속력을 받지 아니한다.

(a) 발신인과 수신은행이 지급지시상의 오류복본, 오류 또는 불일치를 조사하기 위한 절차에 관하여 합의하였고,

(b) 수신은행에 의한 그 절차의 이용이 지급지시상의 오류복본, 오류 또는 불일치를 나타내었거나 나타내었으리라는 경우.

(6) 발신인은 수신은행이 지급지시를 인수한 때에는 그 지급지시에 대하여 수신은행에게 지급할 의무가 있다. 그러나 지급은 실행기간의 초일까지는 이행기가 도래하지 아니한다.

제 6 조(수신은행에 대한 지급) 이 법의 적용에 있어서 제5조 제6항의 규정에 의하여 수신은행에게 지급할 발신인의 채무의 지급은 다음의 경우에 발생한다.

(a) 수신은행이 그 은행에 있는 발신인의 계좌에 차기하는 경우에는 그 차기가 행하여진 때.

(b) 발신인이 은행이고 (a)의 규정이 적용되지 아니하는 경우,

(i) 발신인이 그 보유하는 수신은행의 계좌에 입금하기로 한 대변이 사용된 때, 또는 그 대변이 사용되지 아니한 경우에는 대변이 이용가능하고 수신은행이 그 사실을 안 날의 다음 은행영업일,

(ii) 발신인이 다른 은행에 있는 수신은행의 계좌에 입금하기로 한 대변이 사용된 때, 또는 그 대변이 사용되지 아니한 경우에는 대변이 이용가능하고 수신은행이 그 사실을 안 날의 다음 은행영업일,

(iii) 수신은행이 계좌를 보유하고 있는 중앙은행에 수신은행을 위하여 종국적인 결제가 행하여진 때, 또는

(iv) 다음에 따라 수신은행을 위하여 종국적인 결제가 행하여진 때.

a. 참가자 사이에 쌍무적 또는 다당자적인 채무결제에 대하여 규정하고 있는 자금이체시스템의 규칙.

b. 발신인과의 쌍무적 차액결제협정.

(c) (a) 또는 (b)의 규정이 적용되지 아니하는 경우에는 법률에 규정된 바에 의한다.

제 7 조(수취은행이 아닌 수신은행에 의한

지급지시의 인수 또는 거절) (1) 이 조의 규정은 수취은행이 아닌 수신은행에 대하여 적용한다.

(2) 수신은행은 다음의 시점 중 가장 빠른 시점에 발신인의 지급지시를 인수한 것으로 본다.

(a) 발신인과 수신은행 사이에 수신은행이 발신인으로부터 지급지시를 수신함과 동시에 실행하기로 합의한 경우에는 수신은행이 지급지시를 수신한 때.

(b) 수신은행이 발신인에게 지급지시 인수의 통지를 한 때.

(c) 수신은행이 수신한 지급지시를 실행할 의도로 지급지시를 발행한 때.

(d) 수신은행이 그 은행에 있는 발신인의 계좌에 차기한 때.

(e) 제3항의 규정에 의한 거절의 통지를 할 기간이 통지 없이 종료한 때.

(3) 지급지시를 인수하지 아니한 수신은행은 늦어도 실행기간 종료일의 다음 은행영업일까지 발신인에게 거절의 통지를 할 의무가 있다. 다만, 다음의 경우에는 그러하지 아니하다.

(a) 지급이 수신은행에 있는 발신인의 계좌에 차기함으로서 행하여질 예정인 경우, 그 계좌에 지급지시에 대하여 지급하는데 이용할 수 있는 자금이 불충분한 때.

(b) 지급이 기타의 수단에 의하여 행하여질 예정인 경우, 지급이 행하여지지 아니한 때.

(c) 발신인을 확인할 정보가 불충분한 때.

(4) 지급지시는 실행기간 종료일에 이은 제5 은행영업일의 영업종료 전에 이 조의 규정에 따라 인수 또는 거절되지 아니한 때에는 그 효력을 잃는다.

제 8 조 수취은행이 아닌 수신은행의 의무 (1) 이 조의 규정은 수취은행이 아닌 수신은행에 대하여 적용한다.

(2) 지급지시를 인수한 수신은행은 제11조의 규정에 의하여 요구되는 기간 내에 수신한 지급지시에 따라 수취은행 또는 중계은행에 대하여 수신한 지급지시의 내용과 일치하고 적절한 방법으로 지급이체를 이행하는데 필요한 지시를 포함하는 지급지시를 발행하여야 한다.

(3) 수신은행은 중계은행 또는 지급이체를 실행하는데 이용될 자금이체시스템을 지정한 발신인의 지시를 따르는 것이 적합하지 아니하거나 또는 그 지시를 따르는 것이 지급이체의 이행에 있어서 지나친 비용이나 지연을 초래할 것이라고 결정한 때에는 발신인에게 실행기간 종료전에 취하여야 할 후속의 조치를 문의한 경우, 제2항의 규정을 준수하여 조치를 하여야 한다.

(4) 수신은행은 지급지시가 될 것임을 의도한 것으로 보이지만 지급지시로 되기에 충분한 데이터를 포함하고 있지 아니한 지급지시를 수신하거나 또는 지급지시가 불충분한 데이터로 인하여 실행될 수 없지만 발신인을 확인할 수 있는 때에는 제11조의 규정에 의하여 요구되는 기간 이내에 발신인에게 그 불충분을 통지하여야 한다.

(5) 수신은행은 이체될 금액에 관한 정보에 있어서 불일치가 있음을 발견한 때에는 발신인을 확인할 수 있는 경우 제11조의 규정에 의하여 요구되는 기간 이내에 발신인에게 그 불일치를 통지하여야 한다. 이 항의 규정에 의하여 요구되는 통지를 하지 아니함으로 인하여 제17조 제4항의 규정에 의하여 지급할 할 이자는 이 조 제2항의 규정을 준수하지 아니함으로 인하여 제17조 제1항의 규정에

의하여 지급할 이자로부터 공제하여야 한다.

(6) 이 조의 적용에 있어서 은행의 지점과 독립사무소는 동일한 국가에 있는 경우에도 이를 별개의 은행으로 본다.

제9조 수취은행에 의한 지급지시의 인수 또는 거절 (1) 수취은행은 다음의 시점 중 가장 빠른 시점에 발신인의 지급지시를 인수한 것으로 본다.

(a) 발신인과 수취은행 사이에 수취은행이 발신인으로부터 지급지시를 수신함과 동시에 실행하기로 합의한 경우에는 수취은행이 지급지시를 수신한 때.

(b) 수취은행이 발신인에게 지급지시 인수의 통지를 한 때.

(c) 수취은행이 지급지시에 대한 지급으로서 그 은행에 있는 발신인의 계좌에 차기한 때.

(d) 수취은행이 수취인의 계좌에 대기하거나 기타의 방법으로 자금을 수취인의 처분에 놓이게 한 때.

(e) 수취은행이 수취인이 자금을 인출하거나 대변을 사용할 권리를 가진다고 수취인에게 통지한 때.

(f) 수취은행이 기타의 방법으로 지급지시에 지시된 바에 따라 대변을 사용한 때.

(g) 수취은행이 수취인의 채무에 대변을 사용하거나 법원 기타 권한 있는 기관의 명령에 따라 대변을 사용한 때.

(2) 지급지시를 인수하지 아니한 수취은행은 실행기간 종료일의 다음 은행영업일에 거절의 통지를 할 의무가 있다. 다만, 다음의 경우에는 그러하지 아니하다.

(a) 지급이 수취은행에 있는 발신인의 계좌에 차기함으로서 행하여질 예정인 경우, 그 계좌에 지급지시에 대하여 지급하는데 이용할 수 있는 자금이 불충분한 때.

(b) 지급이 기타의 수단에 의하여 행하여질 예정인 경우, 지급이 행하여지지 아니한 때.

(c) 발신인을 확인할 정보가 불충분한 때.

(3) 지급지시는 실행기간 종료일에 이은 5은행영업일의 영업종료 전에 이 조의 규정에 따라 인수 또는 거절되지 아니한 때에는 그 효력을 잃는다.

제10조 수취은행의 의무 (1) 수취은행은 수신한 지급지시를 인수함으로써 그 지급지시 및 그 은행과 수취인 사이의 관계를 규율하는 법률에 따라 자금을 수취인의 처분에 놓이게 할 의무가 있다.

(2) 수취은행은 지급지시임을 의도한 것으로 보이지만 지급지시로 되기에 충분한 데이터를 포함하고 있지 아니한 지급지시를 수신하거나 또는 지급지시가 불충분한 데이터로 인하여 실행될 수 없지만 발신인을 확인할 수 있는 때에는 제11조의 규정에 의하여 요구되는 기간 이내에 발신인에게 그 불충분을 통지하여야 한다.

(3) 수취은행은 수취인을 확인할 의도의 정보에 있어서 불일치가 있음을 발견한 때에는 발신인을 확인할 수 있는 경우 제11조의 규정에 의하여 요구되는 기간 이내에 발신인에게 그 불일치를 통지하여야 한다.

(4) 수취은행은 지급지시에 다른 정함이 없으면 제11조의 규정에 따라 실행을 위하여 요구되는 기간 이내에 그 은행에 계좌를 보유하고 있지 아니한 수취인에게 그를 위하여 자금을 보관하고 있음을 통지하여야 한다.

(5) 수취은행은 실행일에 그 은행에 계좌를 보유하고 있지 아니한 수취인에게 통지할 수 있는 충분한 정보를 가지고

있는 경우 수취인을 위하여 자금을 보유하고 있다는 사실을 통지하여야 한다.

제11조 수신은행이 지급지시를 실행하고 통지할 시점 (1) 원칙적으로, 지급지시를 실행할 의무가 있는 수신은행은 지급지시를 수신한 은행영업일에 이를 실행할 의무가 있다. 은행영업일에 지급지시를 실행하지 아니한 경우에는 그 지시를 수신한 다음의 은행영업일에 이를 실행하여야 한다. 그러나 다음의 경우에는 그러하지 아니하다.

(a) 지급지시에 실행할 날이 후일로 지정된 경우에는 그 날에 지급지시를 실행하여야 한다.

(b) 지급지시가 자금이 수취인의 처분에 놓이게 할 날을 지정하고 있고 그 날로 보아 수취은행이 지급지시를 인수하고 그 날에 실행하기에 그 후의 실행이 적합한 경우에는 그 날에 지급지시를 실행하여야 한다.

(2) 제1항 (a) 또는 (b)의 규정을 준수하여야 할 경우를 제외하고, 수신은행은 지급지시를 수신한 후의 은행영업일에 실행하는 경우에는 지급지시 수신일의 환율금액으로 실행하여야 한다.

(3) 제7조 제2항 (e)의 규정에 의한 지급지시의 인수로 인하여 지급지시를 실행할 의무가 있는 수신은행은 지급지시를 수신한 날과 다음에 규정한 날 중 늦은 날의 환율금액으로 실행하여야 한다.

(a) 지급이 수취은행에 있는 발신인의 계좌에 차기함으로서 행하여질 예정인 경우, 그 계좌에 지급지시에 대하여 지급하는데 이용할 수 있는 자금이 충분한 날.

(b) 지급이 기타의 수단에 의하여 행하여질 예정인 경우, 지급이 행하여진 날.

(4) 제8조 제4항 또는 제5항, 제10조 제2항, 제3항 또는 제4항의 규정에 의하여 하여야 할 통지는 실행기간 종료일의 다음 은행영업일에 이를 하여야 한다.

(5) 수신은행이 지급지시를 그 유형의 지급지시에 관한 마감시간(cut-off time) 후에 수신한 때에는 그 유형의 지급지시를 수행하는 다음 날에 이를 수신한 것으로 취급할 수 있다.

(6) 수신은행이 어떤 유형의 행위를 수행하지 아니하는 날에 그 행위를 이행할 것이 요구되는 때에는 그 유형의 행위를 수행하는 다음 날에 필요한 행위를 이행하여야 한다.

(7) 이 조의 적용에 있어서 은행의 지점과 독립사무소는 동일한 국가에 있는 경우에도 이를 별개의 은행으로 본다.

제12조 지급지시의 취소 (1) 지급지시는 취소지시가 현실의 실행기일과 제11조 제1항 (a) 또는 (b)의 규정에 따라 지급지시가 실행되었어야 할 초일 중 늦은 날 이전에 수신은행이 조치를 할 수 있는 상당한 기회를 부여하기에 충분한 시기 및 방법으로 수취은행 이외의 수신은행에 의하여 수신되지 아니한 경우에는 발신인에 의하여 취소될 수 없다.

(2) 지급지시는 취소지시가 지급이체가 완료되는 시기와 자금이 수취인의 처분에 놓이게 되는 날의 초일 중 늦은 날 이전에 수취은행이 조치를 할 수 있는 상당한 기회를 부여하기에 충분한 시기 및 방법으로 수취은행에 의하여 수신되지 아니한 경우에는 발신인에 의하여 취소될 수 없다.

(3) 제1항 및 제2항의 규정에 불구하고, 발신인과 수신은행은 수신은행에 대하여 발행한 발신인의 지급지시가 취소불가능하다는 것 또는 지급지시의 취소가 제1

항 및 제2항에 규정된 시기보다 빠른 시점에 수신된 경우에만 효력이 있다는 것을 합의할 수 있다.

(4) 지급지시의 취소는 인증을 얻어야 한다.

(5) 지급지시를 실행하는 수취은행 이외의 수신은행 또는 이를 인수하는 수취은행은 유효한 취소지시가 행하여졌거나 이에 따라 수신된 때에는 그 지급지시를 위한 지급에 대하여 권리가 없다. 지급이체가 완료된 때에는 해당 은행은 수령한 금액을 반환하여야 한다.

(6) 반환자금의 수령자가 지급이체의 지시인이 아닌 경우에는 그 반환자금을 자기의 발신인에게 양도하여야 한다.

(7) 발신인에게 자금을 반환할 의무가 있는 은행은 직전의 발신인에게 직접 자금을 반환한 범위에서 의무를 면한다. 직전의 발신인의 후속 은행은 동일한 범위에서 의무를 면한다.

(8) 이 조의 규정에 의하여 반환자금에 대하여 권리가 있는 지시인은 자금을 반환할 의무가 있는 은행으로부터 그 은행이 자금을 반환하지 아니한 범위 내에서 그 회복을 청구할 수 있다. 자금을 반환할 의무가 있는 은행은 지시인에게 직접 자금을 반환한 범위 내에서 의무를 면한다. 의무를 부담하는 기타의 은행은 동일한 범위 내에서 의무를 면한다.

(9) 제7항 및 제8항의 규정이 어떠한 협정 또는 자금이체시스템의 규칙에 의한 은행의 권리 또는 의무에 영향을 미치는 경우에는 그 은행에 대하여 이를 적용하지 아니한다.

(10) 지급이체가 완료되었으나 수신은행이 유효한 취소지시가 행하여졌거나 이에 따라 수신된 지급지시를 실행한 경우, 수신은행은 법률이 규정하는 바에 따라 수취인으로부터 지급이체 금액을 회복할 권리가 있다.

(11) 발신인이나 지시인의 사망, 파산 또는 지급불능은 그 자체로는 지급지시를 취소하는 것으로 되거나 발신인의 권한을 종료시키지 아니한다.

(12) 이 조에 규정된 원칙은 지급지시의 정정에 대하여 적용한다.

(13) 이 조의 적용에 있어서 은행의 지점과 독립사무소는 동일한 국가에 있는 경우에도 이를 별개의 은행으로 본다.

제 3 장 지급이체의 불이행, 오류 또는 지연의 효과

제13조 지원 각 수신은행은 지급이체가 완료될 때까지 지급이체의 은행업무를 이행함에 있어서 지시인과 각 후속 발신은행을 지원하고 그 후속 수신은행의 지원을 구하여야 한다.

제14조 자금반환 (1) 지급이체가 완료되지 아니한 경우, 지시인의 은행은 지시인으로부터 수령한 금액을 수령일로부터 반환일까지의 이자와 함께 지시인에게 반환할 의무가 있다. 지시인의 은행과 각 후속 수신은행은 자기의 수신은행에 대하여 지급한 자금의 반환을 지급일로부터 반환일까지의 이자와 함께 청구할 수 있다.

(2) 제1항의 규정은 합의에 의하여 변경하지 못한다. 다만, 신중한 지시인의 은행이 지급이체에 관련된 중대한 위험 때문에 특정한 지급지시를 인수하지 않으려고 했던 경우에는 그러하지 아니하다.

(3) 수신은행은 지급이체를 실행할 지시를 받은 중계은행이 지급을 중지하였기

때문에 반환자금을 취득할 수 없거나 또는 법률에 의하여 자금반환이 금지되는 경우에는 제1항의 규정에 따라 자금을 반환할 필요가 없다. 수신은행은 유사한 경우에 중계은행을 이용할 지시를 계획적으로 추구하지 않는다는 것을 증명한 경우 외에는, 그러한 지시를 받은 것으로 간주되지 아니한다. 중계은행의 이용을 최초로 지정한 발신인은 그 중계은행으로부터 반환자금을 취득할 권리를 가진다.

(4) 발신인에게 자금을 반환할 의무가 있는 은행은 직전의 발신인에게 직접 자금을 반환한 범위에서 의무를 면한다. 직전의 발신인의 후속 은행은 동일한 범위에서 의무를 면한다.

(5) 이 조의 규정에 의하여 반환자금에 대하여 권리가 있는 지시인은 자금을 반환할 의무가 있는 은행으로부터 그 은행이 자금을 반환하지 아니한 범위에서 그 반환을 청구할 수 있다. 자금을 반환할 의무가 있는 은행은 지시인에게 직접 자금을 반환한 범위에서 의무를 면한다. 의무를 부담하는 기타의 은행은 동일한 범위서 의무를 면한다.

(6) 제4항 및 제5항의 규정은 어떠한 협정 또는 자금이체시스템의 규칙에 의하여 어떤 은행의 권리 또는 의무에 영향을 미치는 경우에는 그 은행에 대하여 이를 적용하지 아니한다.

제15조 과소지급의 정정 수신은행이 실행한 지급지시의 금액이 수수료공제 이외의 결과로서 수신한 지급지시의 금액보다 적은 경우, 수신은행은 그 차액에 대한 지급지시를 발행할 의무가 있다.

제16조 과다지급의 반환 지급이체가 완료되었지만 수신은행에 의하여 실행된 지급지시의 금액이 수신한 지급지시의 금액보다 많은 경우, 수신은행은 법률이 규정하는 바에 따라 수취인으로부터 그 차액을 회복할 권리가 있다.

제17조 이자에 대한 책임 (1) 제8조 제2항의 규정에 의한 의무를 이행하지 아니한 수신은행은 지급이체가 이행되지 아니한 경우에는 수취인에게 책임을 져야 한다. 수신은행의 책임은 그 불이행으로 인하여 초래된 지연기간 동안의 지급지시 금액의 이자를 지급하는 것이다. 그 지연이 지급지시 금액의 일부에 관한 것인 경우에는 수신은행의 책임은 지연된 금액에 관한 이자를 지급하는 것이다.

(2) 제1항의 규정에 의한 수신은행의 책임은 자기의 수신은행에 대한 지급 또는 수취인에 대한 직접의 지급에 의하여 이행된다. 수신은행이 이자의 지급을 받았지만 수취인이 아닌 경우에는 그 이자를 후속 수신은행에게 양도하거나 또는 수신은행이 수취은행인 경우에는 수취인에게 양도하여야 한다.

(3) 지시인은 지급이체의 이행에 있어서 지연을 이유로 수취인에게 이자를 지급한 범위 내에서 수취인이 제1항 및 제2항의 규정에 따라 청구할 수 있었지만 수령하지 아니한 이자의 지급을 청구할 수 있다. 제1항의 규정에 의한 책임이 없는 지시인의 은행과 각 후속 수신은행은 수신은행 또는 제1항의 규정에 의한 책임이 없는 은행으로부터 그 발신인에게 지급된 이자의 반환을 청구할 수 있다.

(4) 제8조 제4항 또는 제5항의 규정에 의하여 요구되는 통지를 하지 아니한 수신은행은 금액을 보유한 기간 동안 제5조 제6항의 규정에 의하여 발신인으로부터 수령한 금액에 관하여 이자를 발신인에게 지급하여야 한다.

(5) 제10조 제2항, 제3항 또는 제4항의 규정에 의하여 요구되는 통지를 하지 아니한 수취은행은 제5조 제6항의 규정에 의하여 발신인으로부터 수령한 금액에 관하여 지급의 날로부터 요구되는 통지를 한 날까지의 이자를 발신인에게 지급하여야 한다.

(6) 수취은행은 제10조 제1항 또는 제5항의 규정에 의한 의무 중의 하나를 불이행한 데 대하여 수취인과 그 은행의 관계를 규율하는 법률이 규정하는 범위 내에서 수취인에게 책임을 져야 한다.

(7) 이 조의 규정은 어느 은행의 다른 은행에 대한 책임이 증가 또는 감소되는 범위 내에서 합의에 의하여 이를 변경할 수 있다. 이 경우 책임을 감소시키는 합의는 은행의 표준거래약관에 이를 포함시킬 수 있다. 은행은 은행이 아닌 지시인 또는 수취인에 대한 책임을 증가시킬 것을 합의할 수 있으나, 그 지시인 또는 수취인에 대한 책임을 감소시킬 수는 없다. 특히 은행은 이율을 정하는 합의에 의하여 그 책임을 감소시킬 수 없다.

제18조 책임의 배제 제17조의 구제방법은 배타적이며 제8조 또는 제10조의 불이행에 관하여는 다른 법원칙으로부터 생기는 구제를 이용할 수 없다. 다만, 은행이 (a) 손해를 가져오게 할 특별한 의도로 또는 (b) 그러한 손해가 초래되리라는 것에 관하여 부주의로 또 현실적 인식을 가지고 지급지시를 부적당하게 실행하거나 실행하지 아니하였을 때 존재하는 구제방법에 관하여는 예외로 한다.

제 4 장 지급이체의 완료

제19조 지급이체의 완료* (1) 지급이체는 수취은행이 수취인을 위하여 지급지시를 인수한 때에 완료된다. 지급이체가 완료된 때에는 수취은행은 지급지시를 인수한 범위 내에서 수취인에 대하여 채무를 부담한다. 지급지시의 완료는 수취인과 수취은행의 관계에 다른 영향을 미치지 아니한다.

(2) 지급이체는 하나 이상의 수신은행이 수수료를 공제함으로 인하여 수취은행이 인수한 지급지시의 금액이 지시인의 지급지시의 금액보다 적은 때라도 완료된다. 지급이체의 완료는 지시인으로부터 수수료의 금액을 회복하기 위한 기초적 의무를 규율하는 법률의 의하여 수취인의 권리를 해하지 아니한다.

* UNCITRAL은 채택을 원하는 국가에 대하여 다음의 조문을 제안한다: 지급이체가 지시인에 의하여 지정된 계좌에의 지급이체에 의하여 이행될 수 있는 지시인의 수취인에 대한 채무를 이행할 목적인 경우, 그 채무는 수취은행이 지급지시를 인수한 때에 동일한 금액의 현금에 의한 지급에 의하여 이행될 수 있는 범위 내에서 이행된다.

찾 아 보 기

[저자약력]

고려대학교 법과대학 졸업
고려대학교 대학원 법학석사
고려대학교 대학원 법학박사
Duke Law School 객원교수
경원대학교 법정대학 학장
경원대학교 행정대학원 원장
사법시험 · 행정고시 출제위원
전자상거래관리사 · 정보보호전문가 출제위원
현재, 경원대학교 법학과 교수(상법, 전자상거래법)
　　　경원대학교 사회정책대학원 원장

[저　서]

「전자자금이체제도」, 한국은행 인력개발실, 1995.
「주석 어음·수표법(Ⅲ)」(공저), 한국사법행정학회, 1996.
「정보사회론」(공저), 세창출판사, 1999.
「e-비즈니스 백서」(공저), 산업자원부 · 전자거래진흥원, 2003~2007.

전자금융거래법[제2판]

2006년 10월 15일　초판 발행
2008년　3월 25일　제2판 발행

저　자　손　진　화
발행인　배　효　선
발 행 처　도서출판　法　文　社

경기도 파주시 교하읍 문발리 526-3 ㊄ 413-756
등　록　1957년 12월 12일 제2-76호(倫)
전　화　703-6541~7,　팩　스　703-6549
e-mail(영업) : bms@bobmunsa.co.kr
　　　(편집) : edit66@bobmunsa.co.kr
홈페이지 http ://www.bobmunsa.co.kr
조　판　광　암　문　화　사

정가 28,000원　　ISBN 978-89-18-01154-7